S. FISCHER

TIM SCHWAB

Das **BILL GATES** PROBLEM

Der MYTHOS vom WOHLTÄTIGEN MILLIARDÄR

Aus dem Englischen
von Martina Wiese

S. FISCHER

Aus Verantwortung für die Umwelt hat sich der S. Fischer Verlag zu einer nachhaltigen Buchproduktion verpflichtet. Der bewusste Umgang mit unseren Ressourcen, der Schutz unseres Klimas und der Natur gehören zu unseren obersten Unternehmenszielen.

Gemeinsam mit unseren Partnern und Lieferanten setzen wir uns für eine klimaneutrale Buchproduktion ein, die den Erwerb von Klimazertifikaten zur Kompensation des CO_2-Ausstoßes einschließt.

Weitere Informationen finden Sie unter:
www.klimaneutralerverlag.de

Für S. S. und S. S.

Erschienen bei S. FISCHER

© 2023 by Tim Schwab Translated from the English language:
THE GOOD BILLIONAIRE. Published by arrangement
with Metropolitan Books, a division of
Henry Holt and Company, New York.

Für die deutsche Ausgabe:
© 2023 S. Fischer Verlag GmbH,
Hedderichstr. 114, D-60596 Frankfurt am Main

Bild auf S. 289: Bill and Melinda Gates, Jon R. Friedman, 2010,
Oil and collage on canvas attached to wood panel. National Portrait Gallery,
Smithsonian Institution; supported by a grant from the Donald W. Reynolds
Foundation and by the Marc Pachter Commissioning Fund.

Satz: Fotosatz Amann, Memmingen
Druck und Bindung: GGP Media GmbH, Pößneck
Printed in Germany
ISBN 978-3-10-397165-1

INHALTSVERZEICHNIS

PROLOG

Dieses Buch zu schreiben war problematisch, weil es von einem problematischen Mann berichtet – einem der reichsten der Welt und zugleich einem der verschwiegensten.

Bill Gates hat auf keine meiner zahlreichen Interviewanfragen im Rahmen der Recherche für dieses Buch reagiert, und auch die Gates Foundation war im Laufe meiner Berichterstattung nicht zu einem Interview über die Stiftung bereit. Noch bevor ich Anfang 2020 meinen ersten Artikel über Gates publizierte – oder als Journalist in Erscheinung trat, der über die Gates Foundation nicht als unantastbare Wohlfahrtsorganisation, sondern als Machtgefüge berichten wollte –, lehnte die Stiftung jegliche Interviews ab. Als ich die Ergebnisse meiner Recherchen in *The Nation*, im *British Medical Journal* und dem *Columbia Journalism Review* veröffentlichte, gab sich die Gates Foundation stets desinteressiert.

Diese Nichtbeachtung habe keineswegs nur ich zu spüren bekommen. Die Stiftung ist grundsätzlich darauf bedacht, sich oder ihre Leitung nie in eine Position zu bringen, in der sie zu Widersprüchen in ihrer Arbeit Stellung nehmen müsste oder gezwungen wäre, kritische Fragen zu beantworten. Wie jede einflussreiche Organisation diktiert die 54 Milliarden Dollar schwere Gates Foundation die Bedingungen für ihren Umgang mit den Medien.

Zugleich zögern zahlreiche Quellen, Stellung zu beziehen, weil derzeit so viele Menschen und Institutionen von Gates' finanziellen Zuwendungen abhängig sind. In diesem Buch bleiben Quellen sehr häufig anonym und es liegt auf der Hand, warum sie darum gebeten haben. »Wer sich eine Förderung erhofft, schaufelt sich sein eigenes Grab, wenn er die Stiftung öffentlich kritisieren würde«, sagte Mark Kane, ehemaliger Leiter von Gates' Impfinitiativen, im Jahr 2008. »Die Gates Foundation ist höchst sensibel, wenn es um ihre Öffentlichkeitsarbeit geht.«[1]

Ich möchte vorab auch gleich erklären, warum Melinda French Gates in diesem Buch nicht ebenso präsent ist wie Bill Gates: In der Bill & Melinda Gates Foundation hat sie neben Bill Gates keine gleichberechtigte Stellung inne. Das weiß ich, weil Stiftungsmitarbeiter mir verraten haben, dass Bill Gates in der Stiftung das Sagen hat, und weil die Stiftung das 2021 selbst verkündet hat. Wie die Stiftung nach der Gates-Scheidung verkündete, werde sich Melinda, nicht Bill, nach einer zweijährigen Probephase aus der Stiftungsarbeit zurückziehen, falls die beiden sich nicht auf eine Übereinkunft zur Aufteilung ihrer Befugnisse einigen könnten.[2] Es ist Bill Gates' riesiges Microsoft-Vermögen, aus dem sich die Stiftung speist, und es ist Bill Gates, der letztlich entscheidet, wofür das Geld ausgegeben wird. Das bedeutet nicht, dass Melinda weder eine besonders starke Stimme noch einen großen Einfluss auf die Stiftung hätte. In dem Buch wird es immer wieder auch um ihre Arbeit gehen.

Abschließend noch eine Bemerkung zur Terminologie: Streng genommen ist die Gates Foundation steuerlich gesehen eine Privatstiftung. Diesen Begriff verwende ich im Buch sehr häufig, bezeichne die Gates Foundation andernorts aber auch als karitative oder wohltätige Organisation.

EINLEITUNG

Der Name Paul Allen wird Ihnen vermutlich nichts sagen. Allen war eine treibende Kraft bei der Gründung eines der weltweit einflussreichsten Unternehmen – Microsoft. Außerdem war er eine Zeitlang sowohl der Geschäftspartner als auch der beste Freund eines der mächtigsten Männer, die es je gegeben hat.

Auch mit dem Namen William Henry Gates III können Sie eventuell auf den ersten Blick nichts anfangen. Es ist ein beeindruckender Name, der einem Mann aus einer wohlhabenden und privilegierten Familie geziemt, einem Mann aus den höheren Gesellschaftsschichten. Bill Gates' Mutter stammte aus einer vermögenden Bankiersfamilie. Sein Vater hatte sich in Seattle einen Namen als Anwalt gemacht. Wie Gates selbst einmal erzählte, hieß es in seiner Kindheit des Öfteren: »Heute kommt der Gouverneur zum Essen«, oder: »An dieser politischen Kampagne sollten wir uns beteiligen.« Dieses familiäre Netz einflussreicher Beziehungen bot Gates ungewöhnliche Chancen und verschaffte ihm etwa einen Job als Page im Parlament des Bundesstaates Washington wie auch im US-Kongress.[1]

Paul Allen hingegen war der Sohn eines Bibliothekars aus der Mittelschicht – seine Familie musste einige Opfer bringen, um ihm den Besuch von Lakeside, der prestigeträchtigsten Privatschule Seattles, zu ermöglichen. Dort freundete er sich mit Bill Gates an. »Ich kam in eine Klasse mit 47 Mitschülern, die allesamt zur Elite der Stadt zählten: Söhne von Bankern, Geschäftsleuten, Rechtsanwälten und Professoren. Mit wenigen Ausnahmen waren es adrette, im Collegestil gekleidete Jungs, die einander bereits aus privaten Mittelschulen oder dem Tennisclub kannten«, schrieb der mittlerweile verstorbene Allen in seiner Autobiographie.[2]

Dank dem Reichtum von Lakeside genossen die Schüler gewisse Privilegien. Dazu gehörte zum Beispiel der Zugang zu einem Computer, was Ende der 1960er Jahre eine Seltenheit war. Im Computerraum der Schule entstand die unwahrscheinliche Freundschaft zwischen Allen und dem zwei Jahre jüngeren Bill Gates. Allen erinnert sich: »Schon nach kurzer Zeit des Kennenlernens konnte man drei Dinge mit Gewissheit über Bill Gates sagen: Er war ein kluges Köpfchen. Er maß sich gerne mit anderen, denn er wollte auch beweisen, wie klug er tatsächlich war. Und er war echt hartnäckig.«[3]

Ihre Leidenschaft für Computer schlug schon bald ins Unternehmerische um, als den beiden die Möglichkeiten aufgingen, ihre wachsenden Programmierkenntnisse zu Geld zu machen. Gleichzeitig erwies sich ihre Zusammenarbeit schnell als Konkurrenzkampf. Als sich Allen einen Programmierauftrag zur Abrechnung von Gehältern sicherte, glaubte er ihn auch ohne Gates' Hilfe erledigen zu können. Daraufhin schickte dieser ihm eine ominöse Nachricht. »Ich sagte: ›Ich glaube, du unterschätzt, wie schwer das eigentlich ist. Falls du mich zurückholen willst, dann habe ich das Sagen, hierbei und bei allem, was wir in Zukunft machen‹«, erinnerte sich Gates. Tatsächlich brauchte Allen schließlich Unterstützung bei dem Projekt. Wie Gates erläuterte: »Die Leitung zu übernehmen fühlte sich ganz natürlich für mich an.«[4] Mit der Hilfe seines Vaters verschaffte Gates ihrem wachsenden Softwareunternehmen eine legale Grundlage als Sozietät; er bezeichnete sich als ihr Präsident und beanspruchte einen viermal größeren Anteil am Verdienst der Firma, als er Allen zugestand.[5]

Nach dem Schulabschluss blieben die beiden zwar befreundet, gingen aber unterschiedliche Wege. Allen besuchte die ausgesprochen nicht elitäre Washington State University, Gates ging nach Harvard. Allens wenig ambitionierte akademische Karriere verlief bald im Sande. Er berichtet, wie Gates ihn drängte, in den Osten der USA zu ziehen, wo sie beide aus ihrer Liebe zu Computern etwas Besonderes machen könnten.[6] So brach Allen sein Studium ab und siedelte nach Boston um.

Allen bezeichnet sich selbst als »*Idea Man*«, den »Mann mit den Ideen«, der Gates stets mit irgendwelchen Geschäftsplänen bombardierte, während dieser den Boss spielte und Allen in der Regel abblitzen ließ. Bill Gates erinnert sich: »Bei uns ging es andauernd um Dinge wie ›Könnten wir nicht ganz viele Mikroprozessoren zusammenfügen, um mehr Leistung rauszuholen? Könnten wir vielleicht einen 360 Emulator entwickeln, der Mikrocontroller verwendet? Könnten wir nicht ein Time-Sharing System erfinden, in das sich ganz viele Leute einwählen und Verbraucherinformationen abrufen können?‹ Alle möglichen Ideen.«[7]

Nachdem Allen monatelang vergeblich sein Pulver verschossen hatte, traf er schließlich mit einer Idee, die Gates gefiel, ins Schwarze: Er schlug vor, eine Programmiersprache für einen der weltweit ersten allgemein verfügbaren Heimcomputer, den Altair, zu schreiben. Aus seinem Studentenzimmer in Harvard rief Gates ungefragt in der Hauptgeschäftsstelle des Unternehmens in New Mexico an und behauptete in typischer Gates-Manier, er habe eine neue Software für den Altair in der Pipeline, die so gut wie startklar sei.[8] Das Unternehmen lud ihn ein, das Produkt vor Ort vorzuführen. In acht aufreibenden Wochen schusterten Gates und Allen das Programm zusammen.[9] Als es Zeit war, sich mit Altair zu treffen, war es Paul Allen, der nach New Mexico flog. Auch wenn Allen kein so abgebrühter Aufschneider wie Gates war, sah er zumindest wie ein Erwachsener aus. Gates hingegen war noch weit im Erwachsenenalter für sein jungenhaftes Aussehen bekannt, was sich Microsoft später für seine Inszenierung als Wunderkind zunutze machte.

Das Geschäft kam zustande und war so erfolgreich, dass Gates sein Studium in Harvard schließlich abbrach, um sich ganz auf sein neues Unternehmen zu konzentrieren. Und tatsächlich war es *sein* Unternehmen, wie Allen bald feststellte. Obwohl er bei dem Altair-Deal eine entscheidende Rolle gespielt hatte – und außerdem den Namen »Microsoft« prägte, ein Portmanteau aus *microprocessor* und *soft-*

ware –, beanspruchte Gates umgehend die Majorität des Unternehmens und verlangte einen Anteil von 60 Prozent. Allen erinnert sich, dass ihn die Machtbekundung seines Geschäftspartners schockierte, doch er fügte sich.[10]

Als Gates aufging, wie problemlos dieser Deal über die Bühne gegangen war, begann er erneut mit Allen zu verhandeln und verlangte dreist einen noch größeren Anteil. »Eigentlich habe ich die Hauptarbeit geleistet – und ich habe viel aufgegeben, als ich Harvard den Rücken kehrte«, sagte er. »Ich finde, dass mir mehr als 60 Prozent zustehen.«

»Und wie viel wäre das dann?«

»Ich dachte an 64 zu 36.«

Wie Allen schreibt, konnte er sich nicht dazu durchringen, mit Gates zu feilschen, doch zwischen den Zeilen ist zu lesen, dass er es in Wahrheit nicht fassen konnte, was da passierte: Sein bester Freund versuchte, ihn übers Ohr zu hauen.[11] »Viel später, als sich unsere Beziehung grundlegend geändert hatte, fragte ich mich, wie Bill auf die neue Gewinnverteilung gekommen war, die er mir an jenem Tag vorgeschlagen hatte. Ich versuchte, mich in seine Lage hineinzuversetzen und seine Gedankengänge nachzuvollziehen. Schließlich kam ich zu dem Schluss, dass er nach dem Motto: Wie kann ich das meiste für mich herausholen? gehandelt haben muss. … Sicherlich hätte er argumentieren können, dass seine Zahlen den jeweiligen Beitrag, den jeder von uns geleistet hatte, widerspiegeln. Für mich aber taten sie mehr als nur das: Sie machten deutlich, dass es wesentliche Unterschiede zwischen dem Sohn eines Bibliothekars und dem Sohn eines Anwalts gibt. Mir wurden von Kindesbeinen an diese beiden Grundätze beigebracht: ›Abgemacht ist abgemacht‹ und ›Mein Wort gilt‹. Bill sah da wesentlich mehr Handlungsspielraum für sich.«[12]

Allen blieb weiterhin der Mann mit den Ideen, während Microsoft expandierte und schließlich nach Seattle umzog. Er erinnert sich, wie er einen wichtigen Workaround entwickelte – eine Hardware namens SoftCard, die eine Anwendung der Microsoft-Software auf Apple-Computern ermöglichte. Das Produkt eröffnete Microsoft einen weiten neuen Markt und spülte 1981 dringend benötigte Einkünfte in Höhe von mehreren Millionen Dollar in die Kassen.[13] Allen, der immer noch glauben wollte, dass er und Gates Partner und Freunde waren, nutzte den Erfolg von SoftCard als Druckmittel, um von Gates einen größeren Firmenanteil einzufordern. Wenn Gates die Verteilung der Prozente neu aushandeln durfte, warum sollte er das nicht auch tun können?

»Darüber werde ich nicht mit dir reden«, fertigte Gates ihn ab. »Komm ja nicht noch mal damit an.«[14]

»In dem Moment zerbrach etwas in mir«, erzählt Allen. »Ich dachte immer, dass unsere Partnerschaft auf Fairness basierte, doch nun wurde mir klar, dass Bills Eigeninteresse über allem anderen stand. Mein Geschäftspartner war also darauf aus, sich das größte Stück des Kuchens zu schnappen und nicht einen Krümel mehr davon abzugeben. Doch diese Haltung konnte und wollte ich nicht akzeptieren.«

Bei Allen war das Non-Hodgkin-Lymphom diagnostiziert worden, das ihn Jahre später auch das Leben kosten sollte. Als er sein Büro bei Microsoft räumte, um sich von der jüngsten Behandlung zu erholen, hörte er Gates mit jemandem über seinen Plan sprechen, Allens Unternehmensanteile weiter zu kürzen – ein letzter Schlag ins Gesicht. Nachdem Gates ihn bereits unter Druck gesetzt hatte, seine Anteile von 50 auf 40 und dann auf 36 Prozent zu reduzieren, genügte ihm das immer noch nicht.[15]

»Auf der Heimfahrt rief ich mir ihr Gespräch wieder und wieder in Erinnerung«, sagte Allen, »und es wurde von Mal zu Mal schlimmer für mich. Ich war einer der Gründer von Microsoft, gehörte noch immer zur Firmenspitze, auch wenn ich krankheitsbedingt nicht auf dem Höhepunkt meiner Schaffenskraft war, und nun schmiedeten mein Partner und mein Kollege Pläne, wie sie mich über den Tisch ziehen konnten. Ihnen ging es nur ums Geld, und jetzt war die Gelegenheit günstig.«

Dieses erschütternde Fazit zieht Allen in seiner Autobiographie, die vordergründig seinen unglaublichen Weg zum Multimilliardär nachzeichnet, tatsächlich aber auch als niederschmetternde Betrachtung seiner gescheiterten Beziehung zu Bill Gates gelesen werden kann – zu einem Mann, der ihm sehr viel bedeutete, der jedoch selbst zu echter Freundschaft unfähig war, weil er glaubte, niemand könne ihm das Wasser reichen. In Allens Worten ist Gates im tiefsten Innern ein Mann, der sich stets gedrängt fühlt, seine Überlegenheit zu beweisen, »der andere … nicht nur schlug, sondern vernichtete, wenn er konnte«.[16]

Über Gates wurden schon Dutzende Bücher geschrieben – fast alle in den 1990er und frühen 2000er Jahren. Sie schildern ausführlich seinen bezwingenden Geist und sein bedingungsloses Engagement, zeichnen aber auch ein Bild von seinem ungestümen, angriffslustigen, arroganten und herrischen Verhalten scheinbar jedem gegenüber, ob Freund oder Feind. Gates war nicht bloß ein leidenschaftlicher Mensch, sondern auch ausgesprochen emotional. Seine Unfähigkeit oder sein Unwille, sein Temperament zu zügeln, wurden oft als kindliches Verhalten beschrieben. Er schien es zu genießen, Untergebenen bei Microsoft die Leviten zu lesen. In den 1990er Jahren charakterisierte der *Playboy* Gates' Führungsstil als »Management durch Beschämung – die Angestellten werden in Verlegenheit und teilweise sogar zum Weinen gebracht«.[17]

Paul Allen beschreibt Gates' permanente »Schimpftiraden«, »Einschüchterungen« und »Verbalattacken« nicht nur als herrisches Gebaren, sondern behauptet auch, dass sie der Produktivität des Unternehmens schadeten.[18] Gates hatte eine Vorliebe für negative Verstärkung und wurde bekannt für seinen berühmten Ausruf: »*That's the stupidest fucking thing I've ever heard*« (»Das ist der allerdämlichste verfluchte Scheißdreck, der mir jemals untergekommen ist«).[19]

Manche mögen behaupten, diese Art von Narzissmus und Intensität sei unabdingbar für einen Industriekapitän auf der Ebene der Weltwirtschaft, auf der Gates operierte. Was auch immer die Rechtfertigung sein mag: Gates regierte seine Firma mit eiserner Hand und betrachtete die Computerindustrie im weiteren Sinne nach und nach als seinen Herrschaftsbereich. Die Zahl seiner Opfer wuchs stetig. »Bill marschierte bei diesen anderen OEMs[20] … bis zur obersten Führungsebene durch und teilte hier lautstark mit, daß es so und so zu sein hätte, und falls sie dies nicht täten, er sicherstellen würde, daß seine Software nicht auf ihrer Kiste laufen würde. Was machst du, wenn du einer dieser ... Typen bist? Microsoft hatte sie in der Zange. Du kannst es dir nicht leisten, daß Microsofts Programme nicht auf deiner Hardware laufen, und deshalb tust du lieber, was sie sagen«, berichtet Scott McGregor, ein ehemaliger Microsoft-Mitarbeiter.[21] In den 1990er Jahren bemerkte eine weitere Führungskraft: »Das gehört zu seiner Strategie: Man zerschmettert die Leute. Entweder sie tanzen nach deiner Pfeife, oder du zerschmetterst sie.«[22]

In den frühen 1980er Jahren konnte Microsoft seinen größten Coup landen, als IBM, damals eines der weltweit mächtigsten Unternehmen, bei dem vergleichsweise winzigen Softwareneuling aus Seattle anfragte, ob er ein Betriebssystem für ihre Personal Computer entwickeln könnte. Die meisten Nachrichtenagenturen witterten in Anbetracht dieses unwahrscheinlichen Deals Vetternwirtschaft. Gates' Mutter saß gemeinsam mit dem Chef von IBM im Vorstand von United Way, einer der bekanntesten gemeinnützigen Stiftungen der Welt. Diese Beziehung mochte die Weichen für ihren Sohn gestellt haben.[23] Gates' Vater hatte dem Softwareunternehmen seines Sohnes im Laufe der Jahre ebenfalls unter die Arme gegriffen; letztlich wurde Microsoft der größte Klient seiner Anwaltskanzlei.[24]

Der IBM-Deal hatte nur einen Nachteil: Microsoft verfügte über kein eigenes Betriebssystem. Also machten sie sich auf die Suche nach einem Unternehmen, das ein Betriebssystem besaß, und kauften die Software.[25] Dank der Marktmacht von IBM wurde das frischgebackene »MS-DOS« zum Industriestandard und bildete die Basis für Microsofts milliardenschwere Herrschaft über die Computerindustrie.[26] Heute, Jahrzehnte später, laufen die meisten Computer der Welt nach wie vor mit dem Betriebssystem von Microsoft, mittlerweile unter dem Namen Windows. Bill Gates hatte sein unternehmerisches Mantra – »ein Computer mit Microsoft-Software auf jedem Schreibtisch und in jedem Zuhause« – wahr gemacht.[27]

Diese Episode zeigt: Falls Gates tatsächlich genial ist, dann nicht als

Innovator, Erfinder oder Technologe, sondern als Geschäftsmann. Er besitzt das Talent, die betriebswirtschaftlichen Dimensionen von Technologie und Innovation zu erkennen, Netzwerke zu knüpfen, Verhandlungen zu führen und vor nichts zurückzuschrecken, bis er sämtliche Fäden in der Hand hält.

Mit der Zeit wurde Gates zu einem der gefürchtetsten Industriemogule. Mit fortschreitendem Wachstum begann Microsoft seine Fühler über die engen Grenzen der Computersoftware hinweg auszustrecken. Es erwog die Übernahme von Ticketmaster, einem Unternehmen mit riesiger Marktmacht, das Tickets für Konzerte und Sportereignisse verkauft.[28] Dann erschien Gates unter großem Medienrummel bei einer Konferenz der Zeitungsbranche und löste Schockwellen rund um potenzielle Übernahmen von Medienunternehmen aus. (Microsoft baute das Online-Magazin *Slate* und die Nachrichtenwebseite MSNBC auf, von denen es sich später wieder trennte.)[29] »Jeder in der Kommunikationsbranche hat panische Angst vor Microsoft, mich eingeschlossen«, sagte Medientycoon Rupert Murdoch damals.[30]

Irgendwann begann sich Microsoft in den Augen anderer Unternehmen von einem Monopol zu einem Imperium zu entwickeln – mit einem ähnlichen Status, wie ihn viele Regierungen dem Militär der USA zuschreiben. Mit der bloßen Bewegung eines Flugzeugträgers in die eine oder andere Richtung vermag das Pentagon eine machtvolle Botschaft auszusenden: *Eure Zukunft liegt in unseren Händen.*

»Ich habe jahrelang gegen Microsoft angekämpft, aber ich habe nie ganz verstanden, wie groß Microsoft geworden ist, nicht nur als Unternehmen, sondern als Marke und Teil des nationalen Bewusstseins«, bemerkte Eric Schmidt, damals CEO von Novell (und später von Google), im Jahr 1998. »Es sind die Produkte, die Marketing-Maschinerie von Microsoft, Bill Gates' Vermögen, die ganzen Hochglanz-Titelgeschichten. Einfach alles.«[31]

Der Gigant Microsoft war jedoch nicht unbezwingbar. Das Unternehmen beging unter Gates' Führung eine Reihe größerer Fehltritte und erkannte nicht, dass das expandierende World Wide Web eine existenzielle Bedrohung für den Marktanteil von Microsoft darstellte.

Um Schritt zu halten, heckte Microsoft unbeholfen den Plan aus, den modembasierten Internetdienstanbieter America Online fallen zu lassen, in den Paul Allen persönlich stark investiert hatte. Gates bemerkte gegenüber einem Bekannten von Allen beiläufig: »Warum sollte Paul gegen uns antreten? Ich will doch Russ Siegelman [dem Chef von Microsoft Network] nur sagen, dass er jedes Jahr Geld verlieren soll, bis wir im Online-Geschäft Marktführer sind. Welchen Sinn hätte es, mir da Konkurrenz zu machen?«[32] Allen wusste, was die Stunde geschlagen hatte, und stieß seine Aktien ab.

Gates und Microsoft entwickelten auch ein Interesse an Internetbrowsern. Netscape hielt mittlerweile den größten Marktanteil. Microsoft legte den Computerherstellern Daumenschrauben an und drängte sie zum Verkauf von Geräten, auf denen bereits sein eigener Browser, Internet Explorer, und sein Betriebssystem, Microsoft Windows, vorinstalliert waren.

Dies erwies sich als der Anfang vom Ende von Gates' Karriere bei Microsoft. 1998 folgte eine sehr öffentlichkeitswirksame Antitrust-Klage, bei der das Justizministerium dem Unternehmen Monopolmissbrauch vorwarf.[33] Mit unfassbarer Hybris kam Gates zu dem Schluss, dass er persönlich den Staatsanwälten der Regierung ihre Grenzen aufzeigen könne, und erklärte sich zu einer auf Video aufgezeichneten eidesstattlichen Aussage bereit – eine zutiefst beschämende Vorstellung, die verheerende Auswirkungen auf sein Unternehmen hatte. Tagelang gab Gates den arroganten Besserwisser; er drehte den Anklägern auf ermüdende Weise jede ihm gestellte Frage im Munde herum – wobei er sogar über die Definition des Wortes »Definition« diskutieren wollte – und versuchte permanent, die Intelligenz der gegnerischen Anwälte in Frage zu stellen. (Videos der Befragung sind auf YouTube zu sehen.) Es war ein zur besten Sendezeit dargebotenes Paradebeispiel für Bill Gates' Fähigkeit, herumzulavieren, und seinen überspannten Gott-Komplex. Paul Allen – und der Rest der Welt – verfolgten Gates' öffentliche Bloßstellung mit einer Mischung aus Faszination und Entsetzen.

»Bald richtete sich auf breiter Front die Stimmung gegen Microsoft, und das traf Bill ins Herz«, schrieb Allen. »Er war der Liebling der Wirtschaftspresse gewesen, der gewiefte Unternehmer, das technische Genie. Nun stellten ihn die Medien als Tyrannen dar, der die Regeln manipuliert oder gar gebrochen hatte«, erzählte Allen.

Das Gericht entschied 1999 gegen Microsoft und erklärte das Unternehmen zu einem Monopol, das Innovation verhindere. Viele der härtesten Strafen, darunter die Anweisung, das Unternehmen zu zerschlagen, wurden jedoch im Berufungsverfahren aufgehoben.[34] Dennoch gingen gegen Microsoft weiterhin unter großem öffentlichen Interesse Anfechtungsklagen ein, und zwar sowohl von Konkurrenten als auch der Europäischen Union, die den zweifelhaften Ruf des Unternehmens weiter festigten.[35]

Mit einem Mal sah sich Bill Gates öffentlichen Schmähungen ausgesetzt. *Die Simpsons* machten sich über seinen Monopol-Nerd-Überkompensations-Komplex lustig. Bill Gates wie auch Microsoft mussten neue Wege einschlagen. Das war die Geburtsstunde der Gates Foundation.

Bill Gates hatte sich im Laufe der 1990er Jahre immer wieder in der Philanthropie versucht, doch als sich die Antitrust-Klage gegen Ende des Jahrzehnts zu einer handfesten PR-Krise auswuchs, erhöhte er seine wohltätigen Spenden in Windeseile um mehrere Größenordnungen. Ende 2000 hatte er bereits mehr als 20 Milliarden Dollar in die neu gegründete Gates Foundation gepumpt.[36] Plötzlich war Bill Gates nicht nur der großzügigste Philanthrop auf Erden, sondern mit einem 60 Milliarden schweren Privatvermögen auch der reichste Mensch der Welt.[37] Paradoxerweise sollte er sich jahrzehntelang dieser beiden Dekorierungen erfreuen. Egal, wie viel Geld er auch verschenkte – er schien stets der reichste Mensch der Welt zu bleiben. (Mittlerweile ist er mit über 100 Milliarden Dollar auf dem Konto auf den sechsten Rang abgerutscht.)[38]

Gates' plötzlich erwachte Freigebigkeit inmitten einer PR-Krise stieß zunächst auf wohlbegründete Skepsis. »Räuberbarone« und Industriemagnaten vergangener Tage wie John D. Rockefeller und Andrew Carnegie hatten in ihren späten Jahren Wohltätigkeit genutzt, um die destruktiven geschäftlichen Unterfangen zu vertuschen, die sie so reich gemacht hatten. Zudem kann die amerikanische Philanthropie seit jeher eine reiche Tradition an Skandalen und Kontroversen vorweisen. In den letzten Jahren wurde bekannt, dass der verurteilte Sexualstraftäter Jeffrey Epstein mit Hilfe wohltätiger Spenden ein einflussreiches Netzwerk aufbauen konnte, das ihn vor öffentlichen Untersuchungen schützte. Die Familie Sackler, deren Geschäftemacherei mit dem Schmerzmittel Oxycontin eine Opioid-Epidemie in den USA befeuerte, stürzte sich in philanthropische Aktivitäten, um die feine Gesellschaft davon abzuhalten, die Quelle ihres Reichtums genauer unter die Lupe zu nehmen.[39] Lance Armstrong galt dank seiner gemeinnützigen Arbeit in der Livestrong Foundation als Menschenfreund, selbst angesichts der – später als berechtigt erwiesenen – Beschuldigungen, er habe seine Dominanz im Radsport der Einnahme von Dopingmitteln zu verdanken gehabt.[40] Hillary Clinton geriet in die Kritik, als bekannt wurde, dass sie sich in ihrer offiziellen Rolle als Außenministerin der Vereinigten Staaten mehrmals mit Spendern der Clinton Foundation traf, darunter auch Melinda French Gates (Clinton bestritt jegliche unangemessene Beeinflussung).[41] Die Trump Foundation verkündete 2018 ihre Auflösung, nachdem die Leiterin der Strafverfolgungsbehörde des Staates New York den Vorwurf erhoben hatte, sie »sei nicht viel mehr als ein Scheckbuch im Dienste von Herrn Trumps Geschäften und politischen Interessen«.[42]

Das Talent der globalen Elite, mit Hilfe von Philanthropie private Interessen voranzutreiben oder dem eigenen Ruf zu neuem Glanz zu verhelfen, war in den Anfangstagen der Gates Foundation noch Gegenstand der Berichterstattung. Um die Jahrtausendwende hatten Journalisten den Mut, mit Gates' Kritikern zu sprechen und seine Spendentätigkeit offen in Frage zu stellen. Zum Beispiel wiesen sie darauf hin, dass seine Stiftung öffentlichen Bibliotheken Computer mit Microsoft-Software überließ. »Das geht nicht mal mehr als Philanthropie durch«, sagte ein Kritiker damals. »Damit bestellen sie auf dem Markt nur ihr eigenes Feld, indem sie künftigen Verkäufen den Weg bereiten.«[43]

Zugleich etablierte sich allmählich ein anderes Narrativ, das Gates

geneigter war. Was könnte er mit seiner gnadenlosen Kampfhund-
manier davon haben, gegen Krankheit, Hunger und Armut vorzugehen,
statt seine Konkurrenten niederzumachen? In dieser Erzählung wurde
Gates zum großen Erneuerer, zu einem, der mit seiner in Seattle neu
gegründeten Stiftung der bisher mit Samthandschuhen angefassten
Welt der Philanthropie eine längst überfällige Verantwortlichkeit übertrug.»Das bedeutet, die Forschungen und kompromisslosen Analysen,
die Gates ... jahrelang im Zuge der Entwicklung von Softwareproduk-
ten durchgeführt hatte, weiterhin umzusetzen, doch sie nun der Ausrottung von Malaria oder Kinderlähmung in Entwicklungsländern zu
widmen«, berichtete das Magazin *Time* im Jahr 2000.[44]

Dass Gates nun auf Wohlwollen in den Nachrichtenmedien hoffen
konnte, war möglicherweise auch der Tatsache geschuldet, dass seine
philanthropischen Aktivitäten eine tief verwurzelte Faszination für
Reichtum ansprachen. Hier war ein Mann, der mit seinen Geschäften
unverschämt reich geworden war und nun scheinbar alles wieder weg-
gab. Er war ein Held und ein Musterbeispiel dafür, dass der Kapitalismus
letztlich und ausnahmslos sein Versprechen einlöst, alle Boote zu heben.
Selbstverständlich schadete es auch nicht, dass die Gates Foundation
begann, Hunderte Millionen Dollar an Nachrichtenmedien zu spenden
(vom *Guardian* über den *Spiegel* und *Le Monde* bis zu ProPublica und
National Public Radio), und ebenso wenig, dass Melinda French Gates
mehrere Jahre der Redaktionsleitung der *Washington Post* angehörte.[45]

Außerdem standen Gates' philanthropische Erkundungen in Einklang mit dem damals vorherrschenden neoliberalen Wirtschaftsmo-
dell, wonach agile und effiziente private Akteure unserer schwerfälligen
bürokratischen Regierung eine Menge Arbeit abnehmen konnten –
und sollten. Ob in großem Stil geförderte Landwirtschaft, Bildung oder
Finanzgeschäfte – Bill Gates wurde zu einem wichtigen Partner und
unersetzbaren Vorkämpfer für Geschäftsinteressen, der eine kommerzielle Ideologie im Zeichen der Wohltätigkeit gesellschaftsfähig machte.
Im selben Maße, wie Microsoft durch Entfachen einer Computerrevolution im Handumdrehen den gesellschaftlichen Fortschritt befeuert
habe, so Gates, werde seine Stiftung nun mit pharmazeutischen und

agrochemischen Unternehmen zusammenarbeiten, um Kranke zu heilen und Hungrige zu speisen.

Bei einem Gipfeltreffen im Weißen Haus feierte US-Präsident George W. Bush dieses neue Philanthropie-Modell 2007 als »phantastisches Beispiel für soziales Unternehmertum – Geschäftstüchtigkeit als Lösung für gesellschaftliche Probleme«.[46] Barack Obama verlieh Gates die Presidential Medal of Freedom, Queen Elizabeth schlug ihn zum Ritter und von der indischen Regierung erhielt er den Padma-Bhushan-Orden für ausgezeichnete Dienste.[47] Jede Ehrung schien eine weitere nach sich zu ziehen. Nachdem er als Person des Jahres 2005 gemeinsam mit Bono und Melinda, die hinter ihm abgebildet waren, auf dem Titelblatt des Magazins *Time* zu sehen war, verankerte der 109. US-Kongress das Ereignis mit Resolution 638 des Abgeordnetenhauses, in der er »Bill Gates, Melinda Gates und Bono gratuliert«. Die Resolution konnte 71 Miteinreicher verbuchen.[48]

»Es ist wohl nicht übertrieben zu behaupten, dass Bill Gates der bedeutendste Mensch unserer Generation ist. Das meine ich genau so«, erklärte Journalist Andrew Ross Sorkin, während er 2019 bei einer Veranstaltung der *New York Times* neben Gates saß. »Was er in der Privatwirtschaft bei Microsoft getan hat, hat unsere Kultur und unsere Lebensweise verändert. Und was er jetzt mit seiner Stiftung tut, verändert die Welt.«[49]

Während die Kunde von Gates' guten Taten – oder der Kult um sie – immer weitere Kreise zog, fanden die außergewöhnliche Habgier und zerstörische Monopolmacht, die ihm zum Status eines solch großzügigen Philanthropen verholfen hatten, nicht etwa Vergebung: Die Welt vergaß schlicht und einfach das erste Kapitel seiner Laufbahn. Das schiere Gewicht der Stiftungsspenden – bis Anfang 2023 etwa 80 Milliarden zugesagte Dollar – zerstreute jeglichen noch verbliebenen Argwohn hinsichtlich seiner Intentionen.[50] Zweifellos dienten Gates' umfangreiche Zuwendungen einem größeren Wohl und waren nicht nur eine Lösung für sein Imageproblem. Er hatte sich wirklich dem Aufbau einer langfristig wirkenden wohltätigen Einrichtung gewidmet – die, wie die Stiftung gerne hervorhebt, Leben rettet.

Bei einer Veranstaltung im Jahr 2006 verkündete der Multimilliardär Warren Buffett, er werde der Gates Foundation einen großen Teil seines Privatvermögens spenden und damit ihre Finanzkraft erheblich vergrößern. Daraufhin erklärte Gates, dass wir noch zu seinen Lebzeiten »über Impfstoffe und Medikamente verfügen werden, die uns vom Joch [der 20 tödlichsten Krankheiten] befreien«.[51] Jahre später, 2020, setzte Gates noch eins drauf und verkündete, die Stiftung wolle »nach den Sternen greifen«: »Das Ziel ist kein kleinteiliger Fortschritt. Es geht darum, unter höchstem Einsatz und großen Risiken unsere Anstrengungen und Ressourcen in die Waagschale zu werfen, um im Erfolgsfall Leben zu retten und zu verbessern.«[52]

Versprechen wie dieses wurden zum Markenzeichen der Stiftung. Bei jeder Gelegenheit lenkte Gates unseren Blick hin zur leuchtenden Stadt auf dem Hügel, die er erbauen würde, einem Ort, wo »alle Leben gleich viel wert sind«. In einer Welt, die verzweifelt auf Helden wartet, wollten die meisten an seine utopische Vision glauben. So wurde Bill Gates auf seinem wohltätigen Kreuzzug nicht nur unanfechtbar, sondern sakrosankt.

Man kann gar nicht genug betonen, wie außergewöhnlich, umfassend und schnell sich Gates' öffentliche Transformation vollzog. Er wandelte sich laut ABC und CNBC von einem gierigen, kaltherzigen, tyrannischen Monopolisten zu einem »Philanthropen der leisen Töne« und einer »freundlichen, mitfühlenden und unaufdringlichen« Führungsperson.[53] Natürlich hatte sich Bill Gates in Wahrheit nicht verändert. Er hatte sich keiner Gehirntransplantation unterzogen oder eine geheimnisvolle Wesensveränderung erfahren. Gates blieb bei der Gates Foundation derselbe dominante, barsche Tyrann, der er bei Microsoft gewesen war, ein Vulkan voller Emotionen, der jederzeit ausbrechen konnte. »Zu siebzig Prozent war Bill gegenüber anderen Leuten ein komplettes Arschloch und zu dreißig Prozent der harmlose, lustige, supersmarte Nerd«, verriet mir ein früherer Mitarbeiter. »Das Gute bei der Arbeit war«, sagte ein anderer, »dass man bei Bill immer wusste, woran man war – im Guten wie im Bösen. Wenn Bill etwas sagte, wartete man gespannt – nach dem Motto: Was lässt er heute raus?«

Dagegen trat Melinda French Gates privat wie auch öffentlich immer gleich auf – glattgebügelt, fast wie nach einem Drehbuch, wie meine Quelle sagte. Und wenn beide gemeinsam bei einem Meeting erschienen, bedeutete das natürlich: »Alle Augen waren auf Bill gerichtet. Was sagt seine Körpersprache heute? Wird er fluchen? Mit Gegenständen werfen? Denn Melinda hätte so etwas nie getan.«

Bill Gates weiß die Aufmerksamkeit auf sich zu ziehen und hat keinerlei Skrupel, die Ellenbogen auszufahren oder Wutanfälle zu bekommen. Wenn nicht alles nach seinen Wünschen geht, wenn er sich herausgefordert fühlt oder die Lage nicht so unter Kontrolle hat wie gewünscht, ist die Hölle los. Ja, Menschen sind komplex, aber ein »Mann der leisen Töne« ist Gates noch nie gewesen. Im Gegenteil – seine karitative Arbeit sollte dazu beitragen, dass seine Stimme noch lauter zu hören war. Zudem hat er seine Philanthropie äußerst effektiv eingesetzt, um in weit gestreuten Themenbereichen eine Führungsrolle zu übernehmen, sein Banner zu hissen und die Herrschaft über die von ihm angestrebten Gebiete zu beanspruchen – von den sogenannten Krankheiten der Armen über Landwirtschaft im subsaharischen Afrika bis zu Bildungsstandards in den USA. Diese Projekte hat er mit einer sehr klaren ideologischen Vorstellung, wie die Welt funktionieren sollte, geleitet. Dazu gehören die Entwicklung von Lösungen für gesellschaftliche Probleme mittels Innovation und Technologie, die Stärkung der Vormachtstellung der Privatwirtschaft, das Hervorheben der Bedeutung von geistigem Eigentum und vor allem die Umgestaltung der Welt, die Bill Gates einen Platz am Tisch der Entscheidungsfindungen sichert – möglichst oft den am Kopfende.

Bill Gates praktiziert Wohltätigkeit grundsätzlich anders, als Sie oder ich es tun würden. Es ist nicht so, dass die Gates Foundation armen Menschen Geld gibt und diese es nach ihren Wünschen ausgeben können. Ebenso wenig hört sie sich vor Ort die Sorgen potenzieller Hilfsempfänger an, bedenkt ihre Lösungsvorschläge und unterstützt ihre Ideen. Vielmehr lässt Gates Geld aus seinem Privatvermögen in seine Privatstiftung fließen. Dann versammelt er in der 500 Millionen Dollar teuren Stiftungszentrale eine kleine Schar von Beratern und Experten, um zu entscheiden, welche Probleme seine Zeit, Aufmerksamkeit und Geldmittel wert sind – und welche Lösungen angestrebt werden sollen. Anschließend pumpt die Gates Foundation Geld in Universitäten, Denkfabriken, Nachrichtenredaktionen und Interessenvertretungen, wobei diese sowohl einen Scheck als auch eine Checkliste mit den zu erledigenden Dingen erhalten. Und schon hat Gates eine Echokammer voller Befürworter geschaffen, die den politischen Diskurs in die Richtung seiner Ideen lenken. Die Ergebnisse sind verblüffend.

Im Alleingang hat die Gates Foundation im US-amerikanischen Bildungswesen eine der bedeutendsten und kontroversesten Veränderungen der letzten Jahre finanziert – die *Common Core State Standards*, die der öffentlichen Bildung vom Kindergarten bis zum Highschool-Abschluss im Grunde ein neues landesweites Curriculum vorgeben. Zugleich ist Bill Gates in vielen afrikanischen Ländern zu einem der lautstärksten Reformer der Agrarpolitik geworden. Er treibt Dutzende neuer Regeln, Verordnungen, Gesetze und Maßnahmen der öffentlichen Politik voran, immer gemäß seiner privatwirtschaftlichen, unternehmensgesteuerten, auf Patente gestützten Vision einer Weltwirtschaft, wie sie seiner Meinung nach funktionieren sollte. Und während unsere gewählten Regierenden in der Covid-19-Pandemie an einem Reaktionsplan herumbastelten, schlug Gates Kapital aus den jahrzehntelangen Erfahrungen der Stiftung mit Impfstoffen und stieg zu einer Führungsperson auf, die das Schicksal von Milliarden der ärmsten Menschen der Erde in Händen hielt und mehr oder weniger die Rolle der Weltgesundheitsorganisation übernahm.

Auch wenn diese kühnen Interventionen Bill Gates überwältigende Erfolge auf der Weltbühne bescherten, entpuppten sich alle seine Bemühungen in der Praxis als gravierende Misserfolge, und zwar sowohl im Hinblick auf die erklärten Ziele der Stiftung als auch auf jegliche unabhängigen Maßstäbe. Letzten Endes erweist sich die Bewältigung komplexer Probleme wie öffentliche Gesundheit und öffentliche Bildung doch als sehr viel schwieriger, als Bill Gates dachte. Zudem stellt sich heraus, dass das philanthropische Agieren von Milliardären nicht die Lösung ist.

Ja, natürlich haben die wohltätigen Spenden der Stiftung Menschen gelegentlich geholfen. Ihre herrische Herangehensweise hat jedoch zugleich unzählige Kollateralschäden verursacht, die großenteils ignoriert wurden. Das dominierende Narrativ, das die öffentliche Wahrnehmung der Gates Foundation geprägt hat, hat den Fokus auf ihre zukunftsweisenden Ziele, ihre massiven Spenden und die Menschenleben, die sie vorgeblich rettet, gerichtet. In diesem höchst unausgewogenen, einseitigen Diskurs gab es wenig Raum für eine ernsthafte öffentliche Debatte und nur wenige Erkenntnisse über das, was die Stiftung in Wirklichkeit tut. Bill Gates spendet nicht einfach nur Geld, um Krankheiten zu bekämpfen oder Bildung und Landwirtschaft zu fördern. Er nutzt sein riesiges Vermögen, um politischen Einfluss zu erlangen und die Welt nach seinen eng gefassten Vorstellungen umzugestalten.

Kurz gesagt: Man hat uns zu verstehen gegeben, dass Bill Gates ein Philanthrop sei, während er tatsächlich ein Machthaber ist. Und man hat uns die Gates Foundation als Wohlfahrtseinrichtung verkauft, während sie in Wahrheit eine politische Organisation ist – ein Werkzeug, mit dem Bill Gates an die Hebel der öffentlichen Politik gelangen will. »Seine Berühmtheit, sein Ruf und der Umgang mit seinem eigenen Geld öffnen ihm überall die Türen«, bemerkte Mitch McConnell, der damalige Mehrheitsführer des Senats, im Jahr 2020. »In vielen dieser Länder handelt er viel effektiver als die Regierung, und das bedeutet zweifellos einen Mehrwert für die öffentliche Gesundheit auf der ganzen Welt.«[54]

Gates nutzt diese Zugangsmöglichkeiten – die ihm Treffen mit allen möglichen Leuten, von Barack Obama über Donald Trump bis zu Angela Merkel, bescheren –, um erfolgreich Druck auf Regierungen auszuüben, Steuergelder in Milliardenhöhe in seine karitativen Projekte zu stecken. Es sind unsere Steuerabgaben, die Gates' Wohlfahrtsimperium massiv subventionieren; dennoch sonnt sich Bill Gates allein in dem Ruhm und kann mit unserem Geld faktisch nach seinem Gutdünken schalten und walten. Das Magazin *Forbes* hat Bill Gates jahrelang auf ihrer jährlich erscheinenden Liste der zehn mächtigsten Personen der Welt geführt, doch weil er Macht im Gewand der Philanthropie ausübt, unterziehen wir diese Macht keiner Prüfung und stellen sie nicht in Frage.

Welche Dimensionen dieser Einfluss hat, zeigt sich vielleicht am nachdrücklichsten in seiner einschüchternden Wirkung. Obwohl zahlreiche Personen der Stiftung kritisch gegenüberstehen, zögern viele trotz einschlägiger Erfahrungen, sich zu äußern, weil sie befürchten, die Unterstützung der Stiftung zu verlieren oder Bill Gates' Zorn auf sich zu ziehen. Diese Selbstzensur ist so verbreitet, dass in akademischen Kreisen ein Begriff dafür kursiert: *Bill chill*, was etwa bedeutet »der kalte Bill-Schauer«. Dies ist einer der vielen Widersprüche, die die Gates Foundation ausmachen – die bekannteste humanitäre Einrichtung der Welt ist zugleich eine der weltweit meistgefürchteten Organisationen.

Damit will ich nicht sagen, dass Bill Gates keine guten Absichten hegt. Zweifellos glaubt er wirklich daran, dass er der Welt hilft. Aber uns sollte klar sein, dass er der Welt auf die einzige Art und Weise hilft, die er kennt: indem er die Kontrolle übernimmt. Während seiner gesamten Karriere bei Microsoft und seiner Stiftungsarbeit hat Bill Gates immer wieder einen – vielleicht tragischen – Fehler begangen: Er glaubt unerschütterlich an sich selbst und daran, dass er in allem, was er tut, recht hat und rechtschaffen handelt, dass er der schlaueste Typ auf Erden und ein geborener Anführer ist.

In gewisser Hinsicht sind Gates' gute Absichten genau das Problem. Wenn wir uns die abscheulichsten Führer der Weltgeschichte ansehen, werden wir auf viele wahre Gläubige und krankhafte Narzissten stoßen – Männer, oder großenteils Männer, die wirklich glaubten zu wissen, was für andere das Beste ist. Irgendwann müssen wir übereinkommen zu erkennen, wie bösartig und undemokratisch dieses Machtmodell ist. Und wir müssen uns darauf einigen, dass eine Humanität, die wahren menschlichen Fortschritt – Gleichheit, Gerechtigkeit, Freiheit – erreichen will, Macht ohne Rechenschaftspflicht und illegitime Führer in Frage stellen muss.

Das bedeutet letztlich, dass Bill Gates nicht die Lösung, sondern das

Problem darstellt. Er beansprucht Macht, die er sich nicht erarbeitet hat und nicht verdient. In keinerlei Hinsicht hat ihn irgendwer zum Führer der Welt gewählt oder ernannt. Und doch steht er da, schlägt sich auf die Brust, nimmt das Podium in Beschlag und plärrt seine Lösungen für alle Probleme durch ein Megaphon – vom Klimawandel über den Zugang zu Verhütungsmitteln bis zur Covid-19-Pandemie.

Zwanzig Jahre nachdem Gates sein großes philanthropisches Experiment gestartet hat, ist eine Neubewertung des mächtigsten Menschenfreundes der Welt lange überfällig, umso mehr, als sich eine neue Generation von Tech-Milliardären anschickt, in seine Fußstapfen zu treten. Jeff Bezos und seine Exfrau MacKenzie Scott haben zugesagt, den Löwenanteil ihres Vermögens, zusammen über 150 Milliarden Dollar, zu spenden. Mark Zuckerberg hat ähnliche Versprechungen gemacht, wie auch zahlreiche weitere superreiche Unterzeichner der Kampagne »The Giving Pledge«, die die Gates Foundation ins Leben gerufen hat, um Milliardäre zur Wohltätigkeit zu bewegen. Auch wenn es paradox erscheint, ist die Aussicht auf Hunderte von Milliarden oder gar Billionen Dollar an karitativen Spenden kein Grund zur Freude, sondern eher zur Besorgnis.

So wie die globale Elite die Politik durch Wahlkampfspenden und Lobbying beeinflusst, ist auch die Philanthropie ein weiteres Werkzeug der Einflussnahme im Handwerkskasten von Milliardären geworden. Dass die Superreichen ihr Privatvermögen nahtlos in politische Macht verwandeln können, ist ein deutliches Zeichen für ein Scheitern der Demokratie und das Aufkommen einer Oligarchie. Wir sollten dies als Weckruf verstehen, um uns zu fragen, ob das die Welt ist, in der wir leben wollen – einer Welt, in der sich die reichsten Leute am lautesten Gehör verschaffen, in der wir das Anhäufen von Vermögen durch fragwürdige Magnaten beklatschen und bejubeln, weil sie es in aller Öffentlichkeit auf wohltätige Projekte verteilen, in denen ihre politischen Ansichten auf undemokratische Weise befördert werden.

Bill Gates liefert die perfekte Fallstudie, um dieses Vorgehen in Frage zu stellen, weil er in vielerlei Hinsicht das beste Beispiel für die guten Taten ist, die Milliardäre tun können, das allerbeste Beispiel für das, was eine wohlmeinende globale Elite erreichen kann. Im Laufe der Jahre veröffentlichten Journalisten unzählige Artikel über die räuberischen Geld-und-Politik-Verstrickungen der Koch-Brüder und von Rupert Murdoch, doch noch ausführlicher ließen sie sich über Bill Gates als unseren »guten Milliardär« aus und beschrieben seine vorgeblich selbstlosen karitativen Kampagnen zur Rettung der Welt vor sich selbst. Im Gleichklang mit Gates' massivem PR-Apparat haben die Nachrichtenmedien ein Konstrukt aus allzu simplen Erzählungen oder gar Märchen erzeugt, die in der Botschaft mündeten, dass es kaum Kritikpunkte an der Stiftung gibt, über die es sich zu diskutieren lohnt: Wäre es Ihnen lieber, wenn Bill Gates sein Geld für Sportwagen und Villen ausgeben würde? Wäre die Welt wirklich besser, wenn wir Gates besteuern würden und unsere unfähige Regierung sein Riesenvermögen ausgeben dürfte?

Um diese Fragen zu beantworten und wirklich zu verstehen, wie Bill Gates seinen Reichtum mittels Philanthropie in politische Macht umgemünzt hat, müssen wir sehr tief in eine dunkle, private Institution vordringen. Dort werden wir auf eine wohltätige Stiftung stoßen, in deren Aktivitäten weder Wohltätigkeit nach allgemein gültiger Definition noch die Verlautbarungen und erklärte Mission der Stiftung erkennbar werden.

Wir werden einen Mann finden, dem es gelungen ist, während seines Wirkens als großzügigster Mensch der Geschichte nicht ärmer, sondern reicher zu werden. Wir werden sehen, wie bedeutungslos oder mickrig Bill Gates' Spenden in Relation zu seinem Riesenvermögen sind – er verteilt Geld, das er nicht braucht und niemals ausgeben könnte. Wir werden erfahren, dass die Familie Gates unzählige persönliche Vorteile aus ihrer Philanthropie zieht. Dazu gehören Milliarden Dollar an Steuererleichterungen, öffentlicher Beifall, politische Macht und sogar die Fähigkeit, ihnen nahestehende Organisationen vermögender oder einflussreicher zu machen – so wie mit der 100-Millionen-Dollar-Spende an die private Elite-Highschool in Seattle, die Bill Gates und seine Kinder besucht haben.

Wir werden erkennen, dass Gates' karitative Projekte durch zig Milliarden Dollar aus Steuergeldern finanziert werden, wobei die Steuerzahler jedoch kaum erfahren, wohin ihr Geld geht. Zudem werden wir sehen, dass wir die Geldflüsse an vielen Stellen nicht einmal nachvollziehen können, da die Stiftung mit Milliarden Dollar an dunklem Geld agiert.

Wir werden eine wohltätige Stiftung vorfinden, der es anscheinend gleichermaßen darum geht, Geld zu verdienen und zu verschenken, die offen und ausgiebig kommerziell handelt, Privatunternehmen Milliarden Dollar zukommen lässt, Kapitalerträge in Milliardenhöhe einstreicht und sogar Privatbetriebe gründet und führt. Und wir werden auf Whistleblower aus der Privatwirtschaft treffen, die behaupten, dass die Stiftung, wie zuvor schon Microsoft, ihre Marktmacht missbraucht und sich wettbewerbswidrig verhält.

Wir werden das verblüffende Netzwerk erkennen, das die Gates Foundation gesponnen hat, um ihren Einfluss zu vergrößern, und das eine ungeheure Ansammlung von Stellvertretern und »Front Groups« finanziert, die die Ziele der Stiftung nach deren Anweisung verfolgen. Wir werden beobachten, wie diese Organisationen, die von der Stiftung geschaffen, finanziert und gesteuert werden, sich selbst als unabhängige Körperschaften präsentieren, jedoch allem Anschein nach durchgängig die Stiftungsagenda verfolgen. Wir werden analysieren, inwiefern sich diese Stellvertretermacht im In- und Ausland in politische Macht verwandelt, und uns wird aufgehen, dass Gates mit 68 Jahren beabsichtigt, seinen Einflussbereich in den kommenden Jahrzehnten noch zu vergrößern.

Wir werden eine Organisation vorfinden, die ihre Motivation nach eigenem Bekunden aus den »Interessen und Leidenschaften der Gates-Familie« bezieht – nicht etwa aus den Bedürfnissen oder Wünschen ihrer anvisierten Hilfsempfänger. Wir werden es mit einer Organisation zu tun haben, die in sich selbst verliebt ist – in ihre Experten, Antworten, Strategien und ihren Gründer – und allzu bereit ist, jeden niederzuwalzen, der sich ihr in den Weg stellt. Wir werden eine Stiftung mit einem rückwärtsgewandten kolonialen Blick erleben, die sich auf hoch bezahlte Technokraten in Genf und Washington, D.C., verlässt, um die Probleme armer Menschen in Kampala und Uttar Pradesh zu lösen. Und wir werden auf einen Mann treffen, der auf besorgniserregende Weise am »Main-Character-Syndrom« erkrankt ist, weil er sich ständig seiner Führerschaft und Expertise in Themenbereichen vergewissern muss, in denen er weder qualifiziert noch anerkannt ist oder irgendein Mandat besitzt.

Wir werden eine Organisation erleben, die sich selbst mit allem Nachdruck als Verfechter von Wissenschaft, Vernunft und Fakten vermarktet, aber unverblümt mit Ideologien Handel treibt. Wir werden Zeuge einer Philanthropie, die immense Summen für die Evaluierung und Beurteilung anderer Organisationen ausgibt, jedoch alles dafür tut, dass ihre eigene Arbeit möglichst nicht unabhängig beurteilt und evaluiert wird. Wir werden verfolgen, wie Milliarden Dollar in Universitäten und Nachrichtenagenturen fließen, die verlässlich keine Kritik an der Stiftung üben. Wir werden ein »Erfolgskartell« aus Einzelpersonen und Gruppen vorfinden, die panisch davor zurückschrecken, Bill Gates zu kritisieren, und stattdessen eifrig auf seine guten Taten verweisen, weil sie seine Unterstützung nicht verlieren wollen.[55] Und wir werden von den berechnenden, geschäftstüchtigen Bemühungen der Stiftung hören, Kritiker mundtot zu machen und Debatten im Keim zu ersticken. Doch wir werden auch sehen, dass diesen Bemühungen, den Diskurs zu kontrollieren und zu monopolisieren, Grenzen gesetzt sind. Davon zeugt die bemerkenswerte Kritik, die rings um die Stiftung laut geworden ist, aber nie die ihr gebührende Aufmerksamkeit erhalten hat.

Wir werden erkennen, dass Bill Gates zugleich ein Wolf im Schafspelz und ein Kaiser ohne Kleider ist. Wir werden einen Mann erleben, der sich mit jeder Faser gegen eine Rechenschaftspflicht sträubt, und eine Institution, deren Aktivitäten nie ihren hochgesteckten Ansprüchen entsprechen – ob es um die Menschenleben geht, die sie zu retten vorgibt, oder den menschlichen Fortschritt, den sie voranzutreiben behauptet. Wir werden mit einem Mann konfrontiert, dem persönlich seit Jahrzehnten, sowohl bei Microsoft als auch in der Gates Foundation, unangemessenes Verhalten am Arbeitsplatz vorgeworfen wird und der die unsägliche Entscheidung getroffen hat, sein wohltätiges Unternehmen Geschäfte mit dem verurteilten Sexualstraftäter Jeffrey Epstein machen zu lassen. Wir werden feststellen, dass Bill Gates, so ungeheuerlich seine Fehltritte auch sein mögen und so robust unsere sogenannte Cancel Culture auch ist, gegen Kontrollsysteme, selbst vonseiten des Kongresses und der Bundessteuerbehörde der USA, weitgehend immun zu sein scheint.

Wir werden eine zutiefst ahistorische und einfallslose Stiftung erleben, die es vorzieht, jahrzehntealte gescheiterte karitative Projekte wieder auszugraben, wie etwa die »Grüne Revolution« in der afrikanischen Agrikultur und eine Reihe von Aktivitäten zur Familienplanung, die mit Bevölkerungskontrolle liebäugeln. Wir werden einer Institution begegnen, die uns jahrelang aufgefordert hat, den Blick zum Horizont zu richten, zu den wegweisenden Technologien, die sie einführen, und den revolutionären Interventionen, die sie leiten wird. Und wir werden im Großen wie im Kleinen sehen, dass es der Stiftung nicht gelungen ist, die gesteckten Ziele zu erreichen – sei es die Ausrottung der Kinderlähmung, die Einführung bahnbrechender Impfstoffe, die Revolutionierung der Landwirtschaft und des US-amerikanischen Bildungswesens oder die Anleitung der Welt bei der Reaktion auf Covid-19. Wir werden eine Organisation vorfinden, die sich allein dank ihres immensen Reichtums permanent Fehler erlauben darf.

Wir werden eine Institution sehen, die sich an den grotesken ökonomischen Ungleichheiten, die die Welt beherrschen, bereichert, die darauf zählt, dass der Rest von uns zu arm oder zu dumm ist, ihre Freigebigkeit zurückzuweisen. Wir werden erfahren, dass die mehr als 150 Milliarden Dollar, die Bill Gates dank seines Privatvermögens und der Kapitalausstattung seiner Privatstiftung kontrolliert, ein Sinnbild und ein Garant für Ungleichheit sind, nicht ihr Gegenmittel. Wir werden verstehen, dass in unsere Welt durch Gates' welterschaffendes Wirken nicht mehr Gleichheit oder Gerechtigkeit eingekehrt sind. Wir werden erkennen, dass seine »Vater-ist-der-Beste«-, »Almosen-vom-Tisch-des–Herrn«-, »Noblesse-oblige«-Attitüde das Steuer in die entgegengesetzte Richtung lenkt und sehr oft mehr schadet als nützt. Wir werden begreifen, dass die Gates Foundation keineswegs vorhat, die Welt zu verändern, sondern sie vielmehr genau so belassen will, wie sie ist, und dabei eine aggressive Business-as-usual-Strategie verfolgt, die dem wahren sozialen Wandel, der für die Überwindung der Ungleichheit notwendig ist, einen Riegel vorschiebt.

Wir werden auf eine Organisation treffen, die ihren Zenit erreicht hat und im Sinken begriffen ist – niedergedrückt von der Last ihrer Bürokratie und Hybris, die sich aus den Dünsten einer vergangenen Ära neoliberaler Phantasien speist und verzweifelt versucht, bedeutsam zu bleiben. Und letzten Endes werden wir einen Umschwung in den Nachrichtenmedien wahrnehmen, die 2021 von Cheerleadern zu Kritikern wurden und eine Flut verheerender Schlagzeilen produzierten. Diese zeigen, dass die Zeit für eine Neubewertung des Gates-Kultes reif ist: »Schon lange vor seiner Scheidung war Bill Gates für sein fragwürdiges Verhalten bekannt«, »Bill Gates sollte aufhören, Afrikanern zu erklären, welche Landwirtschaft Afrikaner brauchen«, »Wie Bill Gates den weltweiten Zugang zu Covid-Impfstoffen blockierte«.

Wir werden erkennen, wie verwundbar die Gates Foundation ist und wie viel Verantwortung wir alle dafür tragen, sie zur Rechenschaft zu ziehen. Irgendwann werden wir in den Spiegel schauen und uns fragen, warum wir es Bill Gates so lange erlaubt haben, so viel Macht von uns zu übernehmen. Wir werden uns den Kopf über unser kollektives Stockholm-Syndrom zerbrechen, das uns glauben gemacht hat, dass wir Gates' widerrechtliche Machtaneignung bejubeln sollten, statt sie in Frage zu stellen. Und schließlich werden wir begreifen, dass Bill Gates mit seiner Gates Foundation nicht nur irgendein Problem ist, sondern *unser* Problem.

1

GERETTETE MENSCHENLEBEN

In der Oxford Union, dem berühmten Debattierclub, der mit der prestigeträchtigen Oxford University assoziiert ist und in dem vornehme Leute formell diskutieren, fand 2019 eine Debatte statt, in der es um die Frage ging: Ist es unmoralisch, ein Milliardär zu sein? Der Autor Anand Giridharadas, der die Frage bejahte, prangerte die Sünden der Superreichen und die falschen Versprechungen der Milliardär-Philanthropen an.

»Sie finden immer wieder neue ausgeklügelte Wege, möglichst wenig und möglichst prekär zu bezahlen. Steuern umgehen sie auf illegale und legale Weise, indem sie Summen in Billionenhöhe im Ausland verstecken. … Sie betreiben Lobbyarbeit für politische Maßnahmen, die nicht im öffentlichen Interesse liegen, ja, ihm sogar entgegenstehen, aber sie selbst reicher machen. Sie bilden Monopole, die jeden Wettbewerb im Keim ersticken. Sie verursachen soziale Probleme, um Profit daraus zu schlagen …«, wetterte Giridharadas über die lange Liste an Missetaten der Superreichen. »Und sie nutzen Philanthropie für ihre Zwecke, indem sie einen kleinen Teil ihres unter dubiosen Umständen erworbenen Vermögens aufwenden, nicht nur, um ihren Ruf aufzupolieren, sondern vor allem, um so weitermachen zu können wie bisher. … Das sind wissentlich begangene unmoralische Handlungen.«[1] Trotz seines rhetorischen Talents und der volksnahen Argumente verloren Giridharadas und sein Team die Debatte. Gegen Bill Gates hatten sie einfach keine Chance.

Gates und die Wohltaten seiner Foundation waren das wesentliche

Argument der Contra-Fraktion, die den Zuhörern das Narrativ vom guten Milliardär einhämmerte. »Sie behaupten, Bill und Melinda Gates seien unmoralisch, obwohl sie die Gates Foundation gegründet haben, die nach der Überzeugung handelt …, dass alle Menschenleben gleich viel wert sind«, gab Peter Singer, Philosoph an der Princeton University, zu bedenken. »Bill und Melinda Gates haben bislang 50 Milliarden Dollar in die Stiftung gesteckt und das ist noch nicht alles. Sie sagen, sie seien unmoralisch, obwohl sie zweifellos schon … Millionen Menschenleben gerettet haben – möglicherweise mehr als jede andere heute lebende Person.«[2]

Schon lange werden Variationen dieses schlagenden Arguments angeführt, um jeder Kritik an Milliardären den Wind aus den Segeln zu nehmen. Wenn prominente Vertreter und Vertreterinnen der amerikanischen Politik – von der Abgeordneten Alexandria Ocasio-Cortez über Senatorin Elizabeth Warren bis zu Senator Bernie Sanders – das Daseinsrecht von Milliardären in Frage stellen, machen sie sich damit ausgesprochen angreifbar. Denn sie plädieren für ein Ende der Gates Foundation und damit für den Tod von Millionen Kindern.

Dieser Gesichtspunkt ist in der populären Diskussion über Gates gewissermaßen zur gängigen Meinung geworden; seit Jahren haben sich schon so viele Leute auf ihn berufen, das er in eine Reihe mit dem Gesetz der Schwerkraft und der Gewissheit von Tod und Steuern gestellt wird. Die beiden Dinge, die die meisten Menschen über die Gates Foundation wissen, sind: Sie spendet große Summen und sie rettet Menschenleben. »Um eine ausgewogene, solide und wohlüberlegte Perspektive auf Bill Gates zu entwickeln, muss man in erster Linie die schiere Größe seines Tuns verstehen und berücksichtigen, statt sie auszublenden«, bemerkt die für das Nachrichtenportal *Vox* tätige Journalistin Kelsey Piper unter Verweis auf »Millionen« Menschenleben, die Gates gerettet habe.[3]

Wer es wagt, sich kritisch über Bill Gates zu äußern, ohne seinen Ring zu küssen, bekommt zu hören: »In Ihrem Artikel erwähnen Sie noch nicht einmal, dass Gates das Leben von Millionen der Ärmsten der Welt gerettet hat.« So David Callahan, Herausgeber der Webseite

Inside Philanthropy, in seiner Rezension des ersten Textes, den ich über die Stiftung geschrieben habe, einer Titelgeschichte in *The Nation* Anfang 2020.[4]

So sehr die Behauptung von den geretteten Menschenleben die öffentliche Diskussion über Gates auch bestimmt, steht sie doch auf äußerst wackligen Füßen. Es sieht so aus, als habe sie nicht über unabhängige Forschung und Evaluierung Eingang ins öffentliche Bewusstsein gefunden, sondern dank der gebetsmühlenartigen Wiederholung durch den riesigen PR-Apparat der Gates Foundation. »Wie Sie wissen, sind heute mehr als 6 Millionen Menschen am Leben, die ohne die von uns finanzierten Impfungen und Impfstofflieferungen nicht mehr leben würden«, bemerkte Bill Gates 2014 im American Enterprise Institute. »Das sind ausgesprochen gut messbare Daten.«[5]

Ein Jahr zuvor hatte Gates jedoch gesagt, seine karitativen Spenden hätten *10* Millionen Menschen das Leben gerettet.[6] Falls das Retten von Menschenleben also messbar ist, handelt es sich keineswegs um eine exakte Wissenschaft. Während die von Gates angegebenen Zahlen von einem Jahr zum anderen schwanken, bleibt eines aber immer gleich: Die Zahl der »geretteten Menschenleben« wird offenbar jedes Mal von der Stiftung oder den von ihr unterstützten Gruppen veröffentlicht.

Die Stiftung hat die Entstehung eines Buches mit dem Titel *Millions Saved* finanziert und offenbar redaktionell betreut. Herausgegeben wurde es vom Center for Global Development (dessen größter Geldgeber – mit über 90 Millionen Dollar – die Gates Foundation ist).[7] Das der University of Washington zugehörige Institute for Health Metrics and Evaluation, das mehr als 600 Millionen Dollar von Gates erhalten hat, veröffentlichte eine Auflistung der von ihm geretteten Menschenleben in *The Lancet*.[8] Das »Lives Saved Tool« der Johns Hopkins University und ein Modell des Vaccine Impact Modelling Consortium haben einen ähnlichen Zweck. Beide Organisationen erhalten finanzielle Zuwendungen von Gates.[9]

Obwohl die Stiftung in ganz unterschiedlichen Bereichen tätig ist – vom amerikanischen Bildungswesen über Agrikultur in Afrika bis zur

Familienplanung in armen Ländern –, richtet sich nahezu die ganze geballte Schlagkraft ihrer Öffentlichkeitsarbeit auf ihr Wirken zugunsten globaler Gesundheit und Entwicklung, weil sie hier am nachdrücklichsten auf Erfolge, auf die von ihr geretteten Menschenleben, verweisen kann.

Gates' Wettrüsten in Sachen Lebensrettung erreichte 2017 seinen Höhepunkt, als Warren Buffett, einer der renommiertesten Investoren und reichsten Menschen der Welt, Bill und Melinda Gates aufforderte, darüber nachzudenken, was sie mit den 30 Milliarden Dollar gemacht hätten, die er der Stiftung hatte zukommen lassen.[10] »Viele möchten wissen, woher Sie kamen, wohin Sie wollen und warum«, hieß es in Buffetts Schreiben. »Ihre Stiftung wird immer im Scheinwerferlicht stehen. Darum ist es wichtig, dass ihre Arbeit gut nachzuvollziehen ist.«

In ihrer öffentlichen Antwort dankten Bill und Melinda Buffett für »das größte Geschenk, das jemals jemandem gemacht wurde«.

»Wir können Ihnen keine Verkaufs- und Gewinnzahlen präsentieren«, hieß es in dem Schreiben an Buffett. »Es ist kein Aktienkurs zu vermelden. Es gibt jedoch Zahlen, die wir genau im Blick haben, an denen sich unsere Arbeit orientiert und die unseren Erfolg dokumentieren. … Wir erzählen die Geschichte anhand der Zahlen, die uns zu unserer Arbeit motivieren. Beginnen wir mit der wichtigsten: 122 Millionen – die Zahl der Kinder, deren Leben wir seit 1990 gerettet haben.«

Bill Gates erläutert in dem Schreiben: »Im Jahr 2015 überlebten mehr Kinder als 2014. Im Jahr 2014 überlebten mehr als 2013 und so weiter. Zählt man alle zusammen, wurden in den letzten 25 Jahren 122 Millionen Kinder unter fünf Jahren gerettet. Das sind Kinder, die ihr Leben verloren hätten, wenn die Sterblichkeitsrate auf dem Stand von 1990 geblieben wäre.«

Diese spektakuläre Erfolgszahl flocht die Stiftung später in ihre öffentlichen Präsentationen ein – und bezahlte das Magazin Fast Company für ihre Veröffentlichung.[11] Der ebenfalls von Gates gesponserte Guardian publizierte ein in glühenden Worten verfasstes Porträt der

Stiftung, die zur Rettung von 122 Millionen Menschenleben beigetragen habe, während sich die *New York Times* und zahllose andere Medien den Lobgesängen anschlossen.[12] »Die Menge der geretteten Menschenleben lässt sich kaum, wenn nicht unmöglich, beziffern«, verkündete die Redaktionsleitung der *Dallas Morning News*, als sie Melinda Gates 2020 zur »Texanerin des Jahres« erklärte – eine merkwürdige Auszeichnung angesichts der Tatsache, dass sie jahrzehntelang in Seattle gelebt hatte. »Im Internet ist oft von 122 Millionen die Rede. Wie viele es genau sind, kann man nur raten, auch wenn die Stiftung ihre Erfolge bei der Unterstützung von weltweit immer mehr Menschen auf dem Weg zu einem gesunden, produktiven Leben sorgfältig verzeichnet.«[13]

Zumindest war die Zeitung so ehrlich, als Informationsquelle »das Internet« anzugeben; damit räumt sie unumwunden ein, dass niemand wirklich weiß, wie viele Menschenleben die Stiftung gerettet hat. Dennoch bleibt es zutiefst verstörend, wenn sich die versammelte Redaktionsleitung eines großen Nachrichtenmediums – dessen Aufgabe es ist, die Mächtigen unter die Lupe zu nehmen und Fehlinformationen aufzudecken – hinter eine höchst zweifelhafte PR-Kampagne stellt.

Wo kommen die »122 Millionen« denn nun her? Bei der ersten Erwähnung der Zahl beziehen sich die Gates auf ein Diagramm aus dem *Economist*, das zeigt, dass die Kindersterblichkeit über die Jahrzehnte hinweg gesunken ist. (Die Gates Foundation scheint seit langem mit der Economist Intelligence Unit zusammenzuarbeiten, der Schwesterorganisation des *Economist*. Es ist nicht klar, wann diese Beziehung begann.)[14] Macht man sich die Mühe, die titellose Studie aus dem *Economist* zurückzuverfolgen, so stellt man fest, dass das Diagramm auf einer Untersuchung der Brookings Institution beruht. Wenn man diese Untersuchung ausfindig macht, findet man heraus, dass der Titel des Berichts in Wirklichkeit »Seven Million Lives Saved« lautet.[15] Weder im *Economist* noch bei Brookings wird die Zahl 122 Millionen erwähnt. John McArthur, der Autor der Brookings-Studie, sagte, er wisse nicht, wie die Stiftung auf diese Zahl gekommen sei, hatte dann aber noch einige Hintergrundinformationen parat. »Das Ergebnis hängt

von der gestellten Frage ab«, erklärte er mir. »Verschiedene kontra-
faktische Annahmen ergeben unterschiedliche Antworten. Fragt man
nach dem weltweiten Fortschritt, erhält man andere Antworten, als
wenn man den Fortschritt in Relation zu vorangegangenen Entwicklungen untersucht. Und dann gibt es für jede Annahme jeweils noch
eine Reihe weiterer Messprobleme.«

Dies ist ein Bereich, in dem die Gates Foundation ungewöhnlich viel
Einfluss und Macht besitzt. Indem sie die Studien und Evaluationen
finanziert, die der Welt von ihrer Arbeit berichten, kann sie steuern,
welche Fragen gestellt oder welche Daten zugrunde gelegt werden. Das
wiederum beeinflusst die Ergebnisse und Schlussfolgerungen der Studien. Zudem sponsert die Stiftung gelegentlich die Nachrichtenmedien, die diese Forschungsergebnisse öffentlich zugänglich machen.
Zu einem sehr großen Teil ist das entscheidend für die Geschichte der
Gates Foundation: Viel von dem, was wir über ihre Arbeit, ihre Methoden und ihre Erfolge wissen, kommt von der Stiftung selbst.

Wenn wir es der Stiftung überlassen zu bestimmen, wie ihr Erfolg zu
bemessen ist – sprich: wie viele Menschenleben sie gerettet hat –, sowie
auch die entsprechenden Messungen vorzunehmen, verleihen wir ihr
eine gefährliche epistemische Macht. Wir versetzen sie in die Lage zu
beeinflussen, was wir wissen und welche Meinung wir von der mächtigsten Privatstiftung der Welt haben. Demzufolge lassen wir uns bei
der Bewertung der Gates Foundation von vornherein von ihren eigenen selbstverherrlichenden Marketingkampagnen leiten, obwohl uns
diese ebenso gut Anlass bieten könnten, die Stiftung kritisch zu hinterfragen.

Da die Gates Foundation auf keine Presseanfragen zu diesem Buch
reagierte, ist unklar, wie sie zu dieser viel verbreiteten Zahl gelangte.
Bill Gates' knappe Erläuterungen lassen darauf schließen, dass seine
Analyse vermutlich auf einer Untätigkeits-Annahme beruht – man
geht davon aus, dass sich die Sterblichkeitsraten aus den 1990er Jahren
ohne die Gates Foundation in den 2000er und 2010er Jahren nicht verändert hätten. Das ist jedoch keine besonders relevante oder aussage-
kräftige Analyse – es sei denn, man nimmt an, dass die Welt ohne Bill

Gates tatsächlich zum Stillstand gekommen wäre. Wie viele der 122 Millionen Menschenleben unmittelbar dank Gates gerettet wurden und wie viele aufgrund unzähliger anderer Variablen und Interventionen, die mit der Stiftung nichts zu tun hatten, verrät eine solche Betrachtung nicht.

Damit will ich keineswegs sagen, dass die Gates Foundation nichts dazu beiträgt, Leben zu retten. Zum Beispiel hilft sie beim Verabreichen von Impfstoffen, die Menschenleben retten. Doch das tun andere Maßnahmen auch – etwa die Ausbildung von Ärzten und Pflegepersonal, der Bau und die Ausstattung von Kliniken sowie Investitionen in die Transportinfrastruktur, die es Patienten ermöglicht, diese Kliniken auch zu erreichen. Wo und wie wir unsere begrenzten Ressourcen für das Gesundheitswesen nutzen, ist letztlich eine politische Frage. Und genau deshalb macht sich die Gates Foundation als undemokratische Kraft angreifbar. Sie nutzt ihren Reichtum und ihre exponierte Plattform, um sicherzugehen, dass ihre Prioritäten auch unsere Prioritäten sind. Sie tut sich mit reichen Nationen zusammen und drängt sie, ihre Mittel aus der Entwicklungspolitik für karitative Projekte der Stiftung einzusetzen, wodurch Steuergelder von anderen Interventionen abgezogen werden, die vielleicht noch mehr Menschenleben retten würden oder einen anderen, noch wichtigeren Nutzen hätten.

Bei näherer Betrachtung lösen sich viele der von Gates beanspruchten Erfolge in Luft auf. Ein gutes Beispiel ist die Arbeit der Stiftung zur Bekämpfung des Rotavirus, das Durchfall und eine gravierende Dehydratation hervorruft. 2022 prahlte Bill Gates: »Wir haben die Herstellung eines neuen Impfstoffs gegen das Rotavirus unterstützt, woraufhin die Zahl der Kinder, die an dieser Krankheit sterben, jedes Jahr um 75 Prozent zurückgegangen ist, von 528 000 im Jahr 2000 auf 128 500 im Jahr 2016.«[16]

Viele, wenn nicht die meisten, dieser verhinderten Todesfälle haben jedoch gar nichts mit der Arbeit der Stiftung im Bereich der Impfstoffentwicklung zu tun. Es stimmt, dass am Rotavirus weniger Menschen sterben als früher, aber dieser Trend setzte schon Jahre vor dem Engagement der Stiftung für die Bekämpfung der Krankheit ein, Jahre bevor überhaupt eine allgemeine Empfehlung für den Einsatz eines Impfstoffs in armen Ländern ausgesprochen wurde (2009).[17] Bessere sanitäre Anlagen und Händewaschen, sauberes Trinkwasser und die größere Verbreitung einer oralen Rehydratationstherapie (sowie ganz allgemein das Vorhandensein einer medizinischen Versorgung) haben allesamt zur Senkung der Sterberate beigetragen. Zu erwähnen ist auch eine bittere Ironie im Zusammenhang mit Impfstoffen gegen das Rotavirus: In den armen Ländern, wo sie besonders dringend gebraucht werden, sind sie weniger wirksam als in reichen Ländern.[18] Das heißt nicht, dass sie kein wichtiges Werkzeug wären. Sie sind nur nicht das einzige Werkzeug – oder die Wunderwaffe, als die sie die Gates Foundation gerne sehen würde. Um das Gesundheitswesen wirklich zu verbessern, müssen wir grundlegendere Probleme der Armut angehen – zum Beispiel sicherstellen, dass die Menschen Zugang zu gesunder Ernährung, sauberem Wasser, medizinischer Versorgung, Einkommen und einem Zuhause haben.

»Ja – die Medizintechnik (insbesondere Impfstoffe und Antibiotika) hat uns in die Lage versetzt, immer mehr Menschen am Leben zu erhalten«, erklärte mir David McCoy, Forscher an der United Nations University, »aber diese Abhängigkeit von der Technik ist anfällig und [lässt außer Acht, dass] ein früher Tod weltweit vor allem durch Armut verursacht wird. Dass sich die Gates Foundation so stark auf Technik fokussiert und Gates die sozialen Gesundheitsfaktoren bewusst vernachlässigt, hat zur Folge, dass die Gates Foundation mehr Schaden anrichtet, als dass sie Gutes tut.«

McCoy war Autor einer der wenigen unabhängigen Analysen, die inmitten der unzähligen Behauptungen über gerettete Menschenleben publiziert wurden.[19] Dabei handelt es sich um eine wissenschaftliche Studie von 2013 über einen der größten Partner der Gates Foundation in Sachen Lebensrettung, den Global Fund to Fight Aids, Tuberculosis and Malaria. »Das Modell, aus dem diese Zahlen [über gerettete Menschenleben] hervorgehen, ist höchst fragwürdig und unglaublich voreingenommen«, verriet mir McCoy. »Es operiert mit allen möglichen methodologischen Vorannahmen, die eigentlich nicht gerechtfertigt sind.«

Selbst Gates' enge, auf die Pharmaindustrie konzentrierte Perspektive auf das Gesundheitswesen offenbart wesentliche Mängel. Beispielsweise sind zum jetzigen Zeitpunkt fast die Hälfte aller Kinder weltweit nicht gegen das Rotavirus geimpft.[20] Angesichts der Tatsache, dass mehrere Rotavirus-Impfstoffe verfügbar sind und Bill Gates offenbar sein Banner gehisst und die Bekämpfung der Krankheit für sich beansprucht hat, stellt sich die Frage, ob er nicht eine gewisse Verantwortung für diese Versäumnisse übernehmen müsste. Wenn er sich schon das Verdienst für den erzielten Fortschritt auf die Fahne schreibt und dabei die Daten verzerrt oder falsch darstellt, um die Leistung seiner Stiftung hochzuspielen, muss er dann nicht auch für die Unzulänglichkeiten seines wohltätigen Wirkens geradestehen?

Die wirklich gravierende Verzerrung in Gates' Narrativ besteht darin, dass es nicht berücksichtigt, wie viele Menschen ihr Leben verlieren. Jahr für Jahr sterben etwa 60 Millionen.[21] Das ist eine düstere Statistik, die durch eine beunruhigende Tatsache noch unterstrichen wird: Viele dieser Menschen fallen vermeidbaren oder behandelbaren Krankheiten zum Opfer. Das verweist auf das Paradox der modernen Medizin, dass zahllose Menschen sterben, weil die Behandlung zu teuer ist oder die lokalen Gesundheitssysteme nicht ausreichend für den Umgang mit Erkrankungen gerüstet sind. Wieder lautet das Problem Armut und Ungleichheit. Ein weiteres Problem sind Monopolmärkte – und damit die Art und Weise, wie wir die Volkswirtschaft im Hinblick auf Medikamente, Impfstoffe und Diagnostik organisieren.

In Bill Gates' Augen belohnen Patente und der Schutz von geistigem Eigentum Unternehmen für die von ihnen geschulterten immensen Kosten von Forschung und Entwicklung, wenn ein neues Medikament auf den Markt kommen soll. Diese Unternehmen sind ein Risiko eingegangen und haben beträchtliche Summen investiert. Als Gegenleistung erteilen wir ihnen dann eine legalisierte Monopolmacht in Form von Patenten, um sie für ihre Kosten zu entschädigen. Patente für Monopole verursachen hohe Preise, doch wenn wir unser Patentsystem ändern würden, so Gates, gäbe es keine Anreize für Unternehmen, neue Medikamente zu entwickeln. Und das würde Leben kosten.

Zu dieser Erkenntnis gelangte Gates jedoch nicht durch unabhängige Forschung oder objektive Analysen. Sein Standpunkt geht auf seine Karriere bei Microsoft zurück, dessen Einnahmen denselben Patent- und urheberrechtlichen Erwägungen unterliegen, die auch die Pharmaindustrie antreiben. Ohne das stabile Recht auf geistiges Eigentum wäre Microsoft nicht erfolgreich geworden und Bill Gates nicht einer der reichsten Menschen der Welt. Er wäre aber auch kein Philanthrop. Genauso, wie Gates daran glaubt, dass die innovative Technologie von Microsoft der Computerrevolution den Weg bereitet hat, ist er der Meinung, dass Pharmaunternehmen und ihr auf Patente gestütztes Geschäftsmodell Leben retten.

»Zum jetzigen Zeitpunkt haben wir mit der Stiftung etwa 10 Millionen Menschen das Leben gerettet, die sonst gestorben wären, und für das nächste Jahrzehnt peilen wir 50 Millionen an. Ohne die Partnerschaft mit den Pharmaunternehmen wären wir dazu jedoch niemals in der Lage gewesen«, sagte er 2013 bei einer Präsentation. »Zum Glück gibt es Patentgesetze, die es den Unternehmen ermöglichen, Medikamente zu entwickeln, die sie verkaufen dürfen, woraufhin sie Forscher einstellen können [die weitere patentierte Medikamente entwickeln]. Sie verfügen über eine unglaubliche Expertise, was die Medikamentendatenbanken, die chemischen Analysen und all das betrifft. Und tatsächlich halten sie keines ihrer Patente in den Entwicklungsländern. Wir haben dort niemals Probleme aufgrund von geistigem Eigentum. Kein einziges Mal, in keinem Fall. Weil in den armen Ländern, in denen wir arbeiten, den 90 ärmsten Ländern –, niemand Patente anmeldet und niemand Patente durchsetzt. Es geht im Wesentlichen um den Transfer durch Personen, die in der reichen Welt Medikamente kaufen und nun ermöglichen, all dies zu marginalen Kosten zu tun. Bei allen Impfstoffen, mit denen wir zu tun haben, haben wir die Grenzkosten im Blick – und stellen sicher, dass genau diese Preise für [die Ärmsten der Welt] gelten.«[22]

In Wirklichkeit sterben jedes Jahr Millionen Menschen wegen Problemen, die durch geistiges Eigentum hervorgerufen werden. Selbst wenn es in armen Ländern keine Patente gibt, wie Gates behauptet, heißt das keineswegs, dass die von Pfizer oder Merck gehaltenen Monopol-Patente nicht die Preise und den Zugang zu Medikamenten bestimmen. Weil multinationale Pharmaunternehmen nichts daran verdienen, die Ärmsten der Welt zu versorgen, verkaufen sie ihre Medikamente in solchen Ländern oft nicht (zumindest nicht zu einem Preis, den die Menschen vor Ort bezahlen können). Und wie wir in der Covid-19-Pandemie gesehen haben, weigern sie sich auch, ihre Blaupausen und Rezepte den Herstellern von Generika zu überlassen, die arme Länder mit billigen Medikamenten und Impfstoffen versorgen könnten.

Viele Fachleute im Gesundheitswesen betrachten die Pharmariesen und ihre Monopol-Patente nicht als Motor, sondern als Hindernis von Innovation. In ihrem Buch *The Truth About the Drug Companies: How They Deceive Us and What to Do About It* lässt Marcia Angell, die frühere Herausgeberin des renommierten *New England Journal of Medicine*, kein gutes Haar an der Idee, dass Patente die Industrie für die Innovationskosten entschädigen. Nicht die Forschung, sondern das Marketing verursache der Industrie die bei weitem größten Ausgaben, da die Unternehmen versuchten, aus ihren Monopol-Patenten möglichst viel Profit herauszuschlagen. »Die von den Pharmaunternehmen verlangten Preise stehen in keinem Verhältnis zu den Kosten der Medikamentenherstellung und könnten erheblich gesenkt werden, ohne Forschung und Entwicklung auch nur entfernt in Gefahr zu bringen«, stellt Angell fest. »Diese Industrie, die mittlerweile in erster Linie ein Marketingapparat zum Verkauf von Arzneimitteln mit zweifelhaftem Nutzen ist, nutzt ihren Reichtum und ihre Macht, um jede Institution, die ihr im Wege stehen könnte, für sich zu vereinnahmen. Dazu gehören der US-Kongress, die Arzneimittelzulassungsbehörde, Universitätskliniken und die Ärzteschaft selbst. In den letzten Jahren sind nur eine Handvoll wirklich wichtiger Medikamente auf den Markt gekommen, und meistens entstammten sie der steuerfinanzierten Forschung in akademischen Einrichtungen, kleinen Biotechnologieunternehmen oder den National Institutes of Health.«[23]

Während zahlreiche medizinische Fachleute und Beschäftigte im

Gesundheitswesen eine Reform der Pharmaindustrie und unseres Patentsystems für wichtig erachten, betrachtet Bill Gates die Pharmariesen als humanitäre Partner, die nur die richtigen Anreize brauchen. Und er möchte, dass wir das genauso sehen. Seine Lösung lautet, der Industrie solche Anreize zu geben, »damit die Märkte für die Armen arbeiten« – oder damit die monopolistische Medizin für die Armen arbeitet.[24] Das erfolgversprechendste Beispiel für die »marktgestaltenden« Aktivitäten der Stiftung ist ihre Arbeit mit Impfstoffen, die die beiden Leidenschaften von Bill Gates, Handel und Innovation, miteinander vereinen.[25] »So wie ich in meiner Karriere bei Microsoft über die Magie der Software gesprochen habe, verbringe ich meine Zeit nun damit, über die Magie von Impfstoffen zu sprechen«, erklärte Gates 2011.[26] »Sie sind das wirksamste und kostengünstigste Instrument der Gesundheitsfürsorge, das je erfunden wurde. Ich sage gerne, dass Impfstoffe ein Wunderwerk sind. Schon wenige Impfdosen können ein Kind lebenslang vor belastenden und tödlichen Krankheiten schützen.«

Gates' Prestigeprojekt im Bereich Impfungen ist die Organisation Gavi (vormals Global Alliance for Vaccines and Immunization, »Globale Impf- und Immunisierungsallianz«), die 1999 mit 750 Millionen Dollar Startkapital von der Stiftung ins Leben gerufen wurde. Letztlich pumpte die Stiftung über 6 Milliarden Dollar in die in Genf ansässige Organisation, womit Gavi mit großem Vorsprung zum größten einzelnen Empfänger von Stiftungsspenden wurde. Darüber hinaus ist sie ein wichtiger Werbeträger für Gates' Lebensrettungskampagne.

Das Projekt rühmt sich, etwa 1 Milliarde Kinder im Zuge von Routine-Immunisierungen geimpft und so unter dem Strich 15 Millionen Menschenleben gerettet zu haben.[27] Bill Gates bezeichnet Gavi regelmäßig als eines seiner philanthropischen Projekte, auf die er ganz besonders stolz sei.[28] Auch Melinda French Gates lobt die Organisation in den höchsten Tönen: »[Gavi] hat bewirkt, dass die Zahl der Kinder, die vor ihrem fünften Geburtstag sterben, in Ländern mit niedrigem und mittlerem Einkommen um 40 Prozent gesunken ist.«[29] (Diese Behauptungen bleiben entweder unbelegt oder verweisen auf Forschungsarbeiten, die von der Stiftung unterstützt werden.)

Gavi selbst entwickelt keine neuen Impfstoffe und arbeitet auch nicht mit den Pharmariesen zusammen, um deren Impftechnologie Herstellern in armen Ländern zugänglich zu machen. Vielmehr sammelt Gavi große Geldsummen von Spendern (vor allem von Steuerzahlern) ein, um der Pharmaindustrie ihre Impfstoffe abzukaufen. Falls es für die Pharmariesen vorher noch keine Anreize gab, armen Ländern Impfstoffe zu liefern, so gibt es sie mit Gavi, das Milliarden Dollar aufwendet, um die Märkte zu bewegen.

Die größte Einzelsumme im Lauf der Jahre – mit mindestens 4 Milliarden Dollar – hat Gavi für den Kauf von Pneumokokken-Impfstoffen ausgegeben, die vor einer verbreiteten Ursache von Lungenentzündungen schützen.[30] Zu bestimmten Zeiten steckte Gavi etwa die Hälfte des Impfstoffbudgets in die Pneumokokken-Impfung.[31] Das hat damit zu tun, dass eine Lungenentzündung die weltweit häufigste durch Impfung vermeidbare Todesursache bei Kindern ist.[32] Pro Jahr sterben rund 400 000 Kinder an Infektionen, die sich mit einem weltweiten Zugang zur Pneumokokken-Impfung verhindern ließen.[33]

Gavis Bemühungen scheinen jedoch nicht auf einen weltweiten Zugang zu Pneumokokken-Impfstoffen abzuzielen. Die Organisation ist nur in den ärmsten Ländern tätig und erreicht mit den Impfungen nur etwa die Hälfte der dort lebenden Kinder.[34] Sobald die Länder wieder weniger arm sind – das heißt, wenn die Menschen durchschnittlich 5 Dollar pro Tag verdienen –, »entwachsen« sie dem Gavi-Programm.[35] Eine Quelle aus der Industrie verglich dieses Vorgehen zynisch mit dem eines Drogenhändlers, der Neukunden mit kostenlosen Angeboten anfixt – »der erste Trip geht auf mich« – und dann damit rechnet, dass die Kunden künftig zur Zahlung höherer Marktpreise bereit sind.

Die Kontrolle über den Markt für Pneumokokken-Impfstoffe lag in den letzten beiden Jahrzehnten weitgehend in den Händen der Monopolmacht, oder besser der Duopolmacht, von Pfizer und GlaxoSmithKline (GSK). Dank ihrer extremen Marktmacht können diese beiden Unternehmen hohe Preise verlangen – und das tun sie auch. Hunderte Millionen Menschen auf der ganzen Welt bleiben ungeimpft, weil sie sich Impfungen nicht leisten können und weil Gates und Gavi sie nicht erreichen. Erneut haben Patent-Monopole, entgegen Bill Gates' Beteuerungen, eine gravierende Auswirkung auf die Armen der Welt.

Laut Every Breath Counts, einer Vereinigung, die Regierungen bei der Reduzierung der Todesfälle durch Lungenentzündungen unterstützen will und der bemerkenswerterweise auch die Gates Foundation angehört, gibt es »etwa 430 Millionen Kinder unter 15 Jahren, die in Ländern ohne PCV-Impfung leben.« Weiter heißt es: »Die daraus resultierenden Kosten werden letztlich an der Zahl der Kinder gemessen, die an einer Lungenentzündung sterben.«[36] Aus von der Gates Foundation finanzierten Untersuchungen geht hervor, dass das GSK-Pfizer-Duopol »das Angebot begrenzt und wettbewerbsfähige Marktkräfte, die die Preise sinken lassen, unterdrückt hat« und dass »Preisgrenzen und Angebotsbeschränkungen« Millionen Kindern den Zugang zu Impfstoffen verwehren.[37]

Selbst reiche Länder mussten um den Zugang zu Pneumokokken-Impfstoffen kämpfen. Eine Recherche der New York Times von 2014 deckte auf, dass die Marktmacht von Pfizer es für amerikanische Kinderärzte und Familien erschwerte, Impfstoffe zu bekommen. In den USA wurde der Pneumokokken-Impfstoff von Pfizer aus unerklärlichen Gründen mit der Zeit immer teurer – nicht etwa billiger, wie zu erwarten wäre, weil die Ankurbelung der Produktion eigentlich zu effizienteren Abläufen führen müsste. Die Recherche erbrachte zudem, dass die Preise für Pneumokokken-Impfstoffe in Singapur, einem weiteren reichen Land, ohne erkennbaren Grund um 50 Prozent stiegen, nachdem die Regierung Pneumokokken-Impfungen für alle Kinder angeordnet hatte. Das deutete darauf hin, dass die Pharmariesen den Leuten das Geld aus der Tasche ziehen konnten, sobald sie in einem verknappten Markt eine Kundenbindung herbeigeführt hatten.[38] Laut Bill Gates unterliegt eine sich selbst überlassene Monopol-Medizin dem Gesetz der Trickle-down-Ökonomie: »Wenn diese Krankheiten um sich greifen – das klingt jetzt schrecklich –, aber wenn Krankheiten sowohl reiche als auch arme Länder betreffen, wirkt sich der Trickle-down-Effekt letztlich zugunsten der Ärmsten aus, weil die hohen Entwicklungskosten von der reichen Welt ausgeglichen werden, und wenn man die Patente aufhebt, können die Armen [die Produkte] günstig erwerben und jeder hat etwas davon.«[39]

Was Lungenentzündungen betraf, wurde Gates' utopisches Denken bald von der harten Realität eingeholt. Bis Pfizers lukrativer Covid-19-Impfstoff auf den Markt kam, waren Pneumokokken-Impfstoffe die wichtigste Einnahmequelle des Unternehmens, die ihm einen Jahresumsatz von etwa 6 Milliarden Dollar bescherten.[40] Pfizer hat das Geld, das es in die Entwicklung seines Pneumokokken-Impfstoffs gesteckt hat, sehr wahrscheinlich um ein Vielfaches wieder reingeholt, doch der von Gates beschworene goldene Moment – in dem die Armen den Impfstoff plötzlich »günstig erwerben« können und »jeder etwas davon hat« – trat nie ein.

Zwanzig Jahre nachdem der erste Pneumokokken-Impfstoff für Kinder auf den Markt gekommen ist, bleibt er für große Teile der Weltbevölkerung nach wie vor unerreichbar. Millionen Kinder sind an einer Krankheit gestorben – und sterben weiterhin –, gegen die es mehrere hochwirksame Impfstoffe gibt. Zyniker könnten sagen, dass Pfizer und GSK mit der Lungenentzündung ein Mordsgeschäft gemacht haben. Und man könnte behaupten, dass Bill Gates derweil Däumchen gedreht und zugesehen hat – oder sogar eine treibende Kraft war.

Statt das grundlegende Problem, die Monopolmacht von Pfizer und GSK, anzugehen, hat die Gates Foundation halbherzige Versuche unternommen, Monopole mit Hilfe von Subventionen und Anreizen zu mehr Wohltätigkeit – oder, besser, zu ein bisschen weniger Habgier – zu bewegen. Unter großem medialen Interesse entwickelten Gates, Gavi und weitere Spender eine sogenannte vorgezogene Marktverpflichtung. Als Signal für die Pharmaindustrie, dass die Kasse nicht leer war, legten sie 1,5 Milliarden Dollar auf den Tisch.[41] Das Ziel war, »das Risiko für Impfstoffhersteller zu senken und einen Anreiz für die Entwicklung neuer, günstigerer PCVs zu schaffen.«[42]

Während der Fonds versprach, »neue« wettbewerbsfähige Impfstoffe auf den Markt zu bringen, ließ Gavi GSK und Pfizer schließlich die 1,5 Milliarden Dollar als Bonuszahlungen zukommen und belohnte – oder festigte – so im Grunde ihre Monopolmacht. Gavi verhandelt stets mit Pharmaunternehmen, um niedrigere Preise zu vereinbaren, als für reiche Länder gelten, doch mit den neuen Bonuszahlungen erhielten Pfizer und GSK immerhin 7 Dollar pro Dosis.[43] Das ist zwar viel weniger, als von reichen Ländern gezahlt wird, aber laut verschiedenen Schätzungen trotzdem um ein Vielfaches höher als die Herstellungskosten.[44] »Das Hauptanliegen war sicher, ein nachhaltiges Modell zu entwickeln«, beschrieb Pfizer 2010 die Zusammenarbeit mit Gavi. »Es ging nicht darum, es zu einem Verlustgeschäft zu machen.«[45]

In Berichten an seine Investoren betont Pfizer die Vorzüge der Arbeit mit Gavi, die sowohl die Einnahmen des Unternehmens erhöht als auch »für größere Anerkennung in der Gesellschaft sorgt«. Bill Gates ist der Meinung, dass auch die Armen der Welt von diesem Modell eines »kreativen Kapitalismus« profitieren.[46] »Was unsere Stiftungsarbeit betrifft, mit der wir versuchen, den Ärmsten zu helfen, hat sich unsere Beziehung zu den Pharmaunternehmen demnach als phantastisch erwiesen«, hielt er 2014 fest. »Und es ist großartig – jedes Mal, wenn die Unternehmen erfolgreich sind, entwickeln sie ein neues Medikament. Darum gelingt es ihnen, weiterhin Profite zu erzielen. Für uns ist das wunderbar, denn es bedeutet, dass sie ein wenig besser verstehen werden, warum sie uns unterstützen sollten, und ein wenig besser, welche Rolle die Ressourcen spielen, wobei es ihnen völlig freigestellt ist, ob sie mit anpacken oder nicht.«[47] Zu der Zeit, als Gates dies sagte, zahlte Gavi, sein Prestigeprojekt in Sachen globale Gesundheit, für Pneumokokken-Impfstoffe über eine halbe Milliarde Dollar im Jahr.[48]

Das von Gavi praktizierte Modell zur Subventionierung von Monopolen rief eine viel beachtete Kritik vonseiten der Organisation Ärzte ohne Grenzen – oder auch Médecins Sans Frontières (MSF) – hervor. Die mit dem Friedensnobelpreis ausgezeichnete Vereinigung bringt jährlich 1 Milliarde Dollar auf, um in armen Ländern medizinische Nothilfe zu leisten. Was MSF dazu prädestiniert, Gates und Gavi öffentlich kritisieren zu dürfen, ist: Es handelt sich um eine der ganz wenigen großen internationalen Gesundheitsorganisationen, die keine Spenden von Gates angenommen haben – ein prinzipientreuer Schritt, um von der Stiftung unabhängig zu bleiben.[49]

MSF und andere Kritiker werfen Gavi vor, für Pneumokokken-Impfstoffe überhöhte Preise zu zahlen. Die betreffenden Verhandlungen seien nicht transparent genug und ließen Verantwortlichkeit vermissen.[50] Und tatsächlich: Auf welcher Grundlage entscheidet Gavi, was ein fairer Preis ist? Wenn Pfizer und GSK mit dem Verkauf von Impfstoffen an Gavi Profite erzielen, kann man dann noch von Wohltätigkeit sprechen? (Und was die Transparenz betrifft: Gavi lehnte mehrfache Anfragen für ein Interview ab und ließ per E-Mail gestellte Fragen großenteils unbeantwortet.)

Noch wichtiger ist, dass der ganz überwiegende Teil von Gavis Budget von Steuerzahlern in Europa und den Vereinigten Staaten stammt, deren Regierungen dem Projekt zig Milliarden Dollar zugesichert haben.[51] Wollen wir einfach darauf vertrauen, dass die zwischen Gavi und den Pharmariesen ausgehandelten Deals eine gute, gerechte und effiziente Verwendung von Steuergeldern gewährleisten?

Donald Light, ein früher Berater der Gates Foundation, behauptet, wenn er und andere Fachleute Gavis Preisgestaltung in Frage gestellt hätten, seien ihre Namen aus einem Bericht, den Gavi reichen Geberländern vorlegte, gestrichen worden, so dass es den Anschein hatte, ihre Preisstruktur sei »einstimmig befürwortet worden, weil keine Gegenstimmen oder Minderheitsmeinungen zugelassen wurden«.[52] Laut Light schätzten Quellen aus der Industrie, dass zwei Drittel der Summe, die Gavi für Pneumokokken-Impfstoffe aufwenden wollte, als Profite an Pfizer und GSK gegangen sind. (Pfizer reagierte weder auf eine Interviewanfrage noch auf eine Mail zu den Pneumokokken-Impfstoffen. GSK antwortete ebenfalls nicht auf spezifische Fragen, die ich per E-Mail stellte. Auf meine Nachfrage, ob das Unternehmen aus seiner Zusammenarbeit mit Gavi einen Gewinn erziele, erhielt ich nur eine allgemeine Antwort: »Wir behalten unsere niedrigsten Impfstoffpreise für Gavi vor.«)[53]

Als MSF niedrigere Preise forderte, reagierte Bill Gates schließlich mit dem Strohmann-Argument – er gab die Behauptung seines Gegners falsch wieder, um sie leichter auseinandernehmen zu können. MSF plädiert schon lange dafür, dass Pfizer und GSK armen Ländern ihre Impfstoffe für 5 Dollar für die pro Kind insgesamt vorgesehenen 3 Dosen verkaufen sollten. Gavi bezahlt 9 bis 21 Dollar pro Dosis. Nach Bill Gates' Darstellung hatte MSF dafür plädiert, Impfstoffe kostenlos abzugeben. Daraufhin hatte Gates dem Netzwerk eine kommunisten-freundliche, utopische Einstellung vorgeworfen. »Ich denke, da gibt es eine Organisation, die in jeder anderen Hinsicht wunderbar ist, doch jedes Mal, wenn wir Geld aufbringen, um das Leben armer Kinder zu retten, über die Presse erklärt, dass diese Dinge nichts kosten dürften. Das passiert alle fünf Jahre, wenn wir Beträge in Milliardenhöhe [für Gavi] sammeln – das ist die effektivste Entwicklungshilfe aller Zeiten, die Millionen Menschenleben rettet«, sagte Gates.[54] »Die einzige Kon-sequenz ist, dass einige Pharmaunternehmen beschließen, niemals Medikamente in arme Länder zu liefern, weil sie wissen, dass sie dafür garantiert kritisiert werden. Also betreiben sie keine Forschung und Entwicklung für Produkte, die armen Ländern helfen würden. So bleibt ihnen Kritik erspart, weil sie nichts haben, was nach Meinung dieser Leute kostenlos sein müsste.«

»Darauf herumzureiten, ›warum nicht alles umsonst sei‹, führt in die Irre und zeigt, dass sie im Grunde keine Ahnung von den Kosten haben«, sagte Gates.

Das ist eine bemerkenswerte Bekundung von Anspruchsdenken und zugleich die Verweigerung einer Rechenschaftspflicht. Gates, Gavi und ihre Pharmapartner halten Informationen über Kosten und Preis-verhandlungen sorgfältig vor der Öffentlichkeit verborgen und erwar-ten dann von der Welt ihnen zu vertrauen, dass sie mit den Milliarden Dollar an staatlichen Zuwendungen das Richtige tun. Am verblüf-fendsten ist jedoch Gates' Versuch, seine Kritiker bloßzustellen und durch eine Warnung zum Schweigen zu bringen: Falls sie sich zu laut beschwerten, würden die Pharmariesen dem Verhandlungstisch den Rücken kehren – was Menschenleben kosten würde.

Laut Bill Gates sind für die Rettung eines Menschenlebens durch den Pneumokokken-Impfstoff etwa 1000 Dollar zu veranschlagen, weshalb es offenkundig mehr als fair wäre, sich bei der Preisgestaltung an der Analyse der Foundation zu den von ihr geretteten Menschenleben zu orientieren.[55] Wie viel mehr Menschen hätten mit einer Impfung für 5 Dollar statt zu den von Gavi gezahlten Preisen zwischen 9 und 21 Dollar gerettet werden können? Wenn wir die Preisdifferenz über die Milliarden Dollar hochrechnen, die Gates und Gavi bezahlt haben, ergibt sich eine sehr hohe Anzahl von Menschen, die ihr Leben dank Gavis Preisstruktur verloren haben.

In einem viel beachteten Akt des Widerstands wies MSF eine Spende von Pfizer über 1 Million Dosen der Pneumokokken-Impfstoffe zurück und begründete dies damit, dass die Anerkennung einer solchen Spende Pfizers Monopolmacht legitimieren würde. »Die kostenlose Abgabe des Impfstoffs kann Pharmaunternehmen als Rechtfertigung dienen, bei anderen Abnehmern, zum Beispiel weiteren Wohltätigkeitsorganisationen und Entwicklungsländern, die sich den Impfstoff auch nicht leisten können, die Preise hoch zu halten«, erklärte Jason Cone von MSF im Jahr 2016.[56]

MSF machte den Gegenvorschlag, Impfstoffe von Pfizer zum selben Preis zu *kaufen* wie Gavi. Das lehnte Pfizer damals ab.

Gewissermaßen spricht die häufig geäußerte Kritik an der Weigerung, einer Rechenschaftspflicht nachzukommen, dafür, dass es sich bei Gavi um eine private Institution handelt, die sich den Menschen, denen sie vorgeblich dienen will, nicht besonders verbunden fühlt. Im Vorstand, der die Organisation leitet, sitzen Veteranen und Manager der Pharmazie- und Finanzdienstleistungsbranche, etwa von GSK, Goldman Sachs, UBS, Temasek, der RockCreek Group und JPMorgan Chase.[57] Diese Vertreter von Unternehmensinteressen sind neben der Gates Foundation an allen Entscheidungen und der Planung beteiligt, wie Gavis Multimilliarden-Dollar-Budget verwendet werden soll. Arme Länder waren an der Gründung von Gavi kaum beteiligt und haben wenig Mitspracherecht; von den 28 Vorstandsplätzen besetzen sie nur fünf – und das, obwohl Gavi das Gesundheitswesen in diesen Ländern verändert. Zum Beispiel ergaben 2007 Recherchen der *Los Angeles Times*, dass in Lesotho arme Kinder zu Kliniken transportiert wurden, um die von Gates und Gavi ermöglichten Impfungen zu erhalten. Als es jedoch darum ging, medizini-

sche Probleme wie Unterernährung zu behandeln, gegen die es keine
Impfstoffe gibt, waren keine Mittel vorhanden. Das Personal verbot
den Impfempfängern sogar, um die Behandlung anderer medizinischer Beschwerden zu bitten.

In den ersten Jahren nach Gavis Gründung bemerkte der Historiker
William Muraskin:»Gavi wurde zum Wohl der [armen] Länder gegründet, aber nicht von den Ländern. Es ist entscheidend zu erkennen,
dass nicht etwa die vorgesehenen Nutznießer erklärten, es bestände
Bedarf an dieser Initiative. Vielmehr musste man die Länder als Gruppe
umwerben, ›erziehen‹ und mit finanziellen Anreizen locken, damit sie
sich mit Gavis Zielen identifizierten. ... Das Retten von Menschenleben durch Impfungen ist seit jeher Gavis oberstes Ziel und nicht
etwa, Länder ihre eigenen Prioritäten setzen zu lassen.«[58]

Gavi fühlt sich auch nicht gegenüber denjenigen Menschen zur Rechenschaft verpflichtet, die den Löwenanteil seiner Finanzierung stemmen – den Steuerzahlern aus reichen Ländern. Deren Regierungen
haben im Zuge von Gavis Spendenaufrufen, die alle fünf Jahre erfolgen, durchweg 70 bis 90 Prozent der Fördersumme – etwa 35 Milliarden Dollar – aufgewendet, sind im Vorstand aber ebenfalls nur mit
fünf Sitzen vertreten, was bedeutet, dass sie auch nur begrenzten Einfluss auf die Verwendung ihrer Gelder haben.[59] Dieses Führungsmodell in Gestalt einer öffentlich-privaten Partnerschaft ist für die
Wohltätigkeitsarbeit der Gates Foundation zentral. Auf den folgenden
Seiten werden wir ihm immer wieder begegnen: Die Stiftung entwickelt neue Projekte, die innovative und wirksame Lösungen versprechen, platziert sich (und oft auch ihre Verbündeten und Vertreter) im
Vorstand und finanziert den größten Teil des Budgets der Organisationen dann offensiv mit Spenden von Steuerzahlern. Organisationen
wie Gavi bewirken, dass das Gesundheitswesen dem Einflussbereich
öffentlicher Institutionen wie Regierungen und zwischenstaatlicher
(multilateraler) Institutionen wie der WHO entzogen und zunehmend
Sache der Privatwirtschaft wird, die weder der Öffentlichkeit gegenüber Rechenschaft ablegen noch transparent agieren muss.

Unter dem tief verinnerlichten psychischen Einfluss des Neoliberalismus akzeptieren mittlerweile viele Regierungen und öffentliche Einrichtungen dieses neue Führungsmodell, obwohl es ihnen die eigene Marginalisierung deutlich vor Augen führt. Die Schwächung und Untergrabung der Rolle von Regierungen und öffentlichen Einrichtungen ist weniger einer geheimen Verschwörung der Gates Foundation anzulasten, sondern entspricht ganz einfach der Denkweise, die wir uns im Laufe der letzten Jahrzehnte zu eigen gemacht haben. Die erbarmungslose Privatisierung – von Schulen, Gesundheitsfürsorge, Militär, Raumfahrt, Gefängnissen, Autobahnbau, kommunaler Wasserversorgung – ist zur erklärten neoliberalen Lösung für das Problem einer angeblich lahmen und unwirtschaftlichen Regierungsbürokratie geworden. Die Demokratie, so denkt man, hat einfach nicht die nötigen Mittel, um den Job richtig zu erledigen. Diese Einstellung hat der Gates Foundation in den letzten zwei Jahrzehnten zu so viel Macht verholfen und sie zur bedeutendsten Stimme in der Gesundheitsfürsorge für die Armen der Welt gemacht.

Dass Bill Gates den Fokus seiner wohltätigen Arbeit auf Gesundheit und Medizin gerichtet hat, hat auch den Grund, dass er in diesem Bereich sehr stark von seiner Erfahrung bei Microsoft profitieren kann. Wie er 2019 in einem Interview erklärte, entfallen 40 Prozent des Jahresetats der Stiftung auf die Forschung und Entwicklung neuer Medikamente.[60]

Wenn ich sage: »Okay, wir bilden ein Team für ein TB-Medikament, wir bilden ein TB-Impfteam, wir bilden ein Gene-Drive-CRISPR-Team, um [zur Bekämpfung von Malaria] alle Mücken der Welt zu killen«, dann denke ich drüber nach, wie wir das finanzieren, wie wir das organisieren. Wie viele Standorte? Warten wir, bis sie dieses Resultat erhalten, bevor wir die Produktion hochfahren? Ich denke dann genauso oder zu 80 Prozent wie damals [bei Microsoft]: »Okay, machen wir Windows, machen wir Excel.« Es geht darum, Ingenieuren den Rücken zu stärken. Es geht darum, ein Gefühl für das Team zu entwickeln. Was braucht das Team noch, ergänzen die Fähigkeiten der Teammitglieder einander oder behindern sie sich gegenseitig? ... Es gibt ganz, ganz viele Parallelen.

Wenn Bill Gates über das »Bilden von Teams« zur Bekämpfung von Krankheiten spricht, wird deutlich, wie sehr seine Stiftung in die Arzneimittelentwicklung eingreift. Dazu gehört, dass sie unmittelbar mit Pharmariesen und kleinen Pharma-Start-ups zusammenarbeitet – mit gewinnorientierten, gemeinnützigen und akademischen Entwicklern von Medikamenten, Impfstoffen und Diagnostik. Die Stiftung hat sogar 500 Millionen Dollar in ihr eigenes gemeinnütziges Pharmaunternehmen gesteckt, das Gates Medical Research Institute (Gates MRI), das neue Medikamente und Impfstoffe entwickelt.

Dieser Aspekt von Bill Gates' Arbeit offenbart sein größtes Ziel als Philanthrop – ein Innovator zu sein. Neben dem Aufbau komplexer Beschaffungssysteme, die, wie Gavi, Medizin kaufen, möchte Gates, dass seine Stiftung in die aktive Entwicklung von neuen lebensrettenden Medikamenten involviert ist. Die Gates Foundation berichtet, mehrere Milliarden von Dollar für Projekte aufgewendet zu haben, die sich der Bekämpfung von Lungenentzündungen widmen, indem sie sich zum Beispiel um die Entwicklung neuer Impfstoffe bemühen.[61] Die in diesem Kontext geleisteten wohltätigen Zuwendungen gingen auch an alle möglichen Impfstoffhersteller wie GSK, Pfizer, SK Bioscience, PnuVax, Genocea, Matrivax, das Serum Institute of India und Inventprise.[62]

»Eigentlich gab es noch viele, viele mehr«, erfuhr ich von Amit Srivastava, der früher bei der Gates Foundation die Entwicklung der Pneumokokken-Impfstoffe leitete. Beispielhaft erwähnte er die Partnerschaften der Stiftung in ganz China, mit Firmen wie Sinopharm und Walvax.[63] »Neben Polio hatte das [Lungenentzündung] für Bill oberste Priorität.« (Auf Gates' Bemühungen, die Kinderlähmung auszurotten, kommen wir später zurück.)

2014 war die Stiftung sogar an der Gründung von Affinivax, einem ganz neuen, gewinnorientierten Impfstoffhersteller, beteiligt, indem sie 4 Millionen Dollar Anschubfinanzierung leistete und zwei der sechs Vorstandssitze innehatte.[64] 2022 übernahm GSK Affinivax für 2,1 Milliarden Dollar.[65] Dieser Deal bescherte der Gates Foundation, einem Investor des Unternehmens, vermutlich einen wahren Geldregen.[66] Auf diese und andere Weisen fallen die Früchte von Gates' karitativer Arbeit offenbar häufig den Pharmariesen in den Schoß, was für den tief verwurzelten Glauben der Stiftung an die Vorherrschaft großer multinationaler Unternehmen auf dem Markt spricht.

»Man ist bloß Mittel zum Zweck, um einen Vermögenswert in eine andere Organisation zu bringen«, verriet mir ein anderer kleiner Entwickler, der für Gates gearbeitet hat und anonym bleiben wollte. »Die Vorstellung, dass die Pharmariesen Partner [der Stiftung] sind und die kleinen Pharmaunternehmen Zuarbeiter, die von den Pharmariesen übernommen werden müssen, schafft Probleme für die Innovation wie auch für die kleinen Unternehmen.« Als ich Srivastava auf diese Schieflage zugunsten der Pharmariesen ansprach, erwiderte er: »Gibt es irgendeine andere Möglichkeit? Funktioniert es auf irgendeine andere Weise? Es geht nicht darum, dass die Gates Foundation so denkt, sondern dass so die Realität aussieht, oder?«

Was er da beschreibt, ist das Business-as-usual-Modell der Arzneimittelentwicklung. Kleine Firmen und Universitäten entwickeln innovative Technologien. Die Pharmariesen kaufen die Technologien und sorgen dank ihrer eigenen globalen Marktpräsenz dafür, dass die Medikamente profitabel sind. Das gleiche Modell hat sich Microsoft zunutze gemacht, und es ist nicht überraschend und vielleicht nicht einmal fragwürdig, dass die Stiftung bei ihren pharmazeutischen Projekten auf diesen Ansatz zurückgreift.

Überraschend – und fragwürdig – ist jedoch, dass die Gates Foundation, eine gemeinnützige, steuerbegünstigte Wohltätigkeitsorganisation, so stark in kommerzielle Märkte rund um die Arzneimittelentwicklung involviert ist. Gates' weitreichende Partnerschaften mit Unternehmen werfen schon lange Fragen über das Verschwimmen der Grenze zwischen gewinnorientierten und gemeinnützigen Aktivitäten auf. Unter dem Schlagwort »Philanthrokapitalismus« haben Aktivisten und Akademiker mittlerweile zahlreiche kritische Texte verfasst. Die Zeitung *The Economist* hat den Begriff eingeführt, um »*Big Philanthropy*« Beifall für die zunehmende Konzentration auf die »dreigeteilte Saldozeile« (finanzielle, soziale und ökologische Gewinne) zu zollen.[67] Später übernahmen Kritiker den Begriff und stellten seine Grundannahme in Frage: Wie kann der Kapitalismus, ein ökonomisches System, das auf der Existenz von Gewinnern und Verlierern beruht, für Gleichheit sorgen? Inwiefern sollte man gewinnorientierte kommerzielle Unternehmen als Partner des sozialen Fortschritts betrachten und inwiefern stehen sie ihm im Weg?

Die Gates Foundation hat vor allem deshalb Kritiker auf den Plan gerufen, weil ihre wohltätigen Spenden auf direktem Wege an kommerzielle Unternehmen gehen. Meine eigenen Recherchen hatten bereits ergeben, dass die Stiftung sogar Geld – Hunderte Millionen Dollar – an Firmen gezahlt hat, an denen sie nach eigenen Angaben über Aktien und Anleihen beteiligt ist, wie Merck, Pfizer und Novartis.[68] Das bedeutet, dass sie aus ihren wohltätigen Partnerschaften zuweilen finanzielle Gewinne zieht.

»Das Ausmaß, in dem die Gates Foundation Unternehmen unterstützt, hat es bisher noch nie gegeben«, sagte mir Linsey McGoey, Soziologieprofessorin an der University of Essex, die sich ausführlich mit Gates' unternehmerischen Verbandelungen beschäftigt hat. »Sie haben einen der problematischsten Präzedenzfälle der Stiftungsgeschichte geschaffen, indem sie Unternehmen die Gelegenheit gegeben haben, sich in einer Zeit, zu der sich Unternehmensgewinne in Rekordhöhe bewegen, als verdienstvolle Anspruchsberechtigte zu verstehen.«[69]

Während die Arbeit der Gates Foundation häufig wegen ihrer zu engen Verbindung mit Geschäftsinteressen kritisiert wird, habe ich bei meinen Nachforschungen zu diesem Buch herausgefunden, dass die Stiftung selbst als Wettbewerbsteilnehmer in Erscheinung tritt. Sie gründet und leitet Pharmaunternehmen wie Affinivax und das Gates Medical Research Institute. Zugleich spielt sie eine aktive Rolle in Firmen, die Konkurrenzprodukte herstellen. Laut mehreren Quellen ist die Stiftung mittlerweile nicht nur Sympathisant der Pharmariesen, sie

ist ein Pharmariese – und ihre Marktaktivitäten ähneln auf verblüffende Weise denen von Microsoft.

1998 berichtete die *New York Times* über Microsoft:

Microsofts Reichtum und Marktmacht sind so groß, dass kein
Software-Start-up sich auch nur im Entferntesten einbilden darf,
es sei möglich, den Betrieb aufzunehmen, ohne Microsoft in die
Quere zu kommen. Schafft sich ein junges Unternehmen eine
vielversprechende neue Marktnische, tritt Microsoft umgehend
mit seinem Heer an Programmierern und dem geballten Marketingapparat auf den Plan, um den Neuankömmling zu zermal-
men. Andererseits kann Microsoft ebenso gut als Wohltäter auftreten. In Wahrheit verfolgen viele Start-ups das Ziel, vom Radar
des Microsoft-Hauptquartiers in Redmond, Washington, erfasst
und mit einem ansehnlichen Gewinn aufgekauft zu werden. …
Die Konkurrenz mag sich über Microsoft beklagen, aber sie muss,
ob sie will oder nicht, mit Microsoft kooperieren, weil ihre Programme auf Windows laufen müssen.[70]

Mit derselben Energie und Habgier widmete sich Bill Gates auch seiner
Privatstiftung. Im Fall einiger Krankheiten, mit denen sich die Gates
Foundation beschäftigt, ist es für kleinere Unternehmen schwierig,
ohne die Stiftung zu operieren oder Erfolg zu haben. Eine Quelle aus
der Industrie bezeichnete sie als »Königsmacherin«, die entscheidet,
welche Firmen eine Zukunft haben und welche nicht. Andere betrachten sie als wichtige Stellschraube, die auf den Pharmamärkten gleichermaßen als direkter Konkurrent und Herrscher auftritt. Indem die Stiftung zu vielen oder gar den meisten Unternehmen, die sich mit einer
bestimmten Krankheit beschäftigen, finanzielle Beziehungen unterhält, kann sie Einfluss auf das gesamte Territorium der Arzneimittelentwicklung ausüben.

So fungiert die Gates Foundation als einer der weltweit größten Förderer der Malaria-Forschung, wobei der Löwenanteil des Geldes in die
Arzneimittelentwicklung fließt. Laut einer von Gates finanzierten Ana-

lyse gibt die Stiftung mehr für Malaria aus als die ganze Pharmaindustrie zusammen – was darauf hinweist, dass diese Krankheit vor allem arme Menschen betrifft, die der Pharmaindustrie keinen Profit einbringen.[71]

In Bezug auf Tuberkulose ergibt sich ein ähnliches Bild. Die Stiftung hat für die Bekämpfung der Krankheit über 3 Milliarden Dollar aufgewendet und sich mit dem Gates Medical Research Institute sogar auf eine hausinterne Medikamentenentwicklung eingelassen. In diesem Zuge hat sie sich von Merck und Scripps exklusive Lizenzen für potenzielle Tuberkulosemittel gesichert.[72] Nur die National Institutes of Health geben (etwas) mehr für die Entwicklung von Tuberkulosemedikamenten aus – wobei festzuhalten ist, dass die Gates Foundation die Arbeit der NIH mit wohltätigen Spenden von über 50 Millionen Dollar gesponsert hat.[73] Die Stiftung »hat die Kontrolle über das gesamte für TB-Medikamente bestimmte Geld«, verriet mir eine Quelle aus der Industrie. »Sie verfügen über sämtliche Geldmittel zur Durchführung der klinischen Studien. Niemand spricht sich dagegen aus. Zur Bill & Melinda Gates Foundation darf man nicht nein sagen. Keiner will darauf hinweisen, dass es sich dabei nicht nur um ein Monopol handelt, sondern Innovation auf diese Weise unmittelbar unterbunden wird.«

Selbst bei Krankheiten wie Covid-19, die Arme und Reiche gleichermaßen betreffen, kann die Stiftung als starke Marktkraft auftreten. Im Laufe der Covid-19-Pandemie entwickelte sie enge finanzielle Beziehungen zu einem breiten Spektrum konkurrierender Impfstoffentwickler. Bill Gates prahlte offen mit seiner engen Zusammenarbeit mit Pharmafirmen. Am verwerflichsten war jedoch, dass er in einer Pressekonferenz beiläufig erwähnte, seine Stiftung habe einen Impfstoffentwickler, die University of Oxford (die von der Gates Foundation unterstützt wird), gedrängt, sich mit den Pharmariesen zusammenzutun.[74] Später stellte die Stiftung klar, gegenüber Oxford lediglich betont zu haben, »wie wichtig es ist, sich mit einem multinationalen Unternehmen einig zu sein, um sicherzugehen, dass ihre Forscher alle Möglichkeiten und Ressourcen haben, um der Welt ihren Impfstoffkandidaten verfügbar zu machen«. Oxford folgte Gates' Rat und tat sich mit dem Pharmariesen AstraZeneca zusammen.[75]

Um die Marktmacht der Gates Foundation wirklich zu erfassen, muss man verstehen, wie die Stiftung mit der Privatwirtschaft zusammenarbeitet. Wenn sie beschließt, ein kleines Start-up finanziell zu unterstützen – oder irgendeine andere Organisation –, stellt sie nicht einfach einen Scheck aus. Üblicherweise kommt sie als voll haftender Gesellschafter ins Spiel. Sie bestimmt einen oder mehrere Mitarbeiter, sogenannte Program Officers, zur Betreuung der Beziehung. Es kommt auch vor, dass Gates ein ganzes Bataillon an professionellen Beratern mitbringt, meist von McKinsey oder der Boston Consulting Group, die den Geschäftsplan durchgehen und seine Effizienz prüfen. Es gibt endlose Telefonate und Meetings, Check-ins und Berichtspflichten. Möglicherweise erhält die Stiftung eine Aktienbeteiligung (eine Stellung als Großaktionär) oder sogar Sitze im Vorstand des Unternehmens – manchmal sind das »Beobachtersitze«, wie bei der Kooperation mit Affinivax. Es kann aber auch sein, dass sie zur gleichen Zeit finanzielle Beziehungen zu den stärksten Konkurrenten dieses Unternehmens knüpfen.

Aufgrund ihrer aktiven Beteiligung behandelt die Gates Foundation ihre Zuwendungsempfänger wie Subunternehmen oder sogar Angestellte – sie gibt ihnen Geld, dann eine Liste mit Anweisungen sowie die Order, jede Entscheidung mit der jeweils höheren Instanz der Stiftung abzusprechen. Wenn alles gut läuft, gibt es mehr Geld. In Bill Gates' Worten handelt es sich dabei wieder nur um eine unschuldige Form der Teamarbeit zur Entwicklung neuer Produkte, bei der die ungeheure betriebsinterne Expertise der Stiftung, zu deren Führungsriege eine Heerschar ehemaliger Pharmamanager gehört, eingebracht wird. »Verglichen mit den meisten Wohltätigkeitsorganisationen, bei denen man denkt ›Okay, ich stelle dieser Organisation einen hübschen Scheck aus‹, [ist unser Ansatz] sehr praxisorientiert, weil ich gerne die Fähigkeiten nutze, nach denen ich süchtig bin«, erklärte Gates 2019.[76]

Ein Team zu bilden heißt, dessen Mitglieder in- und auswendig zu kennen, mit all ihren Stärken und Schwächen. Also prüft die Stiftung jedes von ihr geförderte Unternehmen auf Herz und Nieren, untersucht seine Technologie genau, analysiert seine Chargenprotokolle, sieht sich seine Fertigungskontrolle an und sammelt detaillierte Informationen über seine kommerziellen Ambitionen und Kapazitäten. In diesen firmeneigenen Informationen verbirgt sich der ganze Wert eines Unternehmens – eine Quelle bezeichnete sie als »Kronjuwelen« – und die Gates Foundation besteht darauf, Einblick in sie zu haben. »Wir mussten unsere Abläufe Schritt für Schritt offenlegen. Wir mussten ihnen massenhaft Informationen liefern«, verriet mir ein früherer Zuwendungsempfänger. »Und sie sagten: ›Es gibt keine weiteren Fördergelder, wenn Sie uns diese Informationen nicht geben.‹« Von einer anderen Quelle erfuhr ich, dass die Stiftung im Laufe von Verhandlungen über finanzielle Unterstützung darauf bestand, Einblick in umfangreiche vertrauliche Informationen über die Arzneimittelentwicklung ihrer Firma zu erhalten. Das Geld rückte die Stiftung nie heraus.

Auf der Webseite der Gates Foundation verbirgt sich ein Erhebungsinstrument, das ihre Partner in der Impfstoffentwicklung nach detaillierten betrieblichen Informationen ausfragt.[77] In dem Dokument heißt es: »Alle Daten, die wir von einem Hersteller oder in Gesprächen mit einem Hersteller erhalten, werden HÖCHST VERTRAULICH behandelt. Keinerlei Informationen eines Herstellers werden jemals ohne ausdrückliche Zustimmung an andere Hersteller oder Organisationen weitergegeben.«

Auf den nachfolgenden Seiten wird den Zuwendungsempfängern ein umfangreicher Fragebogen vorgelegt – über die Größe der einzelnen Impfstoffdosen, die Größe der Dosieranlage, die geschätzte maximale Kapazität des Unternehmens, Menge und Preis des Impfstoffs für jeden Markt, auf dem es angeboten wird, Angaben zu allen Ausgaben (Forschung, Labor, Anlagen, Verbrauchsmaterial, Fixkosten) einschließlich der Registrierkosten und Lizenzgebühren. Zudem werden Einzelheiten zu weiteren Finanzierungsvereinbarungen erfragt, die das Unternehmen getroffen hat – zum Beispiel, bei welchen Banken es Kredite in welcher Höhe zurückzahlen muss. »Falls irgendetwas unklar ist, nehmen Sie bitte Kontakt zu Robyn Iqbal auf«, heißt es in dem Dokument. Laut LinkedIn verließ Iqbal die Gates Foundation später, um die Leitung des »Wettbewerbsforschungsteams für globale

Impfstoffmärkte« bei GSK zu übernehmen.[78] Auf meine Presseanfragen reagierte sie nicht.

Steht es einer gemeinnützigen Stiftung wie der Gates Foundation zu, so freizügig mit Corporate Intelligence und firmeneigenen Informationen umzugehen? Und welche Regelungen verhindern, dass die riesige Menge wertvoller vertraulicher Daten, die die Gates Foundation sammelt, zu ihren engen Partnern in der Pharmaindustrie durchsickert, insbesondere angesichts der Tatsache, dass Mitarbeiter von Gates anscheinend frei zwischen der Stiftung und diesen Firmen hin- und herwechseln? Ein weiteres Beispiel ist Amit Srivastava: Nachdem er bei der Gates Foundation eine leitende Funktion in der Entwicklung eines Pneumokokken-Impfstoffs bekleidet und einen von Gates' Vorstandssitzen bei Affinivax innegehabt hatte, arbeitete er für Pfizer, den weltweit größten Vertreiber von Pneumokokken-Impfstoffen. Ist Srivastava tatsächlich in der Lage, die vertraulichen Betriebsinformationen über Pfizers Konkurrenten zu vergessen, zu denen er bei der Arbeit für Gates Zugang hatte?

Srivastava tut diese Bedenken als unbegründet ab. In seiner Karriere – zu denen Anstellungen bei Gates, Pfizer und Orbital Therapeutics gehörten – seien Verschwiegenheitsvereinbarungen »gängige Praxis« gewesen, so dass man sich über das Ausplaudern von Betriebsinterna keine Sorgen habe machen müssen. (Exemplare dieser Verschwiegenheitsvereinbarungen wollte er mir nicht zeigen.) Er wies die Darstellung zurück, die Stiftung trage Betriebsgeheimnisse ihrer Partner zusammen. »Es gibt kein Rezept, keine gebündelten Informationen, die man einfach wie eine Datei zu einer anderen Firma mitnehmen könnte, um zu sagen: ›Können Sie das für mich produzieren?‹«

Allerdings räumte Srivastava ein, dass die Gates Foundation regelmäßig auf Widerstand bei ihren Partnern stößt, wenn es um das Sammeln vertraulicher Betriebsinformationen geht. Diese Diskussionen beschrieb er als normale Geschäftsverhandlungen zwischen einem Investor (in diesem Falle die Gates Foundation) und einem Unternehmen. Manchmal, so sagte er, würde es Probleme geben, wenn Stiftungsmitarbeiter eine »selbstherrliche« Haltung einnähmen, weil sie dächten, »sie tun Gottes Werk und können die Zuwendungsempfänger zurechtweisen. Das habe ich schon erlebt, und dann sind die Zuwendungsempfänger nicht ohne Grund verärgert. ... Man braucht Fingerspitzengefühl, wenn man um solche Informationen bittet.«

In seiner früheren Stiftungsarbeit zu Pneumokokken-Impfstoffen hat Srivastava eine Lasst-alle-Blumen-blühen-Strategie beschrieben. Die Stiftung habe in zwei Arten von Unternehmen investiert – diejenigen, die einen traditionellen Impfstoff auf den Markt bringen konnten, und diejenigen, die an bahnbrechenden neuen Technologien arbeiteten. »Am Ende des Tages wollte die Stiftung nicht ohne Produkt dastehen ... darum investierten wir oft in zwei Unternehmen, die das Gleiche herstellten – und das wiederum rief [bei den Zuwendungsempfängern] viele Emotionen und eine Menge Unbehagen hervor«, fügte er hinzu. »Wenn wir in etwas investieren, möchte die Stiftung gewährleisten, dass die Bevölkerung [in armen Ländern] im besten Falle das Produkt erhält oder sonst auf irgendeine Weise profitiert. Und so trägt ein Teil der gesammelten Informationen – über die Solidität der Organisation, die Art der Technologie – dazu bei«, dass die Stiftung mit der gebotenen Sorgfalt alles dafür tut, mit der geförderten Arbeit ihr karitatives Ziel zu erreichen.

Auch wenn Srivastava die Stiftungsaktivitäten immer wieder als »nicht ungewöhnlich« und völlig unstrittig beschrieb, ist ihr weitreichendes Engagement auf dem kommerziellen Markt sehr wohl ungewöhnlich. Die Gates Foundation ist eine gemeinnützige, steuerbegünstigte Stiftung, die gleichwohl wie ein Private-Equity-Investor, ein Wagniskapitalfonds oder ein Pharmaunternehmen agiert. Sie hat sich eine Position verschafft, in der sie vertrauliche Betriebsinformationen konkurrierender Unternehmen einsehen kann, und fordert karitative Partner sogar dazu auf, »Vereinbarungen zum uneingeschränkten Zugriff« zu unterzeichnen, die ihr Lizenzansprüche an deren Technologie sichern (worauf wir später noch detaillierter eingehen). Und natürlich wird die Stiftung von Bill Gates geleitet, einem Monopolisten, um den sich unzählige Geschichten ranken und dem man weithin wettbewerbswidriges Verhalten vorwirft.

Dieser Ruf ist Gates von Microsoft zu seiner wohltätigen Arbeit gefolgt. In der vielleicht berühmtesten öffentlichen Anschuldigung, einem
durchgesickerten Memo von 2007, klagte Arata Kochi, Leiter des Malaria-Programms der Weltgesundheitsorganisation, die Stiftung habe
ihren Reichtum dazu genutzt, die Malaria-Forschung an sich zu reißen,
weshalb sie nun »in einem ›Kartell‹ eingesperrt« sei.[79] Die monopolistische Kontrolle der Stiftung über die Forschungsagenda ermögliche ihr,
Empfehlungen und Prioritäten der WHO zu beeinflussen, was, wie
Kochi warnte, »indirekt gefährliche Folgen für die Strategieplanung in
der Weltgesundheit haben könnte«. Und sollte irgendjemand wagen,
Gates' Agenda in Frage zu stellen, so Kochi, würden die Stiftung und
das Heer der von ihr finanzierten Vertreter »intensiven und aggressiven Widerstand« leisten. Später wurde die Stiftung zum zweitgrößten
Sponsor der WHO und baute ihren finanziellen Einfluss damit noch
weiter aus.[80]

Im Laufe der Jahre hat es eine Reihe derartiger Vorfälle gegeben, die
zwar keine erkennbaren Auswirkungen auf die Stiftung gehabt, aber
sehr nachdrücklich ihre Monopolmacht über Forschung und Politik
beleuchtet haben. Laut Quellen aus der Privatwirtschaft trägt die Gates
Foundation bei der Arzneimittelentwicklung die gleiche »Kartellmen-
talität« zur Schau. Die Anmaßung von Expertise und Autorität, der
Einsatz von Geld als Druckmittel und die scheinbar unkontrollierte
Fähigkeit, auf kommerzieller Bühne zu operieren, haben der Stiftung,
wie meine Quellen sagen, zu einer völlig unangemessenen Marktmacht
verholfen. In den Worten eines Unternehmens: »Sie taxieren tatsächlich die Pferde in ihrem Stall – welches ist schneller?«

Und weil die Stiftung beim Rennen womöglich auf jedes Pferd setzen muss – da viele unterschiedliche Unternehmen Forschungen zu
ein und derselben Krankheit durchführen –, kann sie in gewisser Weise
auch den Ausgang des Rennens beeinflussen – wer gewinnt und wer
verliert. Bill Gates wird nicht vorgeworfen, dass er Unternehmen aus
krankhaftem Sadismus heraus zu schädigen versucht, sondern dass er
seine karitativen Partner aus krankhaftem Narzissmus zu Fall bringt,
dass die Vater-ist-der-Beste-Attitüde der Stiftung, die Gates seit seinen

Tagen bei Microsoft beibehalten hat, zwangsläufig zu einem wettbewerbswidrigen Verhalten führt. Ein Unternehmen, das früher mit der Stiftung zusammengearbeitet hat, führte die Fabel vom Skorpion und dem Frosch an. Darin muss der Skorpion einen Fluss überqueren, kann aber nicht schwimmen. Also bittet er den Frosch, ihn hinüberzutragen. Der Frosch willigt zögernd ein. Als sie den halben Fluss überquert haben, sticht der Skorpion zu. Als beide, im Wasser zappelnd, langsam untergehen, fragt der Frosch den Skorpion, warum er das getan habe. Und der Skorpion antwortet: »Das ist halt meine Natur.«

Während meiner Recherchen für dieses Buch nahm ich Kontakt zu Dutzenden Arzneimittelentwicklern und Start-ups auf, die mit der Gates Foundation zusammengearbeitet haben. Die meisten reagierten nicht und die meisten derjenigen, die es taten, wollten anonym bleiben. So sagte eine Quelle zu mir: »Ich möchte in Ihrem Buch nicht als jemand dargestellt werden, der sauer auf Gates ist. … Er kann plötzlich kommen, alle unsere Aktien kaufen und mich feuern lassen. Man muss vorsichtig sein.« Während sich Arzneimittelhersteller im Allgemeinen einig sind, dass die Gelder der Stiftung für die Entwicklung neuer Medikamente und Impfstoffe für arme Menschen von großer Bedeutung sind, berichteten vier Hersteller, die zu verschiedenen Krankheiten forschen, übereinstimmend, die Stiftung habe ihre Macht missbraucht. Zwei von ihnen zeigten mir Unterlagen, die ihre Behauptungen bestätigten.

Zwei Entwickler erklärten, die Stiftung habe sich in Personalfragen eingemischt, wenn es um die Neubesetzung leitender Positionen ging. »Gates versuchte, mir vorzuschreiben, wen ich einstellen könne und wen nicht … in meinem eigenen Unternehmen«, sagte einer von ihnen.

Drei Entwickler beschrieben, wie die Stiftung sich als Kuppler aufgespielt habe, um Geschäftspartnerschaften zu fördern oder zu verhindern. Laut einem Entwickler hatte die Stiftung einem ihrer Geschäftspartner abgeraten, mit ihrem Unternehmen zusammenzuarbeiten. Ein anderer berichtete, die Gates Foundation habe sie gegen ihren Willen in eine Geschäftspartnerschaft manövrieren wollen. »Für mich war das ganz offensichtlich«, sagte die Quelle zu mir. Gates' Plan sei wohl gewesen: »Wie können wir an diesen Techniker rankommen und ihn bei einem anderen Unternehmen unterbringen? Wie können wir dich durchchecken, damit dich ein anderes Unternehmen kauft?« Dieser Vorwurf passt zu den bereits erwähnten Bemühungen der Stiftung, die University of Oxford unter Druck zu setzen, zur Entwicklung ihres Covid-19-Impfstoffs eine Partnerschaft mit einem Pharmariesen einzugehen. Und er scheint mit der deutlich artikulierten Überzeugung der Stiftung in Einklang zu stehen, dass nur große multinationale Unternehmen das Rüstzeug besitzen, neue Produkte erfolgreich zu vermarkten.

Ein weiterer Entwickler brachte vor, die Stiftung sei der Meinung gewesen, dass eines ihrer wichtigsten potenziellen Produkte bei einem anderen Entwickler besser aufgehoben sei. Wie er sagte, versuche die Stiftung, »mit allen Mitteln Vermögenswerte zu erwerben«. Zwei Entwickler waren überzeugt, dass die Einschüchterungstaktik der Stiftung und ihre Interventionen ihre Produkte faktisch »gekillt« hätten. Beide Unternehmer erklärten mir, sie hätten erwogen, die Stiftung auf Schadenersatz zu verklagen, sich jedoch schließlich dagegen entschieden, weil der Zeit- und Kostenaufwand zu groß gewesen wäre. »Außerdem ging mir auf, dass die Gates Foundation das Verfahren mit ihren Milliarden Dollar endlos in die Länge würde ziehen können«, sagte eine der Quellen zu mir. »Wir brauchen eine Sammelklage – das wär's.«

Aus diesen Anschuldigungen spricht die Sorge, dass die Gates Foundation die Einführung besserer, günstigerer Produkte in den Markt verhindert und die Entwicklung von lebensrettenden Medikamenten, Diagnostik und Impfstoffen durch ihre unheilvolle Einmischung und ihr Mikromanagement verzögert. Die Stiftung ist davon überzeugt, dass ihre hauseigene Expertise und die Fähigkeit, zahlreiche konkurrierende Technologien zu durchleuchten, sie in die einzigartige Lage versetzt zu erkennen, welche Produkte funktionieren werden und welche nicht. Und sie ist davon überzeugt, dass ihre karitative Mission ihre extremen Eingriffe in den Markt rechtfertigt, weil diese Anstrengungen den Armen der Welt neue lebensrettende Medikamente bescheren.

»Diese Arroganz zu glauben, dass man tatsächlich über alles mehr weiß als jeder andere!«, sagte eine Quelle. »Vielleicht weiß [Bill Gates] über irgendwas sehr viel mehr als irgendeine andere Person, aber er weiß nicht über alles mehr als alle anderen. Diese Überheblichkeit haben sie [bei der Stiftung].«

Eine weitere Quelle meinte: »Sie glauben auf jeden Fall, sie seien die Besten – die Crème de la Crème.«

Außer Zweifel steht, dass die Gates Foundation ihre karitativen Beziehungen so gestaltet, dass sie über zahlreiche Hebel verfügt, um die geförderten Entwickler zu unterstützen oder ihnen Steine in den Weg zu legen. Mit Zuckerbrot und Peitsche sorgt sie dafür, dass die Technologie eines Unternehmens gemäß den Vorstellungen der Stiftung entwickelt wird. Sie kann ein Unternehmen finanzieren oder die Zahlungen einstellen. Sie kann die Finanzierung seines Rivalen beschließen. Sie kann dafür sorgen, dass ein Projekt von ihrer finanziellen Unterstützung abhängig wird, und dann plötzlich die Liefer- und Zahlungsbedingungen ändern.

Falls man der Gates Foundation in die Quere kommt – weil ein Unternehmen beispielsweise eine von der Stiftung gewünschte Geschäftsbeziehung ablehnt –, kann sie es ihm sehr schwer machen, andere Finanzierer zu finden. Zwei Entwickler verrieten mir, die Stiftung habe ihre Firma bei anderen Investoren schlechtgemacht und ihnen damit die Suche nach einer Finanzierung ausgesprochen erschwert. Wenn die Gates Foundation verlauten lässt, dass sie der Technologie eines Unternehmens nicht mehr vertraut, zeigt das bei anderen Investoren gewöhnlich Wirkung.

Laut einem anderen Entwickler setzt die Stiftung gelegentlich noch ein weiteres Druckmittel ein, um einem unwilligen Partner die richtige Richtung zu weisen: Sie stellt unsinnige Anforderungen an die Forschung und Entwicklung eines Produkts und hemmt oder sabotiert damit letztlich das kommerzielle Fortkommen. Eine andere Quelle sagte: »Sie legen die Endpunkte von Testphasen fest, bestimmen also im Grunde, wann man beurteilt, ob [ein Medikament, ein Impfstoff oder eine Diagnostik] funktioniert oder nicht. Je nachdem, wie du die

Endpunkte festlegst, kannst du ein ganzes Produkt mit hohem Verlust in den Sand setzen. Mit ein bisschen Manipulation kannst du bewirken, dass es statt zehn Jahren 15 Jahre dauert. Wie das geht? [Indem die Stiftung dir sagt:] ›Sie müssen noch eine weitere Studie durchführen.‹« »Das sind Leute, die viele Meinungen und keine Ahnung haben, und mit einem Mal entscheidet Gates, wie diese Produkte entwickelt werden. Für eine Stiftung ist das sehr sonderbar.«

Die drastischste Option der Stiftung besteht darin, Unternehmen zu verklagen oder damit zu drohen. Was das betrifft, gibt es ein umfangreiches öffentliches Archiv von Belegen. Die kleine kanadische Impfstofffirma PnuVax war eine Zeitlang einer der wichtigsten privatwirtschaftlichen Partner der Stiftung, wenn nicht gar der größte Hoffnungsträger für Gates, einen neuen Pneumokokken-Impfstoff auf den Markt zu bringen. Von 2014 an sagte die Stiftung dem Unternehmen eine dreiteilige Fördersumme von insgesamt fast 40 Millionen Dollar zu.[81] Irgendwann ging die Beziehung in die Brüche, und die Stiftung kannte kein Erbarmen. Als Gates PnuVax verklagte, wurde die Anklageschrift öffentlich gemacht – und sie verriet eine Menge. Die Anzeige wurde von K&L Gates eingereicht, der Anwaltskanzlei, die den Namen von Bill Gates' 2020 verstorbenem Vater trug, und enthält eine Kopie der Zuwendungsvereinbarung zwischen der Stiftung und PnuVax. (Normalerweise bleiben diese Vereinbarungen der Öffentlichkeit verborgen.)[82] Darin enthalten war eine Tabelle mit den Preisen, zu denen PnuVax seinen Pneumokokken-Impfstoff verkaufen sollte – zwischen 48 Cent und 1 Dollar pro Dosis (je nach Größe der Bestellung).[83] Während Pfizer und GSK über Gavi ein Vielfaches dieses Preises erhielten, hatte die Gates Foundation ein Unternehmen entdeckt und mit zig Millionen Dollar bedacht, das, wie sie glaubte, Impfungen für einen Bruchteil des Preises verkaufen konnte. Laut der Vereinbarung hatte die Stiftung auf der Bildung eines wissenschaftlichen Beratergremiums bestanden, um dem Unternehmen »regelmäßigen Input und Empfehlungen« zukommen zu lassen, und erklärte zudem ihre Absicht, diesem Gremium anzugehören. Wie es in der Vereinbarung hieß, würden die Mitglieder des Gremiums sogar an den wichtigen Besprechungen

zwischen PnuVax und den Regulierungsbehörden der Regierung teil-
nehmen dürfen, welche über die Zulassung eines neuen pharmazeutischen Produkts entschieden.[84]

Den Dokumenten ist an mehreren Stellen zu entnehmen, dass
PnuVax gut aufgestellt war. In einer früheren Position war der CEO des
Unternehmens »direkt verantwortlich für die Entwicklung und Zulassung von Prevenar 7«, dem Impfstoff, der Pfizers Herrschaft über das
Reich der Pneumokokken-Impfstoffe begründete. Darüber hinaus verfügte PnuVax über eigene Produktionsstätten und hatte bereits seinen
Pneumokokken-Impfstoff entwickelt. Kurz gesagt: Es machte nicht
den Anschein, als wolle PnuVax die Stiftung um eine Anschubfinanzierung bitten. Stattdessen wirkte es so, als versuche das Unternehmen,
den eigenen Impfstoff über die Ziellinie zu bringen.

Warum also hätte Gates den Deal torpedieren sollen? Laut der Anklage beschuldigte die Stiftung PnuVax, es habe ab Anfang 2019
»Spendengelder zweckentfremdet« und »vor Gewährung der Spende
unzulässige Ausgaben« getätigt. Liest man die 85 Seiten starke Anklageschrift (und die Anlagen) von Anfang bis Ende durch, wird klar,
dass PnuVax mit dem Spendengeld keine Ferraris gekauft hatte. Gates
beschuldigte das Unternehmen stattdessen unter anderem, mit einem
kleinen Teil der Zuwendungen Mietzahlungen für seine Impfproduk-
tionsstätte geleistet zu haben. Wie die *National Post* vor dem Prozess
schrieb, war PnuVax mit der Miete bei der kanadischen Regierung in
Verzug, und so hatte das kleine Start-up beschlossen, den Ausgaben
für die Entwicklung seines Pneumokokken-Impfstoffs Priorität einzuräumen.[85] Gates erhob den Vorwurf, die Firma habe mit Stiftungsgeldern die Miete bezahlt und dies sei eine missbräuchliche Verwendung der Spende.

Es stellt sich die Frage, warum die Stiftung angesichts einer scheinbar unbedeutenden Verfehlung so drastische Maßnahmen ergriff. Wenn
das Potenzial von PnuVax tatsächlich so groß war, wie die Stiftung
offenkundig annahm – Gates hatte ihm drei aufeinanderfolgende
Zuwendungen von insgesamt fast 40 Millionen Dollar angeboten –,
warum stieg sie dann aus solch nichtigem Anlass in den Ring? Und war

es letzten Endes nicht so, dass PnuVax mit dem Geld Ausgaben beglich, die mit der Impfstoffentwicklung zusammenhingen?

In der Anklageschrift erhob die Stiftung weitreichende Forderungen und verlangte eine Geldstrafe für den angeblich begangenen Vertragsbruch sowie die Erstattung ihrer Anwaltsgebühren durch das Unternehmen. Zudem forderte Gates das Gericht auf, in seinem Urteil zu erklären, PnuVax habe »gegen die Liefer- und Zahlungsbedingungen der Zuwendungsvereinbarung verstoßen«.[86]

Elf Wochen später endete das Verfahren damit, dass Gates die Klage zurückzog.

Die *Global News* berichtete: »Das von der Bill & Melinda Gates Foundation angestrengte Gerichtsverfahren gegen PnuVax wurde im Mai 2019 durch Zurückziehen der Klage beendet; von den Parteien sind keinerlei Kosten zu tragen.«[87] *Maclean's* schrieb, dass »die harmlose Anschuldigung nie bewiesen wurde«. Doch der Schaden war bereits angerichtet.[88] Die vorangegangene Berichterstattung, angeführt von einem sonderbaren »Exklusivbericht« in der britischen Boulevardzeitung *Daily Mail*, hatte den Namen des Unternehmens schon in den Schmutz gezogen.[89]

Selbst wenn sich die entsprechenden Vorwürfe nie bestätigen, kann es langfristige Konsequenzen haben, von der gefeiertsten Wohltätigkeitsorganisation der Welt verklagt und als nicht vertrauenswürdiger Akteur gebrandmarkt zu werden. Wie mir Quellen aus der Industrie erzählten, kann eine Firma anschließend für andere Investoren verbrannt sein. Laut der *Globe and Mail* hatte PnuVax während der Covid-19-Pandemie beste Voraussetzungen, »bis Ende 2020 Millionen Dosen eines Covid-19-Impfstoffs zu produzieren«, sei aber vom Förderprogramm der kanadischen Regierung rätselhafterweise ignoriert worden. Zudem ist festzuhalten, dass PnuVax seinen Pneumokokken-Impfstoff nie auf den Markt gebracht hat.[90]

Um die Dinge ins rechte Licht zu rücken, sollte man sich noch einmal den weiteren Kontext vergegenwärtigen. Zur selben Zeit, in der die Gates Foundation partnerschaftliche Beziehungen zu PnuVax unterhielt, um es dann zu verklagen, pflegte die Stiftung auch partnerschaftliche Beziehungen zu vielen Konkurrenten von PnuVax, zum Beispiel Affinivax. Außerdem hat die Stiftung einen Vorstandssitz bei Gavi inne, das Milliarden Dollar an Pfizer und GSK für deren Pneumokokken-Impfstoffe zahlte (die Gates-Stiftung selbst hat Pfizer und GSK mehr als 200 Millionen Dollar für verschiedene Projekte gespendet). Das bringt einen außergewöhnlich großen Einfluss auf jeder Marktebene mit sich – einen Einfluss, der sehr viel mehr an Microsoft als an Mutter Teresa erinnert. Es spricht sehr dafür, dass das gleiche unbezähmbare Verlangen nach Kontrolle, das Bill Gates' Führungsrolle im Softwaregeschäft befeuerte, auch seine Arbeit mit Arzneimitteln bei der Gates Foundation antreibt. Und das sollte uns nicht überraschen. In diesem Sinne zitierte eine Quelle aus der Industrie die Schriftstellerin und Bürgerrechtlerin Maya Angelou: »Wenn dir jemand zeigt, wer er ist, glaub ihm schon beim ersten Mal.«

Was genau mit PnuVax geschah, bleibt ein Geheimnis – das Unternehmen verweigerte ein Interview für dieses Buch –, doch wie ich von einer Quelle aus der Industrie erfuhr, war sein größter Aktivposten, dass es die Polysaccharide produzieren konnte, die bei der Herstellung von Pneumokokken-Konjugatimpfstoffen benötigt werden. Andere Unternehmen hatten andere Vorteile, wie die Quelle sagte. »Ich verstehe, warum Gates ein weites Netz ausgeworfen hat – die einen hatten die Saccharide, die anderen eine sehr gute Click-Technologie, wieder andere mehr oder weniger die Konjugat-Technologie. Keiner hatte alles auf einmal.«

Es bleibt eine Vermutung, aber man kann sich vorstellen, dass die Gates Foundation gern als Kuppler auftreten wollte, der die Polysaccharid-Produktion von PnuVax mit einem anderen Unternehmen zusammenbrachte, von dem die Stiftung in all ihrer Weisheit glaubte, es könne besser mit der Technologie umgehen. Vielleicht erhob PnuVax Widerspruch und die Dinge gingen den Bach runter. Das ist bloße Theorie, aber sie passt zu den Anschuldigungen, die mir weitere Entwicklungspartner der Stiftung anvertraut haben. Und es scheint genauso ins Bild zu passen wie die Vorwürfe in Gates' Anklageschrift, die aus freien Stücken zurückgezogen wurden.

Die übergeordnete Frage, die wir uns stellen müssen, ist, was sämtliche von Gates vorgenommenen Eingriffe in den kommerziellen Markt letztlich erbracht haben. Können wir all die Konflikte und Schadensvorwürfe mit dem alten Spruch rechtfertigen: »Man kann kein Omelett machen, ohne ein paar Eier zu zerschlagen«? Heiligt der Zweck die Mittel?

Wenn man sich die Arbeit der Gates Foundation zur Krankheitsbekämpfung anschaut, fällt die Innovationsbilanz bei den meisten Krankheiten ziemlich dürftig aus. Gates erklärte sich zum Anführer im Kampf gegen Malaria, arbeitete mit einer Reihe verschiedener Firmen zusammen, um einen Impfstoff zu entwickeln, und stellte sich schließlich voll und ganz hinter ein Produkt von GSK.[91] Die Wirksamkeit des Impfstoffs war so gering, dass selbst die Stiftung sich von dem Produkt distanzierte.[92] Ähnlich lief es bei der Impfung gegen Tuberkulose – die Stiftung steckte eine halbe Milliarde Dollar in die Finanzierung eines gemeinnützigen Impfstoffherstellers namens Aeras, der 2018 seinen Betrieb einstellte.[93] Weiterhin investierte Gates Geld in die Arbeit an Impfstoffen gegen Aids sowie neuen TB-Medikamenten und rührte kräftig die Werbetrommel dafür. Und ein ums andere Mal blieben seine Ankündigungen leere Versprechen. Ja, diese Misserfolge sind auch der Komplexität der betreffenden Krankheiten geschuldet, doch laut zahlreichen Quellen sprechen sie auch für das herrische Auftreten und das Mikromanagement der Stiftung, die Innovation im Keim ersticken.

Mehrere von mir befragte Quellen erwähnten den Erfolg der Gates Foundation bei der Entwicklung von MenAfriVac, einem Meningitis-Impfstoff, schoben dann aber schnell nach, dies habe gezeigt, was Gates bestenfalls erreichen könne, wenn er anderen das Steuer überlasse. Die Förderung für MenAfriVac startete 2001, als Bill Gates noch Vollzeit bei Microsoft arbeitete.[94] (Erst 2008 konzentrierte er sich hauptsächlich auf die Gates Foundation und selbst dann war er noch sehr in die Abläufe bei Microsoft eingebunden.)[95] Zu jener Zeit beschäftigte seine Privatstiftung weniger als hundert Mitarbeiter – heute sind es fast 2000 – und fungierte als eine Schecks ausstellende Wohltätigkeitsorganisation, die talentierten Menschen Geld an die Hand gab und ihnen zutraute, gute Arbeit zu leisten. Dieser Ansatz unterschied sich grundlegend von der Mentalität des aktiven »Bilden von Teams«, die Bill Gates später an den Tag legte.

Der andere Vorbehalt gegenüber MenAfriVac ist, dass die Stiftung beim Herausstreichen ihres Erfolgs wie immer sehr übertreibt. Wie sie 2001 behauptete, hat der Impfstoff »Meningitis als Problem der öffentlichen Gesundheit [in Afrika] praktisch beseitigt«.[96] In Wahrheit sind seit der Einführung von MenAfriVac, das nur vor der Meningokokken-Serotyp-A-Meningitis schützt, weiterhin Ausbrüche der Krankheit im gesamten sogenannten Meningitis-Gürtel Afrikas zu beobachten.[97] Große Pharmafirmen wie Sanofi Pasteur und GSK verkaufen Impfstoffe, die vor vier Serotypen schützen. Diese Impfstoffe haben die Armen der Welt jedoch nicht in dem Ausmaß erreicht wie MenAfriVac, vermutlich weil sie teurer sind.[98] Und in einem Gesundheitsfürsorgemodell, das auf Wohltätigkeit beruht, dürfen arme Leute nicht wählerisch sein.

Die eigentliche Gefahr solch übertriebener Behauptungen ist nicht, dass sie Fehlinformationen beinhalten – sie führen auch zu Bequemlichkeit. Wenn wir glauben, Gates habe die Welt von einer Krankheit erlöst, lenkt dies die Aufmerksamkeit von einem noch existierenden ernsten Gesundheitsproblem weg.

Ähnliche Fragen stellen sich bezüglich Gates' Arbeit an einem Pneumokokken-Impfstoff. Was hat die ganze Einmischerei der Stiftung gebracht? Zwei der Unternehmen, mit denen sie zusammengearbeitet hatte, wurden schließlich durch Gerichtsverfahren aus dem Verkehr gezogen – in einem Fall auf Betreiben der Stiftung (PnuVax), ein anderes Mal auf Betreiben von Pfizer (SK Bioscience).[99] Ein weiteres Unternehmen, Affinivax, wurde von GSK übernommen. Eine Person, die im Pneumokokken-Team der Stiftung eine leitende Position innegehabt hatte, ging zeitweise zu Pfizer. Und nach all diesem Hin- und Hergeschiebe von Schachfiguren durch die Stiftung stand weiterhin fest, dass Pfizer und GSK ihre Duopol-Macht beibehalten würden, während sie Milliarden Dollar von Gavi einstrichen, das von Gates finanziert wurde.

Auch wenn die Gates Foundation sämtliche Presseanfragen zu diesem Buch unbeantwortet ließ, können wir uns vorstellen, wie sie gekontert hätte: Ihre karitativen Ziele würden nach wie vor verwirklicht, die Krankheiten, denen ihre Arbeit gelte, seien problematischer als gedacht, und ihr Geld werde letztlich gute Resultate erbringen. Außerdem würde sie auf die Partnerschaft mit dem Serum Institute of India verweisen, dem größten Impfstoffhersteller der Welt.

Serum, das von dem Multimilliardär Cyrus Poonawalla und seinem Sohn Adar geleitet wird, ist möglicherweise der engste gewinnorientierte Partner der Stiftung und wird in seiner Arbeit an verschiedenen Impfstoffen mit Hunderten Millionen Dollar von Gates unterstützt.[100] Gates arbeitete für über ein Jahrzehnt mit Serum an der Entwicklung eines Pneumokokken-Impfstoffs und verkündete Ende 2020, der Impfstoff werde für 2 Dollar pro Dosis an Gavi verkauft – also zu einem deutlich günstigeren Preis, als zuvor Pfizer und GSK erhalten hatten.[101]

Auf den ersten Blick scheint der Serum-Impfstoff meine Quellen zu widerlegen, die Gates vorwerfen, wettbewerbswidrig zu handeln, große multinationale Unternehmen zu bevorzugen oder seine innovativen Ziele zu verfehlen. Der Serum-Impfstoff zeigt, dass die weitreichende Zusammenarbeit der Stiftung mit der Privatwirtschaft letzten Endes Ergebnisse hervorbringt: einen neuen, günstigeren Impfstoff, der noch dazu von einem in Indien ansässigen Hersteller produziert würde, also in einem relativ einkommensschwachen Land mit mehr als 1 Milliarde Einwohnern, das weithin verfügbare Pneumokokken-Impfstoffe bitter benötigt. Gates' Partner priesen den neuen Impfstoff als »Wendepunkt, der spektakuläre Auswirkungen auf die öffentliche Gesundheit haben könnte«, weil er Pneumokokken-Impfstoffe »für Kinder erreichbar macht, für die sie bisher immer noch unerschwinglich sind«.[102]

Bislang hat der Gates-Serum-Impfstoff dieses Versprechen allerdings noch nicht eingelöst. Er scheint noch keine weite Verbreitung gefunden zu haben, was sich in gewissem Maße auf die Covid-19-Pandemie zurückführen lässt. Zudem möchte Gavi nach eigenem Bekunden Pneumokokken-Impfstoffe im nächsten Jahrzehnt weitestgehend von Pfizer und GSK beziehen – nicht von Serum.[103] (Und noch ein Aber:

Obwohl Gavi stolz verkündete, von Serum Impfdosen für 2 Dollar das Stück zu kaufen, offenbaren entsprechende Dokumente, dass das Unternehmen in Wahrheit ganze 7 Dollar pro Dosis einschließlich Bonuszahlungen erhält; das entspricht Gavis Vereinbarung mit Pfizer und GSK.)[104]

Einige Quellen stellen überdies die Frage, in welchem Umfang der Serum-Impfstoff zum Einsatz kommen wird, weil andere Impfstoffe gegen mehr Pneumokokkenstämme immunisieren. Pfizer hat den Weltmarkt lange mit der Prevenar-13-Impfung dominiert, die vor 13 Stämmen schützt. Der neue 10-valente Pneumokokken-Konjugatimpfstoff von Serum schützt lediglich vor zehn Stämmen.[105] Falls Gavi die Rechnung übernimmt, wäre dann nicht zu erwarten, dass sich arme Länder für den besseren Impfschutz entscheiden – von Pfizer? »Das ist ein Schwachpunkt des Gavi-Systems«, sagt Kate Elder, leitende Beraterin des Impfprogramms von MSF. »Als ob jemand fragt: ›Hey, wollt ihr den Rolls-Royce oder den VW?‹ Dann sagen sie: ›Wir nehmen den Rolls-Royce.‹«

Und der Markt arbeitet weiter gegen Serum. Pfizer treibt die Entwicklung seines neuen Pneumokokken-Impfstoffs Prevenar 20 für Kinder, der vor 20 Pneumokokkenstämmen schützt, massiv voran.[106] Merck hat einen neuen 15-valenten Impfstoff angekündigt, und GSK und Affinivax arbeiten an einem 24-valenten.[107] In diesem Wettrüsten der Valenzen, so erklärte eine Quelle aus der Industrie, kann der Gates-Serum-Impfstoff nicht als Konkurrent oder Herausforderer der Marktmacht der Pharmariesen gelten. Das unterstreicht erneut den Ruf der Gates Foundation, in ihrer wohltätigen Arbeit den größten multinationalen Pharmafirmen nicht unbedingt auf die Füße treten zu wollen. (Natürlich sollten wir aber auch Serum, den weltweit größten Impfstoffhersteller, mit zu den Pharmariesen zählen.)

Es ist unklar, wie erfolgreich der Serum-Impfstoff bislang war – Gavi, PATH, Serum und UNICEF wollten keine Nutzungsdaten herausgeben. In einer Presseerklärung von 2021 berichtete Gavi stolz von dem Vorhaben, letztlich 90 Prozent der Kinder in Indien impfen zu können.[108] Wird dieses Ziel erreicht – was abzuwarten bleibt –, wäre das von großer Bedeutung für die Weltgesundheit, weil in Indien so viele Menschen leben.[109] Von Lungenentzündung sind jedoch Kinder überall auf der Welt, nicht nur in Indien, betroffen.

Zu den Grenzen des Serum-Impfstoffs hat die Gates Foundation sich auf ihre Weise geäußert. 2021 kündigte sie ein gigantisches neues Projekt zur Entwicklung eines 25-valenten Impfstoffs an, und zwar in Zusammenarbeit mit dem Start-up Inventprise, das bemerkenswerterweise von einem früheren Topmanager von Serum geleitet wird.[110] Allerdings verriet Gates nicht, in welchem Umfang er an dem Projekt beteiligt ist.

Inventprise, das sich in Gates' Hinterhof in Redmond, Washington, angesiedelt hat, wirkt beinahe wie eine Tochtergesellschaft der Stiftung. Gates hat der Firma Fördergelder von insgesamt 130 Millionen Dollar zugesagt, plus 90 Millionen Dollar in »wandelbaren Schuldtiteln« (die üblicherweise später in Firmenanteile umgewandelt werden).[111] Laut der Gründungsurkunde des Unternehmens im Bundesstaat Washington unterhalten fünf von sieben Mitgliedern des Direktoriums von Inventprise Verbindungen zu Bill Gates oder der Gates Foundation.[112] Einer von ihnen, Niranjan Bose, ist bei Gates Venture angestellt, einer von der Stiftung unabhängigen Privatfirma von Bill Gates.[113] Es ist schwierig, dieses Arrangement zu verstehen, es sei denn, Gates Ventures investiert auch in Inventprise – hier scheinen sich Bill Gates' geschäftliche Angelegenheiten wieder einmal mit steuerbegünstigten karitativen Aktivitäten seiner Stiftung zu überschneiden. Inventprise hat auf eine Interviewanfrage und Fragen, die per Mail gesendet wurden, nicht reagiert.

Zu Inventprise ist außerdem zu bemerken, dass die Gates Foundation laut den Unterlagen des U.S. Patent and Trademark Office (»Patent- und Markenamt«) Anteile an dem patentierten 25-valenten Pneumokokken-Impfstoff von Inventprise hält.[114] Damit offenbart sich in der Arbeit der Stiftung eine neue Ebene kommerzieller Aktivität, eine Art karitative vertikale Verflechtung: Gates vergibt Fördergelder zur Finanzierung und Entwicklung des Inventprise-Impfstoffs, sichert sich einen Anteil an der zugrunde liegenden Technologie und weist dann im Erfolgsfall Gavi an, ihn mit Steuergeldern zu kaufen und an arme Länder zu verteilen. Falls die Stiftung auch eine Beteiligung an Inventprise anstrebt, was das Ziel des finanziellen Arrangements zu sein scheint, würden Erlöse aus dem Verkauf des neuen Impfstoffs der Gates Foundation erneute Einkünfte bescheren.

Es ist schwer, das Offensichtliche zu ignorieren: Die Gates Foundation agiert wie eine Pharmafirma. Wie ein von mir befragter Impfstoffhersteller glaubt, versucht Bill Gates tatsächlich, das größte Pharmaunternehmen der Welt auf die Beine zu stellen.

Außer Frage steht, dass die Stiftung auf dem Markt einzigartige Privilegien genießt. Sie wird nicht wie ein Privatunternehmen besteuert und reguliert, weil alle ihre Aktivitäten über karitative Vereinbarungen abgewickelt werden. Sie wird von der Öffentlichkeit oder der Presse nicht argwöhnisch als Teil der großen Pharmaindustrie beäugt, weil ihr der Superhelden-Umhang der Philanthropie von den Schultern weht. Gerüstet mit der Markierung als Wohltätigkeitsorganisation kann sie finanzielle Partnerschaften mit konkurrierenden Entwicklern eingehen, von denen die Pharmariesen wohl nur träumen.

Wir werden erst in einigen Jahren wissen, was aus dem Gates-Inventprise-Deal geworden ist, aber wir können zwei Jahrzehnte zurückblicken, um eine Prognose zu wagen. Nirgendwo in Gates' bisherigem Vermächtnis manifestieren sich die bahnbrechenden, wegweisenden, einzig wahren Lösungen, die uns die Gates Foundation versprochen hat – kein neues Medikament und kein neuer Impfstoff haben plötzlich die öffentliche Gesundheit revolutioniert.

Vielmehr zeigt uns die Geschichte, dass sich die Arbeit der Stiftung im Dienste der Weltgesundheit im Großen und Ganzen an ihrem üblichen Business-as-usual-Paradigma orientiert, was etwa zur Folge hat, dass von Monopolen vertriebene Impfstoffe nur langsam und äußerst ineffizient ihren Weg zu den Armen der Welt finden. Außerdem zeigt die Geschichte, dass die Arbeit der Stiftung üblicherweise als Erfolg verkauft wird, ganz unabhängig vom tatsächlichen Ergebnis und den Auswirkungen. Die Stiftung und ihre Vertreter verwenden so viel

Geld und Energie darauf zu verkünden, wie viele Menschenleben sie gerettet hat, dass es praktisch unmöglich ist danach zu fragen, wie viele Menschen ihr Leben verlieren, wie viele Arzneimittelhersteller auf der Strecke bleiben oder wie viele bessere, günstigere Produkte nie auf den Markt kommen.

Oder auch, wie viel mehr Menschenleben hätten gerettet werden können, wenn wir einen anderen Ansatz verfolgt hätten. Warum stellen wir beispielsweise nicht die Monopolmacht der Pharmariesen in Frage, statt uns mit ihnen zu verpartnern, weil wir erkennen, dass sie die eigentliche Ursache der niedrigen Impfraten sind? Warum verlangen wir nicht, dass diese Unternehmen ihre Impftechnologie mit Herstellern in armen Ländern teilen, damit diese selbständig Impfstoffe herstellen können? Und warum gehen unsere Konzepte für öffentliche Gesundheit nicht über Arzneimittel hinaus? Nur weil Bill Gates sagt, dass Impfstoffe und Medikamente das beste Mittel zur Verbesserung der öffentlichen Gesundheit und die beste Verwendung unserer Steuergelder sind, heißt das noch lange nicht, dass es auch stimmt.

Ich habe Impfstoffe, Lungenentzündung und Gavi in den Fokus des ersten Kapitels gestellt, weil sie für einige der nachdrücklichsten Behauptungen der Gates Foundation stehen: die Menschenleben, die sie vorgeblich rettet, die innovativen Pharmaprodukte, die sie ihrem Bekunden nach herstellt, und die Arbeit, auf die sie besonders stolz ist. Der Ehrlichkeit halber sei gesagt, dass das von Gates verfolgte unternehmerische Modell der Philanthropie zwar auf einige wichtige Erfolge verweisen kann – wie die Milliarden von Gavi ausgelieferten Impfstoffe und die Entwicklung des neuen Pneumokokken-Impfstoffs von Serum –, doch diese Errungenschaften werden von Vorbehalten und Kollateralschäden überschattet.

Der wirklich traurige Schlusssatz dieser Geschichte betrifft Gates' spätere Aktivitäten während der Pandemie, bei denen die Stiftung auf dieselben Strategien und Partner wie bei den Pneumokokken-Impfstoffen zurückgegriffen hat. Wie wir später sehen werden, waren Gates und Gavi erfolgreich damit, ihr Projekt als die »einzige wirklich globale Lösung für diese Pandemie« zu verkaufen.[115] Milliarden von Steuergeldern flossen in das Projekt, das versprach, die Armen der Welt zu schützen. Der Plan scheiterte auf ebenso vorhersehbare wie spektakuläre Weise, da Gates' Pharmapartner Impfstoffe an reiche Länder lieferten, während arme Länder ungeimpft blieben. Die durch Gates' Hybris und sein schlechtes Management »verlorenen« Leben wurden nie gezählt.

Die vermeintliche Herrschaft der Gates Foundation über die Covid-19-Pandemie brachte endgültig Klarheit über ihr Engagement für die öffentliche Gesundheit und sollte uns als wichtigste Lektion dienen, welche Gefahren drohen, wenn wir Milliardären mit großen Ideen Macht ohne eine Rechenschaftspflicht übertragen. Doch hätten wir genau hingeschaut, so wären uns diese Gefahren schon vor Jahren ins Auge gesprungen.

2

FRAUEN

Im wirklichen Leben gibt es nur wenige Verbrecher, die es mit dem Investmentbanker Jeffrey Epstein aufnehmen könnten.

2019 wurde Epstein tot in seiner Gefängniszelle aufgefunden, in der er auf sein Verfahren wegen Sexhandel mit Minderjährigen gewartet hatte.[1] Der Tag, an dem er vor Gericht hätte stehen sollen, sollte ein Tag der Abrechnung für einen Mann werden, den man beschuldigte, unzähligen Mädchen unermessliches Leid zugefügt zu haben, indem er sie missbrauchte und dann an mächtige, reiche Männer weiterreichte, mit denen er Umgang pflegte. Überdies sollte Epsteins Prozess ein Korrektiv für den bizarren gerichtlichen Amigo-Deal sein, den er 2008 eingegangen war.

Damals saß Epstein, der mit einer lebenslangen Freiheitsstrafe hatte rechnen müssen, nur 13 Monate lang im Gefängnis und hatte häufig Freigang, um seiner Arbeit nachgehen zu können.[2] Irgendwann war seine Zelle im Grunde nur noch ein Ort, an dem er übernachtete. Obwohl die Ermittler – Journalisten, Polizei und das FBI – Dutzende Mädchen ausfindig gemacht hatten, die aussagten, von Epstein sexuell missbraucht worden zu sein – man sprach von einem »Schneeballsystem des Missbrauchs«, weil er Mädchen dafür bezahlt haben sollte, weitere Opfer anzuwerben –, war vor Gericht mysteriöserweise nur von erzwungener Prostitution die Rede.[3] In dieser Version der Geschichte ging Epstein lediglich finanzielle Transaktionen mit einem willigen Partner ein. »Ich bin kein Sexualstraftäter, ich bin ein ›Sexualtäter‹«, erklärte er der Presse 2011. »Das ist der gleiche Unterschied wie zwischen einem Mörder und jemandem, der ein Brötchen stiehlt.«[4] Dasselbe sagte er vor Mitarbeitern der Gates Foundation bei einem Treffen im gleichen Jahr – einer von Bill Gates organisierten Zusammenkunft.[5]

Gates war einer von zahllosen reichen und mächtigen Männern, die in Jeffrey Epsteins Dunstkreis vordrangen – eine Art Club elitärer Jungs, zu denen auch öffentliche Personen wie Bill Clinton, Prinz Andrew und Donald Trump gehörten.[6] Epsteins Tod 2019, der als Selbstmord gewertet wurde, bedeutet, dass wir niemals die ganze Story über seine Beziehungen zu diesen Männern erfahren werden, die allesamt abstreiten, jemals in illegale Aktivitäten verwickelt gewesen zu sein. Stattdessen bleiben uns endlose Spekulationen, Verschwörungstheorien und Journalisten, die herauszufinden versuchen, wie Epstein sich in so viele Machtzirkel einschleusen konnte. Die Beziehung zu Bill Gates wird häufig damit erklärt, dass dieser zum Opfer eines soziopathischen Betrügers wurde.

»Ich höre immer wieder die Frage: Wie um alles in der Welt konnte jemand wie Gates jemals mit Jeffrey Epstein in Berührung kommen, *nachdem* dieser bereits als Sexualtäter verurteilt worden war«, sagte die Journalistin Vicky Ward, die ihre Theorien in den Zeitschriften *Rolling Stone* und *Town and Country* sowie im Podcast *Chasing Ghislaine* darlegte. »So schwer das auch zu schlucken ist – bei den Gesprächen mit Leuten, die mit dem Finanzier oder in seinem Dunstkreis gearbeitet haben, ist mir aufgegangen, dass ein Teil von Epsteins Genie (ich hasse es, dieses Wort zu benutzen, aber es stimmt) seine Fähigkeit zur Manipulation war. Insbesondere Philanthropie setzte er sehr geschickt ein, um sich in Kreise einzuschleichen, die ihm sonst verschlossen geblieben wären.«[7]

Wards Analyse deckt sich mit Gates' offizieller Erklärung, wonach er sich selbst als Betrogener sieht. Er traf sich mit Epstein nur aus einem einzigen Grund: um mit ihm über eine karitative Spendenaktion zu sprechen, die »Hunderte Milliarden Dollar zur Förderung der Weltgesundheit einbringen« könnte, wie seine Sprecherin den Medien mitteilte. Tatsächlich organisierte die Stiftung mehrere Treffen zu diesem Projekt mit Epstein und JPMorgan Chase, doch der Gesundheitsfonds, über den sie sich beraten hatten, kam nie zustande.[8] »Mit der Zeit«, erklärte die Sprecherin, »erkannten Gates und sein Team, dass das, was Epstein tun konnte und plante, illegal war. Daraufhin wurde sämtlicher Kontakt zu ihm abgebrochen.«

Doch Gates' Geschichte nahm mit der Zeit eine bedeutsame Wendung, weil mehrere Journalisten so wagemutig waren, dem mächtigsten Philanthropen der Welt genauer auf die Finger zu schauen, und einen Widerspruch nach dem anderen aufdeckten. Allem voran: Warum sollte einer der reichsten Männer der Erde beim Spendensammeln auf Jeffrey Epsteins Hilfe angewiesen sein? Und wie hätte Gates jemals dazu verleitet werden können zu glauben, Epstein sei ein guter philanthropischer Partner?

Bill Gates steht ein ganzes Heer an Personen zur Verfügung, die dafür sorgen, dass sein Ruf tadellos bleibt und ihm kein Schaden droht. Als er Jeffrey Epstein Anfang der 2010er Jahre traf, war dieser als Verbrecher bekannt und als Sexualtäter aktenkundig. Seine Missetaten waren von den Medien bereits genüsslich breitgetreten worden.[9] Es ist nicht nur unvorstellbar, sondern auch völlig absurd, dass Bill Gates nicht genau wusste, was er tat oder wer Epstein war. Melinda French Gates selbst sagte öffentlich, sie habe sofort erkannt, was für ein Mensch Epstein war, und Bill ihre Eindrücke geschildert. »Ich habe Jeffrey Epstein auch getroffen – genau einmal«, sagte sie 2022 in einem Interview. »Weil ich wissen wollte, wer dieser Mann war. Und ich bedauerte es im selben Moment, in dem ich über die Schwelle trat. Er war abstoßend. Er war das personifizierte Böse. Ich hatte später Albträume deswegen. Und darum bricht es mir das Herz, wenn ich an diese jungen Frauen denke, weil ich mich genauso gefühlt habe, dabei bin ich eine ältere Frau. Mein Gott, ich fühle mich so schrecklich, wenn ich an diese jungen Frauen denke. Es war furchtbar.«[10] So wie Melinda French Gates betrachteten auch Stiftungsmitglieder Epstein als erhebliche Bedrohung für den Ruf der Stiftung.[11] Es ist ebenfalls festzuhalten, dass Bill und Melinda French Gates drei Kinder, darunter zwei Töchter, haben. Eine von ihnen war zu der Zeit, als sich Gates mit Epstein traf, im selben Alter wie einige von Epsteins Opfern.[12]

Nachdem die Nachrichtenmedien ausführlich über Gates' Verbindung zu Epstein berichtet und aufgedeckt hatten, dass die beiden eine sehr viel engere Beziehung pflegten, als Bill Gates zugegeben hatte, gab er es auf, die Anschuldigungen abzustreiten und herunterzuspielen. Stattdessen brachte er eine Entschuldigung vor, in der er seine Ahnungslosigkeit betonte: »Ich habe zweifellos einen großen Fehler gemacht, indem ich ihn nicht nur kennengelernt, sondern ihn mehrmals getroffen habe. Ich wollte um Spenden für die Weltgesundheit werben. Ich habe nicht erkannt, dass durch Treffen mit ihm die unfassbar schrecklichen Dinge, die er getan hat, gewissermaßen verharmlost wurden. Mit der Zeit wurde mir das immer klarer.«[13]

Gates war jedoch niemals gezwungen, ernsthaft zu den vielen Widersprüchen Stellung zu nehmen, die seine Beziehung zu Epstein weiterhin aufwirft. Was wirklich geschah, bleibt also weiter im Dunkeln, aber vielleicht tauchen in den kommenden Jahren und Jahrzehnten weitere Zeugen auf, die mehr zur Erhellung der ganzen Geschichte beitragen können.

Die Beziehung zwischen Gates und Epstein lässt sich leicht als Klatsch und Tratsch oder unfaire Ablenkung von Gates' Wohltätigkeit abtun. Dennoch verdient sie eine genauere Betrachtung aus dem einfachen Grund, dass Gates Epstein eingeladen hat, Teil seines philanthropischen Reichs zu werden – eines Reichs, das sorgsam um das Image bemüht war, für das Wohl von Frauen einzutreten. Gates brachte das Stiftungspersonal und den Ruf der Stiftung leichtsinnig mit Epstein in Verbindung – und das über viele Jahre hinweg; Mitarbeiter der Stiftung blieben bis 2017 mit Epstein in Kontakt.[14] Gates' Beziehung zu Epstein soll auch zu seiner Scheidung von Melinda French Gates beigetragen haben. Die Trennung wird die Ausrichtung der Gates Foundation womöglich auf Dauer verändern.[15] Beide werden die Stiftung bis Mitte 2023 weiterhin gemeinsam leiten. Dann wird sich Melinda French Gates zurückziehen (oder dazu aufgefordert werden).[16]

Die Epstein-Story ist auch deshalb relevant, weil sie zeigt, wie unfähig Bill Gates ist, Verantwortung für sein Handeln zu übernehmen – und dass er sein Leben so organisiert hat, dass kein Mechanimus ihn dazu zwingen kann. Als die Medien gnadenlos von seiner weitreichenden Beziehung zu dem verurteilten Sexualstraftäter berichteten, hüllte sich seine Stiftung unglaublicherweise in Schweigen. Fast alle Reaktionen kamen von Bill Gates' persönlicher Sprecherin, nicht von der Stiftung.

Selbst wenn wir Gates seine unglaubwürdige Erklärung für die Beziehung zu Epstein abnehmen – dass es einzig und allein um Wohltätigkeit ging –, bleibt eine zutiefst verstörende Frage zu klären: Wenn Gates bereit war, mit einem Monster wie Epstein eine Partnerschaft einzugehen, um Geld für die globale Gesundheit zu beschaffen, wozu ist er dann sonst noch bereit, um seine Agenda voranzutreiben?

Diese beunruhigende Der-Zweck-heiligt-die-Mittel-Pathologie zieht sich durch die Arbeit der Gates Foundation – einer Institution, die offenbar überhaupt keine Probleme damit hat oder sich gar ermächtigt fühlt, ihre Macht und ihren Einfluss für eine Welterneuerung einzusetzen, die andere bisweilen entmachtet. Damit kommt die Idee des moralischen Risikos ins Spiel – wozu sind Menschen in der Lage, wenn sie glauben, dass niemand zusieht oder dass die Regeln für sie nicht gelten? Diese Idee scheint Männer wie Epstein und Gates zusammenzuschweißen.

Jeffrey Epstein war, wie Bill Gates, superreich. Als er starb, wurde das Vermögen des Finanziers auf 577 Millionen Dollar geschätzt.[17] Zu seinem Vermächtnis gehörten auch Spenden zugunsten wissenschaftlicher Forschung und Universitäten sowie zu Beginn der 2000er Jahre (vor seiner Verhaftung) gemeinsame wohltätige Aktivitäten mit Bill Clinton.[18] Und genau wie Gates war auch Epstein eine Art Strippenzieher, der weitverzweigte Beziehungen in die obersten Etagen der Wissenschaft, Finanzwelt und Politik unterhielt. Auf einem berühmt gewordenen Bild von Gates und Epstein sind auch der ehemalige US-Finanzminister Larry Summers und James Staley zu sehen, der damals Topmanager bei JPMorgan war.[19] Viele sind der Meinung, dass Epsteins weitreichende Verbindungen zu mächtigen Männern ihm 2008 zu seinem Gerichtsdeal verhalfen, als ihm eine lebenslange Freiheitsstrafe drohte. Er verhielt sich immer so, als stünde er über dem Gesetz – und in gewisser Hinsicht tat er das auch.

Jahrzehntelang suchte er sich seine Opfer unter den Schwachen und Verwundbaren – junge Mädchen, die häufig aus ärmlichen Verhältnissen kamen oder Missbrauch erfahren hatten. Bei seinen Beutezügen war sein Reichtum ein probates Lockmittel – er zahlte die Schulden seiner Opfer, bot ihnen an, ihre Schulausbildung zu finanzieren, oder versuchte, sich ihr Schweigen zu erkaufen. Zudem half sein Vermögen Epstein, Goodwill aufzubauen, es öffnete ihm Türen, erlaubte ihm, Freundschaften zu anderen globalen Eliten zu knüpfen, und sicherte ihm zunehmend eine solide Immunität. Und für eine gewisse Zeit wäre Bill Gates in dieser Hinsicht einer der mächtigsten Verbündeten Epsteins gewesen; ihre Verbindung signalisierte der feinen Gesellschaft, Epstein als potenziellen philanthropischen Partner willkommen zu heißen, statt ihn als brutalen Jäger zur Rede zu stellen.

Die ersten Berichte über die Beziehung zwischen Gates und Epstein erschienen im Sommer 2019; demzufolge hatte Epstein 2014 dem Media Lab des MIT eine 2-Millionen-Dollar-Spende von Bill Gates (nicht von der Gates Foundation) »zugeführt«. »Was die Protokollierung von Spenden betrifft, werden wir Jeffreys Namen als Initiator der Spende nicht erwähnen«, hieß es in einer internen E-Mail des Media Lab.[20] Gates leugnete, dass Epstein etwas mit der Spende zu tun gehabt habe, doch die Anschuldigung wuchs sich zu einer handfesten Story aus – weil Epstein selbst Stoff für eine handfeste Story lieferte. Im Juli war er wegen des Verdachts auf Sexhandel festgenommen worden und Journalisten waren eifrig damit beschäftigt, seine Verbindungen in die Welt der Prominenten zu durchforsten.[21] Von allen Namen, die ans Licht der Öffentlichkeit drangen, wurde der bekannteste Philanthrop der Welt besonders sorgfältig unter die Lupe genommen. Nach der ersten Welle an Berichten äußerte sich Gates öffentlich zu seinen Verbindungen zu Epstein. »Ich habe ihn getroffen. Ich habe keinerlei geschäftliche oder freundschaftliche Beziehungen zu ihm unterhalten. Ich bin nicht in New Mexico oder Florida oder Palm Beach oder an irgendeinem dieser Orte gewesen. In seinem Bekanntenkreis gab es Leute, die sagten, hey, der kennt eine Menge Leute, wenn du die Weltgesundheit und die Wohltätigkeit fördern willst. Bei jedem Zusammentreffen mit ihm waren nur Männer anwesend. Ich habe nie irgendwelche Partys oder etwas in der Art besucht. Er hat nie für irgendetwas gespendet, von dem ich wüsste«, sagte Gates.[22]

Was die Journalisten herausfanden, hörte sich jedoch ganz anders an. Obwohl Gates behauptet hatte, nie in »Palm Beach oder an irgendeinem dieser Orte« gewesen zu sein, offenbarten Flugaufzeichnungen – von denen die Nachrichtenmedien bereits berichtet hatten –, dass Gates tatsächlich mit Epsteins Flugzeug nach Palm Beach geflogen war.[23] Laut weiteren Berichten hatte sich Gates mehrmals mit dem verurteilten Sexualstraftäter in dessen Wohnung in Manhattan getroffen, und bei mindestens einem gesellschaftlichen Ereignis waren auch Frauen anwesend – Miss Schweden und ihre 15-jährige Tochter. »Eine äußerst attraktive Schwedin und ihre Tochter kamen vorbei und ich blieb schließlich noch sehr lange«, schrieb Gates am nächsten Tag Kollegen in einer E-Mail. Warum hatte er dann zu den Medien gesagt: »Bei jedem Zusammentreffen mit ihm waren nur Männer anwesend. Ich habe nie irgendwelche Partys oder etwas in der Art besucht.«?

Laut James B. Stewart von der *New York Times* wollte Gates keine genauen Angaben dazu machen, wie oft er Epstein getroffen hatte – ein weiteres Signal, um aufzuhorchen. Aufgrund seiner Recherchen konnte Stewart einige Treffen aufzählen: »Es gab Besuche in [Epsteins] Villa, Treffen in Seattle, Flüge mit Epsteins Flugzeug, wobei doch jeder weiß, dass Bill Gates sein eigenes 40-Millionen-Dollar-Flugzeug besitzt. Und dann … warum sollte Gates behaupten, ›Oh, ich habe keinerlei Beziehung zu ihm‹, obwohl er zweifellos weiß, wie die Dinge liegen?«[24] Stewarts umsichtige Recherchen waren seiner früheren Reportage über Epstein zu verdanken, den er ein Jahr zuvor in seiner Villa in Manhattan aufgesucht hatte. »Er ist ein aktenkundiger Sexualstraftäter, und als ich klingelte, ging die Tür auf und da stand eine schöne junge Frau, die wohl älter als 16 war, vielleicht 19 oder so – und ich dachte, wow, bei einem Sexualstraftäter macht einem eine schöne junge Frau die Tür auf? Schon bevor ich eintrat, war mir klar, dass da irgendetwas ganz und gar nicht stimmte.«[25] Wie Melinda French Gates wusste auch Stewart sofort, wer und was Epstein war.

Gates' äußerst schmallippige Erklärung ließ vermuten, dass da noch mehr im Busch war, und die Journalisten blieben dran. Sie fanden heraus, dass sich Gates und Epstein in Wahrheit Dutzende Male getroffen hatten, dass ihr Verhältnis persönlicher Natur war und sie sich sogar über Gates' kriselnde Ehe unterhalten hatten. (Bill Gates hat alle diese Feststellungen bestritten.)[26] Zudem berichteten die Medien, Gates habe Epstein als Verbindungsmann benutzt, um dem Friedensnobelpreis näher zu kommen.

Für diese Vermutung sprechen einige überzeugende Indizien. Epstein pflegte Beziehungen zu Nobelpreisträgern wie Frank Wilczek, Gerald Edelman und Murray Gell-Mann.[27] Er war zudem mit dem International Peace Institute (IPI) verbandelt, einer Denkfabrik, die Spendengelder von Wohltätigkeitsorganisationen erhalten hatte, welche mit Epstein in Verbindung standen.[28]

Im Jahr 2013 trafen sich Epstein, Gates und Vertreter von IPI mit Thorbjørn Jagland, ehemals Ministerpräsident von Norwegen und zu jener Zeit Vorsitzender des Nobelkomitees. Vor Journalisten sagte Jagland später, das auf Französisch abgehaltene Treffen habe mit seiner Rolle als Generalsekretär des Europarats, einer Menschenrechtsorganisation, zu tun gehabt. Laut Jagland drehte sich die Diskussion um gefälschte Medikamente. Er spielte Epsteins Beteiligung an dem Treffen herunter, indem er sagte: »Bill Gates bat darum und erklärte sein Anliegen. Er brachte andere Leute mit, auch vom IPI. Üblicherweise unterzog ich die Begleiter von Personen, mit denen ich mich traf, keiner gesonderten Prüfung.«[29]

Dieses Treffen wirft eine Fülle an Fragen auf. Gates hatte behauptet, seine Beziehung zu Epstein sei auf das Austauschen von Ideen zu einer Spendenkampagne beschränkt gewesen. Zu welchem Zweck nahmen die beiden Männer dann gemeinsam an einem Meeting einer europäischen Menschenrechtsorganisation teil? Und warum hätte Bill Gates Interesse an einem Treffen haben sollen, dem auch ein Mitglied des Nobelkomitees beiwohnte?

»Ein Nobelpreis wäre zweifellos eine große Ehre, doch es stimmt nicht, dass Bill Gates von dieser Ehrung ›besessen‹ war, sie sich zum Ziel gesetzt hat oder irgendwelche Anstrengungen unternommen hat, um den Preis zu bekommen«, entgegnete Gates' Sprecherin den Nachrichtenredaktionen. »Falls Epstein den Plan oder ein Motiv gehabt hatte, sich auf irgendeine Weise für irgendwelche Preise oder Ehrungen für Gates zu engagieren, hatten weder Gates noch irgendjemand, mit dem er zusammenarbeitet, Ahnung von seinen Absichten. Sie alle hätten jegliche Angebote zur Unterstützung abgelehnt.«[30]

Nachdem sich Bill Gates mit Jagland und dem International Peace Institute getroffen hatte, erhielt das IPI von der Gates Foundation Zuwendungen in Millionenhöhe. Das wirft naheliegende Fragen nach einem möglichen Quid pro quo auf. Entlohnte Gates das IPI mit karitativen Geldern dafür, dass es ihm Kontakt zu einem Mitglied des Nobelkomitees ermöglicht hatte?

Noch wichtiger ist, dass Epstein offensichtlich an der Koordination der Stiftungsschenkung beteiligt war. Es sind E-Mails aufgetaucht, in denen er, IPI und Boris Nikolic, einer von Bill Gates' wichtigsten Stellvertretern, Nachrichten über die Spende austauschen.[31] Das zeigt, dass Epstein unmittelbar an der Vergabe von Spendengeldern der Gates Foundation beteiligt war – was die Stiftung bestreitet: »Die Stiftung ist nie irgendwelche finanziellen Vereinbarungen mit Epstein eingegangen. Wir arbeiten mit dem International Peace Institute zusammen, einem Zuwendungsempfänger, der uns bei unseren Bemühungen unterstützt, die Gesundheit der Bevölkerung von Pakistan und Afghanistan zu verbessern.«[32]

Kurz nach ihrem ersten Studienabschluss an der University of Texas im Jahr 1992 trank Melanie Walker, die sich zu einem Besuch in New York City aufhielt, im Hotel Plaza eine Tasse Tee.[33] Zufällig war auch Jeffrey Epstein, zusammen mit Donald Trump, im selben Hotel und die beiden Männer beschlossen, sich Melanie Walker vorzustellen, die halb so alt war wie sie. Epstein sprach mit ihr über die Idee zu modeln – laut einem der Presseberichte brachte er sie davon ab, in einem anderen hieß es, dass er ihr nahelegte, sich bei Victoria's Secret zu bewerben.[34] Da Epstein ein Finanzberater von Leslie Wexner, dem Leiter der Marke, war, ist es gut möglich, dass er sich auch etwas von diesem Vorschlag versprach.[35]

Das war der Beginn einer Beziehung, die anscheinend über Jahrzehnte anhielt. Der *Rolling Stone* bezeichnet Epstein als Walkers »Mentor« und berichtet, dass sie in den 1990er Jahren eine medizinische Hochschule besuchte und ein Apartmentgebäude in New York City bewohnte, das Epstein gehörte. Die *New York Times* berichtet, Epstein habe Walker nach ihrem Medizinexamen als seine wissenschaftliche Beraterin eingestellt. In dieser Funktion war sie später auch für Bill Gates tätig.[36]

Laut ihrer Webseite kam Walker 2000 nach Seattle, um an der University of Washington eine klinische Ausbildung zu absolvieren. 2006 trat sie als Senior Program Officer in die Gates Foundation ein.[37] Dort machte sie Bekanntschaft mit Boris Nikolic, der offenbar verschiedene Rollen ausfüllt, was die Gates Foundation, Gates' Privatvermögen und Gates' Privatleben angeht. Berichten zufolge unternehmen die beiden Männer häufig gemeinsame Reisen und gehen zusammen zu gesellschaftlichen Veranstaltungen.[38] Sie arbeiteten auch gemeinsam an Projekten, denn Nikolics Name taucht in mindestens zwei Patenten auf, in denen Gates als Miterfinder genannt wird.[39] Als Gates einen großen Betrag in das Pharmaunternehmen Schrödinger investierte, hieß es in der Presseerklärung, Nikolic werde einen Sitz im Vorstand erhalten.[40] Im Jahr 2011 trafen sich Nikolic und Gates zum ersten Mal mit Epstein.[41] Nach dem Treffen schrieb Epstein Melanie Walker eine E-Mail, in der er ihr davon berichtete.[42]

Diese Hintergrundgeschichte wurde 2019 zur Schlagzeile, als eine Bombe platzte. Wenige Tage bevor Epstein erhängt in seiner Zelle aufgefunden wurde, nahm er in seinem Testament eine Ergänzung vor, in der er Boris Nikolic zu einem seiner stellvertretenden Treuhänder benannte und ihm damit die potenzielle Verantwortung für die Verwaltung des Epstein-Vermögens von 577 Millionen Dollar übertrug. Die Welt war natürlich daran interessiert zu erfahren, wer Nikolic war, und fand heraus, dass es sich um einen langjährigen engen Mitarbeiter, wenn nicht sogar »Wingman«, von Bill Gates handelte. Nikolic teilte der Presse mit, er sei »geschockt« darüber, als Treuhänder benannt worden zu sein, und verkündete, er wolle diese Aufgabe nicht übernehmen.[43] Zudem beschrieb er sich als Opfer und sagte: »In den letzten Jahren haben wir alle erfahren, dass Epstein ein Meisterbetrüger war. Nun sehe ich, dass seine philanthropischen Vorschläge dazu dienten, sich bei meinen Kollegen und mir einzuschmeicheln, um seine eigenen gesellschaftlichen und finanziellen Ambitionen zu verwirklichen. Als er seine Ziele nicht erreichte, begann er zurückzuschlagen.«[44]

Laut Vicky Wards Version der Geschichte im *Rolling Stone* war Nikolics Benennung als Treuhänder von Epsteins Vermögen ein letztes an Bill Gates gerichtetes »Fuck you«; Nikolic sprach von einem »eindeutigen Racheakt«. Demnach, so die Version, war Epstein beim Eintrag von Nikolics Namen in sein Testament bewusst, dass die Medien die Geschichte bis zu Gates hin zurückverfolgen würden. Dabei ist aber nie klargeworden, wofür sich Epstein rächen wollte. Warum empfand er so viel Feindseligkeit gegenüber Gates, der seine Beziehung zu Epstein wiederholt herunterspielte? Laut Gates offizieller Darstellung von seinem Bruch mit Epstein hatte die Stiftung bei weiteren Diskussionen über eine mögliche karitative Partnerschaft das Vertrauen in Epstein verloren und sich von ihm distanziert.[45] Es gab jedoch nie Berichte von einem größeren Zerwürfnis zwischen den beiden Männern. Gates hat behauptet, er habe Epstein kaum gekannt und ihre oberflächliche Beziehung sei ausschließlich professioneller, nicht privater Art gewesen. Trotzdem sollen wir glauben, dass ihre gescheiterte karitative Partnerschaft Epstein so sehr zu schaffen machte, dass er zwei Tage vor seinem Selbstmord an nichts anderes denken konnte und beschloss, Bill Gates durch Ändern seines Testaments zu Fall zu bringen. Es ist schwierig, diesem Narrativ zu folgen, und es liegt nahe zu vermuten, dass hinter der Geschichte noch mehr steckt.[46]

Eine der wichtigsten Erkenntnisse, die aus der Gates-Epstein-Saga gewonnen werden können, ist die scheinbare Unfähigkeit der Gates Foundation, sich zu dem fragwürdigen Verhalten ihres Gründers zu äußern. Während einige Großunternehmen umgehend reagierten, als Vorwürfe im Zusammenhang mit Epstein laut wurden, legte die Stiftung die Hände in den Schoß.

Außerhalb der Stiftung gab es einige Partner Epsteins, die in gewisser Weise Verantwortung übernahmen. Topmanager gaben ihre hoch dotierten Positionen bei Unternehmen wie Barclays, Apollo Global Management und L Brands auf, weil der öffentliche Druck wegen ihrer Verbindungen zu dem Sexualstraftäter zu gewaltig wurde.[47] Prinz Andrew wurden seine royalen Schirmherrschaften entzogen. Donald Trumps Arbeitsminister Alex Acosta trat aufgrund der Kritik an seiner Rolle als Staatsanwalt in Epsteins Gerichtsdeal von 2008 zurück.[48] Es hat den Anschein, als sei der moralische Kompass bei amerikanischen Unternehmen, dem britischen Königshaus und der Trump-Regierung intakter als bei dem weltweit meistgefeierten Philanthropen.

Das Schweigen der Stiftung war besonders beunruhigend, weil nach Bekanntwerden der Epstein-Story zahlreiche weibliche Angestellte bei Microsoft und der Stiftung Bill Gates persönliches Fehlverhalten vorwarfen. Er verharmloste die Beschuldigungen, die 2021 in rascher Folge auf ihn niederprasselten, oder stritt sie rundweg ab.

Lediglich ein Verhältnis mit einer Mitarbeiterin bei Microsoft gab Gates zu, behauptete aber, sie hätten sich »in Freundschaft« getrennt. Das Geständnis erfolgte jedoch erst, nachdem Microsoft öffentlich erklärt hatte, die Mitarbeiterin habe der Firma ein »Anliegen« vorgetragen. Sie hatte insbesondere gefordert, Melinda French Gates den Brief zu zeigen, in dem sie Microsoft von ihrer Beziehung zu Bill Gates berichtet hatte. »Ein Vorstandsgremium prüfte das Anliegen mit Hilfe einer externen Anwaltskanzlei, um eine gründliche Untersuchung einzuleiten«, ließ das Unternehmen verlauten. »Im Laufe der Untersuchung sicherte Microsoft der Mitarbeiterin, die das Anliegen vorgetragen hatte, umfassende Unterstützung zu.«[49]

Später bestätigte Microsoft einen weiteren Vorfall, bei dem Bill Gates eine mittlere Angestellte in einer »unangemessenen« E-Mail gebeten hatte, sich außerdienstlich mit ihm zu treffen. Als die Story öffentlich gemacht wurde, erklärte Gates' Sprecherin: »Diese Behauptungen sind falsch; es handelt sich nur um wieder aufgewärmte Gerüchte von Quellen aus zweiter Hand, und in einigen Fällen bestehen signifikante Interessenkonflikte.«[50]

Im Laufe der Jahrzehnte, in denen diese und andere Anschuldigungen publik wurden, entwickelte die Öffentlichkeit eine kritischere Haltung gegenüber Microsoft. Während der Zeit, in der Gates das Unternehmen leitete, gingen Hunderte Beschwerden wegen Diskriminierung und Belästigung ein.[51] (Die Vorwürfe richteten sich nicht alle gegen Bill Gates.) 2020 zog sich Gates aus dem Vorstand zurück, als Microsoft gegen ihn gerichtete Vorwürfe wegen Fehlverhaltens prüfte.[52] (Bill Gates streitet ab, sich wegen irgendeiner Prüfung zurückgezogen zu haben.)

2021 initiierte Natasha Lamb, geschäftsführende Gesellschafterin von Arjuna Capital, einen erfolgreichen Aktionärsbeschluss, der Microsoft zwingen sollte, die gegen Gates gerichteten Vorwürfe zu untersuchen und die Ergebnisse öffentlich zu machen. »Der Fall Bill Gates ist exemplarisch für Geld und Macht. Es war eindeutig seine Masche, sich an Mitarbeiterinnen ranzumachen. So lernte er auch seine Frau kennen. Dieses Verhalten legt er ohne Zweifel immer noch an den Tag«, hielt Lamb fest. »Das lässt die Frage offen, wie Vorstand und Geschäftsführung mit sexueller Belästigung innerhalb der Firma umgehen. Nach MeToo änderte sich der interne Umgang mit diesen Problemen ein wenig. Aber natürlich kamen die Signale für schlechtes Benehmen von ganz oben und das gibt den Takt vor.«[53] Weil die Gates Foundation keine Aktionäre hat, unterliegt sie solchen Beschlüssen nicht.

Bill Gates bestritt stets beharrlich, dass er irgendwen schlecht behandelt oder sich Frauen gegenüber unangemessen verhalten hätte. Doch Natasha Lambs Anschuldigungen waren durchaus nichts Neues. Obwohl er sich in der Öffentlichkeit als Computernerd oder harmloser Philanthrop gibt, ist Gates seit jeher ein ehrgeiziger Alphamann gewesen. Bei Microsoft stellte er die Belastbarkeit seiner Untergebenen immer wieder in Schreiduellen auf die Probe, sammelte Strafzettel für rücksichtslose Raserei mit seinem Porsche und betrachtete seinen Arbeitsplatz (angeblich) schon lange als seine sexuelle Spielwiese.[54] So haben die meisten wohl vergessen, dass Melinda French Gates einmal Gates' Untergebene bei Microsoft war. Und sie war angeblich nicht die einzige Mitarbeiterin, mit der Gates eine Beziehung hatte. Anfang der 1990er Jahre berichteten die Nachrichtenmedien von seiner On-off-Beziehung »mit einer Produktmanagerin aus der Marketingabteilung von Microsoft« und mehreren Verabredungen mit einer »Angestellten von Microsoft[, die] nur eine unbedeutende Stellung im Informationsbüro der Firma innehatte«.[55]

Unter Gates' Führung erwarb Microsoft auch als Unternehmen einen zweifelhaften Ruf, was den Umgang mit Frauen betraf. Dem Buch *Mr. Microsoft – Die Bill-Gates-Story* zufolge arbeiteten Frauen in der Anfangszeit des Unternehmens auf Stundenbasis, während Männer ein festes Gehalt erhielten. Als die in der Firma tätigen Frauen eine Nachzahlung für all die bereits geleisteten Überstunden verlangten, die Gates ihnen aufgedrückt hatte, weigerte er sich. Sie legten Beschwerde ein, was Gates in Rage brachte. Er schrie herum und wurde puterrot vor Wut.[56] Zudem heißt es, dass das Unternehmen Managerposten erst dann mit Frauen besetzte, als es sich dazu gezwungen sah: Es wollte sich einen Regierungsauftrag sichern, der aber im Zuge von Antidiskriminierungsmaßnahmen eine gleichberechtigte Vertretung von Männern und Frauen in der Belegschaft vorsah.[57] Eine in *Mr. Microsoft* zitierte anonyme Quelle von Microsoft berichtete: »Und dann sagten sie: ›Ach, nehmen wir doch zwei Frauen, denen können wir halb so viel zahlen, und sie machen die ganze Drecksarbeit.‹ Das ist Originalton Bill Gates. Ich habe mich immer gewundert, daß er in diesem Punkt nicht ein bißchen sensibler war.‹«

Im Jahr 2021 ging Maria Klawe an die Öffentlichkeit, um über ihre Arbeit im Verwaltungsrat von Microsoft zwischen 2009 und 2015 zu berichten. Wie sie sagte, habe sich Bill Gates stets gegen jeden Vorschlag zu mehr Diversität gesträubt, einschließlich der Idee, das Unternehmen für Frauen zu öffnen. »Haben Sie verdammt nochmal vor, die Firma zu ruinieren?«, habe er sie gefragt.[58] »Sie hatten eine Presseerklärung herausgegeben, in der sie sagten, ich würde ihnen helfen, mehr Frauen einzustellen … um die Diversität bei Microsoft zu fördern«, erfuhr ich von Klawe. »Und wenn dann jemand [vom Vorstand] tatsächlich etwas in der Richtung vorschlug, machte Bill komplett dicht.« In Gates' Leitung der Gates Foundation erkennt Klawe die gleichen Widersprüche. Ihrer Ansicht nach führt er ein »Doppelleben«: »Es gibt den Bill Gates, der sich in der Öffentlichkeit als die Führungsperson gibt, als die er gerne wahrgenommen werden möchte, die dazu beiträgt, die Welt zu einem besseren Ort zu machen. Und dann behandelt er Frauen im täglichen Umgang ohne jeden Respekt.«[59] Weiter sagt Klawe: »Die Arbeit, die die Gates Foundation zur Unterstützung armer Frauen in Afrika und vielen anderen Teilen der Welt geleistet hat, ist in meinen Augen kein Herzensanliegen für ihn; er möchte nur dabei gefilmt werden, wie er sagt, dass sie ihm ein Herzensanliegen ist.«[60]

Die Vorwürfe des Fehlverhaltens begleiteten Gates auch bei seiner philanthropischen Arbeit. Wie die *New York Times* berichtete, sei Gates bezichtigt worden, einer Untergebenen bei der Stiftung unangenehme Avancen gemacht zu haben.[61] »Sechs aktuelle und ehemalige Angestellte von Microsoft, der Stiftung und der Firma, die als Vermögensverwalter von Bill und Melinda Gates fungiert, haben erklärt, dass jene und andere Vorfälle aus jüngerer Zeit die Arbeitsatmosphäre mitunter belasten«, berichtete die *Times*. »Mr. Gates war bekannt für seine plumpen Annäherungsversuche am Arbeitsplatz und privat. Sein Verhalten hatte zur Folge, dass die Angestellten ausgiebig über sein Privatleben tratschten.« Gates stritt jegliches Fehlverhalten ab. Die Stiftung erklärte öffentlich, bei ihr seien zu keiner Zeit Beschwerden oder Beschuldigungen gegenüber Bill Gates eingegangen, weswegen sie keinen Anlass gesehen habe, diesbezüglich Untersuchungen in die Wege zu leiten. Bei dieser Haltung blieben sie sogar dann noch, als die Medien das Problem sehr ausführlich darlegten.[62]

Wie ich von einer Person, die früher für die Gates Foundation gearbeitet hatte, erfuhr, hatte ein leitender Funktionsträger der Stiftung einmal darum gebeten, dass eine attraktive Mitarbeiterin Meetings mit Bill Gates fernbleibe, weil dieser sonst abgelenkt werde. »Dort hatte es sich eingebürgert, sein Verhalten zu entschuldigen, würde ich sagen«, meinte die Quelle.

Es tauchten auch Berichte auf, nach denen Gates' Disponent Michael Larson, der die Kapitalausstattung der Stiftung und den größten Teil von Bill Gates' Privatvermögen überwacht, über Jahre mit Vorwürfen zu Fehlverhalten am Arbeitsplatz auch gegenüber Frauen konfrontiert wurde. Larson stritt die Vorfälle durchgängig ab oder verharmloste sie. Nach den großen Enthüllungsberichten behielt Larson seinen Job als Disponent des Stiftungskapitals.[63]

Die weitreichenden Vorwürfe von Sexismus und sexuellem Fehlverhalten um Bill Gates zwingen uns, noch einmal über seine Beziehung zu Jeffrey Epstein nachzudenken. Die gängigsten Erklärungen für die Verbindung zwischen den beiden lauteten, dass es dabei um unschuldige Philanthropie ging oder Bill Gates eine Lobbykampagne im Sinn hatte, die ihm den Nobelpreis einbringen sollte. Wir müssen jedoch auch die offenkundigere und einfachere Erklärung in den Blick nehmen, dass die Beziehung mit Epsteins Lieblingsbeschäftigungen zu tun hatte – sexuelle Befriedigung und Ausüben von Macht.

Gegen Gates wurde nie eine direkte Anschuldigung dieser Art erhoben und er selbst ging in seiner ursprünglichen Erklärung so weit zu behaupten, dass bei seinen Treffen mit Epstein immer nur Männer und keine Frauen anwesend gewesen seien. Medienberichte zeigen jedoch, dass sich Epstein bei diesen Treffen im Beisein von Gates mit jungen, attraktiven Frauen umgab.[64] Waren also Frauen etwas, das Gates zu Epstein hinzog?

Frühere Opfer von Epstein haben ausgesagt, er habe überall in seiner New Yorker Stadtvilla winzige versteckte Kameras angebracht, woraus sich der Vorwurf ergab, Epstein habe seinen von Reichtum und Straflosigkeit geprägten Lebensstil durch Erpressung finanziert.[65] Er lud mächtige Männer ein, Teil seines sexuellen Schneeballsystems zu werden, und sammelte kompromittierende Filme von ihnen. (2005 wurden bei einer Polizeirazzia in seiner Palm-Beach-Villa an zwei Orten versteckte Kameras entdeckt – wofür auch immer sie dienen mochten.)[66]

Adam Davidson, Mitbegründer der National-Planet-Radio-Show *Planet Money* und Autor beim *New Yorker*, befasste sich ausführlich mit diesen Fragen, als er den Podcast *Broken: Seeking Justice* produzierte. In den sozialen Medien berichtete Davidson darüber, dass er während seiner Recherchen vieles über Epstein erfahren habe, was er nicht veröffentlichen konnte – weil es entweder eines von Epsteins Opfern hätte verletzen oder eine Gerichtsklage von einem reichen und mächtigen Mann nach sich ziehen können. Auf Twitter veröffentlichte Davidson einen Thread, der viral ging. Darin vertrat er die Auffassung, wir sollten Epsteins Gefolgsmänner einschließlich Bill Gates keinesfalls mangels Beweisen freisprechen.[67]

Jeder, der irgendwann mal Zeit mit Jeffrey Epstein verbracht hat, erlebte zumindest, wie er Mädchen auf provokative Weise berührte und genießerisch damit prahlte, sich so etwas erlauben zu können. Höchstwahrscheinlich machte er ihnen sexuelle Avancen, welche Präferenzen sie auch immer haben mochten (es ist unbestreitbar, dass Epstein Frauen, die nicht minderjährig waren, engagierte, missbrauchte und mit ihnen Handel trieb). … Sie wussten es alle. Ja, natürlich machten auch viele mit. Aber ALLE wussten es. … diese Männer sollten aus der feinen Gesellschaft ausgeschlossen werden. Man sollte sie nicht in Fernsehshows als Experten für Covid oder internationale Beziehungen oder sonst was feiern.

Bei einem Interview sagte Davidson zu mir, Bill Gates sei besonders sorgfältig unter die Lupe zu nehmen, weil er im Gegensatz zu vielen anderen Männern, die in Epsteins inneren Zirkel vorgedrungen waren, auch noch nach seiner Verurteilung im Jahr 2008, als feststand, dass er ein Verbrecher war, mit ihm verkehrt habe. Zudem seien Gates' Erklärungen für seine Beziehung zu Epstein ausgesprochen unglaubwürdig. Als recht bekannter und leicht zu googelnder Sexualstraftäter sei Epstein für Gates eigentlich viel eher eine Belastung als eine Bereicherung gewesen. Warum um alles in der Welt pflegte Gates dann so lange eine so enge Beziehung zu ihm?

Die Enthüllungen über Gates' Verhältnis zu Epstein sowie die Vorwürfe, er habe sich weiblichen Untergebenen gegenüber unangemes-

sen verhalten, schmälerten seine moralische Autorität auf der Weltbühne zwar etwas, doch in der feinen Gesellschaft ist er weiterhin sehr
gern gesehen – und das wird vermutlich auch so bleiben, solange er
sein Scheckbuch zückt. Die eigentliche Ironie liegt in der Tatsache,
dass die Gates Foundation zu einem der weltweit führenden Förderer
von Programmen geworden ist, die sich für die Gleichstellung der Geschlechter und die Stärkung von Frauen einsetzen. Diese Spenden
könnte man als Versuch verstehen, die Vorwürfe zu vertuschen, mit
denen die Stiftung konfrontiert ist. Die Empfänger dieser Gelder polie-
ren Bill Gates' Reputation gewissermaßen wieder auf.

Auch für Jeffrey Epstein waren wohltätige Spenden die wichtigsten
Helfer und Türöffner. Laut Davidson wäre es Epstein ohne seine karitative Tätigkeit nicht möglich gewesen, über Jahrzehnte Zugang zu
Kindern zu finden, um sie zu missbrauchen. »Was man sich für Philanthropie kaufen kann, ist ein Produkt namens Reputationsmanagement«, so Davidson. »Das gehörte zur Verführungsstrategie. Wenn
man mit den Opfern spricht, verweisen sie darauf, dass [Epstein] mit
all diesen mächtigen Leuten befreundet war. Wenn man [in sein Haus]
hineingeht, sieht man Fotos von all jenen berühmten, mächtigen Personen. Er hat eine Verbindung zu Harvard [durch die Philanthropie].
Er hat eine Verbindung zum MIT. … Diese Frauen erklärten, sie hätten
auch deshalb nicht gegen ihn ausgesagt, weil er scheinbar jeden kannte.
Er schien zu dieser mächtigen Elite zu gehören.«

Genau dieses Modell aus Reichtum, Macht und Straflosigkeit ist
zweifellos auch ein wesentlicher Bestandteil des Kults um Gates. Die
endlose PR-Arbeit, die seine guten Taten und hohen Spenden anpreist,
hat die Anschuldigungen, mit denen er konfrontiert wurde, in den
Hintergrund rücken lassen oder uns dazu gebracht, ihn aus Mangel an
Beweisen freizusprechen. Zugleich steht ein verführerischer Teufels-
pakt im Raum, der verlangt, dass wir uns mit Moralurteilen zurückhal-
ten, weil Gates' großzügige Wohltätigkeit dem Allgemeinwohl diene –
bis hin zu der Möglichkeit, dass das Geld der Gates Foundation dafür
eingesetzt wird, eine Ungeheuerlichkeit zu beseitigen, welche die Stiftung selbst vielleicht ermöglicht oder als normal hinstellt.

Nach vernichtenden Reportagen im Jahr 2021 kündigten Bill und Melinda French Gates gemeinsam an, 15 Milliarden Dollar für wohltätige Zwecke zu spenden – an ihre eigene Privatstiftung, wohlgemerkt. Das war bei weitem die größte Spendensumme seit den massiven Fördergeldern, die sie auf dem Höhepunkt ihrer vormaligen PR-Krise, der Antitrust-Klage von Microsoft, gezahlt hatten. Die *Washington Post* und weitere Medien beeilten sich, Bill und Melinda zu den weltweit großzügigsten Spendern des Jahres 2021 zu erklären.[68] In den letzten Jahren scheint die Stiftung zudem ihre Aktivitäten zur »Stärkung von Frauen und Mädchen« intensiviert zu haben und berichtet, sie habe 1 Milliarde Dollar an Fördergeldern dafür aufgewandt. Darin enthalten ist eine 500 000-Dollar-Spende an die Clooney Foundation for Justice, die der Schauspieler George Clooney und seine Frau Amal, eine Menschenrechtsanwältin, ins Leben gerufen haben. Mit dem Geld wurde die Initiative Waging Justice for Women gegründet. Auf der Webseite der Organisation findet sich folgendes Zitat von Amal Clooney: »Wir können die Ungerechtigkeit, denen Frauen ausgesetzt sind, bekämpfen, indem wir sicherstellen, dass unfaire Gesetze abgeschafft und Personen, die Frauen missbrauchen, zur Rechenschaft gezogen werden.«[69]

Wird in diesem noblen Kampf für Gerechtigkeit auch der düstere Abgrund der Vorwürfe, die den Wohltäter umgeben, einer Prüfung unterzogen? Was ist mit den weitreichenden Anschuldigungen von Belästigung und Diskriminierung, die Mitarbeiterinnen von Microsoft erhoben haben? Was ist mit dem Disponenten der Gates Foundation, Michael Larson? Was ist mit der jahrelangen, immer noch ungeklärten Beziehung der Gates Foundation zu Jeffrey Epstein? Was ist mit Epsteins unzähligen Opfern? Und was ist mit dem kompletten Versagen der Gates Foundation, diese Probleme intern anzugehen? Sollte die Stiftung ein Partner im Kampf für Verantwortlichkeit und Gerechtigkeit sein – oder etwa das Ziel der Untersuchung? An welchem Punkt kommt die Welt zu dem Schluss, dass der Zweck nicht die Mittel heiligt? Die Clooney Foundation hat auf zahlreiche Presseanfragen nicht reagiert.

Um auf Adam Davidson zurückzukommen: Für Männer wie Bill Gates ist Reputationsmanagement zweifellos eine Schlüsselfunktion der Philanthropie. Aber in dieser Geschichte geht es um mehr als Reputation. Wenn wir die wohltätigen Spenden der Gates Foundation begrüßen und bejubeln, tun wir mehr, als nur Bill Gates' Image aufzupolieren. Wir verleihen ihm darüber hinaus Macht ohne Rechenschaftspflicht. Wenn Wohltätigkeit auch ein Produkt ist, dann muss es einen Punkt geben, an dem wir aufhören zu kaufen, was Bill Gates uns verkaufen will.

3

STEUERN

Im Jahr 2019 erschien Melinda French Gates' Autobiographie *The Moment of Lift* (dt. *Wir sind viele, wir sind eins*). Das Buch war natürlich ein Bestseller, aber nicht unbedingt ein Erfolg bei der Kritik.[1] In einer NPR-Rezension, die online erschien, aber nicht im Radio gesendet wurde, hieß es, das Buch sei »eher ein Flüstern als ein Aufruf zum Handeln« mit »ausführlichen herzerwärmenden Anekdoten und nur wenigen Argumenten«.[2] Eine Woche später veröffentlichte NPR dann jedoch ein sehr viel mehr beachtetes und völlig unkritisches Interview mit Melinda Gates in seinem Blog *Goats and Soda*, der von der Gates Foundation unterstützt wird.[3]

Ein ähnliches Hin und Her veranstaltete die medizinische Fachzeitschrift *The Lancet*, deren Rezension von *The Moment of Lift* mit einer vernichtenden Kritik begann und einer versöhnlichen Huldigung endete.[4] Nachdem die Zeitschrift den Widerspruch zwischen Melinda French Gates' Äußerungen zur Gleichstellung der Geschlechter und dem Mangel an weiblichen Führungspersonen bei der Gates Foundation in den Fokus genommen hatte, kam sie am Ende zu einem unpassend wirkenden Schluss: »Gates' Buch verrät, was für eine außergewöhnliche Person sie ist. Sie könnte das Familienvermögen für Yachten, Luxusreisen und Designer-Handtaschen ausgeben, doch stattdessen hat sie beschlossen, ihre Karriere der Verbesserung der Weltgesundheit zu widmen. Sie begegnet uns als eine Person, die nachdenklich ist, eine fürsorgliche Mutter und vor allem ein mitfühlender Mensch, der seine Motivation aus Glauben, Liebe und Zusammenhalt bezieht.«

Diese Rezensionen zeigen, wie schwierig es ist, die Gates Foundation zu kritisieren, ohne diese Kritik in höchstes Lob zu verpacken, das oft auf gefährlichen Mythen beruht. Glauben wir etwa tatsächlich, dass Melinda French Gates keine Luxusreisen unternimmt und keine Designer-Handtaschen besitzt? Dass sie alle privaten Genüsse ihrer philanthropischen Großzügigkeit opfert?

Die Familie Gates gibt wahrhaft obszöne Summen für sich selbst aus und lebt ein komplett anderes Leben als der Rest von uns. Sie besitzt Villen (im Plural) voll wertvoller Dinge wie Originalwerken von Leonardo da Vinci und Winslow Homer sowie teure, seltene Sportwagen.[5] Reisen unternehmen sie im Privatjet und das, obwohl diese höchst umweltschädliche Aktivität im Widerspruch zu Bill Gates' Autorität in Sachen Klimakrise steht.[6] Statt eine Yacht zu besitzen, mieten sie lieber eine – der gängige Preis beläuft sich auf mehrere Millionen Dollar *pro Woche*.[7] CNBC berichtet, dass die Familie Gates eine Privatinsel in Belize besitzt, und aus der *New York Times* wissen wir, dass Bill Gates wochenweise die Seychelleninsel Fregate mietet.[8]

Der Familie steht ein ganzes Heer an Personal zur Verfügung, von einem privaten Sicherheitsdienst bis zu privaten Terminplanern. Für ihre Kinder scheuen Bill und Melinda Gates keine Kosten und schicken sie auf die elitärsten Privatschulen. Als sich der Sohn der Familie an der University of Chicago einschrieb, verbrachte er sein erstes Studienjahr augenscheinlich nicht wie die meisten amerikanischen Studierenden mit einer völlig fremden Person in einem kleinen Zimmer eines Studentenwohnheims. Wie lokale Medien berichteten, kaufte Bill Gates ein Haus für 1,25 Millionen Dollar direkt neben dem Campus – mit stolzen »3000 Quadratmetern, viereinhalb Schlafzimmern, großzügiger Veranda, einer Küche mit Quarz-Arbeitsflächen und eingebauten Viking-Geräten«.[9] Auch für ihre älteste Tochter erwarb die Familie nicht einfach nur ein Pferd, sondern einen Reiterhof der Spitzenklasse in der Nähe von San Diego. Der dort arbeitende »Reitlehrer« Harrie Smolders, niederländischer Olympiateilnehmer, ist laut der Webseite der Evergate Stables »der ehemals beste Springreiter der Welt«.[10] (Angeblich kaufte und verkaufte Gates auch einen Reiterhof in Wellington, Florida, der 26 Millionen Dollar wert ist.)[11]

Wie andere Milliardäre scheint die Familie Gates gegenüber finanziellen Investitionen eine eher vage moralische Haltung einzunehmen, ohne Rücksicht auf den Schaden, den das für die Gesundheit und das Wohlergehen von Menschen mit sich bringt, denen sie vorgeblich helfen. Obwohl die kritische Berichterstattung über die Stiftung rar gesät ist, wiesen mehrere Journalisten darauf hin, dass die Gates Foundation ihr enormes Stiftungsvermögen von 54 Milliarden Dollar in Privatgefängnisse, Waffenhersteller, Tabak, fossile Brennstoffe und sogar in Schokoladen- und Kakaounternehmen, die mit Kindersklaverei in Verbindung gebracht werden, investiert.[12] Die Kapitalerträge aus diesem schmutzigen Geld, so die Logik, können dann via Philanthropie Leben retten.

Die Familie Gates lebt nicht nur genauso *wie* jede andere Milliardärsfamilie – sie lebt auch *mitten unter* anderen Milliardären, die sich gemeinsam mit anderen Eliten der Welt beim Weltwirtschaftsforum in Davos oder bei der Sun-Valley-Konferenz in Idaho abschotten, wo die Superreichen einander auf die Schulter klopfen und Geschäfte machen.[13]

In diesem Sinne ist Melinda French Gates wahrhaftig eine außergewöhnliche Person – eine außergewöhnlich *reiche* Person. Nur weil uns Bill und Melinda Gates und ihre Privatstiftung ständig daran erinnern, dass sie großzügig sind und ihr gesamtes Geld verschenken, statt sich und ihre Kinder zu verwöhnen, wird es nicht wahr. Das begann auch Melinda French Gates nach ihrer Scheidung allmählich zu dämmern, denn mit diesem Rechtsgeschäft wurde sie zur eigenständigen Multimilliardärin. (2022, zu dem Zeitpunkt, an dem ich dies schreibe, schätzt Bloomberg ihr Eigenkapital auf etwa 11 Milliarden Dollar, *Forbes* auf gut 7 Milliarden.)[14]

»Es ist wichtig zu erkennen, dass es keine besonders edle Tat ist, Geld zu verschenken, das deine Familie niemals brauchen wird«, schrieb Melinda French Gates in einem Essay, in dem sie ankündigte, dass sie im Rahmen der Kampagne »The Giving Pledge« den größten Teil ihres

Vermögens wohltätigen Zwecken zukommen lassen wolle. »Mir ist vollkommen klar, dass wahre Großzügigkeit darin besteht, etwas weg-zugeben, auf das man dann selbst verzichten muss.«[15]

Daraus spricht zwar Ehrlichkeit, aber auch falsche Bescheidenheit. Melinda French Gates und ihr Exmann haben wenig Skrupel, als edle Wohltäter dazustehen und ihren Reichtum rücksichtslos einzusetzen, um besser gehört zu werden als andere, während sie im Licht der Öffentlichkeit tapfer Auszeichnungen und endlose Lobhudeleien der Medien für ihre guten Taten über sich ergehen lassen. Und sie waren nie ausgesprochen ehrlich, wenn es um die Vorteile ging, die sie per-sönlich ihrer Spendentätigkeit verdanken – dazu zählen nicht nur der politische Einfluss, die Public Relations und der Goodwill, sondern auch die gesparten Steuern in Milliardenhöhe.

In den Vereinigten Staaten belohnt die Regierung wohltätige Spen-den mit Steuererleichterungen; dahinter steckt die Idee, dass Wohl-tätigkeit dem Staat (und den Steuerzahlern) Arbeit abnimmt, für die sie sonst aufkommen müssten, wie die Unterstützung von Bedürftigen, Umweltschutz, Suchtbekämpfung und so weiter. Während die meisten US-Amerikaner jedes Jahr für wohltätige Zwecke spenden, sind diese Steuervergünstigungen im Allgemeinen den reichen Spendern vorbe-halten.[16] Laut dem ehemaligen US-Arbeitsminister Robert Reich ge-hen der Staatskasse der Vereinigten Staaten aufgrund dieser Steuer-erleichterungen jedes Jahr zig Milliarden Dollar an Steuereinnahmen verloren, die großenteils den vermögenden Spendern zufallen.[17]

Ray Madoff, Rechtswissenschaftler am Boston College, behauptet, dass die Superreichen durch Philanthropie Steuererleichterungen von bis zu 74 Prozent verbuchen können – durch Erlass der Einkommen-steuer, der Kapitalertragssteuer und der Nachlasssteuer, die sonst an-fielen.[18] Das bedeutet im Wesentlichen, dass jeder Dollar, den ein Multimilliardär spendet, ihm persönlich bis zu 74 Cent in Form von Steuerersparnissen einbringt. Steuerrechtler bezeichnen dies gemein-hin als Subvention: Wir, die Steuerzahler, subventionieren die Gates Foundation massiv. »Ich glaube, die Leute verwechseln oft das, was rei-che Menschen mit ihrem eigenen Kleingeld machen, mit dem, was sie mit unserem Kleingeld machen, und das ist eines der größten Probleme bei diesem Thema«, sagte Madoff zu mir. »Die Leute sagen: ›Die Reichen können ihr Geld doch ausgeben, wie sie wollen.‹ Doch wenn sie beträchtliche Steuervergünstigungen bekommen, ist das auch unser Geld. Und deswegen brauchen wir Regelungen, die festlegen, wie sie unser Geld ausgeben.«

Das Problem ist nur: Es gibt derzeit zu wenige Regelungen, die außerdem zu schwach sind und nicht konsequent durchgesetzt werden. Mit den Regeln für Privatstiftungen befasste sich der Kongress zuletzt im Jahr 1969. In den letzten fünfzig Jahren haben sich philanthropische Aktivitäten erheblich weiterentwickelt, die Gesetze nicht. So langweilig es klingen mag – man versteht die amerikanische Philanthropie und die Gates Foundation erst dann richtig, wenn man auch das Steuerwesen versteht. Noch einmal: Wenn Sie in den USA Steuern zahlen, dann ist ein großer Teil des Geldes, das die Gates Foundation spendet, eigentlich Ihr Geld. Und während Bill Gates die Welt mit Ihrem Geld nach seinen Vorstellungen umgestaltet, haben Sie dabei kein Wörtchen mitzureden. Ihnen dankt keiner für die Arbeit der Gates Foundation – den ganzen Ruhm ernten Bill und Melinda.

Die Familie Gates äußert sich zu ihren Steuervergünstigungen nur sehr selten. Der einzige Verweis, der auf der Webseite der Stiftung zu finden ist, versteckt sich in den »Frequently Asked Questions«:

Werden Bill und Melinda für ihre Spenden an die Stiftung Steuern erlassen?

Viele Personen kommen in den Genuss von Steuererleichterungen, wenn sie für wohltätige Zwecke spenden. Die Höhe der Steuervergünstigungen hängt von der Höhe der Spendenbeiträge sowie vom Jahreseinkommen der Person ab. Bill und Melinda haben der Stiftung außergewöhnlich großzügige Beträge zukommen lassen und Summen gespendet, die weit über ihrem Jahreseinkommen liegen. Aus diesem Grunde entsprechen die Steuererleichterungen, die sie aufgrund dieser Beträge erhalten, nur einem sehr geringen Prozentsatz der Spenden. Von 1994 bis 2020 haben Bill und Melinda über 36,8 Milliarden Dollar an die Stiftung gespendet. Diese Spenden ergaben Steuererleichterungen von etwa 11 Prozent der Beiträge, die sie in diesem Zeitraum leisteten.[19]

Die vorgeblichen Steuererleichterungen – 11 Prozent von 36,8 Milliarden Dollar – belaufen sich auf Erträge von rund 4 Milliarden Dollar, die der Familie für ihre Spenden persönlich zugefallen sind.

Warren Buffett hat seine Steuervergünstigungen 2021 ebenfalls öffentlich gemacht: »Was mich betrifft, haben die Berkshire-Aktien in Höhe von 41 Milliarden Dollar, die ich an fünf Stiftungen gespendet habe [das meiste davon ist an Gates gegangen], Steuerermäßigungen von nur etwa 40 Cent auf 1000 Dollar erbracht.«[20] Buffett behauptet demnach, dass seine persönlichen Steuererleichterungen 0,04 Prozent der 35,7 Milliarden Dollar ausmachen, die er der Gates Foundation gespendet hat – also rund 14 Millionen Dollar.

Es ist zwar unklar, wie Gates und Buffett auf diese niedrigen Steuervergünstigungen (von 11 bzw. 0,04 Prozent) kamen, aber wir wissen, dass ihre eigennützigen Berechnungen mit der Wirklichkeit nichts zu tun haben. Jedem Dollar, den sie spenden, wird automatisch die Nachlasssteuer von 40 Prozent erlassen (die bei ihrem Tod auf ihr Vermögen erhoben wird) sowie andere Steuern, wie die Kapitalertragssteuer (normalerweise 20 Prozent).

Eine genauere – wenn auch immer noch konservative – Schätzung der persönlichen Steuervergünstigungen für Buffett sowie Bill Gates und Melinda French Gates ergibt etwa 50 Prozent. Demzufolge gingen der Staatskasse der USA von den 75 Milliarden Dollar, die Gates und Buffett der Gates Foundation bis Mitte 2022 zusammen gespendet haben, rund 37 Milliarden Dollar an Steuern verloren.[21] Dies ist aber nur ein Teil der Steuereinnahmen, die in Gates' karitativem Reich verschwinden.

Denken wir einmal an die Schenkungen der Gates Foundation in Höhe von 54 Milliarden Dollar. Diese Riesensumme hat die Stiftung Stand Ende 2022 in Unternehmen investiert – beispielsweise Microsoft

(9,1 Milliarden Dollar), Berkshire Hathaway (7,9 Milliarden Dollar), Waste Management (5,6 Milliarden Dollar), Canadian National Railway (5,9 Milliarden Dollar), John Deere (1,3 Milliarden Dollar), Caterpillar (1,2 Milliarden Dollar), Ecolab (703 Millionen Dollar), Walmart (392 Millionen Dollar), Coca-Cola FEMSA (363 Millionen Dollar) und Waste Connections (290 Millionen Dollar).[22] (Die Disponenten der Stiftung sitzen bei einigen Unternehmen, zum Beipiel John Deere und Ecolab, sogar im Vorstand.)[23] Wenn diese Großunternehmen Dividenden an ihre Aktionäre ausschütten oder die Aktionäre sich auszahlen lassen, gehen wir davon aus, dass die Gelder der Kapitalertragssteuer von 20 Prozent unterliegen. Wenn sie auf Bill Gates' Privatkonto fließen würden, müssten sie besteuert werden. Weil sie aber Bill Gates' gemeinnütziger Privatstiftung zufließen, laufen sie praktisch steuerfrei an und unterliegen lediglich einem symbolischen Steuersatz von 1,39 Prozent. Auf diese Weise fungieren wohltätige Stiftungen im Grunde als Vermögenslager für Multimilliardäre, die weiterhin Kontrolle über ihr Geld ausüben können und gleichzeitig von enormen Steuererleichterungen profitieren.

In manchen Jahren erwirtschaftet die Gates Foundation tatsächlich mehr Geld aus ihren Investmentaktivitäten, als sie für wohltätige Zwecke spendet. 2013 verzeichnete die Stiftung beispielsweise 5,7 Milliarden Dollar an Kapitalerträgen aus ihren Spenden, wohingegen sie nur 3,3 Milliarden Dollar an Spendengeldern vergab. Von 2003 bis 2020 ist ihren öffentlichen Finanzunterlagen zu entnehmen, dass sie 59 Milliarden Dollar an Spenden auszahlte und Netto-Kapitalerträge von 48,5 Milliarden Dollar erzielte.[24] In Anbetracht der Tatsache, dass die Stiftung so sehr auf Wertschöpfung ausgerichtet ist, stellt sich die Frage: Warum besteuern wir ihr Vermögen nicht und regulieren es auf dieselbe Weise, wie wir es mit einer Investmentbank oder einem Unternehmen tun würden?

Brian Galle, Rechtswissenschaftler an der Georgetown University, schlägt einen anderen Ansatz vor. Er stellt Privatstiftungen Auftragnehmern der Regierung gegenüber. Beide sind private Entitäten, die Steuergelder erhalten, um für die Regierung zu arbeiten. Der Unterschied zwischen den Milliarden an Steuergeldern, die der Staat an einen privaten Auftragnehmer, etwa Boeing, vergibt, und den Milliarden an Steuergeldern, die er (als Steuervergünstigungen) vergibt, um private Wohltätigkeit zu fördern, besteht laut Galle darin, dass »Auftragnehmer der Regierung um mehrere Größenordnungen stärker kontrolliert und reguliert werden als Wohltätigkeitsorganisationen. Angesichts der Tatsache, dass sie ähnliche Bedenken hervorrufen, ist es interessant, dass wir das Gesetz zur Vergabe öffentlicher Aufträge so umfassend weiterentwickelt haben, das Gemeinnützigkeitsgesetz dagegen im Grunde hundert Jahre lang unverändert geblieben ist« – abgesehen von der einen Revision im Jahr 1969.

Edgar Villanueva, Autor von *Decolonizing Wealth*, zieht eine andere Parallele – zu den sogenannten *»federally qualified health centers«*, die Gesundheitsfürsorge für unterversorgte Gemeinden anbieten. Damit diese Zentren Anspruch auf Unterstützung durch Steuergelder haben, müssen sie ihr Engagement für die Gemeinden, in denen sie wirken, unter Beweis stellen; zu diesem Zweck sitzen in ihren Vorständen überwiegend Patienten.[25] Warum werden Privatstiftungen unter der Leitung von Milliardären wie Bill Gates nicht ähnlichen Bedingungen unterworfen? Wenn Gates beansprucht, armen Bauern in Afrika und Lehrern in bedürftigen Schulbezirken in den USA zu helfen, warum sitzt dann niemand dieser Leute im Vorstand der Stiftung? Und was ist mit den Steuerzahlern? Wenn Gates unser Geld nutzt, sollten wir dann nicht mitbestimmen dürfen, wofür es genutzt wird? Sollen wir einfach darauf vertrauen, dass Bill Gates unsere Steuergelder klug und verantwortungsvoll zum Wohle der Allgemeinheit ausgibt?[26]

Wie Philip Hackney, Rechtswissenschaftler an der University of Pittsburgh, bemerkt, ist im Zusammenhang mit steuerbefreiten gemeinnützigen Institutionen praktisch überall zu beobachten, dass nur Privatstiftungen nicht rechenschaftspflichtig gegenüber der Steuern zahlenden Öffentlichkeit sind. »Universitäten sind typischerweise einem größeren Publikum zu mehr Rechenschaft verpflichtet. Sogar auf Krankenhäuser trifft das zumindest in gewissem Sinne zu«, sagt er. »Aber Privatstiftungen ... Wir tun so, als ob es dem öffentlichen Wohl dient, doch in Wirklichkeit geht es nur um die Vorstellungen einer vermögenden Person, wie die Dinge zu laufen haben.«

Hackney hat gefordert, reichen Einzelpersonen wie Bill Gates für wohltätige Spenden keine Steuervergünstigungen mehr zu gewähren. »Dieser Reichtum hat ungeheure Einflussmöglichkeiten auf die Art und Weise, wie wir regiert werden – im Grunde werden demokratische Entscheidungen in unserem Namen mit undemokratischen Mitteln getroffen«, sagte er zu mir. »Und das macht mir Sorgen.«

Es sollte uns allen Sorgen machen. Wir gewähren Bill Gates großzügige Steuererleichterungen, weil seine karitative Arbeit angeblich die US-Regierung entlastet. Doch warum sollten wir uns wünschen, dass jemand wie Bill Gates die Arbeit der Regierung übernimmt – und das Gesundheitswesen und die öffentliche Bildung nach seiner engen und ideologischen Weltsicht umstrukturiert? Wenn Philanthropie in den Händen von jemandem wie Bill Gates eindeutig ein Mittel zu politischem Einfluss ist, das auf jeden Bereich der öffentlichen Politik einwirkt, warum nehmen wir die Gates Foundation als eine politische Organisation nicht genauso scharf in den Blick und regulieren sie so, wie wir das bei Lobbying oder Spendenkampagnen tun?

Sogar zwei ehemalige leitende Angestellte der Stiftung haben Reformen bei der Gates Foundation für notwendig erachtet. In einem Kommentar von 2021 schrieben sie: »Angesichts der Tatsache, dass [die] Stifter für ihre Zuwendungen erhebliche Steuervergünstigungen erhalten, sollte man davon ausgehen, dass das vom Vorstand [der Stiftung] verwaltete Vermögen der Öffentlichkeit gehört und der Vorstand Verantwortung für treuhänderische Sorgfalt trägt.«[27]

Eine radikalere Variante dieses Appells lautet, Bill und Melinda French Gates aus der Stiftung zu entfernen und unabhängige Vorstandsmitglieder einzusetzen, die gewährleisten, dass öffentliche Ressourcen verantwortungsvoll verwendet werden und nicht etwa für Lieblingsprojekte oder karitative Unterfangen, die private Vorteile mit sich bringen. Wenn die Gates Foundation 100 Millionen Dollar an die elitäre private Highschool Lakeside in Seattle spendet, auf die die Gates-Kinder gegangen sind, ist es dann in Ordnung, dass Bill und

Melinda French Gates aufgrund dieser Spende Steuererleichterungen von rund 50 Millionen Dollar erhalten?[28] Wenn die Stiftung unermessliche Summen für PR-Maßnahmen aufwendet, um Bill Gates das Image eines wohltätigen Philanthropen zu verleihen, ist es dann in Ordnung, dass wir das mit massiven Steuervergünstigungen belohnen? Die Gates Foundation behauptet, dass »die Private Inurement Prohibition[29] der Stiftung verbietet, so zu agieren, dass Bill oder Melinda persönliche Vorteile daraus ziehen«. Wird das eigentlich von irgendwem überprüft?[30]

Die Kernpunkte dieses Problems sind Kontrolle und Verantwortlichkeit – oder, besser, ein Mangel an Kontrolle und Verantwortlichkeit –, was die Verwendung von öffentlichen Ressourcen (Steuergeldern) betrifft. Über das gesamte politische Spektrum hinweg betonen Autoren, Denker und Gelehrte die dringende Notwendigkeit, die Blankovollmacht, die die Philanthropie der Milliardäre genießt, zu hinterfragen. Der libertär denkende Stephen Moore (ein ehemaliger Berater von Präsident Trump) hat vorgeschlagen, dass reiche Spender wie Bill Gates auf Geld, das sie spenden, Kapitalertragssteuer zahlen müssen; darüber hinaus hat er angeregt, dass der Kongress Steuerabzüge wegen karitativer Zuwendungen auf 250 000 Dollar pro Haushalt pro Jahr begrenzt.[31] »Es stellt sich die Frage, ob eine Abgabenordnung, die von Familiendynastien geführte Stiftungen bevorzugt behandelt, gut für Amerika ist«, schrieb Moore 2017 im *Wall Street Journal*. »Würde der Kongress verbieten, dass Milliardäre Geld steuerfrei in den stiftungsindustriellen Komplex pumpen, so würde er viel dazu beitragen, dass die Steuersätze sinken und die Abgabenordnung für alle gerechter wird. Das würde der Wirtschaft zu einem schnelleren Aufschwung verhelfen, womit Bedürftigen am besten geholfen ist.«

Als Vertreter der politischen Linken schrieb der kürzlich verstorbene Sheldon Drobny, der für die Bundessteuerbehörde (IRS) arbeitete, bevor er das Medienunternehmen Air America gründete, im Jahr 2006:

Mit der Gates Foundation befinden sich mittlerweile 60 Milliarden Dollar unter der Kontrolle der reichsten Menschen in Amerika.[32] Sie müssen keine ihrer Aktienpositionen verkaufen, die sie unter den Schirm der Steuerbefreiung gestellt haben. Zudem behalten sie das aufgrund ihrer Aktienbeteiligungen erworbene Stimmrecht und können wie zuvor Investitionsentscheidungen bezüglich ihrer beträchtlichen Firmenanteile treffen. Sowohl Buffett als auch Gates haben als Unternehmensleiter und Investoren die rücksichtslosesten kapitalistischen Praktiken an den Tag gelegt. Weder Microsoft noch Berkshire Hathaway sind Beispiele eines sozial verantwortlichen Kapitalismus. Davon abgesehen wird diese Stiftung auf längere Sicht reicher sein als die katholische Kirche, die ihr Vermögen und ihre Macht über einen Zeitraum von 1500 Jahren angehäuft hat. Trotzdem werden die Ergebnisse genau die gleichen sein. Sie werden niemals genügend Gelder aus ihrem Vermögen liquidieren, um das drückendste Problem für uns Menschen wirklich in den Griff zu bekommen – die weltweite Armut, die durch die riesige Kluft zwischen Arm und Reich verursacht wird.

Drobny schlug vor, Gates solle sein gesamtes Geld verschenken – bis auf 1 Milliarde Dollar, die er für sich behalten dürfe. »Dann hätte er immer noch ein wunderbares Leben«, schrieb Drobny.[33]

Wem Drobnys Sichtweise zu extrem erscheint, sollte sich vor Augen führen, dass die Steuerprivilegierung von Philanthropie kein unverrückbarer Bestandteil des Gesetzes ist. Der Kongress musste den Ultrareichen einen Weg ebnen, ihr Privatvermögen mittels steuerfreier karitativer Aktivitäten in politische Macht umzumünzen. Diesen Vorzug kann der Kongress auch wieder aufheben. Als amerikanische Industrielle und Monopolisten vor hundert Jahren versuchten, ihre Wohltätigkeit durch die Schaffung der Privatstiftung zu inkorporieren und zu institutionalisieren, sagte der Kongress zuerst nein. Die superreichen Räuberbarone jener Ära, Andrew Carnegie und John D. Rockefeller, wurden als habgierige Parasiten verteufelt und ihre karitativen Ambi-

tionen als Griff nach der Macht gesehen. »Keine noch so hohen wohltätigen Spenden können auf irgendeine Weise die Verfehlungen aus-
gleichen, die zum Erwerb solcher Vermögen begangen wurden«, sagte
Theodore Roosevelt damals.[34]

Es gab eine Zeit, in der der politische Mainstream den Superreichen
und ihren philanthropischen Ambitionen ablehnend gegenüberstand,
und es gibt keinen Grund, warum wir diese Debatte nicht wieder auf-
leben lassen könnten oder sollten. Argumente dafür liefern zahlreiche
fragwürdige karitative Aktionen aus früheren Tagen der amerikanischen
Philanthropie. In den 1930er Jahren steckte der Automobil-Magnat
Henry Ford einen Großteil seines Vermögens in Form von Anteilen an
der Ford Motor Company in die Gründung der Ford Foundation und
schützte seinen Reichtum damit vor dem Zugriff der Nachlasssteuer.[35]
In den 1950er Jahren steckte der Milliardär Howard Hughes seine
Anteile an der Hughes Aircraft Company zur Steuervermeidung in
das gemeinnützige Howard Hughes Medical Institute, wobei er im
Grunde einem gewinnorientierten Rüstungskonzern das Deckmän-
telchen einer karitativen medizinischen Forschungseinrichtung um-
hängte.[36] Schließlich nahm der Kongress diese Aktivitäten genauer in
Augenschein. »Ich glaube, die Zeit ist gekommen, einen kritischen
Blick auf die Transaktionen steuerbefreiter Stiftungen zu werfen. Schon
jetzt weist unsere Prüfung auf eine Reihe offensichtlicher Missstände
und Irregularitäten hin, die den Zielen des Kongresses zuwiderzulau-
fen scheinen, welche er mit der Steuerbefreiung bestimmter Institutionen verfolgte. Eine schmerzhafte Neubewertung ist überfällig«, be-
schied der texanische Abgeordnete Wright Patman 1962 den anderen
Abgeordneten.[37]

1969 verabschiedete der Kongress neue Regulierungen für Privatstiftungen; so wurden sie faktisch gezwungen, Geld zu verschenken –
5 Prozent ihrer Stiftungsgelder pro Jahr.[38] Diese neuen Vorschriften
betrafen einige besonders gravierende »Missstände und Irregularitäten«. In den letzten fünfzig Jahren hat sich die Welt der Philanthropie
wie auch das Wesen des extremen Reichtums entscheidend verändert. Eine weitere qualvolle Neubewertung ist zweifellos angebracht.

Die Kluft zwischen den Superreichen und dem Rest der Menschheit wird immer größer und ihre Wohltätigkeit hat kaum Auswirkungen auf die allgegenwärtige Ungleichheit.

Einer kritischen Auseinandersetzung mit der Philanthropie der Milliardäre steht unter anderem die Bundessteuerbehörde entgegen. Obwohl der Kongress sie gebeten hat, den Wachhund zu spielen, fehlen ihr nicht nur die nötigen Mittel, um karitative Aktivitäten wirksam zu überwachen, sondern auch die Motivation. Wie Marcus Owens, ehemaliger Leiter der Abteilung für Steuerbefreiung in der Bundessteuerbehörde und nun für eine Anwaltskanzlei tätig, erläutert, besteht die wichtigste Aufgabe der Behörde darin, der Staatskasse der USA Einnahmen zu verschaffen. Privatstiftungen operieren auf weitgehend steuerfreier Basis. Aus der Dollar-und-Cent-Perspektive der Behörde bestehen demnach nur geringe Aussichten, von Organisationen, die generell erst einmal gar keine Steuern zahlen, fehlende Steuereinnahmen wieder hereinzuholen oder ausstehende Steuerbeträge in signifikanter Höhe zu entdecken. »Wenn Sie der Leiter der Steuerbehörde sind und über einen begrenzten Etat verfügen und Ihr Job ist, für genügend Geld in der Staatskasse zu sorgen, werden Sie steuerbefreiten Organisationen stillschweigend grünes Licht geben«, verriet mir Owens. »Ein Steuerprüfer, der Restaurants in Washington oder New York City unter die Lupe nimmt, wird der Staatskasse ein nettes Sümmchen verschaffen. ... Ein Prüfer, der Privatstiftungen unter die Lupe nimmt, wird vermutlich sein Gehalt einspielen, aber keine Steuergelder eintreiben.«

Wir werden nicht erfahren, ob die IRS die Gates Foundation jemals einer Steuerprüfung unterzogen hat, weil diese Informationen nicht öffentlich gemacht werden. Wir wissen jedoch, dass die Bundessteuerbehörde plante, alle zwei Jahre sämtliche großen Stiftungen zu überprüfen, nachdem der Kongress 1969 das neue Gesetz zur Kontrolle der Philanthropie verabschiedet hatte.[39] Heute überprüft die Bundessteuerbehörde von den 100 000 bestehenden Stiftungen, die annähernd 1 Billion Dollar »auf Lager« haben,[40] nur ungefähr 200 im Jahr.[41] Von einem ehemaligen Mitarbeiter der Gates Foundation erfuhr ich, dass die Stif-

tung in den Jahren, in der er dort gearbeitet hatte, nicht überprüft worden sei. Laut Phil Hackney, der zwischen 2006 und 2011 im Büro des
obersten Beraters der Bundessteuerbehörde gearbeitet hatte, war die
Behörde zwar bereit gewesen, sich mit großen Privatstiftungen anzulegen, aber er räumte auch ein, dass die IRS ihr Personal im letzten Jahrzehnt ausgedünnt und damit beträchtlich an Kapazitäten eingebüßt
habe. »Die mangelnde Durchsetzungskraft ist deutlich spürbar«, sagte
Hackney.[42] Laut Paul Streckfus, Herausgeber des *EO Tax Journal* und
vormals bei der IRS, kann die Steuerbehörde unmöglich genügend
Personal haben, um die Gates Foundation gründlich zu überprüfen –
außerdem fehle ihr, um die Sache noch schlimmer zu machen, die
nötige Expertise. Das sieht sehr nach Laissez-faire-Verhältnissen aus, in
denen es den Stiftungen selbst überlassen ist, sich zu regulieren.[43]

Generell ist der IRS der Fairness halber zuzugestehen, dass sie bei
potenziell konfliktreichen Konfrontationen mit großen Akteuren wie
der Gates Foundation strategisch vorgehen muss. Bei einer von Pro-
Publica und *Fortune* durchgeführten Untersuchung stellte sich Folgendes heraus: Als die Bundessteuerbehörde Anfang der 2010er Jahre
wagte, Microsoft einer Untersuchung zu unterziehen – damals war
Gates noch Vorstandsvorsitzender –, ging das Unternehmen zum Gegenangriff über.[44] Microsoft half bei der Bildung einer Front Group,
der Coalition for Effective and Efficient Tax Administration (»Vereinigung für eine effektive und effiziente Finanzverwaltung«), die Lobbyisten anheuerte und dabei half, den Kongress zu überzeugen, schließlich
ein Gesetz zu verabschieden, das die Kontrollbefugnis der IRS schwächte.
(Microsoft teilte Journalisten mit, dass es »das Gesetz befolgt und seine
Steuern immer vollständig gezahlt hat.«)

ProPublica berichtete zudem, dass die IRS über eine interne Kosten-
Nutzen-Analyse der »Risiken von Rechtsstreitigkeiten« verfügt. Die
Prüfer der Behörde arbeiten engagiert mit Unternehmen zusammen,
um Kompromisse zur Vermeidung von zeitraubenden juristischen
Auseinandersetzungen zu finden. Mit Hilfe von Berufungsverfahren
gelingt es Großunternehmen praktisch immer, Strafsteuern zu reduzieren oder zu umgehen. Das lässt vermuten, dass eine solche Kosten-

Nutzen-Rechnung den Umgang der IRS mit Privatstiftungen, die faktisch keine Steuern zahlen, beeinflusst, insbesondere wenn eine Stiftung vom ehemaligen Chef von Microsoft geleitet wird.[45]

Es lohnt sich jedoch, einen Blick auf den Grund zu werfen, der die IRS bewog, erstmals eine Untersuchung bei Microsoft anzustreben: die lange von dem Unternehmen gepflegte Tradition der Steuervermeidung. Eine Ermittlung von betrieblicher Steuervermeidung in den USA, die der Senat 2012 einleitete, hob Microsoft als Lehrbeispiel für dieses weitverbreitete Problem hervor, indem sie die Steuergelder in Milliardenhöhe auflistete, deren Zahlung das Unternehmen dank diverser Schlupflöcher umgangen hatte.[46] Als man Bill Gates später bei einem Interview danach fragte, tat er es als »Quatsch« ab.[47]

Laut dem Büro der Steuerschätzung für King County, Washington, zu dem auch Seattle gehört, hat Microsoft bis 2019 sogar 402-mal Einspruch gegen den Vermögenssteuerbescheid eingelegt.[48] Das ist nicht unüblich – Großunternehmen versuchen immer, ihre Steuerlast zu reduzieren.

Dass Microsoft in der Lage ist, erfolgreich gegen Steuerbescheide vorzugehen, hat den Wert des Unternehmens für Aktionäre beständig erhöht. Dies wiederum hat Bill Gates ein größeres Privatvermögen beschert. Dieses Vermögen lässt er dann seiner Privatstiftung zukommen, die die Gelder nach und nach in Form von wohltätigen Spenden auszahlt.[49]

Am Ende des Tages könnten wir also aus einer eng gefassten Robin-Hood-Perspektive heraus sagen, dass Gates tatsächlich Milliarden Dollar durch seine wohltätigen Spenden weggegeben hat. Doch diese Der-Zweck-heiligt-die-Mittel-Logik übersieht die grundlegende Ungleichbehandlung, die es Großunternehmen und superreichen Einzelpersonen erlaubt, nach anderen Regeln zu spielen. In einer funktionierenden Demokratie sollten alle ihren gerechten Anteil an Steuern zahlen und einen gemeinsamen Anspruch auf gewisse Rechte, Chancen und Privilegien genießen. Würden wir in einer solchen Welt leben, dann gäbe es keine so obszön reichen Leute wie Bill Gates und wir bräuchten keine Wohltätigkeitsorganisationen wie die Gates Foundation.

Thomas Pikettys Buch *Das Kapital im 21. Jahrhundert*, das 2013 im französischen Original erschien, umfasst rund 700 Seiten, auf denen ökonomische Gleichungen und Theorien erklärt werden. Auch wenn es daher nicht gerade prädestiniert zu sein schien, ein internationaler Bestseller zu werden, ist genau das eingetreten. Das Buch traf einen Nerv, indem es im Detail erklärte, warum die Reichen immer reicher werden und extremer Reichtum und Ungleichheit schlecht für die Gesellschaft sind. Zur Bekämpfung der Risiken, die aus dem immer realeren Schreckgespenst einer aristokratischen Schicht ultrareicher Oligarchen erwachsen, tritt Piketty für ein neues Steuersystem ein, das das Vermögen (Kapital) der Ultrareichen im Visier hat.

Die meisten Menschen, die dieses Buch lesen, verdanken ihr Einkommen tatsächlicher Arbeit – den Gehältern, Löhnen, Provisionen und Trinkgeldern, die uns unser Job einbringt. Dagegen verdienen die Superreichen überwiegend daran zuzusehen, wie sich ihr angehäuftes Geld durch Dividenden, Zinsen und Kapitalerträge vervielfacht. Letztere werden in den Vereinigten Staaten gemeinhin mit einem niedrigeren Satz besteuert als das Einkommen durch Arbeit. Dieses System sorgt dafür, dass die reichsten Amerikaner mit die wenigsten Steuern zahlen. Es trägt außerdem dazu bei, dass die Reichen reicher werden als alle anderen.

Ein Vorschlag zur Abhilfe sieht eine Vermögenssteuer vor, die auf das akkumulierte Kapital der Ultrareichen abzielt. So könnte jedes Jahr ein Prozentsatz von Bill Gates' gesamtem Privatvermögen eingezogen werden, das sich derzeit auf über 100 Milliarden Dollar beläuft.[50] Wenn Bill Gates' Vermögen von 2000 an jedes Jahr mit einer Steuer von 3 Prozent belegt worden wäre, hätte dies Steuereinnahmen in Höhe von 30 Milliarden Dollar eingebracht. Interessanterweise wäre sein Vermögen dadurch aber um etwa 60 Milliarden Dollar geschrumpft. Indem durch die Vermögenssteuer Jahr für Jahr etwas mehr von Gates' Konto abgetragen würde, würden die Effekte der Aufzinsung, die zu einem exponentiell anwachsenden Vermögen führen, reduziert.[51]

Natürlich ist Bill Gates kein Fan der Vermögenssteuer, aber da er sich für einen Intellektuellen hält, wagte er sich 2014 an eine Rezension von Pikettys Buch, die er in seinem Privatblog *GatesNotes* verfasste.[52] »Ja, der Kapitalismus bringt eine gewisse Ungleichheit mit sich«, gibt sich Gates dort moderat. »Laut Piketty ist sie systemimmanent. Die Frage lautet, welches Maß an Ungleichheit akzeptabel ist. Und wann beginnt Ungleichheit eher zu schaden als zu nützen? Darüber sollten wir öffentlich diskutieren und es ist wunderbar, dass Piketty diese Diskussion so ernsthaft vorangebracht hat.«

»Schauen wir uns die Forbes-Liste der 400 reichsten Amerikaner an«, fährt er fort und geht zum Gegenangriff über. »Etwa die Hälfte der aufgelisteten Personen sind Unternehmer, deren Firmen – dank harter Arbeit und weil sie auch eine Menge Glück hatten – sehr erfolgreich gewesen sind. Entgegen Pikettys Rentier-Hypothese finde ich auf der Liste keine Personen, deren Vorfahren 1780 ein großes Stück Land erwarben und die das Familienvermögen durch Einnahmen von Renten seitdem fortwährend weiter anhäufen. In Amerika gibt es dieses alte Geld schon lange nicht mehr … aufgrund von Instabilität, Inflation, Steuern, Philanthropie und Ausgaben.«

Laut Gates ist in der modernen Welt kein Platz für Aristokraten und Oligarchen, weil unsere Weltwirtschaft ein dynamisches, selbstreinigendes Ökosystem ist. Statt einer Vermögenssteuer sollten wir besser eine *Luxussteuer* einführen, so Gates. Wenn ein reicher Mensch eine Yacht kauft, sollte er hohe Steuern zahlen müssen. Das würde den Superreichen als Anreiz dienen, weniger Geld für sich und mehr für wohltätige Zwecke auszugeben.

»Philanthropie kann auch ein wichtiger Teil der Lösung sein«, fährt Gates fort:

Es ist so schade, dass Piketty diesem Punkt so wenig Raum gibt. Andrew Carnegie war vor 125 Jahren allein auf weiter Flur, als er seine wohlhabenden Zeitgenossen dazu aufforderte, große Teile ihres Reichtums abzugeben. Heute verpflichten sich immer mehr reiche Menschen, genau das zu tun. Wenn man es richtig macht, bringt Philanthropie der Gesellschaft nicht nur unmittelbaren Nutzen, sondern verringert auch den dynastischen Reichtum.

Melinda und ich glauben fest daran, dass dynastischer Reichtum sowohl der Gesellschaft als auch den betroffenen Kindern schadet. Wir wollen, dass unsere Kinder ihren eigenen Weg in der Welt gehen. Ihnen werden alle Möglichkeiten offenstehen, aber sie selbst werden darüber entscheiden, wie sie ihr Leben und ihre Karriere gestalten.[53]

Gates will die Vermögensungleichheit also zweigleisig angehen – mit der Besteuerung von Luxusgütern und Druck auf die Superreichen, ihr Geld freiwillig zu spenden. Tatsächlich verabredete er sich mit Piketty zu einem Telefongespräch, um ihm seine Ansichten direkt darzulegen. Es war ein privates Gespräch, aber Piketty sagte später, im Grunde habe Gates ihm lediglich erklärt: »Ich will nicht noch mehr Steuern zahlen.«[54]

Gates ließ sich nicht einschüchtern und ging die Sache im selben Jahr noch ein zweites Mal an:

Auch wenn ich meistens über die Dinge rede, die mir wirklich am Herzen liegen – Weltgesundheit, Bildung und Klimawandel –, werde ich häufig nach meiner Meinung zu Steuern gefragt. Ich verstehe, warum das so oft ein Thema ist; ich stehe automatisch im Blickpunkt dieser Debatte. In Wahrheit setze ich mich seit Jahren für ein faireres Steuersystem ein. Vor fast zwanzig Jahren forderten mein Vater und ich zum ersten Mal eine Erhöhung der Nachlasssteuer auf Bundesebene sowie eine Nachlasssteuer in unserem Heimatstaat Washington, der das regressivste Steuersystem des ganzen Landes hat. 2010 unterstützten wir sogar eine Wählerinitiative, die – im Erfolgsfall – zu einer Einkommensteuer für den Bundesstaat geführt hätte. ... Es ist nicht immer besonders massentauglich, für höhere Steuern einzutreten, und deshalb ist es großartig, dass viele Amerikaner nun diese Debatte führen. Ich möchte meine Sichtweise so klar wie möglich darlegen.[55]

Gates' selbstverherrlichender Essay könnte als langatmiger Appell zur Vermeidung und Diffamierung der Vermögenssteuer gelesen werden, die er mit keinem Wort erwähnt. Es stimmt zwar, dass sich Gates durchaus für die allgemeine Idee einer Steuererhöhung für Reiche ausgesprochen hat. Was seine Beteuerungen, ein unermüdlicher, mutiger Steuerverfechter zu sein, jedoch besonders unglaubwürdig macht, ist die Tatsache, dass weder er noch seine Stiftung bedeutsame Ressourcen für die Durchsetzung einer anderen Steuerpolitik aufzuwenden scheinen.[56] Bill Gates hat keine Skrupel, sein Riesenvermögen einzusetzen, um der Welt seinen Willen aufzuzwingen, sei es durch die Beeinflussung der Impfpolitik oder der politischen Entscheidungsfindung in Sachen Klimakrise. Wäre er tatsächlich der leidenschaftliche Verfechter eines progressiven Steuersystems, der er vorgibt zu sein, so würde er weithin gehört werden. Aber so agiert Gates nicht. Sobald seine Wohltätigkeit seine privaten Reichtümer oder Privilegien berührt, neigt er dazu, seine Interessen zu verfolgen, statt sie in den Hintergrund zu stellen.

Warren Buffett, der sich wie Gates zu einem prominenten, die Öffentlichkeit suchenden Verfechter von höheren Steuern für wohlhabende Menschen entwickelt hat, legt ein ähnlich widersprüchliches Verhalten an den Tag.[57] Die zig Milliarden Dollar, die er für wohltätige Zwecke gespendet hat, sind offensichtlich nicht für Steuerreformen vorgesehen gewesen.

Während ihres Wirkens als Philanthropen haben Bill Gates wie auch Warren Buffett ihren Reichtum ungeheuer vermehrt. Im Jahr 2000 schätzte *Forbes* Gates' Vermögen auf etwa 60 Milliarden Dollar. 2022 betrug es bereits 129 Milliarden Dollar. Buffetts Privatvermögen wuchs von 26 Milliarden Dollar auf 118 Milliarden Dollar an. Diese Zuwächse sind zu einem großen Teil auf die extrem niedrigen Steuersätze zurückzuführen, derer sich die beiden Männer erfreuen.

Als große Teile der westlichen Welt Anfang 2022 nach einer politischen Antwort auf Russlands Invasion der Ukraine suchten, machten die Vereinigten Staaten ein großes Tamtam um ihre Wirtschaftssank-

tionen gegen die sogenannten Oligarchen, die Russlands Reichtum
kontrollieren und ungeheuren politischen Einfluss ausüben. Durch das
Einfrieren ihrer Vermögen oder die Beschlagnahme ihrer Yachten
glaubten die USA, Russland schwächen zu können. »Das Finanzministerium nutzt weiterhin alle ihm zur Verfügung stehenden Mittel, diejenigen, die sich unseren Sanktionen entziehen und ihre unrechtmäßig
erworbenen Einkünfte verbergen wollen, an den Pranger zu stellen
und ihre Pläne zu durchkreuzen«, erklärte US-Finanzministerin Janet
Yellen 2022 in einer Stellungnahme. »Auch wenn sich die russischen
Eliten hinter Stellvertretern und komplexen Rechtsvereinbarungen
verstecken, wird das Justizministerium die ganze Breite der Strafverfolgungsbehörden nutzen … um die multilateral koordinierten Sanktionen durchzusetzen, die jenen auferlegt wurden, die Russlands Krieg
gegen die Ukraine finanzieren und von ihm profitieren.«[58]

Im politischen Diskurs der USA griffen die Medien dieses Narrativ
dankbar auf und verkündeten, dass die Wirtschaftssanktionen Russlands Präsidenten Wladimir Putin höchstpersönlich treffen könnten.
Die *New York Times* stützte sich auf unbestätigte Gerüchte und »spekulative Berichte«, als sie Putin mit einem milliardenschweren Palast am
Schwarzen Meer, einer 100-Milliarden-Dollar-Yacht namens *Graceful*
und luxuriösen Immobilien in Monaco und Frankreich in Verbindung
brachte.[59] »Die Vereinigten Staaten und ihre Verbündeten haben Probleme, diese Vermögenswerte direkt in Beziehung zum russischen Präsidenten zu bringen«, hieß es. »Trotz jahrelanger Spekulationen und
Gerüchte bleibt der Umfang seines Vermögens höchst undurchsichtig,
auch wenn Milliarden Dollar auf die Konten enger Freunde geflossen
sind und Luxusimmobilien Familienmitgliedern zugeordnet werden
konnten.«

In dieser Darstellung der Ereignisse verbergen Russlands Superreiche ihr riesiges, unrechtmäßig erworbenes Vermögen und drücken
sich um Steuerzahlungen herum – wobei sie zugleich einen undemokratischen Einfluss auf die russische Politik ausüben. Das Narrativ hat
durchaus seine Berechtigung, doch die US-Medien würden die abfällige Bezeichnung »Oligarch« niemals für einen amerikanischen Mil

liardär verwenden, obgleich Männer wie Bill Gates sie mehr als verdienen würden.[60]

Auch wenn Gates nie für ein politisches Amt kandidiert hat, ist er zweifellos einer der mächtigsten Menschen der Welt. Seine Macht bezieht er ausschließlich aus seinem riesigen Privatvermögen, das er einem Monopol verdankt, welches weithin als wirtschaftsschädlich galt, und einem Unternehmen, das für Steuervermeidung berüchtigt war. Und wie bei den russischen Oligarchen unterliegen die Details von Gates' Privatvermögen, das außerhalb von Microsoft weit gestreut wurde, strengster Geheimhaltung. »Nur wenige Personen sind über Mr. Gates' Vermögen oder das Vorgehen [seines Disponenten] Mr. Larson informiert – und so wollen die beiden Männer es auch weiterhin handhaben«, berichtete das *Wall Street Journal* 2014. »Immobilieninvestments vom schicken Charles Hotel in Cambridge, Mass., bis zu einer 200-Hektar-Ranch in Wyoming, die einst William F. ›Buffalo Bill‹ Cody gehörte, verbergen sich häufig hinter nichtssagenden Namen, damit sich die Deals nicht zu Mr. Gates zurückverfolgen lassen.«[61] Gates' Investmentimperium wird von einem »unauffälligen Gebäude in Kirkland, einem Vorort von Seattle, aus geführt«, hieß es in dem Bericht. »Laut einem früheren Mitarbeiter von Mr. Larson passt dieser so gut auf seinen Chef auf, dass man ihm den Spitznamen ›Gateskeeper‹[62] gegeben hat. Angestellte, die das Unternehmen verlassen, unterzeichnen häufig Vertraulichkeitsvereinbarungen, die ihnen untersagen, über Cascade zu reden (die Investmentfirma, die Gates' Vermögen verwaltet). Das berichten Personen, die mit der Angelegenheit vertraut sind.«

Nicht nur Gates' ungeheurer privater Reichtum wird vor der Öffentlichkeit geheim gehalten – einmal vertraute er sein Vermögen auch den verurteilten Straftätern Andrew und Ann Llewellyn Evans an, die wegen Bankbetrugs eine Haftstrafe verbüßt hatten.[63] Erst als Journalisten dies in den 1990er Jahren aufdeckten, beauftragte er eine andere Investmentfirma mit der Verwaltung des Geldes.[64]

Unterscheidet sich Bill Gates angesichts der strikten Geheimhaltung rings um sein Privatvermögen (das er einem Monopol verdankt) und der Beschäftigung fragwürdiger Disponenten wirklich so sehr von einem russischen Oligarchen? Ja, das tut er – laut dem vorherrschenden Narrativ in den Nachrichtenmedien, die offenbar entschlossen sind, Gates' Großzügigkeit als Leitstern seines Reichtums hervorzuheben. 2014 erklärte ein Porträt im *Wall Street Journal*, Gates' ständig wachsender persönlicher Reichtum sei eigentlich gut für das Allgemeinwohl: »So kann mehr Geld auf die Mission der Stiftung verwendet werden, in den Entwicklungsländern Krankheiten zu bekämpfen und die Bildung zu verbessern.«[65]

Der Fairness halber ist zu bemerken, dass Gates durchaus *einige* Steuern zahlt. Das wissen wir, weil die Steuererklärungen der reichsten Amerikaner ProPublica zugespielt wurden; demzufolge zahlte Gates zwischen 2013 und 2018 auf das von ihm erwirtschaftete Einkommen von 17 Milliarden Dollar durchschnittlich 18,4 Prozent Bundessteuern.[66] Dagegen zahlte ein durchschnittlicher Arbeiter in den Vereinigten Staaten, der 45 000 Dollar verdiente, 21 Prozent Einkommen- und Lohnsteuer. Wie ProPublica außerdem berichtete, habe der »wahre Steuersatz« für Warren Buffett in den letzten Jahren 0,1 Prozent betragen. Buffett verwies daraufhin in klassischer Manier auf seine Wohltätigkeit: »Ich glaube, das Geld nützt der Gesellschaft mehr, wenn es karitativen Zwecken dient, als wenn mit ihm die stetig anwachsenden Staatsschulden der USA geringfügig reduziert werden.«[67]

Wenn man Gates und Buffett im Zusammenhang mit Steuern kritisiert, können sie auf ihre umfangreiche Spendentätigkeit hinweisen, aber wohltätige Spenden sind kein Ersatz für das Zahlen von Steuern. Wenn Sie und ich Steuern zahlen, können wir nicht unmittelbar kontrollieren, wie dieses Geld ausgegeben wird, und ernten dafür keine Anerkennung oder Lob – so wie Gates und Buffett, wenn sie für wohltätige Zwecke spenden. Wahrscheinlich ärgern sich viele von Ihnen, wenn Ihre Steuergelder für Regierungsprojekte ausgegeben werden, die Sie nicht unterstützen. Ich für meinen Teil mag es nicht, dass mein Steuergeld zur Subventionierung der Gates Foundation verwendet wird. Aber im Gegensatz zu einem Multimilliardär können Sie und ich nicht bis zu 74 Prozent unserer Steuerschuld umgehen, indem wir Philanthropen werden. Wenn wir auf die Gestaltung der Politik und Bun deshaushaltsentscheidungen Einfluss nehmen wollen, dann müssen wir uns auf den langen und schwierigen Prozess des demokratischen Wandels einlassen. Wir müssen unsere Steuern zahlen, Politikern zur Macht verhelfen und den Kongress mit politischen Argumenten dazu bewegen, unsere Steuergelder verantwortungsvoller auszugeben.

Bill Gates' verstorbener Vater Bill Gates Sr. hat den Philanthropie-versus-Steuern-Diskurs um eine interessante Fußnote bereichert. Um die Jahrtausendwende wurde er zu einem führenden politischen Kämpfer für die Nachlasssteuer. Um es noch einmal zu sagen: Das ist die Steuer, die auf das Vermögen der Superreichen erhoben wird, wenn sie sterben. Zur selben Zeit führte Präsident George W. Bush eine politische Kampagne für die Abschaffung der sogenannten »Todessteuer« an und schlug eine Steuersenkung vor, die den reichsten 2 Prozent der Amerikaner schätzungsweise 236 Milliarden Dollar ersparen sollte.[68]

In Interviews, die Gates Sr. damals gab, gestand er unumwunden ein, dass seine Gegenkampagne zur Besteuerung der Reichen ungewollt auch zu Steuervermeidung führen könne. Das heißt, wenn Milliardäre wissen, dass die Nachlasssteuer bei ihrem Tod einen großen Teil des verbliebenen Vermögens schlucken wird, motiviert sie das, ihr Geld wegzugeben. »Einem wohlhabenden Menschen steht es völlig frei, ob er die [Nachlass-]Steuer zahlt oder sein Vermögen seiner Universität, seiner Kirche oder seiner Stiftung spendet«, vermerkte er.[69] Anders gesagt: Im Gegensatz zu allen anderen können die Superreichen entscheiden, ob sie ihre volle Steuerlast schultern oder Philanthropen werden.

»Je reicher du bist, desto freier kannst du zwischen diesen beiden Möglichkeiten wählen«, sagt Chuck Collins, Miterbe des Oscar-Mayer-Vermögens, der mit Mitte zwanzig einen Großteil seines Erbes spendete und Ende der 1990er Jahre bei der Kampagne für die Nachlasssteuer eng mit Bill Gates Sr. zusammenarbeitete. Laut Collins, der sich am Institute for Policy Studies nach wie vor mit dem Problem der Vermögensungleichheit beschäftigt, ging Bill Gates Sr. davon aus, dass die Nachlasssteuer bedeutende Steuereinnahmen generieren und überdies die Konzentration von Reichtum aufbrechen könne – neben dem

Effekt, die Superreichen zur Philanthropie zu treiben. Gates Sr. wollte sogar die Steuervergünstigungen für Milliardäre begrenzen. »Er sagte zu mir ... es sei ein Problem, dass sein Sohn Spenden – damals waren es etwa 80 Milliarden Dollar – an die Stiftung vergeben wolle und für dieses Geld niemals Steuern zahlen müsse«, erinnert sich Collins. »Er war der Meinung, es solle eine Obergrenze für die Menge an Vermögen geben, die man im Lauf des Lebens mit geringerer Besteuerung für wohltätige Zwecke spenden könne.«

Den Schriften und Interviews von Gates Sr. ist zu entnehmen, dass ihm die Notwendigkeit, Reichtum durch Besteuerung umzuverteilen, wirklich Sorge bereitete – nicht nur, weil ihm Sozialfürsorge wichtig war, sondern auch, weil er fand, dass die Superreichen dies dem Staat schuldig seien. »Wenn du zig Millionen, Hunderte Millionen oder Milliarden angehäuft hast, dann hast du das *nicht* allein geschafft«, erklärte Gates Sr. bei einer Rede:

> Du hast Hilfe erhalten. Natürlich will ich damit nicht das Verdienst der betreffenden Person schmälern. Wer in der Geschäftswelt tätig ist, weiß, wie viel sie einem abverlangt. Das sind vermutlich hart arbeitende und kreative Menschen, die Opfer gebracht haben. Sie verdienen eine Belohnung für ihre Führungsrolle oder ihren Unternehmergeist. Aber sie sind nicht nur aus eigener Kraft dorthin gelangt. Wo wären sie ohne dieses phantastische Wirtschaftssystem, das wir gemeinsam aufgebaut haben? Wo wären sie ohne öffentliche Investitionen in die Infrastruktur? Straßen? Kommunikation? Unser System der Eigentumsrechte – und das Rechtssystem zu ihrer Durchsetzung? Wie reich wären sie ohne öffentliche Investitionen in neue Technologien? Diese Fortschritte haben uns alle wohlhabender gemacht, ob wir Softwareingenieure, Restaurantbesitzer oder Immobilienmakler sind. ... Die meisten von uns profitieren von den Investitionen der Gesellschaft. Und diejenigen, die 10 Millionen Dollar oder 10 Milliarden Dollar angehäuft haben, haben *überproportional* davon profitiert. Ich glaube, es ist fair, eine Nachlasssteuer einzuführen, die

ein Drittel dieses Reichtums einbehält, wenn er an die nächste Generation weitergegeben wird. Sie ist eine zumutbare Abgabe für das Privileg, in unserer Gesellschaft solchen Reichtum zu schaffen. … Die Nachlasssteuer bietet einer wohlhabenden Person einen angemessenen Mechanismus, der Gesellschaft etwas zurückzugeben, ein Mittel, um Dankbarkeit für die unglaublichen Möglichkeiten, die wir haben, zum Ausdruck zu bringen. *Dankbarkeit* – dieses Wort taucht in unseren Wirtschaftspublikationen kaum auf. Wir leben in einem großartigen System mit einem überreichen Gemeinwesen – aber wir nehmen es nicht wahr.[70]

Hinter den Appellen von Gates Sr. an die Superreichen, Steuern zu zahlen, steht eigentlich eine äußerst zurückhaltende politische Position – es hat beinahe den Anschein, als sollten Steuern als Entlohnung für die Dienstleistungen der Regierung betrachtet werden, mit denen sie die Bedürfnisse von Privatwirtschaft und Milliardären befriedigt. Der Ökonom Dean Baker spricht von einem derzeit existierenden *nanny state*, einem überfürsorglichen Staat, der für die Superreichen wirtschaftliche Schutzmechanismen und Vorteile bereitstellt, wie etwa den weitreichenden Schutz geistigen Eigentums, den Unternehmen wie Microsoft und Pfizer genießen.[71] Mit Hilfe von Copyrights und Patenten ergreifen diese Unternehmen die Chance zur Erzeugung staatlich geförderter Monopole, die ihnen Marktdominanz garantieren – so dass den Verbrauchern der Zugang zu besseren oder günstigeren Produkten erschwert wird. Von daher ist es falsch, die Reichen dazu aufzurufen, dem Staat eine Gegenleistung für diese Privilegien zu erbringen. Vielmehr müssen wir den *nanny state* abschaffen und zudem die Superreichen dazu bewegen, ihren gerechten Anteil zu entrichten. Dennoch zeigt der Einsatz von Gates Sr. für die Nachlasssteuer als ein Mittel, um sich für wohlwollende politische Maßnahmen erkenntlich zu zeigen, wie viel Spielraum es für Reformen gegen das wachsende Aufkommen der Oligarchie gibt, in der die reichsten Industriekapitäne die geringsten Steuern zahlen und sich in unserer Demokratie am lautesten Gehör verschaffen.

4

FAIL-FAST

»Fail-Fast«, auf Deutsch etwa »schnelles Scheitern, schneller Abbruch«, ist derzeit ein beliebtes Mantra in der Unternehmensführung. Es ist also kein Wunder, dass es sich auch in der Gates Foundation, die sich aus Pharmariesen, großen Beratungs- und Technikunternehmen sowie BWL-Studiengängen ihre besten und klügsten Mitarbeiter holt, als Leitsatz etabliert hat.

»Was Bill und Melinda persönlich ganz besonders auszeichnet – und was auch für mich mit entscheidend war, den größten Teil meiner Karriere der Gates Foundation zu widmen –, ist ihre Bereitschaft, ihre Meinung zu ändern«, erklärte CEO Mark Suzman 2022 im öffentlichen Jahresbrief der Stiftung. »Das trifft besonders dann zu, wenn eindeutig auf der Hand liegt, dass es effektivere Möglichkeiten gibt, Leben mit unserer Arbeit zu retten und zu verbessern. Wenn wir riskante Wetten abschließen, werden wir einige unausweichlich verlieren. Doch statt vorsichtiger zu agieren, haben sich Bill und Melinda dafür entschieden, einen schnellen Schlussstrich zu ziehen, daraus zu lernen und besser zu werden. Ob Geschlechtergleichheit, öffentliche Bildung vom Kindergarten bis zum Highschool-Abschluss oder Investitionen in die Klimafolgenanpassung als Teil unseres Agrarentwicklungsprogramms – immer wieder haben sie aufgrund belastbarer Befunde neue Ansätze begrüßt und älteren geringere Priorität eingeräumt.«[1]

Die »Fail-Fast-Kultur« hat sich vor allem in der Welt der Start-ups eingebürgert, in der die Stiftung sehr aktiv ist. Die Gates Foundation hat Privatunternehmen mit Spenden von über 2 Milliarden Dollar gefördert und einen karitativen Investmentfonds in Höhe von 2,5 Milliarden Dollar eingerichtet, mit dem die Stiftung Geld in Handelsunternehmen pumpt.[2] Ein Teil davon ist an Pharmariesen wie GSK und Merck gegangen (karitative Spenden von 65 Millionen bzw. 47 Millionen Dollar), aber sehr viel auch an kleine Start-ups, deren Namen Ihnen nichts sagen würden.[3]

Wenn Gates' Partner aus der Privatwirtschaft scheitern – oder »schnell scheitern« –, heißt das nicht unbedingt, dass die Stiftung dann mit leeren Händen dasteht. Sie lässt ihre Partner nämlich »*Global Access Agreements*«, also »Vereinbarungen zum uneingeschränkten Zugriff« unterschreiben, die ihr eine »weltweite, einfache, unwiderrufliche, voll bezahlte, gebührenfreie Dauerlizenz für die geförderten Entwicklungen und das bestehende geistige Eigentum« zusichern.[4] Das ist eine lange verklausulierte Umschreibung der Tatsache, dass die Stiftung einfach eingreifen und sich das geistige Eigentum und die Technologie des Unternehmens aneignen kann – sei es ein Impfstoff, ein Medikament oder irgendein anderes von ihr gefördertes Produkt –, falls das Unternehmen nicht willens oder in der Lage ist, es wohltätigen Zwecken zuzuführen. Falls ein Unternehmen pleitegeht oder die Stiftung der Meinung ist, dass es gegen ihre Zuwendungsvereinbarung verstoßen hat, kann sie ihre Lizenz verwenden.

Dass der Gründer von Microsoft seine Wohltätigkeit mit dem Zugriff auf Technologien der Zuwendungsempfänger verknüpft, könnte uns zu denken geben. Die Gates Foundation beharrt jedoch darauf, dass ihre Lizenzansprüche tatsächlich dazu dienen, den Armen der Welt Zugang zu lebensrettenden Innovationen zu verschaffen – »öffentliche Güter« zu fördern und »Produkte zu liefern, die für Gemeinschaften in Ländern mit niedrigem und mittlerem Einkommen sicher, wirksam, erschwinglich und zugänglich sind«. Diese Vereinbarungen liefern den Steuerzahlern und der Bundessteuerbehörde zudem eine Begründung für Gates' schwer nachzuverfolgendes Modell der Wohltätigkeit, gewinnorientierten Unternehmen Geld zu spenden; laut der Stiftung garantieren die uneingeschränkten Zugriffsvereinbarungen, dass die Spendengelder ihrem karitativen Zweck dienen.

Das Problem ist nur, dass es viel zu viele Fälle gibt, in denen Gates' Zugriffsvereinbarungen nicht so durchgesetzt werden, dass die vorgesehenen Nutznießer tatsächlich davon profitieren. 2015 verkündete die Stiftung eine Aktienbeteiligung zur Unterstützung bei der »Entwicklung der Plattformtechnologie von CureVac und dem Bau einer großtechnischen Produktionsstätte gemäß den Prinzipien der Guten Herstellungspraxis (GMP).«[5] In den Jahren darauf zahlte Gates dem deutschen Unternehmen gesonderte Fördergelder in Höhe von 5 Millionen Dollar für seine Arbeit an mRNA-Impfstoffkandidaten, einschließlich »eines Impfstoffs, der einen breiten Schutz vor Grippeviren bietet«. Eine Zeitlang war die Gates Foundation der zweitgrößte Aktionär des Unternehmens und hatte einen Sitz im Vorstand von CureVac inne.[6]

Nachdem die Stiftung zig Millionen Dollar in die Produktionsstätte und Impfstoffentwicklung von CureVac gesteckt hatte, schien sie während der Covid-19-Pandemie, als CureVac an der Entwicklung des führenden Impfstoffkandidaten arbeitete, in einer sehr guten Position zu sein, um von ihrer Zugriffsvereinbarung Gebrauch zu machen. Anders gesagt: Die Stiftung hätte die Vereinbarungen als Druckmittel verwenden sollen, um den Armen der Welt Zugang zum Impfstoff von CureVac zu sichern. Aus einer Akte der US-Börsenaufsichtsbehörde ging jedoch hervor, dass die Gates Foundation CureVac genau zu dem Zeitpunkt aus den Zugriffsvereinbarungen entließ, als das Unternehmen gerade mit GSK in Verhandlungen stand, seinen Impfstoff weiterzuentwickeln. Das Dokument der Aufsichtsbehörde war stark zensiert – weite Teile waren geschwärzt –, doch von GSK erfuhr ich, dass die Aufkündigung der Vereinbarung nichts mit Covid-19 zu tun habe. Diese Behauptung ist aber natürlich nicht zu verifizieren. Um die Sache in einem größeren Zusammenhang zu betrachten: Unter welchen Umständen würde die Stiftung einen Zuwendungsempfänger überhaupt aus irgendwelchen karitativen Verpflichtungen entlassen?[7]

Einige Monate nachdem ich 2021 meinen Bericht zu CureVac veröffentlicht hatte, stellte das Nachrichtenmedium ImpactAlpha ähnliche Fragen bezüglich der finanziellen Beziehung der Stiftung zu zwei anderen Herstellern eines Covid-19-Impfstoffs – Moderna (eine Spende von 20 Millionen Dollar im Jahr 2016) und BioNTech (eine Aktienbeteiligung von 55 Millionen Dollar im Jahr 2019).[8] Diese Unternehmen beschlossen, ihre Covid-19-Impfungen den lukrativsten Märkten anzubieten, und zeigten den Armen der Welt die kalte Schulter.

»Als es darum ging, weltweiten Zugang zu den lebensrettenden COVID-Impfstoffen zu ermöglichen, bestanden die *Global Access Agreements* ihren wichtigsten Test in der Realität offenkundig nicht«, berichtete ImpactAlpha.

Dass die Stiftung nicht fähig oder nicht bereit war, mittels der *Global Access Agreements* Verträge mit Impfstofflieferanten in die Wege zu leiten, die eine Impfstofflieferung zu bezahlbaren Preisen ermöglicht hätten, behinderte monatelang eine effektive Arbeit von COVAX. COVAX, eine von Gates geförderte UN-Initiative, sollte sicherstellen, dass die 91 Länder mit niedrigem und mittlerem Einkommen, die für Entwicklungshilfe oder öffentliche Entwicklungszusammenarbeit in Frage kommen, genügend Impfdosen erhielten. … Bill Gates, die Gates Foundation und andere haben freiwillige Vereinbarungen, wie etwa die *Global Access Agreements*, angeführt, um gegen den Verzicht auf weltweiten Schutz des geistiges Eigentums von Impfstoffherstellern zu argumentieren.

Zu ähnlichen Ungereimtheiten kam es im Zusammenhang mit der Covid-19-Diagnostik.[9] Die Gates Foundation und weitere Förderer hatten jahrelang große Summen in das Unternehmen Cepheid gesteckt, das in ganz Afrika seine diagnostischen Geräte installiert hatte. In der Pandemie erwiesen sich diese Instrumente als praktisch nutzlos, weil Cepheid die Kartuschen, die in den Geräten verwendet wurden, also die eigentlichen Diagnosetests, in die reichen Länder lieferte. Ärzte ohne Grenzen hatte ausgerechnet, dass Cepheid mit einem Preis von nur 5 Dollar pro Covid-19-Testkit einen Profit machen könne. Cepheid bestritt das und fand während der Pandemie Kunden, die bereit waren, einen Preis von 50 Dollar zu zahlen. Im Lauf der Jahre hat

Cepheid mehr als 730 Millionen Dollar an finanzieller Unterstützung –
von Steuerzahlern, der Gates Foundation und anderen – erhalten.[10]
Wo blieb der weltweite Zugang für arme Menschen, den Gates versprochen hatte ?

Beim letzten Beispiel geht es um den Rotavirus-Impfstoff von Merck.
Die Gates Foundation klopfte sich auf die Brust, als Merck seinen
Impfstoff RotaTeq auf den Markt brachte, und verkündete: »Unsere In-
vestitionen halfen bei der Entwicklung, Zulassung und der derzeitigen
Markteinführung.«[11] Dementsprechend hätte der Merck-Impfstoff un-
ter die Vereinbarungen zum uneingeschränkten Zugriff fallen müssen.

Und das kann auch durchaus so gewesen sein – vorübergehend. Die
von Gates finanzierte Organisation Gavi hatte mit Merck eine Vereinbarung über die Auslieferung des Rotavirus-Impfstoffs nach Westafrika
geschlossen. Als Merck jedoch eine lukrativere Option entdeckte – in
China ließ sich der Impfstoff für den zehnfachen Preis verkaufen –,
verabschiedete sich das Unternehmen von Gates und Gavi. Auf *Goats
and Soda*, dem von Gates finanzierten NPR-Blog, wurde diese Episode
ausführlich behandelt.[12] »Dies sind zutiefst enttäuschende Neuigkeiten
und kurzfristig bedeutet das, dass Kinder wahrscheinlich auf diesen
lebensrettenden Impfstoff verzichten müssen und ihnen diese schreck-
liche Krankheit droht«, sagte der CEO von Gavi, Seth Berkley.[13]

Der NPR-Beitrag kommt einer öffentlichen Bloßstellung von Merck
gleich, wobei er die eigentliche Story verschweigt: Gates und Gavi
scheinen einfach nicht zu begreifen, wie Pharmamärkte funktionieren.[14] Natürlich folgt Merck dem Geruch des Geldes – das machen gewinnorientierte Pharmafirmen nun einmal so.

Diese Beispiele zeigen, dass die von der Gates Foundation festgeleg-
ten Zugriffsvereinbarungen nicht so funktionieren, wie die Stiftung
behauptet. Sie sorgen nicht dafür, dass die Armen der Welt Zugang erhalten, und sie erzeugen nicht verlässlich einen öffentlichen Nutzen.
Das wirft die Frage auf, wie es um die karitative Natur der Milliarden
von Dollar, die Gates gewinnorientierten Unternehmen zukommen
lässt, bestellt ist, und ob wir Steuerzahler dafür herhalten sollten, das
zu subventionieren.

Zudem stellt sich die Frage, ob die Zugriffsvereinbarungen der Stiftung für sie nicht noch einen anderen Zweck erfüllen. Wie wir in Kapitel 1 gesehen haben, setzt die Gates Foundation die kleinen Pharmafirmen, mit denen sie zusammenarbeitet, viel stärker unter Druck als Großunternehmen wie Merck. So verfügt die Stiftung mit den Zugriffsvereinbarungen über einen weiteren Hebel, um kleinere Unternehmen, die nach deren eigener Aussage von ihr praktisch übernommen wurden, zu kontrollieren. »Im Grunde fordert die Gates Foundation gegen einen winzigen Geldbetrag: ›Verratet uns alle eure Betriebsgeheimnisse‹«, erklärte mir ein ehemaliger Zuwendungsempfänger. Den uneingeschränkten Zugriff, den die Stiftung verlange, bezeichnete er als »Einfallstor für schlechtes Benehmen«, weil er der Stiftung »unmoralische Anreize« biete, ihren Unternehmenspartnern zu schaden, indem sie sie beispielsweise in die Insolvenz treibe. Geht eine Firma pleite, kann die Gates Foundation auf den Plan treten, die Technologie lizenzieren und sie einem anderen Entwickler überlassen, den sie für kompetenter hält.

Es mag übertrieben klingen, aber genau das ist eine Sorge, die Quellen mit mir geteilt haben. Es lohnt sich, genau auf den Wortlaut der Vereinbarungen zum uneingeschränkten Zugriff zu achten: »weltweite, einfache, unwiderrufliche, voll bezahlte, gebührenfreie Dauerlizenz für die geförderten Entwicklungen und das bestehende geistige Eigentum«.[15]

»Ich war entsetzt – oder nicht unbedingt entsetzt, vielmehr amüsiert«, verriet mir ein anderer ehemaliger Zuwendungsempfänger. Beim Lesen dieser Formulierung in der Zuwendungsvereinbarung »habe ich wirklich gedacht, das sei ein Druckfehler ... da habe sich jemand verschrieben.« Diese Quelle schrieb die außergewöhnlichen Lizenzansprüche der Stiftung nicht böswilligem Verhalten zu, sondern dem halsabschneiderischen Geschäftsumfeld, das Bill Gates' Denkapparat prägte und in dem galt: »Sobald du eine gewisse Größe erreicht hast, kaufst du deine potenziellen Rivalen entweder auf oder machst sie nieder. Denn wenn du das nicht tust, ist dein Unternehmen verwundbar. So machte er [Gates] sich diese Mentalität eben zu eigen, und als er dann die Gates Foundation gründete, brachte er seine Leute von Microsoft mit. Und deshalb dachten alle genauso.«

Diese Quelle erinnert sich an Gespräche mit anderen aufgebrachten Zuwendungsempfängern – naive Akademiker und Jungunternehmer, denen nicht klar gewesen war, was sie bei einem Vertrag mit Gates aufgaben. Ihre Einstellung sei gewesen: »Wir werden beschissen, aber egal – das ist unsere beste Chance [gefördert zu werden].«

Da die Gates Foundation Tausende verschiedene Zuwendungsempfänger ihre Vereinbarungen zum uneingeschränkten Zugriff unterzeichnen lässt, erwirbt sie Lizenzrechte an einem riesigen Arsenal von geistigem Eigentum und Technologien. In einem Interview erläuterte Rohit Malpani, Berater einer Weltgesundheitsinitiative und ehemaliges Vorstandsmitglied von Unitaid, welche Folgen die weitreichenden Lizenzansprüche der Stiftung in der realen Welt haben: »Stellen Sie sich geistiges Eigentum als ein Bündel aus Stöcken vor. Niemand besitzt das gesamte Bündel. Sind im Bündel zehn Stöcke, besitzt das Unternehmen möglicherweise sieben, die NIH besitzen zwei und die Gates Foundation vielleicht einen. Und dieser eine Stock könnte für sogenannte *March-in Rights* stehen [wie das Recht, das Patent einer Drittpartei zu übertragen] oder eine begrenzte Lizenz für die Nutzung der Technologie in diesen Ländern. Mit all den Investitionen, die die Gates Foundation im Lauf der Jahre getätigt hat, hat sie demnach eine Menge verschiedenartigen geistigen Eigentums erworben. Und all das geistige Eigentum verleiht ihr nicht nur einen gewissen Einblick in den Technologiebereich, sondern auch Kontrolle und Einfluss auf die Art und Weise, wie dieses geistige Eigentum eingesetzt wird.«

Malpani zog Parallelen zu Berichten, dass Bill Gates nun der größte private Farmlandbesitzer der USA sei, und meinte, möglicherweise sei Gates mit seiner Privatstiftung mittlerweile stillschweigend einer der »weltweit bedeutendsten Besitzer geistigen Eigentums für verschiedene Medikamente, Diagnoseverfahren und Impfstoffe«. Er fügte hinzu: »Damit besitzen sie ungeheure Verantwortung und immensen Einfluss auf die Entwicklung und Weiterentwicklung dieser Technologien. Das bedeutet, dass ein Verzicht auf geistige Eigentumsrechte [was während der Pandemie in Bezug auf die Covid-19-Impfstoffe weithin befürwortet wurde] ... auch ihren eigenen Besitz von geistigem Eigentum betrifft. Zudem betrifft er ihre Fähigkeit zu kontrollieren, wie dieses geistige Eigentum entwickelt und in der Welt verbreitet wird. Das erinnert in vielerlei Hinsicht an die Strategien, die Microsoft verfolgt hat. Das gesamte Unternehmen gründete auf der Anhäufung von geistigem Eigentum, darum ist es in gewisser Weise nicht verwunderlich, dass Gates nun wieder denselben Ansatz verfolgt – nominell zwar zu wohltätigen Zwecken, aber letztendlich geht es ihm erneut um ein gewisses Maß an Einfluss und Kontrolle. Es ist schon länger klar, dass geistiges Eigentum beim Engagement für die Weltgesundheit eine ganz zentrale Rolle spielen würde.«

2011 brachte *This American Life*, beliebt als Podcast und Hörfunksendung, eine außergewöhnliche Story über Patent-Trolle – Personen, die Geld damit verdienen, Unternehmen zu verklagen, weil diese ihre Patente verletzt haben sollen.[16] In den Klagen geht es häufig um triviale Vorwürfe, die sich auf übertrieben breit und vage formulierte Patente stützen. Dennoch wissen die Patent-Trolle, dass es für die Unternehmen billiger ist, die Angelegenheit mit der Zahlung von Lizenzgebühren beizulegen, als es zum Prozess kommen zu lassen.

»Heutzutage hört man von vielen Investoren und Innovatoren, vielleicht sogar den meisten, dass das Patentsystem das Gegenteil von dem bewirkt, was es eigentlich leisten soll«, sagte Moderator Ira Glass. »Es fördert Innovation nicht, es erstickt sie im Keim. Weil es immer mehr Prozesse um Patente gibt. Und Patent-Trolle immer aktiver werden. Inzwischen sind solche Prozesse so verbreitet, dass man im Silicon Valley kaum noch ein halbwegs erfolgreiches Start-up findet, dem keine Anklage angehängt wurde. Das bremst Innovationen, erschwert den Unternehmen voranzukommen, beschädigt unsere globale Konkurrenzfähigkeit – wir alle müssen tiefer in die Tasche greifen, wenn wir uns für die Dinge interessieren, die diese Unternehmen verkaufen.«

Im Mittelpunkt dieser Story stand das Unternehmen Intellectual Ventures, das von einem von Bill Gates' loyalsten und ältesten Stellvertretern, Nathan Myhrvold, geleitet wurde (Gates selber wurde in der Sendung nicht erwähnt). Nachdem er Microsoft 1999 verlassen hatte, gründete Myhrvold das Unternehmen, das, wie er sagte, »in Erfindung investiert«. Er fuhr fort: »Ich nehme an, dass jeder, der für seine Patentrechte kämpft, schon einmal als Patent-Troll bezeichnet wurde.«

Diese Version der Geschichte – das Narrativ der Innovationsförderung – war einige Jahre zuvor beim *New Yorker* auf lebhaftes Interesse gestoßen. Der Autor Malcolm Gladwell bezeichnete Intellectual Ventures, oder IV, als eine Art Fonds für rauchende Köpfe, ein Unternehmen, in dem große Geister einander zu Höchstleistungen anstacheln. Gladwell berichtete von einem informellen Abendessen mit acht klugen Köpfen von IV, das mit 36 verschiedenen Ideen für patentwürdige Erfindungen endete.[17]

Auch wenn Gladwell es nicht zu bemerken schien, beschrieb er in seiner Darstellung von IV im Grunde einen Männerclub mit endlosem Gerede, bei dem selbst ernannte Universalgelehrte eine Menge großer Ideen produzierten … mehr aber auch nicht. Gladwell stellte sich vor, dass IV ein Jahrzehnt zuvor eine bedeutende umstürzlerische, innovative und revolutionäre Kraft gewesen wäre, die den sozialen Fortschritt vorangetrieben hätte – etwa so wie einst Alexander Graham Bell, der die Welt mit seinem Telefon verändert hatte.

Heute behauptet IV, die Gründung von über 15 Unternehmen initiiert zu haben. Seltsamerweise werden auf seiner Webseite nur elf genannt – von denen keines von besonderer Bedeutung für die Menschheit oder die Wirtschaft zu sein scheint.[18] Offenbar werden die meisten finanziell von Bill Gates unterstützt, darunter TerraPower, ein Atomenergieunternehmen, das mit dem Bau eines Reaktors oder der Erzeugung von Energie noch auf sich warten lässt.[19] Bill Gates scheint außerdem Anteilseigner von IV gewesen zu sein. Laut einem Dokument der Börsenaufsichtsbehörde von 2006 hatten Bill Gates und Microsoft zusammen mehr als 50 Millionen Dollar in den Invention Science Fund von IV investiert.[20]

Gates war offenkundig kein passiver Investor. Er tauchte regelmäßig bei IV auf, um sich entweder beim Brainstorming einzubringen oder von den politisch korrekten Anforderungen der professionellen Philanthropie zu erholen.[21]

Der Autor Tom Paulson, der in der Zeitung *Seattle Post-Intelligencer* schon einmal einen Artikel über Gates geschrieben und später Nathan Myhrvold beim Verfassen eines Kochbuchs geholfen hatte, erinnert sich, in den Geschäftsräumen von IV gelegentlich Gates gesehen zu haben, meist auf dem Weg zu einem Meeting. »Schon damals war klar, dass Gates die Beschränkungen leid war, die ihm bei der Arbeit für die Gates Foundation auferlegt wurden – die Zwänge der Öffentlichkeitsarbeit, das Verhalten, das man von Philanthropen typischerweise erwartet. Das war eine Art Ventil«, erklärte Paulson mir. »Gates schuf dieses unabhängige Projekt, um bestimmte Dinge nicht mit Melinda oder der Stiftung absprechen zu müssen.«

Zwischen 2009 und 2020 wurden Gates und Myhrvold als Miterfinder von Dutzenden Patenten und Patentanmeldungen genannt. Dazu gehört ein Patent auf einen Hightech-Footballhelm, der die Spieler vor Gehirnerschütterungen schützen soll.[22] Andere Patente klingen ziemlich gruselig, zum Beispiel für eine Erfindung zum »Entdecken und Klassifizieren von Personen, die eine andere Person beobachten«.[23]

Mit seiner Produktion und Akquisition von Patenten stellt sich IV nachdrücklich als Innovationsmotor dar. Zudem schütze das Unternehmen kleine Erfinder vor mächtigen Firmen, die ihnen ihre Ideen stehlen wollen. Als *This American Life* nach konkreten Beispielen für diese Schutzfunktion fragte, konnte IV keine glaubwürdigen Fälle anbringen.[24]

Letztlich zeichneten die Reporter ein zutiefst verstörendes Bild von diesem ausgesprochen destruktiven neuen Businessmodell, da die in Mode gekommenen Patentklagen ein stetig wachsendes Heer an unersättlichen Trollen mit sich brachten. Als eine Gruppe behauptete, ein Patent auf das Podcasten zu besitzen, ging der Comedian und Podcaster Marc Maron an die Öffentlichkeit und sprach von »Erpressung«.[25] Und so wurde IV zum Prototyp dieser sich ausbreitenden, invasiven Spezies, des Patent-Trolls.

»Intellectual Ventures zieht, mit anderen Worten, von einer Firma zur anderen und fragt: ›Hey, ihr wollt euch vor Prozessen schützen? Wir besitzen massenweise Patente‹«, sagte der Journalist Alex Blumberg in dem Podcast. »Schließt einen Vertrag mit uns ab. Unsere Patente decken nicht nur alles ab, was ihr in eurem Geschäft macht – es wird auch keiner wagen, euch zu verklagen.«[26]

Ein Silicon-Valley-Investor verglich dieses Modell mit einer »Erpressung im Mafia-Stil, bei der jemand in dein Firmengebäude spaziert und sagt: ›Es wäre doch echt schade, wenn das hier abbrennt. Ich kenn mich in der Gegend ganz gut aus und kann dafür sorgen, dass das nicht passiert.‹ Und dann: ›Her mit dem Geld.‹«

Nach dieser profilierten Berichterstattung durch einen extrem populären Podcast wäre ein rationaler Akteur wohl ins Grübeln gekommen, ob er sich IV wirklich als Partner aussuchen solle. Nicht so Bill Gates. Abgesehen von irgendwelchen privaten Anteilen, die ihn vielleicht noch mit dem Unternehmen verbanden, war Gates auch an geschäftlichen Beziehungen zwischen IV und seiner Stiftung interessiert. Dabei kam ein neues IV-Projekt heraus mit dem Namen Global Good. Die Stiftung hatte Global Good bereits 2010 ins Leben gerufen – ein Jahr bevor die Nachforschungen von *This American Life* veröffentlicht wurden –, das Projekt in den folgenden Jahren dann aber stark ausgeweitet. »Mit finanzieller Unterstützung von Bill Gates und den Fokus auf eine gemeinsame Vision mit Nathan Myhrvold gerichtet, erfindet Global Good Technologien, um einige der bedrohlichsten Probleme der Menschheit zu lösen«, verkündete die Webseite des neuen IV-Projekts.[27] Die Gates Foundation beschreibt Global Good in ihrer Steuererklärung als eine »kontrollierte Tochtergesellschaft«. Bis 2020 berichtet die Stiftung von Finanztransfers – die manchmal als »Kapitalzuschüsse in Form von Bareinlagen oder geistigem Eigentum« bezeichnet werden – in Höhe von mehr als 500 Millionen Dollar an den Global Good Fund.[28]

In älteren Interviews sagte Nathan Myhrvold, das Projekt sei ein gewinnorientiertes Unternehmen, obwohl er nicht erwarte, dass es einen Gewinn mache.[29] Auf dem Papier hat es demzufolge den Anschein, dass die Gates Foundation einen gewinnorientierten Zweig von einem der berüchtigsten Patent-Trolle der Welt kontrolliert.

Als das Global-Good-Projekt bekannter wurde, diente es IV als PR, um dem Unternehmen ein menschlicheres Gesicht zu geben und es von seinen umstrittenen Geschäftspraktiken reinzuwaschen. So sagte Anfang der 2010er Jahre ein Kritiker vor der Presse, wer auch immer Global Good leite, »wird Druck bekommen, viele gute Werke zu tun, um den immensen Schaden wettzumachen, den sein Arbeitgeber angerichtet hat. Es sei denn, sie beschließen, den Laden dichtzumachen und das Patentsystem zu reformieren.«[30]

Myhrvold reagierte, indem er auf seine neue humanitäre Mission verwies und seine Kritiker fragte, wie viele »göttliche Werke« sie denn bereits getan hätten: »Wie groß ist denn ihr Projekt zur Malaria-Forschung? Wie sehr engagieren sie sich für Kinderlähmung? Da bin ich mal sehr gespannt!« Während Unternehmen wie Facebook »Werkzeug oder Spielzeug für reiche Menschen« entwickelten, so Myhrvold, würde IVs Global-Good-Partnerschaft mit der Gates Foundation »die Probleme ... dieser armen Menschen in Afrika lösen«.

»Ich hoffe, dass wir in drei bis fünf Jahren auf eine Fülle erfolgreicher Projekte verweisen, die tatsächlich vor Ort realisiert werden, und sagen können, ja, wir haben eine neue Technologie erfunden«, erklärte Myhrvold. »Es wurden mehr Kinder geimpft. Es gab weniger Malaria-Fälle. Forscher haben etwas durchschaut, was sie vorher nie verstanden haben. Dass wir in drei bis fünf Jahren einige greifbare Beispiele dafür vorweisen können, dass wir die Welt besser gemacht haben. In Bereichen, in denen es für die betroffenen Menschen wirklich um Leben oder Tod geht.«

Nach seinem dubiosen Start und einem ungewissen Mandat machte das Projekt den Laden zehn Jahre später wieder dicht, ohne dass es irgendetwas von Bedeutung vorzuweisen hatte.[31] Mit der 500-Millionen-Dollar-Förderung der Gates Foundation wurde aus Global Good eines der bestfinanzierten Projekte aller Zeiten. Aber wohin war das Geld verschwunden?

Die Webseite von Global Good hat nur wenige Erfolge zu verzeichnen. Es gibt einen neuen Kochherd mit Holzfeuerung namens Jet-Flame, der angeblich weniger Rauch und somit auch weniger Atembeschwerden erzeugt.[32] Die spärliche Webseite von Jet-Flame ist jedoch nur zwei Seiten lang und es gibt kaum Verbraucherinformationen über das Produkt – oder Belege für seine Markteinführung oder Nutzung. Außerdem gibt Global Good an, neue tragbare Kühlboxen erfunden zu haben – eine zum Transport von Bullensperma und eine zum Transport von Impfstoffen.[33] Auch hier gibt es wieder nur sehr wenige öffentlich einsehbare Informationen, die die Relevanz dieser Produkte belegen. Es wird außerdem davon berichtet, dass sich Global Good mit dem Unternehmen Element für ein biometrisches Projekt zusammengetan hat, um die Gesundheitsdaten von Säuglingen zu dokumentieren.[34]

Wenn diese Errungenschaften nicht der Riesensumme zu entsprechen scheinen, die Gates in das Projekt gesteckt hat, dann liegt das vielleicht daran, dass Global Good offenbar noch einen anderen Zweck erfüllt hat – als Lagerstätte der Patente und des geistigen Eigentums der Stiftung. Das wissen wir aufgrund eines einzigen Randvermerks in einem Forschungsbericht von 2016, den die Stiftung bei der Stanford University in Auftrag gegeben hatte. Der Titel: *Making Markets Work for the Poor* (»Wie man Märkte dazu bringt, für die Armen zu arbeiten«).[35]

Im Bericht wird ein kleines Start-up namens Zyomyx vorgestellt, das dabei war, eine potenziell bahnbrechende kostengünstige HIV-Diagnostik zu entwickeln, die an Orten ohne Elektrizität oder ausgebildetes medizinisches Personal verwendbar sein konnte. An einem einzigen Blutstropfen sollte eine medizinische Fachkraft erkennen können, ob ein Patient eine antiretrovirale Therapie benötigte, die HIV-positiven Patienten das Leben retten kann. Die Technologie des Unternehmens war jedoch noch nicht weit genug entwickelt, um eine Wagnisfinanzierung zu erhalten. Aus diesem Grund präsentierte der Stanford-Bericht Zyomyx als Lehrbeispiel für die einzigartige Marktbedeutung der Gates Foundation, die ihr Geld in risikointensive, aber aussichtsreiche Innovationen investiere, die den Armen der Welt helfen könnten – und die sonst vielleicht nicht gefördert würden.

Der erste Ölzweig, den die Stiftung dem Unternehmen überreichte, war ein 10-Millionen-Dollar-Kredit. Doch dieses Geld war an Bedingungen geknüpft. Gates sicherte sich die Patente von Zyomyx als Pfand. »Die einfachste Lösung wäre anscheinend ein herkömmlicher Förderungsbetrag gewesen«, hieß es in dem Stanford-Bericht. »Doch da das Unternehmen auf so wackligen Beinen stand, war es für das Team der Gates Foundation entscheidend, sich Klarheit darüber zu verschaffen, was mit der Technologie geschehen würde, falls das Unternehmen pleitegehen oder, vielleicht wahrscheinlicher, seinen Fokus mehr auf kommerzielle Produkte und Märkte richten sollte. Zuwendungsempfänger, die gegen ihre Zuwendungsvereinbarung verstoßen, können verpflichtet werden, die Fördersumme zurückzuzahlen. Die Stiftung wollte noch mehr: eine Struktur, die ihr erlauben würde, sich Rechte an dem entscheidenden geistigen Eigentum zu sichern.«[36]

Gates nutzte zur Kreditvergabe ein komplexes finanzielles Instrument. Er bediente sich sogenannter »Wandeldarlehen, die in Aktienkapital umgewandelt würden, falls Zyomyx weitere Investoren fände, übernommen würde oder an die Börse ginge«.[37] Das hieß im Wesentlichen: Falls das Unternehmen einen enormen Gewinn erzielen würde, so würde die Gates Foundation etwas davon abbekommen. Zugleich gestaltete Gates den Finanzdeal so, dass der potenzielle Unternehmensgewinn aus dem Verkauf seines Produkts in arme Länder gedeckelt wurde – »womit das Unternehmen für künftige Investoren potenziell weniger attraktiv wird«, wie es in dem Bericht hieß.[38]

Man könnte sich fragen, warum die Gates Foundation Verträge mit Unternehmen abschließt, die deren Möglichkeiten beschneiden, weitere Investoren zu finden. In der Öffentlichkeit behauptet die Stiftung, darauf zu achten, anderen nicht auf die Füße zu treten. »Wie und wo kann karitatives Geld am besten zum Einsatz kommen? Das ist eine Herausforderung, die wir stets bedenken müssen, weil wir staatliches oder privates Kapital nicht verdrängen oder ersetzen wollen«, erklärte Mark Suzman, CEO der Gates Foundation, im Jahr 2022.[39] Man könnte aber gemeinerweise auch sagen: Wenn die Stiftung ein Start-up von ihrer Förderung abhängig macht, indem sie andere Investoren abschreckt, verfügt sie über ein wunderbares Druckmittel, um das Unternehmen in jede gewünschte Richtung zu dirigieren. »Es läuft folgendermaßen: Die Stiftung vergibt eine große Fördersumme und macht dann einen Rückzieher. ... Ihnen bleibt kein anderes Geschäftsmodell«, erklärte mir ein privater Entwickler. »Wenn sich eine Organisation so abhängig von einer karitativen Stiftung macht und sie ihre Forschung den Prioritäten dieser Stiftung unterwirft, dann muss sie sich für diese Misere in gewissem Maße selbst die Schuld geben. Das ist schlicht kein gutes Geschäftsgebaren.«

Laut einer weiteren Quelle setzt die Gates Foundation Verträge auf, die anderen Investoren eine Beteiligung erschweren. Diese müssen noch mehr als üblich gebührende Sorgfalt walten lassen und zum Beispiel an den Verästelungen von Gates' Lizenzansprüchen herumknobeln. »Die [anderen] Investoren werden sagen: ›Keine Chance, ich werde nicht in euch investieren!‹ Und darum, Gates, unterwanderst du im Grunde deine eigenen Ziele. Diese Unternehmen [denen du Fördergelder gibst] werden nie in der Lage sein, Finanzmittel aufzubringen. Und du finanzierst sie nicht – du gibst ihnen nur eine Spende. Du tötest die Menschen, die du retten willst.« Eine weitere Quelle, die über eine Partnerschaft mit Gates nachgedacht hatte, sagte, die Stiftung sei sich dieser Komplikationen sehr bewusst und habe nicht die Absicht, andere Investoren von einem Projekt fernzuhalten.

Wie sich herausgestellt hat, fand Zyomyx doch noch einen externen Investor. Das multinationale Unternehmen Mylan erkannte: Wenn Zyomyx dazu beitragen könnte, mehr Menschen mit HIV zu diagnostizieren, würde dies bedeuten, dass Mylan mehr Produkte zur HIV-Behandlung verkaufen könne. Es spielte keine Rolle, ob Zyomyx zunächst Geld verlor – denn es würde Mylans anderen Produkten einen größeren Absatz bescheren.

Der Vertrag zwischen Zyomyx und Mylan hatte zur Folge, dass der Stiftungskredit in eine hohe Beteiligungsquote umgewandelt wurde. Mit einem Mal war die Stiftung mit 48 Prozent an Zyomyx beteiligt. Nun leitete die bekannteste gemeinnützige, karitative Organisation der Welt im Schulterschluss mit einem Pharmariesen ein gewinnorientiertes Unternehmen. Der von Gates finanzierte Stanford-Bericht formulierte es anders: »Als der größte Aktionär von Zyomyx und Beisitzer im Vorstand besaß die Gates Foundation die Mittel, um ihre wohltätigen Ziele zu verfolgen.«[40]

Mit der Gates Foundation am Ruder scheiterte das Projekt schnell. Mylan zog sich schließlich wieder zurück und Gates schickte sich an, Zyomyx abzuwickeln; zunächst bot er dem Unternehmen einen letzten Kredit in Höhe von 350 000 Dollar an, damit das Schiff noch nicht unterging und die Stiftung die Technologie für sich aufs Trockene bringen konnte. »Die Stiftung hat Global Good, einen Zweig von Intellectual Ventures, beauftragt, die Patente von Zyomyx zu übernehmen und einen Geschäftspartner zu finden, der in der Lage ist, das geistige Eigentum von Zyomyx so zu nutzen, dass das Produkt auf den Markt kommt«, erläuterte der Stanford-Bericht. »Die Aussichten auf Erfolg sind gering.«[41]

Nachdem ich mir den Stanford-Bericht angesehen hatte, stieß ich auf Patentdokumente, nach denen die Gates Foundation offenbar Dutzende von Patenten (und Patentanmeldungen) von Zyomyx erworben hat.[42] Aus den Unterlagen geht hervor, dass die Stiftung dieses geistige Eigentum 2016 zum Teil der kanadischen Firma Stemcell Technologies übertrug. In dem Rechtsdokument heißt es: »Den Schutz von geistigem Eigentum für bestimmte Technologien oder Informationen zu erreichen und aufrechtzuerhalten, ist ein geeigneter Aspekt des *Global Access*, um die programmatischen und karitativen Ziele der Stiftung zu verfolgen.«[43]

Gates hat sich nie öffentlich zu diesem Transfer geistigen Eigentums geäußert. Der einzige Hinweis auf die Zusammenarbeit der Stiftung mit Stemcell Technologies war eine 3-Millionen-Dollar-Spende von 2019, die anscheinend mit einem anderen Projekt zu tun hatte.[44] Da Stemcell ein Interview für dieses Buch ablehnte, bleibt unklar, was das Unternehmen mit den Patenten macht.

Zweifellos sehen sowohl die Gates Foundation als auch Stemcell den Wert der Patente. Warum sonst hätten sie sich die Mühe machen sollen, diese Transaktion durchzuführen? Erneut werfen der Erwerb und die Verteilung von geistigem Eigentum Fragen zu dem schmalen Grat zwischen den gemeinnützigen, karitativen Aktivitäten der Gates Foundation und ihren kommerziellen Interessen auf. Warum ist das *karitative* Engagement der Stiftung in Zusammenarbeit mit Privatunternehmen so strukturiert, dass sie wertvolles geistiges Eigentum kaufen (oder beschlagnahmen) darf, um es dann an andere Unternehmen zu verteilen? Wären dies kommerzielle Transaktionen von Eigentum zwischen Unternehmen, so hätte dies vermutlich steuerliche Konsequenzen. Nicht so bei der Gates Foundation, einer gemeinnützigen Wohltätigkeitsorganisation.

Beim Durchsuchen öffentlicher Unterlagen des U.S. Patent and Trademark Office stieß ich auf 13 verschiedene Transaktionen, bei denen die Gates Foundation Dutzende Patente und Patentanmeldungen, meist für Arzneimittel, gekauft hatte. (Einige Patentdokumente sind teilweise geschwärzt, so dass nicht alles lesbar ist, aber in keinem scheinen Intellectual Ventures oder Global Good namentlich genannt zu werden.)

Ein erwähnenswertes Beispiel betrifft Anacor Pharmaceuticals. 2013 erwarb die Gates Foundation einen Anteil von 2 Prozent an Anacor – und schloss außerdem einen Vertrag über 18,3 Millionen Dollar mit dem Unternehmen ab. Das Geld sollte eingesetzt werden, um eine neue Plattform zur Arzneimittelforschung zu entwickeln.[45] Zweieinhalb Jahre später verkaufte Gates seine Aktienbeteiligung mit einem Gewinn von 86,7 Millionen Dollar – eine 17-fache Rendite. 2016 übernahm Pfizer Anacor für 5 Milliarden Dollar und aus Patentdokumenten geht hervor, dass anschließend mehrere Bündel von Patenten an die Stiftung transferiert wurden.[46] »Pfizer hat der Gates Foundation gemäß einer 2013 geschlossenen Vereinbarung zwischen Anacor und der Gates Foundation Patentrechte für ausgewählte Vermögenswerte übertragen«, teilte mir Pfizer in einer E-Mail mit. »Da sich diese Vermögenswerte nicht mehr bei Pfizer in Entwicklung befanden, bot sich der Gates Foundation die Gelegenheit, sie zu übernehmen. Dafür hat sie sich entschieden.«

Der Erwerb von Patenten durch die Stiftung ist nur einer von mehreren Mechanismen, die Gates anwendet, um Zugriff auf geistiges

Eigentum zu erlangen. Es ist wichtig, sich daran zu erinnern, dass die Vereinbarungen zum uneingeschränkten Zugriff der Stiftung normalerweise dazu dienen, die Produkte und Technologien ihrer karitativen Partner zu »lizenzieren«, und nicht dazu, den exklusiven Besitz ihres geistigen Eigentums und ihrer Patente zu beanspruchen.[47] Es ist auch wichtig festzuhalten, dass die Lizenzierung von Technologien üblicherweise nicht ebenso sorgfältig dokumentiert wird wie ihr Kauf. Wir wissen zwar, dass die Stiftung durch Tausende Fördergelder (und Vereinbarungen zum uneingeschränkten Zugriff) Zugang zu einer ungeheuren Menge an geistigem Eigentum hat, doch wo und wann sie ihre Lizenzrechte ausübt, ist kaum herauszufinden. Darum ist schwer zu durchschauen, wer profitiert und wer vielleicht geschädigt wird.

Als IV Global Good 2020 dichtmachte, verkündete es kryptisch, es werde den Gewinn aus dem Projekt zwischen zwei Entitäten, der Gates Foundation und Gates Ventures, aufteilen. Gates Ventures ist Bill Gates' »Privatbüro« – mehr oder weniger Ausgangspunkt vieler seiner Aktivitäten außerhalb der Stiftung, einschließlich privater Investitionen.[48] Warum werden die Erzeugnisse von Global Good, einem mit wohltätigen Spenden finanzierten Projekt, an Bill Gates' Privatbüro übergeben? Besaß Bill Gates, neben der Beteiligung der Stiftung, persönliche Anteile an Global Good? Auch hier ist wieder zu fragen, inwiefern Bill Gates seine privaten Geschäfte mit denen seiner Stiftung vermischt.

Wer könnte sonst noch profitieren? Eine Quelle aus der Industrie äußerte Bedenken im Hinblick auf das Bill & Melinda Gates Medical Research Institute (oft auch »Gates MRI«). Das Institut wird als Zweig der Gates Foundation geführt, ist aber im Grunde genommen ein Pharmaunternehmen, das sich mit der Erforschung und Entwicklung von Tuberkulose-Medikamenten und -Impfstoffen, Shigellose-Impfstoffen, Malaria-Antikörpern und Probiotika für Säuglinge beschäftigt.[49] Es arbeitet unter Lizenzen mit GSK und Merck zusammen.[50] Seine Leitung besteht aus ehemaligen Mitarbeitern der Pharmariesen Pfizer, Merck, Baxter, Takeda und Novartis.[51] Die Gates Foundation hat über 500 Millionen Dollar in das Projekt gesteckt.

Das bedeutet: Die Stiftung hat sich Zugriff auf das geistige Eigentum anderer Entwickler verschafft und betreibt zugleich im Grunde ein eigenes Unternehmen zur Arzneimittelentwicklung, das ein großes Interesse an diesem geistigen Eigentum hat. Der Zyomyx-Stemcell-Deal offenbart, dass die Stiftung die Technologie der Unternehmen, mit denen sie arbeitet, aktiv an sich nimmt und verteilt. Was sollte sie dann davon abhalten, diese Technologie Gates MRI oder einem seiner Partner zu überlassen?[52]

Ein weiterer offenkundiger Nutznießer von Gates' Interesse an geistigem Eigentum ist Intellectual Ventures – sowie seine Investoren, zu denen, zumindest früher einmal, Microsoft und Bill Gates (persönlich) gehörte. Global Good diente als äußerst wertvoller Werbeträger, um das Image von IV als berüchtigstem Patent-Troll der Welt wieder aufzupolieren. Und so durfte Nathan Myhrvold verkünden, IV vollbringe »göttliche Werke«. Das ist großartig für IV, aber was haben Steuerzahler von diesem Geschäft? »Wir können Ihnen nichts zu Global Good sagen, was nicht schon auf der IV-Webseite steht«, ließ mich die Presseabteilung von IV wissen und lehnte meine Bitte um ein Interview mit Myhrvold ab.

In einem größeren Zusammenhang verrät uns das Global-Good-Projekt einiges über Bill Gates' dogmatische Sicht auf geistiges Eigentum und zeigt, dass sein philanthropisches Wirken mehr schadet als nützt. Laut *This American Life* ist die Softwarebranche gemeinhin der Ansicht, dass unser Patentsystem Innovation im Keim erstickt. Experten für öffentliche Gesundheit äußern sich schon seit längerem ähnlich kritisch und behaupten, geistiges Eigentum verhindere, dass Patienten billigere, leichter zugängliche Medikamente erhalten.

Obwohl das Global-Good-Projekt diese Kritiken mit einem Plädoyer für Patente bekämpfen wollte, unterstreicht sein offensichtliches Versagen nur noch die Hindernisse, die Monopol-Patente darstellen.

Es ist Anfang März 2022. Der Ökonom James Love sitzt in seinem kleinen Büro in Washington, D. C. und telefoniert mit einer Mitarbeiterin des Senats. Er redet über Xtandi und über *March-in*-Regelungen nach dem Bayh-Dole-Gesetz.

Zwischen all dem technischen Jargon und den im Kongress ge-
bräuchlichen Abkürzungen brachte Love die Diskussion gelegentlich
so auf den Punkt, dass ich ihr folgen konnte.

Xtandi ist ein Medikament für Patienten mit Prostatakrebs, das ame-
rikanische Verbraucher fast 200 000 Dollar im Jahr kostet – fünfmal
mehr als sonst wo auf der Welt. Wie Love bei dem Telefongespräch er-
läuterte, wurde Xtandi mit öffentlichen Mitteln an einer öffentlichen
Hochschule, der University of California, Los Angeles, entwickelt.
Nun befand sich das Medikament jedoch im Besitz einer japanischen
Pharmafirma, die amerikanische Kunden – Krebspatienten – über den
Tisch zog.[53]

Wenn die Demokraten unter der Führung von Joe Biden die Arznei-
mittelpreise tatsächlich zu einem großen Thema machen und den
Pharmariesen die Stirn bieten wollten, so Loves Argumentation, müssten sie dann nicht unbedingt etwas gegen Xtandi unternehmen? Wäre
das nicht ein Volltreffer angesichts der bevorstehenden Halbzeitwah-
len?

Es war nicht festzustellen, wie genau die Senatsmitarbeiterin zu-
hörte – während Loves ausführlichen Erläuterungen stellte sie kaum
Fragen –, doch am Ende des Gesprächs hatte Love den Eindruck, sie
sei daran interessiert, das Thema im Senat zur Sprache zu bringen.
Nachdem er aufgelegt hatte, ging er mit federnden Schritten auf und
ab, als wolle er aufgestaute Energie loswerden.

Die Sache mit Xtandi sei kein schwerwiegendes Problem, erklärte
mir Love. Es gehe um Politik. Und was Patente in der Medizin betrifft,
kennt sich Love mit den politischen Gegebenheiten aus; er weiß aus
erster Hand, wie dogmatisch und machtvoll die Pharmariesen in dieser
Debatte auftreten. Und er hat erlebt, wie Bill Gates als einer der einflussreichsten Verbündeten der Pharmariesen agiert hat, als Diener,
Cheerleader und Vorkämpfer unter dem Deckmantel eines wohlmei-
nenden Philanthropen. »Geistige Eigentumsrechte, die ein Monopol
gewährleisten, passen nicht gut zu medizinischen Erfindungen, weil sie
zu weitreichender Ungleichheit führen, sie sind ineffizient, moralisch
verwerflich – und in Relation zu den Unmengen aufgewendeter Res-

sourcen erbringen sie eigentlich nicht viel. Den vehementesten Widerstand gegen [Reformen] leistet wider Erwarten überdies nicht die
Arzneimittelindustrie, sondern einer der reichsten Männer der Welt:
Bill Gates, der sich selbst als Freund der Armen anpreist«, sagte Love
zu mir.

»Vermutlich hat Gates sich bei einer Reihe von Themen verdient gemacht«, fuhr er fort, »aber wenn es um geistige Eigentumsrechte geht,
hat er sich als eine unverlässliche und nicht hilfreiche Stimme erwiesen. Das ist seine schwache Seite. Man hat beinahe den Eindruck, dass
er nicht rechnen kann, dass er nicht weiß, wie man zählt. Er ist überhaupt nicht objektiv. Was das betrifft, ist er einfach nur ein Ideologe.«

Love, der die kleine Nichtregierungsorganisation (NGO) Knowledge Ecology International leitet, geht es darum, klarzustellen, dass er
ein Feind von Ideologien ist und Patente nicht grundsätzlich ablehnt.
Als Beispiel führt er energieeffiziente Technologien an. Wenn Unternehmen von ihrem Patentschutz Gebrauch machen wollten, um extrem
hochpreisige, Energie sparende Geräte zu produzieren, könnten sich
die Verbraucher relativ leicht für ein anderes Produkt entscheiden.
Ginge es hingegen um Gesundheit und Medizin, sei man nicht immer
in der glücklichen Lage, eine Wahl treffen zu können. »Meine Frau
durchläuft eine Chemotherapie«, sagt Love. »Wenn sie ihr Medikament in den letzten zehn Jahren nicht ständig bekommen hätte, würde
sie wahrscheinlich sterben.«

Während Loves Ehefrau Zugang zu der Behandlung hatte, die sie
brauchte, sind Millionen Menschen an behandelbaren oder sogar heil-
baren Krankheiten gestorben, weil die erforderlichen Medikamente
zu teuer sind. Und das liegt vor allem daran, dass der Verkauf solcher
Medikamente Monopol-Patenten unterliegt, die es Pharmafirmen erlauben, extrem hohe Preise zu verlangen.

Loves Engagement bildet einen interessanten Kontrapunkt zu Bill
Gates. Was geistiges Eigentum betrifft, gehören die beiden Männer zu
den weltweit führenden Aktivisten – Love als Kritiker, Bill Gates als
Verfechter. Sie sind ungefähr gleich alt – Love ist 74, Gates 68 – und
beide stammen aus der Gegend von Seattle. Loves Elternhaus ist nur

gut 6 Kilometer von der 6000-Quadratmeter-Villa entfernt, die sich Bill Gates am Ufer des Lake Washington gebaut hat.[54]

Während Bill Gates nach der Highschool nach Harvard ging, ging Love nach Alaska und arbeitete in Konservenfabriken und in der Fischerei-Industrie, bevor er mehrere NGOs des öffentlichen Interesses gründete. Schließlich fand auch er den Weg nach Harvard und schaffte es, mit 30 Jahren einen Master-Studiengang zu belegen, obwohl er kein Grundstudium absolviert hatte. Danach arbeitete er für den berühmten Verbraucherschützer Ralph Nader und war Mitveranstalter einer Kampagne, die den größten Monopolisten der damaligen Zeit ins Verhör nehmen wollte. In diesem Zusammenhang gab es 1997 eine zweitägige Konferenz mit dem Titel Appraising Microsoft (etwa »Microsoft unter der Lupe«), bei der führende Kritiker des Softwaregiganten zusammenkamen. Nader lud auch Gates ein, der die Einladung aber ablehnte.[55]

Während Love und Nader die Monopolmacht von Microsoft über die Computerrevolution ins Visier nahmen, widmete sich Love in seiner Arbeit nun auch dem Gesundheitswesen. In der sich ausbreitenden HIV/Aids-Krise waren Patente zu einem spannungsgeladenen Thema geworden. Das Virus grassierte gleichermaßen in reichen und armen Nationen und sorgte für die Entstehung einer weltweiten Aktivistenbewegung. Die dadurch erzeugte Aufmerksamkeit eröffnete die Möglichkeit, gegen eine Hauptursache der Epidemie anzugehen: Arme Menschen konnten sich die teuren, durch Monopol-Patente geschützten Arzneimittel nicht leisten.

Dieser politische Streit bot auch die Bühne für Loves erste Interaktion mit der Gates Foundation. Love erinnert sich an die Weltgesundheitsversammlung von 1999, bei der sich die Mitgliedsstaaten der WHO trafen, um über Maßnahmen gegen die HIV/Aids-Krise zu diskutieren. Dort verteilte ein Vertreter der Pharmaindustrie Hochglanzbroschüren, in denen zu lesen war, Patente seien kein Hindernis für Behandlungen. Den Broschüren war zu entnehmen, dass der Verfasser die William H. Gates Foundation war, der Vorgänger der Gates Foundation.

Während Gates als Wasserträger für die Pharmariesen auftrat, handelte Love einen Deal mit dem indischen Arzneimittelhersteller Cipla aus. Dieser brachte eine kostengünstige Kombinationstherapie mit Generika auf den Weg, die Millionen von HIV/Aids-Patienten Zugang zu einer erschwinglichen lebensrettenden Behandlung verschaffen sollte.[56] Begleitet von einer Serie gerichtlicher und politischer Auseinandersetzungen, in denen die Patentrechte der Pharmariesen in Frage gestellt wurden, begann die Versorgung armer Länder mit HIV/Aids-Medikamenten. Mit einem Mal erhielten Bedürftige für weniger als 1 Dollar pro Tag – etwa ein Dreißigstel des Preises, den die Pharmabranche verlangt hatte – Zugang zu einer HIV-Behandlung.[57]

Damit war die HIV/Aids-Krise noch nicht aus der Welt geschafft. Trotzdem hat die Gates Foundation – nach der Arbeit von zwei Jahrzehnten mit 80 Milliarden Dollar an Spendenzusagen – kaum etwas vorzuweisen, was nur entfernt eine solch große Bedeutung für die Rettung von Menschenleben gehabt hätte. Trotz aller Reden, die Bill Gates über Innovation, Erneuerung und Gleichheit führt, agiert seine Stiftung unbelehrbar nach einem Paradigma, das bestrebt ist, bestehende Machtstrukturen (und Machtungleichgewichte) zu erhalten, und das unbeirrbar die Pharmariesen als Teil der Lösung, nicht als Teil des Problems ansieht. Von HIV/Aids bis zur Covid-19-Pandemie hat Bill Gates hartnäckig die Zeichen der Zeit verkannt und sein ideologisches Interesse an Monopol-Patenten über die Gesundheit der Armen gestellt, die er zu retten behauptet.

Die Gates Foundation behinderte Reformen des Patentrechts so massiv, dass Love Gates' Einfluss irgendwann in einer 13 000 Wörter starken chronologischen Auflistung dokumentierte.[58] Stellenweise zeigt die Auflistung die Überschneidung zwischen Microsoft und der Gates Foundation auf: Als ein Unternehmen, das von einer strengen Regelung geistigen Eigentums abhängig ist, teilt Microsoft sehr viele Geschäftsinteressen mit den Pharmariesen und der Gates Foundation. So ist aus Loves Auflistung zu ersehen, dass der CEO von Merck 2001 dem Vorstand von Microsoft beitrat, dass die Gates Foundation 2008 Microsofts Topmanager Jeff Raikes als ihren CEO einstellte und dass sowohl Microsoft als auch die Gates Foundation an hochrangigen zwischenstaatlichen Versammlungen der WHO teilnahmen, in denen es um geistiges Eigentum ging.[59]

Wenn man Patente in der Pharmabranche abschafft, so Love, muss man sie durch etwas anderes ersetzen – man muss die Entwickler, anders gesagt, für ihre immensen Forschungs- und Entwicklungskosten entlohnen, insbesondere weil die entsprechenden Arbeiten nicht immer zu einem erfolgreichen neuen Produkt führen. Love glaubt zudem, dass Pharmafirmen für den Markt von entscheidender Bedeutung sind; sie brauchen lediglich eine andere Art von Anreiz.

Love hat eine Reihe von Alternativen für Patente vorgeschlagen. Wie er sagt, würden diese Alternativen einen stärker wettbewerbsorientierten, unternehmerischen Markt schaffen, der die Pharmaindustrie zwingen werde, sich auf die Entwicklung neuer Medikamente zu konzentrieren, statt ihre patentierten Arzneimittel umfangreich zu bewerben. Ein Ansatz wäre, die Entwickler statt mit Monopolen mit Preisgeldern zu belohnen, die hoch ausfallen würden – wenn beispielsweise ein Unternehmen ein wirklich innovatives Produkt auf den Markt brächte, könnten es mehrere Milliarden Dollar sein. Und weil diese Arzneimittel keinen Monopol-Patenten unterlägen, ständen ihre Entwickler in Konkurrenz zu Produzenten von Generika, die versuchen würden, die Arzneimittel möglichst günstig auf den Markt zu bringen. Das würde niedrigere Kosten für Medikamente und auch für das nationale Gesundheitswesen bedeuten. In den Vereinigten Staaten zum Beispiel werden jedes Jahr über eine halbe Billion Dollar für Arzneimittel ausgegeben.[60]

Außerdem setzt sich Love für ein internationales Abkommen ein, das Länder verpflichtet, jährlich eine bestimmte Summe für Forschung und Entwicklung bereitzustellen. Das ließe sich durch den Kauf von patentierten Arzneimitteln verwirklichen, weil die Industrie einen kleinen Anteil ihrer Einnahmen in Forschung und Entwicklung steckt. Mit Hilfe weiterer Finanzierungsmechanismen wie staatlicher Subventionen ließe sich jedoch eine noch viel größere Wirkung erzielen.

So wie die meisten Reformen, für die sich Love starkmacht, wurde das vorgeschlagene Abkommen als große Herausforderung – und

Bedrohung – für das auf Patente gestützte Modell der Pharmabranche wahrgenommen. »Gates tat alles, um diese Diskussion zu unterbinden«, erfuhr ich von Love. Die Pharmariesen ebenso. 2010 stellten mehrere von Gates geförderte Gruppen einen mit dem Pharmariesen Novartis erarbeiteten Gegenvorschlag zu dem Abkommen vor, der die finanzielle Unterstützung von Partnerschaften zu einer gemeinnützigen Arzneimittelentwicklung vorsah (die meisten davon werden von Gates finanziert).[61] Obwohl Gesundheitsexperten und Aktivisten weiterhin darauf drängen, ist bislang noch kein Forschungs- und Entwicklungsabkommen beschlossen worden.[62]

Bis spät in den Nachmittag saßen wir in Loves Büro in Capitol Hill zusammen und redeten. Von Zeit zu Zeit stand Love auf, um uns noch eine Tasse koffeinfreien Kaffee zu servieren. Dann vertieften wir uns wieder in Geschichten über den unheilvollen Einfluss von Bill Gates – einem Mann, dem Love nie persönlich begegnet war, der seine Arbeit aber so lange Zeit heimgesucht hatte.

Als es draußen schon zu dämmern begann und sich der Wintertag seinem Ende zuneigte, gab mir Love eine chronologische Übersicht über die an- und abschwellenden Geldströme, die seine kleine gemeinnützige Organisation erreicht hatten, und meinte, je effektiver sie sich politisch organisierten, desto ängstlicher schienen seine Förderer zu werden. Wie man sagt: The revolution will not be funded (»Die Revolution wird nicht finanziert werden«).

Auch hierin erkennt Love in gewisser Weise einen Gates-Effekt. Die Stiftung ist so lautstark – nicht nur in Bereichen wie Weltgesundheit, sondern auch als führende philanthropische Kraft –, dass sich kaum jemand findet, der ihre Richtlinien in Frage stellen will. Am Tag nach unserem Interview schickte Love mir eine Nachricht, in der er noch deutlicher wurde: »Was die Verdrängung von Spendengeldern für die Weltgesundheit betrifft, ist zu erwarten, dass ein solcher Bereich Milliardäre anlockt. Wir hatten das Pech, mit Bill Gates geschlagen zu werden, der uns mit seinem Mikromanagement und seiner Fixierung auf geschütztes geistiges Eigentum und große Pharmaunternehmen gravierende Probleme beschert.«

Daraus spricht die Sehnsucht nach einem besseren Milliardär, nach einem, der weniger fasziniert von geistigem Eigentum ist oder es weniger dogmatisch betrachtet und sich weniger von den Pharmariesen abhängig macht. Nach einem, der bereit ist, den Karren aus dem Dreck zu ziehen und eine wichtige Grundlage der modernen Wirtschaft auf den Prüfstand zu stellen – die geistigen Eigentumsrechte, denen unsere Arzneimittel unterworfen sind.

Bei unserem Interview fügte Love seiner Kritik aber noch einen anderen Aspekt hinzu, der die Grenzen der Philanthropie bei der Förderung der Weltgesundheit betrifft: »Diese ... Programme, bei denen [arme] Menschen nicht nach ihrer Meinung gefragt werden, die sie nicht zu ihrer Sache machen, die sie nicht selber gestalten, in denen sie keine Stimme haben, nicht einbezogen werden – ich weiß einfach nicht, ob das auf lange Sicht sinnvoll ist. Wenn es nicht dein System ist, bestimmen andere darüber, irgendwelche Fremde – dann haben die Leute einfach ... eine andere Einstellung dazu.«

5

TRANSPARENZ

Die schimmernde Zentrale der Gates Foundation in Seattle ist ein teures und beeindruckendes Gebilde aus Glas und Stahl. Sie besteht eigentlich aus zwei bumerangförmigen Gebäuden mit 60 000 Quadratmetern Nutzfläche und kann ein Zertifikat der höchsten Energieeffizienzstufe vorweisen. In der Innenstadt, nahe des Aussichtsturms Space Needle, Seattles berühmtestem Wahrzeichen, gelegen, sollen die 500-Millionen-Dollar-Gebäude mit ihren großen Glasflächen die Werte der Stiftung widerspiegeln.[1]

»Wir wollten unbedingt, dass Menschen, die hierherkommen, die Stiftung als transparent empfinden«, erklärte Melinda French Gates 2011 bei der Eröffnung der Zentrale. »Die Idee war, einen Ort zu schaffen, an dem Menschen unsere Arbeit verstehen.«[2]

Diese Botschaft hämmert die Stiftung ihren Besuchern ein. Eine Quelle erinnert sich an ihre erste Besichtigung der neuen Zentrale und berichtet, dass sich die Stiftung alle Mühe gab, ihre Aufmerksamkeit auf die offene Architektur zu lenken.[3] »Das fand ich so aufschlussreich«, verriet die Quelle mir, »vor allem, weil das Ganze nicht im Geringsten transparent ist. Die Ironie war wirklich erstaunlich. Es kommt einem fast vor wie ein Werbeslogan.«

In Wahrheit ist es mehr als nur ein Slogan. Es ist ein zentraler Teil der Marke. »Es ist nicht fair, dass wir so reich sind, während Milliarden Menschen so wenig haben«, schrieb Melinda French Gates 2018 in einem Brief an die Öffentlichkeit. »Und es ist nicht fair, dass uns unser Reichtum Türen öffnet, die den meisten Menschen verschlossen bleiben. Die Regierungschefs der Welt nehmen unsere Anrufe entgegen und denken ernsthaft über das nach, was wir zu sagen haben. Schulbezirke mit knappem Budget sind eher bereit, Geld und Energie für Ideen abzuzweigen, von denen sie glauben, dass wir sie fördern. Doch aus unseren Zielen als Stiftung machen wir kein Geheimnis. Wir fühlen uns verpflichtet, mit den Projekten, die wir finanzieren, und den Resultaten offen umzugehen.«[4]

Dies ist eine merkwürdige Erklärung; sie scheint sagen zu wollen, dass die vorgebliche Transparenz der Stiftung ihre zutiefst unfaire Ausübung von Macht rechtfertigt. Und sie beruht auf einer völlig falschen Prämisse – dass die Stiftung offen ist. »Bestimmt wissen Sie, dass Mitarbeiter bei der Einstellung und beim Ausscheiden aus der Stiftung eine Vereinbarung unterzeichnen«, sagte ein früherer Angestellter, der mir kein Interview geben wollte. »Mit Ihnen zu sprechen würde wahrscheinlich gegen diese Vereinbarungen verstoßen.« »Hi, Tim«, schrieb mir ein anderer ehemaliger Mitarbeiter, »ich unterliege rechtlichen Beschränkungen und darf mich nicht offiziell über die Stiftung äußern.«

»Ich habe keine Ahnung, wie weit sie gehen würden, um [diese rechtlichen Beschränkungen] durchzusetzen«, sagte ein weiterer Mitarbeiter, der inzwischen nicht mehr bei der Stiftung arbeitet, »aber es gibt eindeutig einige Formulierungen, die einen ins Grübeln bringen, ob etwas, was man offiziell sagt, als Kritik an der Stiftung ausgelegt werden könnte. … Und wenn das passiert, wird die Stiftung dir das mit aller Härte heimzahlen.«

Aktuelle und ehemalige Mitarbeitende sind nicht die Einzigen, die zögern, ihre Meinung frei zu äußern. »Ich würde mich nicht dabei wohlfühlen, ohne ausdrückliche Erlaubnis der Stiftung über unsere Zusammenarbeit zu sprechen«, verriet mir ein Zuwendungsempfänger. »Das war Bestandteil jeder Vereinbarung, die wir mit ihnen getroffen haben.«[5]

Vereinbarungen zur Unterlassung von Verunglimpfungen sowie Geheimhaltungs- und Vertraulichkeitsvereinbarungen scheinen ein unerlässlicher Bestandteil von Bill und Melinda Gates' Privat- und Berufsleben zu sein.[6] Wenn ausscheidende Angestellte von Cascade

Investment, das die Stiftungsgelder und Bill Gates' Privatvermögen verwaltet, eine Abfindung erhalten, ist es übliche Praxis, dass sie eine Vertraulichkeitsvereinbarung unterschreiben.[7] Laut der *Seattle Times* mussten bei Bill und Melinda Gates' Hochzeit 1994 die angeheuerten Aushilfen Geheimhaltungsvereinbarungen unterzeichnen. Die Nachrichtenmedien interviewten eine von Melindas Freundinnen, die Vizepräsidentin von Microsoft war und andeutete, dass Melinda selbst möglicherweise einer Art von Vertraulichkeitsregelung unterliege: »Das gehörte zu ihrer Übereinkunft mit Bill. Dass sie ihre Privatsphäre wahrt.«[8]

Nicht alle Mitarbeitenden, die aus der Stiftung ausscheiden, unterschreiben Geheimhaltungsvereinbarungen. Doch selbst dann gibt es für aktuelle und ehemalige Angestellte immer noch gute Gründe, die Stiftung nicht zu kritisieren. So erfuhr ich von einer Quelle: »Die Stiftung hat überall ihre Finger drin. Sie finanzieren alles. Sie geben jedem Spenden. Sie schließen mit jedem Verträge. Wenn du im öffentlichen Sektor arbeitest, steht praktisch alles, womit du zu tun hast, in irgendeiner Beziehung zu der Stiftung. Und sehr viele Leute, die zur Stiftung kommen oder aus ihr ausscheiden, gehen zu Organisationen, die nach wie vor mit der Stiftung in Verbindung stehen. Darum nehme ich an, dass sie sich Sorgen um ihre berufliche Zukunft machen – dass das irgendwelche Auswirkungen hat.«

Die institutionelle Geheimniskrämerei der Stiftung erschwert es natürlich außerordentlich, Nachforschungen über sie anzustellen oder irgendetwas anderes zu erfahren, als der massive PR-Apparat vorgibt. Als Adam Fejerskov für sein wissenschaftliches Buch *The Gates Foundation's Rise to Power: Private Authority in Global Politics* Recherchen über die Gates Foundation anstellen wollte, kontaktierte er die Stiftung schon früh, weil er hoffte, Interviews führen zu können. Fejerskov interessierte sich dafür, wie das Engagement der Stiftung für Geschlechtergleichheit zustande gekommen war und sich zu einem so großen Förderprojekt entwickelt hatte. »Als ich mit meiner Arbeit begann, habe ich eigentlich das Allernormalste getan – ich habe gefragt: ›Kann ich das auf offiziellem Wege angehen?‹ Für mich als Akademiker ist mir das am liebsten – immer mit dem offiziellen Einverständnis der Institution zu arbeiten«, sagte er zu mir. Die Stiftung erteilte ihm eine Absage und so musste Fejerskov andere Wege finden, um ihre Festungsmauern zu überwinden.

Genauso erging es auch Charles Piller, der 2007 für die *Los Angeles Times* eine Investigativserie über die Gates Foundation verfasste. »Die meiste Zeit waren sie nicht zu einer Zusammenarbeit bereit. Sie waren nicht bereit, Fragen zu beantworten, und reagierten so gut wie gar nicht auf meine Artikel«, verriet mir Piller. »Das ist ganz, ganz typisch für Großunternehmen oder Behörden – sie hoffen, dass jegliche kontroverse Themen, die möglicherweise ans Tageslicht geholt werden, nur eine begrenzte Haltbarkeitsdauer haben und sie dann wieder so weitermachen können wie bisher.«

Wenn Bill und Melinda French Gates Interviews geben – und das tun sie sehr oft –, gehen sie fast immer auf Foren und zu Medien, von denen sie wissen, dass sie dort nicht ernsthaft ins Verhör genommen werden. Häufig, wenn auch nicht immer, handelt es sich um Medien, die die Stiftung finanziert. Auf diese Weise können sich Bill und Melinda als offen und aufgeschlossen gegenüber Außenstehenden präsentieren – sie geben schließlich ständig Interviews –, obwohl genau das Gegenteil der Fall ist.

2021 schrieben zwei ehemalige ranghohe Angestellte eine Kolumne, in der sie die Gates Foundation zu mehr Transparenz aufriefen. Diese (und andere Stiftungen) »sollten verpflichtet werden, detaillierte Jahresberichte analog zu denen von öffentlichen Unternehmen vorzulegen. Aus diesen Berichten sollte nicht nur hervorgehen, wofür die Organisation ihr Geld ausgegeben hat, sondern auch, was ihre Beweggründe dafür gewesen sind, welche Ergebnisse (positiver oder negativer Art) sie erzielt hat und mit welchen Risiken sie rechnet. Langfristig könnte eine solche transparente und umfassende Dokumentation dazu beitragen, eine öffentliche Rechenschaftspflicht für die Effektivität einer Stiftung – entsprechend einem Marktmechanismus – zu schaffen.«[9]

Dieser Vorschlag war nicht allzu radikal, aber er zeigt, dass einige ehemalige Mitarbeitende bereit sind, öffentlich Fragen aufzuwerfen. Wie immer ist Gates' Macht nicht absolut, aber außerordentlich gewichtig.

Die Gates Foundation verfügt schon lange über eine Online-Datenbank mit einer Suchfunktion, die der Öffentlichkeit erlaubt, sich durch die Zehntausenden an wohltätigen Spenden zu klicken, die sie bereits vergeben hat. So entsteht zweifellos der Eindruck einer offenen Institution, die es ermöglicht, Geldflüsse nachzuvollziehen. Aber wer tatsächlich versucht, die Datenbank zu nutzen, merkt sehr schnell, dass diese Offenheit illusorisch ist.

Falls man sich die Millionen Dollar genauer anschauen will, die Gates an ein bestimmtes Projekt oder eine Organisation gespendet hat, muss man Seite für Seite für Seite mit Ergebnissen durchscrollen.[10] Zudem verwendet die Stiftung extrem vage Formulierungen für die Verwendung ihrer Spendengelder, die eingesetzt werden, »um Nachhaltigkeitsmodelle für auf Einsparungen abzielende Finanzdienstleistungen für Bedürftige zu entwickeln«, »um programmatische und evaluierungsbezogene Bemühungen zu unterstützen« und »um Erkenntnisse über treibende Kräfte und bestimmende Faktoren von Impfabdeckung und Impfgleichheit zu gewinnen«. Diese drei Spenden gingen an CARE, Code.org und die Emory University, also private Institutionen, die – ebenso wie die Gates Foundation – nicht verpflichtet sind, Einzelheiten über die Verwendung der Gelder preiszugeben. Ebenso wenig sind sie gemäß dem Freedom of Information Act (Gesetz zur Informationsfreiheit) verpflichtet, Anfragen auf Dateneinsicht zu beantworten.

Wie ich festgestellt habe, fehlen in der Datenbank der Stiftung auch Angaben zu sehr großen Geldsummen. Bei meinen Recherchen stieß ich auf eine Organisation, auf deren Webseite eine Förderung durch die Gates Foundation erwähnt wurde. In der Datenbank der Stiftung fand ich jedoch keinen Hinweis auf die entsprechenden Fördergelder. Oder auch andersherum: Die Stiftung vermerkte beispielsweise die Vergabe von Fördergeldern an das Nachrichtenmedium *Inside Higher Ed*, doch als dieses einen Artikel über Gates veröffentlichte, war darin über die Förderung nichts zu lesen.[11] Das Centre for Analytics and Behavioural Change (CABC) gab auf seiner Webseite Hinweise auf seine Verbindungen zur Gates Foundation, löschte diese dann allerdings wieder. In der Datenbank der Stiftung war von einer Förderung dieser Organisation nicht die Rede. Als ich beim CABC nach der Beziehung zu Gates fragte, teilte man mir mit: »Am besten wenden Sie sich mit Presseanfragen zu geförderten Projekten an die Stiftung.« Die Gates Foundation lehnte alle Bitten um Interviews und Recherchen zu diesem Buch ab.

Das CABC stellt sich selber als eine Art bürgernahe James-Bond-Mission dar, die sich zurückhaltend in den politischen Diskurs einklinkt und wirksame »Gegenmaßnahmen« in Stellung bringt, um die Diskussion in eine andere Richtung zu lenken.[12] »Bei der Analyse von [Social-Media-]Gesprächen finden wir jedes Mal Vertreter beider Seiten – also Antagonisten und Protagonisten«, erläutert das Zentrum. »Die Protagonisten sind unsere Verbündeten, unsere Bürgeraktivisten – diejenigen, die werteorientiert sind und sich bereits am Diskurs beteiligen. Unsere Moderatoren … entwickeln, fördern und betreuen unsere Gruppe von Bürgeraktivisten. Sie versorgen sie mit Content, Kontext und Kontakten, helfen ihnen, ins Detail zu gehen und ihre Message in den sozialen Medien effektiver rüberzubringen. Mit diesem Prozess eng verknüpft ist die Entwicklung einer am Content ausgerichteten Strategie, um unserer Message mehr Nachdruck zu verleihen.« Doch wer ist diese »Gruppe von Bürgeraktivisten« und welche Message bringen sie unbemerkt in den öffentlichen Diskurs ein? Wenn dies keine Propagandakampagne für verdeckte Operationen ist, um die öffentliche Meinung zu manipulieren, warum wird dann ein solches Geheimnis daraus gemacht?[13]

Nachdem ich monatelang in stiller Verzweiflung versucht hatte, mir auf die endlosen Ungereimtheiten in den Finanzunterlagen der Gates Foundation einen Reim zu machen, erkannte ich, dass ihre Fördertätigkeit nur ein Teil ihrer karitativen Unternehmungen ist. Nach dem Bundesgesetz müssen Privatstiftungen die Details ihrer Fördergelder öffentlich machen und in Gates' Unterlagen sind vergebene Fördergelder von etwa 80 Milliarden Dollar verzeichnet. Das sind die Gelder, die in der Online-Datenbank auftauchen – mit vagen einzeiligen Erläuterungen. Doch dann gibt es noch einen weiteren großen Pool an Geldern – 6 Milliarden Dollar in Form von karitativen Aufträgen und »Honoraren«, deren Details die Stiftung strikt vor den Blicken der Öffentlichkeit abschirmt.

Laut den jährlichen Steuererklärungen an die IRS verwendet die Stiftung dieses Geld für Dinge wie »technische Unterstützung von Zuwendungsempfängern«, »Kommunikation«, »ausgelagerte Dienstleistungen« und »Strategieumsetzung«. Doch das sagt nichts darüber aus, an wen das Geld gegangen ist.[14] 2013 vermerkte die Stiftung in ihrer Steuererklärung die Vergabe von 674 Aufträgen im Wert von insgesamt 393 412 140 Dollar.[15] Das entsprach etwa 10 Prozent der gesamten Stiftungsausgaben für dieses Jahr.[16] Nach den Maßgaben der IRS veröffentlichte die Stiftung die Empfänger der fünf am höchsten dotierten Aufträge: McKinsey, die Boston Consulting Group, Slalom Consulting, Avanade und McKinsey Nigeria erhielten insgesamt etwa 65 Millionen Dollar.[17] Demnach verbleibt ein schwarzes Loch mit Zahlungen von 325 Millionen Dollar an unbekannte Gruppen, um die Arbeit der Stiftung voranzubringen. Im Lauf der Jahre hat die Stiftung mehr als 9000 Aufträge in Höhe von rund 6 Milliarden Dollar vergeben. Von dieser Summe gingen fast 5 Milliarden Dollar an verborgene Empfänger. Wer hat das Geld erhalten?

Die Nachrichtenagentur *The Chronicle of Higher Education* gibt auf ihrer Webseite an, von der Gates Foundation Unterstützung in Form eines Auftrags, nicht in Form von Fördergeldern bekommen zu haben.[18] Wie ich später noch ausführe, bin ich auf eine Handvoll weiterer Nachrichtenmedien gestoßen, die von einer Unterstützung durch Gates berichten. In der Liste der Fördergelder taucht das nicht auf, was vermutlich bedeutet, dass es sich um Aufträge handelt. Was wir nicht sehen und nicht wissen, ist, wie viele verschiedene Medien auf diese Weise Geld von Gates erhalten. Kann es wirklich sein, dass die Stiftung Milliarden ausgibt, um sich – auf für uns verborgene Weisen – Einfluss auf die Medien zu verschaffen, um ihre politische Agenda zu fördern und die von ihr bevorzugte öffentliche Politik voranzutreiben? Ist das der Grund, dass sich so viele Nachrichtenmedien so positiv über Gates äußern? Diese Frage vermag nur die Gates Foundation oder die Steuerbehörde zu beantworten. Ich habe die Stiftung geradeheraus gebeten, mir eine Liste aller Aufträge zu schicken, die sie journalistischen Medien gegeben hat. Sie war nicht dazu bereit.

Wohin sonst könnten Gates' verborgene Milliarden an Aufträgen und »Honoraren« noch geflossen sein? An alle möglichen Empfänger – politische Interessengruppen, Privatunternehmen, Regierungsbehörden, private Berater, Dokumentarfilmer und andere Gruppen, die die politische Agenda der Stiftung auf völlig undurchsichtige Weise befördern. Es ist schwierig, eine rationale Begründung dafür zu finden, warum wir einer Wohltätigkeitsorganisation erlauben, die grundlegenden Einzelheiten ihrer Arbeit vor der Steuern zahlenden Öffentlichkeit geheim zu halten, die diese Arbeit massiv subventioniert. Sollten wir angesichts der Tatsache, dass rund 50 Cent von jedem Dollar, den die Stiftung ausgibt, öffentliche Gelder sind, nicht wenigstens erfahren dürfen, was Gates damit macht? Warum regulieren, prüfen und diskutieren wir andere Formen politischer Ausgaben, aber verschwenden keinen Gedanken an dunkles Geld einer privaten Wohltätigkeitsorganisation?

Die Geheimhaltungskultur der Stiftung scheint sich auf die Gruppen, mit denen sie zusammenarbeitet, auszudehnen, einschließlich der Weltgesundheitsorganisation, deren zweitgrößter Spender sie ist. Beispielsweise deckten Recherchen von *Vox* im Jahr 2019 die undurchsichtigen Bemühungen der Stiftung auf, private Berater von McKinsey in die WHO einzuschleusen. »Obwohl die WHO eine öffentliche Institution ist«, schrieben die Reporter, »sind Einzelheiten zu diesen Bestrebungen und zu Gates' Beteiligung im Etat oder in den Abschlüssen der WHO nicht vermerkt. … Die auf der Webseite der WHO veröffentlichten Informationen sind unvollständig. Die WHO hat ein Portal mit Daten zu Aufträgen, die die Organisation bearbeitet – aber davon ausgeschlossen sind Aufträge, die direkt von Spendern wie Gates bezahlt werden. Ebenso fehlen Informationen über die genauen Tätigkeiten, die die Berater ausführen sollten.«[19]

Solche Manöver verstoßen gegen die elementaren demokratischen Prinzipien, nach denen die WHO, die der UN angehört, agieren sollte. Für die Gates Foundation ist die fehlende Transparenz hingegen von großem Vorteil, weil sie es erschwert, den Wegen von Gates' Geld zu folgen oder nachzuvollziehen, welchen Einfluss es ausübt. Wir können die Stiftung nicht zur Rechenschaft ziehen, wenn wir nicht wissen, was sie tut.

Was das Nachverfolgen der Geldflüsse noch schwieriger macht, sind sogenannte *sub-grants*, die Untervergabe von Zuschüssen. Die Stiftung benennt öffentlich den Erstempfänger ihres Geldes, welches von diesem aber dann auf andere Gruppen weiterverteilt wird. Um ein Beispiel zu geben: Vom Poynter Institute, einer Journalistenschule, erfuhr ich, dass praktisch das ganze Geld, das sie von der Gates Foundation erhalten hatte – »um die Genauigkeit von Behauptungen weltweiter Medien über Weltgesundheit und -entwicklung zu verbessern« –, letztlich an andere Gruppen geflossen sei. Entsprechend vergibt Gates Milliarden Dollar an andere Stiftungen – etwa die Hewlett Foundation, die United Nations Foundation und die Bill, Hillary and Chelsea Clinton Foundation –, die das Geld dann ebenfalls weiterreichen.[20] Das bedeutet, dass der in Gates' Fördergeldliste jeweils aufgeführte Empfänger nicht unbedingt der einzige und gelegentlich nicht einmal der Hauptempfänger ist. Wenn wir uns die mehr als 30 000 Fördergelder ansehen, die die Stiftung vergeben hat, ist es möglich, dass die Zahl der Einzelpersonen und Institutionen mit finanziellen Verbindungen zu Gates um eine Größenordnung höher ist, als sich den Unterlagen entnehmen lässt.

»Die Stiftung unterhält Partnerschaften zu vielen Organisationen, die ihrerseits wieder andere fördern«, erfuhr ich, als ich nach *sub-grants* aus früheren Jahren fragte.[21] »Wir machen unsere *sub-grants* nicht öffentlich, aber Sie können sich für weitere Informationen gerne an Organisationen wenden, die wir fördern.« Diese klassischen Nichtantworten erhielt ich in der ersten Zeit meiner Recherchen von der Stiftung (bevor sie überhaupt nicht mehr auf Anfragen reagierte). Die Gates Foundation weiß ganz genau, dass niemand ihre Tausenden Zuwendungsempfänger persönlich anrufen oder ihnen mailen kann. Zudem hätten entsprechende Versuche wohl keinen Erfolg. So wollten mir zahlreiche von Gates geförderte Gruppen, an die ich mich im Lauf meiner Recherchen gewandt habe, keinerlei Auskunft geben – was nicht erstaunlich ist.

Gates' dunkles Geld verhüllt zudem, wer wirklich unabhängig ist und wer auf der Gehaltsliste der Stiftung steht. Vielleicht fragen sich einige Leser dieses Buches, ob sein Verfasser auch heimlich von der Stiftung mit einem *sub-grant*, einem Auftrag oder »Honorar« bedacht wurde. Ich kann Ihnen versichern, dass das nicht der Fall war – nein, wirklich nicht –, aber das kann ich nicht beweisen und Sie auch nicht. Genauso bedenklich ist: Falls die Stiftung tatsächlich Einblick in ihre Bücher gewähren würde, käme dabei nur ein weiteres Labyrinth aus Rätseln zum Vorschein. Gates hat ein unüberschaubares Arsenal von »anhängigen Entitäten«, unabhängigen Organisationen und Finanzinstrumenten geschaffen: Fördergelder, Aufträge, Kredite, Stiftungsinvestitionen, programmbezogene Investitionen, Kaufgarantien und so weiter und so weiter. Darüber hinaus herrschen Bill und Melinda Gates über ein riesiges Reich verschiedener Organisationen, die man durchaus als vielköpfige Hydra bezeichnen kann. Ich nenne hier nur einige: die Bill & Melinda Gates Foundation, den Bill & Melinda Gates Foundation Trust, das Bill & Melinda Gates Medical Research Institute, Gates Ag One, bgC3, Gates Ventures, Pivotal Ventures, Breakthrough Energy, Gates Policy Initiative, Exemplars in Global Health, »The Giving Pledge«, Global Grand Challenges, den Global Good Fund. Da die Gates-Familie abwechselnd mit ihrem Privatvermögen und mit dem Vermögen der Stiftung arbeitet, verfügt sie über einen scheinbar endlosen Fundus an Finanzinstrumenten, um ihre Agenda zu verfolgen. Die Größe und Komplexität der Stiftung und des weiteren Imperiums von Bill Gates tragen einen großen Teil zu dem Mangel an Transparenz bei.

Wenn der Kongress es wollte, könnte er dafür sorgen, dass Privatstiftungen Bitten um Dateneinsicht genauso nachkommen müssen wie Regierungsbehörden auch. Das würde bedeuten, dass sie interne

Dokumente jedem, der sich dafür interessiert, zur Verfügung stellen müssten. Oder könnte man die Gates Foundation nicht wenigstens verpflichten, jede Zuwendung und jeden Auftrag öffentlich zu machen? Warum bestehen wir nicht darauf, die tatsächlichen rechtlichen Vereinbarungen zu sehen, die die Stiftung mit jedem Zuwendungsempfänger und Auftragnehmer abschließt, anstatt der Stiftung zu erlauben, vage und oft bedeutungslose einzeilige Beschreibungen ihrer wohltätigen Zuschüsse zu veröffentlichen? Das wäre keine Herkulesaufgabe für eine Institution von der Größe der Stiftung. Warum sollten wir nicht darauf bestehen, dass diese Informationen öffentlich einsehbar sind? Besitzt die Stiftung einen legitimen Anspruch auf Geheimhaltung?

2018 veröffentlichte die Associated Press einen ungewöhnlich kritischen Bericht über die Art und Weise, wie die Gates Foundation Geld in politische Macht ummünzt.[22] »Gates' sorgfältig geknüpftes Netz der Einflussnahme ist oft unsichtbar, ermöglicht jedoch seiner Stiftung, die Diskussion so zu lenken, dass sie auf Gates' Vision von der Umgestaltung der in der Krise steckenden Schulsysteme Amerikas hinausläuft«, erklärte Sally Ho. »Die Fördergelder verdeutlichen, wie strategisch und besitzergreifend der Gründer von Microsoft vorgehen kann, wenn es um seine Agenda zur Bildungsreform geht. Sie zeigen, wie Gates seinen Einfluss auf die Schulpolitik im Stillen immer weiter bis auf Landesebene ausdehnt.«

Der Bericht zeigte auf, wie die 44 Millionen Dollar an Stiftungsspenden, »die für Forschungen gezahlt wurden, die Gates' Interessen entsprechen, ein positives Medienecho hervorriefen und dazu beitrugen, neue Rahmenbedingungen für das Bildungssystem eines Bundesstaats zu entwerfen, um die politische Debatte um den ›Every Student Succeeds Act‹ zu beeinflussen.« Die Nachforschungen erbrachten, dass New Venture Fund der größte Empfänger von Gates' politischer Finanzierung in dieser Sache war – doch die Medien verfolgten nicht weiter, um was für eine Organisation es sich dabei überhaupt handelte.

New Venture Fund bezeichnet sich selbst als »*fiscal sponsor*«, der

»als Verwaltungshost [karitativer] Projekte fungiert, so dass diese sich die Mühe und Kosten der Gründung unabhängiger gemeinnütziger Organisationen sparen können.«[23] In der Praxis scheint der Fonds als eine Art Mittelsmann oder Trichter für reiche Spender zu fungieren. Statt dass die Gates Foundation ihr Geld direkt an eine Organisation vergibt, überlässt sie es New Venture Fund, der damit dann andere Gruppen finanziert – und dabei mitunter Gates' Rolle verschleiert.

OpenSecrets hat im Zusammenhang mit New Venture Fund und einer gemeinnützigen Schwesterorganisation auf deren Geschäfte mit dunklem Geld angespielt und berichtet, sie hätten »mindestens 80 ihrer eigenen Organisationen finanziell unterstützt – aber so, dass es darüber so gut wie keine belastenden Dokumente gibt«.[24] Die *New York Times* hat New Venture Fund als Teil eines »undurchsichtigen Netzwerks« bezeichnet, das versucht habe, liberale politische Interessen auf nicht transparente Weise zu befördern.[25]

In keinem dieser Berichte wird die Gates Foundation erwähnt, die ein großer Unterstützer von New Venture Fund ist. Die Spenden von insgesamt 490 Millionen Dollar machen New Venture Fund zu einem der größten Zuwendungsempfänger von Stiftungsgeldern der Gates Foundation. Wie das Geld verwendet wird, ist jedoch oft unklar und zuweilen scheinbar gar nicht ersichtlich. Nehmen wir beispielsweise eine 50-Millionen-Dollar-Spende, die New Venture Fund von Gates erhielt, »um die Arbeit der Weltentwicklungsgemeinschaft zu fördern, indem mit gezielter Finanzierung die Weltentwicklungspolitik, Kommunikation und anwaltschaftliche Bemühungen unterstützt werden.« Es gibt buchstäblich Hunderte, wenn nicht Tausende von Orten, wo dieses Geld gelandet sein könnte – bei Nachrichtenmedien oder Denkfabriken, der WHO oder Privatunternehmen. Im Grunde genommen verschwand Gates' Spende in einem Schwarzen Loch. Und genau das ist vielleicht der Punkt.

New Venture Fund reagierte auf zahlreiche Presseanfragen nicht.

Einige Fördergelder der Gates Foundation an New Venture Fund werden genau genug beschrieben, um uns eine Vorstellung von ihrer Verwendung zu geben. So gelang es Associated Press, mehrere Spenden aufzuspüren, die der »Umsetzung von ESSA«, des Every Student Succeeds Act, dienen sollten. Doch selbst dann bleibt unklar, an wen genau New Venture Fund das Geld gezahlt hat und wie es im Detail eingesetzt wurde. Kurz gesagt wissen wir, dass Gates New Venture Fund zu politischen Zwecken finanziert – in diesem Fall, um spezifische Bildungsmaßnahmen zu fördern –, aber den genauen Weg des Geldes können wir nicht nachvollziehen.

Bei einer anderen Zuwendung durch Gates an New Venture Fund in Höhe von 50 Millionen Dollar kennen wir den letztlichen Empfänger. Es handelt sich um eine Organisation namens Co-Impact, die karitative Gelder ihrerseits an andere Gruppen weitergibt. Sowohl der derzeitige als auch die frühere CEO der Gates Foundation saßen Mitte 2022 im Vorstand der Organisation und hatten damit zwei von fünf Sitzen inne.[26] Zudem ist Olivia Leland, die zuvor für die Gates Foundation gearbeitet hat, die Leiterin (und Gründerin) von Co-Impact.[27] Die Arbeit der Organisation scheint sich von der Arbeit der Stiftung kaum zu unterscheiden. So ging 2022 die größte karitative Spende von Co-Impact in Höhe von 24 Millionen Dollar an das Abdul Latif Jameel Poverty Action Lab am Massachusetts Institute of Technology (mit dem Gates eng zusammenarbeitet), das »eine Neuorientierung von nationalen und regionalen Bildungssystemen« in Afrika erreichen will.[28] Auf diese Weise wirkt Co-Impact wie ein verlängerter Arm der Gates Foundation (obwohl es stolz auf andere philanthropische Sponsoren wie MacKenzie Scott hinweist). Co-Impact reagierte nicht auf Anfragen.[29] Ab einem gewissen Punkt wird es schwierig, die Grenze zwischen der Gates Foundation und einigen ihrer Zuwendungsempfänger oder Stellvertreter zu bestimmen – oder zu erkennen, ob überhaupt zwischen ihnen zu trennen ist. Die endlosen Verschleierungsschichten führen zu einem Matrjoschka-Puppen-Effekt, wobei die Gates Foundation offensichtlich mit Hilfe undurchsichtiger Verrechnungsstellen wie New Venture Fund neue scheinbar unabhängige Organisationen sponsert, ins Leben ruft und kontrolliert, aber zugleich ihre Beteiligung möglichst umfassend vor der Öffentlichkeit verbirgt.[30] Auf diese Weise erlangt sie politische Macht, indem sie ein Netzwerk aus

Verbündeten knüpft und den Anschein einer breit gefächerten und soliden Unterstützung für ihre Agenda erweckt – eine Echokammer Gates-gesponserter Organisationen.

Eine der wenigen landesweiten Regeln, denen große Stiftungen unterliegen, lautet, dass sie jährlich 5 Prozent ihres Vermögens spenden. Fördert Gates Organisationen, über die er Entscheidungsbefugnis hat, so lässt sich das so verstehen, dass die Stiftung an sich selber spendet. Das scheint vielerorts der Fall zu sein – immer wenn Gates im Vorstand von Organisationen sitzt, die von ihm Fördergelder erhalten haben, und so beeinflussen kann, wie die Spenden eingesetzt werden. Dazu zählen der Global Fund to Fight Aids, Tuberculosis and Malaria (der von Gates 3 Milliarden Dollar empfangen hat), Gavi (6 Milliarden Dollar), Medicines for Malaria Venture (727 Millionen Dollar), Alliance for a Green Revolution in Africa, oder AGRA, (679 Millionen Dollar) und Coalition for Epidemic Preparedness Innovations (271 Millionen Dollar).[31]

In der stiftungsinternen »Board Service Policy« finden sich weitere Beispiele, in denen Gates für Organisationen eine »bedeutsame« Förderung ins Leben ruft oder »bereitstellt« und dann auch Mitarbeiter beisteuert, die in den Vorständen dieser Organisationen Führungspositionen einnehmen: AGRA, GAIN, FIND, Thrive by Five, 3ie, Newark Charter School Fund, Aeras, Global Fund, Gavi, iOWH und der Gates Cambridge Trust.[32] Indem sich diese Organisationen, die von der Stiftung gegründet, gesponsert und geleitet werden, mit ihren Forschungen und Anliegen Gehör in öffentlichen, wissenschaftlichen und politischen Diskussionen verschaffen, vergrößert die Gates Foundation ihren Einfluss auf undurchsichtige Weise.

Die Literacy Design Collaborative (LDC) war ursprünglich ein hausinternes Projekt der Gates Foundation, als Teil ihres umstrittenen Engagements für die neuen »*Common-Core*«-Bildungsstandards an US-amerikanischen Schulen (auf die wir später noch eingehen). Dann gliederte Gates diese Aktivitäten in die unabhängige gemeinnützige Organisation LDC aus, in die er 30 Millionen Dollar an direkten Spenden und Unterstützung für Schulbezirke und gemeinnützige Organisationen steckte.[33] Obwohl Gates in der LDC eine sehr bedeutende Rolle spielt, werden ihre Ursprünge bei der Gates Foundation nur am Rande erwähnt, versteckt im Lebenslauf des Gründers Chad Vignola. Bei einem kurzen Interview spielte Vignola Gates' Beteiligung an der LDC herunter und bezeichnete die Stiftung als nur einen Förderer unter vielen. Allerdings nannte er einen »weichen Faktor«, der seine Organisation bewogen haben mochte, die Verbindungen zur Stiftung zu minimieren: »Zumindest damals war die Gates Foundation in der Welt der Bildung nicht bei allen beliebt«, sagte er. Vignola beharrt darauf, dass die LDC völlig unabhängig von der Gates Foundation ist.

Die Bedenken hinsichtlich der heimlichen Macht der Stiftung durch Stellvertreter sind nicht neu. Schon 2009 hob *The Lancet* Gates' enge finanzielle Verbindung zu der in Seattle ansässigen Nichtregierungsorganisation PATH hervor, die dank einer 3-Milliarden-Dollar-Spende der Stiftung enorm gewachsen ist. Der Artikel stellte die Frage, »ob einige Organisationen nicht eher als Agenten der Stiftung anzusehen seien statt als unabhängige Zuwendungsempfänger«. Auf meine Anfragen reagierte PATH nicht.[34]

Wirklich verblüffend an Gates' Praxis, Stellvertreter oder Agenten einzusetzen, ist jedoch, dass sich die Leute, die in diesen Organisationen arbeiten, der übergeordneten Struktur gar nicht unbedingt bewusst sind. 2022 veröffentlichte Katri Bertram, Beraterin für Weltgesundheit, einen Essay über dieses Phänomen, in dem sie ihre eigenen Erfahrungen schilderte: »Irgendwann fiel mir etwas auf, das ich zuerst für Zufall gehalten hatte, dann witzig fand, dann etwas seltsam und schließlich beunruhigend. Egal, wo ich arbeitete, sei es bei einer NRO, als Beraterin oder in einer internationalen Organisation – *immer wurde ich von ein und demselben Förderer der Weltgesundheit bezahlt.* ... Heute, zwanzig Jahre später, *bin ich es leid, so zu tun, als sei ich Mitglied einer Graswurzelbewegung.* Ich bin es leid, mich als unabhängige Beraterin zu bezeichnen oder zu behaupten, dass ich für eine unabhängige NRO oder Organisation arbeite, obwohl ich weiß, dass das nicht stimmt und in zunehmendem Maße nicht der Richtung entspricht, in der sich die Weltgesundheit nach meinem Dafürhalten entwickeln sollte« (Hervorhebungen übernommen).[35]

Nachdem Bertram ihren Essay veröffentlicht hatte, verriet sie mir, von einigen Lesern beschuldigt worden zu sein, »Verschwörungstheorien zu verbreiten«.

In der ersten Ausgabe des neuen *Politico* Newsletters *Global Pulse*, die Ende 2020 erschien, fand sich ein Beitrag von bemerkenswerter und ungewöhnlicher Klarheit über eine sträflich vernachlässigte Nachricht im Zuge der Covid-19-Pandemie-Bekämpfung: Die Gates Foundation schien die Regie zu führen. »Amerika gibt in Sachen Weltgesundheit vielleicht nicht mehr den Ton an, aber ein Amerikaner tut das sehr wohl«, berichtete *Politico*. »An vorderster Front der Pandemiebekämpfung fungiert nun Bill Gates als Architekt der Infrastruktur für die Weltgesundheit.«[36]

Diese Enthüllung hätte eigentlich einige offenkundige Fragen nach sich ziehen müssen: Warum fungierte der damals drittreichste Mensch der Welt, ein Softwaremagnat ohne jegliche medizinische Ausbildung, als »Architekt« der Bekämpfungsstrategie für die bedrohlichste Gesundheitskrise seit vielen Generationen?

Politico schlug eine andere Richtung ein: »Wohin man in dieser Pandemie auch schaut, ist die Gates Foundation beteiligt; das hat von Impfgegnern befeuerte Verschwörungstheorien auf den Plan gerufen, Gates habe die Pandemie verursacht, um die Welt impfen und sich daran bereichern zu können, oder er wolle, dass jedem Menschen auf der Welt ein Mikrochip eingepflanzt wird«, hieß es in dem Bericht.[37]

Anschließend ließ er die Gates Foundation selbst zu Wort kommen, um diese verrückte Entwicklung zu erklären. »Verschwörungstheorien nähren sich aus dem Glauben, dass geheime Dinge geschehen«, erläuterte Mark Suzman, CEO der Stiftung. »Und darum betonen wir vor allem anderen, dass wir keine Geheimnisse haben – wer uns fragt, wird erfahren, was wir tun und wie wir es tun.«

Im Laufe der Pandemie entstanden Hunderte oder Tausende Versionen dieses Opfernarrativs, während sich Journalisten die Finger wund schrieben, um darzulegen, wie die Gates Foundation trotz bester Absichten und guter Taten durch irrationale Kritik in den Schmutz gezogen und mit Fehlinformationen attackiert wurde. Die Stiftung sprang auf diesen Zug auf und nutzte die Berichterstattung als Gelegenheit, unmissverständlich klarzumachen, dass sie sich der Transparenz verpflichtet fühle. Bill Gates beantwortete endlose Reporterfragen zu den Verschwörungstheorien – einmal beschimpfte er sie als »übel« und »verrückt«.[38] Darüber hinaus gab die Stiftung Millionen Dollar für Fördergelder aus, um »Fehlinformationen« und »Desinformation« zu bekämpfen.[39] Das alles festigte Gates' Ruf als Verfechter von Wahrheit, Vernunft und Transparenz.

Einige der glühendsten Verfechter kamen aus den »Fact-Checking«-Portalen, die heutzutage in großer Zahl in den Nachrichtenmedien zu finden sind. PolitiFact und *USA Today* (unter Leitung des Poynter Institute bzw. von Gannett, die beide von der Gates Foundation gefördert worden sind) brachten ihre Fact-Checker in Stellung, um Gates gegen »unwahre Verschwörungstheorien« und »Fehlinformationen« zu verteidigen – insbesondere gegen den Vorwurf, die Stiftung habe Geldanlagen in Unternehmen platziert, die Covid-19-Impfstoffe und -Therapien entwickeln. In Wahrheit ging aus den jährlichen Steuererklärungen der Stiftung eindeutig hervor, dass sie Hunderte Millionen Dollar in Firmen, die sich in der Pandemiebekämpfung engagierten, investiert hatte. Mit anderen Worten: Während die Stiftung beträchtliche Entscheidungsgewalt über die Pandemiebekämpfung besaß, konnte sie dank ihrer Kapitalanlagen, etwa in Pharmafirmen wie Pfizer und Gilead, auch finanziell von der Pandemie profitieren.[40]

Wir können und sollten darüber sprechen, ob das angemessen ist – doch um dazu in der Lage zu sein, müssen wir uns über die grundlegenden Fakten einig sein. Solange Journalisten und Fact-Checker dies unmöglich machen, solange ihre »Fakten« uns in Richtung Fiktion manövrieren, sind diese selbst ernannten Wahrheitsfinder ein integraler Bestandteil genau derjenigen Verdrehung von Tatsachen, gegen die sie angeblich vorgehen. All das verdeutlicht außerdem, dass Bill Gates in der Pandemie schon fast zur Kultfigur wurde, zu einem Anführer, dessen Anhänger und Nachfolger ihn voller Eifer vor jeder eingehenderen Betrachtung abschirmten. Gruppendenken und Herdentrieb nahmen im Lauf der Covid-19-Pandemie solche Ausmaße an, dass jegliche Kritik an der Stiftung Gefahr lief, quer durch die Medienlandschaft als Verschwörung gebrandmarkt zu werden.

Nachdem ich mit dem Autor Paris Marx in seinem Podcast *Tech Won't Save Us* über dieses Phänomen diskutiert hatte, stellte er einen Link zu unserem Gespräch online – und schon sperrte Twitter seinen Account wegen »Fehlinformation zu Covid«.[41] Weil die Fact-Checker und Social-Media-Gatekeeper fast unisono Bill Gates verteidigten und unterstützten, wurde die Gates Foundation nicht zum Opfer der Desinformation, sondern zu ihrem Nutznießer.

Es stimmt, dass der Gates Foundation während der Pandemie auch haltlose Verschwörungstheorien angehängt wurden – etwa die Idee, Bill Gates habe das Coronavirus erzeugt –, aber dass solche Ideen überhaupt Verbreitung finden, liegt zum Teil auch daran, dass die Stiftung so intransparent und undemokratisch ist – und dass die Nachrichtenmedien und Social-Media-Gatekeeper beschlossen haben, Gates' Machtanmaßung zu bejubeln und zu verteidigen, statt eine Plattform einzurichten, um sie in Frage zu stellen.

Das ist nicht normal, und die Leute wissen, dass das nicht normal ist. Zudem führen die Versäumnisse der Medien dazu, dass das öffentliche Vertrauen verloren geht. Sie ebnen den Weg für Betrüger, Demagogen und Hochstapler, die lächerliche Theorien und alternative »Fakten« in die Welt setzen. Daraufhin gehen die Mainstream-Medien blindlings gegen die Dummheit solcher Theorien auf die Barrikaden. Dann beginnt das Ganze wieder von vorn. So hat man schließlich zwei Gruppen von Leuten, die falschen Informationen aufgesessen sind: Die einen verbreiten absurde Geschichten über Bill Gates, der den Menschen Mikrochips einpflanzt, und die anderen genauso weit hergeholte gefährliche Mythen über Gates' noble, selbstlose Führerrolle in der Pandemie.

Überdies illustrieren die Verschwörungstheorien über Bill Gates, wie sehr er polarisiert. Das weckt berechtigte Bedenken hinsichtlich seiner Inszenierung als selbst ernannter Sprecher oder Experte für Themen wie Impfungen und Klimawandel. Die schlichte Wahrheit lautet, dass Bill Gates keinerlei Fachkenntnis, Praxis oder Ausbildung in den meisten Bereichen besitzt, in denen er sich zum Fachmann erklärt. Und so gut wie immer haben er oder seine Stiftung ein finanzielles Interesse an den öffentlichen Maßnahmen, für die er sich starkmacht. Gates ist jemand, der – persönlich oder mit seiner Privatstiftung – häufig finanziell von seinen Ratschlägen profitiert. Allein deswegen ist er bei fast jedem Thema als Botschafter untragbar.

Falls sich Leser dieses Buches Sorgen wegen Impfskepsis machen: Haben Sie keine Angst, dass Bill Gates' unaufhörliche Bemühungen, sich als Experte aufzuspielen, letztlich eine solche Skepsis befördern? Sollte angesichts einer öffentlichen Krise wie einer Pandemie ein Software-Geek, dessen Stiftung weitreichende finanzielle Verbindungen zu Impfstoffherstellern besitzt, tatsächlich zur besten Sendezeit als Gesundheitsratgeber auftreten?

Wir können Bill Gates nicht die alleinige Schuld an Impfskepsis geben, aber er macht die Situation auch nicht besser. Wenn die Gates Foundation ihr Riesenvermögen aggressiv einsetzt, um sich – sehr oft auf undurchschaubare Weise – Einfluss auf die Nachrichtenmedien, den wissenschaftlichen Diskurs und politische Debatten zu kaufen, lädt sie die Welt geradezu dazu ein, über ihre wahren Absichten zu spekulieren und Theorien darüber aufzustellen, warum diese Megastiftung ein solches Geheimnis um ihre Geschäfte macht und warum um alles in der Welt wir einem solch üblen Modell privater Macht erlauben sollten, sich in einem demokratischen Staat zu etablieren.

So wie die Dinge liegen, kann die Gates Foundation schlichtweg nicht transparent sein, weil sie dann offenbaren würde, wie viel Macht sie hat und an wie vielen Hebeln sie sitzt. Die wahre Lösung für das Bill-Gates-Problem lautet nicht, seine Stiftung transparenter zu machen. Vielmehr muss sich die Stiftung zurücknehmen und die ungerechtfertigte Machtstruktur, die sie errichtet hat, auflösen. Wenn Bill Gates die Verschwörungstheorien rund um seine Arbeit stoppen will, sollte er ganz einfach den Mund halten.

6

LOBBYING

Im Laufe meiner Recherchen für dieses Buch sandte mir eine Quelle ein Dokument zu, das sie Jahre zuvor auf der Fahrt von Washington, D.C., in einem Zug gefunden hatte. Das Dokument entpuppte sich als Bill Gates' persönlicher Terminplan für den 26. März 2015. Keine von den Personen, die in dem Terminplan genannt werden, wollte seine Echtheit bestätigen oder dementieren. Die aufgeführten Meetings stimmen aber mit Presseberichten über Gates' Aufenthalt im District of Columbia an jenem Tag überein. Der Plan gibt uns Einblicke in einen Tag im Leben von Bill Gates, dessen Kalender akribisch organisiert ist, mit genau geplanten »Transfers per Auto« sowie detaillierten Angaben über Personen, die ihn auf den Fahrten zwischen den Meetings begleiteten.

Der 26. März begann um 8 Uhr mit einem Weckanruf von Chris Cole, dessen Name auch in einem LinkedIn-Profil von Watermark Estate Management Services auftaucht; das ist das Unternehmen, das Gates' Arbeitsplan managt.[1] Um 8:45 Uhr brachte ihn sein Sicherheitsdienst vom Hotel Four Seasons – der Luxushotelkette, an der Gates beteiligt ist – nach Capitol Hill, wo er nach einem Treffen mit Senator Lindsey Graham ein Statement bei einer Anhörung vor dem Senate Appropriation Subcommittee on State, Foreign Operations and Related Programs abgab.[2]

In seinem Statement sprach Gates darüber, wie wichtig es sei, seine Bemühungen im Kampf gegen die Kinderlähmung und von ihm geleitete Initiativen wie Gavi mit Steuergeldern zu unterstützen.[3] Er legte außerdem dar, dass es im Interesse der Vereinigten Staaten sei, mehr in

Auslandshilfe zu investieren. »Wenn sich das Leben der Menschen in armen Ländern in den nächsten anderthalb Jahrzehnten auf nie dagewesene Weise verbessern wird, hat das äußerst positive Konsequenzen für die Bevölkerung der Vereinigten Staaten«, erklärte Gates dem Ausschuss. »Mehrere Länder, die früher zu den größten Hilfsempfängern gehörten, … sind heute Verbündete und Partner der USA sowie Exportmärkte für unsere Farmer und Produzenten: Nigeria ist der drittgrößte Abnehmer von amerikanischem Weizen, Angola der viertgrößte Abnehmer von Hähnchenfleisch und Ghana gehört zu den zehn größten Abnehmern von Reis.« Das war eine merkwürdige Aussage von Gates, der oft behauptet, seine Stiftung wolle afrikanischen Nationen vor allem dabei helfen, sich selbst zu ernähren. Hier, im Kapitol, nahm Gates die Stimmung im Raum wahr und entwarf eine Vision von Afrika als einem Markt, der auf das Wirtschaftsimperium USA angewiesen sei. Wenn der Kongress in Gates' philanthropische Bemühungen für Gesundheit investiere, bedeute dies Wachstum für die amerikanische Wirtschaft.

Der Schauspieler Ben Affleck gab ebenfalls ein Statement vor dem Ausschuss ab und begann seinen Vortrag mit einem Scherz, der für viel Gelächter sorgte: »Vielen Dank, dass ich auf den größten und bedeutendsten Philanthropen der Weltgeschichte folgen darf.« In seinem Statement stimmte er Gates zu: »Dies ist keine Wohltätigkeit oder Hilfe im herkömmlichen Sinne. Das ist ein gutes Geschäft. Mit der richtigen Ausbildung und strategischen Investitionen wird die Landwirtschaft zu einer treibenden Kraft der Wirtschaft des Kongo.« Affleck sollte im Gremium nicht nur für den Glamourfaktor sorgen, sondern auch seine Cause célèbre promoten, ein von ihm gegründetes »Social Enterprise« namens Eastern Congo Initiative, das mit Unternehmen wie Nespresso und Starbucks zusammenarbeitet.[4]

Nach der Anhörung ging der Tag für Gates erst richtig los. Laut seinem Terminplan gab es ein privates Treffen mit Senator Graham »und frischgebackenen Senatoren« und danach eine Reihe Einzelgespräche mit der Senatorin Patty Murray und den Senatoren David Perdue, Patrick Leahy, Roy Blunt und Rand Paul.[5]

Nach seinem anstrengenden Tag in Capitol Hill suchte Gates sein nahe gelegenes Stiftungsbüro auf, wo 15 Minuten »Downtime und Media-Briefing« anstanden, bevor es zu einem 45-minütigen Interview mit dem *Vox*-Journalisten Ezra Klein ging, der anschließend einen langen, schmeichelhaften Artikel über Gates verfasste.[6] Danach aß Gates im Four Seasons – seine Reservierung lief auf den Namen »Bell« – gemeinsam mit Ron Klain zu Abend, der früher einmal Stabschef von zwei Vizepräsidenten (Al Gore und Joe Biden) war. Klain wurde später unter Präsident Joe Biden Stabschef des Weißen Hauses.[7]

Um 21:00 Uhr befand sich Gates auf dem Weg zum Flughafen. Ein arbeitsreicher Tag für eine prominente Persönlichkeit.

Dieser Besuch in der Hauptstadt war nichts wirklich Besonderes für Gates, der im Lauf der Jahre anscheinend mit praktisch jedem hoch dotierten Strippenzieher in Washington verkehrte. »Im Dezember traf ich mich mit Trump und den designierten Amtsträgern für das Außenministerium, das Verteidigungsministerium und das Amt für Verwaltung und Haushaltswesen. All diese Positionen sind wichtig für uns. Bis diese Leute in ihrem Amt bestätigt werden, gibt es keine Treffen mehr, aber in ein, zwei Monaten wird es Gelegenheiten dazu geben«, bemerkte Gates Anfang 2017 beiläufig während eines Interviews. »So kommen wir, mich eingeschlossen, mit all diesen wichtigen Leuten in Kontakt, so wie wir es bei jeder Regierung gehalten haben.«[8]

2022 erzählte Gates den Medien von seiner umfangreichen, jahrelangen Kampagne für eine bundesweite Klimagesetzgebung. »Fast jeder aus dem Energieausschuss kam vorbei und saß ein paar Stunden mit mir beim Abendessen«, berichtete er.[9] Gates' Interesse an der Gesetzgebung hatte nicht nur mit der Rettung des Planeten zu tun – er investierte 2 Milliarden Dollar von seinem Privatvermögen in Klima- und Energietechnologien, die von staatlichen Zuschüssen profitieren konnten.[10]

Die Berichterstattung über Gates' politischen Einfluss in Washington neigt üblicherweise dazu, seine Macht zu beschreiben, statt sie zu hinterfragen. Es wird stillschweigend vorausgesetzt, dass er aufgrund

seiner philanthropischen Arbeit Zugang zum Kapitol hat. In Wirklichkeit ist Gates jedoch auf ganz traditionellem Weg an seinen politischen
Einfluss gelangt: durch Geld.

Bill und Melinda French Gates haben deutlich mehr als 10 Millionen Dollar ihres Privatvermögens für Wahlkampfspenden und politische Debatten aufgewendet und dabei ganz unterschiedliche Kandida-
ten unterstützt, wie Mike Pence, Barack Obama, Katie Porter, Marco
Rubio, Cory Booker, Lindsey Graham, Andrew Cuomo, Mitch McConnell, Rob Portman und Nancy Pelosi.[11]

Gates' finanzieller Einfluss zeigt sich auch in seinen Spenden an
politiknahe Organisationen. Die Gates Foundation hat fast 10 Milliarden Dollar in Organisationen gesteckt, die in der Hauptstadt der USA
ansässig sind – 3000 karitative Zuwendungen einschließlich Spenden
an einen nie versiegenden Strom von Fürsprechern, die Gates helfen,
seine Agenda im Kongress und bei anderen Taktgebern der Politik zu
Gehör zu bringen. Wenn wir die Grenze nur ein wenig weiter ziehen
und die Beltway-Vororte der Metropolregion Washington mit einschließen, klettern Gates' Zuwendungen auf 12 Milliarden Dollar. Das
ist mehr als doppelt so viel, wie die Stiftung ganz Afrika spendet – ein
deutliches Signal, wo ihre eigentlichen Prioritäten liegen.

Washington steht deshalb so sehr im Fokus der Stiftung, weil das
Wohltätigkeitsimperium der Gates Foundation in großem Maße durch
vom Kongress kontrollierte Steuergelder finanziert wird. Die größten
Wohltätigkeitsprojekte von Gates sind als öffentlich-private Partnerschaften organisiert, wobei private Wohltätigkeitsorganisationen, Privatunternehmen und Regierungen Geld (und vermutlich Führerschaft)
zusammenlegen, um Themen wie Verteilung von Impfstoffen und
landwirtschaftliche Entwicklung anzugehen. So hat Gates 3 Milliarden
Dollar an den Global Fund to Fight Aids, Tuberculosis and Malaria
gespendet, eine der bestfinanzierten Initiativen der Stiftung.[12] Regierungen haben jedoch über 60 Milliarden Dollar in das Projekt investiert. In ähnlicher Weise hat die Gates Foundation Gavi mit etwa
6 Milliarden Dollar unterstützt, während von staatlichen Geldgebern
35 Milliarden Dollar aufgewendet wurden.[13]

Ein zentraler Teil der Stiftungsarbeit besteht darin, auf gewählte Entscheidungsträger Druck auszuüben, um den Geldfluss nicht abreißen zu lassen und sich darauf verlassen zu können, dass die Steuergelder zur Subventionierung von Organisationen eingesetzt werden, auf die Gates einen großen Einfluss hat. In den Jahresberichten der Stiftung gab es früher einmal den Posten »Spender-Regierungs-Beziehungen« – mit 40 Millionen Dollar pro Jahr –, aber der taucht seit 2021 nicht mehr auf.[14]

»Der Etat für Entwicklungshilfe [aus reichen Ländern] ... umfasst rund 130 Milliarden im Jahr. Demnach kommt der Löwenanteil des Geldes, das den Ärmsten hilft ... vom Staat«, bemerkte Bill Gates 2013 bei einer Ansprache. »Und darum sind wir mit unseren 4 Milliarden im Jahr [von der Stiftung], auch wenn das im Upstream sehr viel ist – Malaria-Impfstoffe, Aids-Impfstoffe, Durchfall-Impfstoffe –, wenn es um den Downstream, also die Auslieferung, geht, auf die Partnerschaft mit diesen Regierungen angewiesen. Und wegen ihres knappen Budgets müssen wir loslegen und alles geben, damit das Geld in diese Länder geht.«[15]

In dieser Rede prahlte Gates, er habe dazu beigetragen, dass 5,5 Milliarden Dollar für die Bekämpfung von Kinderlähmung lockergemacht wurden, wovon über die Hälfte von Regierungen kam. Wie er sagte, würde diese Spende dafür sorgen, dass die Krankheit bis 2018 ausgerottet sei. Dieses Ziel verfehlte er, und wie wir später im Buch noch sehen werden, bezeichnen viele Fachleute den von Gates propagierten Ausrottungsplan als nicht durchdacht oder gar als Prestigeprojekt und argumentieren, dass dieses Geld in anderen öffentlichen Gesundheitsprojekten weitaus mehr Menschen hätte helfen könnte.

Das führt uns zu einer demokratischen Kernfrage. Eine wesentliche Funktion gewählter Regierungen besteht darin zu entscheiden, wofür Steuergelder ausgegeben werden. Das heißt, dass die Prioritäten beim Verteilen von Geldern einer demokratischen Entscheidungsfindung unterliegen. Hier können vermögende Interessenvertreter das Zünglein an der Waage sein, indem sie mit Lobbying, Wahlkampfspenden und, ja, Wohltätigkeit ihre Prioritäten durchsetzen. Diese Vorteilsgewährung, bei der Geld die Politik bestimmt und sich die reichsten privaten Akteure am lautesten Gehör verschaffen, ist eindeutig undemokratisch, wenn nicht antidemokratisch. Und es ist ein Spiel, das Bill Gates perfekt beherrscht.

»Nachdem Gates am Montag in Washington gelandet war, erschien er mit Ex-Präsident Bill Clinton am Dienstagmorgen auf einem öffentlichen Forum, um danach hinter verschlossenen Türen beim Mittagessen der republikanischen Senatoren eine Rede zu halten«, berichtete *Politico* 2013:

> Über den Tag verteilt gab es persönliche Treffen mit wichtigen Vertretern der Ausschüsse von Senat und Repräsentantenhaus, die für die Verteilung finanzieller Mittel zuständig sind und somit Gates' Agenda bezüglich Gesundheit und Agrikultur betreffen. Und vor dem Rückflug am Mittwoch hatte er noch Zeit für ein Gespräch mit Senator Marco Rubin, einem aufstrebenden jungen Republikaner aus Florida, dessen Unterstützung sich als entscheidend herausstellen könnte.
>
> »Er ist ein echter Typ«, sagte Senator Rob Portman (Republikaner, Ohio). »Kein typischer Firmenboss, der auf den Tisch haut.«
>
> Dieser Charakterzug macht Gates, den praktisch veranlagten, unkonventionellen Harvard-Abbrecher, für Gesetzgeber, die in ihrer eigenen Dysfunktionalität gefangen sind, so anziehend.
>
> »Ich wünschte, es gäbe hier mehr Leute wie ihn«, sagte Senator Dan Coats (Republikaner, Indiana). »Er ist sehr ergebnisorientiert.«
>
> »Er versucht, festgefahrene Programme über die Ziellinie zu bringen«, sagte Senator Lindsey Graham (Republikaner, South Carolina). »Er ist ein Typ mit Sinn für Details. Eine großartige Kombination aus einem Visionär, der ins Detail gehen kann, und man hört ihm gerne zu, weil er in der Lage ist, dir ein kompliziertes Problem verständlich zu machen.«[16]

Als *Politico* Gates nach seiner Meinung zu einem Ernährungshilfe-
programm fragte, über das im Kongress debattiert wurde, wich er aus.
»Wir sind kein Lobbyverband«, meinte er und lächelte dann. »Aber
wenn man auf unseren technischen Rat hört, kann man sich ein sehr
positives Bild von einer Aktion dieser Art machen.«

Gates vermied es, auf die Frage zu antworten, weil Wohltätigkeitsorganisationen im Allgemeinen keine Lobbyarbeit betreiben dürfen.
Wie er andeutete, heißt das jedoch nicht, dass die Stiftung keine Wege
finden würde, ihrer Stimme Gehör zu verschaffen. *Politico* erwähnte
es nicht, aber die Gates Foundation hat 248 Millionen Dollar für die
Kampagne ONE gespendet, deren Schwesterorganisation Data Action,
die später in One Action umbenannt wurde, zig Millionen Dollar für
Lobbying ausgegeben hat, unter anderem zugunsten des Food Aid Reform Act, nach dem *Politico* Gates gefragt hatte.[17] Ein Mitarbeiter der
Gates Foundation saß früher sogar im Vorstand von Data Action/One
Action.[18] Selbst wenn die Stiftung den Kongress nicht immer direkt
durch Lobbying beeinflussen kann, darf sie auf ihr Heer an Stellvertretern zählen, die den Gesetzgebern signalisieren, wie sie abstimmen
sollten.

Ein weiterer Verbündeter der Gates Foundation in diesem politischen Wettstreit war Rajiv Shah, ein ehemaliger Direktor der Stiftung,
der die Leitung der US-Behörde für internationale Entwicklung übernommen hatte – und das Gesicht des Ernährungshilfeprogramms der
Regierung war, das Gates forcierte.[19] Shah ist nur eine der Dramatis
Personae, die (besonders zu Zeiten demokratischer Regierungen)
durch die stets rotierende Drehtür zwischen Gates Foundation und
Kapitol gewandert sind.[20]

Der einzige andere Ort auf der Welt, an dem Gates einen ähnlich
großen finanziellen Einfluss besitzt wie in Washington, D.C., ist Genf,
das zweite Machtzentrum, von dem aus das weitreichende Imperium
der Stiftung gelenkt wird. In der Schweiz sind einige von Gates' wichtigsten öffentlich-privaten Partnerschaften in Sachen Weltgesundheit
ansässig – Gavi; der Global Fund to Fight Aids, Tuberculosis and
Malaria; Medicines for Malaria Venture (MMV); die Global Alliance

for Improved Nutrition (GAIN); die Foundation for Innovative New Diagnostics (FIND) sowie die Drugs for Neglected Diseases Initiative (DNDi). Zudem befindet sich dort der Sitz der Weltgesundheitsorganisation. Diese Organisationen haben angegeben, von der Stiftung fast 13 Milliarden Dollar an Fördergeldern erhalten zu haben, womit Genf der bedeutendste Zielort für Gates' wohltätige Spenden ist, eine Nasenlänge vor Washington.

Einige dieser Schweizer Organisationen sind auch in Washington vertreten. Gavi hat dort ein Büro in der Pennsylvania Avenue und gibt Millionen Dollar aus, um Einfluss auf den Kongress und Gesetze zu nehmen, die unmittelbar Gavis Budget betreffen. So betrieb Gavi 2022 Lobbyarbeit für den Consolidated Appropriations Act.[21] Dieses Gesetz umfasste einen Pool von 3,9 Milliarden Dollar, der für Entwicklungshilfeprojekte zur Förderung der Weltgesundheit vorgesehen war. Im Gesetz wurde die Förderfähigkeit von Gavi spezifisch hervorgehoben.

Viele von Gates' engsten karitativen Partnern – MMV, AGRA, die International Aids Vaccine Initiative (IAVI), GAIN, die TB Alliance und Aeras – betreiben ebenfalls Lobbyarbeit beim US-Kongress und spenden Millionen Dollar in der Hoffnung, Milliarden Dollar an Steuergeldern für ihre Programme lockerzumachen.[22] Auf diese Weise werden Gates' Flaggschiffprojekte massiv subventioniert.

Gates' politische Aktivitäten beschränken sich nicht auf die USA. 2022 untersuchten *Politico* und die deutsche Tageszeitung *Die Welt*, wie die Gates Foundation und ihre engsten Partner bei der Pandemiebekämpfung, Gavi und CEPI, die Regierungen der USA und Europas unter Druck gesetzt hatten, ihre Covid-19-Aktivitäten mit Milliarden Dollar zu unterstützen. Dazu gehörte auch ein persönliches Telefongespräch zwischen Bill und Melinda Gates und Angela Merkel. *Politico* berichtete: »2021 gab die Gates Foundation in Deutschland 5,7 Millionen Euro, also rund 5,73 Millionen Dollar, für Lobbyarbeit bei verschiedenen Behörden und Amtsträgern aus, unter anderem um von Deutschland bei den globalen Impfbemühungen stärker unterstützt zu werden. Die Stiftung setzte auf 28 Mitarbeitende, die Lobbying im Deutschen Bundestag betrieben, sowie auf Spezialisten der Brunswick

Group, einer Unternehmensberatung.«²³ *Politico* ging jedoch nicht auf den Widerspruch zwischen den Belegen für Gates' Lobbyarbeit und der offiziellen Darstellung der Stiftung ein: »Ein Sprecher der Stiftung sagte, dass es Privatstiftungen in den USA nicht gestattet sei, Lobbying zu betreiben.«

An diesem Punkt scheinen sich die Bundesgesetze in einer Grauzone aufzulösen. Die Stiftung orientiert sich an ihren eigenen internen Richtlinien, die ihnen das Recht zusichert, »Regulierungen, Verwaltungshandeln oder nicht legislative Politik« sowie »Gerichtsentscheidungen« in den Vereinigten Staaten »zu beeinflussen« und »Gesetzgebungsvorschläge oder Gesetzgebungsakte, die Angelegenheiten im Zusammenhang mit gemeinsam finanzierten Programmen betreffen, mit Gesetzgebern und Regierungsbeamten zu besprechen«.²⁴ Weil so viele Stiftungsaktivitäten Projekte betreffen, die gemeinsam mit Regierungen finanziert werden – also durch öffentlich-private Partnerschaften –, erhält die Stiftung somit gewissermaßen einen Blankoscheck für effektives Lobbying in vielen Geschäftsbereichen, anscheinend im Inland wie im Ausland.

Was sich nicht verifizieren lässt, ist die Menge des Geldes, das die Stiftung einsetzt, um Druck auf Regierungen auszuüben. Ebenso wenig lässt sich bemessen, was dieses umfangreiche Fundraising bewirkt – wie viele Steuergelder weltweit insgesamt für die Subventionierung von Gates' philanthropischen Projekten aufgewendet werden. Das liegt daran, dass Philanthropie in den USA im Gegensatz zu Lobbying oder Beiträgen zu Kampagnen nicht als politische Aktivität betrachtet und entsprechend reguliert wird. Demnach müssen Zuwendungen an die Politik nicht öffentlich gemacht werden.²⁵ Und normalerweise tun wir so, als zielten die unzähligen Zusammentreffen der Gates Foundation mit Regierungsbeamten nicht auf eine Vorteilsgewährung ab.

Laut den von der Stiftung veröffentlichten Kurzbeschreibungen sind zahlreiche karitative Zuwendungen der Stiftung explizit darauf ausgerichtet, politische Entscheidungsträger zu »unterweisen«, zu »informieren« und zu »verpflichten«. So hat Gates mehr als 5 Millionen Dollar an die Kyle House Group gespendet, einschließlich einer Zuwendung, »um politische Entscheidungsträger über die Auswirkungen von Auslandshilfeprogrammen der USA auf Weltgesundheit und -entwicklung zu unterrichten«. Kyle House ist ein registriertes Lobbying-Unternehmen. Trotzdem gilt es nicht als Lobbyarbeit, wenn das Unternehmen Gates' Geld verwendet, um politische Entscheidungsträger zu »unterrichten« und zu »verpflichten« – statt auf eine ganz bestimmte Gesetzesvorlage zu drängen. Und natürlich war die Gates-Spende nicht ausdrücklich als Lobbying gekennzeichnet.[26]

Viele Organisationen betreiben diese Art von politischer Interessenvertretung – nicht durch Lobbying im Hinblick auf spezifische Gesetzesvorlagen, sondern indem sie gewählte Entscheidungsträger drängen, sich mit einem bestimmten Thema zu beschäftigen. Der Unterschied ist, dass wir die Gates Foundation gemeinhin nicht als politischen Akteur wahrnehmen oder begreifen, wie groß ihr Einfluss ist. Sie bewirkt, dass Milliarden Dollar in die Entwicklungshilfe fließen, und positioniert sich dann so, dass sie über die Verwendung des Geldes bestimmen kann. Wer bewertet und analysiert, ob die Steuergelder, die in Gates' weitreichendes Netzwerk von Stellvertretern fließen, klug, verantwortungsvoll und wirksam eingesetzt werden?

Eine prominente Kritikerin der milliardenschweren Auslandshilfe, die Gates' Aktivitäten unterstützt, ist Dambisa Moyo, eine in Sambia geborene und in Harvard ausgebildete Ökonomin und Autorin des Buches *Dead Aid: Why Aid Is Not Working and How There Is a Better Way for Africa* von 2009. Sie argumentiert, dass die von Prominenten befeuerten Feelgood-Aufrufe für mehr Entwicklungshilfe und Wohltätigkeit Afrika schaden, weil sie eine Abhängigkeit von Spendern aus dem Ausland erzeugen. »Ich denke, im Grunde braucht Afrika nicht mehr Hilfe – es braucht weniger«, sagte Moyo 2009 in einem Interview.

Es braucht Regierungen, die gegenüber der heimischen Bevölkerung Rechenschaft ablegen müssen und nicht gegenüber Spendern. Afrikaner und Afrikanerinnen stehen in der heißen Sonne Afrikas, um ihre Machthaber zu wählen, und diese Machthaber stehen in der Verantwortung, soziale Dienste zu erbringen, und sind ihrem Volk gegenüber Rechenschaft schuldig. Zweifellos gab es ein Vakuum, das der Celebrity Culture eine Einstiegsmöglichkeit geboten hat, aber ich denke, dass keine Gesellschaft es begrüßt, wenn ihre gesamte Politik und die Zukunft ihrer Kinder von Prominenten abhängt, die ein ganz anderes Leben führen.[27]

Ich denke, letztendlich beruht das Modell der Entwicklungshilfe auf Mitleid und dem Gefühl, dass Afrika es nicht schafft zu wachsen.

Moyo, die zumindest in gewisser Hinsicht Bill Gates' prokapitalistische, prokommerzielle Einstellung teilt – sie hat im Vorstand von Barclays, 3M, Chevron und Condé Nast gesessen –, wurde bemerkenswerterweise für eine Zeitlang zu Bill Gates' Erzfeindin.[28] Obwohl sie in ihrem Buch die Gates Foundation nicht ausdrücklich in Frage stellte, ja, nicht einmal erwähnte, nahm Gates ihre Ausführungen ausgesprochen persönlich. 2013 rang er bei einem live übertragenen Q&A um Fassung, als er spontan auf eine Frage aus dem Publikum zu Moyos Buch antwortete.

»Dieses Buch hat der Großzügigkeit von reichen Ländern in Wahrheit geschadet. Verschiedene Kürzungen sind darauf zurückgeführt worden«, sagte ein sichtlich erregter Gates. »Kinder nicht sterben zu lassen erzeugt keine Abhängigkeit, Kinder nicht so krank werden zu lassen, dass sie nicht zur Schule gehen können, dass sie nicht genug zu essen haben, damit sich ihr Gehirn richtig entwickelt. Das ist keine Abhängigkeit. Das ist ein Übel, und Bücher wie dieses – sie befördern dieses Übel!«[29]

Im Jahr 2016 finanzierte die Gates Foundation für 6000 Dollar pro Person eine einwöchige Reise, die eine Gruppe von Mitarbeitenden des US-Kongresses nach Senegal führte.[30] Bei ihrer Ankunft war ein Mitglied der Gates Foundation eine der ersten Kontaktpersonen und Gastgeber eines Dinners am selben Abend – nachdem die Gruppe zunächst die Insel Gorée, Weltkulturerbe der UNESCO, besichtigt hatte. Im Reiseplan wurden die Kongressmitarbeitenden auf die Besonderheit dieses Besuchs hingewiesen: »Präsident Obama besichtigte die Stätte im Jahr 2013, wie vor ihm andere herausragende Persönlichkeiten wie Papst Johannes Paul II. und Nelson Mandela.«[31]

In den Tagen darauf tourte die Kongresstruppe durch die senegalesische Landschaft, besichtigte eine Reismühle und eine Biogasanlage und traf zwischendurch mit Regierungsbeamten der USA und des Senegals zusammen. Laut dem Reiseplan speisten die Mitarbeitenden in Hotels und knüpften abends Kontakte mit Freiwilligen des Friedenskorps.

Die vom Center for Strategic and International Studies organisierte Reise sollte dem Kongress die Wichtigkeit eines Förderprogramms der US-Regierung namens Feed the Future vor Augen führen – wie seine »Prinzipien zur Anwendung kommen, wie die Programme der Initiative zu anderen Entwicklungsinvestitionen der USA in Beziehung stehen und wie Partner und Nutznießer die Wirkung dieser Programme wahrnehmen.« Zudem wurden die Kongressmitarbeitenden unmissverständlich darauf hingewiesen, dass dieses Hilfsprojekt funktionierte: »Der Aktionsplan für den Senegal liefert eine Momentaufnahme für das, was die Feed-the-Future-Programme weltweit bewirken möchten.«

Was den Kongressmitarbeitenden vielleicht nicht klarwurde, war, dass der Geldgeber ihrer Reise ein großes finanzielles Interesse am weiteren Erfolg von Feed the Future hatte, das eine 47 Millionen Dollar schwere Partnerschaft mit Gates' prominentester Agrikulturinitiative, der Alliance for a Green Revolution in Africa (AGRA), im Blick hatte.[32] Laut einer Datenbank der USA für Fördergelder und Verträge ließ die US-Regierung AGRA ein Jahr nach der von Gates finanzierten Exkursion weitere 60 Millionen Dollar zukommen.[33]

Diese Zuwendung war keine umittelbare Folge der Reise, aber da sich die Gates Foundation eine ganze Woche lang die Aufmerksamkeit von Mitarbeitenden des Kongresses sicherte und ihnen einen Gratistrip spendierte, war sie dennoch in der Lage, ein Narrativ zu präsentie-

ren, das ihren politischen Zielen dienlich war. Gates' Eingriffe in die
Agrikultur Afrikas sind zwar von Wissenschaftlern weithin als unwirksam und von afrikanischen Bauern als neokolonialistisch kritisiert
worden (darauf gehen wir später noch näher ein), doch diese Sichtweisen werden im Kongress nie die gleiche Sichtbarkeit und Schlagkraft
erreichen wie Gates' Kernargumente. Das liegt daran, dass es keinen
Multimilliardär gibt, der Reisen für Kongressmitarbeitende finanziert,
um andere als Gates'sche Perspektiven darzulegen. Die Gates Foundation kann sich, anders als die meisten anderen Organisationen, solche Reisen leisten. Vielleicht ist sie sogar der größte private Reiseanbie-
ter des Kongresses. Laut öffentlichen Aufzeichnungen hat die Gates
Foundation die folgenden Unternehmungen gesponsert:

- Eine 14 000-Dollar-Reise für die Abgeordnete (heute Senatorin)
  Kyrsten Sinema aus Arizona nach Ruanda und in die Demokratische Republik Kongo im Jahr 2016, um sich über »gesundheitliche Probleme von Müttern, Neugeborenen und Kindern« zu
  informieren. Sinema und weitere Reisende stiegen im Serena
  Hotel in Kigali ab, das mit seinem »5-Sterne-Komfort« wirbt.[34]
- Eine 14 000-Dollar-pro-Person-Reise für den Abgeordneten
  Erik Paulsen aus Minnesota und seine Tochter im Jahr 2016
  nach Kenia, um ihm »einen unmittelbaren Eindruck von der
  positiven Wirkung von US-Investitionen auf die Weltgesundheit« zu vermitteln. Der Abgeordnete Andy Harris aus Maryland und seine Tochter nahmen ebenfalls an der Reise teil und
  berichteten, für sie seien lediglich Kosten von 7500 Dollar pro
  Person angefallen.[35]
- Eine 25 000-Dollar-Reise für den Abgeordneten Mike Quigley
  und seine Frau im Jahr 2014 nach Kambodscha, um sich über
  die Gesundheit von Kindern und Müttern zu informieren.[36]
- Eine 18 000-Dollar-Reise für den Abgeordneten Aaron Schock
  aus Illinois und seinen Vater im Jahr 2010 per Business-Class-
  Flug nach Äthiopien, um sich über die Gesundheit von Müttern
  und Kindern zu informieren.[37]

- Eine 17 000-Dollar-Reise für den Abgeordneten John Garamendi aus Kalifornien und seine Frau im Jahr 2015 per Business-Class-Flug nach Tansania, »um Sicherheit, Terrorismus
und internationale Beziehungen zu erörtern«. Laut dem Reiseplan leitete Melinda French Gates einen runden Tisch, wo darüber diskutiert wurde, »wie Frauen und Mädchen ins Zentrum
der Entwicklung gerückt werden können«.[38]
- Eine 9000-Dollar-pro-Person-Reise für mehrere republikanische Abgeordnete – Ann Wagner, Susan Brooks sowie Carol
Miller mit ihrem Mann – im Jahr 2019 nach Guatemala. Unter
anderem wurden Hubschrauber gechartert, »um die Transfer-
zeiten zu minimieren und das Reiseprogramm im Land zu
maximieren«.[39]
- Eine 14 000-Dollar-pro-Person-Reise für die Abgeordnete Barbara Lee aus Kalifornien und ihre Tochter im Jahr 2012 nach
Uganda, »um den Wirkungsbereich und Umfang von US-Investitionen in Programme zu demonstrieren, die die Gesundheit
von Familien verbessern und das Leben von Frauen und Mädchen in Uganda retten«.[40]

Die Liste ließe sich endlos weiterführen[41] – und das alles ist legal.

Vielleicht überrascht es Sie – mich hat es definitiv überrascht –, aber
Reiche dürfen in eigenem Interesse Bildungsreisen für Kongressmitglieder und ihre Mitarbeitenden sponsern. Dies ist ein eindeutiges Beispiel für den Einfluss von Geld auf die Politik, und leider ist es mitunter
schwierig, diese Geldflüsse zu verfolgen.

2008 verkündete die Denkfabrik Center for Strategic and International Studies (CSIS) aus Washington, D. C., sie habe von der Gates Foundation »die größte Einzelspende einer Stiftung … in ihrer Geschichte«
erhalten, um ein Programm namens Center for Global Health Policy
auf den Weg zu bringen.[42] Einige Jahre später entsandte das neue Projekt Kongressmitarbeitende per Business-Class-Flug nach Südafrika,
um dort eine Woche lang Erfahrungen über HIV/Aids zu sammeln.[43]
Laut dem Reiseplan wurden die vier Mitarbeitenden auf ihrer Reise

von Tom Walsh, einem leitenden Program Officer der Gates Foundation, begleitet. Ein weiterer Gates-Mitarbeiter, Dr. David Allen, gesellte sich in Südafrika zu der Gruppe.

Obwohl Gates das Center for Global Health Policy der CSIS zum Zeitpunkt der Reiseorganisation finanzierte, obwohl Thema und Ziele der Reise zur Agenda der Gates Foundation passten und obwohl Gates' Mitarbeiter an dem Event beteiligt waren, ist aus den öffentlichen Reiseunterlagen der CSIS nicht zu ersehen, dass die Gates Foundation die Reise finanziert oder gefördert hat. In den Jahren 2013 und 2014 finanzierte das Center for Global Health Policy der CSIS Reisen für Kongressmitarbeitende nach Sambia, Äthiopien und Birma, die offenkundig der Agenda der Gates Foundation entsprachen und an denen Mitarbeitende der Stiftung mitwirkten. Trotzdem wird Gates in den CSIS-Unterlagen nicht als Sponsor erwähnt.[44]

Nach wiederholten Anläufen, die sich über drei Monate erstreckten, erhielt ich schließlich von der CSIS gewissermaßen eine Nichtantwort auf meine Frage, warum die Gates Foundation in den Unterlagen nicht genannt wurde. »Die CSIS ist eine transparente Institution«, teilte mir Andrew Schwartz, oberster Kommunikationsbeauftragter der Organisation, mit. »Unsere Sponsoren sowie alle Projekte und geförderte Aktivitäten werden auf unserer Webseite genannt. Es entspricht nicht unserer Politik, Förderungen unserer Forschungsvorhaben einzeln aufzuführen.«

Craig Holman, PublicCitizen-Lobbyist für Regierungsgeschäfte, bezweifelt, dass hier ein Schlupfloch genutzt wurde. Wie er sagte, müsse Gates nach den aktuellen Offenlegungsvorschriften in den Dokumenten nur dann als Sponsor genannt werden, wenn die Stiftung ausdrücklich karitative Spenden für Kongressreisen verbuchen würde und an der Reiseplanung beteiligt wäre. »Die Kongressvorschriften gehen davon aus, dass eine gemeinnützige Stiftung, die nicht an der Reiseplanung beteiligt ist, die Reise nicht zur Vorteilsgewährung nutzt und daher nicht genannt werden muss«, erläuterte Holman. »Zweifellos kann dies in vielen Fällen eine Fehlannahme sein und ein Schlupfloch in den Reisevorschriften darstellen. Sobald eine Entität Fördergelder als Spenden für Kongressreisen kennzeichnet, egal, ob sie an der Reiseplanung beteiligt ist oder nicht, sollte sie … der Offenlegungspflicht unterliegen und die Öffentlichkeit entscheiden lassen, ob es sich um eine Art von Vorteilsgewährung handelt.«

Mit der Fragwürdigkeit dieser Offenlegungen drängt sich ein weiteres Kernproblem der US-amerikanischen Politik auf: dunkles Geld. Vermögende Interessenvertreter machen sich nicht nur am lautesten bemerkbar – ihr finanzieller Einfluss bleibt der Öffentlichkeit auch häufig verborgen. Wenn das Geld der Gates Foundation für kostspielige Reisen von Kongressmitgliedern mitsamt Familienangehörigen und Mitarbeitenden so verwendet wird, dass es der Agenda der Stiftung dienlich ist, sollten wir dann nicht in aller Offenheit über die Einzelheiten in Kenntnis gesetzt werden – die Gesamtsumme, die die Gates Foundation für solche Projekte aufwendet, die Namen der Personen, die auf Gates' Kosten auf Reisen gehen, die näheren Umstände der Reise und ihr Nutzen für die politische Agenda der Stiftung?

Vielleicht fragen sich einige Leser, wieso es schlecht sein sollte, dass die Stiftung das Augenmerk des Kongresses auf ein Thema wie HIV/ Aids lenkt. Doch damit lässt man außer Acht, was finanziell und politisch auf dem Spiel steht. Die Stiftung hat sehr spezifische, sehr eng gefasste und oft ausgesprochen falsche Vorstellungen über die Prioritäten, die man in der öffentlichen Gesundheit setzen sollte. Legen wir den Fokus auf Prävention oder Behandlung? Verwenden wir unsere begrenzten Ressourcen für den Bau von Kliniken oder die Entwicklung eines neuen Impfstoffs? Verfolgen wir Hilfsprogramme, die die Pharmariesen reicher machen oder die sie in Frage stellen? Wie treffen wir unsere Entscheidungen? Durch das Sponsoring von Kongressreisen und andere Aktivitäten kann die Stiftung die Nutzung von Hilfsspenden in Milliardenhöhe mitgestalten, was Auswirkungen auf die Profite großer Pharmafirmen und das Leben von Millionen, wenn nicht gar Milliarden, armer Menschen hat. Und doch hat die Steuern zahlende Öffentlichkeit nur sehr beschränkten Einblick in die von Gates gelenkte politische Maschinerie.

LegiStorm, eine Datenbank für öffentlich einsehbare Angaben zu

Kongressreisen, listet die Gates Foundation an 40. Stelle der wichtigsten Sponsoren von Kongressreisen bis Mitte 2022 und verzeichnet Ausgaben in Höhe von 467 269,54 Dollar zugunsten von 97 Reisen (überwiegend für Republikaner). Was Gates jedoch wirklich für Reisesponsoring ausgibt, wird so gut wie sicher noch weit darüber liegen. So verzeichnen die Stiftungsunterlagen Spenden von 11 Millionen Dollar für das »Learning-Tours«-Programm von CARE, das nach eigenen Angaben »intensive Kurzreisen für politische Entscheidungsträger, Regierungsführer und Veränderer« anbietet, »wo sie die Menschen treffen, die dank Investitionen der USA nun ein anderes Leben führen«.[45] Laut CARE sind bereits über 150 Kongressmitglieder und Mitarbeitende mit Dutzenden von Journalisten und staatlichen Verwaltungsbeamten auf Reisen geschickt worden.[46] »CARE weiß: Wenn Führungspersonen aus nächster Nähe das Beste miterleben, was US-Investitionen im Ausland bewirken können«, heißt es auf der Webseite der Organisation, »dann kehren sie inspiriert, motiviert und energiegeladen nach Hause zurück, um in den USA einen Wandel anzustoßen.«

Eine weitere Organisation, die {neben vielen anderen Projekten} mit dem Geld der Stiftung Reisen durchführt, ist das Aspen Institute, eine Denkfabrik aus Washington, D.C., die schon mehr als 100 Millionen Dollar von Gates erhalten hat. Dazu gehört eine karitative Spende über 664 000 Dollar aus dem Jahr 2007, »um hochrangige Ausschussmitglieder über bildungspolitische Themen zu informieren sowie ihnen in einer neutralen Umgebung Gelegenheit zu Reflexion und Diskussion zu bieten und Beziehungen für eine Zusammenarbeit zu knüpfen«. Zum Zeitpunkt der Spende organisierte Aspen eine Reise für Mitarbeitende des Repräsentantenhauses und des Senats, die mit ganz ähnlichen Worten beschrieben wurde: »ein neutrales Forum, um politische Entscheidungsträger im Bildungsbereich in ihren Bemühungen zu unterstützen, schulische Leistungen zu verbessern«.[47]

Der Terminplan für diese Einkehrtage wirkt wie ein Schnelldurchgang durch eine Vielzahl bildungspolitischer Maßnahmen, wie etwa Initiativen zu einer Evaluation von Lehrpersonal und leistungsbezogener Bezahlung, die für die Arbeit der Gates Foundation von zentraler

Bedeutung sind. Die erste Sitzung der Konferenz leitete jemand von Education Resource Strategies, einer von Gates geförderten Organisation. Obwohl Formulierungen, Zeitpunkt und Ziele der Aspen-Reise offenkundig mit Gates' Spendentätigkeit und Ambitionen übereinstimmen, wird auch hier die Gates Foundation in den öffentlichen Unterlagen nicht als Sponsor genannt. Dort wird nur Aspen erwähnt. Aspen reagierte nicht auf meine Frage, warum die Gates Foundation in seinen öffentlichen Unterlagen nicht als Sponsor gelistet sei.[48] Auch die Ethikkomitees von Senat und Repräsentantenhaus äußerten sich nicht zu Fragen bezüglich der Widersprüche in den Offenlegungsunterlagen. »Kein Kommentar«, sagte Tom Rust, der Personalchef vom Ethikkomitee des US-Repräsentantenhauses.

Wahrscheinlich würden strengere Kontroll- und Offenlegungsbestimmungen der Einflussnahme der Gates Foundation zu größerer Transparenz verhelfen. Wir würden erfahren, wie viele Millionen Dollar – oder vielleicht auch zig Millionen Dollar – von der Stiftung in Kongressreisen gesteckt werden. Transparenz an sich ist jedoch auch keine Lösung. Wir sollten fragen, inwiefern es der Demokratie dient, privaten Akteuren wie Gates – oder Microsoft, ein weiterer großer Sponsor von Kongressreisen – zu erlauben, Reisen von Kongressmitgliedern zu finanzieren. Wir sollten nicht nur über Transparenz diskutieren, sondern auch, warum sich der Kongress überhaupt Reisen von privaten Akteuren bezahlen lässt.

Außerdem müssen wir erkennen, dass Gates' Einflussnahme weit über die angegebenen Ziele dieser Reisen hinausgeht. Die Stiftung kauft sich nicht nur Goodwill oder sichert sich die Unterstützung der Steuerzahler für ihre karitative Agenda. Sie kauft auch politischen Schutz für die Stiftung selbst, wenn nicht gar für die Familie Gates. Ist wirklich zu erwarten, dass Gesetzgeber neue Kontrollvorschriften für die Gates Foundation einführen, wenn dieselben Gesetzgeber auf Kosten der Stiftung internationale Reiseziele ansteuern und dort so etwas wie Familienurlaub machen? Ist zu erwarten, dass sie die Familie Gates mit einer neuen Vermögenssteuer belasten?

Während der Kongress versucht hat, die politischen Aktivitäten von Wohltätigkeitsorganisationen einzudämmen, hat die Gates Foundation zahlreiche Ausweichmanöver unternommen, um diese Verbote zu umgehen – am wirkungsvollsten, indem das Privatvermögen der Gates-Familie in die Waagschale geworfen wurde. Das heißt: Immer wenn die Stiftung in ihrer Spendentätigkeit eingeschränkt wird, wie beispielsweise bei Kampagnen oder Wählerinitiativen, unterstützen Bill und Melinda French Gates die entsprechenden Aktivitäten privat mit politischen Spenden. Es ist schwierig, die Gesamtsumme dieser Spenden zu ermitteln, weil die Offenlegungslisten verschiedene Namen tragen (»Bill Gates«, »William H. Gates III«) und verschiedene Zugehörigkeiten genannt werden (»the Gates Foundation«, »Gates Ventures«, »Microsoft«, »homemaker«[49] und andere); dennoch lassen sich Hunderte Spenden in Höhe von mehr als 10 Millionen Dollar ausmachen.[50]

Die größte politische Spende von Bill Gates, die jemals verzeichnet wurde, belief sich auf 2 Millionen Dollar für die Wählerinitiative »Yes on 1240 Washington [State] Coalition for Public Charter Schools« von 2012.[51] Die Förderung von Charterschulen – autonomen öffentlichen Schulen – ist ein zentraler Punkt auf der Agenda der Gates Foundation. Allerdings dürfen Wohltätigkeitsorganisationen Wählerinitiativen nicht direkt finanzieren.[52] Also spendete Bill Gates einfach als Privatperson und nutzte sein Riesenvermögen, um den Willen der Bürger zu unterlaufen. Die Wahlberechtigten des Staates Washington hatten zuvor bei Wählerinitiativen in den Jahren 1996, 2000 und 2004 gegen die Einführung von Charterschulen gestimmt.[53] Mit der Hilfe von Gates' politischen Spenden ging die Abstimmung im Jahr 2012 haarscharf, mit 50,69 Prozent der Stimmen, zugunsten der Charterschulen aus.[54] Doch selbst dann war der Kampf noch nicht vorüber. 2015 entschieden die Gerichte des Staates Washington gegen die Charterschulen. Im Anschluss daran gelang es der von der Gates Foundation finanzierten Washington State Charter Schools Association, »fast 5 Millionen Dollar aufzutreiben, um den Betrieb in sechs Charterschulen aufrechtzuerhalten, und die Gesetzgeber zur Verabschiedung eines neuen Gesetzes zu bewegen«, wie Associated Press berichtete.[55]

Gates und andere Bildungsreformer, wie die mehrere Milliarden schwere Walton Family Foundation (die von der Familie, die hinter Walmart steht, finanziert wird), engagieren sich so vehement für Charterschulen, weil diese für eine neoliberale Innovation stehen – mit öffentlichen Mitteln finanzierte Schulen unter privater Leitung. So erläuterte Bill Gates in der *Oprah Winfrey Show*: »Sie müssen sich nicht an die normalen Regeln – von Gewerkschaften oder Schulämtern – halten.«[56] Auch wenn mit so viel Leidenschaft und Geld für Charterschulen gekämpft wird, haben jahrzehntelange Forschungen ergeben, dass sie nicht besser abschneiden als traditionelle öffentliche Schulen.[57] Zudem hat man ihnen vorgeworfen, dass sie die Segregation fördern, weil sie sich besonders in ärmlichen, städtischen Umgebungen ausbreiten.[58]

Dass die Gates-Familie ihr Privatvermögen als private Entität in politischen Kampagnen einsetzen kann – und dabei die Interessen ihrer Privatstiftung fördert –, verdeutlicht, wie schwierig es ist, die politische Macht der Philanthropie von Milliardären zu regulieren. Selbst wenn wir den Kongress davon überzeugen könnten, energisch gegen die politischen Spenden der Gates Foundation vorzugehen – was könnten wir tun, um die Privatpersonen Bill und Melinda Gates davon abzuhalten, ihr privates Vermögen für entsprechende politische Maßnahmen aufzuwenden? Nichts. Und wenn die Gates Foundation rechtlich gesehen keine Lobbyarbeit für ein bestimmtes Thema betreiben darf, was könnten wir tun, um Bill Gates von einer Privatspende an eine gemeinnützige Organisation abzuhalten, die das tun darf? Nichts.

2011 spendete die Gates Foundation an die von Unternehmen gestützte rechtsgerichtete Organisation American Legislative Exchange Council (ALEC), die für ihre Bemühungen berüchtigt ist, eigene Gesetzesentwürfe in den Kongress einzubringen.[59] Die Stiftung hatte ALEC Fördergelder zukommen lassen, »um ihre Mitglieder im Hinblick auf effiziente Staatshaushaltsentwürfe für die Verbesserung schulischer Leistungen zu informieren und zu aktivieren sowie sie über gewinnbringende Maßnahmen zu unterrichten, wie ein effektiver Unterricht basierend auf Verdienst und Leistung beworben, bewahrt, bewertet und vergütet werden kann«. Nachdem die Spende auf öffentliche Kritik gestoßen war, erklärte die Stiftung, ALEC nicht mehr finanziell zu unterstützen.[60] Das bedeutet jedoch nicht, dass Bill Gates nicht in der Lage wäre, ALEC weiterhin mit seinem Privatvermögen zu fördern – was sich nur schwer beweisen ließe.[61]

Das vielleicht überraschendste Mittel der politischen Einflussnahme ist das Geld, das die Gates Foundation direkt an Regierungen spendet – tatsächlich sind das über 1,3 Milliarden Dollar für wohltätige Zwecke. In den Vereinigten Staaten gingen Spenden der Gates Foundation an die Centers for Disease Control and Prevention (CDC), die National Institutes of Health (NIH), das U. S. Department of Agriculture, die U. S. Agency for International Development, die Food and Drug Administration sowie an bundesstaatliche und regionale Verwaltungsbehörden und Schulbezirke. Die Hunderte von Spenden lassen sich nicht einzeln aufzählen. Nur ein Beispiel: USAID erhielt 3 Millionen Dollar »zum Aufbau eines konkurrenzfähigen Spendenfonds, der dazu dienen soll, die Produktion einer Reihe von bewährten Informations- und Kommunikationstechnologien zu erhöhen, um Kleinbauern bei der Anschaffung bewährter und nützlicher landwirtschaftlicher Technologien zu unterstützen«. Das klingt nach einer verklausulierten Werbung für genetisch veränderte Organismen (GMOs), ein weiteres Herzensprojekt der Gates Foundation.

Gates spendet auch Gelder an ausländische Regierungsbehörden – zum Beispiel 4,5 Millionen Dollar an die Stadt Dakar »für einen erfolgreichen Zugang zu Kapitalmärkten, um langfristige Investitionen zu fördern, die armen Stadtbewohnern unmittelbar zugutekommen«, 1,5 Millionen Dollar an das Chinesische Zentrum für Krankheitskontrolle und -prävention (CDC) »zur Evaluierung der Sicherheit von Schluckimpfung gegen Kinderlähmung«, 3,2 Millionen Dollar an Public Health England »zur Verbesserung der Inzidenzmessung mit besseren biologischen Messverfahren und Analysemethoden« sowie zig weitere Millionen an Ministerien in China, Burkina Faso, Liberia, Mali, Lettland, Äthiopien, Kolumbien, Ruanda, Sambia, Guinea, Kamerun, Niger, Uganda, Senegal, Litauen, Bulgarien, Kenia, Vietnam, Nepal,

Tschad, Sierra Leone und Sri Lanka. Soweit man sehen kann, ging der größte Anteil von Gates' Regierungsspenden – 700 Millionen Dollar – an zwei Privatstiftungen, die der US-Regierung nahestehen – die CDC Foundation und die Foundation for the National Institutes of Health (FNIH). Diese Stiftungen sammeln Spendengelder aus der Privatwirtschaft zugunsten der Centers for Disease Control and Prevention (CDC) und der NIH sowie zur Förderung öffentlich-privater Partnerschaften. Wenn man Regierungen über ihnen nahestehende Privatstiftungen Gelder zukommen lässt, lassen sich gewisse Aufforderungen zur Offenlegung der Spenden umgehen – und weder NIH noch CDC waren besonders kooperativ oder hilfreich, als ich unter Verweis auf das Gesetz zur Informationsfreiheit um diesbezügliche Auskünfte gebeten habe.

Obwohl Bill und Melinda French Gates mächtige politische Akteure sind, nehmen wir sie häufig nicht als solche wahr. Das kann daran liegen, dass sie sich die größte Mühe geben, ihren politischen Einfluss zu verschleiern – wie ein Interview von 2019 verdeutlichte, das David Marchese von der *New York Times* mit Melinda French Gates führte:

DAVID MARCHESE: Um noch einmal auf Philanthropie zurückzukommen: Was sagen Sie zu der Auffassung, dass die Beschäftigung der Stiftung mit einem Thema wie öffentliche Bildung von Natur aus antidemokratisch ist? Sie haben in diesem Bereich Geld auf eine Weise ausgegeben, die so wirken könnte, dass Sie die eigentlichen Bedürfnisse der Menschen in diesen Belangen übergehen. Wie begegnen Sie solcher Kritik?

MELINDA GATES: Bill und ich gehen immer wieder von der Frage aus: »Welche Aufgabe hat Philanthropie?« Sie muss ein Katalysator sein. Es geht darum, neue Ideen auszuprobieren und weiterzuentwickeln und zu schauen, ob sie funktionieren. Wenn du die Regierung davon überzeugen kannst, eine Idee in die Praxis umzusetzen, bist du erfolgreich gewesen. Spendengelder machen aber nur einen winzigen Teil des amerikanischen Bildungshaushalts aus. Selbst wenn wir dem Bundesstaat Kalifornien 1 Milliarde Dollar zukommen lassen, macht das keinen so großen Unterschied. Also experimentieren wir mit Dingen. Wenn wir Erfolg gehabt hätten, David, dann gäbe es jetzt noch viel mehr Charterschulen. Ich wäre glücklich, wenn in jedem Bundesstaat 20 Prozent der Schulen Charterschulen wären. Aber wir hatten keinen Erfolg. Ich würde so gerne sagen, dass wir enormen Einfluss haben. Aber den haben wir nicht.

DAVID MARCHESE: Zweifellos haben Sie mehr Einfluss als, sagen wir, eine Gruppe von Eltern.

MELINDA GATES: Nicht unbedingt. Ich habe in Memphis eine Gruppe von drei Dutzend Eltern getroffen. Wir glaubten, wir hätten ihnen eine gute Idee anzubieten. Sie wollten nichts davon wissen. Also kamen wir nicht voran. Eine Gruppe von Eltern, eine Gruppe von Lehrern – die können schon großen Einfluss haben.[62]

Diese Doppelzüngigkeit von Bill und Melinda French Gates, die politische Führung und Entscheidungsgewalt über Themen wie öffentliche Gesundheit und Schulbildung beanspruchen und dies dann vehement bestreiten, wenn es unbequem zu werden droht, unterstreicht das »Chamäleonhafte« der Stiftung. So nennt es Adam Fejerskov, Forscher am Dänischen Institut für Internationale Studien.[63] »So wie ein Chamäleon die Farbe wechselt, um sich an unterschiedliche Situationen anzupassen, ist auch die Stiftung in der Lage, blitzschnell verschiedene Identitäten anzunehmen – manchmal gibt sie sich als Nichtregierungsorganisation aus, dann wieder als multinationales Unternehmen und zuweilen sogar als staatlicher Akteur«, schreibt Fejerskov. »Die Gates Foundation besitzt eine hybride Macht, die sie strategisch einsetzt. Ihre Organisationsidentität nimmt abwechselnd größere und kleinere Dimensionen an; mitunter verkörpert sie mehrere Organisationsformen auf einmal, und bei anderen Gelegenheiten (insbesondere wenn sie mit Legitimationsfragen konfrontiert ist) schrumpft sie auf ihre ursprüngliche Form einer Privatstiftung mit beschränkter Rechenschaftspflicht zurück.«

Dieses chamäleonartige Gebaren ist den eigentlich zu erwartenden Arbeitsweisen einer freien und offenen Demokratie diametral entgegengesetzt. Es gibt alle möglichen Regeln und Vorschriften, die den Fluss des Geldes in die Politik lenken und uns helfen sollen, die meisterhafte Maskerade zu durchschauen, die gewisse Interessenvertreter nutzen, um ihr Geld oder ihren politischen Einfluss unsichtbar zu machen. Dass die Gates-Familie diese Regeln umgehen kann, illustriert, welch zerstörerischen Einfluss extremer Reichtum auf die Demokratie hat.

Das Problem ist größer als die Familie Gates, da Milliardäre ihre Ideen, Interessen und Ideologien heutzutage nur zu gern mit einer unentwirrbaren Mischung aus Philanthropie und politischem Druck verfolgen. 2022 zeichnete *Politico* nach, wie der Google-Milliardär Eric Schmidt mit Hilfe seiner privaten Wohltätigkeitsorganisation Schmidt Futures das U. S. Office of Science and Technology Policy mitfinanzierte und mit Personal ausstattete – dank seiner Fördergelder konnte er die staatliche Finanzierung von Technologie beeinflussen und dabei möglicherweise die Interessen von Google im Auge behalten.[64]

Wie die *New York Times* 2020 berichtete, bediente sich der Möchtegern-Präsidentschaftskandidat und Multimilliardär Michael Bloomberg der Philanthropie, um sein riesiges Privatvermögen zum Aufbau »einer nationalen Infrastruktur aus Einfluss, Imagepflege und wortloser Überzeugungskraft [zu nutzen]… indem er Verbündete und kooptierende Gegner mit einem Mix aus politischen und karitativen Zuwendungen unterstützte.«[65] Bekanntermaßen setzten auch die Koch-Brüder ihren privaten Reichtum ein, um den politischen Diskurs Amerikas jahrzehntelang an ihrer rechten Agenda auszurichten. Dazu gehörte auch, dass sie mit Hilfe von politischen Spenden und Spenden an Universitäten beeinflussten, wie Ökonomie heute gelehrt wird.[66]

Eigentlich könnte man darüber verzweifeln, wie schwach die Demokratie in den Vereinigten Staaten – oder weltweit – geworden ist und wie leicht sich Mandatsträger und Regierungsvertreter von Geld und

Eigennutz vereinnahmen lassen. Doch wenn wir in Defätismus verfallen, überlassen wir Männern wie Bill Gates, Charles Koch und Michael Bloomberg nur noch mehr Macht. Wir müssen uns stets ins Bewusstsein rufen, dass milliardenschwere Philanthropen keine neutralen Wohltäter oder unanfechtbare Menschenfreunde, sondern mächtige politische Akteure sind, die ihren Reichtum nutzen, um ihre eigenen Interessen und ihren Ruf zu fördern – und zwar oft in einer Weise, die der Gesellschaft und der Demokratie schadet. Wir müssen erkennen, dass unsere Demokratie nur so stark ist, wie wir es ihr erlauben, und nur so verantwortlich, wie wir es von ihr verlangen.

FAMILIENPLANUNG

60 Minutes ist in den Vereinigten Staaten nicht nur eine der meistgesehenen Nachrichtensendungen, sondern sogar eine der meistgesehenen Shows aller Genres im Fernsehen, die mit ihren Reportagen und Geschichten aus dem Leben jeden Sonntagabend Millionen Zuschauer vor die Bildschirme lockt.[1]

Überdies hat sich die Show als verlässlicher Fan von Bill und Melinda French Gates erwiesen. In den Reportagen sind all die aufwühlenden und beunruhigenden Bilder zu sehen, die die Story der Gates Foundation so überzeugend machen: die voyeuristische Darstellung der Armut hilfloser dunkelhäutiger Menschen, die es zu retten gilt, der ungläubig staunende Journalist mit seinen »Wow!«-Fragen zu den großartigen Ideen und kühnen Zielen der Stiftung und die unbestreitbare Güte der »großzügigsten Philanthropen der Welt«, die »Millionen Menschenleben weltweit retten wollen«.[2]

Ein weiteres Kennzeichen dieser Art von Berichterstattung, die in den letzten zehn Jahren allgegenwärtig war, ist seit jeher der Fokus auf Bill Gates, den brillanten Medientaktiker, der auf jede Frage eine Antwort und für jedes Problem eine verlässliche Lösung zu haben scheint. Im ersten Beitrag zur Gates Foundation, der 2010 gesendet wurde, richtete *60 Minutes* jedoch plötzlich die Kameras auf Melinda French Gates – sie stehe ja selten im Scheinwerferlicht, arbeite hinter den Kulissen jedoch umso härter. »Sie reist viel, um den Tatsachen auf den Grund zu gehen, Bedürfnisse zu analysieren, das Elend zu ermessen«, erklärte Moderator Scott Pelley vor der Kulisse eines ärmlichen, staubigen, namenlosen Dorfes im indischen Bundesstaat Uttar Pradesh.[3]

Das war ein großer Moment für Melinda French Gates und eine längst überfällige Würdigung ihrer Arbeit für die Stiftung. Wie sie in ihrer Autobiographie *Wir sind viele, wir sind eins* erzählt, habe sie in den ersten acht Jahren der Stiftung eigentlich mehr geleistet als Bill, der damals noch Vollzeit für Microsoft arbeitete – obwohl Bill die Lorbeeren geerntet habe.[4]

Wahr ist aber auch, dass Melinda French Gates das Scheinwerferlicht jahrelang gemieden hat, wofür sie mehrere Gründe nennt: Sie habe ihre Privatsphäre schützen und mehr Zeit mit ihren drei Kindern verbringen wollen. Außerdem scheint sie sich wohl auch aus einer gewissen Unsicherheit heraus zurückgehalten zu haben, dieser zutiefst menschlichen Eigenschaft, die ihrem Ehemann augenscheinlich fehlt. Wie Gates sagt, sei sie eine »Perfektionistin«: »Ich habe immer das Gefühl, ich müsse auf jede Frage eine Antwort haben, und damals glaubte ich, nicht genug zu wissen, um öffentlich für die Stiftung zu sprechen. Darum habe ich klargestellt, dass ich keine Reden halten oder Interviews geben würde. Das war Bills Job, zumindest zu Beginn.«

Im Lauf der Jahre trat Melinda Gates jedoch immer häufiger in die Öffentlichkeit, wenn es um die Stiftung ging – sie war zwar nicht im Entferntesten so omnipräsent wie Bill, doch mit ihrem Interview in *60 Minutes* im Jahr 2010 wurde sie von der Öffentlichkeit plötzlich sehr viel stärker wahrgenommen. »Ich muss vor Ort sein, um es zu sehen und zu fühlen und zu verstehen, was diese Menschen antreibt«, erklärte sie Pelley. »Und was sie tun, um sich ihren Lebensunterhalt zu verdienen. Solange ich es nicht sehen und fühlen und anfassen kann, habe ich nicht das Gefühl, der Stiftung im Hinblick auf das, was wir erreichen wollen, gerecht zu werden.«[5]

Der Beitrag von *60 Minutes* machte mehr als deutlich, wie dringend diese armen Dorfbewohner in Indien Melinda Gates brauchten. Wie die Zuschauer erfuhren, wussten die Menschen dort vor dem Eingreifen der Gates Foundation nicht, dass sie Neugeborene warm halten mussten oder wie man medizinische Instrumente sterilisiert.[6] Pelley erzählte den Zuschauern, eine Reise mit Gates in ländliche Gegenden Indiens sei wie eine Zeitreise zurück ins Mittelalter.[7] In seiner mit zahlreichen Taschen bestückten Khakihose, die für einen Reporter auf dem Weg in die Wälder Indiens anscheinend die passende Kleidung ist, fragte Pelley Gates, ob ihr Kreuzzug der Welt womöglich ungewollte Probleme bescheren werde.

»Gestern waren wir bei einem dieser Treffen«, hakte Pelley nach, »und da erzählte Ihnen eine Frau, sie habe acht Kinder zur Welt gebracht, von denen vier bei der Geburt oder kurz danach gestorben seien. Aber wenn alle überlebt hätten, hätte sie nun acht Kinder. Und was die Entwicklungsländer gar nicht brauchen, sind noch mehr Kinder.«[8]

Melinda Gates nickte heftig und konterte: »Ich glaube, das war das größte Aha-Erlebnis für Bill und mich. Als wir mit dieser Arbeit begonnen haben, haben wir uns natürlich dieselbe nüchterne Frage gestellt – wenn man alles dafür tut, um diese Kinder zu retten, werden die Frauen dann immer mehr Kinder in unsere überbevölkerte Welt setzen? Gott sei Dank ist genau das Gegenteil der Fall. Das tun sie nicht. Weil die Frauen sich wünschen, dass sie zwei Kinder haben, die überleben und erwachsen werden. Wenn eine Frau weiß, dass zwei das schaffen werden, wird sie sich nicht mehr so viel Nachwuchs wünschen. Sobald sie also sieht, dass sie geimpft werden oder die Geburt überleben, wird sie nicht mehr so viele Kinder haben wollen.«[9]

Dieses Aha-Erlebnis und die von Melinda French Gates beschriebene positive Dynamik – die Idee, dass mit der Verbesserung der öffentlichen Gesundheit nicht nur die Zahl der Todesfälle in den Entwicklungsländern, sondern auch die Zahl der Geburten sinkt – ist zu einem der meistzitierten Argumente der Stiftung geworden und wird der Kritik entgegengestellt, ihr Engagement für die Rettung von Menschenleben sorge zugleich für mehr Mäuler, die es zu stopfen gelte. Die Angst vor Überbevölkerung ist in der Stiftung tief verwurzelt und die Verbesserung der öffentlichen Gesundheit ist nicht das einzige Instrument, mit dem sie die Größe von Familien reduzieren will. 2012 wurde Melinda French Gates zum Gesicht eines ambitionierten 2,5-Milliarden-Dollar-Projekts, das armen Frauen einen besseren Zugang zu Verhütungsmitteln verschaffen sollte.[10]

Doch wie bei fast allen Angelegenheiten der Gates Foundation scheint auch die Arbeit zur Familienplanung eigentlich auf Bill Gates zurückzugehen. Als er 1993 gefragt wurde, ob er vorhabe, etwas von seinem außergewöhnlich großen Reichtum zu verschenken, sprach er von seinem Interesse an »Geburtenkontrolle«.[11] Zwei Jahre später führte er diese Gedanken in seinem Buch *The Road Ahead*, auf Deutsch *Der Weg nach vorn*, weiter aus und schrieb: »Viele der großen sozialen Probleme von heute sind dadurch entstanden, daß man die Bevölkerung in städtische Ballungsräume gepfercht hat. … Würde die Einwohnerzahl einer Großstadt um nur zehn Prozent sinken, hätte das nennenswerte Auswirkungen auf Grundstückspreise und die Lebensdauer öffentlicher Verkehrsmittel und anderer technischer Einrichtungen.«[12]

Einige Jahre später fragte der Journalist Bill Moyers Gates, warum er sich sehr für Überbevölkerung und Empfängnisverhütung interessiere.[13] »Hatten Sie an Themen, die Fortpflanzung betreffen, ein intellektuelles, philosophisches Interesse?«, wollte er wissen. »Oder ist irgendetwas passiert? Stießen Sie auf ein – gab es eine Art Offenbarung?«

Gates antwortete: »Als ich klein war, haben sich meine Eltern immer irgendwo ehrenamtlich betätigt. Mein Dad war Präsident der Organisation Planned Parenthood (›geplante Elternschaft‹). Dort Mitglied zu sein galt als fragwürdig. Und darum fasziniert es mich. Wenn wir beim Essen saßen, sprachen meine Eltern immer ganz offen über die Dinge, mit denen sie sich befassten. Sie behandelten uns dabei fast wie Erwachsene.«

Es mag schwerfallen, sich Gates' Vater, einen wohlhabenden Firmenanwalt und Kriegsveteran, als Präsident von Planned Parenthood vorzustellen, aber vor Jahrzehnten ging es bei dem Thema »Familienplanung« noch weniger um Frauenrechte oder Fortpflanzungsrecht als um den Top-down-Prozess, die wachsende Weltbevölkerung in den Griff zu bekommen.[14] Später unterstützte Bill Gates Sr. seinen Sohn bei seinen ersten philanthropischen Unternehmungen, immer im Hinblick auf den Gedanken, dass »das Bevölkerungswachstum in armen

Ländern das größte Problem ist, mit dem sie zu kämpfen haben« – so erzählt es der jüngere Gates.[15]

Tatsächlich ist Überbevölkerung schon lange ein Lieblingsthema der Reichen und Philanthropen. Milliardäre wie Ted Turner, Warren Buffett und David Packard haben sich alle außerordentlich für dieses Problem interessiert. 2009 machten Buffett, Turner und George Soros gemeinsam mit Bill Gates, Oprah Winfrey, Michael Bloomberg und weiteren Milliardären Schlagzeilen, als die Presse herausfand, dass sie sich in einem privaten Wohnsitz in Manhattan heimlich getroffen hatten, um über potenzielle philanthropische Partnerschaften zu sprechen, wobei Gates die Gruppe angeblich bedrängte, sich mit dem Thema Überbevölkerung zu beschäftigen.[16]

Im Lauf ihrer Arbeit hat sich die Gates Foundation mit den sozialen Problemen auseinandergesetzt, die ihrer Meinung nach durch Überbevölkerung verursacht werden. In ihren frühen Tagen spendete die Stiftung großzügig an das Population Resource Center, um »Mitarbeitende des Kongresses, nationale und lokale politische Entscheidungsträger sowie wichtige Wahlkreise« über die negativen Auswirkungen des Bevölkerungswachstums auf die öffentliche Gesundheit und die Umwelt zu informieren.[17] »Die Bevölkerung der meisten armen Länder, die nur unter größten Schwierigkeiten ihre Kinder ernähren und zur Schule schicken können, wird sich bis 2050 mehr als verdoppeln«, erklärte Bill Gates 2012. »Trotzdem sind Melinda und ich der Meinung, dass die Bevölkerung in Ländern wie Nigeria sehr viel langsamer anwachsen wird als vorhergesagt, wenn man die richtigen Schritte in die Wege leitet – also nicht nur den Frauen bei der Familienplanung hilft, sondern auch Anstrengungen unternimmt, die Kindersterblichkeit zu senken, und für eine bessere Ernährung sorgt. Fast alle globalen Programme der Stiftung sind auf diesbezügliche Ziele ausgerichtet.«[18]

Die Frage, die sich aufdrängt, lautet: Warum ist es Bill Gates' Aufgabe und Ziel, die Bevölkerungszahl von Nigeria zu senken? Warum beschäftigen sich so viele Milliardäre hingebungsvoll mit den Fortpflanzungsgewohnheiten der Armen der Welt?[19] Und warum drehen sich die daraus resultierenden Bemühungen um Familienplanung so häufig um die Bekämpfung von Problemen, die mit Überbevölkerung in Verbindung gebracht werden (Klimawandel, Armut, Hunger), statt sich für das Recht der Frauen starkzumachen, selbst über die Zahl ihrer Kinder zu entscheiden?

Bill Gates' obsessives Interesse am Bevölkerungswachstum verschafft uns einige Einblicke in die problematischen Anfänge der Familienplanungsbewegung. Für den größten Teil ihrer Geschichte waren Verhütungsmittel kein emanzipatorisches Zugeständnis an Frauen, sondern ein Instrument reicher Staaten und Philanthropen, die Fortpflanzungsfähigkeit von armen Menschen und People of Color einzugrenzen. Die Stiftung kennt diese historischen Gegebenheiten nur zu gut, weil sie 2012 eine Gruppe von Wissenschaftlern einlud, um mit ihnen über die Geschichte der Eugenik im Zusammenhang mit Bestrebungen zur Bevölkerungskontrolle zu reden – und weil viele heutige Partner der Stiftung vom Erbe der Eugenik gezeichnet sind.

So hat Gates im Lauf der Jahrzehnte über 50 Millionen Dollar an EngenderHealth gespendet – früher unter dem Namen Sterilization League for Human Betterment (etwa »Sterilisationsbündnis zur Verbesserung der Menschheit«) bekannt.[20] Planned Parenthood, das von der Gates Foundation fast 100 Millionen Dollar erhalten hat, ist dabei, sich ein neues Image zu verschaffen, und stellt öffentlich die wohlwollende Haltung seiner Gründerin Margaret Sanger zur Eugenik in Frage. So verkündete die Präsidentin von Planned Parenthood, Alexis McGill Johnson, 2021 in einem öffentlichen Schuldeingeständnis: »Bis heute hat es Planned Parenthood versäumt, die Folgen aus dem Verhalten unserer Gründerin einzugestehen. Wir haben Sanger als Hüterin der körperlichen Selbstbestimmung verteidigt und zugleich ihre Verbindung zu Verfechtern der Theorie von der Überlegenheit der Weißen und der Eugenik als unglückselige ›Zeiterscheinung‹ entschuldigt. Bis vor kurzem haben wir uns hinter der Behauptung versteckt, ihre Überzeugungen seien für Menschen ihrer Schicht und Epoche die Norm gewesen, und darauf geachtet, ihren Namen im gleichen Atemzug mit dem von W. E. B. Du Bois und anderen Vertretern der Afroamerikanischen Bürgerrechtsbewegung zu nennen. Doch die Wahrheit ist komplizierter.«[21]

Johnson beschreibt, wie Sanger mit dem Ku-Klux-Klan kollaborierte, eine Entscheidung des Obersten Gerichtshofs zur Genehmigung von Zehntausenden Zwangssterilisationen befürwortete und zutiefst unethische Experimente an Frauen aus Puerto Rico unterstützte. »Wir müssen untersuchen, wie wir in den letzten hundert Jahren das von ihr verursachte Leid weitergetragen haben – als Organisation, als Institution und als Individuen«, erklärte Johnson und sprach damit die Vorurteile an, mit denen Planned Parenthood immer wieder konfrontiert wird. »Wir müssen uns selber zurücknehmen und mehr für andere da sein.«

Diese Geschichte der Eugenik und Bevölkerungskontrolle ist auch untrennbar mit der amerikanischen Philanthropie verwoben, die einen großen Teil der einschlägigen Aktivitäten finanziert hat. 2021 formulierte die Ford Foundation im Stillen eine verspätete und ausgesprochen dürftige Entschuldigung für ihre Rolle in der Geschichte der Bevölkerungskontrolle. »Alle großen Namen des philanthropischen Erbes sind in diese Bewegung verstrickt«, sagte Darren Walker als Präsident der Ford Foundation.[22] Im gleichen Jahr kündigte die Rockefeller Foundation an, für ihre Fehltritte Buße zu tun: »Ein Offenlegen der Fakten und die Konfrontation mit unbequemen Wahrheiten sind unumgänglich. Diese Untersuchung ist im Gange«, sagte Rajiv Shah, Präsident der Rockefeller Foundation.[23]

Es ist entscheidend festzuhalten, dass die Nötigung, der Missbrauch und die Gewalt, die die Bewegung zur Bevölkerungskontrolle begleitet haben, aus der humanitären Absicht heraus entstanden sind, Armut und Elend einzudämmen. Genau darum sollten der Gates Foundation die beschriebenen Vergehen als Warnung dienen. Die Stiftung muss erkennen, dass arme Frauen nach wie vor Gefahr laufen, der gleichen Zwangsbehandlung ausgesetzt zu werden, weil Familienplanung die gleiche Machtdynamik in Gang setzt – von Gebern und Nehmern, von reichen Spendern und armen Empfängern. Obwohl die Gates Foundation diese Geschichte ganz genau kennt, war sie erpicht darauf, in ihrer weiteren Arbeit zur Familienplanung den Rückwärtsgang einzulegen.

»Nun ist die Eugenik moralisch verwerflich und von der Wissenschaft mittlerweile eindeutig widerlegt. Und doch benutzte man die Verwicklung der Eugeniker in die Diskussion über die Geburtenkontrolle, um Verhütungsmittel pauschal zu diskreditieren«, schreibt Melinda French Gates in der einzigen kurzen Passage über Eugenik in ihrer Autobiographie, in der sie wiederum ausführlich über die Aktivitäten der Stiftung in puncto Familienplanung berichtet.»Gegner der Geburtenkontrolle versuchten, moderne Verhütungsmittel in Verruf zu bringen, indem sie auf die Geschichte der Eugenik verwiesen. Da ihr Einsatz ›unmoralische‹ Gründe haben könne, sollten sie ihrer Ansicht nach *unter keinen Umständen* freigegeben werden, nicht einmal für die segensreiche Pause zwischen zwei Geburten, die jede Mutter braucht.«[24]

Man muss Gates zugestehen, dass manche Gegner, darunter eine wachsende Schar ultrarechter politischer Akteure, versuchen, die eugenische Vergangenheit der Familienplanung zu ihren Zwecken auszunutzen, und es dabei mit der Wahrheit nicht immer so genau nehmen.

Mit ihrem Bestreben, eine dicke weiße Linie zwischen »modernen Verhütungsmitteln« und der Geschichte der Eugenik zu ziehen und als Konfliktparteien Befürworter und Gegner von Empfängnisverhütung auszumachen, weicht Melinda French Gates trotzdem dem tiefer liegenden Konflikt aus, um den es hier geht – den Konflikt zwischen dem erklärten Wunsch der Gates Foundation, Frauen zu einer selbstbestimmten Familienplanung zu ermächtigen, und der praktischen Konsequenz ihrer Arbeit, die den Frauen nur eine Richtung von Ermächtigung erlaubt: weniger Kinder zu haben. Das betrifft Melinda French Gates' gezielte Bemühungen, 120 Millionen arme Frauen zur Empfängnisverhütung zu bewegen. Und es betrifft karitative Spenden wie die 600000 Dollar, die die Stiftung Populations Communications International zukommen ließ, »um mit Hilfe von Unterhaltungssendungen im Radio und im Fernsehen darauf hinzuwirken, dass Kleinfamilien zur Norm werden und Familienplanung betrieben wird«.

Dessen ungeachtet beharrt Melinda French Gates darauf, dass ihre Stiftung keine derartige Agenda verfolgt.»Ich will Frauen nicht reinreden, wie groß ihre Familie sein sollte«, schreibt sie.»Bei unserem

Einsatz für die Familienplanung geht es darum, den Frauen die Initiative zu überlassen. Daher glaube ich an freiwillige Familienplanung.«[25]

Dieser Widerspruch ist nicht nur bei Gates zu beobachten. Laut Kritikern und Wissenschaftlern sind moderne Familienplaner bestrebt, ihre Arbeit von der der Bevölkerungskontrolleure, auf der sie basiert, abzugrenzen. Laut Leigh Senderowicz, Professorin für Gender- und Frauenforschung an der University of Wisconsin, ist zwar zu erwarten, dass moderne Familienplanung mit Zwang verbunden ist, doch nur wenige Leute sind interessiert daran, das zu untersuchen. »Obwohl praktisch alle Programme zur Familienplanung nachdrücklich betonen, dass sie großen Wert auf Freiwilligkeit und das Recht auf Fortpflanzung legen, beruhen die Messsysteme, mit denen sie Erfolge dokumentieren, auf Indikatoren für die Verwendung von Verhütungsmitteln und Einschränkung der Fruchtbarkeit«, schrieb Senderowicz 2019 in Zusammenhang mit einer Studie.[26]

Matthew Connelly, Geschichtsprofessor an der Columbia University, der sich mit der Geschichte der Bevölkerungskontrolle auseinandergesetzt hat, äußerte sich bei einem Interview ähnlich: »Für mich ist das eine Art Härtetest: Wenn man es wirklich ernst meint, warum steckt man dann nicht Geld in die Behandlung von Unfruchtbarkeit? In den ärmsten Ländern der Welt ist die Unfruchtbarkeitsrate extrem hoch – und sehr oft aus leicht zu verhindernden oder behandelbaren Gründen. Dennoch gibt es nach wie vor kaum ein Programm zur Familienplanung, das die Behandlung von Unfruchtbarkeit anbietet. Genau darum muss man sich kümmern. Wenn man von dem Recht auf Fortpflanzung und Gesundheit spricht, ist dies das Gebot der Stunde.«[27]

Ähnliche Kritik kam von Anne Hendrixson, Politikanalytikerin von Collective Power for Reproductive Justice. Wie sie mir erklärte, bedeute Familienplanung, Frauen ein ganzes Spektrum an Dienstleistungen anzubieten – nicht nur die Entscheidung, ob sie verhüten sollten oder nicht, sondern auch, *welche* Verhütungsmittel sie wählen, sowie die Möglichkeit zu Abtreibung, Fruchtbarkeitsbehandlungen und verschiedene Arten der Gesundheitsfürsorge rund um Fertilität wie Gebärmutterhalskrebsvorsorge, Brustuntersuchungen und die Behandlung von Geschlechtskrankheiten.

Obwohl die Gates Foundation diese Aspekte klar erkennt und die entsprechenden Ansichten medienwirksam nachplappert, scheint es bei ihren philanthropischen Interventionen in der Praxis viel eher darum zu gehen, anvisierte Zahlen zu erreichen und unternehmerische Partnerschaften zu pflegen, als sich für das Recht armer Frauen einzusetzen, selbst über ihren Körper zu bestimmen.

Laut Melinda French Gates war das Projekt Family Planning 2020 nicht ihre Idee.

Wie Gates erzählt, war sie auf einer Malaria-Konferenz in Seattle, als Andrew Mitchell, damals britischer Minister für Internationale Entwicklung, sie auf die Idee brachte, einen Familienplanungsgipfel abzuhalten. Das Wort *Gipfel* beschreibt allerdings nicht im Entferntesten, was darauf folgen sollte: eine Fundraising-Kampagne, die mehr Geld erbrachte, als jemals zuvor zur Unterstützung des Zugangs zu Verhütungsmitteln zur Verfügung gestellt worden war, wie Gates in ihrer Autobiographie schreibt.[28] »Die Familienplanung als wichtiger Schritt der globalen Gesundheitsvorsorge war auf der Strecke geblieben«, schreibt sie. »Ich wusste, dass wir dafür Ziele formulieren, das nötige Datenmaterial besorgen und eine Strategie entwickeln mussten. Mir war aber ebenso klar, dass wir uns, wenn wir unsere ehrgeizigen Ziele erreichen wollten, einem viel größeren Problem stellen mussten. Wir mussten die allgemeine Sicht auf die Familienplanung verändern. … Die Vorkämpfer der Familienplanung mussten deutlich machen, dass es hier nicht um Bevölkerungskontrolle ging.«[29]

Die Stiftung war äußerst erfolgreich damit, den Tenor der Diskussion zu verändern. In kürzester Zeit fand sie Verbündete und mediale Unterstützung. So finanzierte sie eine Studie an der Johns Hopkins University, von der die *New York Times* atemlos berichtete: »Die bisher ungehörten Forderungen von Frauen in Entwicklungsländern nach Empfängnisverhütung zu erfüllen, könnte die weltweite Müttersterblichkeitsrate um fast ein Drittel senken.« Die *Times* berichtete zudem detailliert über den bevorstehenden Gipfel in London, der genau das im Blick hatte.[30]

Der Gipfel erbrachte neue Spendenzusagen von über 2,5 Milliarden Dollar, um die Verfügbarkeit von Verhütungsmitteln zu erhöhen. Das Projekt wurde Family Planning 2020 getauft.[31] FP2020, wie es allgemein genannt wird, sollte so viele Spenden erbringen, dass 120 Millionen Frauen bis zum Jahr 2020 erstmals Verhütungsmittel nutzen würden. Der Fokus lag auf den 69 ärmsten Ländern der Erde, großenteils im subsaharischen Afrika und Südasien.[32] Die Gates Foundation und die britischen Steuerzahler waren die größten Unterstützer – sie brachten die Hälfte des ursprünglich zugesagten Geldes zusammen.[33]

Weil die Stimmen und Bedürfnisse armer Frauen bei diesem Projekt den Ton angeben sollten, wusste Melinda French Gates, dass sie Feldforschung betreiben musste. Sie berichtet von einer Reise nach Niger, die sie unmittelbar vor dem Gipfel in London unternahm, und beschreibt das Land als »eine durch und durch patriarchalische Gesellschaft mit einer der höchsten Armutsraten in der Welt. Verhütungsmittel wurden kaum benutzt, was zur Folge hatte, dass jede Frau durchschnittlich sieben Kinder hatte. Das Eherecht erlaubte die Polygamie, Männer durften also mehrere Frauen haben. Das Erbrecht bestimmte, dass Mädchen nur halb so viel bekamen wie Söhne. Kinderlose Witwen besaßen keinerlei Erbansprüche.«[34] Trotz solcher Probleme schien aber jede Frau, mit der Gates auf dieser Reise zusammentraf, bereits Zugang zu Verhütungsmitteln zu haben. Sie erzählt von einer 42-jährigen Frau namens Adissa, die nach der Geburt ihres zehnten Kindes beschloss, sich ein Intrauterinpessar (Spirale) einsetzen zu lassen, mit der sie die Familienplanung steuern konnte. »Wenn ihr euch nicht um eure Kinder kümmern könnt, macht ihr sie zu Dieben«, sagte Adissa zu Gates.[35]

Eine solche Stimme und eine solche Perspektive müsse im Zentrum von FP2020 stehen, unterstreicht Gates, »um einen neuen Diskurs zu entfachen, geführt von den Frauen, die man bislang außen vor gelassen hatte – Frauen, die selbst entscheiden wollten, wann sie Kinder zur Welt bringen, ohne Einmischung von Politikern, Bevölkerungsplanern oder Theologen, die die Frauen seit jeher dazu zwangen, mehr Kinder zu haben, als sie wollten«.[36]

Natürlich fand der Gipfel, bei dem FP2020 aus der Taufe gehoben wurde, nicht in Niger, sondern in London statt und war ein glamouröses Event für reiche Spender. Tatsächlich ist gar nicht klar, in welchem Umfang Personen außerhalb der Gates Foundation daran beteiligt waren. Wie die führende UN-Organisation für Familienplanung, der Bevölkerungsfonds der Vereinten Nationen, berichtet, sei sie von der ursprünglichen Planung ausgeschlossen worden, habe nach der Gründung des Projekts aber keine andere Wahl gehabt, als auf den fahrenden Zug aufzuspringen. »Natürlich wollten wir nicht die zweite Geige spielen, aber wir konnten auch nicht sagen, dass wir nicht mitmachen«, teilte Arthur Erken, Direktor für Politik und Strategie, den Nachrichtenmedien mit. »Das ist die Welt, in der wir leben.«[37] Und nicht nur die Vereinten Nationen wurden überrumpelt. »Länder wie Bangladesch und Indien fragten: ›Wer zur Hölle ist FP2020?‹«, berichtete Erken der Presse.

Eines der FP2020-Planungsteams (unter Leitung der Gates Foundation) erklärte später ausdrücklich, sie hätten »das Ziel von FP2020 Anfang 2012 ohne größeren Input von außen formuliert, unter dem Druck, das rechtzeitig vor dem Londoner Gipfel im Juli 2012 hinzubekommen«.[38] Melinda French Gates beschreibt es folgendermaßen: »Wir unterstützten die britische Regierung dabei, den Gipfel im Juli 2012 in London abzuhalten, zwei Wochen bevor sich die allgemeine Aufmerksamkeit den Olympischen Spielen dort zuwenden würde.«[39]

Einigen erschienen Umfang, Form und die unverblümte Top-down-Gründung von FP2020 eher wie ein Griff nach der Macht als ein Projekt zur Ermächtigung. Überdies gab es Bedenken, was die vom Projekt anvisierten Zahlen betraf – 120 Millionen Frauen, die bis 2020 zur Empfängnisverhütung bewegt werden sollten –, weil das verdächtig nach den vergangenen Bestrebungen zur Bevölkerungskontrolle roch. Sobald man beginnt, bestimmte Zahlen anzuvisieren, werden diese schnell zu Quoten, und unweigerlich erwachsen daraus dann verquere Anreize, diese Quoten zu erfüllen. Amnesty International, Human

Rights Watch, das Center for Reproductive Rights und Hunderte weitere Organisationen unterschrieben eine Petition, um ihre Besorgnis im Hinblick auf mögliche Zwangsausübung im Projekt zum Ausdruck zu bringen. »Der Gipfel zur Familienplanung muss sicherstellen, dass die Uhr in puncto Frauenrechte nicht zurückgedreht wird; die Autonomie und Handlungsmacht, frei und ohne Diskriminierung, Zwang oder Gewalt über Angelegenheiten zu entscheiden, die Sexualhygiene und Fruchtbarkeit betreffen, müssen unter allen Umständen geschützt werden«, hieß es in der Petition.[40]

Vor dem Gipfel in London hielt Melinda French Gates einen TED-Talk, in dem sie kurz darauf einging, dass anvisierte Zahlen an die Geschichte der Eugenik erinnern. Trotzdem machte sie keine Anstalten, entsprechende Ziele von FP2020 davon abzugrenzen: »Einige Programme zur Familienplanung haben auf bedauerliche Anreize und politische Zwangsmaßnahmen zurückgegriffen. Zum Beispiel hat Indien in den 1960er Jahren sehr konkrete Zahlen als Ziele genannt und Frauen Geld geboten, damit sie sich eine Spirale einsetzen ließen.«[41]

Ihr Vortrag warf noch eine andere Frage auf: Gates behauptete, es gebe »heutzutage Hunderte Millionen Familien, die keinen Zugang zu Verhütungsmitteln haben«, und fügte hinzu, es würde »ihr Leben ändern, wenn sie diesen Zugang hätten«. Woher weiß die Stiftung das? Weil sie die »unerfüllten Bedürfnisse« armer Frauen untersucht haben. Das klingt, als wolle sie messen, wie viele Frauen sich Zugang zu Verhütungsmitteln wünschen, doch in Wirklichkeit misst sie etwas anderes: fruchtbare Frauen, die in naher Zukunft keine Kinder haben wollen und keine Verhütungsmittel benutzen.

»Wissenschaftlich gesehen ist das der nutzloseste Indikator der Welt, aber politisch gesehen ein äußerst nützlicher«, sagt Leigh Senderowicz von der University of Wisconsin. »Es hat nichts mit dem Bedürfnis nach Empfängnisverhütung zu tun oder damit, ob dieses Bedürfnis erfüllt wird. ... Du könntest direkt neben Planned Parenthood wohnen, beschließen, dass du keine Verhütungsmittel brauchst, und nach diesem Indikator trotzdem als jemand gelten, der ein ›unerfülltes Bedürfnis‹ hat. Dem liegt die felsenfeste Annahme zugrunde, dass jede Frau jederzeit Empfängnisverhütung betreiben muss – es sei denn, sie versucht aktiv und gezielt, schwanger zu werden«.

Das ist ein fragwürdiger Ansatz für ein Familienplanungsprojekt. Warum stützt sich die Gates Foundation angesichts der von Zwang und Eugenik geprägten Geschichte der philanthropischen Bereitstellung von Verhütungsmitteln auf ein solch irreführendes statistisches Verfahren, das das Praktizieren von Empfängnisverhütung anscheinend höher bewertet als das Recht einer Frau, selbst zu entscheiden, ob sie Verhütungsmittel verwenden will? Die Zahl armer Frauen, die sich Empfängnisverhütung wünschen, zu hoch anzusetzen oder zumindest damit hausieren zu gehen, bedeutet nicht nur, das Problem falsch zu benennen – damit werden Spender auch aufgefordert, das Problem zu lösen.

Später in diesem Kapitel werden wir uns zwei unabhängigen Berichten widmen, die dokumentieren, dass im Rahmen von FP2020 Druck ausgeübt wurde. Zunächst aber müssen wir auf das wichtigste fehlgeleitete Motiv eingehen, das die Arbeit der Gates Foundation zur Familienplanung bestimmt: Sie favorisiert eine ganz bestimmte Art von Empfängnisverhütung – ein Hormonimplantat, bei dem ein Stäbchen in den Oberarm der Frau eingesetzt wird, das durch eine langsame Freigabe des Wirkstoffs drei bis fünf Jahre lang eine Schwangerschaft verhindert. Der Stiftung gefallen diese Implantate, weil sie als ein kostengünstiges Verhütungsmittel gelten, das den Frauen zahlreiche Klinikbesuche erspart, die bei anderen Verhütungsmitteln anfallen würden.[42] Laut der Stiftung erstellte sie eigenständig einen Finanzplan, um die Pharmariesen dazu zu bewegen, in armen Ländern für die Verbreitung der Hormonimplantate zu sorgen.[43] Laut der Vereinbarung sollten Bayer und Merck die Produktion der Implantate hochfahren und sie zu einem niedrigen Preis in Entwicklungsländern anbieten. Würden sich die Implantate nicht verkaufen, wären Gates und andere Spender zu ihrer Abnahme verpflichtet.

Mittels ihrer humanitären Plattform eröffnete die Gates Foundation Bayer und Merck im Grunde also neue Märkte und schuf allem Anschein nach ein neues Profitcenter für ihre Produkte: die Armen der

Welt. Im Gegenzug konnte die Stiftung stolz verkünden, bedeutende Preisnachlässe herausgehandelt zu haben – Bayer reduzierte den Preis für sein Hormonimplantat Jadelle beispielsweise um 53 Prozent.[44] »Selbst bei niedrigen Preisen können größere Mengen größeren Profit erbringen – eine klassische Win-win-Situation für Verbraucher wie auch Hersteller«, hieß es in einem von Gates beauftragten Bericht.

Unter Frauen, die Verhütungsmittel verwenden, sind Implantate beliebt, aber auch umstritten. Im Gegensatz zur Antibabypille oder zu Kondomen müssen Implantate von medizinischen Fachkräften eingesetzt und auch wieder entfernt werden – was für viele der armen Frauen aus ländlichen Gebieten, auf die FP2020 abzielt, nicht einfach ist. Da die Implantate abgesehen von einer Sterilisation diejenigen Verhütungsmittel mit der längsten Wirkungsdauer sind, wurden sie auch schon als Mittel zur Bevölkerungskontrolle eingesetzt, wie Dorothy Roberts in ihrem Buch *Killing the Black Body: Race, Reproduction, and the Meaning of Liberty* beschreibt.[45]

In ihrem Buch setzt sich Roberts, Jura- und Soziologieprofessorin an der University of Pennsylvania, mit dem Hormonimplantat Norplant auseinander, dem Vorgänger der heute von der Gates Foundation subventionierten Implantate. Laut Roberts wurde dieses Implantat von der gemeinnützigen Organisation Population Council eigens für den Einsatz in armen Ländern entwickelt, aber später im Lauf der 1990er Jahre in den USA als Bevölkerungskontrollinstrument propagiert, als Gesetzgeber weithin über Vollmachten und Anreize für ihre Verbreitung in der Schwarzen Community nachdachten. Schließlich kurbelten Bundesstaaten die Nachfrage nach Norplant durch gezielte Werbung und die kostenlose Abgabe an arme Frauen, zumindest in einigen Bundesstaaten, an. Zugleich erschwerten Kliniken die Entfernung der Implantate – selbst wenn bei Frauen gesundheitsschädigende Nebenwirkungen auftraten. »Dieselben Eigenschaften, die Norplant für Frauen so bequem machen, schaffen auch die Voraussetzung, seine Verwendung zu erzwingen. Anders als bei allen anderen Verhütungsmitteln, von der Spirale abgesehen, kann eine Frau nicht einfach aufhören, sie zu verwenden, wenn sie das will«, schreibt Roberts.[46]

Das Gespenst der Eugenik, das Norplant in den Vereinigten Staaten verfolgte, sollte als Warnung für die Einführung der nächsten Generation von Hormonimplantaten via FP2020 dienen. Von Joan Kilande, Program Officer der Nichtregierungsorganisation HEPS Uganda, die sich für den Zugang zu Verhütungsmitteln einsetzt, erfuhr ich bei einem Interview, dass es praktische Gründe dafür gibt, Frauen in Uganda Verhütungsmittel mit langer Wirkungsdauer zu verabreichen. In manchen Kliniken ist mitunter eine einzige Hebamme für Dutzende Schwangere und Frauen zuständig, die sich über Empfängnisverhütung beraten lassen möchten. Sie hat dann einfach nicht die Zeit, den Frauen alle Möglichkeiten zu erklären. Und die Kliniken haben nicht unbedingt alle möglichen Verhütungsmittel vorrätig.

Natürlich ist Kilande klar, dass es so eigentlich nicht laufen sollte. Frauen sollten nicht mit einer Situation konfrontiert werden, in der sie keine fundierte Entscheidung treffen können. Demnach stellt sich die Frage, warum die Gates Foundation nicht alles dafür tun sollte, dass bei FP2020 sämtliche Möglichkeiten zur Empfängnisverhütung gleichberechtigt neben Implantaten präsentiert werden. Warum stellt sie nicht sicher, dass Kliniken über die nötigen Ressourcen verfügen, um Frauen tatsächlich die Kontrolle über den Umgang mit ihrem Körper zu überlassen? Besitzt die Stiftung etwa kein Vermögen von 54 Milliarden Dollar? Sind Autonomie und Entscheidungsfreiheit nicht das Ziel einer modernen Familienplanung? Sind sie nicht das Ziel von Melinda French Gates?

»Wir können darauf bestehen, dass alle Menschen die Möglichkeit haben, über Verhütungsmittel informiert zu werden und uneingeschränkten Zugang zur ganzen Bandbreite der Methoden zu haben«, sagte Gates 2012. »Ich denke, das Ziel ist ganz klar: weltweiter Zugang zu der Empfängnisverhütung, die Frauen praktizieren wollen. Und um das zu verwirklichen, müssen reiche wie auch arme Staaten der Empfängnisverhütung absolute Priorität verleihen.«[47]

Was die Gates Foundation und FP2020 betrifft, sah die Realität ganz anders aus. Vielerorts ging es vordringlich darum, Frauen Zugang zu Hormonimplantaten zu verschaffen – nicht etwa »zur ganzen Bandbreite der Methoden«. Vorübergehend setzte die Stiftung wegen ihrer Abnahmegarantie für Bayer und Merck 400 Millionen Dollar aufs Spiel – die hätte sie zahlen müssen, wenn es FP2020 nicht gelungen wäre, genügend Implantate in Frauenarme zu verpflanzen. »Die Gates Foundation garantierte ein Absatzvolumen, das fast dreimal höher war als die weltweite Nachfrage vor den Preissenkungen«, berichtete 2016 eine von der Stiftung finanzierte Studie. Die Studie zitiert Natalie Revelle, die Projektleiterin der Stiftung: »Wir schwitzten. … Ich sah schon kistenweise überschüssige Implantate herumliegen, und wir würden uns dann auf der Suche nach Käufern die Hacken ablaufen.«[48]

Gates' riskante Implantatwette sorgte dafür, dass das von der Stiftung favorisierte Verhütungsmittel großflächig verfügbar sein würde. Und der Bestellumfang, der dreimal größer war als die bisherige Nachfrage, schuf natürlich einen Anreiz, den Gebrauch zu steigern.[49] Anne Hendrixson sagte dazu: »Statt sich einfach nur nach den Bedürfnissen der Frauen zu richten, kurbelt das [Projekt] auch die Nachfrage an.«[50]

Laut einer Person aus der Gates Foundation, mit der ich gesprochen habe, sollte die Bedarfsweckung das dritte Standbein der Familienplanung sein – was zeigte, dass zumindest einige Mitarbeitende bei der Bereitstellung von Verhütungsmitteln über die Geschichte der Bevölkerungskontrolle nachdenken. Mit anderen Worten: Bei der Arbeit der Familienplanung soll es um die Bedürfnisse, Wünsche, Sorgen – und Rechte – der Personen gehen, die Verhütungsmittel anwenden, und nicht um die der Spender. Dennoch haben FP2020 wie auch die Gates Foundation ihre Arbeit in vielerlei Hinsicht darauf ausgerichtet, einen Bedarf für die von ihnen selbst präferierten Lösungen zu schaffen.

So enthält das Strategiepapier der Regierung Malawis bezüglich FP2020 einen ganzen Abschnitt über »Bedarfsweckung«, einschließlich »verbesserter Kommunikation mit dem Ziel einer größeren Verbreitung« der Verhütungsmittel.[51] Derartige Projekte tauchen unter den Zuwendungen der Gates Foundation im Lauf der Jahre immer wieder auf, zum Beispiel Spenden an eine Gruppe namens DKT »zur Entwicklung und Präsentation eines nachhaltigen privatwirtschaftlichen Modells mit dem Ziel, die Nachfrage nach Sayana Press [einem injizierbaren Verhütungsmittel von Pfizer] in wichtigen Regionen zu erhöhen und aufrechtzuerhalten«.[52]

Die massiven Investitionen der Stiftung in Hormonimplantate im Rahmen von FP2020 lassen an ein Szenario wie in *Feld der Träume*[53] denken – weniger im Sinne von »Wenn du es baust, wird er kommen«, sondern vielmehr von »Wenn du den Markt überflutest, haben sie keine andere Wahl«. Über Zwangsausübung bei der Familienplanung gibt es zwar nicht viele Studien, aber doch zwei unabhängige Berichte, die dokumentieren, dass Druck ausgeübt wurde, nachdem FP2020 bestrebt war, 120 Millionen Frauen zur Empfängnisverhütung zu bewegen.

2019 veröffentlichte Leigh Senderowicz die Ergebnisse einer Studie, die herausfand, dass Kliniken und Hersteller ihren Leistungsumfang am Erreichen von Quoten orientieren, dass sie die Vorzüge bestimmter Verhütungsmittel gegenüber anderen übermäßig betonen und dass Frauen sogar Angst gemacht wird, um sie zur Empfängnisverhütung zu bewegen. Einige Frauen erklärten, sie hätten sich zur Verwendung von Verhütungsmitteln gedrängt gefühlt, während andere ganz auf die Nachsorge und weitere Arztbesuche nach einer Geburt verzichteten, um den aggressiven Verkaufsstrategien zu entgehen.[54] Bei der Studie stellte sich zudem heraus, dass Kliniken Frauen zu hormonellen Verhütungsmitteln, einschließlich Hormonimplantaten, gedrängt hatten, während andere Kliniken sich weigerten, Hormonimplantate vor Ablauf der vorgesehenen fünf Jahre zu entfernen. Diese Ergebnisse ähneln auf frappierende Weise denjenigen, die Dorothy Roberts 25 Jahre zuvor in den USA konstatiert hatte, als arme Schwarze Frauen genötigt worden waren, sich Norplant-Implantate einsetzen zu lassen, und dann Probleme bekamen, als sie sie wieder entfernen lassen wollten.

Ein paar Monate nach Erscheinen von Senderowiczs Studien kamen zwei Journalistinnen im Auftrag der niederländischen Nachrichten-Webseite *De Correspondent* zu ähnlichen Ergebnissen.[55] Die Reporterinnen waren mehrere Tage mit einer mobilen Klinik in Uganda unterwegs und wurden Zeuge von Bedarfsweckung in Echtzeit. In nur wenigen

Stunden begegneten den Journalistinnen drei Frauen, die zur Klinik kamen, um sich eine Dreimonatsspritze geben zu lassen, aber nach eingehender »Beratung« durch das Klinikpersonal schließlich mit Implantaten nach Hause gingen, die sie für drei *Jahre* unfruchtbar machten. Eine andere Frau hatte gravierende gesundheitliche Probleme, die sie auf Nebenwirkungen ihres Implantats zurückführte, weshalb sie es entfernen lassen wollte. Viermal bat sie das Klinikpersonal, ihr das Implantat zu entfernen, und viermal lehnten sie ab. Stattdessen gaben sie ihr Ibuprofen und sagten, sie solle Geduld mit den Nebenwirkungen haben. Schließlich suchte sie eine Privatklinik auf, was sie viel Geld kostete, und ließ sich das Implantat dort entfernen. Sofort hörten die Schmerzen und Blutungen auf.[56] Die Berichte von *De Correspondent* werden in gewissem Maße auch im größeren Rahmen von Daten bestätigt. Laut der Dokumentation von FP2020 waren 2015 nur 16 Prozent der in Uganda verwendeten Verhütungsmittel Hormonimplantate; 2020 hatte sich die Zahl verdoppelt.[57] *De Correspondent* wies außerdem nach, dass Krankenschwestern und Kliniken in Uganda finanzielle Anreize erhielten, um für die Implantate Werbung zu machen. Im Rahmen eines »ergebnisorientierten Finanzierungsinstruments« der Weltbank wurden den Kliniken Prämien entsprechend der erreichten Anzahl unfruchtbarer Jahre ausgezahlt: Die Sterilisation einer Frau erbrachte 12,5 Euro, ein Mehrjahresimplantat oder eine Spirale 5 Euro und eine kurzzeitige Hormoninjektion 0,60 Euro.[58]

Der Leiter eines führenden Verhütungsmittelherstellers, Reproductive Health Uganda, räumte schließlich die Probleme solcher Anreize ein. »Die Spender interessieren sich vor allem auch für Indexjahre [d.h., wie viele unfruchtbare Jahre sie in lokalen Populationen erzielen], so wird die Wirkung gemessen«, sagte der Direktor der Organisation Jackson Chekweko. »Das ist problematisch, weil wir auf diese Weise die Entscheidung der Frauen beeinflussen. Und das ist falsch. Und schuld daran sind die Spender. Das gilt aber auch für die entgegengesetzte Richtung. Wir als Organisationen wollen auch gut dastehen und sagen den Spendern zu, dass wir diese Indexjahre erreichen. Daraus folgt, dass die Programme in erster Linie auf permanente und langfristige Empfängnisverhütung hinarbeiten. Dies hat nichts mit Entscheidungsfreiheit zu tun, es gewährleistet nicht das Recht auf diese Freiheit.«

FP2020 hat Melinda French Gates' Beteuerungen zur Ermächtigung und Autonomie von Frauen anscheinend nicht vollumfänglich Taten folgen lassen. Und bemerkenswerterweise hat es auch die anvisierten Zahlen verfehlt. Bis 2020 hatte das Projekt statt der 120 Millionen Frauen nur 60 Millionen erreicht.[59]

FP2020 hielt sich jedoch nicht lange mit seinen Defiziten auf. Es änderte einfach die Spielregeln und verkündete stolz: »Allein 2019 wurden dank dieser gemeinsamen Anstrengungen über 121 Millionen ungewollte Schwangerschaften, 21 Millionen riskante Abtreibungen und der Tod von 125 000 Müttern verhindert.«[60]

Die Gates Foundation war mit diesem Erfolg wohl so zufrieden, dass Melinda French Gates persönlich die Leitung bei der Übergabe des Staffelstabs von FP2020 an FP2030 übernahm.[61] (FP2030 lehnte meine Interviewanfrage ab und reagierte nicht auf meine Fragen zu FP2020.) Zur Verkündigung gehörte der stolze Hinweis auf eine erneute, 1,4 Milliarden Dollar schwere Zusage, »neue und verbesserte Technologien zur Empfängnisverhütung zu entwickeln, Programme zur Familienplanung zu unterstützen, die die Präferenzen lokaler Gemeinschaften widerspiegeln, und Frauen wie auch Mädchen in die Lage zu versetzen, selbstbestimmt für Empfängnisverhütung Sorge zu tragen – wo, wann und wie sie es wünschen«.[62] (Insgesamt spricht Gates von mehr als 4 Milliarden Dollar, die seit Gründung der Stiftung in alle ihre Familienplanungsprojekte geflossen seien.)

Nicht lange nach dem Startschuss für FP2030 wurden Frauen im Heimatland der Stiftung mit neuen Hindernissen für ihre eigene Familienplanung konfrontiert. Als der Oberste Gerichtshof der Vereinigten Staaten 2022 das Urteil im Fall *Roe gegen Wade* von 1973 aufhob, womit den Bundesstaaten der USA das Recht zugesprochen wurde, Abtreibungen zu verbieten, äußerten sowohl Bill als auch Melinda French Gates auf Twitter umgehend öffentliche Kritik an der Entscheidung.

Das ist bemerkenswert, weil sich die Gates Foundation in ihrer karitativen Arbeit nie für Abtreibung eingesetzt hat.[63]

2014 erklärte Melinda French Gates in einem Blogpost den Grund dafür. Der Zugang zu einer Abtreibung und der Zugang zu Verhütungsmitteln seien zwei verschiedene Dinge: »Die emotionale und persönliche Debatte über Abtreibung droht dem lebensrettenden Konsens hinsichtlich einer grundlegenden Familienplanung Steine in den Weg zu legen. Ich verstehe, warum das Thema emotionsgeladen ist, aber diese Themen miteinander zu vermengen, würde bedeuten, den Fortschritt für zig Millionen Frauen zu verlangsamen. Darum sage ich, wenn mich jemand nach meiner Meinung zu Abtreibung fragt, dass ich, wie jeder Mensch, Probleme mit diesem Thema habe, aber ich habe beschlossen, mich darüber nicht öffentlich zu äußern – und die Gates Foundation hat beschlossen, Abtreibung nicht finanziell zu fördern.«[64]

Viele führen diese Haltung darauf zurück, dass Melinda French Gates katholisch ist. Sofern das stimmt, ist zu fragen, wie das mit dem Selbstbild der Stiftung als einer Institution zusammenpasst, die sich eher von Wissenschaft und Vernunft leiten lässt als von religiösen und ideologischen Überzeugungen.

Noch wichtiger für die Entscheidung der Stiftung, dem Thema Abtreibung aus dem Wege zu gehen, könnten politische Berechnung und Pragmatismus sein. In den USA lehnen die Republikaner Abtreibung ab und sind seit langem bestrebt, die Verwendung von Steuergeldern zur Finanzierung von Abtreibungen zu verbieten; das schließt auch die massiven Ausgaben der US-Regierung für Entwicklungshilfe ein.[65] Die sogenannte *global gag rule*, wörtlich »globaler Maulkorberlass«, die unter Präsident Trump ausgeweitet wurde, verlangte beispielsweise, dass sich keine Organisation für Familienplanung, die Entwicklungshilfe von den USA erhält, mit Abtreibung befasst – auch nicht, wenn staatliche Gelder der USA davon unberührt bleiben.[66] (Präsident Biden hob die *global gag rule* wieder auf.)[67]

Indem die Stiftung einen Bogen um Abtreibung macht, vermeidet sie ein im Kongress heiß umkämpftes Thema, der eine große Vielfalt ihrer karitativen Projekte mit Milliarden Dollar unterstützt hat; USAID fungierte sogar als »zentraler Partner« von FP2020.[68] Gates' politische Positionierung ist jedoch nicht Ausdruck einer prinzipientreuen oder noblen Haltung. Sie lässt Bill und Melinda French Gates' Kommentare zu *Roe gegen Wade* etwas hohl klingen. Wie können sie so tun, als seien sie Verfechter und Vorreiter der Familienplanung, während sie jahrzehntelang sorgfältig vermieden haben, Abtreibung in ihre Arbeit einzubeziehen? Wie kann die Gates Foundation behaupten, mit ihrer Arbeit zur Familienplanung die Rechte der Frauen auf Selbstbestimmung über ihren Körper zu stärken, und zugleich Abtreibung als »ein anderes« Thema davon abgrenzen?

Die gleichen Fragen könnten wir bezüglich der Zwangsausübung stellen, die in der Arbeit der Gates Foundation für Familienplanung zu erkennen ist – etwa in Form von Bedarfsweckung und ihrem klaren Bestreben, Frauen zur Gründung von kleineren Familien zu bewegen. Wenn die Stiftung eine Führungsrolle übernehmen und beweisen will, dass sie sich Autonomie und Entscheidungsfreiheit verpflichtet fühlt, warum räumt sie dann nicht wenigstens ein, dass Zwang weiterhin ein Teil der modernen Familienplanung ist, und geht das Thema dann an? Wenn sie es täte, würde ihr das Kritik einbringen – und es würde Verhütungs- und Abtreibungsgegner stärken und mit dem Risiko einhergehen, dass die US-Regierung ihre finanziellen Zuwendungen einstellt. Doch welche andere Möglichkeit gibt es – so tun, als gäbe es das Thema nicht? Falls die Familienplaner das Ausüben von Zwang nicht thematisieren, besteht berechtigter Grund zur Sorge, dass ihnen das als Vertuschung ausgelegt wird.

»Ich glaube, sehr viele Leute möchten nicht darüber reden, weil sie den Abtreibungsgegnern einfach keine Angriffsfläche bieten wollen, wofür ich vollstes Verständnis habe«, sagte Leigh Senderowicz zu mir. »Doch die Kehrseite der Medaille ist folgende: Wir werfen den Abtreibungsgegnern vor, wissenschaftsfeindlich zu sein und sich nur die Daten herauszupicken, die sie sehen wollen, wobei ihnen das Wohlergehen der Frauen völlig egal ist. Und da sollten wir unsere Messlatte ein wenig höher legen.«

Bei einem Treffen mit der Gates Foundation stellte Senderowicz ihre Forschung und den von ihr entwickelten Indikator »Verhütungsautonomie« vor, mit dem sich das Maß von Entscheidungsfreiheit und Zwang bei der Empfängnisverhütung bestimmen lässt. Nun hat Senderowicz Gates zwar auf »Verhütungsautonomie« aufmerksam gemacht, aber wie sie sagt, hat die Stiftung den Indikator bisher noch nicht verwendet.[69]

Die Stiftungsarbeit zur Familienplanung hilft uns, die generelle Ausübung von Zwang bei allen Zuwendungen der Gates Foundation besser zu verstehen. Ein mächtiger Finanzier wie Gates muss niemanden kleinhalten, um ihn zu etwas zu zwingen. Die Stiftung kann die Herrschaft über einen Bereich einfach übernehmen, indem sie ihre Geldflüsse in diejenige Richtung lenkt, in die sich der Bereich bewegen soll. Sie behauptet, ein »unerfülltes Bedürfnis« eruiert zu haben, und »weckt« dann Bedarf an ihren eigenen eng gesteckten Lösungen. Dieses Machtmodell erlaubt der Gates Foundation, sich als Anführer zu positionieren, und ermöglicht ihren multinationalen Unternehmenspartnern, neue Märkte zu erschließen. Doch ermächtigt sie damit auch die Menschen, denen sie vorgeblich hilft? Erschafft sie eine Welt, in der »alle Leben gleich viel wert sind«?

Mit all dem will ich nicht sagen, dass Frauen von den Stiftungsspenden nicht profitiert hätten. Zweifellos hat es vielen geholfen, dass dank Gates mit dem FP2020-Programm subventionierte Hormonimplantate verfügbar wurden. Doch das Gleiche könnten wir über die von Eugenik geprägten Bestrebungen zur Bevölkerungskontrolle behaupten, die Philanthropen vor sechzig Jahren verfolgten. Nur weil viele Personen profitieren, enthebt uns das nicht der Notwendigkeit, Zwangsausübung und Missbrauch anzuprangern.

Die Prinzipien der modernen Familienplanung hochzuhalten erfordert von uns, ein starkes System öffentlicher Gesundheit zu schaffen, das Verhütungsmittel sowohl implantieren als auch entfernen kann, das eine große Auswahl an Verhütungsmethoden bereitstellt und ein breites Spektrum anderer Dienstleistungen anbietet. Wenn Melinda French Gates' ehrenwerte Versprechungen zur Familienplanungsinitiative – hinsichtlich freiwilliger, autonomer Entscheidungen – ernst genommen werden sollen, müssen diese Leistungen auch für arme Frauen erschwinglich sein. Die Dimensionen dieser Arbeit gehen weit über die Ambitionen und – noch wichtiger – das Mandat der Gates Foundation hinaus.

Was die Verfügbarkeit von Verhütungsmethoden angeht, können und sollten wir uns nicht von den Launen und Vorlieben von Milliardären abhängig machen – denn dieses Modell ist nicht nur unverantwortlich, sondern auch nicht nachhaltig. Was, wenn die Gates Foundation zu dem Schluss kommt, dass ihre Arbeit zur Familienplanung politisch zu heikel wird? Was, wenn Bill Gates stirbt? Oder wenn sich Melinda French Gates aus der Gates Foundation zurückzieht? Halten wir dann nach einem anderen Milliardär Ausschau und hoffen, dass der ein klein wenig klarer sieht?

Hier und jetzt sind möglicherweise Millionen Frauen davon abhängig, dass ihnen die Gates Foundation Zugang zu Verhütungsmitteln verschafft. Darum wäre es falsch, diese Arbeit über Nacht einzustellen. Genauso falsch wäre es aber, davon auszugehen, dass die Arbeit der Gates Foundation in diesem Bereich ein rechtschaffenes Bemühen um das Gemeinwohl ist, das unser Lob verdient. Wenn wir eine Initiative zur Familienplanung anstreben, die auf Selbstbestimmung und Autonomie beruht, geht dies nicht ohne die schwierige, vertrackte Aufgabe, politische Macht zu formen und uns einer Welt zu verpflichten, in der Gesundheit rund um Fortpflanzung und Familienplanung – sowie öffentliche Gesundheit im weiteren Sinne – als Menschenrecht erkannt wird, nicht als ein Privileg, das uns die Superreichen gewähren.

8

JOURNALISMUS

In den 1990ern lud Bill Gates einige Jahre lang die renommiertesten Wirtschaftsreporter zum Übernachten in seinen Familiensitz am Hood Canal außerhalb von Seattle ein.[1] Im Bericht über eine dieser Zusammenkünfte, die als »Pyjamapartys« berühmt wurden, ist von einer Wagenladung von Reportern die Rede, die »aufgeregt schnatterten, wie Pfadfinder auf dem Weg zum Sommercamp«, als sie sich Gates' Anwesen näherten. Zu ihrem Aufenthalt gehörte auch ein Ausflug in einem Wasserflugzeug der Marke Turbo Beaver.[2] Nach einem üppigen Abendessen empfing er die Reporter zu einem informellen Austausch, »wo er fast zwei Stunden lang Hof hielt«.[3]

Beim Lesen dieses Berichts kann man sich des Eindrucks nicht erwehren, dass die Reporter jener Zeit ihrer Zielperson zu nahe waren. Würde Elon Musk heute »Pyjamapartys« mit Top-Wirtschaftsreportern veranstalten, die in seinem Heim logieren und sich an Kaviar, Lammkeule und literweise Wein erfreuen, könnte eine solche Zusammenkunft einen Skandal verursachen und die beteiligten Journalisten würden als Verräter ihrer Zunft verspottet oder zumindest bloßgestellt.

Doch damals strahlte Bill Gates Magie aus – als Wunderknabe und Milliardär, der es bis ganz nach oben geschafft hatte, als mächtigster Unternehmensführer in der aufregendsten Branche der Welt. Es war auch nicht von Nachteil, dass Gates von einem erstklassigen PR-Team unter der Leitung von Medienguru Pamela Edstrom umgeben war, der man die Idee zu den Pyjamapartys zuschreibt. Edstroms Tochter schrieb später über die ausgeklügelten Medienstrategien, die ihre Mutter entwickelte. So lieferte sie »exklusives Windows-95-Dampfgeplauder an alle wichtigen Zeitungen und Magazine. Die PR-Agentur fütterte die *New York Times* mit einer Marketingvariante dieser Geschichte, das *Wall Street Journal* mit einer eher technischen Variante, und die Zeitschrift *People* erhielt einen Exklusivbericht darüber, daß die Stars von NBCs Fernsehkomödie *Friends*, Jennifer Aniston und Matthew Perry, ein 25-minütiges Video drehen und die Leute darin über die Wunder von Windows 95 aufklären würden«.[4]

Auch James Wallace, ehemaliger Reporter des *Seattle-Post-Intelligencer*, war Zeuge von Gefälligkeiten, die zwischen Microsoft und Journalisten ausgetauscht wurden. Das Unternehmen bot ihnen exklusive Storys an und im Gegenzug verzichtete die Presse auf Negativberichte über Bill Gates' Privatleben. Laut Wallace hatte Gates außerdem den Ruf, Reporterinnen anzubaggern.[5]

Der Autor William Zachmann erlebte die »Zuckerbrot-und-Peitsche«-Strategie von Microsoft aus erster Hand. Wie er sagte, wandte das Unternehmen sie an, um seine einflussreiche Rolle als Kolumnist für das *PC Magazine* zu torpedieren. 1990 zog das Magazin Kritik aus den Medien auf sich, als man entdeckte, dass sein Herausgeber John Dickinson nebenher auch Microsoft zu Fragen der Produktentwicklung beriet, was einen gravierenden Interessenkonflikt darstellte.[6] Wie kann ein Microsoft-Berater für unabhängige journalistische Inhalte verantwortlich sein? 2021 saß Zachmann an einem Schreibtisch vor einer riesigen USA-Flagge und lieferte mir Geschichten, die den Bogen von den alten Babyloniern bis zu William Burroughs spannten. Und dann verriet er mir, dass ihn jene kuschelige Partnerschaft mit Microsoft von den höchsten Rängen des Computerjournalismus katapultiert hatte.

Wie Zachmann sagt, sei er eigentlich ein Fan von Microsoft gewesen. Ihm gefiel, wie das Upstart-Unternehmen das schwerfällige Urgestein IBM herausforderte. Allerdings habe er geglaubt, IBM könne mit seinem Betriebssystem OS/2 einen letzten kommerziellen Erfolg verbuchen. Microsoft war von Zachmanns Enthusiasmus für ein Betriebssystem der Konkurrenz natürlich nicht begeistert und holte Zuckerbrot und Peitsche hervor, um ihn wie einen störrischen Esel wieder auf den rechten Weg zu führen. »Sie boten an, mir beim Schreiben der richtigen Texte zu helfen, und bedeuteten mir implizit, ich könne sehr viel reicher und berühmter werden, falls ich zu ihnen an Bord käme«, erzählte Zachmann mir. »Das also war das Zuckerbrot. Die Peitsche kam zum Einsatz, als sie meine Herausgeber unter Druck setzten ... und diese mir daraufhin klarmachten, ich müsse wohlwollender über Microsoft schreiben.« Laut Zachmann zwang ihn der Druck von Microsoft, das Magazin zu verlassen, und er ging mit seiner Geschichte an die Öffentlichkeit.[7] »Sie stecken mit Microsoft auf jede erdenkliche Weise unter einer Decke«, sagte er 1994 über das *PC Magazine*. (Sowohl die Zeitschrift als auch Microsoft stritten jegliche unzulässige Einflussnahme ab.)[8]

Als ich Zachmann Jahrzehnte später interviewte, fragte ich ihn, ob es ihn überrasche zu hören, dass die Gates Foundation dieselbe Zuckerbrot-und-Peitsche-Strategie wie damals Microsoft anwende.

»Ich wäre von den Socken, wenn sie es nicht täten«, sagte er. »Nach diesem Muster handeln diese Leute doch seit Tausenden von Jahren. Und zwar buchstäblich seit Tausenden von Jahren«, wiederholte er und ratterte Geschichten aus längst vergangengenen Zeiten herunter, in denen die Machtelite mit einer Vielzahl von Werbemaßnahmen, Tricks und Täuschungen alternative Realitäten schufen und ihre Agenden verfolgten. »Die öffentliche Meinung mit Nachrichten zu manipulieren ist kein modernes Phänomen.«

Auf LinkedIn definiert Andrew Estrada, ein leitender Kommunikationsbeauftragter der Gates Foundation (und mein einstiger Pressekontakt) seinen Job folgendermaßen: »Beziehungen zu Reportern aus über 30 weltweit führenden Nachrichtenmedien pflegen und sich regelmäßig mit ihnen auseinandersetzen, um die Herzensanliegen der Stiftung zu verfolgen und den Ruf der Organisation durch ein positives Medienecho zu stärken.«[9]

Das ist nicht besonders überraschend oder strittig. In allen möglichen Institutionen und Unternehmen gibt es PR-Abteilungen, die

versuchen, den Namen und die Produkte ihrer Organisation im öffentlichen Bewusstsein zu verankern. Was die Gates Foundation jedoch
einzigartig macht, ist das tödliche Material in ihrem Arsenal, das zum
Einsatz kommt, um an Einfluss zu gewinnen. Gates kann Nachrichtenabteilungen Spenden zukommen lassen, die unmittelbar in ihre Berichterstattung fließen. Würde Microsoft so etwas versuchen und
Nachrichtenmedien Geld zukommen lassen, so würde man das Unternehmen der Bestechung bezichtigen.

Die Stiftung knüpft nicht nur finanzielle Bande mit Nachrichtenmedien, sondern sagt ihnen auch, auf welche Weise sie das Geld einzusetzen haben – sei es für Leitartikel über bestimmte Themen oder sogar
aus einer speziellen Perspektive. Zudem haben die einflussreichsten
und prestigeträchtigsten Nachrichtenmedien der Welt Gates und seine
Großzügigkeit mit offenen Armen empfangen. Bis Anfang 2023 weisen
die Zuwendungsunterlagen der Stiftung Spenden von mehr als 325 Millionen Dollar an eine Bandbreite verschiedener Medien aus: an den
Guardian, Al Jazeera, NPR, den *Spiegel*, *Le Monde*, CNN, *The Atlantic*,
El País, die *Financial Times*, den *Spectator*, die BBC und zahlreiche weitere. Weil Gates' Spendengelder mitunter durch dunkle Kanäle fließen,
ist die Gesamtsumme, die die Stiftung dem Journalismus zukommen
lässt, zweifellos noch höher und wahrscheinlich weitaus höher, als für
uns ersichtlich ist. Laut dem Fördernetzwerk Media Impact Funders,
das Gelder von Gates erhält, belaufen sich die gesamten Zuwendungen
der Stiftung an alle Medien seit 2009 – nicht nur den Journalismus –
auf über 2,5 Milliarden Dollar.[10]

Zum Vergleich: Als der Milliardär Jeff Bezos für den Kauf der *Washington Post* 250 Millionen Dollar auf den Tisch legte, sorgte das für
öffentliche Bedenken und Diskussionen, ob das die Zeitung beeinflussen könne, im Sinne von Bezos' Interessen oder dem Profit von Amazon zu agieren. Dagegen wirbelt Bill Gates' Privatstiftung kaum Staub
auf, obwohl sie dem Journalismus noch größere Summen zufließen
lässt.

Das Gesamtvolumen der Stiftungsspenden ist zwar unbekannt, doch
die Geldströme lassen sich kreuz und quer durch die Medienlandschaft

verfolgen – sie führen zu Print- und digitalen Medien und Dokumentarfilmen sowie zu Fellowships, Konferenzen und Trainings. Die Stiftung spendete 1,9 Millionen Dollar an die Johns Hopkins University, »um amerikanische Journalistinnen und Journalisten durch Angebote von Fellowships und Gelegenheiten zu Reportagen in der Berichterstattung über Weltgesundheit und -entwicklung zu schulen«, 165 000 Dollar an das Aspen Institute, »um festzustellen, inwiefern journalistisches Training Quantität und Qualität der Berichterstattung über Gesundheitsprobleme in den Entwicklungsländern verbessern kann«. Eine liberalere Analyse von Gates' Förderung würde außerdem die mehr als 20 Millionen Dollar einschließen, die an die Alliance for Science gingen, die afrikanische Journalistinnen und Journalisten in Agrarpolitik (gemäß Gates' Agenda) unterrichtet, und die mehr als 35 Millionen Dollar, die an die New America Foundation gespendet wurden, eine der wenigen Institutionen, die Stipendien für Sachbuchautoren finanziert.[11]

Die Stiftung unterstützt Organisationen, die Kolumnisten der *Washington Post* und der *New York Times* beschäftigt haben. So hat Michael Gerson, Kolumnist der *Washington Post*, in seinen Beiträgen der letzten zehn Jahre wiederholt die Gates Foundation und Bill Gates gelobt, ohne offenzulegen, dass er auch für die Kampagne ONE gearbeitet hat.[12] Deren größter Sponsor ist die Gates Foundation, die auch im Vorstand der Organisation sitzt. Erst nachdem ich die *Post* diesbezüglich kontaktiert hatte, klärte Gerson seine Leser über diesen Interessenkonflikt auf. Darüber hinaus sponsert Gates die oberste Adresse für journalistische Ethik, das Poynter Institute for Media Studies, das dann in die unangenehme Situation gebracht wird, die potenziell tendenziösen Effekte von Gates' Spendentätigkeit vor der Öffentlichkeit herunterspielen zu müssen.[13]

Die Stiftung hat sogar den Investigativjournalismus finanziert – das Mississippi Center for Investigative Reporting, das Premium Times Centre for Investigative Journalism, das Bureau of Investigative Journalism, das Wole Soyinka Centre for Investigative Journalism und ProPublica. Vielleicht kennen Sie *Reveal*, eine Radioshow bzw. ein Podcast des öffentlich-rechtlichen Rundfunks, produziert vom Center for Investigative Reporting, das stolz seine schlagkräftige Mission verkündet, »Personen und Institutionen für die Probleme, die sie verursacht oder zu ihren Zwecken genutzt haben, zur Rechenschaft zu ziehen«. *Reveal* hat nicht auf Presseanfragen zur Förderung durch die Gates Foundation reagiert, und es macht nicht den Anschein, als habe das Center jemals versucht, Bill Gates oder die Gates Foundation zur Rechenschaft zu ziehen.[14] Und wie könnte es auch? Das Ziel deiner Recherchen kann gemeinhin nicht zugleich dein Sponsor sein.

Doch in der heutigen finanziell hart umkämpften Medienlandschaft – in der Nachrichtenmedien damit beschäftigt sind, sich den Erfordernissen des Online-Markts anzupassen –, fällt es schwer, Gates' Geld zurückzuweisen. Nur wenige Nachrichtenkanäle bleiben von der Förderung der Stiftung unberührt, und bis die Stiftung 2021 von einer Welle von Fehltritten erschüttert wurde, war kaum ein Nachrichtenmedium bereit, die mächtigste Wohltätigkeitsorganisation der Welt schärfer ins Visier zu nehmen und sie nicht nur als makellose, wohlmeinende mildtätige Einrichtung darzustellen.

2010 machte die Stiftung Schlagzeilen, als sie für die Reportage *Be the Change: Save a Life* eine 1,5 Millionen Dollar schwere Partnerschaft mit ABC News einging.[15] Der damalige ABC-Präsident David Westin räumte ein, das Netzwerk habe sich mit der Leitung von Gates' Weltgesundheitsprogramm getroffen, um sich Ideen für Storys zu holen.[16] Als die Stiftung später auf dieses offenkundige Beispiel einer redaktionellen Beeinflussung angesprochen wurde – ein Nachrichtenmedium zu sponsern und ihm dann Ideen für Storys einzuflüstern –, wies Kate James, Gates' oberste Kommunikationsbeauftragte, diese Anschuldigung weit von sich und sagte: »Wir haben ständig Treffen mit Nachrichtenagenturen und Redaktionsleitungen.«[17] Wenn sich Redaktionsleitungen »ständig« mit der Gates Foundation treffen, treffen sie dann auch Gates' Kritiker? Natürlich nicht. Gates' Kritikern fehlt es gemeinhin an Durchschlagskraft, um auch nur am ersten Wächter der Top-Pressekanäle vorbeizukommen.

Dennoch nehmen Journalisten die Arbeit der Stiftung von Zeit zu

Zeit auch mal kritisch unter die Lupe; manche Berichte sind brillant und manche richten den Fokus sogar auf die Beeinflussung der Presse durch die Stiftung. Laut Recherchen von Associated Press aus dem Jahr 2018 hatte die von Gates gesponserte Newsseite The 74 einen »Exklusivbericht« über eine neue Studie zur Bildungspolitik veröffentlicht, die zwei Zuwendungsempfänger der Gates Foundation durchgeführt hatten.[18] Zunächst verschwieg The 74 ihrem Lesepublikum die Förderung durch Gates. Indem die Stiftung Nachrichtenmedien und auch die von Journalisten zitierten Experten sponsert – und zwar auf nicht direkt ersichtliche Art und Weise –, kann sie den öffentlichen Diskurs außerordentlich stark beeinflussen und somit auch das, was wir über sie wissen und wie wir über die Themen denken, mit denen sie sich beschäftigt.

Für jeden kritischen Bericht, der über die Gates Foundation veröffentlicht wurde, tauchten vielleicht 5000 positive oder unkritische auf – ein zutiefst unausgewogener Diskurs mit einem einseitigen Narrativ, das auf Fehlinformationen oder gar Mythenbildung beruht. Im Verlauf der letzten zwanzig, ganz sicher aber der letzten zehn Jahre gab es wohl kaum einen politischen Akteur, der einflussreicher war und zugleich weniger hinterfragt wurde als die Gates Foundation.

Vielleicht klingt das jetzt nach hochtrabendem Moralisieren, aber von Nachrichtenmedien erwartet man, dass sie in starken Demokratien eine entscheidende Rolle spielen. Man nennt sie sogar die »Vierte Gewalt« – eine vierte Ebene sozial gesinnter gegenseitiger Kontrolle, die über den Kongress, den Präsidenten und die Gerichte hinausreicht.[19] Es ist die Aufgabe des Journalismus, eine kleine Meute an Spürhunden zu befähigen, Geldströmen nachzugehen, Verschwendung, Betrug und Missbrauch aufzuspüren und Machthaber zur Verantwortung zu ziehen. Die Mission des Journalismus verbirgt sich in einer alten Binsenwahrheit: »Plage die Gelabten und labe die Geplagten!«

Dennoch sind Journalisten im Großen und Ganzen nicht willens oder in der Lage zu begreifen, dass die Gates Foundation eine Machtstruktur ist, eine politische Organisation, deren gespendete Milliarden genau die Art von Interessenkonflikten und Beeinflussung von Politik durch Geld verkörpern, die Journalisten hinterfragen sollten. Anders gesagt: Die Gates Foundation sollte eine der meistuntersuchten Institutionen der Welt sein. Aber das ist sie nicht; sie ist eine der meistbewunderten.

Das hat, neben Gates' finanziellem Einfluss auf Nachrichtenmedien, zahlreiche weitere Gründe. Die Medien lieben Heldengeschichten, und Bill Gates ist es gelungen, seine Wohltätigkeit mit einer Art Heiligenschein zu umgeben. Sein Ethos als »guter Milliardär«, der bergeweise Geld anhäuft und es dann verschenkt, liefert ein ganz besonders unwiderstehliches Narrativ, weil es uns in unserer tief verwurzelten Faszination von Reichtum und unserer Liebe zum Geld schwelgen lässt. Zudem widerstrebt es der journalistischen Intuition – genauer gesagt unser aller Intuition –, jemanden schief anzublicken, der etwas spendet. Wollen wir bei all dem Elend in der Welt tatsächlich einen reichen Typen auf den Prüfstand stellen, der sein ganzes Geld verschenkt? Ungeachtet dieser Erklärungen scheint es auch fair zu sagen, dass die Zuwendungen, die der Journalismus von der Stiftung empfangen hat, ein entscheidender Faktor waren – sie haben den Journalisten das Hirn vernebelt und die Sicht auf die Bedrohung getrübt, die Bill Gates für Demokratie und Gleichheit darstellt.

Um es ganz klar zu sagen: Bill Gates pumpt keine Hunderte Millionen Dollar in den Journalismus, weil er an die demokratischen Ideale der freien Presse glaubt oder glühender Anhänger eines Wachhund-Journalismus ist. Seine Privatstiftung sponsert die Medien aus genau dem entgegengesetzten Grund – sie soll den Wachhunden die Zähne ziehen und sie gefügig machen, Gates' Agenda befördern und seinen Ruhm mehren, Propaganda erzeugen, die ihm zu politischer Macht verhilft, und das Narrativ pflegen, welches die öffentliche Wahrnehmung seiner Arbeit in die gewünschten Bahnen lenkt.

2017 veröffentlichten die freien Journalisten Robert Fortner und Alex Park einen langen investigativen Artikel für die *Huffington Post*, dessen Titel auf brillante Weise auf Gates' späteres Versagen bei der Bewältigung der Covid-19-Pandemie hindeutete: »Bill Gates Won't Save You from the Next Ebola« (»Bill Gates wird euch nicht vor der nächsten Ebola-Epidemie retten«).[20]

Indem die Reporter auf ihr gesetzlich zugesichertes Recht auf Informationsfreiheit pochten, verschafften sie sich Einblick in E-Mails der Centers for Disease Control and Prevention (»Zentren für Krankheitskontrolle und -prävention«, CDC). In diesen wurde die Gates Foundation praktisch angefleht, die Dinge in die Hand zu nehmen und Ebola die Stirn zu bieten. Man hätte über den E-Mail-Austausch lachen können, wenn es nicht um Leben oder Tod gegangen wäre. Die Gates Foundation, vermutlich der mächtigste Akteur der Weltgesundheit, legte die Hände in den Schoß und sah zu, wie sich in Liberia eine tödliche Epidemie ausbreitete.

»Wir haben keine spezielle Strategie oder ein Budget für aufkommende Infektionskrankheiten«, ließ Chris Elias, der Leiter von Gates' Weltgesundheits-Abteilung den damaligen Direktor der CDC Tom Frieden wissen. »Doch dies sind außergewöhnliche Zeiten, und ich bringe die Sache gern intern zur Sprache, wenn das sinnvoll ist.«

Frieden antwortete: »Die Situation ist unglaublich ernst. ... Ich müsste Sie, Bill und noch andere Personen nächste Woche über alles Weitere in Kenntnis setzen. Ganz Afrika ist bedroht. Umgehende Unterstützung ist dringend geboten und viel wichtiger als Hilfe in einigen Wochen. Buchstäblich jeder Tag zählt.«

Die Stiftung hat schließlich doch Mittel für den Kampf gegen Ebola bereitgestellt. Sie sagte 50 Millionen Dollar zu und teilte Frieden mit, sie wolle ihre Ressourcen auf eine experimentelle Behandlung konzentrieren – die Produktion von Hyperimmunglobulin (was sich schließlich als unwirksam herausstellte). Frieden bat die Stiftung inständig, praktischer zu denken – nicht in Hightech-Waren oder unsichere Interventionen zu investieren, sondern in die weniger spektakuläre Arbeit vor Ort, um die Übertragung zu stoppen. »Eigentlich lautet unsere dringendste Bitte an [die Stiftung], die Länder, die von Ansteckung bedroht sind, zu ›wappnen‹ oder ›feuerfester‹ zu machen«, schrieb er.

Als Fortner und Park die Stiftung zu den E-Mails befragten, stießen sie nicht etwa auf eine offene und transparente Wohltätigkeitsorganisation, die gerne bereit war, mit ihnen über ihre Arbeit zu sprechen. Die Stiftung holte zum nuklearen Gegenschlag aus.[21] Bryan Callahan, stellvertretender Director of Executive Engagement der Gates Foundation, wandte sich über ihre Köpfe hinweg an ihre leitende Redakteurin bei der *Huffington Post*. Callahan warf den Autoren »Belästigung« vor und bezeichnete sie als »permanent voreingenommen der Stiftung gegenüber, anfällig für haltlose Behauptungen und angewiesen auf herausgepickte Zitate und verdrehte Tatachen, die sich mit ein paar schnellen Recherchen leicht widerlegen lassen.«

Die leitende Redakteurin Kate Sheppard (die heute Journalismus an der University of North Carolina unterrichtet) war bestürzt, erzählte mir jedoch in einem Interview, dass sie sich um Deeskalation bemüht habe. Sie bot an, sich in der Korrespondenz persönlich als Mediatorin zur Verfügung zu stellen. Auch wenn die Gates Foundation ihren Reportern nicht traue – ihr könnten sie zweifellos vertrauen. Der Stiftung genügte das offensichtlich nicht und sie wandte sich über Sheppards Kopf hinweg an die nächsthöhere Stelle der Organisation.

Möglicherweise fühlte sich die Stiftung zu solch außergewöhnlichen Schritten ermächtigt, weil Gates der *Huffington Post* eine finanzielle Zuwendung für das sogenannte Project Zero hatte zukommen lassen – eine »über mehrere Jahre angelegte Serie, die auf vernachlässigte Tropenkrankheiten und die Menschen, die sie bekämpfen, aufmerksam machen will«.[22]

Sheppard wich nicht aus, als ich sie fragte, ob die Stiftung ihrer Meinung nach die Story killen wollte. »Sie machten großen Druck«, sagte sie. »Das ging eindeutig über die Art von Rückmeldungen hinaus, die ich sonst erhalte – sei es von privater, philanthropischer oder staatlicher Seite. So etwas habe ich noch nie erlebt – sie wollten sich mit der Redaktion schon anlegen, bevor die Story überhaupt draußen war, und beantworteten ganz normale Fragen per E-Mail.«

Doch all die intensiven und hartnäckigen Bemühungen der Stiftung konnten nicht verhindern, dass der Artikel publiziert wurde. Sheppard, Fortner und Park triumphierten und veröffentlichten ihren exzellenten

Bericht – der gut recherchiert, fundiert und unabhängig war. Ganz ohne Wirkung blieb Gates' Gegenwehr freilich nicht.[23] Die Stiftung ist bereit, in den Ring zu steigen und kritische Reportagen anzufechten. Dabei schreckt sie offenkundig auch nicht vor versuchtem Rufmord einzelner Journalisten zurück. Dieses Verhalten sendet eine mächtige Botschaft aus: Wenn du uns ins Visier nimmst, werden wir dir enormen Druck machen. Und du wirst riskieren, die Förderung durch eine milliardenschwere Stiftung zu verlieren.

Wie Alex Park mir gegenüber beschrieb, habe die Stiftung versucht, »einen Keil zwischen uns und die Publikation zu treiben ... vielleicht nicht unmittelbar Einfluss zu nehmen, [aber] sich die Möglichkeit zu verschaffen, später noch Einfluss auszuüben. ... Sie wichen unseren Fragen aus und versuchten, unsere Berichterstattung zu untergraben.«

Die Gates Foundation weiß sehr gut die Peitsche zu schwingen, aber auch mit dem Zuckerbrot zu locken. Den Nachrichtenmedien ist klar, dass sie mit wohltätigen Spenden rechnen dürfen, wenn sie Gates' Spiel brav mitspielen. Diese – zuckersüße – Botschaft erreichte Park und Fortner, als sie sich für ein Projekt im Auftrag der niederländischen Nachrichten-Webseite *De Correspondent* zusammenfanden, um die Arbeit der Gates Foundation zur Bekämpfung der Kinderlähmung zu untersuchen.[24] Unglaublicherweise überging die Gates Foundation sie ein zweites Mal.

Rachel Lonsdale, die Leiterin von Gates' Polio-Kommunikationsteam, kontaktierte den Herausgeber des Online-Magazins mit den Worten: »Üblicherweise bevorzugen wir ein Telefongespräch mit dem Herausgeber einer Publikation, mit der Freiberufler beauftragt werden. Auf diese Weise möchten wir zum einen klären, wie wir Sie bei dem betreffenden Projekt unterstützen können, und zum anderen eine längerfristige Beziehung anbahnen, die über den Freiberufler-Auftrag hinausgeht.«[25]

Das klingt verdächtig nach einem Angebot, so als wolle die Gates Foundation eine finanzielle Verbindung vorschlagen. Für andere klingt es vielleicht nach Bestechung. Für uns alle sollte es nach einem Machtkampf klingen. Diese Art der Kommunikation ist im Journalismus weder normal noch angemessen. Es gibt keine Welt, in der das Zielobjekt journalistischer Recherchen auf einer persönlichen Ebene mit Redakteuren über die Berichterstattung diskutieren – oder sie offen angehen – kann.

De Correspondent teilte mir mit, er habe Gates' Angebot zurückgewiesen, weil es die Unabhängigkeit und Integrität ihrer journalistischen Arbeit möglicherweise beeinträchtige. Erneut gelang es Park und Fortner, ihre Story zu veröffentlichen. Als ich 2020 im *Columbia Journalism Review* darüber berichtete, bezeichnete die Gates Foundation den Vorfall als »normale Medienarbeit«.[26] »So wie viele andere Organisationen hat die Stiftung ein hausinternes Team für Medienarbeit, das die Beziehungen zu Journalisten und Redakteuren pflegt, um ihnen eine Informationsquelle anzubieten und eine gründliche und gewissenhafte Berichterstattung über unsere Themenfelder zu erleichtern.«[27]

Zu den beiden Vorfällen mit Park und Fortner lässt sich sagen, dass eigentlich kein Schaden entstanden ist. Die Journalisten konnten ihre Beiträge veröffentlichen. Gates gelang es nicht, die Recherchen zu unterbinden. Doch es ist nicht davon auszugehen, dass jedes Gerangel mit der Gates Foundation so glimpflich ausgeht. Auf jede prinzipientreue Redakteurin und jeden hartnäckigen Journalisten kommen hundert andere, die einfach mit dem Strom schwimmen und keine Wellen schlagen (zumindest nach meiner Erfahrung als Journalist).

Das Gegenstück zu Fortners und Parks Geschichte liefern Journalisten, die Zuwendungen von Gates angenommen haben und uns Einblick in andere Dimensionen redaktionellen Einflusses durch Sponsoren geben.

2018 veröffentlichte die Nachrichten-Webseite Bhekisisa aus Südafrika, die großenteils von der Gates Foundation finanziert wird, einen Artikel über die Arbeit mit wohltätigen Spendern und erwähnte die Gates Foundation und die deutsche Regierung: »Bhekisisas Spendeneinnahmen und die sich daraus ergebenden Konsequenzen sind uns teuer zu stehen gekommen. Die Mitarbeitenden gehen nicht mehr nur ihrer Tätigkeit als Journalisten oder Redakteure nach, sondern arbeiten mit beträchtlichem Zeitaufwand – oft bis zu 30 Prozent bei den Reportern und 40 Prozent in der Redaktion – als Datensammler, Geldbeschaffer, Event-Veranstalter, Angebotsentwerfer, Konferenzleiter, Ersteller von Informationsmanagementsystemen und Verfasser von Berichten an den Sponsor.«[28]

Adam Davidson, Mitbegründer der NPR-Show *Planet Money*, berichtete, er habe von einem Spendendeal mit Gates Abstand genommen, weil dies der journalistischen Arbeit zu viele Zugeständnisse abverlangt hätte. »Als ich bei *Planet Money* war, lehnte ich eine finanzielle Zuwendung der Gates Foundation ab, weil ich das Gefühl hatte, dass ihre Anforderungen an unsere Arbeit dem journalistischen Berufsethos grundlegend zuwiderliefen. Sie wollten, dass wir unsere Beiträge gemäß ihren Kriterien von ihnen absegnen ließen«, erfuhr ich von Davidson, der nicht länger für NPR arbeitet. Als Beispiel nannte er einen Beitrag über die wirtschaftliche Entwicklung in Haiti, den die Stiftung nicht fördern wollte, weil sie in diesem Bereich in Haiti nicht aktiv war.

Eine Quelle, die an von Gates finanzierten journalistischen Projekten mitgewirkt hat, erzählte mir eine ähnliche Geschichte. »Mit der Unterstützung von Gates ist es oft so, dass man sie für Dinge erhält, die man sonst nicht machen würde und auch nicht unbedingt machen möchte. Das aber wird für die Unterstützung vorausgesetzt. Ein paar Mal hieß es: ›Wir müssen dieses [Projekt] über die Bühne bringen, denn wir haben das Geld dafür und haben es ausgegeben und jetzt müssen wir etwas dafür vorweisen.‹ Mir kam das so vor, als würde man den journalistischen Prozess damit auf den Kopf stellen; in beiden Fällen ging es um Dinge, die die Nachrichtenmedien gar nicht machen wollten«, erklärte die Quelle. »Was mich betrifft – wir als Journalisten haben so wenig Zeit und erhalten so wenig finanzielle Unterstützung. Es ärgert mich, dass wir all diese Extrawünsche für Gates abarbeiten müssen. Das ist sehr oft das Problem, wenn Stiftungen journalistische Arbeit sponsern. Ich frage mich dann immer: Würdest du das [von Gates aufgetragene Projekt] ohnehin machen? Und wenn die Antwort Nein ist, dann ist das bloß Marketing.«

Die Quelle erläuterte mir die spezifischen Mechanismen, die Gates'

Macht zugrunde liegen, einschließlich der regelmäßigen Kontrollanrufe durch die Stiftung. Wenn man ein Transkript dieser Anrufe lesen würde, hätte man große Probleme zu beweisen, dass da jemand versucht, redaktionelle Kontrolle auszuüben. Aber beim Zuhören werde einem klar, dass da gerade eine erstklassige Theateraufführung im Gange sei. Die Stiftung verwende verschiedene Codes und nonverbale Signale, um ihre redaktionellen Wünsche sehr deutlich zu vermitteln. Manchmal stelle sie beiläufig eine unschuldig klingende Frage wie: »Haben Sie was in der Pipeline über [Land X]?« In der Redaktion würde man schnell lernen, Gates-Sprech zu übersetzen, und die Frage deuten als: »Wir sind daran interessiert, dass Sie mehr Berichte über [Land X] bringen.«

Falls die Gates Foundation mit der Idee für eine Story nicht einverstanden sei, bringe sie ihre Missbilligung durch Schweigen zum Ausdruck. Falls der Stiftung eine Idee gefalle, ernte man ein enthusiastisches »Mm-hmmm«. »Sie vermitteln dir ihre Anliegen, ohne die Berichterstattung direkt zu steuern – so funktioniert das schon seit eh und je«, fügte die Quelle hinzu. »Ehrlich gesagt, empfand ich das schon irgendwie als Konfrontation. Sie redeten Klartext, ohne explizit zu werden.«

2020 beschrieb diese Quelle das Einwirken der Stiftung auf die redaktionelle Arbeit als notwendiges Übel, weil die Spendengelder, die sie von Gates erhielten, so wichtig seien und den Nachrichtenmedien die Behandlung von Themen ermöglichten – insbesondere Reportagen über Bedürftige –, über die sonst nicht berichtet würde. Als wir 2021 erneut miteinander sprachen, war sich die Quelle nicht mehr so sicher und sagte, Gates schaffe im Grunde journalistische Ghettos für ganz spezielle Themen, eine Medienlandschaft, in der man über Themen wie Weltgesundheit und -entwicklung nur mit Blick auf von Gates geförderte Projekte berichten könne. Ein solches System ist weder nachhaltig noch unabhängig, und ob es irgendetwas bewirkt, ist fraglich. Ja, die – von Gates gesponserte – Rubrik »Weltentwicklung« im *Guardian* bringt zwar Berichte über die Armen der Welt, aber der *Guardian* macht daraus keinen Aufmacher auf der Titelseite oder präsentiert sie so, dass sie beim größten Teil seines Lesepublikums Interesse wecken.[29]

»Finde ich es schlecht, dass Bill Gates Medien sponsert?«, überlegte meine Quelle. »Wahrscheinlich nicht, aber die Art und Weise, wie es abläuft, ist so intransparent und geheimniskrämerisch und außerdem ohne Rechenschaftspflicht und ohne sich für Interessenkonflikte verantwortlich zu zeigen – es ist aussichtslos. Ich weiß nicht, ob es mit Gates irgendwie besser laufen könnte. Momentan ist die Situation hoffnungslos verfahren, aber niemand scheint daran etwas ändern zu wollen«, sagte die Quelle. »Ich habe das Gefühl, dass die meisten Leute einfach nur extrem dankbar für die finanzielle Unterstützung sind und sie nicht wirklich in Frage stellen.«

Während Bill Gates weithin als großzügigster Mensch der Welt gefeiert wird, hat er es während seiner Amtszeit als weltweit führender Wohltäter geschafft, sein Privatvermögen fast zu verdoppeln. Wenn es Journalisten nicht gelungen ist, diesen Widerspruch aufzudecken, liegt das vielleicht daran, dass Bill Gates so überzeugend demonstrieren konnte, wie weitreichend die Teilhabe an wirtschaftlichen Gewinnen gewesen ist und dass jeder reicher wird.

»1990 lebte mehr als ein Drittel der Weltbevölkerung in extremer Armut, heute nur rund ein Zehntel«, schrieb Gates im *Time*-Magazin während seiner kurzen Zeit als Gastredakteur.[30] (Außerdem war Bill Gates Gastredakteur bei *Wired*, dem Portal *The Verge*, *MIT Technology Review*, *Asahi Shimbun* in Japan, der *Times of India* und *Fortune*.)[31] »Vor einem Jahrhundert durfte man in rund 20 Ländern schwul sein; heute ist das in über 100 Ländern legal. Frauen erlangen politische Macht und stellen mittlerweile über ein Fünftel der Mitglieder nationaler Parlamente. Endlich hört die Welt zu, wenn Frauen über sexuellen Missbrauch berichten. Mehr als 90 Prozent aller Kinder auf der Welt besuchen die Grundschule. In den USA läuft man viel seltener Gefahr, bei einem Arbeitsunfall oder Verkehrsunfall ums Leben zu kommen, als es noch bei unseren Großeltern der Fall war.«

Durch Bill Gates' rosarote Brille sehen wir eine Welt, die stetig zu einem besseren Ort wird. Kreativer Kapitalismus, Neoliberalismus und Globalismus heben alle Boote gleichermaßen. Milliardäre geben mit

ihrer Philanthropie etwas zurück und retten Millionen Menschenleben. Zweifellos gibt es noch Luft nach oben. Nein, die Welt ist nicht
perfekt. Aber wir dürfen nicht zulassen, dass das Perfekte dem Guten
im Weg steht. Wir müssen Kurs halten. Der Business-as-usual-Pfad,
den wir verfolgen, ist im Großen und Ganzen der richtige.

Die Gates Foundation hat sich diese Haltung ihres Gründers ganz
zu eigen gemacht und sogar mit dem Begriff »ungeduldiger Optimist«
dafür geworben.[32] Wenn Bill Gates vehement für Optimismus plädiert
oder uns zu einer Ehrenrunde zur Feier des sozialen Fortschritts ein-
lädt, den die Zivilisation erlebt hat, verkündet er, dies sei »durch Daten
belegt«.[33]

Bill Gates veröffentlicht gerne Diagramme und Kurven, die seiner
Meinung nach radikale Verbesserungen im Leben der Menschen aufzeigen. Beispielsweise verweist er stolz auf Daten, die erhebliche Rück-
gänge der Armut illustrieren, definiert als ein Betrag von unter
1,90 Dollar, der einer Person pro Tag zur Verfügung steht.[34] »Diese
Schwelle ist insbesondere deshalb problematisch, weil sie nicht auf
empirischen Befunden über die tatsächlichen menschlichen Bedürfnisse beruht«, sagte mir Jason Hickel, Wirtschaftsethnologe an der
Autonomen Universität Barcelona und der London School of Economics. »Tatsächlich gibt es mittlerweile sehr überzeugende Belege dafür,
dass sich Menschen mit diesem oder sogar dem doppelten Betrag oft
nicht einmal genug Nahrung beschaffen können, ganz zu schweigen
von anderen elementaren Bedürfnissen wie Unterkunft, Gesundheitsfürsorge, sauberem Brennmaterial zum Kochen und so weiter.«

Hickel zitierte Daten der Vereinten Nationen, wonach die Zahl der
Menschen, die nicht genug zu essen haben, fast dreimal so groß ist wie
die Zahl der Menschen, die vermeintlich in Armut leben.[35] »Nah-
rungssicherheit ist kein Luxus; sie sollte im Mittelpunkt jeder soliden
Definition von Armut stehen«, sagte Hickel. »Während Einkommen
und Verbrauch im unteren Segment gestiegen sind, ist der Anstieg des
Gewinns sehr gering und sehr langsam gewesen und hat nicht ausge-
reicht, die meisten Menschen aus tatsächlicher Armut herauszuholen.
Das Tageseinkommen der ärmsten Hälfte der Weltbevölkerung ist in

den letzten vier Jahrzehnten lediglich um ein paar Cent pro Jahr gestiegen. Und das trotz eines außerordentlichen, nie dagewesenen Wachstums der Weltwirtschaft.«

Würden wir das wahre Gesicht der Armut fairer und ehrlicher einschätzen, so Hickel, dann würden wir erkennen, dass heute mehr Menschen in Armut leben als jemals zuvor. Mit seiner Analyse erheben sich belastende, wenn nicht gar existenzielle Fragen zu Bill Gates' Weltanschauung. Sie drängt uns die Frage auf, ob der Welt ein Wirtschaftssystem guttut, in dem Männer wie Gates ein Vermögen von 100 Milliarden Dollar anhäufen können, während über 1 Milliarde Menschen nicht genug zu essen haben.[36] Wir müssen uns damit auseinandersetzen, ob Bill Gates' 54 Milliarden schwere Privatstiftung zu mehr Gleichheit beiträgt oder ob sie ein Paradebeispiel für die Ungleichheit ist, die die Welt von heute prägt.

Bill Gates sieht das anders. Er beharrt darauf, dass der wirtschaftliche und soziale Fortschritt real sei; er sei jedoch dem Zynismus zum Opfer gefallen, der den Journalismus durchtränke. »Warum fühlt es sich so an, als sei die Welt im Niedergang begriffen?«, fragt er. »Ich glaube, das liegt zum Teil an der Berichterstattung in den Medien. Schlechte Nachrichten schlagen immer hohe Wellen, während die guten stückchenweise daherkommen – und normalerweise nicht einmal als berichtenswert gelten.«[37] Gates fordert diese einseitige Sicht der Dinge heraus, indem er die Medien mit guten Taten überflutet, um Narrative des Fortschritts und Geschichten der Hoffnung zu erzeugen.

2009 rief die Gates Foundation das Living Proof Project ins Leben, um andere Geschichten erzählen zu können – vom »Fortschritt, der im Kampf gegen extreme Armut vor Ort Gestalt annimmt« und von den Menschenleben, die dank der Aktivitäten rund um HIV/Aids gerettet werden.[38] »Indem wir den Menschen von Erfolgsstorys berichten, die sie mit ihren finanziellen Beiträgen ermöglicht haben – die amerikanischen Steuerzahler und ihre politischen Vertreter –, hoffen wir, der derzeitigen Diskussion über Weltgesundheit ein neues Gesicht zu geben«, erklärte die Stiftung, um ihre Mission später noch ein wenig zu konkretisieren. »Wir behaupten nicht, alles sei wunderbar, und ganz sicher nicht, dass jede Hilfsaktion Früchte trägt. Aber es geht darum, die Geschichten zu erzählen, die zu oft unter den Teppich gekehrt werden.«[39]

Irgendwann begriff die Stiftung, dass sie diese Geschichten nicht durch Werbekampagnen erzählen musste. Sie musste einfach nur Journalisten darauf ansetzen. Dazu gehörte die Unterstützung eines aufkeimenden Genres der Berichterstattung namens »Lösungsjournalismus«, der Journalisten auffordert, sich von ihrem schwarzmalerischen Fokus auf Verschwendung, Betrug und Missbrauch zu verabschieden und sich stattdessen darauf zu konzentrieren, was in der Welt funktioniert, wo Fortschritt zu erkennen ist und wo wir etwas bewegen können. Die Organisationszentrale für diese neue Bewegung des Philanthro-Journalismus ist das gemeinnützige Solutions Journalism Network unter der Leitung von David Bornstein und Tina Rosenberg. Als ich 2020 mit Bornstein und Rosenberg sprach, war der wichtigste Sponsor der Organisation die Gates Foundation, die ihr mindestens 7 Millionen Dollar gespendet hatte.[40] Die Gates Foundation berichtet zudem, Millionen von Dollar an andere Einrichtungen gespendet zu haben, die im Bereich des Lösungsjournalismus tätig sind, darunter Grist und das Stichting European Journalism Centre.

Bornstein erläutert es folgendermaßen: »Die Nachrichten schaden der Demokratie insbesondere durch ihre Weltsicht, die sich hauptsächlich auf die Defizite konzentriert. Man versorgt uns ausgiebig mit Informationen über alles, was falsch läuft, was hässlich ist, was korrupt ist. Aber da wir nicht ebenso viele Informationen über das erhalten, was im Entstehen ist, welche neuen Möglichkeiten sich auftun, bekommen wir eine sehr fehlerhafte, in gewisser Weise einseitige Sichtweise präsentiert.«[41]

Das Solutions Journalism Network hat die Mission, »den Lösungsjournalismus zu legitimieren und zu verbreiten«, und behauptet, mehr als 500 Nachrichtenmedien und 20 000 Journalisten ausgebildet und mit ihnen zusammengearbeitet zu haben.[42] Indem das SJN ihre auf Fortschritt gepolte Weltsicht predigt, verändert es den Blickwinkel des Journalismus. Es lädt zu einer Berichterstattung ein, die mitunter

Machtstrukturen verherrlicht, statt sie in Frage zu stellen. So verfassen die von Gates geförderten »Lösungsjournalisten« zuweilen Artikel, die die guten Taten und innovativen Lösungen der Gates Foundation beschreiben. Bei einem Interview fragte ich Bornstein, ob er mir Beispiele für kritische Berichte über die Gates Foundation nennen könne, an denen das Solutions Journalism Network beteiligt gewesen sei. Die Frage gefiel ihm nicht. »Die meisten von uns geförderten Berichte behandeln Bestrebungen, Probleme zu lösen, und sind daher meist nicht so kritisch wie traditioneller Journalismus«, sagte er.

Auf ihrer Webseite räumt die Organisation ein, »dass es potenzielle Interessenkonflikte birgt«, den Lösungsjournalismus mit Spendengeldern zu sponsern. In unserem Gespräch erläuterte Bornstein das näher. »Wenn man über Weltgesundheit oder Bildung berichtet oder von interessanten Modellen [des Wandels]«, sagte er, »ist es sehr wahrscheinlich, dass eine Organisation [über die man berichtet] Geld von der Gates Foundation erhält, weil sie im Grunde die ganze Welt mit ihren Spenden abdeckt und sie der wichtigste Geldgeber in diesen beiden Bereichen ist.« Doch wenn sich ein Modell des Journalismus ganz bewusst von Gates sponsern lässt und dann die Ansichten und Perspektiven von Gates-geförderten Organisationen hervorhebt, wo ist dann der Unterschied zu einer Werbekampagne?

Bornstein und Rosenberg sind nicht nur die weltweit führenden Verkünder der frohen Botschaft des Lösungsjournalismus, sondern auch seine wichtigsten praktizierenden Gläubigen. Über Jahre schrieben sie unter der Überschrift »Fixes« eine Kolumne in der *New York Times*, in der sie mehrmals positiv über von Gates finanzierte Projekte in Bildung, Agrikultur und Weltgesundheit berichteten. Im Jahr 2019 pries Rosenberg in ihrer Kolumne zweimal das World Mosquito Programm, auf dessen Sponsorenseite zu einem bestimmten Zeitpunkt ein Foto von Bill Gates zu sehen war. Bei meiner nicht vollständigen Durchsicht der 600 Fixes-Beiträge, die von 2010 bis 2020 in der *Times* erschienen sind, entdeckte ich 15 Beispiele, in denen Bornstein und Rosenberg Bill und Melinda French Gates, ihre Stiftung oder von ihrer Stiftung finanzierte Arbeiten erwähnen. Und ich war nicht der Erste, der dieses Muster bemerkt oder die *New York Times* darauf aufmerksam gemacht hat.

Sowohl 2013 als auch 2016 verfasste Tina Rosenberg in ihrer *Times*-Kolumne lange, meist positive Porträts der Bridge International Academies.[43] Bridge ist ein Privatschulsystem in mehreren afrikanischen Ländern, in das Bill Gates privat, außerhalb seiner Stiftungsarbeit, investiert. Die Schulen sind umstritten – nicht nur, weil sie die Schulbildung privatisieren wollen, sondern auch wegen des fragwürdigen Unterrichtsmodells in diesen gewinnorientierten Institutionen.[44] Das Lehrpersonal erhält nur eine spärliche Ausbildung und der Unterricht beschränkt sich auf das wortgetreue Rezitieren von Texten, wobei die Zeit so knapp bemessen ist, dass manchmal keine Gelegenheit für Fragen bleibt.[45]

Leonie Haimson, Leserin der *Times* und Leiterin der Interessenvertretung Class Size Matters (»die Klassengröße ist wichtig«), war bestürzt über den von Rosenberg nicht offenbarten Interessenkonflikt – über ein Privatschulsystem zu schreiben, das von Bill Gates finanziert wird, ohne zu erwähnen, dass sie selbst für eine Organisation arbeitet, die von Bill Gates' Privatstiftung gefördert wird. Laut Haimson führt diese finanzielle Verbindung zu Befangenheit; als Beispiel nennt sie Rosenbergs redaktionelle Entscheidung, die von Bridge selbst veröffentlichten Daten zu den eigenen Leistungen zu zitieren, um damit zu belegen, dass das Bildungsmodell der Akademien »vermutlich« erfolgreich ist.[46] Zudem spielte Rosenberg die weithin geäußerten Kritiken über diese Schulen herunter und kam zu einem versöhnlichen Resümee: »Das Projekt hätte schon früher konzipiert werden sollen und der Prozess hätte fairer ablaufen können. Doch wenn es einen Ort gibt, an dem Experimente gerechtfertigt sind, dann dort«, schrieb sie 2016. »Man kann unmöglich Liberias Schulsystem betrachten und sagen: Versucht bloß nichts Neues!«[47]

Als Haimson entdeckte, dass Rosenberg weitere Kolumnen geschrieben hatte, deren Aussagen offensichtlich der Bildungsagenda der Gates Foundation entsprachen, teilte sie der *Times* ihre Bedenken mit und führte die ethischen Richtlinien der Zeitung an, die die große Bedeutung von Unabhängigkeit hervorheben.«Eine *NYT*-Kolumnistin, die von Gates gefördert wird und regelmäßig kontroverse von Gates finanzierte Projekte lobt, … ohne diesen Interessenkonflikt sichtbar zu machen, ist vergleichbar mit dem Leiter einer von Exxon/Mobil gesponserten Organisation, der Kolumnen über die Umwelt verfasst«, schrieb sie in einem Brief an die *Times*, den sie mir zeigte. Eine Antwort erhielt sie nie.[48]

Als ich 2020 das erste Mal einen Artikel über Bornstein und Rosenberg schrieb, verteidigten die beiden die Unabhängigkeit ihrer Arbeit, räumten mir gegenüber aber ein, dass sie in Kolumnen über Projekte, die Stiftungsgelder erhielten, ihre eigene Beziehung zur Gates Foundation hätten öffentlich machen müssen. Sie baten ihre Redakteure, nachträglich entsprechende Hinweise zu ergänzen. Erst mehr als ein Jahr später, nachdem ich die *Times* mehrfach darauf angesprochen hatte, korrigierte die Zeitung endlich einige Kolumnen.[49]

Entsprechende ethische Fragen verfolgten den Lösungsjournalismus auch in andere Bereiche der Medienlandschaft. Als die Gates Foundation und das Solutions Journalism Network gemeinschaftlich mit der *Seattle Times* an einem journalistischen Projekt namens EDLab arbeiteten, kritisierte Professor Wayne Au von der University of Washington, die entsprechende Berichterstattung habe Gates' Agenda befürwortet. In einem Online-Forum von 2014 zitierte Au zwei »Lobeshymnen« der *Seattle Times* über Teachers United, »eine lokale von Gates geförderte Pseudo-Graswurzel-Organisation, die sich im Apparat der unternehmensgesteuerten Schulbildung breitgemacht hat.«[50] »Was ich frappierend finde, ist die schmale politische Bandbreite des [von der *Seattle Times* gesponserten] EDLab. Ich finde dort überwiegend ›harmlose‹ Beiträge über das Mainstream-Zeug, das praktisch niemand in Frage stellt, und dann entdecke ich plötzlich Beiträge wie die beiden Werbetexte über T[eachers] U[nited]. Das sieht sehr oft nach etwas aus, das Sie und die *Times* als etwas, ›das funktioniert‹, oder als eine ›Lösung‹ verstehen oder würdigen.«

Au fragte: Warum hat die *Seattle Times* nicht über Eltern berichtet, die gegen Gates' Bildungsagenda protestieren? Warum stellt sie ihrem

Lesepublikum nicht Organisationen vor wie die Badass Teachers Association, die Social Equality Educators und die Northwest Teaching for Social Justice Conference, die Lösungen vorschlagen, die die Gates Foundation herausfordern? »In meinen Augen sind alle diese Gruppen/Programme Beispiele für ›Lösungen‹ oder etwas, ›das funktioniert‹«, bemerkte Au. »Und sie alle lehnen sich gegen die anmaßenden Normen auf, die laut Gates definieren, was ›Lösungen‹ sind und was ›funktioniert‹. Diese Dinge sind in keinem von der *Times* unterstützten Beitrag zu lesen.«

Mit seiner Kritik dringt Au zum Kern des Problems vor. Die Finanzierer, Förderer und Vertreter dieses neuen Genres des Lösungsjournalismus scheinen kein großes Meinungsspektrum zu repräsentieren. Sie bieten eine überschaubare Menge an Lösungen an, die häufig mit der Weltanschauung oder gar den Aktivitäten der Philanthropen in Einklang stehen, die sie finanzieren. Man wird wohl nur schwerlich ein Universum finden, in dem der Lösungsjournalismus die Gates Foundation jemals als Problem ansehen oder nach Auswegen suchen würde – zum Beispiel ihr Geld dankend abzulehnen.

Trotz aller Spendengelder, die zur »Legitimierung« des Lösungsjournalismus aufgewendet wurden, scheint dieses fortschrittsgläubige, ungeduldig optimistische journalistische Wohlfühlgenre nur aus einem einzigen Grund zu existieren: Es hat bedeutende philanthropische Sponsoren. In ihrer Steuererklärung für 2020 und 2021 verzeichnete das Solutions Journalism Network ein Einkommen von ungefähr 20 Millionen Dollar. Spitzenpersonal wie Bornstein und Rosenberg erhielt rund 200 000 Dollar.[51] Diese Zahlen lassen manche Nachrichtenabteilungen vor Neid erblassen.

Einige Journalisten wenden sich vielleicht aber auch mit Grausen ab. Milliardenschwere Sponsoren verändern die journalistische Praxis von Grund auf. Mit ihrer Wohltätigkeit können sich die Superreichen eine völlig neue Sparte des Journalismus erschließen, die ihre Weltsicht, ihre Botschaften und ihre Marken hochhält. »In den letzten zehn Jahren habe ich für keine Nachrichtenagentur gearbeitet, die nicht einen großen Ruck in Richtung Lösungsjournalismus vollzogen hätte«, verriet mir ein Journalist, der an mehreren von Wohltätigkeitsorganisationen geförderten Projekten beteiligt war. »Die Leute machen das, weil sie hinter dem Geld her sind, nicht, weil es eine gute Sache ist. Die Definition ist so schwammig. Wenn man sich um Stiftungsgelder bewirbt, läuft das häufig unter den Bedingungen des Lösungsjournalismus ab. ... Gates liebte es. ... Freiberufler hassen es. Redaktionen nehmen es einfach hin – sie sehen die Vorzüge. Es wird praktisch nicht hinterfragt.«

Einer der größten Nutznießer von Gates' journalistischen Fördergeldern – mit etwa 21,5 Millionen Dollar – ist National Public Radio. Für die Stiftung sind das Peanuts, für einen nicht kommerziellen Nachrichtensender, der seinen Hörern und Hörerinnen Monat für Monat zuverlässig eine 10-Dollar-Spende aus der Tasche zu ziehen scheint, ist das aber eine sehr bedeutende Summe. Gates' Großzügigkeit hat dafür gesorgt, dass der Sender unzählige Male über die Arbeit der Stiftung berichtet hat – 2019 wurde die Gates Foundation in NPR-Beiträgen fast 600-mal erwähnt.

Alle Spendengelder, die Gates NPR zukommen lässt, stehen in Zusammenhang mit Berichten über bestimmte Themen und heben Probleme hervor, denen sich die Stiftung widmet, wie Schulbildung und Weltgesundheit. Normalerweise entscheidet die Redaktion, über welche Themen oder Rubriken berichtet wird, und das ist keine leichte Entscheidung. Nachrichtenmedien können nicht alles abdecken; sie müssen ständig Prioritäten setzen und festlegen, wofür sie ihre Ressourcen verwenden. Dies ist ein zentraler Teil des redaktionellen Prozesses – zu entscheiden, welcher Themenbereich behandelt werden soll und wie viele Reporter dafür abgestellt werden. Diesen Prozess kann die Gates Foundation beeinflussen, indem sie für ihre Lieblingsthemen Gelder fließen lässt und so die Redaktionen in eine bestimmte Richtung manövriert.

Keineswegs, sagt NPR. »Die Förderung durch Unternehmen und Philanthropen ist ganz unabhängig vom Entscheidungsprozess der NPR-Redaktion«, teilte mir ein Sprecher des NPR in einer E-Mail mit. »Unsere Redakteure treffen ihre eigenen Entscheidungen, was und wie berichtet wird. Die Journalisten des NPR haben mit der Auswahl von Förderern und Sponsoren nichts zu tun. In ihrer Ausbildung wurden sie mit dem Ethos und den Praktiken des Journalismus vertraut gemacht, die Außenstehende davon abhalten, sie in ihrer Objektivität, bei der Wahl der Beiträge und der Berichterstattung zu beeinflussen.«

2019 berichtete NPR über ein experimentelles Wohnungsprogramm in Seattle, das zum Teil von der Gates Foundation finanziert wird – ja, die Stiftung finanziert auch die Wohnungssuche. Dabei werden armen Familien ausgebildete »Navigatoren« zugeteilt, die ihnen helfen, in wohlhabenderen Vierteln mit besseren Schulen und Einrichtungen ein Zuhause zu finden.[52] Laut NPR bot das Projekt den Familien die Gelegenheit, »den Teufelskreis der Armut zu durchbrechen«. Der Sender zitierte Vorhersagen von Forschern, wonach teilnehmende Kinder mit einem um 183 000 Dollar höheren Lebenseinkommen rechnen dürften – eine verblüffend exakte und optimistische Vorhersage für ein Wohnungsprogramm, das sich noch im Versuchsstadium befand.

Wenn Sie genau hinschauen, werden Sie feststellen, dass jeder zitierte Experte mit der Gates Foundation in Verbindung steht. Ich bezweifle jedoch, dass die meisten Leser oder Hörer den einschlägigen Zusammenhang tatsächlich hergestellt haben: Ein von Gates geförderter Nachrichtensender wirbt für ein von Gates gefördertes Projekt, indem es von Gates geförderte Experten zu Wort kommen lässt.

Laut Reporterin Pam Fessler hat die Unterstützung des NPR durch Gates »nicht beeinflusst, warum oder wie wir die Story gebracht haben«. Sie fügte hinzu, ihre Berichterstattung sei über die in ihrem Artikel zitierten Stimmen hinausgegangen. Dennoch ist dieses Szenario oft im Gates-geförderten Journalismus zu beobachten. Es kommt sogar vor, dass Journalisten, die für ein von Gates gesponsertes Nachrichtenmedium arbeiten – und dabei über von Gates gesponserte Themen berichten –, gar nicht bemerken, dass das gerade passiert, dass alle »Expertenquellen«, auf die sie im Lauf ihrer Recherchen stoßen, Verbindungen zu Gates haben. Und wenn sie es tun, bemerken sie vielleicht nicht, unter welchem Druck diese Experten stehen, die Message richtig rüberzubringen.

Wie schon erwähnt, bezeichnete ein ehemaliger Mitarbeiter die Stiftung als »höchst sensibel«, wenn es um Kritik gehe, und betonte, es sei »selbstmörderisch für einen potenziellen Zuwendungsempfänger, die Stiftung öffentlich zu kritisieren«. Die offizielle Haltung der Stiftung klingt jedoch ganz anders. Als ich 2020 erstmals diesbezügliche Fragen stellte, lautete ihre Antwort:»Nachrichtenportale, die Fördergelder von der Stiftung erhalten, gehören seit jeher zu den renommiertesten der Welt. ... Die Fragen implizieren, dass diese Organisationen mit Berichten über Weltgesundheit, Entwicklung und Bildung, die von der Stiftung gefördert wurden, ihre Integrität und Unabhängigkeit verletzt haben. Diesen Gedanken weisen wir entschieden zurück.«

Im Lauf der Jahre hat eine Reihe von Journalisten die Stiftung zu ihrer Förderung des Journalismus befragt. Die Stiftung erkennt keine Grauzone. »Wir reagieren auf die sich wandelnde Medienlandschaft«, erläuterte sie 2010. »Wir haben zur Kenntnis genommen, dass die Berichterstattung über Themen der Weltgesundheit und -entwicklung stark zurückgegangen ist. Schon vorher gab es bei vielen dieser Themen Qualitätseinbußen, Berichte, die nicht genug in die Tiefe gingen. Daher sind wir nicht der Meinung, dass wir uns nach einer intern entwickelten Agenda richten. Wir reagieren auf ein Bedürfnis.«[53]

In der Wirklichkeit reagiert die Stiftung keineswegs auf ein Bedürfnis. Sie versucht, einen Bedarf zu erzeugen. Sie nutzt Wohltätigkeit, um journalistische Arbeit in die Richtung von Gates' Lieblingsthemen zu dirigieren – wobei häufig von Gates gesponserte Expertenquellen einbezogen werden, gelegentlich unter Federführung des von Gates bevorzugten Lösungsjournalismus. Und die Hunderte von Millionen Dollar, die sie dem Journalismus zur Verfügung stellt, untergraben die Unabhängigkeit der Redaktionen, die Arbeit der Stiftung kritisch unter die Lupe zu nehmen – auch wenn dies manchmal noch geschieht.

Im September 2019 berichtete NPR über einen sich anbahnenden Skandal rund um die Entscheidung der Stiftung, dem indischen Premierminister Narendra Modi eine Auszeichnung für humanitäre Leistungen zu verleihen – ungeachtet seiner miserablen Bilanz im Hinblick auf Menschenrechte und Meinungsfreiheit.[54] Die negative Resonanz in den Nachrichtenmedien war groß – eine seltene Erfahrung für Gates. Wir könnten dies als Beleg dafür werten, dass NPR doch unabhängig genug ist, um Gates kritisch zu beleuchten. Doch noch am selben Tag hieß es in einer anderen NPR-Schlagzeile: »Gates Foundation sieht Welt im Verzug beim Vorhaben, Armut bis 2030 zu besiegen«. In diesem Beitrag werden nur zwei Quellen zitiert: die Gates Foundation und ein Vertreter des Center for Global Development, dessen größter Sponsor die Gates Foundation ist.[55]

Der Mangel an unabhängigen Sichtweisen ist nicht zu übersehen. Bill Gates gehört zu den reichsten Menschen der Welt und ist mit Fug und Recht als Bannerträger wirtschaftlicher Ungleichheit zu bezeichnen, doch NPR hat ihn zu einer moralischen Autorität der Armut erhoben. Wie begrenzt der kritische Fokus von NPR ist, offenbarte sich auch im Februar 2018 in der Artikelüberschrift »Bill Gates widmet sich ›unbequemen Fragen‹ über Armut und Macht«.[56] Die von NPR gestellten »unbequemen Fragen« entstammten einer Liste, die Bill Gates selbst hatte erstellen lassen und in einem öffentlichen Brief bereits im Voraus beantwortet hatte. NPR-Reporter Ari Shapiro fragte Gates nach dem Einfluss der Stiftungsförderung und inwiefern diese es potenziellen Kritikern erschwere, ihre Stimme zu erheben.

»Wir sind gespannt zu hören, welche alternativen Prioritäten vorgeschlagen werden, weil wir sicherstellen wollen, dass wir in der Auswahl der Dinge sehr klug und gerecht vorgehen«, antwortete Gates. »Und wenn jemand konstruktive Kritik vorbringt, na klar, nur so kann sich die Welt doch weiterentwickeln und wir müssen uns anhören, was wir ihrer Meinung nach anders machen sollten.«

Im Journalismus ist dies das klare Signal nachzuhaken. *Mr. Gates, sind Sie sich wirklich keiner alternativen Prioritäten bewusst – außer denen, die Ihre Privatstiftung geschaffen hat? Mr. Gates, wenn Sie wirklich so ernsthaft daran interessiert sind, konstruktive Kritik zu erhalten, warum gibt es dann so viele Berichte darüber, dass Ihre Stiftung Kritiker tyrannisiert und niederwalzt? Warum ist Ihre Stiftung ein solcher Geheimniskrämer?*

Das tat NPR nicht – weil sie es nicht konnten. Die jahrelange Förderung der Gates Foundation hat so viel Ehrfurcht – oder Abhängigkeit – hervorgerufen, dass die Stiftung in einem praktischen Sinne für NPR sakrosankt geworden ist – sie ist zu bedeutsam, um kritisiert zu werden. Und wenn man sie kritisiert, dann nur sehr vorsichtig. Die eigentliche Gefahr, die der Verzicht auf wirklich »unbequeme« Fragen bedeutet, besteht darin, dass NPR womöglich in geringerem Maß auf eindeutige Fehlinformationen hinweist. Bill Gates erhält das letzte Wort und darf ein alternatives Narrativ, wenn nicht gar eine alternative Realität erzeugen.

Es ist verlockend zu fordern, NPR solle einfach aufhören, über Gates zu berichten, um unabhängig zu bleiben. Doch damit ließe man die Gates Foundation vom Haken. Noch einmal: Journalismus soll Machtstrukturen auf den Prüfstand stellen. Die Aufgabe von NPR ist es, die Reichen und Mächtigen ins Visier zu nehmen. Wenn ein Mann wie Bill Gates ohne weiteres Schachfiguren vom Brett kegeln kann, indem er ihnen Geld hinterherwirft, gewinnt er auf jeden Fall – weil er mehr Geld als alle anderen hat (und buchstäblich jede Zeitung und jeden Buchverlag kaufen kann, wenn er wollte).

NPR muss den Mut und die Unabhängigkeit haben, Gates herauszufordern. Das bedeutet jedoch, dass Nachrichtenmedien aufhören müssen, Gates' Geld anzunehmen. Sie müssen erkennen, dass die Währung des Journalismus nicht Geld ist, sondern öffentliches Vertrauen. Und sie müssen auch einsehen, dass die breite Masse nicht dumm ist. Wenn wir wollen, dass die Leute hinter den Nachrichtenmedien stehen und an die Demokratie glauben, dürfen wir nicht zulassen, dass der Journalismus den Superreichen als Werkzeug für noch mehr Einflussnahme dient.

Bill Gates ist Leser und Fan des *Economist* und das ist leicht nachzuvollziehen.[57] Die unternehmerfreundliche Weltsicht der Zeitschrift stimmt mit seiner eigenen überein und trägt zur Rationalisierung der Marktprinzipien bei, die praktisch alles bestimmen, was seine Stiftung tut.

Es überrascht daher nicht, dass die Gates Foundation dem Nachrichtenmagazin Fördergelder zahlt – oder eigentlich der Economist Intelligence Unit, einem Zweig des *Economist*, der für Forschung und Beratung zuständig ist. Das Unternehmen wird als Herausgeber eines von Gates finanzierten Reports mit dem Titel *Healthy Partnerships* angegeben, der 2011 veröffentlicht wurde und untersucht, »wie Regierungen die Privatwirtschaft verpflichten können, die Gesundheit in Afrika zu verbessern«.[58] Wenn die Economist Intelligence Unit damit wirbt, dass sie die öffentliche Politik berät, verweist sie ihrerseits auf die Zusammenarbeit mit Gates »bei mehreren wichtigen Initiativen. Wir haben Wirtschaftsanalysen und Modelle für ein Projekt beigesteuert, das drei zentrale Stiftungsziele verfolgt: Millionen afrikanische Bauern, die nur für ihren Lebensunterhalt arbeiten, über die Armutsgrenze zu heben, Impfungen für Kinder, die jünger als ein Jahr sind, zu ermöglichen und den Zugang zu sauberem Wasser und sanitären Anlagen für Populationen in ausgewählten Entwicklungsländern zu verbessern. Außerdem haben wir gemeinsam mit der Gates Foundation und der Clinton Foundation an einem Projekt gearbeitet, das den weltweiten Fortschritt für Frauen und Mädchen untersucht und zentrale Lücken aufzeigt.«[59]

Es scheint, als bestehe zwischen Gates und der Economist Intelligence Unit seit Jahren eine stabile Verbindung, doch merkwürdigerweise verzeichnet die Stiftung bis 2022 keine wohltätigen Spenden an die Economist Group. Entsprechend berichtet der *Economist* relativ häufig und meist unkritisch oder lobend über die Gates Foundation – jedoch ohne zu enthüllen, dass ihr Schwesterunternehmen mit Gates zusammenarbeitet. (Der *Economist* reagierte nicht auf eine Presseanfrage zu seiner finanziellen Beziehung zur Stiftung.)

Diese Art von Intransparenz erschwert es, den Einfluss der Gates Foundation in seinem vollen Ausmaß zu erkennen – weil Nachrichtenmedien nicht verlässlich offenlegen, wie viel Geld sie von Gates erhalten, oder die Stiftung nicht offenlegt, wie viel sie spendet. Oder beides.

Bei meinen Recherchen bin ich auf unzählige Beispiele für Nachrichtenmedien (oder ihre Muttergesellschaften) gestoßen, die laut eigenem Bekunden von Gates Fördergelder erhalten haben – *The Chronicle of Higher Education*, *Vox*, *Scientific American*, *Fast Company* und die

Huffington Post[60] –, die aber nicht in den Förderunterlagen der Stiftung genannt werden. In diesen Fällen kamen die Zuwendungen vermutlich aus dem milliardenschweren Pool von dunklem Geld, auf den ich bereits eingegangen bin.

Als American Public Media 2014 gefragt wurde, warum die finanzielle Beziehung zu Gates nicht eindeutig offengelegt werde, lautete die Antwort, das sei auf Weisung der Stiftung geschehen, »da sie wünsche, dass der Fokus auf dem Programm liegt«.[61] Mittlerweile verlangen die derzeitigen und praktisch universellen ethischen Regeln des Journalismus, dass Nachrichtenmedien finanzielle Interessenkonflikte offenlegen. Kurz gesagt: Wenn ein Medium über die Gates Foundation berichtet, das selber von der Stiftung finanziert wird, dann müssen die Leser diese Information erhalten. Wenn das versäumt wird, resultiert das in öffentlichem Misstrauen. Wenn die Stiftung wollte, könnte sie von allen Nachrichtenredaktionen, die von ihr finanziert werden, verlangen, dass sie diese Finanzierung in jedem Artikel, den sie im Zusammenhang mit der Stiftung veröffentlichen, deutlich offenlegen. Aber das scheint nicht zu den Prioritäten der Stiftung zu gehören.

Selbst wenn die Stiftung ihre Förderung des Journalismus in den Förderunterlagen vermerkt, kann es schwierig sein, den Geldtransfer tatsächlich nachzuverfolgen. 2021 hielt die Stiftung fest, die Slate Group mit 720 000 Dollar gesponsert zu haben, »um Belege und politische Empfehlungen für einen genderbewussten wirtschaftlichen Aufschwung nach COVID-19 zu verbreiten«.[62] Anscheinend wurde das Geld verwendet, um beim Nachrichtenportal *Foreign Policy*, das zum Online-Magazin *Slate* gehört, einen Podcast mit dem Titel *The Hidden Economics of Remarkable Women* zu lancieren, in dem ein Interview mit Melinda French Gates gesendet wurde.[63] Warum gibt man in den Förderunterlagen Zweck und Ziel des Geldes nicht einfach klar und deutlich an? Warum macht man es uns so schwer, den Weg von A nach B nach C zu finden?

Laut der Stiftung ist Transparenz ein zentraler Leitfaden in ihrer Arbeit mit Nachrichtenmedien: »Wir befolgen einige ganz eindeutige Prinzipien. Das erste ist Transparenz – wir machen nie ein Geheimnis daraus, dass wir ein Partnerschaftsabkommen geschlossen haben und wie viel Geld im Spiel ist«, sagte eine Kommunikationsbeauftragte der Gates Foundation 2016. »Ein weiteres zentrales Prinzip lautet, dass alle unsere Zuwendungsempfänger die redaktionelle und kreative Kontrolle behalten. Journalistische Unabhängigkeit hat bei uns einen sehr hohen Stellenwert. Und wir weisen sehr deutlich darauf hin, dass die Inhalte wahrheitsgemäß und genau zu sein haben, seien sie positiv oder negativ. Sobald die Partnerschaft besiegelt worden ist, ziehen wir uns zurück.«[64]

Wir müssen grundsätzlich erkennen, wie inhaltslos diese Reden sind und wie respektlos die Stiftung in ihrer Zusammenarbeit mit Nachrichtenmedien vorgeht. Die Stiftung zählt darauf, dass Journalisten zu arm oder zu charakterlos sind, ihr Geld oder ihre Richtlinien zurückzuweisen. Und nachdem Journalisten Gates' Geld angenommen haben, befinden sie sich in der unbehaglichen Situation, diese finanzielle Beziehung vor ihrem Publikum rechtfertigen zu müssen – wobei sie meist die leeren Floskeln der Stiftung über redaktionelle Unabhängigkeit nachplappern.

Meine persönliche Sichtweise als Journalist lautet, dass Gates' Förderung mit dem Journalismus unvereinbar ist. Die Stiftung ist schlichtweg eine zu mächtige Organisation mit einer zu langen Geschichte an Missbrauch im Journalismus und zu wenig Respekt für die elementaren Werte der freien Presse – Unabhängigkeit, Integrität und Transparenz –, um auf irgendeine Weise im Nachrichtengeschäft mitmischen zu dürfen.

Ich habe nicht grundsätzlich etwas dagegen, den Journalismus zu sponsern, und ich weiß um die brutalen Marktgesetze, die die moderne Nachrichtenwelt weiterhin lähmen – so mussten in den letzten Jahrzehnten Tausende Nachrichtenabteilungen dichtmachen. Spendengelder scheinen ein immer wichtigerer Teil der Förderung zu werden, die den Journalismus über Wasser hält, und häufig tragen sie zur Veröffentlichung wichtiger Beiträge bei. Wahrscheinlich spenden einige Leser dieses Buches an die Medien, zum Beispiel zugunsten der wachsenden Vielfalt von Podcasts und Newsletters, die kleinen, individuellen Zuwendungen zu verdanken sind. So stand auch am Beginn meiner Recherchen über die Gates Foundation ein Stipendium von der Alicia Patterson Foundation.

Doch nicht alle Spendengelder sind gleich. Einige Geldgeber finanzieren Journalismus, weil sie an die Unterstützung des unabhängigen Journalismus glauben. Andere Geldgeber, wie die Gates Foundation, finanzieren den Journalismus, um ihre Agenda, ihre Marke und ihre Botschaften zu verbreiten. Aufgrund des Reichtums, den sie kontrolliert, ist die Stiftung in dieser Hinsicht ein besonders gefährlicher Akteur. Ihre Finanzierung des Journalismus führt zu Voreingenommenheit und verzerrt demokratische Debatten sowie die öffentliche Wahrnehmung der Gates Foundation selbst. Und sie hat eine entscheidende Rolle dabei gespielt, dass Bill Gates zu einer solch einflussreichen und keiner Rechenschaftspflicht unterworfenen Figur der Weltbühne geworden ist.

Wir können der Stiftung nicht ohne weiteres verbieten, die Nachrichtenmedien zu sponsern, aber Nachrichtenabteilungen und Journalisten können nein zu Bill Gates' Geld sagen. Das Lese- und Hörpublikum kann von den Medien Transparenz verlangen und lautstark auf die einseitige Tendenz hinweisen, die dem von Gates geförderten Journalismus eigen ist. Und Abonnements kündigen.

9

BILDUNG

Ken Auletta ist einer von zahlreichen Autoren, die Ende der 1990er und Anfang der 2000er Jahre versucht haben, sich auf Bill Gates' Treue zur Monopolmacht einen Reim zu machen. »Gates war außer sich, dass die Regierung seine Motive in Frage stellte. Er glaubte, etwas Gutes zu tun. Er glaubte, ein nahezu universelles Betriebssystem zu erschaffen. War es nicht wunderbar, dass alle das gleiche System verwenden würden? Man musste doch auch nicht Eisenbahnschienen mit zwei verschiedenen Spurweiten durch das ganze Land verlegen«, sagte Auletta bei einem Presseinterview im Sender C-SPAN, als er über sein Buch *World War 3.0: Microsoft and his Enemies*[1] sprach. »Was Gates nicht verstand, war Angst, dass die Leute Angst vor einem Monopol, Angst vor einer Machtkonzentration haben würden.«[2]

Jahrzehnte später, nachdem die Antitrust-Klage und weitverbreitete öffentliche Kritik offenbarten, wie sehr sich Bill Gates verrechnet hatte, hat er seine Lektion immer noch nicht gelernt. Gates behauptet, Microsoft habe nichts falsch gemacht. Noch 2019 verwahrte er sich öffentlich gegen das Argument des Justizministeriums, Microsoft habe verhindert, dass bessere, billigere Produkte auf den Markt gekommen seien. »Ich kann Ihnen nach wie vor erklären, warum die Regierung komplett falschlag, aber das ist ja mittlerweile Schnee von gestern. Für mich persönlich bedeutete es, dass ich zwei bis fünf Jahre früher den nächsten Schritt vollzogen und meinen Fokus auf die Stiftung gelenkt habe.«[3]

So wie Gates standardisierte Betriebssysteme für Computer – genau wie Bahngleise – als unverzichtbar für einen funktionierenden Markt betrachtet, hat er seine Stiftung darauf eingeschworen, gemäß derselben Monopol-Logik einen neuen Modus Operandi für das US-amerikanische Schulsystem zu entwerfen. »In diesem Bereich wirkt Gemeinsamkeit wie ein Elektrostecker – man bekommt einen freieren Wettbewerbsmarkt«, erläuterte er 2014.[4]

»Wenn man 50 verschiedene Steckertypen hat, wären passende Geräte nicht erhältlich und sehr teuer«, sagte er bei einer anderen Präsentation.[5]

Diese von Gates beschriebene »Gemeinsamkeit« bezieht sich auf eine Reihe von Bildungsstandards, genannt Common Core, die seine Stiftung im Wesentlichen Anfang der 2010er Jahre ins Dasein gerufen hat. »Wenn die Prüfungen an die gemeinsamen Standards angepasst werden, wird das Curriculum nachziehen – und das wird mächtige Marktkräfte zugunsten eines besseren Unterrichts entfesseln«, erklärte Gates. Dabei stellte er klar, dass er nicht den Markt der Ideen meinte. Seine Aussage bezog sich auf den kommerziellen Markt: »Zum ersten Mal wird es eine breite Basis von Kunden geben, die darauf erpicht sind, Produkte zu kaufen, die jedem Kind beim Lernen und jeder Lehrkraft beim Unterrichten helfen. Stellen Sie sich doch nur vor, wie es wäre, wenn die Leute, die spannende Videospiele entwickeln, Online-Tools schaffen würden, die Kinder in ihren Bann ziehen und ihnen Spaß an Algebra vermitteln könnten.«[6]

Die Stiftung versprach, durch Anpassen der Bildungsstandards in den einzelnen Bundesstaaten und knallharte Überprüfung dieser Common Core State Standards hätten Schüler und Schülerinnen im ganzen Land endlich Zugang zur gleichen hochwertigen Schulbildung. Der arme Drittklässler in Mississippi wäre dann im Lesen und Rechnen genauso gut wie die reiche Drittklässlerin in Washington.

Diese Versprechungen rund um das Thema Gleichheit bescherten der Stiftung Partnerschaften mit allen möglichen Interessenvertretern. So tauchte Bill Gates Anfang der 2010er Jahre in Schwarzen Nachrichtenmedien wie *Black Enterprise* und *Ebony* auf, wo er seine Bildungsagenda als Bürgerrechtsanliegen verkaufte: »Warum herrscht nicht Empörung, helle Empörung über [die Ungleichheit im Bildungssystem]? Warum kommt es nicht jeden Tag zu Protesten? Das verstehe ich nicht.«[7]

Darüber hinaus setzte die Stiftung ganz auf die Unterstützung der Medien, um ihre Bildungsreformagenda voranzutreiben. Gates steckte 4 Millionen Dollar in das Sponsoring des informativen NBC-Programms *Education Nation* mit Tamron Hall und Brian Williams.[8] Weitere 2 Millionen Dollar flossen in die Förderung des Dokumentarfilms *Waiting for* »*Superman*«, der Gates' Bildungsreformagenda nachplappert und auf ein großes Medieninteresse stieß. Derzeit fungiert *The Atlantic* als Veranstalter für Gates-geförderte Gipfel zum »Stand der Bildung« und veröffentlicht Gates-geförderte Advertorials zur »Wiedererweckung des amerikanischen Traums«.[9]

Der vermutlich wirkmächtigste Verbündete der Stiftung im Kampf für die Common Core State Standards war die Regierung unter Obama. In Obamas erster Amtszeit spendete die Gates Foundation im Verbund mit der Eli and Edythe Broad Foundation 60 Millionen Dollar für die politische Interessenvertreterkampagne Strong American Schools, die Bildungsstandards zu einem Topthema der Präsidentschaftswahl machen sollte.[10] Damals sagten Analysten, eine solche Spendenaktion für ein einzelnes politisches Thema habe es noch nie gegeben.

Nachdem Obama 2009 zum Präsidenten gewählt worden war, wandte sich sein Bildungsministerium umgehend an die Gates Foundation, um sich von dort Personal und Ideen zu holen. Arne Duncan, Minister für Bildung, Erziehung und Wissenschaft, hatte zuvor für die Chicago Public Schools gearbeitet, denen zig Millionen Dollar von der Gates Foundation zugeflossen waren. Duncan besetzte sein Ministerium mit Leuten, die für Gates tätig gewesen waren. Die Stiftung war so allgegenwärtig, dass Bill Gates von einigen als »wahrer Bildungsminister« bezeichnet wurde.[11] Angeblich war es jedoch keineswegs so, dass Gates die Gestaltung der Bildungspolitik auf Landesebene an sich riss. Es handelte sich scheinbar um einen einfachen Fall von Gedankenverschmelzung im Hinblick auf neoliberale Reformen, die ein integraler Bestandteil eines jahrzehntelangen, gemeinsam konzipierten Bestrebens waren, die amerikanischen Schulen einer Revision zu unterziehen

(darauf werden wir später im Kapitel noch eingehen). Dieser Reform-
koalition gehörten milliardenschwere Stiftungen, die Bundesregierung
und Unterstützer aus der Wirtschaft an, doch Lehrpersonal, Eltern sowie Schüler und Schülerinnen hatten wenig Mitspracherecht.

Randi Weingarten, Vorsitzende der American Federation of Teachers, sagte 2014: »Statt wirklich mit dem Lehrpersonal zu sprechen
und zuzuhören, was zur Verbesserung der öffentlichen Bildung vonnöten sei, agierte [Gates' Team] über die Köpfe der Lehrkräfte hinweg,
und das schürte immenses Misstrauen.« Das war einer der Gründe,
warum die ATF von der Stiftung keine Spenden mehr annahm.[12]

Laut Nicholas Tampio, Politikwissenschaftler an der Fordham University, nutzte die Gates Foundation die »McKinsey-Methode, bei der
Veränderungen so schnell erfolgen, dass man nicht schnell genug
reagieren kann, um sie zu stoppen«. Er erzählte mir: »Es war einfach
unglaublich schwierig, den Leuten zu erklären, worum es eigentlich
ging. Bill Gates – der wollte sich nie auf eine Diskussion über Common
Core einlassen. Arne Duncan, John B. King Jr. – Obamas Bildungsminister – wollten sich nie an Diskussionen über Common Core beteiligen. David Coleman, der Architekt von Common Core, blieb jeder
Diskussion über Common Core fern.«

Neben dem McKinsey-Verfahren hielt sich die Gates Foundation
auch an eine bewährte Strategie der großen Tabakkonzerne – sie
pumpte Geld in Interessenvertretergruppen, um den Anschein einer
vielfältigen und weitreichenden Unterstützung für Bill Gates' neue Bildungsstandards zu erwecken. Dabei war Gates' Rolle als Sponsor mitunter nicht klar zu erkennen.[13] So geht aus den Förderunterlagen der
Stiftung hervor, dass Spenden von über 11 Millionen Dollar der Campaign for High School Equity zugutekamen, wobei die Gelder an die
National Urban League, die NAACP Empowerment Programs, den
Mexican American Legal Defense and Educational Fund und weitere
Organisationen gingen. Diese traten jedoch als Zusammenschluss auf,
der »Communitys of Color« repräsentieren sollte, und setzten sich als
ein Projekt der »Rockefeller Philanthropy Advisors« gemeinsam für
ihre politischen Interessen ein – üblicherweise ohne auf die Finan-

zierung der Gates Foundation hinzuweisen.[14] Zudem fand die Stiftung Mittel und Wege, ihr Anliegen vor den Kongress zu tragen, indem sie das Aspen Institute und das Postsecondary National Policy Institute sponserte, die dann Kurzurlaube für Kongressmitarbeitende organisierten, um sie über Bildungspolitik zu informieren.[15]

Gates' mehrgleisige politische Kampagne hatte Erfolg – oder zumindest schien es so. Die Bundesstaaten begannen die Standards zu übernehmen, bevor überhaupt eine endgültige Fassung veröffentlicht wurde und obwohl es kein Pilotprogramm und keine Beurteilung gegeben hatte, die die Wirksamkeit von Common Core bestätigt hätten. Die *Washington Post* sprach von den »schnellsten und bemerkenswertesten Umwälzungen der Bildungspolitik in der Geschichte der USA«.[16]

Neben ihrer Recherche veröffentlichte die *Post* ungewöhnlicherweise auch ein Video ihres Interviews mit Bill Gates. Darin hatte die Journalistin Lyndsey Layton Gates gedrängt, die vielen Widersprüche aufzuklären und sich zu den zahlreichen Kritiken über die Arbeit seiner Stiftung zu äußern. Layton stellte Gates dabei nicht nur bohrende Fragen, sondern wiederholte sie auch, wenn er nicht darauf einging.[17] Für Bill Gates ist eine solche Situation, in der er zur Rechenschaft gezogen wird, ausgesprochen ungewöhnlich und das Interview der *Post* offenbart, warum: Er ist nicht in der Lage, eine ernsthafte Diskussion zu führen oder sich Kritik zu stellen. Kurz: Er verlor die Fassung.

Während des Interviews verfiel Gates wiederholt in längeres Schweigen und starrte mit versteinertem Gesicht in die Ferne, um seine wütende Verachtung zum Ausdruck zu bringen, ohne Laytons Fragen zu beantworten. Dann wieder tat er ihre Fragen als »substanzlos« ab. Es folgen transkribierte Auszüge des Interviews, worin Layton Gates unter anderem nach den finanziellen Interessen von Microsoft an Common Core, insbesondere an der Herstellung neuer Bildungssoftware, befragt.[18]

GATES: Finden Sie das – finden Sie das angemessen?

LAYTON: Ich – ich weiß nicht. Ich bin nicht – ich – das ist das erste Mal, dass wir uns sehen. … Ich bin nicht sicher.

GATES: Okay, dann sagen Sie mir – sagen Sie mir, was die Logik dahinter ist.

LAYTON: Die Logik ist …

GATES: Was meinen Sie? Sie sagen, das ist alles nur aus Eigeninteresse? Es ist …

LAYTON: Das – nein, dass das – dass das eins der Motive hinter Ihrem Engagement für Common Core ist.

GATES: Und das heißt?

LAYTON: Das heißt, dass Microsoft und Pearson gerade einen Vertrag unterzeichnet haben, das Common-Core-Curriculum für das Surface [ein von Microsoft vertriebenes Tablet] bereitzustellen. Demnach haben Sie ein Produkt – hat Microsoft ein Produkt, das es – das es verkauft. …

GATES: Ja, wir hatten das alte Zeug von Pearson. Ich – das – das – es gibt keine Verbindung zu Common Core und irgendwas von Microsoft.

LAYTON: Okay. Nun, ich will nur – ich will das verstehen, aber das ist ein – Bill, ich will Ihnen nur sagen …

GATES: Das hat keine Substanz, okay?

LAYTON: Aber das ist eine Frage, wenn die Leute wissen – wenn die Leute erfahren, dass Sie Common Core befürworten ...

GATES: Glauben Sie ernsthaft, ich finde Common Core gut, weil ich eigennützige Interessen verfolge? Genau das behaupten Sie.

LAYTON: Nein. Ich weiß nicht, ob ich das glaube, und Sie scheinen nicht ...

GATES: Sie wissen es nicht. Sie wissen es nicht?

LAYTON: Ich denke nicht, dass ich das glaube.

An diesem Punkt sagt eine Stimme aus dem Off, dass sie das Thema wechseln sollen. Irgendwann im Interview spricht Layton Gates auf seinen politischen Einfluss und seinen Ruf als »nicht gewählter Oberaufseher des Landes« an:

LAYTON: Nun, ich möchte Ihnen sagen, was – was ich höre, wenn ich mit Leuten aus der Bildungspolitik spreche. Es gibt den Running Gag, dass früher oder später jeder für Gates arbeitet, weil, wenn man sich die Reichweite von – von Ihren Fördermaßnahmen ansieht und was das Engagement für Common Core angeht, Sie haben an die linke Seite des Spektrums gespendet, an die rechte Seite des Spektrums: Denkfabriken, Bezirke, Gewerkschaften, Konzerne. Das ist eine bunte Mischung. Es – es gibt – es ist schwieriger, Organisationen zu nennen, ähm, die mit Bildung zu tun haben, die keine Fördergelder – die – von Gates, als all die Organisationen zu nennen, die gefördert worden sind. Darum vermutet man, dass wegen dieser Omnipräsenz – dass Sie die Agenda bestimmen und es – es schwieriger wird, alternative Sichtweisen zu finden und eine echte, ehrliche Diskussion, weil Sie in diesem Bereich eine solche Vielzahl von Akteuren sponsern.

GATES: Junge, Junge, ich – ich – ich denke, wir kriegen hier keine Substanz rein, äh, tut mir leid. [Lange Pause] Unsere Fördergelder sind ein Rundungsfehler, okay? Das Bildungsbudget [der Bundesregierung] umfasst 600 Milliarden Dollar im Jahr, die ausgegeben werden. Versuchen Sie mal, den Prozentsatz für Forschung und Entwicklung zu berechnen, um neue Dinge auszuprobieren. ... Common – Common Core – die Leute werden entscheiden, und nein, wir – wir spenden nicht, wenn Sie irgendeine rechtsgerichtete Organisation kennen, an die wir spenden, wenn Sie irgendeine linksgerichtete Organisation kennen. Ich weiß es nicht. Ich – ich habe keine Ahnung, wovon Sie reden ... wir – wir haben nicht ...

LAYTON: Das American Enterprise Institute ...

GATES: Wir spenden nicht an politische Organisationen. Wir haben nicht ...

LAYTON: ... Denkfabriken ...

GATES: ... wir spenden nicht an Heritage, Cato, Leute wie die. Äh ...

LAYTON: Das American Enterprise Institute ...

GATES: Die hatten einige Experten in Bildungspolitik, das stimmt.

LAYTON: Fordham, das Fordham Institute, die tendieren nach rechts ...

GATES: Das – das ist nichts Politisches. Da geht es um Dinge, bei denen Leute Fachwissen anwenden wollen, um sagen zu können: »Machen wir so die Bildung besser?« Ich meine, am Ende des Tages ist es – ich finde, sich zu wünschen, dass die Bildung besser wird, ist keine Sache von links oder rechts. Und wenn man deshalb dafür sorgt, dass da so viele Experten sind – und, ja, einige von ihnen haben dann politische … die Bewertungen vornehmen. Deshalb – alle – wir geben Leuten Geld, damit sie sich Dinge gründlich ansehen. Wir geben Leuten kein Geld, um Ihnen zu sagen:»Okay, wir geben euch das, wenn ihr sagt, dass euch Common Core gefällt.« So etwas haben wir noch nie gemacht. Wir nehmen Bewertungen dieser Dinge vor. Und ich denke, die Analysen, die man braucht, damit wir Lehrkräften helfen können, besser zu werden, die reichen nicht aus. Und ja, ich gebe zu, dass wir Dinge fördern, wo Experten sich diese Dinge ansehen und sagen, ob sie gut sind oder nicht, und vielleicht werden sie nicht übernommen oder die Experten entscheiden, dass sie sie nicht gut finden. In diesem Fall waren sich alle mehr oder weniger einig, unabhängig von der politischen Gesinnung. Wenn man sich mit der Frage beschäftigt, ob Leute das Material lernen sollten, mit dem sie bei einer landesweiten Prüfung konfrontiert werden. Äh, ist es fair, wenn ein Schüler dieses Material noch nie gesehen hat? Ermöglichen die hohen Anforderungen in Massachusetts den Schülern dort, besser abzuschneiden als die Schüler in Gegenden, wo das Curriculum geringere Anforderungen an diese Schüler stellt? Äh, und darum – das sind sachliche Fragen. Sie sind keine – also, äh … die Bildung kann besser werden. Das heißt, äh, manche Leute glauben vielleicht nicht, dass sich in der Bildung etwas tun kann, dass wir es besser machen können. Wir sind – wir sind nicht dazu verdammt, bei dem, wie wir unseren – unseren Schülern helfen können, sich zu verbessern, schlechter als all diese anderen Länder zu sein. Und ja, wir haben eine Menge Leute engagiert. Es ist ein Rundungsfehler. Wissen Sie, Bildung ist ein Riesending und sie – sie verdient es, dass Leute aller politischen Überzeugungen exzellente Lernbedingungen haben.

Natürlich ist der ganze Modus Operandi der Gates Foundation das genaue Gegenteil von dem, was Gates behauptet: Sie finanziert sorgfältig und selektiv Organisationen, die ihre Agenda zuverlässig befördern, und überschüttet jeden potenziell einflussreichen Akteur mit Geld, um ihn dazu zu bewegen, ihre Arbeit zu unterstützen oder sie zumindest nicht öffentlich zu kritisieren.

Die Wissenschaftlerinnen Sarah Reckhow von der Michigan State University und Megan Tompkins-Stange von der University of Michigan haben sogar mit (anonym gebliebenen) Stiftungsangestellten gesprochen, die bestätigt haben, wie Gates für Konsens sorgt.[19] »Die [Forschungs-]Berichte werden unter recht eng gefassten Bedingungen produziert«, erzählte eine der Personen den Wissenschaftlerinnen. »Man beauftragt jemanden, einen Bericht zu erstellen. Es gibt einen Ausschuss, es gibt eine Menge Untersuchungen, es gibt eine Menge Kontrollen und so weiter und so fort, aber man weiß schon vor dem ganzen Prozedere ziemlich genau, was in dem Bericht stehen wird.« Eine andere Person sagte: »Wer genauer hinschaut, wird sehr schnell feststellen, dass all diese Organisationen, die plötzlich in den gleichen Chor einstimmen, Geld aus ein und derselben Quelle erhalten. … Wir fördern praktisch jeden, der unsere Interessen vertritt.«

Die Recherchen der *Washington Post* haben uns ein sehr spezielles Beispiel dafür geliefert. Die Stiftung spendete Millionen Dollar an das Hunt Institute, das zu jener Zeit mit der University of North Carolina zusammenarbeitete. Die Spende sollte der Koordination eines Netzwerks politischer Interessenvertreter dienen – Lehrergewerkschaften, La Raza, das Fordham Institute und andere. Nominell wurde diese Koalition zwar vom Hunt Institute angeführt, doch die Direktorin des Bereichs Politik und Interessenvertretung der Gates Foundation Stefanie Sanford leitete persönlich wöchentliche Telefonkonferenzen mit allen Gruppen, um zu entscheiden, »welche Bundesstaaten personelle Verstärkung bei der Reaktion auf Fragen und Kritik brauchten und wer in die Hauptstadt welchen Bundesstaats reisen musste, um Rede und Antwort zu stehen. … Im späteren Verlauf der Aktivitäten finanzierten Gates und andere Stiftungen Pseudo-Anhörungen für Lehrpersonal, bei denen Reaktionen auf Fragen von Gesetzgebern eingeübt wurden«.[20]

Eindeutig haben Politik und politischer Druck die Gates Foundation bewogen, sich mit Bildungspolitik zu beschäftigen – nicht einfach nur Wohltätigkeit, Forschung und Evaluation, wie sie behauptet. Und aus genau dem Grund hat Bill Gates beim Interview der *Washington Post* so emotional reagiert – er wurde mit existenziellen Fragen zu der wahren Natur seiner Philanthropie konfrontiert. Nutzen Sie Ihr enormes Vermögen, um die Demokratie zu unterwandern?

Die Common Core State Standards wurden zunächst zwar von der großen Mehrheit der Staaten übernommen und galten als politischer Coup, doch das Projekt zog weiterhin Kritik von rechts wie auch links auf sich. 2014 ruderten bereits einige Staaten wieder zurück, was die Standards betraf, oder gaben sie ganz auf.[21] Andere behielten sie bei, verpassten ihnen aber ein neues Image, um politischem Widerstand den Wind aus den Segeln zu nehmen.[22]

Diane Ravitch, emeritierte Bildungshistorikerin der New York University und vormals Assistant Secretary of Education unter den Präsidenten Bill Clinton und George H. W. Bush, gehörte zu den vielen kritischen Stimmen, die sich erhoben. Wie sie in einem Blog-Post berichtete, bezahlte die Stiftung »die Formulierung der CCSS, die Evaluation der CCSS, die Einführung der CCSS sowie die Werbung und Interessenvertretung zugunsten der CCSS«.[23] Und dann hatte sie noch die Gründung von EdReports.org finanziert, einer neuen Organisation, die dafür sorgen sollte, dass die CCSS in den Schulbüchern befolgt wurden.[24] »Die Idee, dass der reichste Mann in Amerika neue und nicht erprobte akademische Standards für die öffentlichen Schulen des Landes kaufen und – in Zusammenarbeit mit dem Bildungsministerium der USA – durchsetzen kann, ist ein nationaler Skandal«, sagte Ravitch 2014. »Die Entdeckung, dass die Bildungspolitik von einem nicht gewählten Mann gestaltet wurde – der Dutzende Gruppen sponserte und sich mit dem Bildungsminister verbündete, dessen Mitarbeiter mit Gates' Verbündeten verbandelt waren –, rechtfertigt eindeutig Anhörungen vor dem Kongress.«[25]

Abgesehen von der Kontroverse, die Gates' politische Manöver auslösten, offenbarte eine unabhängige Evaluation, dass Common Core gar nicht hielt, was Gates versprochen hatte, nämlich die Schulbildung zu verbessern. Das berichteten sogar von Gates geförderte Nachrichtenorganisationen wie Chalkbeat.[26]

Die Aktivitäten der Gates Foundation im Bildungsbereich, die über Unterrichtsstandards hinausgehen, zeigen, dass die Stiftung in ihrem Heimatland ganz ähnlich vorgeht wie in armen Staaten des Auslands – sie organisiert kontroverse, undemokratische, von oben verordnete politische Veränderungen, indem sie hinter den Kulissen agiert. Und wie auch andere Aktivitäten von Gates offenbaren, hat das von der Stiftung angestrebte Social Engineering in der amerikanischen Schulbildung gemeinhin keine Verbesserungen für die Menschen erbracht, denen sie angeblich helfen will. Wie die Stiftung selber zugibt, ist ihre Bildungsarbeit großenteils gescheitert. So hat Gates 650 Millionen Dollar für ein Experiment ausgegeben, das zu kleineren Schulen führen sollte, und es wieder fallen gelassen, als die gewünschten Ergebnisse ausblieben.[27] Außerdem pumpte die Stiftung Hunderte Millionen Dollar in die Evaluation von neuem Lehrpersonal und Charterschulen – umstrittene Bestrebungen, die die Schulbildung nicht eindeutig verbessert haben.

Sogar Bill und Melinda French Gates mussten öffentlich zugeben, wie wenig sie erreicht haben. In einem Interview von 2019 verglich Bill Gates die Unzulänglichkeiten seiner Stiftung im Bildungsbereich mit den großen Erfolgen, die er seiner Meinung nach in der Weltgesundheit erzielt hat. »Weil sich die amerikanische Schulbildung hier [in den USA] abspielt und jeder so vernünftig ist und es wirklich gut machen möchte, haben wir geglaubt, wir könnten dort wirklich viel erreichen – zum Beispiel die Abbrecherquote halbieren. In den USA ist die Abbrecherquote sowohl in der Highschool als auch an den Hochschulen am höchsten, höher als in jedem anderen Land der Welt«, bemerkte er. »Unsere Erfolge, was Makrozahlen angeht, wie Highschool-Abbrecher, Ergebnisse bei Mathetests, bei Lese- und Schreibtests … Dort sind unsere Erfolge sehr überschaubar. Wir haben eine Menge da reingesteckt. Und ja, ich kann auf Charterschulen verweisen, für die wir uns engagiert haben, die – wenn Sie dort hingehen und sich umschauen, ist das sehr ermutigend. Und das ist großartig. Das sind fast 1 Million Kinder im Jahr. Aber in den USA gibt es 52 Millionen Kinder zwischen Kindergartenalter und 12. Schuljahr, und das geht in dem Rundungsfehler unter.«[28] Wenn man genau hinschaut, merkt man, dass Gates im Grunde einen Sündenbock für sein Versagen sucht, indem er behauptet, die Stiftung sei finanziell nicht gut genug aufgestellt, um etwas zu bewirken:»Es ist auch deshalb viel schwieriger, weil man nur so wenig Geld zur Verfügung hat. Außerdem sind die Leute eigentlich zufrieden damit, wie die Dinge laufen. ... In dieser [Hinsicht] haben wir unterschätzt, wie schwierig es ist. Wir sind mehr oder weniger dabei, unsere Strategie zum dritten Mal neu auszurichten. Immer noch sehr engagiert. Und, ehrlich gesagt, haben wir wahrscheinlich über 4 Millionen von 50 Millionen [Schülerinnen und Schülern] geholfen. Also zeigt es sich doch allmählich in den Zahlen.«[29]

Natürlich verkaufen sich Bill Gates' nebulöse, holprige Behauptungen, Schülern»geholfen« zu haben, nicht so gut wie die Arbeit seiner Stiftung im Gesundheitsbereich, wo sie behaupten kann,»Menschenleben gerettet« zu haben. Und darum scheint sie so wenig von ihrem Marketingbudget dafür auszugeben, für die Arbeit im amerikanischen Bildungssektor zu werben, die die Gates Foundation bisher mehr als 10 Milliarden Dollar gekostet hat – etwa 13 Prozent ihrer gesamten bisherigen Spenden.[30]

Man darf Gates' Misserfolge nicht nur als Geldverschwendung betrachten, denn sie haben auch ganz reale Folgen – für Lehrkräfte, denen man klarmacht, dass sie ihren Beruf nicht beherrschen, für Schüler und Schülerinnen, die in Gates' sozialen Experimenten als Versuchskaninchen herhalten müssen oder suggeriert bekommen, sie seien dumm, weil sie in den von Gates propagierten standardisierten Tests nicht gut abschneiden, für Eltern, die aus Gates' wiederholten Behauptungen schlau werden müssen, das US-Bildungssystem stecke in einer Krise, und für die Steuerzahler, die ungeheure Summen zur Unterstützung der Bildungsreformagenda der Gates Foundation beigesteuert haben.

In gewisser Hinsicht hat die Stiftung ihre Misserfolge im Bildungsbereich zwar zugegeben, aber sie steht nicht wirklich dafür ein. Sie scheint weder ein schlechtes Gewissen wegen ihrer notorischen Fehlgriffe zu haben, noch hat sie die Verantwortung für den von ihr verursachten Schaden übernommen. Vielmehr besteht sie darauf, dass ihr Vermögen und ihre privilegierte Stellung sie berechtigen, weiter am Ruder zu bleiben, Kollateralschäden hin oder her. »Dass Fortschritte schwerer zu erzielen sind als erhofft, ist kein Grund aufzugeben«, verkündete Melinda French Gates 2020.[31] »Ganz im Gegenteil – wir glauben, wir gehen ein viel, viel größeres Risiko ein, wenn wir nicht alles tun, was in unserer Macht steht, um Schülern und Schülerinnen zu helfen, ihr Potenzial voll auszuschöpfen. Uns ist natürlich bewusst, warum viele Leute skeptisch sind, wenn Milliardäre als Philanthropen Neuerungen in den Unterricht einbringen oder die Bildungspolitik bestimmen. Das sind wir, ehrlich gesagt, auch. Bill und ich haben immer deutlich gesagt, dass unsere Aufgabe nicht darin besteht, selbst als Ideengeber zu fungieren; wir müssen vielmehr Innovationen unterstützen, die von Menschen vorangetrieben werden, die im Bildungsbereich arbeiten: Lehrkräfte, Verwaltungsbeamte, Wissenschaftler und Gemeindevorsteher.«

Das Bild, das die Öffentlichkeit von Bill Gates hat, beruht ganz überwiegend auf seiner Identität als Geschäftsmann und Philanthrop. Doch diesem Erfolg liegt nach Gates' eigenem Dafürhalten seine überragende Intelligenz zugrunde. Und dass Gates einer der klügsten Menschen der Welt ist, haben ihm unter anderem seine Leistungen bei Eignungstests verraten. In den 1990er Jahren spürten Journalisten in Seattle eine Frau auf, mit der sich Gates während des Collegestudiums gelegentlich getroffen hatte. Wie sie sagte, habe er als Erstes von ihr wissen wollen, welche Punktzahl sie bei der Studieneignungsprüfung erzielt habe. Und sie sollte unbedingt wissen, dass er die Höchstpunktzahl erreicht hatte. »Irgendwie fand ich das damals nicht sonderlich charmant«, erzählte die Frau. »Im Rückblick ist es natürlich ziemlich komisch, aber damals fand ich das überhaupt nicht lustig. Ich dachte erst, ich hätte ihn vielleicht nicht richtig verstanden. Dann kam es mir doch reichlich seltsam vor.«[32]

Die meisten Journalisten haben sich das Narrativ von Gates, dem

Genie, jedoch zu eigen gemacht. Die dreiteilige Netflix-Doku-Serie *Inside Bill's Brain* (dt. *Der Mensch Bill Gates*) von 2019 lud ihrem Titel gemäß das Publikum ein, Gates von der Warte seines computergleichen Denkapparates aus zu begreifen.[33] Unter der Regie von Davis Guggenheim, der zuvor den von Gates finanzierten Dokumentarfilm *Waiting for »Superman«* gedreht hatte, lässt der Film in seiner Vergötterung von Gates die Grenze zwischen Fiktion und Realität verschwimmen. So berichtet Guggenheim, Gates habe bei einem Mathematiktest der weiterführenden Schule als einer der besten Schüler des Staates abgeschnitten, um dann auf die komplexen zahlenbasierten Problemlösungen umzuschwenken, die Gates in seine philanthropische Arbeit einbringt. Außerdem begleiten die Zuschauer Gates zu einer seiner berühmten »Denkwochen«, die über die Jahre wiederholt von den Nachrichtenmedien aufgegriffen worden sind. Dort wird Gates als mönchischer Intellektueller porträtiert, der in die Natur flieht, um eine Woche in einer einfachen Hütte zu verbringen, wo er mit seinen Gedanken und einem großen Stapel dicker Bücher allein sein kann.[34] »Es ist eine Gabe, in einer Stunde 150 Seiten lesen zu können«, sagt Bernie Noe in dem Film. »Ich würde sagen, 90 Prozent davon behält er im Gedächtnis. Wirklich außergewöhnlich.«

Noe wird den Zuschauern als ein Freund von Gates präsentiert. Unerwähnt bleibt, dass er zu jener Zeit der Direktor der Privatschule war, auf die Gates' Kinder gingen – und dass die Stiftung ihr über 100 Millionen Dollar gespendet hat.[35]

Als Melinda French Gates im Film etwas zu Bills großem Gehirn sagen sollte, musste sie so lachen, dass es fast das Interview sprengte. »Weil es total chaotisch ist! … Ich möchte nicht in diesem Hirn stecken. Da ist viel zu viel los. … Es ist unfassbar, wirklich unglaublich!«[36]

In Wirklichkeit sind diese Berichte unglaublich – weil sie ausschließlich die Sichtweisen von Personen wiedergeben, die sich in Bill Gates' Einflussbereich befinden. Das einseitige Porträt übersieht – und verschweigt – die Tatsache, dass Gates' Gehirn stets kurzschlussartig auf die falsche Prämisse zurückfällt: »Ich habe recht und weiß, dass ich recht habe.« Es lässt die unzähligen kritischen Stimmen außen vor, die Gates' Intellekt aus der Nähe erlebt haben und sagen, er sei nicht nach seiner Weite, sondern nach seinen Grenzen zu beurteilen.

»Ein Merkmal von Bill Gates ist, dass er buchstäblich glaubt, er ist einer der klügsten Menschen im Universum«, sagt Maria Klawe, die gemeinsam mit Gates im Vorstand von Microsoft gesessen hat.[37] »Er ist hochintelligent und erfolgreich, aber keineswegs einer der klügsten Menschen, denen ich je begegnet bin. Unter anderem, weil er nicht weiß, was er nicht weiß. Ich meine, er glaubt wirklich, er könne sich ein paar Stunden lang mit jemandem unterhalten und wisse dann über tiefgreifende Dinge Bescheid. In einem meiner Lieblingsdispute mit Bill erklärte er mir, in den letzten 20 Jahren habe in der Mathematik keine echte Forschung mehr stattgefunden, es habe keine wirklichen Entdeckungen gegeben. Zunächst einmal bin ich theoretische Mathematikerin, aber ich sitze auch im Vorstand des Mathematical Sciences Research Institute in Berkeley, wo sich die weltweit besten Mathematiker versammeln, um prinzipiell Forschung zu brandaktuellen Themen zu betreiben. Ich erzähle ihm also von den neuesten Entdeckungen der letzten 20 Jahre und wie bedeutsam das ist, und er: ›Nein! Nein! Ich weiß Bescheid. Ich hab mit jemandem gesprochen, der sich richtig gut damit ausgekannt hat, und der hat mir gesagt, es hat keine neuen Entdeckungen gegeben.‹ Und ich sage: ›Du sprichst gerade mit jemandem, der sich richtig gut damit auskennt, und der sagt dir, dass es welche gibt.‹ Einfach verrückt.«

Gates hat auch seine Privatstiftung mit dieser Besserwisserattitüde gegründet; seine Wohltätigkeit fußt auf der Idee, dass er und sein kleines Expertenteam – sein Brain-Trust aus Doktoranden und McKinsey-Beratern – in ihrer Einsatzzentrale in Seattle sitzen und für jedes beliebige Problem eine Lösung finden können.

Im Konzept, das die Stiftung für die amerikanische Schulbildung entworfen hat, finden die Faktoren Armut und Ungleichheit, die zu schlechten schulischen Leistungen führen, jedoch kaum Berücksichtigung. In den USA leben wohlhabende Familien meist in wohlhabenden Gemeinden, welche mit den hohen Steuereinnahmen sehr gute öffentliche Schulen finanzieren können. Oder die Familien können ihre Kinder, so wie Bill und Melinda Gates, auf eigene Kosten zu exzellenten Privatschulen schicken. Für arme Familien gilt der umgekehrte Fall. Schulen in armen Bezirken verfügen über weniger Ressourcen. Dort erbringen die Kinder schlechtere Leistungen.

Laut Anthony Cody, Autor, vormals Lehrer an einer weiterführenden Schule und führender Kritiker der Gates Foundation, wird schulischer Erfolg überwiegend von Faktoren bestimmt, die *außerhalb* der Schule liegen und mit Wohlstand und sozialer Schicht zusammenhängen. Das bedeutet, dass die von Gates unternommenen Eingriffe in den Unterricht – seien es andere Bildungsstandards, die Förderung von Charterschulen, die Evaluation des Lehrpersonals oder die Einführung neuer Unterrichtssoftware – die bahnbrechenden Ergebnisse, die die Stiftung für sich beansprucht, gar nicht liefern können. »Wir können das Problem der Ungleichheit in der Bildung nicht lösen, solange wir die ungerechten und unangemessenen Ressourcen ignorieren, die Kindern aus einkommensschwachen Familien in ihrem Zuhause und ihrer Kommune sowie ihren Schulen zur Verfügung stehen«, schreibt Cody.[38]

Diese Ungleichheit umfasst auch den institutionellen Rassismus, der unser Bildungssystem durchzieht. So war eine hohe Punktzahl in standardisierten Aufnahmeprüfungen für Hochschulen jahrzehntelang zwingend erforderlich, wenn man sich in einer renommierten Universität immatrikulieren wollte. Genau diese Prüfungen betrachtet Bill Gates als Bescheinigung seiner eigenen herausragenden Intelligenz. In den letzten Jahren sind jedoch viele Leute zu der Ansicht gelangt, dass diese Prüfungen eher ein Zertifikat für ein Privileg als für Intelligenz sind. So verlangt das Hochschulsystem der University of California, das 300 000 Studierende unterrichtet, diese Aufnahmeprüfungen nicht mehr. Viele andere Hochschulen denken ebenfalls über eine Abschaffung dieser Prüfungen nach, weil sie erwiesenermaßen ethnisch und kulturell voreingenommen sind. Im Herbst 2023 werden über 1800 Hochschulen keine Testergebnisse verlangen. Dagegen haben das College Board und ACT, die Aufnahmeprüfungen für Hochschulen durchführen und pro Jahr über 1 Milliarde Dollar an

Einnahmen verzeichnen, von Gates rund 35 Millionen Dollar an Spenden erhalten.

Auch IQ-Tests sind aus denselben Gründen großenteils abgeschafft worden. Ob Bill Gates das auch schon mitbekommen hat, ist jedoch unklar. Nachdem der Oberste Gerichtshof gegen den Einsatz von Eignungstests bei der Stellenvergabe entschieden hatte (*Griggs gegen Duke Power Co.*), berichtete *Forbes* 2005: »Microsoft hat sich bekanntlich um Griggs herumgeschlängelt und Stellenbewerbern Denksportaufgaben gestellt, um ihr Sprachvermögen zu testen.«[39] Der Verfasser des Artikels, Rich Karlgaard, schrieb: »Ich bin fünf Tage lang mit Gates durchs Land gereist und er hat wohl hundertmal von IQs geredet. Er war schon immer davon besessen, für Microsoft die klügsten Köpfe anzuheuern.«

Gates' Schwächen verdienen besondere Erwähnung, weil er mit seinen philanthropischen Aktivitäten vor allem auf arme Schülerinnen und Schüler of Color abzielt; dabei verfolgt er das Ziel, dass »eine beträchtlich größere Zahl von afro- und hispanoamerikanischen sowie aus ärmlichen Verhältnissen stammenden Schülerinnen und Schülern ein Abschlusszeugnis erhält, eine Hochschulausbildung beginnt und im ersten Studienjahr auf dem besten Wege ist, eine für den Arbeitsmarkt wertvolle Qualifikation zu erwerben.«[40]

Ein Blick auf Bill Gates' eigene Schulbildung belehrt uns, dass diese nicht darauf ausgerichtet war, »eine für den Arbeitsmarkt wertvolle Qualifikation zu erwerben«. Bevor seine vermögende Familie ihn nach Harvard schickte, besuchte Gates die elitäre Privatschule Lakeside in Seattle. In einem Interview erzählte er: »Besonders in Mathe durfte ich auch mal dem Unterricht fernbleiben, weil ich dem Schulstoff voraus war. Darum hatte ich ziemlich viel freie Zeit. … Meinen ersten Job hatte ich, weil ich mein letztes Schuljahr ein wenig abgekürzt habe. … Ich arbeitete als Page im State Capitol[41] in Olympia, Washington. Dann machte ich mich auf nach Washington, D. C., und war dort ebenfalls eine Weile als Page tätig.«[42]

Der Interviewer wollte von Gates wissen, ob diese Eigenständigkeit für ihn ein Modell sei, das in der Schulbildung generell zum Einsatz

kommen solle. Gates schien dem zuzustimmen und sagte: »Selbst-
erkundung ist großartig, weil man ein gewisses Selbstvertrauen entwickelt und so ein Gefühl wie ›Hey, ich kenne mich da ziemlich gut
aus. Ich weiß das besser als die Lehrkräfte. Dann probier ich doch mal,
ob ich auch verstehe, was als Nächstes drankommt. Vielleicht kann ich
das ja auch ganz gut.‹«

Seinen eigenen Kindern hat Gates die gleiche Schulbildung ermöglicht, wie er sie hatte, aber bei den armen Kindern of Color, um die sich
seine philanthropischen Bemühungen drehten, war er sehr viel weniger großzügig.[43] Was die große Masse und die einfachen Bürger betrifft, geht es ihm nicht um Aufklärung oder kritisches Denken oder
Kreativität oder Würde oder Selbstfindung oder gar Lernen. Es geht
darum, die erforderliche Ausbildung zu erhalten, um nützliche Beiträge für die Weltwirtschaft zu leisten.

»Die Gates Foundation behauptet zu wissen, wie sich die Probleme
in der städtischen Bildung entschärfen lassen, aber ihre Lösungen beinhalten keine kritische Auseinandersetzung mit Macht. Gates, ein reicher Weißer, der verkündet, ein Problem lösen zu können, das über-
proportional People of Color betrifft, verhält sich genau genommen
wie ein Kolonisator.« Das sind Worte aus der Dissertation von Alice
Ragland, Professorin für Race and Ethnic Studies am Columbus College of Art and Design. Darin beschreibt Ragland die Gates Foundation als »kolonisierende, neutralisierende, kontrollierende Kraft in
Schwarzen Schulen und Communitys.«[44] Ihre Dissertation ist einer
der ganz wenigen veröffentlichten Texte, die ich entdeckt habe, in
denen gewagt wird, die Gates Foundation unter dem Gesichtspunkt
des Rassismus explizit ins Visier zu nehmen. Das ist erstaunlich, weil
rassistische Dynamiken bei allen Aktivitäten der Stiftung ganz offensichtlich eine Rolle spielen. »Ganz wie die weißen Philanthropen, die
im 20. Jahrhundert Einfluss auf die Bildung von Schwarzen genommen
haben, unterstützt die neue Schicht philanthropischer Körperschaften
Initiativen, die dafür sorgen sollen, dass Schwarzen Schülerinnen und
Schülern im Unterricht ihre tägliche Dosis an Fügsamkeit verabreicht
wird«, schreibt Ragland.

Diese Überwachung gewährleisten standardisierte Tests und die Audit-Kultur, die festlegt, was die Schüler und Schülerinnen in armen städtischen Schulen lernen, welche Lehrkräfte bleiben dürfen und welche gehen müssen, und manchmal auf die Minute genau, wie ein Schultag abzulaufen hat. Diese Schulen gelten als dringender Notfall und werden aufgrund der Testergebnisse der Schüler als ungenügend bewertet, was ihre fortgesetzte Überprüfung und Überwachung rechtfertigt. So wird der Öffentlichkeit der Eindruck vermittelt, dass diese Schulen nicht selbständig bestehen können und darum strenger Kontrolle bedürfen. Statt irgendwelche Maßnahmen zu ergreifen, um denjenigen Systemen eine Rechenschaftspflicht aufzuerlegen, die für fortgesetzte Ungleichheit und Rassismus in der Schulbildung sorgen, macht man die Schulen für viele Probleme verantwortlich, die außerhalb ihrer Kontrolle liegen.

In der Tat ist zu fragen: Wie kam Bill Gates zu dem Job, Schulen für Schwarze und hispanoamerikanische Schülerinnen und Schüler auf Vordermann zu bringen? Zu messen, wie gut sie sich anstellen? Lösungen zu schaffen? Was befähigt Gates dazu, in diesem Bereich als Experte oder Autorität aufzutreten? Wie immer bleibt letztlich nur eine Antwort: Geld.

In einem Interview erläuterte Ragland, dass die Gates Foundation und andere Bildungsreformer einen engen Fokus auf »Zugang« legen – Schülerinnen und Schülern of Color soll der Weg in weiße Führungsetagen gewiesen werden. Wie Ragland sagt, sehe sie durchaus, wie wichtig es sei, unterrepräsentierten Minderheiten mehr Chancen einzuräumen, doch dies könne nicht alles sein. »In meinem Unterricht lege ich den Fokus auf Systeme der Unterdrückung, so dass die Leute verstehen, woher sie kommen und wie sie in dieses System der Unterdrückung eingepasst sind. Auf diese Weise können sie die Dynamik ungleicher Macht leichter erkennen, sie anprangern und etwas dagegen tun«, sagte sie zu mir. »Ohne eine Kritik des gesamten Unterdrückungssystems … erreichen wir nichts weiter, als Räume, die von weißer Vorherrschaft durchdrungen sind, für Menschen zugänglicher zu machen, denen der Zutritt zu diesen Räumen bislang verwehrt wurde.« Es mag sein, dass Gates' Bildungskonzept Kinder und Jugendliche darauf vorbereitet, eines Tages für ein Unternehmen wie Microsoft zu arbeiten, aber ist das Sinn und Zweck unseres Schulsystems – »eine für den Arbeitsmarkt wertvolle Qualifikation zu erwerben«? Werden Schülerinnen und Schüler in diesem Paradigma das kritische Denken erlernen, das nötig ist, um sich zu fragen, warum ein Milliardär in Seattle so viel Kontrolle über ihr Leben ausübt?

»›Die Werkzeuge der Herrschenden werden das Haus der Herrschenden niemals einreißen‹«, zitierte Ragland die Autorin Audre Lorde.

Als Oprah Winfrey Bill Gates in ihre Show einlud, um über die Krise zu sprechen, die er in der amerikanischen Bildung wahrnimmt, und darüber, »wie weit Bill Gates gehen wird, um sie zu beenden«, fragte sie ihn, was geschähe, wenn wir wie durch Zauberhand »unsere schlechtesten Lehrkräfte eliminieren würden«.

»Wenn das passiert, werden wir [= die Schulbildung der USA] im Vergleich mit den anderen reichen Ländern die unteren Ränge verlassen und wieder ganz oben stehen«, sagte Gates.[45]

Das Aussortieren von schlechtem Lehrpersonal war eine Zeitlang ein Schlüsselelement der von der Gates Foundation verfolgten Bildungsreformagenda. Und wie bei so vielen ihrer Projekte verließ sich die Stiftung auf die Unterstützung der Steuerzahler, die zu diesem 575 Millionen Dollar schweren Unterfangen einen Großteil beisteuerten.[46] »Der entscheidendste Faktor für die Leistung der Schüler sind die Lehrkräfte«, erklärte Gates 2009 auf der National Conference of State Legislatures den Parlamentsmitgliedern. »Sie hier sind die Bevollmächtigten und [Budget-]Zuteiler der Schulreform in Amerika. Der Präsident und der Kongress können Empfehlungen aussprechen – und sie haben ein Förderpaket mit Milliarden Dollar geschnürt, das Sie zum Gelingen der Schulreform ausgeben dürfen –, doch letzten Endes entscheiden Sie. Ich hoffe, Sie entscheiden sich für die Beschleunigung der Reform, denn Amerika ist in einem Wandel begriffen.«[47]

Während Gates die Regierungen der Bundesstaaten drängte, ihre Budgets an seiner Agenda auszurichten und darüber nachzudenken, die Schulbildung durch besseren Unterricht zu optimieren, trieb er zugleich ein neues wohltätiges Projekt voran, um Lehrpersonal mit schlechten Leistungen auszusortieren und die Besten zu belohnen. Das Herzstück dieses Unterfangens war ein Pilotprojekt in Florida. Angelegt war es, wie immer, als öffentlich-private Partnerschaft. Gates versprach, 100 Millionen Dollar beizusteuern, verlangte aber vom Empfänger Hillsborough County (Tampa Bay), die gleiche Summe auf den Tisch zu legen.[48] Im Lauf der Jahre bewarb die Stiftung das Pilotprojekt aggressiv als entscheidende Intervention, die die Bildung dramatisch verbessern werde. »Wir waren begeistert von der Energie, mit der die Leute sich für das neue System engagierten – und von den Resultaten, die sie bereits im Unterricht sehen konnten«, schrieb Gates 2012 in einer Gastkolumne der *New York Times.* »Das Lehrpersonal berichtete uns, wie gut es sei, Feedback von einem Fachkollegen zu bekommen, der die Herausforderungen ihres Berufs kenne, und auch von der Schulleitung, die den Erfolg der gesamten Schule im Auge habe. Die Schulleiter sagten, das neue System motiviere sie, öfter dem Unterricht beizuwohnen, was die Zusammenarbeit in der Schulkultur von Tampa fördere. Auch die Schülerinnen und Schüler, mit denen wir sprachen, nahmen bereits eine Veränderung wahr, und es gefiel ihnen, dass die Beobachter sie in den Evaluationsprozess einbezogen.«[49]

Während die Stiftung in den Medien mit dem Erfolg des Projekts prahlte, zeigten sich vor Ort in Hillsborough bereits erste Verfallserscheinungen. Die Lehrergehälter waren um 65 Millionen Dollar gestiegen, weil Lehrkräfte als Anerkennung für bessere Leistungen finanzielle Anreize erhielten. Weitere 50 Millionen Dollar wurden allein an Berater gezahlt.[50]

Es stellte sich heraus, dass das Lehrerevaluationsprogramm der Stiftung nicht nur ein finanzielles Debakel für den Schulbezirk bedeutete, sondern auch kaum etwas dafür sprach, dass es die Schulbildung tatsächlich verbesserte. »Im Vergleich mit den 12 größten Schulbezirken des Bundesstaates ist Hillsborough vom 8. auf den 10. Rang zurückgefallen«, meldete die *Tampa Bay Times*. »In seinem Förderungsantrag an Gates hatte sich der Bezirk zum Ziel gesetzt, die Leistungslücke bei armen und Schwarzen Schülerinnen und Schülern anzugehen und 90 Prozent ihrer Dritt- und Achtklässler entsprechend dem Niveau ihrer Jahrgangsstufe in Lesen und Mathematik zu testen. Beim Florida Comprehensive Assessment Test für 2014 lagen die Leistungen jedoch zwischen 53 und 59 Prozent und bei den Schwarzen Schülerinnen und Schülern bei lediglich 33 Prozent.«

Bevor das so intensiv beworbene Projekt scheiterte, hatte es im ganzen Land den Trend befeuert, Lehrkräfte für ihre Leistung zur Verantwortung zu ziehen – und eine Kultur hervorgebracht, die den Pädagogen die Schuld an schlechten schulischen Leistungen ihrer Schützlinge gab. So begannen einige Nachrichtenmedien, die Namen von Lehrkräften zu veröffentlichen, die aufgrund der Testergebnisse ihrer Schüler als leistungsschwach bewertet wurden. Diese öffentliche Bloßstellung war demoralisierend und beschämend und sagte so gut wie nichts über ihre tatsächliche Befähigung oder Leistung aus.[51] Offensichtlich sorgte sie aber für gute Schlagzeilen. Nachdem ein Lehrer in Los Angeles von der *Los Angeles Times* als leistungsschwach bezeichnet worden war, beging er Selbstmord, woraufhin sich Hunderte Schüler, Lehrkräfte und Eltern zu Protesten vor den Redaktionsräumen der Zeitung versammelten.[52] (Einige Jahre später marschierten Lehrkräfte und Eltern auch zur Zentrale der Gates Foundation in Seattle, wo sie riefen: »Gates Foundation, you will fail! Education is not for sale!«, auf Deutsch etwa »Gates Foundation, gib es auf! Bildung steht nicht zum Verkauf!«)[53]

Als die Feindseligkeit gegenüber Lehrkräften außer Kontrolle zu geraten drohte, versuchte Bill Gates, das Frankenstein'sche Monster, das er geschaffen hatte, wieder einzufangen. Die *New York Times* verschaffte ihm großzügig Raum, sich als Verteidiger der Lehrerschaft und als ein aufgeklärter, mitfühlender Partner in der Bildungsreform zu präsentieren. »Unglücklicherweise behaupten einige Fürsprecher der Bildung in New York, Los Angeles und anderen Städten, ein gutes Personalsystem ließe sich erreichen, indem man Lehrkräfte nach ihrem ›value-added rating‹ klassifiziert – dabei wird ihr Einfluss auf die

Testergebnisse ihrer Schüler gemessen – und die Namen und Platzierungen online und in den Medien veröffentlicht«, schrieb er. »Doch Lehrkräfte mit Minderleistungen bloßzustellen, schafft das Problem nicht aus der Welt, weil sie dann kein individuelles Feedback erhalten.«[54] Danach plädierte Gates für eine nuanciertere Bewertung sowie vielfältige, verschiedene Maße für die Effektivität von Lehrkräften, die über Prüfungsergebnisse von Schülern hinausgingen. Zur Illustration seines Anliegens verwies er auf das Pilotprogramm seiner Stiftung in Hillsborough County.

Es vergingen noch drei Jahre, bis sich Hillsborough als Geldverschwendung entpuppte, doch Anthony Cody, der an einer weiterführenden Schule unterrichtete, durchschaute Gates' Argumentation ohne große Mühe. In Codys damals beliebtem Blog in *Education Week* (einem Medienportal, das bemerkenswerterweise von Gates gesponsert wird) fand die von Gates aufgeführte groteske Guter-Cop-Nummer keine Gnade.[55] Wie Cody bemerkte, hatte die Gates Foundation trotz Bill Gates' Gerede über vielfältige Maße bei der Evaluation von Lehrkräften eine Bewertung ausgeklügelt, die sich an den Testergebnissen der Schüler orientierte.

Der damalige CEO der Gates Foundation Jeff Raikes wurde auf Codys Blog-Post aufmerksam und lud ihn ein, direkt mit der Stiftung über seine Kritik zu diskutieren. Cody war überrascht und willigte ein, nach Seattle zu fliegen und in die Stiftungszentrale zu kommen. Laut Cody war die Einladung jedoch kein gutwilliges Angebot zu einem Dialog, wie Raikes es dargestellt hatte. Letzten Endes verlief der Austausch nur in eine Richtung.

»Sie gaben sich alle Mühe, mich davon zu überzeugen, dass sie sich mit Schulbildung bestens auskannten, dass sie wirklich wussten, was sie taten. Ich hoffte, sie würden mir Gelegenheit geben, ihnen klarzumachen, dass sie auf dem Holzweg waren. Am Ende des Tages kamen wir zu keinem Ergebnis. Im Grunde war es von Beginn an auch nicht darauf angelegt gewesen«, sagte Cody zu mir. »Vielleicht glaubte [Raikes], wenn er jemanden umstimmen könnte, der lautstark Kritik geäußert hatte, wäre das ein großer Sieg für sie.«

Cody schlug Raikes einen Feedback-Mechanismus vor, der Lehrkräften und Schülern Gelegenheit gäbe, der Stiftung unmittelbar Ideen
und Kritik vorzutragen. Raikes gefiel der Vorschlag zwar nicht, aber er
erklärte sich zu einem Online-Dialog bereit, in dem Cody und die Stiftung fünf Essays austauschen würden. Während Cody in seinen Essays
Gates als Dialogpartner anzusprechen schien, verriet er mir, nicht die
Stiftung als wichtigstes Publikum im Sinn gehabt zu haben. »Ich wollte
Lehrkräften begreiflich machen, was mit ihrem Beruf passierte, was
mit ihren Berufsverbänden passierte, was mit ihren Arbeitsbedingungen passierte, mit ihren Evaluationssystemen – mit all diesen Dingen,
die ihre Lehrbefähigung betrafen.«

Cody schrieb lange, nachdenkliche Essays über die wahren Strukturprobleme der Schulbildung, in denen er die Behauptung der Stiftung in Frage stellte, dass Lehrkräfte ihren Job nicht beherrschten und
das größte Problem für arme Schüler schlechte Lehrkräfte seien. Die
Stiftung hingegen griff häufig frühere Themen und Versprechungen
für die Zukunft wieder auf und verwies dabei stolz auf erste Anzeichen
von Erfolg im Hillsborough-Pilotprojekt. Irgendwann holte sie auch
zu einem Schlag unter die Gürtellinie aus, indem sie Cody »die schlaffe
Engstirnigkeit geringer Erwartungen« vorwarf und behauptete, seine
Ablehnung von Gates' Bildungsreformen offenbare seine Überzeugung, dass arme Schülerinnen und Schüler of Color niemals erfolgreich sein könnten. Laut Cody waren ihre Reaktionen »ein recht tri-
vialer Einheitsbrei nach dem Motto ›Wir glauben, dass jeder Schüler
etwas lernen kann‹. Das sind keine gehaltvollen Antworten auf die
Probleme, die aus den Lebensumständen der Schüler erwachsen, und
auf die Frage, wie wir als Pädagogen damit umgehen sollten, statt bloß
mit Schulbüchern vor ihrer Nase herumzuwedeln in der Hoffnung,
dass sie dann ihren Lebensumständen entrinnen.«

Der Austausch erwies sich als peinlich für die Stiftung. »Jeff Raikes
und ich telefonierten miteinander. Er war unzufrieden darüber, wie die
Dinge gelaufen waren«, erzählte Cody mir. »Ich glaube, irgendwie hatten sie gehofft, sie hätten jemanden gefunden, mit dem sie einen gemeinsamen Nenner finden könnten, oder so. Ich weiß es nicht. Ich

habe ihre Arbeit scharf kritisiert. Ich habe gehofft, sie würden meine stichhaltigen Kritikpunkte aufgreifen, statt in die Defensive zu gehen.« (Auf die Fragen, die ich ihm per Mail schickte, reagierte Raikes nicht.)

Als ich Cody 2022 interviewte, zeigte er sich überrascht darüber, wie wenig die Gates Foundation trotz aller Vorteile auf ihrer Seite zuwege gebracht hatte. In Hillsborough standen Gates alle entscheidenden Schachfiguren in Reih und Glied zur Verfügung – die finanziellen Mittel, die politischen Akteure und sogar die Lehrergewerkschaft. Darüber hinaus investiert die Stiftung mehr Geld als alle anderen Interessenvertreter, einschließlich der Nachrichtenmedien. Doch immer und immer wieder, trotz aller Trümpfe, die sie in der Hand hält, bringt sie es fertig zu scheitern.

»Sie haben völlig falsch eingeschätzt, wie die Leute – wie Menschen – mit dem System, zu dem sie gehören, interagieren – seien es Schüler oder Lehrkräfte oder Verwaltungsbeamte«, sagte Cody. »Sie gehen nicht respektvoll mit diesen Gruppen um. Sie agieren als diejenigen, die ihre Expertise und ihre Ressourcen zum Einsatz bringen. Und das gehen sie von Grund auf verkehrt an. Ihre Experten haben sie in die Irre geführt, und ich habe mein Bestes getan, um ihnen zu helfen, das zu korrigieren. Aber sie waren nicht daran interessiert.«

Im Jahr 2018 beauftragte die Gates Foundation die RAND Corporation, ihr Projekt zur Lehrerevaluation zu begutachten. Die Ergebnisse dieser Untersuchung waren der Schlusspunkt einer Geschichte, die im Grunde schon bekannt war: Gates' Bestrebungen zur Reform der Schulbildung waren gescheitert. Selbst von Gates geförderte Nachrichtenmedien wie EdSurge berichteten darüber.[56]

Wir könnten der Gates Foundation zugutehalten, dass sie weder auf den Evaluationen der Lehrkräfte beharrt noch die RAND Corporation unter Druck gesetzt hat, eine positivere Bewertung abzugeben. Doch wenn die Stiftung wirklich die Organisation wäre, die sie zu sein vorgibt, und partnerschaftlich mit Lehrpersonal und Communitys zusammenarbeiten würde, hätte sie sich öffentlich für ihr Versagen entschuldigt und Wiedergutmachung und Schadensersatz angeboten – von der Bloßstellungskultur, die sie angestoßen hat, bis zu den zig Millionen an

Steuergeldern, die für das gescheiterte Pilotprojekt in Hillsborough County ausgegeben – oder verpulvert – wurden.

Eine wichtige Komponente der Stiftungsarbeit im Bildungssektor – wie in jedem anderen Bereich, in dem sie agiert – ist Technologie. Wie Bill Gates im Vorfeld von Common Core erläuterte, würden universelle Bildungsstandards einen größeren Markt für Bildungssoftware schaffen. Und ein wesentlicher Bestandteil dieses expandierenden Softwaremarktes wäre die Sammlung detaillierter Daten von Millionen Schülerinnen und Schülern, die laut Gates in eine neue Ära der personalisierten Schulbildung führen würde.

Ein von der Stiftung produziertes professionelles Werbevideo für das erste große Projekt in diesem Bereich bot uns einen Einblick in die Zukunft: Geduldige, coole Lehrerinnen und Lehrer sitzen im Klassenzimmer vor einem Tablet, auf dem sie die Auffassungsgabe jeder Schülerin und jedes Schülers in Echtzeit verfolgen, und nehmen genau abgestimmte Korrekturen vor. Lächelnde, ruhige, gehorsame Kinder arbeiten effizient an ihren Aufgaben, deren Schwierigkeitsgrad so auf sie zugeschnitten ist, dass sie motiviert und konzentriert bleiben.[57]

Natürlich geht es in realen Klassenräumen anders zu – dort fehlen Ladegeräte für Computer, die Unterrichtssoftware funktioniert nicht, die Kinder und Jugendlichen verstehen nicht richtig, was sie machen sollen, oder langweilen sich. In solchen Klassenräumen ist Lernen ein gemeinschaftliches Unterfangen. Mit dem Werbevideo wurde für ein Gates'sches 100-Millionen-Dollar-Projekt namens inBloom (»in voller Blüte«) Reklame gemacht, das sich selbst als Rohrleitungssystem bezeichnete, durch das die Schülerdaten fließen würden. Die Idee war: InBloom sollte eine Art zuverlässiger, unabhängiger Informationsbroker für gewaltige Ströme von Schülerdaten sein, die Schulbezirken und Bundesstaaten sowie Privatfirmen und Unternehmern für Bildungstechnologie zur Verfügung stehen würden, um ausgeklügelte Software zur Verbesserung der Schulbildung zu entwickeln.[58]

Dies ist ein Teil von Gates' Reformagenda, bei der die Bundesregierung eine besonders wichtige Rolle spielte. Obwohl sie die Bundesstaaten nicht unmittelbar zwingen konnte, inBloom oder Common Core zu übernehmen, stellte die Regierung unter Obama einen Pool von 4,35 Milliarden Dollar zur Verfügung, der den Staaten als Anreiz zur Übernahme der neuen Bildungsstandards dienen sollte. Um an dieses Geld heranzukommen, gab es für die Staaten unter anderem die Möglichkeit, einen Infrastrukturplan für die Verwaltung von Schüler-daten zu entwickeln.[59]

Es lohnt sich, hier etwas ins Detail zu gehen: In den Vereinigten Staaten wird Bildung überwiegend auf bundesstaatlicher und lokaler Ebene finanziert und organisiert. Die Gates Foundation wurde wohl zu einem solch bedeutenden Antreiber der Bildungsreformbewegung, weil sie als Vertreterin der Obama-Regierung auftrat. Dank seiner Pri-vatstiftung konnte Gates frei und ganz aktiv mit Bundesstaaten inter-agieren, ohne Kritik wegen einer »Überregulierung« durch die Bun-desregierung zu riskieren. In der Praxis half die Gates Foundation den Staaten, die sich ein Stück vom 4,35-Milliarden-Dollar-Kuchen sichern wollten, beim Ausfüllen der Anträge, während sie zugleich die Com-mon-Core-Bildungsstandards vorantrieb und inBloom entwickelte, um all die Daten, die anrollen würden, verarbeiten zu können.[60]

Bevor inBloom jedoch so richtig an den Start gehen konnte, entfach-ten Datenschützer einen Sturm der Entrüstung. Reuters berichtete:

> Nur drei Monate nach Inbetriebnahme enthält die Datenbank bereits Dateien über Millionen Kinder, die über Name, Adresse und manchmal die Sozialversicherungsnummer identifizierbar sind. Es werden Lernschwächen dokumentiert, Testergebnisse aufgezeichnet, der Schulbesuch vermerkt. In einigen Fällen be-richtet die Datenbank auch über Hobbys, Berufsziele, die Einstel-lung gegenüber der Schule – und sogar, ob die Hausaufgaben ge-macht wurden.
>
> Die lokalen Bildungsbeamten behalten die gesetzliche Kon-trolle über die Informationen zu ihren Schülerinnen und Schü-lern. Das Bundesgesetz erlaubt ihnen jedoch, Dateien aus ihrem Teil der Datenbank an Privatunternehmen weiterzugeben, die

Lernmaterialien und -dienstleistungen anbieten. … InBloom verspricht zwar strengen Datenschutz, aber in seiner eigenen Datenschutzerklärung heißt es, dass es »weder die Sicherheit der gespeicherten Informationen garantieren kann … noch, dass die Informationen bei der Übertragung nicht abgefangen werden können«.[61]

Die Angst vor Big Brother im öffentlichen Schulbetrieb verstärkte sich noch, als inBloom den fatalen Fehler beging, mit einem Tochterunternehmen von Rupert Murdochs Medienimperium eine Partnerschaft einzugehen, als Murdoch gerade in einen großen Datenschutzskandal verwickelt war.[62] Eine von Murdochs Zeitungen, *News of the World*, wurde eingestellt, als bekannt wurde, dass sie sich illegal in die Mailboxen von Prominenten eingehackt hatte – und in das Handy eines Schulmädchens, das ermordet worden war.[63] Für Aktivisten war dies ein gefundenes Fressen – wie konnte man nur Multimilliardären wie Rupert Murdoch und Bill Gates die Daten von zig Millionen Schulkindern anvertrauen?

Wie Dominosteine begannen die Staaten einer nach dem anderen, sich von inBloom zu distanzieren, womit Gates' Datenüberwachungsprogramm rasch wieder Geschichte war.[64] »Das ist ein bedeutendes Ereignis, weil es zu den wenigen Beispielen gehört, wo sich Eltern ganz allein – ja, ohne irgendeine institutionelle Unterstützung – gegen dieses immense Unterfangen der Gates Foundation aufgelehnt haben, sämtliche persönlichen Schülerdaten zu sammeln und zu systematisieren«, erklärte mir Leonie Haimson, Geschäftsführerin von Class Size Matters und erbitterte Gegnerin von inBloom in New York.

Wie Haimson sagte, hatten sie und andere während der Einrichtung von inBloom immer wieder auf vielerlei Weise versucht, mit der Gates Foundation und ihren Partnern und Vertretern in New York ins Gespräch zu kommen, waren aber stets auf Schweigen oder herrisches Gebaren gestoßen, wie es die Stiftung seit jeher vorgab. »Sie verhalten sich immer nach dem Muster ›Wir machen, was wir wollen, und niemand hat uns etwas vorzuschreiben, und wir haben kein Interesse, den

Betroffenen vor Ort zuzuhören und tun nicht einmal so, als würde uns interessieren, was die Leute vor Ort über das, was wir ihren Schulen antun, denken oder wie sie empfinden‹«, sagte Haimson. »›Wir haben nicht im Geringsten Lust zu tun, als ob …‹, obwohl sie jede Menge verschiedener Werbefirmen angeheuert haben. Diese Arroganz ist einfach verblüffend.«

Eltern und Interessenvertreter erhoben sich gegen Gates' Machtanmaßung und waren siegreich, aber der Kampf war noch nicht vorbei. 2017 veröffentlichte die Denkfabrik Data and Society einen langen Autopsiebericht über inBloom. Dieser zitiert zwar kritische Stimmen und gibt sich als unabhängige Bewertung aus, könnte aber auch als Hilfestellung für die Tech-Industrie verstanden werden, um bei der Datenüberwachung in Zukunft erfolgreicher zu sein.[65] »Jedes künftige Projekt der Bildungstechnologie in den USA wird sich mit dem Erbe von inBloom auseinandersetzen müssen«, heißt es in dem Bericht, »und darum beginnt diese Untersuchung mit der Analyse, worin genau dieses Erbe besteht.«[66]

Data and Society wird gefördert von der Gates Foundation, Microsoft, Microsoft Research und der Risikokapitalgesellschaft Pivotal Ventures von Melinda French Gates. Der Kernpunkt ihres Berichts scheint zu lauten, dass die Eltern und Interessenvertreter zwar irrational argumentieren, aber klug genug waren, aus den PR-Fehlern von inBloom zu lernen. »Der Versuch von inBloom, offen und transparent zu sein, machte es letztlich anfällig für öffentliche Angriffe«, schließt der Bericht. »Anders als bei Privatunternehmen, deren Entdeckungsverfahren im Grunde eine Black Box ist, fanden die Prozesse bei inBloom im Licht der Öffentlichkeit statt und waren somit prüfenden Blicken ausgesetzt. … Groß angelegte, ehrgeizige, öffentliche Initiativen werden weiterhin gebremst oder erleiden ein ähnliches Schicksal wie inBloom, wenn es kein Gegen-Narrativ zur geringen Toleranz der Öffentlichkeit für Unsicherheit und Risiken gibt.«

Der Report legt nicht nur nahe, dass die Gates Foundation und ihre Vertreter die Geschichte neu schreiben können, sondern lässt auch die gruselige Möglichkeit erahnen, dass der nächste Anlauf zu einer

Datenüberwachung an Schulen weniger transparent und offen sein könnte und ihre Verfechter noch weniger Energie auf demokratische Beteiligung verwenden könnten.

InBloom betrifft nur einen Teil der Stiftungsaktivitäten zur Datensammlung und -überwachung; hier scheint die Stiftung auch künftig ein Betätigungsfeld zu sehen.[67] Ein Beispiel hierfür sind Zuwendungen an die Privatfirma ConnectEDU, die persönliche Daten von Millionen Schülern gesammelt hat und danach pleitegegangen ist. Daraufhin entspann sich ein erbitterter Gerichtsstreit, weil das Unternehmen diese Daten im Zuge des Insolvenzverfahrens verkaufen wollte.[68] Zudem spendet die Gates Foundation an Chiefs for Change und die Data Quality Campaign, die ebenfalls mit Schülerdaten arbeiten.

Velislava Hillman, Wissenschaftlerin an der London School of Economics and Political Science, hat den Zielen dieses aufkeimenden Datenüberwachungsapparats nachgespürt, der in großen Teilen finanzielle Verbindungen zu Gates aufweist. »Sie sammeln detaillierte Daten über Kinder, so dass sie Profile der Kinder erstellen und alle möglichen sozialen bis emotionalen Aspekte identifizieren können – ihr schulisches Verhalten, ihr Benehmen, ob sie aus einer Einwandererfamilie stammen, wie ihre schulischen Leistungen sind und so weiter.« Auf alle diese Daten werden komplexe Wahrsage-Algorithmen angewandt, »die einer Lehrkraft angeblich verraten, welche Schülerin wahrscheinlich irgendwann schummeln wird oder welcher Schüler vermutlich irgendwann Depressionen bekommt. Das ist wie in *Minority Report*«, fügte sie hinzu.

In dieser »von Technologie bestimmten Zukunft«, so Hillman, könnten Kinder von klein auf in eine spezielle Berufslaufbahn und vielleicht sogar zu einem bestimmten Unternehmen dirigiert werden. Bei ihren Forschungen ist sie auf Fälle gestoßen, in denen Schulen Programme zur Mitarbeiterentwicklung anwenden, die explizit mit Unternehmen wie Amazon und Cisco verpartnert sind.[69] Statt Kunst und Musik erlernen die Kinder technische Fertigkeiten, die für diese Firmen von Nutzen sind. All dies ist sinnvoll aus einer unternehmerischen Perspektive, die die Aufgabe von Schulen darin sieht, Arbeitskräfte zu produzieren.«Ein Ingenieur wird sofort denken, lasst uns die Daten auswerten und sehen, wo es Lücken gibt und wie wir ein besseres Gleichgewicht zwischen Angebot und Nachfrage schaffen können«, sagte Hillman zu mir.»Wenn Sie wie ein Geschäftsmann denken, was kommt Ihren Betrieb am teuersten zu stehen? Ihre Belegschaft zu behalten und umzuschulen.«

Mitte der 1990er Jahre kamen eine Reihe von Gouverneuren verschiedener Bundesstaaten und eine Reihe von Unternehmensleitern, darunter der damalige CEO von IBM Louis Gerstner Jr., in mehreren Meetings zusammen, bei denen sie über die Schaffung neuer Bildungsstandards auf Bundesstaatenebene diskutierten. Das war die Grundlage dessen, was später als Common Core bekannt wurde. Aus diesen Diskussionen ging auch Achieve hervor, das sich selbst als gemeinnützige Bildungsorganisation mit dem Ziel einer Schulreform bezeichnete, aber einen Vorstand ohne Lehrkräfte und ganz ohne Frauen besaß.[70] Achieve hatte jedoch die Unterstützung von Branchenführern, Gouverneuren und der Gates Foundation. Eine von Gates' allerersten Spenden zugunsten öffentlicher Schulen war eine Zuwendung in Höhe von 1 Million Dollar an Achieve,»um einen umfassenden Leistungsvergleich und Überblick bezüglich schulischer Standards und Leistungskontrollen zwischen Bundesstaaten zu fördern«.[71]

In den darauffolgenden Jahrzehnten entwickelten sich die Top-Industriellen der Nation zu glühenden Verfechtern neuer Bildungsstandards.»Warum sollte ich mich, wenn ich auf Talentsuche gehe, nicht an die Bundesstaaten wenden, die mit den Common Core State Standards arbeiten, denn da kenne ich die Leistungsfähigkeit des Bildungssystems«, sagte Rex Tillerson, damals CEO von Exxon, 2013.»Ich kenne nicht nur seine Leistungsfähigkeit in Relation zu anderen Bundesstaaten, sondern auch in Relation zu internationalen Arbeitskräften.«[72]

Der damalige CEO von Time Warner, Glenn Britt, steuerte seine Sicht der Dinge im Jahr 2010 bei, wobei er insbesondere auf seine Partnerschaft mit Gates verwies:»Technologische Innovation erfordert die

Expertise gut ausgebildeter Personen, und bei der Förderung dieser Talente hinken die USA hinterher. Die schulischen Leistungen von amerikanischen Kindern und Jugendlichen in Naturwissenschaft, Technik, Engineering und Mathematik werden schlechter: Die naturwissenschaftlichen Leistungen von 80 Prozent der Zwölftklässler liegen unter dem Leistungsniveau der Jahrgangsstufe, und auf der Rangliste der 31 Länder, die die Organisation für wirtschaftliche Zusammenarbeit und Entwicklung bewertet hat, landeten die Schülerinnen und Schüler der USA in Mathematik auf dem 19. und in Naturwissenschaft auf dem 14. Platz.«[73]

Für Geschäftsleute ist die Förderung von Bildung selbstverständlich auch gute PR: Gesichtslose Unternehmen wirken dank engagierter Kampagnen zur Unterstützung von Kindern gleich menschlicher. Zudem ist wohl eine langfristige Strategie hin zu einer Deregulierung zu erwarten. Indem die Privatwirtschaft eine immer bedeutendere Rolle in öffentlichen Institutionen wie der öffentlichen Bildung spielt, höhlt sie die Vorherrschaft des Staates aus. Das ist wohl die größte Veränderung, die Bill Gates in der amerikanischen Bildung bewirkt hat – Räume für einen verstärkten Einfluss der Privatwirtschaft zu schaffen und die demokratische Kontrolle von Schulen in Frage zu stellen. Zum Beispiel hat Gates beim Werben für die Common-Core-Bildungsstandards das alternative Szenario – in dem Bundesstaaten ihre eigenen Standards auf demokratischem Wege formulieren – als »regulatorische Eroberungsmaßnahme einzelner Staaten« dämonisiert.[74]

Aus eigennützigen Gründen sähen es Unternehmen möglicherweise auch gerne, wenn für die Bildung vorgesehene Steuergelder für Projekte aufgewendet würden, die faktisch kostenlose Trainingsprogramme für ihre zukünftigen Mitarbeitenden wären. In der Tat wurden Bill Gates' frühe philanthropische Streifzüge in die Bildungslandschaft als langfristige (eigennützige) Geschäftsstrategie kritisiert, um den potenziellen Programmierer-Pool, aus dem Microsoft neue Arbeitskräfte schöpfen könnte, aufzupeppen.[75]

Microsoft könnte auch ein Interesse daran haben, die Schulbildung als Sündenbock für seine fragwürdigen Einstellungspraktiken dastehen zu lassen. 2012 gab das Unternehmen einen Forschungsbericht heraus, in dem es behauptete, das amerikanische Bildungssystem produziere nicht genügend qualifizierte Programmierer für seine offenen Stellen. Die Lösung sah Microsoft in langfristigen Investitionen des Kongresses in die Verbesserung der amerikanischen Schulbildung – und kurzfristig in der großzügigeren Erlaubnis, ausländische Arbeitskräfte zu beschäftigen, die üblicherweise schlechter bezahlt werden.[76]

Für Neil Kraus, Professor für Politikwissenschaft an der University of Wisconsin, River Falls, ist dieses Argument das Kernstück der unternehmensgesteuerten Bildungsreformbewegung. »Als Geschäftsleute Produktionsstätten schlossen, Gewerkschaften ins Visier nahmen, zunehmend unsolide Arbeitsverträge abschlossen und sich mit Zähnen und Klauen gegen die Anhebung des Mindestlohns wehrten, zettelten sie eine Kampagne an, um Armut und schrumpfende wirtschaftliche Chancen allein den Schulen in die Schuhe zu schieben«, schrieb Kraus. »Das Qualifikationsdefizit war frei erfunden. Und die moderne Bildungsreformbewegung war geboren.«[77]

Für Kraus liegen die Ursprünge des Narrativs vom »Qualifikationsdefizit« – die Idee, dass es in den USA nicht genug qualifizierte, gebildete Arbeitskräfte gibt – bereits in den 1980er Jahren, doch als einen seiner führenden Vertreter des letzten Jahrzehnts nennt er die Gates Foundation. Gates hat Geld in Universitäten, Denkfabriken und die Nachrichtenmedien gepumpt, um eine Echokammer aus Forschung und Daten zu erzeugen, die das Qualifikationsdefizit-Narrativ immer weiter in den öffentlichen Diskurs hat eindringen lassen.[78]

Ein Artikel der *New York Times* von 2008 über die Mission der Stiftung, finanziell schlecht gestellten Schülerinnen und Schülern eine Schulbildung zu ermöglichen, die für eine feste Anstellung in besser bezahlten Jobs benötigt wird, zitierte eine von Gates geförderte Studie des National Center for Public Policy and Higher Education.[79] 2010 stellte die *Times* einen Bericht des von Gates geförderten Center on Education and the Workforce an der Georgetown University vor, der zu dem Schluss kam, »dass im Jahr 2018 die Zahl der Arbeitsstellen, die mindestens einen Associate Degree[80] verlangen, die Zahl der Personen, die für diese Stellen qualifiziert sind, um mindestens 3 Millionen übersteigen wird«.[81] Im Bericht des Center wurde auch vorhergesagt, dass »bis 2018 etwa zwei Drittel aller Arbeitsstellen mindestens einen Collegeabschluss verlangen«.[82] Diese Statistik – und das Narrativ vom zunehmenden Qualifikationsdefizit – wurde zu einem Mantra der Bildungspolitik. So berichtete der *Chronicle of Higher Education* (der auch von Gates gefördert wurde) 2020: »Jeder, der in den letzten zehn Jahren an einer Konferenz über Hochschulbildung teilgenommen oder ein Buch zu diesem Thema gelesen hat, ist zweifellos irgendeiner Variante dieser Vorhersage begegnet – bis man sie nicht mehr hören konnte.«[83]

Neil Kraus erklärte mir: »Sie sind mit diesem [Narrativ] so erfolgreich gewesen, dass die meisten Leute – auch viele wohlmeinende Liberale – es einfach nicht durchschauen. Sie fragen ›Was ist daran falsch zu sagen, dass alle armen Leute studieren sollen?‹« Die Antwort darauf, so Kraus, lautet, dass es kein Qualifikationsdefizit gibt. Die Gates Foundation und ihre Partner schaffen falsche Erwartungen und bereiten junge Leute auf Jobs vor, die nicht existieren. Unter Verweis auf das U.S. Bureau of Labor Statistics führte Kraus an, dass für die meisten Arbeitsstellen in der amerikanischen Wirtschaft gemeinhin keine höhere Bildung erforderlich ist – etwa für die Baristas bei Starbucks und die Versandmitarbeiter von Amazon. Laut Arbeitsdaten der Bundesregierung wird bei 60 Prozent aller Arbeitsstellen in den USA als Einstellungsvoraussetzung eine dem Highschool-Abschluss entsprechende Qualifikation oder weniger gefordert.[84]

Und wieder hatten von Gates geförderte Wissenschaftler der Georgetown University vorhergesagt, dass bis 2018 das genaue Gegenteil eintreffen werde: Für 66 Prozent der Arbeitsstellen würde »ein Collegeabschluss oder mehr« benötigt. (Georgetown steht zu diesen Forschungsergebnissen; mir wurde mitgeteilt, dass ihre Zahlen genauer seien und eher der Wahrheit entsprächen.) Erwähnenswert ist auch, dass laut den Bundesdaten ein Drittel der Collegeabgänger unterbeschäftigt ist.[85] »Daten des Arbeits- und des Bildungsministeriums sowie des Census Bureau und der US-Notenbank und auch wissenschaftliche Erhebungen, die nicht von der Privatindustrie oder Stiftungen finanziert werden, erzählen die wahre Geschichte – die Geschichte von Arbeitskräften mit dem höchsten Bildungsstand aller Zeiten, die als Geringverdiener in Jobs mit geringen Bildungsanforderungen arbeiten, und zahlreichen Unterbeschäftigten«, erfuhr ich von Kraus. »Bildung kann üblicherweise nicht den Arbeitsmarkt kontrollieren. Wir haben keine Kontrolle über die existierenden Arbeitsstellen oder die gezahlten Löhne, aber für beide werden wir zur Verantwortung gezogen.«

Die Gates Foundation berichtet zwar gerne öffentlich über ihre Bemühungen, benachteiligten Schülerinnen und Schülern den Weg zu einem Hochschulabschluss zu bahnen – und bezeichnet Bildung als »den großen Gleichmacher« –, doch es liegt auch eine gewisse Grausamkeit darin, wie die Stiftung zum Scheitern verurteilte Kinder heranzieht und sie zu ausgesprochen kostspieligen Hochschulabschlüssen treibt, die oft nicht halten, was sie versprechen.[86] Millionen arbeitsloser und unterbeschäftigter Collegeabgänger wird vermittelt, dass sie Versager sind, weil sie in einem Discounter arbeiten, statt aus dem Beschäftigungsfüllhorn zu schöpfen, das laut Gates und seinen Vertretern auf Hochschulabsolventen wartet, die kluge Entscheidungen bezüglich ihrer Ausbildung treffen.

Die Bemühungen der Gates Foundation um »Erfolg nach dem Highschool-Abschluss« zeigen überdies, wie die Stiftung das Thema Bildung auf Wirtschaft und Arbeitskraft reduziert – um Lernen geht es nicht. So beginnen Bildungsreformer die Schulbildung zunehmend nach dem Motto »von der Wiege bis zur Karriere« zu konzipieren; die Gates Foundation startet mit ihrem »Frühlernprogramm«, daran schließt sich die Bildung vom Kindergartenalter bis zum Abschluss der Highschool an, gefolgt vom Collegeexamen,[87] und schließlich werden mit Hilfe von Gates' Programm zur »U.S. Economic Mobility & Opportunity« fertige Arbeitskräfte geschaffen. Im Grunde wurden die Common-Core-Bildungsstandards von hinten aufgezäumt – ausgehend von den Kenntnissen und Fertigkeiten, die Highschool-Abgänger nach Meinung von Unternehmen besitzen sollten.[88]

»Die Presse hat die systemischen Ambitionen der Gates Foundation übersehen«, sagte Nicholas Tampio von der Fordham University zu mir. »[Bill Gates] träumt davon, ein System zu erschaffen, das kleine Kinder an die Hand nimmt und sie zu ihrem Arbeitsplatz führt. Die systemische Schulreform beruht auf der Vorstellung, dass man Kinder vom Kindergartenalter bis zum 12. Schuljahr begleitet. Okay, auch noch durch die ersten vier Collegejahre. Aber was ist mit der Vorschule?[89] Okay, die nehmen wir auch noch mit rein. Ja, aber was machen wir dann mit den ersten vier Jahren nach dem Collegeabschluss? Und die Zeit im Mutterleib…? Es gibt tatsächlich Leute, die von pränataler Bildung sprechen, die sich bis in die berufliche Karriere fortsetzt.«

Die Stiftung hat in Washington äußerst bereitwillige Partner für diese Bestrebungen gefunden. 2014 berichtete *Politico*, die Gates Foundation habe 16 Artikel über die »Überarbeitung von Finanzhilfen« für den Collegebesuch finanziert. Die Autoren seien mittlerweile »ein fester Bestandteil der Hearings im Kongress zur Wiederaufnahme des Higher Education Act«. *Politico* zitierte das Fordham Institute, das über Gates gesagt hatte, er gehöre »zu den einflussreichsten Kräften in der amerikanischen Bildungspolitik, auf gleicher Stufe mit dem Bildungsministerium. Absolut.«[90]

Gates hat auch parteiübergreifende Unterstützung gefunden. So brachten 2017 die demokratische Senatorin Elizabeth Warren und der republikanische Senator Orrin Hatch die Gesetzesvorlage zum College Transparency Act ein. In einer Presseerklärung von Warrens Büro hieß es: »Leider fehlen derzeit wichtige Informationen darüber, ob sich ein spezielles Grund- oder Hauptfachstudium für Studierende auszahlt. So gibt zwar die große Mehrheit der Studierenden als Grund für einen Collegebesuch die Hoffnung auf einen guten Job an, doch momentan lässt sich nicht leicht beurteilen, ob spezielle Studiengänge oder Hauptfächer Erfolg auf dem Arbeitsmarkt garantieren.«[91]

Nicole Smith vom Gates-geförderten Center on Education and the Workforce an der Georgetown University stimmte dieser Einschätzung in einem Interview zu: »Viele Studierende machen ihren Abschluss und wissen dann nicht, wohin; sie sehen ihre Berufslaufbahn noch nicht klar vor sich und brauchen lange, um sich zu finden und zu ergründen, wo sie arbeiten und was genau sie machen wollen und wie sie mit dem, was sie auf dem College gelernt haben, Karriere machen können.«

Der von der Gates Foundation befürwortete College Transparency Act hat mit der Anregung, Daten von Studierenden zu sammeln, berechtigte Bedenken hervorgerufen, was den Datenschutz betrifft. Darüber hinaus sollten jedoch auch Fragen zu Gleichheit und Gerechtigkeit gestellt werden.[92] Man muss danach fragen, ob die durch den College Transparency Act ermöglichten neuen Daten den Zweck erfüllen, den der Kongress (und die Gates Foundation) vor Augen haben. Wie viele Siebzehnjährige, die darüber nachdenken, aufs College zu gehen, entscheiden sich wohl aus rein ökonomischen Gründen für eine bestimmte Kursarbeit (»coursework«) oder ein bestimmtes College – basierend auf einer sorgfältigen Durchsicht aktueller Daten zum relativen »Erfolg auf dem Arbeitsmarkt« dank eines bestimmten Studiengangs? Und warum sollten wir von – insbesondere armen – Schülerinnen und Schülern verlangen, so zu denken?

In der Bildungsarbeit der Stiftung stoßen wir immer wieder auf diese Art von Selbsthilfementalität, die von Kindern erwartet, persönlich für ihr finanzielles Auskommen verantwortlich zu sein, statt die wahren Hindernisse für sie aus dem Weg zu räumen – die exorbitanten Kosten der Hochschulbildung, den Schuldenberg, der sich nach dem College vor ihnen auftürmt, den missbräuchlichen und asymmetrischen Arbeitsmarkt, der sie erwartet (und der eine übergroße Rendite für Unternehmensinvestitionen verspricht), die langjährigen Versuche, die Gewerkschaften zu schwächen, die verbreiteten Tricks, um die Körperschaftssteuer zu umgehen, institutionellen Rassismus und Sexismus und so weiter und so weiter.

»Ja klar, aber so läuft das nicht, mein Freund«, erklärt Anthony Carnevale, Direktor des Center on Education and the Workforce der Georgetown University. »Wir sind nicht befugt [derlei Probleme anzugehen] und wir werden in absehbarer Zeit auch nicht befugt dazu sein.« Carnevale, seit langem einer von Gates' Zuwendungsempfängern, gibt sich als Washington-Insider par excellence und räumt ein, es gäbe durchaus einige grundlegende politische Reformen, die zu bedenken seien, behauptet dann aber, sie seien »politisch irrelevant«, weil der Kongress sie niemals angehen werde. »Wir haben keine andere Maßnahme [als die Bildungsreform], die Chancen bietet, für die Amerikaner stimmen werden.«

In gewisser Hinsicht verbirgt sich hinter diesem politischen Pragmatismus jedoch einfach nur Fatalismus, eine tief verwurzelte Angst vor wahrem gesellschaftlichen Wandel. Es ist eine Weltsicht, die sich keine andere politische oder ökonomische Realität vorstellen kann als die, in der wir leben – einschließlich der Fähigkeit superreicher Männer wie Bill Gates, über das Schicksal der amerikanischen Bildungspolitik zu bestimmen.

Um eines klarzustellen: Ich will hier keineswegs dafür argumentieren, dass man nicht auf eine Hochschule gehen soll. Wer das will, sollte es unbedingt tun können. Die Teilhabe an akademischer Bildung sollte jedoch nicht vom sozialen Status oder den Launen und Vorlieben milliardenschwerer Philanthropen abhängen. Man sollte Schulabgängern nicht vorgaukeln, dass Bildung »der große Gleichmacher« ist oder dass sie mit einem Collegeabschluss automatisch der Mittelschicht angehören – oder gar der Armut entrinnen. Studierenden, die nach ihrem Examen keinen Job finden, sollte man nicht das Gefühl geben, Versager zu sein. Und man sollte ihnen nicht die Last der Strukturprobleme aufbürden, die für Ungleichheit sorgen – dass zum Beispiel ein verschwindend geringer Prozentsatz der Bevölkerung die Möglichkeit hat, unerhörten Reichtum anzuhäufen, sich um die Zahlung eines gerechten Anteils an Steuern herumzudrücken und das eigene Privatvermögen in politischen Einfluss über unser Leben umzumünzen.

10

DIE BÜRDE DES WEIßEN MANNES

Wie der Name schon sagt, sind in der National Portrait Gallery in Washington, D.C., die zur Smithsonian Institution gehört, Gemälde und Fotografien berühmter Amerikaner ausgestellt. Darunter befindet sich auch ein Porträt von Bill und Melinda Gates.[1] Das Werk ist verblüffend lebensecht, fast fotografisch, und es ist leicht, sich in den kunstvoll dargestellten Falten ihrer Kleidung zu verlieren. Doch auch die Machtdynamik, die das Bild ausstrahlt, ist fast mit Händen zu greifen.

Der eigentliche Fokus des Porträts liegt natürlich auf Bill Gates. Er thront im Vordergrund auf der Lehne eines Sessels, in dem Melinda sitzt. Bill befindet sich also im Bild vor ihr und überragt sie. Im Hintergrund gibt eine große Fensterfront den Blick auf Lake Washington in Seattle frei. Schräg hinter dem Paar befindet sich eine Art Computerbildschirm mit einer Collage lächelnder, hoffnungsvoll dreinblickender Gesichter von People of Color – und dem durchscheinenden Motto der Gates Foundation »All lives have equal value« – »alle Leben sind gleich viel wert«.

Das Gemälde wurde auch mit der Hilfe von Steuerzahlern finanziert. Es wurde 2008 in Auftrag gegeben – dem gleichen Jahr, in dem Patty Stonesifer, CEO der Gates Foundation, Vorsitzende des wichtigsten Leitungsgremiums der Smithsonian Institution, des Board of Regents, wurde.[2] Die Entscheidung für das Porträt scheint ein kluger Schachzug der Smithsonian Institution gewesen zu sein. Obwohl die Gates Foundation Kunst oder Museen üblicherweise nicht fördert, spendete sie in den Jahren zuvor fast 60 Millionen Dollar an die Institution.

Da der Maler, Jon Friedman, nicht zu einem Interview bereit war, ist unklar, ob er dem Powerpaar bewusst einen solch herrschaftlichen Anstrich verliehen hat. Trotzdem ist die Botschaft vom »weißen Retter« kaum zu übersehen – Bill und Melinda Gates wirken majestätisch, fast königlich, in ihrer schicken Kleidung in ihrem makellosen gläsernen Haus und mit lächelnden Schwarzen Kindern hinter ihnen.

Auch auf der Webseite der Stiftung finden sich zahlreiche Bilder von Frauen und Kindern of Color, und in Berichten der Medien sind häufig ähnliche Abbildungen zu sehen. Manchmal beugt sich Bill über ein Kleinkind, um ihm eine Schluckimpfung gegen Polio zu verabreichen, manchmal hält Melinda mit einem beinahe triumphierenden Gesichtsausdruck ein Schwarzes Baby im Arm. So wirken die beiden zutiefst menschlich, doch ebenso gut könnte man sagen, dass die namenlosen, staubbedeckten, zerzausten Kinder in diesen Bildern gewissermaßen als entmenschlichte Requisiten dienen. Laut Bill und Melinda French Gates handelt es sich jedoch nicht nur um arrangierte Fototermine, sondern um wichtige Begegnungen, die die Arbeit der Stiftung inspirieren.

»Während unserer Verlobungszeit sind wir zum ersten Mal nach Afrika gereist«, erzählte Melinda French Gates 2016. »Wir waren beide noch nie dort gewesen. Wir wollten die Tiere und die Savanne sehen. Wir gingen auf Safari. Wir waren mit mehreren anderen Paaren unterwegs. Es war wunderschön. Wir verliebten uns in alles, was wir sahen.«[3] Damals reisten die beiden stilvoll, oder gar luxuriös – mit Land Rover, Privatarzt und sogar einem eigenen Weinexperten.[4]

»Doch es ist keineswegs abgedroschen, wenn wir sagen, dass wir uns auch in die Menschen dort verliebten. Zahlreiche Fragen taten sich auf: ›Was ist hier los? Warum fahren wir mit einem Land Rover oder Jeep durch diese Gegend, in der es kaum große Straßen gibt? Und warum laufen alle diese Menschen auf der Straße zu Fuß zu einem Markt unter freiem Himmel – die Männer in Flipflops, die Frauen oft barfuß mit einem Kind im Bauch, einem auf dem Rücken und einer Last auf dem Kopf? Was ist bloß los, dass hier keine Entwicklung stattfindet?‹«[5]

Als Antwort auf diese Frage würden viele auf die Natur unserer Weltwirtschaft verweisen, die Gewinner und Verlierer braucht, die dieses Ungleichgewicht der Macht gezielt einsetzt, um arme Länder gewaltsam zu kolonisieren und zu versklaven, und die sich bis zum heutigen Tag die Reichtümer dieser Länder aneignet oder ihre Wirtschaft umstrukturiert, um die Interessen der Reichen zu befriedigen.

Melinda French Gates sieht die Dinge anders. Sie glaubt daran, dass das Wirtschaftssystem, das ihre Familie so reich gemacht hat, Gleichheit fördern kann. »Wenn ich in Malawi oder Tansania oder Senegal bin, sagen sie dort alle, dass sie gerne in Amerika leben würden«, bemerkte sie bei einem späteren Interview mit CNBC. »Wir haben Glück, hier zu leben. Sie wollen auch in solchen kapitalistischen Gesellschaften leben.«[6]

Wenn Melinda French Gates über die Bedürfnisse und Wünsche der Armen der Welt spricht, was sie häufig tut, macht sie großzügigen Gebrauch von Narrativen des Elends, die oft ein Bild bemitleidenswerter Menschen in großer Not zeichnen. »In Indien habe ich oft Mütter mit einem Baby auf dem Rücken gesehen, die beispielsweise in einem Topf mit kochendem Wasser rühren, weil sie verkaufen, was sie kochen. Für das Baby ist das wirklich gefährlich – es gibt viele Unfälle«, sagte sie 2022 bei einer Präsentation, als sie in Zusammenarbeit mit der Weltbank und USAID eine neue Initiative zur Kinderfürsorge ankündigte. »Man sieht viele Jugendliche, junge Mädchen, die den ganzen Tag über mit einem Baby auf der Hüfte an unsicheren Orten und im Straßenverkehr unterwegs sind. Dabei schaukelt der Kopf des Babys haltlos hin und her. Bedenken Sie, was das für das Baby, das Mädchen und die Mutter bedeutet. Und dann stellen Sie sich das Gegenteil vor – eine sichere, erschwingliche Kinderbetreuung. Dann kann dieses Baby gedeihen, das junge Mädchen kann unter günstigen Bedingungen heranwachsen und zur Schule gehen, die Mutter kann unbesorgt ihrer täglichen Arbeit nachgehen.«[7]

In den sozialen Medien nahmen Frauen aus der ganzen Welt Gates' koloniale Sichtweise aufs Korn. »Sie wollen wissen, wie Frauen und Kinder von der weißen Welt gesehen werden?«, twitterte die Weltentwicklungsforscherin Themrise Khan. »Schau her, @melindagates, meine Mutter hat mich sehr oft beim Kochen oder anderen Dingen auf ihrer Hüfte getragen. Und mir geht's prima. Vielleicht hätten Sie das auch mal versuchen sollen, bevor Sie solch unqualifizierte Meinungen vertreten.« Das von Priti Patnaik geleitete Nachrichtenportal Geneva Health Files fügte hinzu:»Klarer kann man die nach wie vor existierende Kluft nicht beschreiben. Die Elite der Weltgesundheit ist so weit von den lokalen Gegebenheiten entfernt, dass es beschämend ist, wie viel Macht sie hat, Prioritäten zu setzen.«[8]

Nirgendwo offenbaren sich die Widersprüche zwischen der Ermächtigungsbotschaft der Stiftung und der praktizierten Hegemonie so deutlich wie in ihren Finanzen. Die Mission der Stiftung lautet zwar, armen Menschen zu helfen, doch eigentlich geht es in ihrem Hilfsmodell darum, den Reichen zu helfen, damit diese den Armen helfen können. Bis Anfang 2023 gingen etwa 90 Prozent der Spendengelder der Stiftung – 71 Milliarden der fast 80 Milliarden Dollar, die sie an wohltätigen Spenden zugesagt hat – an reiche (und überwiegend weiße) Nationen. Tatsächlich gehen über 80 Prozent sämtlicher Zuwendungen von Gates an nur drei Staaten: die USA, die Schweiz und Großbritannien. Mehr als 60 Prozent haben allein die USA erhalten.[9]

Dass sich die Gates Foundation bei ihrer Arbeit für die amerikanische Schulbildung an Organisationen richtet, die in den USA ansässig sind, ist natürlich sinnvoll. Doch dieser Bereich betrifft nur einen kleinen Teil ihrer Spenden. Wenn wir uns beliebige von Gates bearbeitete Themenbereiche genau anschauen – etwa Familienplanung, landwirtschaftliche Entwicklung und Durchfallerkrankungen –, so stellen wir fest, dass das Stiftungsgeld hauptsächlich in reichen Nationen landet.

Dieses Modell lässt vermuten, dass die Stiftung armen Menschen nicht zutraut, ihr Geld klug zu verwalten. Und es zeigt deutlich, dass die Stiftung nicht vorhat, die Fachkenntnisse und Kapazitäten armer Nationen zu fördern. Es bietet eine Perspektive, in der die Armen der Welt auf lange Sicht arm bleiben – und abhängig vom guten Willen der globalen Eliten.

Abgesehen von der moralischen Schieflage dieser kolonialen Haltung sollten sich aus der Spendentätigkeit der Gates Foundation auch finanzielle Fragen ergeben. Die Finanzierung vermögender Organisationen in reichen Ländern bedeutet, dass ein sehr hoher Prozentsatz der Spendengelder von Verwaltungskosten aufgefressen wird – von hoch bezahlten Büroangestellten in schicken Bürogebäuden in teuren Städten wie Washington, D. C., und Genf. Wissenschaftler beschreiben dieses Schwarze Spendenloch als »Phantomhilfe«.[10] Noch abartiger ist: Die extravagante Spendenpraxis der Stiftung zerstört gewissermaßen den Anreiz, Erfolge zu erzielen; wenn Gates' karitative Partner es schaffen, ein Problem zu lösen oder sie den Armen wirksame Lösungen an die Hand geben, entgehen ihnen wichtige Verträge mit der Stiftung – und das ist ihnen bewusst.

Selbst wenn die Stiftung an arme Länder spendet, ist das nicht die ganze Geschichte. Ihre größte Einzelinvestition in Afrika ging an die Alliance for a Green Revolution in Africa (AGRA) – Empfänger von über 675 Gates-Millionen. Dieses Geld macht fast 15 Prozent der gesamten Spenden aus, die laut Gates an den Kontinent gehen. Allerdings ist AGRA, wie später noch genauer beschrieben wird, keine ausschließlich afrikanische Organisation. Gates und weitere westliche Geldgeber haben das Projekt entwickelt, finanzieren es und helfen bei der Durchführung.

EthioChicken, um ein weiteres Beispiel zu geben, ist mittlerweile eine der größten Geflügelfirmen Äthiopiens, auch dank Millionen Dollar an Spenden von der Gates Foundation. Das Unternehmen wurde von einem amerikanischen Geschäftsmann in Partnerschaft mit einem McKinsey-Berater gegründet.[11]

In Gates' Förderunterlagen sind Hunderte Millionen Dollar an Spendengeldern verzeichnet, die an Organisationen mit dem Wort *Africa* im Namen gegangen sind. Ansässig sind diese jedoch außerhalb des afrikanischen Kontinents – zum Beispiel die African Leaders Malaria Alliance (ansässig in New York), das East African Center for the Empowerment of Women and Children (Virginia), die African Fertilizer and Agribusiness Partnership (New Jersey) und die Made in Africa Initiative (Hongkong).

Der Philanthrop Peter Buffett (Sohn von Warren) hat dieses Wohltätigkeitsmodell als »philanthropischen Kolonialismus« bezeichnet. »Personen (mich eingeschlossen), die über einen speziellen Ort kaum etwas wissen, denken, sie könnten dort ein lokales Problem lösen«, sagte Buffett 2013.

Ob es um landwirtschaftliche Verfahren ging, um Bildungsmaßnahmen, Berufsausbildung oder Geschäftsentwicklung – immer wieder hörte ich Leute davon reden, dass sie etwas, das in einem bestimmten Umfeld funktionierte, direkt in ein anderes Umfeld übertragen wollten, ohne sich groß Gedanken über Kultur, Geographie oder gesellschaftliche Normen zu machen.[12] Bei jeder wichtigen Wohltätigkeitskonferenz sieht man Staatsoberhäupter mit Vermögensverwaltern und Unternehmensführern sprechen. Sie alle suchen nach Lösungen für Probleme, die andere im Raum geschaffen haben. Aus zahlreichen Statistiken geht hervor, dass die Ungleichheit ständig zunimmt.

Buffett spricht von »Gewissensberuhigung« und bezeichnet den kolonialen Blickwinkel, der der Philanthropie eigen ist, als destruktiv und manipulativ: »Die Reichen können nachts besser schlafen, während andere gerade genug haben, um sich über Wasser zu halten.«

Auch Buffetts eigener kolonialer Blickwinkel bietet genügend Anlass zur Kritik. So wurden Stimmen laut, die Buffett vorwarfen, seine Wohltätigkeitsorganisation, die NoVo Foundation, habe eine Kleinstadt in Upstate New York gewissermaßen kolonisiert, indem Buffett sie weithin von seinen wohltätigen Spenden abhängig gemacht hat (lokal bekannt als Buffett Bucks bezeichnet).[13] (Auf die Bitte um ein Interview mit Peter Buffett erhielt ich keine Antwort.) Immerhin ist Buffett aber in der Lage, sich in einem gewissen Ausmaß öffentlicher Kritik zu stellen, was man von der Gates Foundation nicht behaupten kann. Auch wenn wir nicht daran zweifeln sollten, dass Bill Gates tatsächlich glaubt, den Armen zu helfen, dürfen wir die offenkundig koloniale Haltung, mit der er seine Hilfe angeht, weder entschuldigen noch ignorieren.

»Wenn man in ein armes Land kommt, will man die Gesundheit auf Vordermann bringen, die Landwirtschaft, die Bildung, die politische Führung«, erläuterte Gates 2013 in einer Grundsatzrede bei Microsoft. »Und es ist die magische Melange all dieser Dinge, die sich gegenseitig verstärken.«[14]

»Etwa ein Drittel der Menschen auf der Welt lebt in Ländern, wo diese Dinge noch nicht zueinandergefunden haben«, fuhr Gates fort. »Es steht fest, dass Innovation, vor allem technische Innovation – neue Impfstoffe, neue Saaten, Kontrollmechanismen, die dafür sorgen, dass Regierungsbeamte tun, was sie tun sollen, und zwar auch in der Bildung –, dass wir jetzt viel schneller Fortschritte erzielen, um diese Menschen aus diesen Armutsfallen herauszuholen, als jemals zuvor.«[15]

Hier gibt sich Bill Gates wie eine Art außerhalb des Gesetzes stehender oberster Lehnsherr, ein Supergouverneur, der die Geschicke von Nationen, wenn nicht gar der ganzen Welt lenkt, indem er die politischen Maßnahmen, Regeln und Vorschriften festlegt, nach denen arme Menschen ihre Nahrung anbauen, ihre Kranken behandeln und ihre Kinder erziehen, und dann sorgfältig die trotteligen Bürokraten überwacht, um dafür zu sorgen, dass sie die von ihrem Herrn aufgetragenen Aufgaben auch erledigen.

»Wir haben uns immer einen Roboter gewünscht, der in ländlichen Gegenden bestimmte Aufgaben der medizinischen Versorgung übernimmt ... zum Beispiel auf dem Land einen Kaiserschnitt durchführt, wenn es dringend notwendig ist«, sagte Gates. »Ich glaube zwar nicht, dass das innerhalb der nächsten zehn Jahre machbar ist, aber vielleicht in zwanzig oder dreißig Jahren. Diese Art von medizinischer Expertise kann flächendeckend verfügbar gemacht werden.«[16]

Das sind düstere Zukunftsaussichten, die die Beschränktheit von Gates' Vision und die Grenzen seines »Technologie wird uns retten«-Dogmas aufzeigen. Gates kann sich einfach keine Welt vorstellen, in der arme Länder über ihre eigenen Mediziner verfügen, die einen Kaiserschnitt durchführen können. Dafür sieht er in einigen Jahrzehnten eine Welt heraufdämmern, in der die Armen zwar *immer noch nicht* in der Lage sind, für sich selber zu sorgen, aber dank der von ihm importierten patentierten Chirurgen-Bots aus Silicon Valley ein sehr viel besseres Leben führen.

»Sie verkörpern tatsächlich eine Form von Wohltätigkeit, die die Menschen, denen sie angeblich helfen wollen, entmachtet«, sagte David McCoy, Arzt und Forscher an der United Nations University in Malaysia, zu mir. McCoy konstatierte bereits 2009, dass die Stiftung mit ihren Spendengeldern reiche Nationen bevorzugt, und im darauffolgenden Jahrzehnt, so sagt er, habe sie ihre privilegierte Position noch gefestigt und die Asymmetrien der Macht, die die Weltgesundheit beherrschen, verstärkt.[17] »Letztlich kommt man immer wieder auf diese Machtfrage zurück«, fuhr er fort. »Am Ende des Tages ist das ein sehr guter Maßstab: Hat es im Verlauf der letzten zwanzig Jahre, seitdem die Gates Foundation im Spiel ist, eine Umverteilung von Macht gegeben? Ich glaube, das ist erwiesenermaßen nicht der Fall. Wenn überhaupt, hat sich die Ungleichheit, was Machtverteilung betrifft, noch vergrößert. Es ist eine noch größere Konzentration von Macht und Reichtum zu beobachten, die in nur wenigen Händen liegen, auch wenn in dieser Zeit Menschenleben gerettet worden sind. Wenn man die grundlegenderen Probleme struktureller Ungleichheit und die daraus erwachsende Ungerechtigkeit weiterhin nicht bekämpft, sind die Reichen und Mächtigen in der Lage, diese Position des Wohltäters weiterhin für sich zu beanspruchen und sie in gesellschaftliche Macht umzuwandeln.«

Bei der Analyse der kolonialen Haltung, die die Arbeit der Gates Foundation bestimmt, kommt man kaum umhin, auch den strukturellen Rassismus zu betrachten, der ihr zugrunde liegt. So gut wie überall, wo die Stiftung tätig ist, sei es in den Vereinigten Staaten oder im Ausland, liegt ihr Fokus auf armen Menschen, die ganz anders als Bill und Melinda French Gates aussehen und ein komplett anderes Leben führen. Wissenschaftler und Reporter haben den institutionellen Rassismus in der Stiftung praktisch noch nicht unter die Lupe genommen; dennoch wurde sie in den letzten Jahren mit einer wachsenden Zahl an Beschuldigungen konfrontiert.

Daniel Kamanga, Mitbegründer von Africa Harvest Biotech Foundation International – einem der ersten und bestgeförderten agrikulturellen Projekte der Gates Foundation –, hat auf LinkedIn einen Essay über die Ermordung von George Floyd durch den Polizisten Derek Chauvin aus Minneapolis geschrieben, der auf Floyds Nacken kniete, bis er tot war. Diese Gräueltat erinnerte Kamanga an den Rassismus, den er in der Zusammenarbeit mit westlichen Geldgebern erfahren hatte.[18] »Im Umgang mit Wohltätigkeitsorganisationen habe ich das Knie des Rassismus mit seinem vollen Gewicht gespürt. Bei zahlreichen Auseinandersetzungen mit der Bill & Melinda Gates Foundation konnte ich kaum atmen. Ähnliche Geschichten habe ich in großer Zahl von vielen afrikanischen Nichtregierungsorganisationen gehört, die von amerikanischen, europäischen und anderen Geldgebern abhängig sind. Einige von ihnen sind als Sieger vom Platz gegangen und haben die Schmerzen ignoriert. Einige sind zu Handlangern des ›Feindes‹ geworden. Viele von denen, die sich gegen die Geldgeber erhoben haben, sind tot, erdrückt vom Gewicht derjenigen, die vorgeben, sie zu unterstützen.«

2021 erntete die Gates Foundation heftigen Gegenwind, als bekannt wurde, dass man ihrem Disponenten rassistisches Verhalten sowie Mobbing und sexuelle Verfehlungen vorwarf.[19] Der Disponent leugnete die Vorwürfe oder spielte sie herunter und durfte seinen Job behalten. Ein Jahr zuvor war die Leiterin der von Gates geförderten Stop TB Partnership, Lucica Ditiu, unter großem Medienrummel mit ähnlichen Rassismusvorwürfen konfrontiert worden.[20] Nachdem die Anschuldigungen öffentlich gemacht worden waren, spendete die Gates Foundation weitere 2,5 Millionen Dollar an Stop TB, wo Ditiu nach wie vor am Ruder sitzt.[21] Zudem ist die Stiftung mit ihrer Mitarbeiterin Erika Arthun im Vorstand der Organisation vertreten.[22]

»Gates sitzt im Vorstand von Stop TB und hat nichts unternommen«, erfuhr ich von Colleen Daniels, einer ehemaligen Mitarbeiterin. Wie sie sagte, hätte sie die Gates Foundation umgehend per E-Mail über interne Probleme informiert. »Stattdessen hat er demonstriert, dass sie für ihre Agenda bereit sind, People of Color zu opfern.«

»Das größte Problem in meinen Augen ist, dass Gates die Weltgesundheit wirklich an sich gerissen hat. Sie definieren die Prioritäten, und das schon seit 15 Jahren. Ich habe bei der Weltgesundheitsorganisation und verschiedenen UN-Behörden gearbeitet, und überall richtet man sich nach Gates' Wünschen, denn er hat das Geld«, sagt Daniels. »Sein Einfluss ist einfach zu groß. Es ist eine Form von Kolonialismus.«

Julia Feliz berichtet von erstickendem Rassismus während eines Stipendiums bei der Alliance for Science, einem von Gates finanzierten und gegründeten Projekt, das die Ambitionen der Stiftung bezüglich genmanipulierter Organismen vorantreiben soll. Feliz stammt von Puerto Rico und bezeichnete die Zeit bei der Alliance als »Lektion in Neokolonialismus«.[23]

Als Feliz gegen diesen Rassismus aufbegehrte, strich man Feliz' Stipendium, was an der Cornell University, wo das Projekt derzeit betreut wurde, politische Proteste auslöste. In einer Resolution der Studierendenvertretung wurde das Verhalten der Alliance verurteilt.[24] »Wir erlernten keinen ›wissenschaftlichen Austausch‹, sondern wurden darin geschult, unser tiefstes, ganz persönliches Trauma zu teilen – das hatte mit genmanipulierten Organismen überhaupt nichts zu tun. Es war fast wie eine (auf Video festgehaltene!) Zurschaustellung von Armut, die herumgereicht wurde, um Leute, die wie ›wir‹ aussahen, von genmanipulierten Organismen zu überzeugen und zugleich Weißen zu zeigen: ›Seht nur, wir sind Schwarz und wir wollen das haben‹«, schrieb mir Feliz in einer E-Mail.

»Bei diesem Training wurden unsere persönlichsten Kämpfe ausgeschlachtet, um den Neokolonialismus ungeachtet der Historie, des Kolonialismus und der Macht über den globalen Süden zu befördern. In dem Programm ging es definitiv nicht um aufrichtige und echte Gespräche über genmanipulierte Organismen und die damit verbundenen Probleme. … Kurz gesagt: Ich kam nach Cornell in Erwartung eines wissenschaftlichen Austauschs und ich ging mit der Erkenntnis, dass für ein Programm, das die systematische Ausbeutung fördert, von der nur die bereits installierten Machthaber profitieren, meine Hautfarbe und privaten Kämpfe schwerer wogen als meine Individualität, Fähigkeiten, Leistungen oder Erfahrungen.«

Die Gates Foundation scheint dieses Modell weithin anzuwenden – sie fördert Schwarze »Helden« und »Geschichtenerzähler« mit dem erklärten Ziel, ihre eigene Agenda voranzutreiben und den Anschein einer soliden, diversen Unterstützung ihrer Arbeit zu erwecken. In Partnerschaft mit dem Medienriesen Thomson Reuters bildet das von Gates finanzierte Projekt Generation Africa Voices afrikanische Geschichtenerzähler aus, damit sie »Helden der Weltentwicklung werden«.[25] Die eingeladenen Fellows besitzen jeweils eine eigene Webseite und ein »Medienpaket« mitsamt Foto und Profil, womit Journalisten offensichtlich der Zugang zu realem, authentischem afrikanischem Elend erleichtert werden soll – von ehemaligen Kindersoldaten im Dienst der Lord's Resistance Army in Uganda über Stiefkinder, die von der Stiefmutter in Brand gesteckt wurden, bis zu Frauen, die eine gefährliche Abtreibung mittels einer Chemikalie hinter sich haben.[26]

Viele Amerikaner haben vermutlich schon über National Public Radio Episoden des Podcasts *The Moth Radio Hour* verfolgt, aber wahrscheinlich wissen sie nicht, dass Gates 7,6 Millionen Dollar für das Programm gespendet hat, »um Helden aus den Entwicklungsländern dabei zu helfen, ihre Geschichte zu erzählen und sie mit Entscheidungsträgern und einem Massenpublikum zu teilen«. Ein führender Mitarbeiter der Gates Foundation sitzt im Vorstand von *The Moth*. Die Stiftung berichtet, dass sie mit der Gruppe bei der Ausrottung der Kinderlähmung zusammenarbeitet: »Um Herzen und Köpfe zu verändern, brauchen wir gute Geschichten«, so die Gates Foundation.[27] *The Moth* arbeitet Hand in Hand mit dem von Gates geförderten New Voices Fellowship des Aspen Institute, das bestrebt ist, diese Stimmen in den Nachrichtenmedien hörbar zu machen.[28] Wie die Organisation stolz verkündet, hat sie mittlerweile fast 2000 Gastkolumnen ihrer 189 Stipendiaten vorzuweisen.[29]

Ein weiteres von Gates finanziertes Projekt, Speak Up Africa, will, wie der Name schon sagt, das demokratische Engagement in Afrika stärken. Die Gates Foundation hat mindestens 45 Millionen Dollar an die Organisation gespendet und sitzt in ihrem Vorstand.[30] Die ersten diesbezüglichen Spenden gingen jedoch gar nicht nach Afrika. Sie landeten in New York City – auf der 24. Etage des Trump Building in Manhattan, wo sich laut ihrer Steuererklärung die Büroräume der Organisation befinden.[31] (Spätere Spenden gingen laut den Unterlagen in den Senegal.) In der Praxis scheint Speak Up Africa seine Stimme allerdings nicht zum Wohle lokaler Perspektiven, sondern zur Förderung der Agenda seines Wohltäters zu erheben. Der *Economist* hat über die Arbeit der Organisation in Dakar berichtet, wo die Stiftung eine neue und offenkundig umstrittene Hightech-Kläranlage errichtet hat.[32] »Kurz nach der Installation sorgten Gerüchte, dass geklärte Abwässer dem Trinkwasser der Stadt beigemischt wurden, für Empörung«, heißt es im *Economist*. »Speak Up Africa, eine von Gates finanzierte politische Interessenvertretung, wurde aufgerufen, eine Kampagne zur Information der Öffentlichkeit auf die Beine zu stellen. … Laut der Organisation bieten ihre monatlichen virtuellen Meetings mit Gates-Mitarbeitenden in Seattle Gelegenheit, neue Ideen zu diskutieren und sich mit internationalen Experten auszutauschen.« (E-Mails an die Büros von Speak Up Africa in New York und im Senegal blieben unbeantwortet.)

Indem die Stiftung »Helden«, »Geschichtenerzähler« und »Fellows« hervorhebt, die mit Gates' Agenda und Weltsicht übereinstimmen und sie verbreiten oder nicht in Frage stellen werden, verleiht sie ihrer Arbeit einen Anstrich großer Diversität, Gleichberechtigung und Inklusion. Dennoch wirken diese Bemühungen ausgesprochen aufgesetzt und respektlos. Die schlichte Wahrheit lautet, dass die Stiftung sehr viel mehr Ressourcen dafür aufwendet, Bilder von den Armen der Welt zu erzeugen, aus deren Geschichten Kapital zu schlagen und ihr Elend für ihre eigenen Zwecke auszuschlachten, als dafür, ihnen wirklich zuzuhören oder mit ihnen zusammenzuarbeiten.

Die Gates Foundation ist kein Arbeitsplatz, der sich durch besonders große Diversität auszeichnet. So berichtete Gates 2021, dass nur etwa 10 Prozent seiner in den USA ansässigen Belegschaft afro- oder hispanoamerikanischer Herkunft sind – obwohl sie rund 33 Prozent der US-Bevölkerung ausmachen.[33]

Die mangelnde Diversität in der Gates Foundation betrifft aber nicht nur die ethnische Herkunft. Wie viele Mitarbeitende der Stiftung haben tatsächlich Armut erfahren oder sind in den armen Ländern aufgewachsen, auf die so viele Aktivitäten der Stiftung abzielen? Und wie viele sind in wohlhabenden Familien und in reichen Ländern aufgewachsen? Wie viele haben eine der amerikanischen Elite-Universitäten besucht? Wie viele waren Lehrer oder Bauern, deren Leben und Lebensgrundlage die Stiftung mit ihrer Spendentätigkeit so stark beeinflusst?

Von der Stiftung sind diese Informationen nicht zu erhalten. Zumindest in ihrer Leitung herrscht eine gewisse Diversität. Nehmen wir etwa Anita Zaidi, die anscheinend das ranghöchste Amt bekleidet, das eine Person of Color aus einem armen Land innerhalb der Stiftung innehat. Als eine mit mehreren Auszeichnungen dekorierte Ärztin aus Pakistan hat Zaidi als Direktorin der Stiftungsabteilung für Impfstoffentwicklung und -überwachung, als Direktorin der Stiftungsarbeit zu

Darm- und Durchfallerkrankungen und als Präsidentin der Stiftungsarbeit zu Geschlechtergleichheit fungiert.[34] Project Syndicate bezeichnet sie als »eine der weltweit führenden Stimmen für die Themen, die
Frauen und Mädchen betreffen«.[35]

Dies ist eine problematische Aussage aus einer fragwürdigen
Quelle – der Artikel von Project Syndicate verschweigt, dass die Plattform selbst von der Gates Foundation finanziert wird. Dennoch trifft
es wohl zu, dass Zaidi in einer der mächtigsten politischen Organisationen der Welt mehrere ausgesprochen hochrangige Positionen besetzt.

Zaidi erledigt ihre Arbeit zwar in der Stiftungszentrale in Seattle und
ist eine in Harvard ausgebildete Wissenschaftlerin, doch dank ihrer
Verbindungen zu Pakistan kann sie die Arbeit der Gates Foundation in
armen Ländern beurteilen und scheut auch in Interviews nicht vor
dem Thema zurück. Angesprochen auf die Kritik, dass nicht genügend
Stiftungsgelder in die »Kapazitätsentwicklung« in armen Ländern fließen, antwortete Zaidi: »In der BMGF achten wir sehr genau darauf, wie
viele unserer Spendengelder an Länder mit niedrigem und mittlerem
Einkommen gehen und wie viele an amerikanische bzw. westliche
Institutionen, mit denen wir zusammenarbeiten.«[36] Dann nannte sie
einige unkonkrete Beispiele wie »ein Programm in Indien, das auf
Kapazitätsentwicklung hinsichtlich klinischer Studien« abzielte, aber
keines für ihr Heimatland Pakistan. Wie es aussieht, sind viele der
Spenden für das Land – in Höhe von insgesamt 500 Millionen Dollar –
an Organisationen gegangen, die Zaidi selbst leitet oder zu denen sie
enge institutionelle Beziehungen unterhält.

Bevor Zaidi zur Stiftung kam, war sie Leiterin des Instituts für Kin-
derheilkunde an der Aga Khan University.[37] Später wurde die AKU der
zweitgrößte Empfänger von Spenden der Gates Foundation in Pakistan; sie erhielt gut 100 Millionen Dollar, die zu einem großen Teil der
Kinder- und Müttergesundheit zuflossen. Zaidi hat weiterhin eine
Teilzeitstelle als Dozentin an der Universität und veröffentlicht als
Angehörige der AKU wissenschaftliche Publikationen.[38] Auch von ihr
persönlich erhält die Hochschule von den Medien beachtete Spenden –

was sie sich mit einer Gesamtvergütung durch die Stiftung in Höhe von fast 750 000 Dollar leisten kann.[39] Laut Quellen ist sie dank ihrer Arbeit bei einem der zahlungskräftigsten externen Förderer der Universität für diese nach wie vor eine höchst einflussreiche Mitarbeiterin.

Ein weiterer Top-Empfänger von Spenden der Gates Foundation ist der Vital Pakistan Trust, den Zaidi gegründet hat und wo sie noch bis Mitte 2022 Kuratoriumsvorsitzende war.[40] Diese Organisation hat von der Gates Foundation mehr als 33 Millionen Dollar für Projekte zur Kinder- und Müttergesundheit erhalten. Viel mehr andere Unterstützung scheint Vital Pakistan nicht zu erhalten und es sieht so aus, als seien einige dieser Gelder für Projekte in Zusammenarbeit mit der AKU aufgewendet worden.[41] Entsprechend haben auch viele Kuratoriumsmitglieder von Vital früher bei der AKU gearbeitet.

Diese Beziehungen werfen eindeutig Fragen zu finanziellen Interessenkonflikten auf. Zaidi arbeitet für die Gates Foundation, die zig Millionen Dollar an Vital Pakistan spendet, eine Organisation, deren Leiterin sie war. Zugleich spendet die Gates Foundation über 100 Millionen Dollar an eine Universität, in der Zaidi eine sehr einflussreiche institutionelle Rolle spielt. Wie kann die Stiftung Organisationen finanziell unterstützen, in deren Leitung Mitarbeitende der Gates Foundation sitzen oder in denen sie wichtige institutionelle Aufgaben wahrnehmen? Inwieweit ist das als Wohltätigkeit zu verstehen und inwieweit müsste man im Grunde sagen, dass die Gates Foundation an sich selber spendet?

»Ich habe grundsätzlich Bedenken, was die Aktivitäten von Gates betrifft, aber diese speziellen Connections liegen so klar auf der Hand«, sagte eine der AKU nahestehende Quelle zu mir. »Wenn solch große Fördersummen an nur eine Institution oder nur eine Gruppe von Institutionen gehen, orientiert sich die Forschung nur in eine Richtung. … In einer Zeit, in der sich Weltgesundheit und -entwicklung auf Dekolonisierung zubewegen und Gleichheit eine größere Rolle spielt, muss man in eine diversere Gruppe von Forschern investieren und die Kapazitäten einer vielfältigeren Menge von Institutionen entwickeln. Nach meinem Dafürhalten ist dies eine wichtige Aufgabe der weitreichendsten, größten Wohltätigkeitsorganisation, die gerade nicht erfüllt wird.«

Wie eine weitere Quelle sagte, schaffe Zaidi beim Aufbau der Gesundheitsfürsorge »ein paralleles Wertesystem«, das vor allem »hinter Gates' Geld herjagt. ... Geld ist Macht. Geld erlaubt dir, Menschen einzustellen, Menschen zu fördern und sie in Führungsrollen zu heben.« Diese beiden Quellen beschreiben Zaidi als eine Art Strippenzieherin in Pakistan. Sie schmiede mächtige Allianzen, die die Forschungsagenda für die öffentliche Gesundheit bestimmen. »Sie ist politisch gewitzt und clever, denkt sehr strategisch. Sehr, sehr ehrgeizig«, sagte eine Quelle. »Ich glaube, ihr ist schon wichtig, dass sich in Pakistan etwas ändert, aber [manchmal] ist das nicht gut zu erkennen, wenn so sehr im Vordergrund steht, dass sie bei all dem gerne die Führung übernehmen möchte. Ich denke, sie ist eine gute Geschichtenerzählerin.«

Mehrere Quellen berichteten mir auch von Zaidis Ruf, junge Wissenschaftler so zu betreuen, dass sich ihr eigener Einfluss auf die Weltgesundheit vergrößert. »Sie bleiben während ihrer Berufslaufbahn von ihr abhängig«, verriet mir eine Quelle. »Sie sind nicht in der Position, nein zu sagen.«

»Sie war nie eine Mentorin, die dich völlig frei agieren ließ«, erzählte eine andere Quelle. »Immer behielt sie eine gewisse Kontrolle. Man wusste, solange man zu Anita Zaidi Ja und Amen sagte, lief [beruflich] alles prima.« Das schaffe an der AKU jedoch eine Kultur, in der Wissenschaftler »in erster Linie die Ideen anderer Personen verwirklichen ... und nur Zaidis Vision verfolgen«.

In vielerlei Hinsicht wollen zahlreiche Gelehrte und Forscher genau dieses koloniale Modell demontieren, um ein neues globales Gesundheitssystem aufzubauen, in dem Selbstbestimmung und Souveränität im Vordergrund stehen, in dem Probleme vor Ort diagnostiziert, priorisiert und gelöst werden und in dem man die Welt nicht mit den Augen einer Milliardärsstiftung in Seattle betrachtet.

Da weder Zaidi noch die AKU noch Vital Pakistan auf Presseanfragen reagierten, bleibt unklar, ob und wie mit Zaidis finanziellen Interessenkonflikten umgegangen wird. Meine Quellen überraschte das nicht; wie sie sagten, tue die AKU alles, was sie könne, um Zaidi, die »goldene Gans« der Universität, den Schlüssel zu Bill Gates' Geld, zu schützen. Dennoch ist zu bemerken, dass Zaidi nach meinen wiederholten Pressanfragen von Vital Abstand genommen hat. Seit Anfang 2023 wird sie nicht mehr als Kuratoriumsmitglied der Organisation geführt. Und während ihr Name früher auf der Webseite von Vital allgegenwärtig war und sie dort als »renommierte Professorin und Philanthropin« erwähnt wurde, scheint sie dort heute praktisch nicht mehr aufzutauchen.[42]

Wenn Zaidi der AKU den Zugang zu Gates ermöglicht, dann ermöglicht sie Gates umgekehrt vielleicht auch den Zugang zu Pakistan, einem Land, das für die Stiftung von bedeutendem geopolitischen Interesse ist. Weltweit hat die Stiftung über 8 Milliarden Dollar in die Ausrottung der Kinderlähmung investiert. In den letzten Jahren hat Gates dabei auch Pakistan in den Blick genommen – einer der letzten Orte der Erde, in denen noch der »Wildtyp« der Kinderlähmung auftritt. Aus den Förderunterlagen der Stiftung ist nicht ersichtlich, wie viel aus dem Polio-Budget nach Pakistan geflossen ist. Ihnen ist jedoch zu entnehmen, dass der größte Empfänger von Gates' Spenden in Pakistan das dortige Büro der Weltgesundheitsorganisation ist, das 300 Millionen Dollar erhalten hat, die allesamt der Polio-Bekämpfung dienen sollen.

Einige Gesundheitsexperten werfen Gates vor, sein Kreuzzug gegen Kinderlähmung sei nur ein Prestigeprojekt, das das Augenmerk der Welt von wichtigeren Gesundheitsproblemen ablenke. So gehört Polio weder zu den bedeutendsten Todesursachen in Pakistan, noch ist sie eine starke Belastung für das Gesundheitswesen. Seit 1990 sind im Land praktisch in jedem Jahr weniger als 1000 Fälle von paralytischer Poliomyelitis aufgetreten.[43] Dagegen mussten laut Our World in Data, das Spendengelder von Gates erhalten hat, in Pakistan in den letzten Jahren 25 Millionen Menschen wegen vernachlässigter Tropenerkrankungen behandelt werden. 28 Millionen Menschen waren unterernährt.[44] Laut UNICEF ist die körperliche und geistige Entwicklung von 38 Prozent der pakistanischen Kinder beeinträchtigt.[45] Man könnte Dutzende Krankheiten und Leiden aufzählen, die in Pakistan dringlicher sind als Polio, und das ist schon seit Jahrzehnten der Fall. Das Problem ist nur, dass es für diese Krankheiten keinen milliardenschweren Wohltäter gibt, der ihnen Priorität einräumt und in Marketing investiert (die Gates Foundation hat die in London ansässige Werbefirma M&C Saatchi angeheuert, um »die pakistanische Diaspora zu Vorreitern bei der Ausrottung der Kinderlähmung zu machen«).

Im Frühjahr 2022 inszenierte Gates eine seiner größten Machtdemonstrationen in Sachen Polio in Pakistan. Als sich die Aufmerksamkeit der Welt auf die Covid-19-Pandemie richtete, reiste Bill Gates – zum ersten Mal in seinem Leben – persönlich nach Pakistan, um den Fokus der politischen Führung des Landes wieder zurechtzurücken.[46] Offensichtlich mit Erfolg. »Die Ausrottung von Polio hat für unsere Regierung sehr hohe Priorität«, sagte der damalige Premierminister Imran Khan laut einer von der Gates Foundation herausgegebenen Presseerklärung. »Wir arbeiten auf allen Ebenen daran, dass jedes Kind durch die Polio-Impfung geschützt wird, und sind dankbar für die fortwährende Partnerschaft und Unterstützung der Bill & Melinda Gates Foundation und unserer anderen Partner im Kampf gegen Polio.«[47]

Nicht lange nach Gates' Stippvisite bekam seine Polio-Kampagne erneut Rückenwind durch die Publikation eines wissenschaftlichen Essays mit dem Titel »When Will Pakistan Stand on Two Legs? A Polio Story«.[48] Koautorin war Fyezah Jehan – Ärztin der Aga Khan University, Schützling von Anita Zaidi, Empfängerin von Zuwendungen der Gates Foundation und eine der Personen, die während Bill Gates' Pakistanbesuch zu einem gemeinsamen Essen eingeladen worden waren. In dem Essay heißt es: »Die weltweiten Bemühungen um die Herstellung und Lieferung von Impfstoffen müssen fortgesetzt werden. Wir haben die beispiellose Covid-19-Pandemie durchgestanden. Wir dürfen den Schrecken des Poliovirus nicht vergessen.«[49]

Der niemals endende Kampf gegen Polio könnte aber auch als Sinnbild dafür gesehen werden, dass Pakistan nicht auf seinen eigenen zwei

Beinen steht, sondern sich auf die Krücke der Entwicklungshilfe stützt und sich in Sachen öffentliche Gesundheit die Prioritäten eines Milliardärs aus einem fernen Land zu eigen macht.

2022 beteiligte sich die Gates Foundation an der Finanzierung und Planung einer Studie, die die Gewichtszunahme von Neugeborenen in Uganda und Guinea-Bissau mit Hilfe von Muttermilchersatz ankurbeln sollte. Auch wenn ein solches Projekt unstrittig oder gar löblich klingt, führte es zu einem kleinen Eklat, weil Gesundheitsexperten beinahe ausnahmslos empfehlen, nur zu stillen und auf Muttermilchersatz zu verzichten.[50]

Eine internationale Forschergruppe verurteilte die Studie, weil sie für die beteiligten Familien »keinen Nutzen bringt und möglicherweise großen Schaden verursacht«. Außerdem verstoße sie »gegen grundlegende ethische Prinzipien und Menschenrechte«. Laut den Forschern steht die Studie »in direktem Konflikt mit Stillempfehlungen für internationale öffentliche Gesundheit. ... Von dem Forschungsvorhaben profitieren ausschließlich die Wissenschaftler und möglicherweise Abbott Laboratories, der Hersteller der Milchnahrung«.[51]

Diese Kritik passt zu der langen Geschichte vermögender westlicher Forscher, die arme Länder als Petrischale und arme Menschen als Versuchskaninchen benutzen. So wie Großunternehmen die Rohstoffe armer Länder ausbeuten, wenden reiche Forschungsinstitute ähnliche ausbeuterische Verfahren an, um Daten, Arbeitskräfte und Ansehen zu gewinnen.

Auch die Forschungsagenda der Stiftung hat vielerorts entsprechende Kritik auf sich gezogen. Anstatt für eine Welt zu arbeiten, in der Arme beispielsweise Zugang zu einer abwechslungsreichen, gesunden Ernährung haben, steckt die Stiftung ihr Geld in Patentlösungen wie genetisch veränderte Nutzpflanzen mit größerem Vitamingehalt oder arbeitet zusammen mit Heinz, Kraft, Roche oder BASF an der Biofortifikation industriell verarbeiteter Lebensmittel.[52] Außerdem hat die Stiftung Untersuchungen finanziert, bei denen gesunden Kindern in armen Ländern Antibiotika verabreicht wurden, weil sie glaubt, dass sich Krankheiten auf diese Weise eindämmen lassen – eine Quick-Win-Aktion auf Kosten der wichtigeren Arbeit elementarer Gesundheitsfürsorge.[53] Im Zuge ihrer Impfprojekte unterstützt die Stiftung Studien, die untersuchen, ob die Armen der Welt auch mit geringeren Dosen auskommen als reiche Leute. Diese kostensparende Maßnahme wird als »*dose sparing*« bezeichnet.[54]

In der wohltätigen Arbeit der Stiftung ist diese Bettler-dürfen-nicht-wählerisch-sein-Mentalität immer wieder zu beobachten. Die Schwachpunkte und der institutionelle Rassismus erinnern an die historischen Grundlagen der »Weltgesundheit«. Mit diesem merkwürdigen Begriff ist eigentlich gemeint, dass arme Menschen Zugang zum Gesundheitswesen haben – organisiert von Forschern und politischen Entscheidungsträgern aus reichen Ländern. Zunächst unter der Bezeichnung »Tropenmedizin« wurde dieses Fachgebiet nicht etwa aus humanitären Gründen zum Schutz der Armen entwickelt, sondern vielmehr, um dafür zu sorgen, dass die Kolonisten beim Plündern der Tropen gesund bleiben.[55] Heute ist die öffentliche Gesundheit armer Länder nach wie vor im Wesentlichen ein Spielfeld für die Machtinteressen des Globalen Nordens. Dabei ist niemand mächtiger als die Gates Foundation. Mit harter Hand entscheidet sie, welche Krankheiten, welche Maßnahmen und welche Forscher Geld erhalten.

Diese Machtdynamik hat in den letzten Jahren eine Aktivistenbewegung auf den Plan gerufen, die eine neue Ära der sozialen Gerechtigkeit im Bereich Forschung und Gesundheit fordert. Sie agieren unter dem Hashtag DGH, oder »Decolonize Global Health«. So wie wir nicht über die Öl- und Gasriesen reden können, ohne auch über den Klimawandel zu reden, kann man kaum über Weltgesundheit sprechen, ohne das Machtungleichgewicht, das dieses Feld beherrscht, in Frage zu stellen. Die #DGH-Bewegung hat große humanitäre Organisationen wie Ärzte ohne Grenzen erschüttert, der weitreichender institutioneller Rassismus vorgeworfen wird. Dagegen scheint die Gates Foundation nicht das gleiche Ausmaß an öffentlicher Kritik zu erfahren. Das könnte daran liegen, dass so viele Menschen von ihrer Förderung abhängig sind.

Dennoch ist sich die Gates Foundation dieser Diskussion durchaus bewusst und hat bereits begonnen, Spendengelder in den betreffenden Bereich fließen zu lassen. So erhielt die Nachrichtenagentur The New Humanitarian eine 300 000-Dollar-Spende, »um unter den Interessenvertretern des medialen und humanitären Sektors handlungsorientierte Überlegungen und Gespräche zu neuen und innovativen Möglichkeiten der Arbeit und Dekolonisierung von Entwicklungshilfe anzustoßen«. Auf diese Weise versuchen mächtige Organisationen, die sich von der Dekolonisierungsbewegung bedroht fühlen, sie für ihre Zwecke zu nutzen.

»›Dekolonisierung‹ hat sich zu einer Art Modewort entwickelt, das jeder gerne hervorholt – oft, um zu Wokeness aufzurufen«, sagte Yadurshini Raveendran zu mir. Raveendran ist Gründerin der Duke Decolonizing Global Health Working Group an der Duke University, einer von immer mehr studentischen Aktivistengruppen in diesem Themenbereich. »Sie wollen an diesen Gesprächen beteiligt sein, weil es *in* ist. Insbesondere nach der Black-Lives-Matter-Bewegung ist es populär geworden dazuzugehören«, sagte sie. »Sie nutzen diese Plattform oder Diskussion, um zu beweisen: ›Hey, uns liegen Diversität oder Repräsentation am Herzen‹, ohne dass sie wirklich begreifen, wofür die Bewegung steht oder was sie erreichen will.«

In unserem Gespräch berichtete Raveendran ausführlich von ihren eigenen Erfahrungen. Sie wuchs in Sri Lanka auf, einer ehemaligen britischen Kolonie, machte aber Examen an der Duke University, einer prestigeträchtigen privaten Hochschule in den Vereinigten Staaten (die auch Melinda French Gates besuchte). Ihr Studium wurde sogar teilweise durch ein Stipendium der Gates Foundation finanziert. »Ich bin dankbar für dieses Stipendium, denn sonst wäre ich nicht in der Lage gewesen, hierherzukommen und meine Arbeit zu tun«, sagte Raveendran, um dann gleich ein Aber hinterherzuschieben: »Warum musste ich meine Heimat verlassen, um hier in öffentlicher Gesundheit ausgebildet zu werden, in diesem Teil der Welt, um den Menschen in Sri Lanka helfen zu können? Das ist wirklich paradox. Ich musste von einer weißen Organisation ein Almosen annehmen, obwohl mein Land von einer weißen Organisation, dem britischen Empire, kolonisiert wurde.«

Als ich Raveendran 2021 interviewte, war sie gerade gegen Covid-19 geimpft worden, was sie als eine weitere Absurdität der Weltgesundheit bezeichnete. Wie konnte es sein, dass sie als gesunder junger Mensch schlicht deswegen geimpft werden konnte, weil sie in den USA lebte, während ihre viel stärker gefährdeten Eltern in Sri Lanka brav warten mussten, bis sie an der Reihe waren, einer chaotischen, fehlerhaften Verteilung von Impfstoffen ausgeliefert, für deren Organisation auch die Gates Foundation verantwortlich war? (Darauf kommen wir später noch zurück.) »Ich finde es einfach nur traurig, dass jemand, der seine Milliarden mit Microsoft oder Technologie gemacht hat, so viel Mitspracherecht in der Gesundheitsfürsorge besitzt, die Menschen betrifft, die so aussehen wie ich und meine Familie, die mit diesem Mann überhaupt nichts zu tun haben, die nie auch nur annähernd so viel Geld haben werden wie er. Aber aus irgendeinem Grund kann er, weil er dieses Geld besitzt, über meine Gesundheit und die meiner Familie bestimmen.«

Organisationen wie die Gates Foundation, die großen Einfluss auf die Weltgesundheit haben, reagieren in kleinen Schritten auf die Dekolonisierungsbewegung, indem sie zum Beispiel Forschern aus armen Ländern den Zugang zu teuren Konferenzen und Zeitschriften eröffnen. Doch in Raveendrans Augen ist für Bewegung zwingend erforderlich, dass man statt Trippelschrittchen große Schritte unternimmt, »um die Unterdrückersysteme, die weiterhin Macht ausüben, zu demontieren – die weiße Vorherrschaft, Kapitalismus, Rassimus, Sexismus«. Und dazu gehört auch die Demontage der Gates Foundation.

»Sie sind die Antithese zur Dekolonisierungsbewegung, weil sie das System *sind*. Sie halten das System, das den Schaden anrichtet, aufrecht. Würde tatsächlich eine Dekolonisierung erfolgen, so würden wir das Hilfssystem abschaffen, in dem ein anderes [reiches] Land oder eine andere Organisation ihr Geld einsetzt, um uns [im Globalen Süden] gesund zu machen«, sagte sie. »Ich kann [Bill] Gates nicht als Einzigem die Schuld geben, denn es geht um jahrhundertelanges Leid. Doch zweifellos ist er ein zentraler Bestandteil dieser Debatte, weil er über so viel Macht verfügt.«

Die Kritik an der Kolonialmacht der Stiftung gemahnt an das komplexe Erbe der Kolonisierung und den weiteren Kontext, in dem Gates heute agiert. 2021 bemerkten die Autoren Caesar A. Atuire und Olivia U. Rutazibwa: »Der (Neo-)Kolonialismus bringt nicht nur einen Kolonisten hervor, der den Kolonisierten mit paternalistischen Einstellungen begegnet, sondern auch einen Kolonisierten, der permanent an mangelndem Selbstbewusstsein leidet; beide nähren sich von Abhängigkeitsbeziehungen und erhalten sie aufrecht.«[56]

Olusoji Adeyi, ehemals Direktor des Bereichs Gesundheit und Ernährung bei der Weltbank, nimmt die in seinen Augen »narzisstische Wohltätigkeit« kritisch ins Visier. »Die unbequeme Wahrheit lautet, dass das Kernproblem entgegen populären Behauptungen nicht der Neokolonialismus, sondern *neo-dependency*, also eine neu belebte Abhängigkeit, ist«, schrieb Adeyi 2021. »Es ist zerstörerisch für so viele Länder, von den Launen und der Freundlichkeit Fremder so abhängig und ihnen so verpflichtet zu sein.«[57]

Rufe, die finanzielle Abhängigkeit von ausländischen Geldgebern zu beenden, könnten zu einer Ideologie der Selbsthilfe führen, nach der wir dem Wohlfahrtsstaat ein Ende setzen und Arme ihr Schicksal selber in die Hand nehmen müssen. Aber damit wäre der Gerechtigkeit nicht Genüge getan. Die jahrhundertelang verursachten wirtschaftlichen Schäden verlangen nach Wiedergutmachung. Und das kann die Philanthropie von Milliardären nicht leisten, wenn Personen wie Bill Gates mit ihren Spenden ihre eigene Agenda verfolgen und Organisationen wie Vital Pakistan finanzieren, die von ihren engen Vertretern geleitet werden.

Während ich dies schreibe, wird Pakistan gerade von massiven Überschwemmungen heimgesucht, die Millionen Menschen aus ihrem Zuhause vertrieben haben. Dass Überschwemmungen immer verheerendere Folgen haben, liegt am Klimawandel, der in erster Linie auf die Emissionen reicher Nationen zurückzuführen ist. Sollte man diese nicht zur Kasse bitten, damit sie das Chaos, das sie angerichtet haben, wieder in Ordnung bringen? Das könnte sich auch Bill Gates hinter die Ohren schreiben, der mit seinen ständigen Reisen im Privatjet zu den größten individuellen CO_2-Emittenten der Welt gehört.

Ich habe auch mit Sikowis Nobiss gesprochen. Sie ist eingeschriebenes Mitglied der George Gordon Plains Cree/Saulteaux First Nation und Gründerin der von Indigenen geleiteten Great Plains Action Society. Im Interview verwies sie auf jüngere Berichte, wonach Bill Gates zum größten Farmer der Vereinigten Staaten geworden sei und fast 100 000 Hektar Farmland besitze – eine größere Fläche, als Bahrain oder Singapur oder Barbados für sich beanspruchen können. Laut Nobiss ist dies Ausdruck der *Manifest-Destiny*-Mentalität[58], die im politischen Kampf um Klimawandel und Dekolonisierung in Frage zu stellen sei.[59] »Bill Gates ist klug genug zu verstehen – er ist schlau, er kann rechnen –, dass kein einzelner Mensch so viel Land braucht«, sagte Nobiss. »Im Grunde hat er sich in den immerwährenden Zyklus der Kolonisierung eingereiht.«

Welche Lösung schlägt Nobiss vor? Gates solle sein Land als Entschädigungsleistung verschenken. In der Dekolonisierungsbewegung haben die Kolonisten am meisten zu verlieren – ihnen droht vor allem die Aussicht, Kontrolle einzubüßen, wie Muneera Rasheed in einem Kommentar erläuterte, den sie für *The Lancet Global Health* geschrieben hat.[60] »Historisch ist Dekolonisierung immer ein gewalttätiger Prozess gewesen und der Weltgesundheit könnte das Gleiche bevorstehen. Neokoloniale Praktiken zu zerstören und anzuprangern erfordert den Mut, die Kosten zu tragen, die daraus erwachsen«, schrieb sie. »Meine Botschaft an alle, die irgendwo auf der Welt Führungspositionen besetzen und das Privileg dieser Führung abtreten können: Wir müssen Partei ergreifen.«

Dieser Diskurs über Dekolonisierung ist nicht auf Weltgesundheit beschränkt, denn selbst auf dem Feld der Philanthropie wird um Fragen der Macht und Gerechtigkeit gerungen. »Der Prozess beginnt mit der Frage: ›Woher kommt das Geld?‹«, erklärte mir Edgar Villanueva, Autor des Buches *Decolonizing Wealth: Indigenous Wisdom to Heal Divides and Restore Balance*, bei einem Interview. »Betrachtet man das Thema von der Warte der Wahrheit und Versöhnung aus, sollte man zunächst zurückblicken und fragen, welche Schäden angerichtet wurden. Ich glaube, viele Stiftungen … schauen meist nach vorn, nach dem

Motto ›Was machen wir in der Zukunft?‹, ohne in Betracht zu ziehen, was in der Vergangenheit geschehen ist.«

Natürlich verdankt Bill Gates seinen Reichtum Microsoft, einem Unternehmen, das in seinen Augen ein Motor des sozialen Fortschritts gewesen ist, weil es eine Computerrevolution in Gang gesetzt hat. Laut Villanueva ist diese Sichtweise unter Tech-Milliardären weit verbreitet – die Vorstellung: »›Wir haben doch niemandem geschadet.‹ Trotzdem muss man bedenken, wenn man sich Leute anschaut, die es in diesem Land zu etwas gebracht haben – insbesondere als Weiße, die von Geburt an privilegiert sind –, dass sie in einem System arbeiten, das ihnen Gelegenheiten eröffnet hat, die andere in diesem Land nicht haben. Das müssen sie honorieren.«

In gewisser Hinsicht führt uns diese Sichtweise – und diese Definition von Wohltätigkeit – zur ursprünglichen Bedeutung des Wortes *Philanthropie* zurück. *Philanthropie* stammt aus dem Griechischen und bedeutet »Menschenliebe«. Eine wohltätige Gabe soll ein Akt der Liebe, keine Machtdemonstration sein. Das Verschenken von Geld sollte die Asymmetrie der Machtverhältnisse, die die Gesellschaft beherrschen, nicht verstärken, sondern beseitigen. Aus genau diesem Grunde ist Bill Gates in vielerlei Hinsicht eher als Misanthrop, als »Menschenfeind«, zu bezeichnen. Und selbst wenn er seine Mitmenschen nicht hasst, so fühlt er sich ihnen doch zweifellos überlegen. Gates' ungerührter Glaube an sich und seine Fähigkeiten sowie seine völlige Missachtung der Wünsche, Bedürfnisse oder Rechte der Armen, für die er sich vorgeblich einsetzt, offenbaren die grundlegend koloniale Warte, aus der er seine Wohltätigkeit betrachtet. Sie verdeutlichen die existenziellen Grenzen, die ihm gesteckt sind, und erklären, warum die Gates Foundation bisher so wenig erreicht hat.

11

AUFGEBLÄHT

Im Jahr 2014 hatte die Gates Foundation technische Probleme beim Nachverfolgen und Verwalten ihrer Spendengelder – ein Armutszeugnis für eine Institution, die von einem der weltweit berühmtesten Technologen geleitet wird. Noch schlimmer war, dass die Stiftung das Chaos mit der Installation eines ambitionierten, 70 Millionen Dollar schweren Projekts namens Clarity, das die Probleme beheben sollte, nur noch vergrößerte.[1]

»Clarity sollte programmübergreifende Systeme wie Vermögensverwaltung (z. B. Verwalten und Nachverfolgen von Spenden) wieder instand setzen, bei denen IT-Ressourcen eine wichtige Rolle spielten. Das Projekt war ein Fiasko«, hieß es 2017 in den Untersuchungsergebnissen eines Gerichtsverfahrens gegen die Gates Foundation. Anklage war von Todd Pierce erhoben worden, den die Stiftung als »Chief Digital Officer« eingestellt hatte, um bei der Behebung der technischen Probleme zu helfen. Oder zumindest glaubten einige leitende Angestellte, das sei der Grund für Pierce' Einstellung gewesen. Andere, darunter Bill Gates, hatten Pierce den Eindruck vermittelt, er würde ein »digitaler Visionär« und nicht nur IT-Hausmeister sein.

Pierce hatte Klage eingereicht, weil er behauptete, seine Stellenbeschreibung sei irreführend gewesen. Er forderte eine Entschädigung für das Einkommen, das er bekommen hätte, wenn er in seiner früheren Anstellung als Führungskraft bei dem Softwareunternehmen Salesforce geblieben wäre. 2018 gab das Gericht Pierce recht und sprach ihm fast 5 Millionen Dollar zu.

Bill Gates, Sohn eines Firmenanwalts und stets bereit, vor Gericht zu ziehen, hatte nicht vor, diese Niederlage hinzunehmen. Die Stiftung nahm den Sieg für sich in Anspruch und führte an, es sei Pierce nicht gelungen, Beweise für einen der Vorwürfe – fahrlässige Falschdarstellung – zu erbringen. »Wir stellen weiterhin die Ergebnisse, die Darstellung der Fakten und die rechtlichen Schlussfolgerungen zu den anderen Behauptungen in Frage, die nicht belegt und mit dem geltenden Fallrecht des Bundesstaates Washington unvereinbar sind«, erklärte die Stiftung. »Das Urteil ist noch nicht endgültig und die Höhe des Urteils ist noch unsicher. Die Stiftung beabsichtigt Berufung einzulegen.«

Und genau das tat sie auch. 2020 verkündete ein Berufungsgericht, ein neues erstinstanzliches Gericht müsse erneut prüfen, wie viel Schadensersatz Pierce zustehe.[2] Wie Mitarbeitende der Stiftung sagten, hatte dieses prozessfreudige Verhalten eine abschreckende Wirkung. »Ich glaube, da haben wir begriffen, nein, die Stiftung wird dich fertigmachen«, verriet mir ein früherer Angestellter, um zu erklären, warum er sich nicht offiziell äußern wollte. Wenn Gates schon bereit war, gegen Todd Pierce in den Ring zu steigen, wie würde er dann erst reagieren, wenn man gegen eine Vertraulichkeitsvereinbarung oder eine Vereinbarung, sich nicht herabsetzend zu äußern, verstieße?

Pierce' Geschichte verdeutlicht nicht bloß die Angstkultur, die in der Stiftung herrscht. Sie illustriert auch die aufgeblähte Bürokratie, die der Stiftung Energie, Effizienz und Effektivität raubt. Wie konnten 70 Millionen Dollar im Sumpf der IT-Probleme im Zuge der Clarity-Initiative versinken? Wie viel Geld verschwindet sonst noch in der aufgeblähten Verwaltung der größten Wohltätigkeitsorganisation der Welt? Was heißt das für die Steuerzahler, die 50 Cent von jedem Dollar berappen, den die Stiftung ausgibt – oder verschwendet?

Und wie passt dieses aufgeblähte System mit dem Image der Stiftung zusammen, die sich so vehement als eine effiziente, superagile Privatorganisation präsentiert, die Dinge vollbringt, an denen schwerfällige Regierungsbehörden scheitern? Dieser Ruf ist von immenser Bedeutung für Bill Gates, der sich selbst immer bescheinigt hat, eine prinzipientreue Arbeitermentalität zu besitzen und in alle seine Unternehmungen persönliche Werte wie Sparsamkeit und Fleiß einzubringen. »Dank meiner Eltern, meines Jobs und meiner Überzeugungen bin ich sehr bodenständig. Zum Beispiel werde ich manchmal gefragt, warum ich kein eigenes Flugzeug besitze. Warum? Weil man sich an diese Sachen gewöhnen kann und das finde ich nicht gut«, sagte er 1994 bei einem Interview für den *Playboy*.[3] »Dadurch entgehen dir normale Erfahrungen und das raubt dir vermutlich Energie. Darum versuche ich bewusst, dagegen anzusteuern. Das ist eine Frage der Disziplin. Wenn ich keine Disziplin mehr hätte, würde mich das ganz durcheinanderbringen. Also versuche ich, es nicht so weit kommen zu lassen.«

In ihren Anfängen beherzigte die Gates Foundation nach Kräften die von Bill Gates gepredigten Tugenden. Damals war sie ausgesprochen darauf bedacht, wirklich Geld zu verschenken. Im Jahr 2000 gingen von den 1,65 Milliarden Dollar, die die Stiftung ausgab, 1,54 Milliarden Dollar an wohltätige Zwecke.[4] »In Struktur und Stil ist die Stiftung so spartanisch wie ein Internet-Start-up«, berichtete das Magazin *Time* in jenem Jahr. »Sie hat nur 25 Angestellte, im Gegensatz zu den 525 Angestellten der altehrwürdigen Ford Foundation.«[5]

2007 erklärte Cheryl Scott, Chief Operating Officer der Stiftung: »Am wichtigsten für eine Stiftung ist, eine begrenzte Menge an Themen auszuwählen und sich darüber Fachwissen anzueignen. Bill und Melinda haben Bereiche ausgemacht, in denen unsere Spenden ihrer Meinung nach zur Lösung komplexer, tief verwurzelter Probleme beitragen können, die Milliarden Menschen betreffen – wie die Aids- und Malaria-Epidemie, extreme Armut und der schlechte Zustand amerikanischer Highschools.«[6]

Bis Ende 2021 hatte sich das Portfolio der Stiftung auf 41 Programmstrategien ausgeweitet, für die mindestens 1843 Angestellte zuständig waren.[7] Plötzlich wandte sie über 1 Milliarde Dollar pro Jahr – rund 20 Prozent ihrer jährlichen Ausgaben – für Verwaltungskosten und »Honorare« auf. Hunderte Millionen Dollar – vielleicht auch Milliarden – versenkte die Stiftung in den Kassen von Profiberatern, den nebulösen selbsternannten, auf Abruf bereiten Experten von Unternehmen wie McKinsey und der Boston Consulting Group.[8] Außerdem hatte Bill Gates begonnen, Reisen mit seinem eigenen Privatjet zu unternehmen – ein Luxus, von dem er einst behauptet hatte, er würde ihm Energie rauben und ihn durcheinanderbringen.

Mit zunehmender Größe der Stiftung veränderte sich auch die Unternehmenskultur. Die häufigste Kritik, von der mir Zuwendungsempfänger im Laufe meiner Recherchen berichteten, war wohl, wie schwierig es das Übermaß an Bürokratie und Mikromanagement mache, mit Gates zusammenzuarbeiten. Die Stiftung bombardiert Zuwendungsempfänger mit Checklisten, Anrufen und Papierkram. Die hohe Fluktuation der Stiftungsmitarbeitenden verstärkt das Problem und zwingt die Empfänger dazu, noch mehr Zeit zu investieren, um neue Stiftungsangestellte auf Trab zu bringen – und ihnen das Gefühl zu geben, sie seien wichtig und klug. Einige Organisationen berichten, sie hätten im Grunde eine ganze Vollzeitstelle einrichten müssen, um den nie versiegenden Informationsdurst der Stiftung zu stillen. Einer der ersten Zuwendungsempfänger erzählte mir, sein erstes partnerschaftliches Projekt mit Gates sei in nur einem Monat abgewickelt worden. Beim letzten, zehn Jahre später, habe es ein Jahr gedauert.

»Mit jeder Fördermaßnahme waren anscheinend zahlreiche Mitarbeitende beschäftigt und wieder und wieder mussten all ihre zahllosen Fragen beantwortet werden«, sagte die Quelle. Sie beschrieb, wie die Förderanträge in der Stiftung in einem schier endlosen Prozess von einer Zuständigkeitsebene zur nächsthöheren wanderten und dabei alle möglichen Wichtigtuer inspirierten, zumeist irrelevante oder schlicht dumme Fragen zu stellen. »Die Leute, die mit diesen Fragen ankamen, hatten keinen blassen Schimmer, um was es eigentlich ging, wer was getan hat und was bereits erledigt wurde.« Laut der Quelle begannen diese Probleme, als Bill Gates weniger Zeit bei Microsoft und mehr bei der Stiftung verbrachte. »Tag für Tag für Tag erlebten wir, wie schlecht er die Geschäfte der Stiftung führte. … Wenn man Geld verschenkt, ist es ziemlich schwer zu erkennen, dass dabei etwas nicht gut läuft. Die Empfänger der Spenden wollen sich nicht beklagen. Und die Mitarbeitenden sind wohl zur Vertraulichkeit verpflichtet.«

Peter Hotez, Professor an der Baylor University und einer der ersten

Empfänger von Spenden der Stiftung zur Impfstoffentwicklung, urteilt etwas zurückhaltender und meint, die Stiftung »hat unterm Strich weiterhin eine positive Bilanz vorzuweisen, aber in meinen Augen ist sie mittlerweile so groß und allgegenwärtig, dass ihre Produktivität darunter leidet. … Ich denke, die Lösung wäre, sich wieder ein wenig zurückzunehmen und mehr zu einer Stiftung im eigentlichen Sinne zu werden – weniger ein Unternehmen oder ein Institut.«

Bill Gates sagt genau das Gegenteil. Er behauptet, die Stiftung verdanke ihre heutigen Tugenden ihrer Entwicklung von einer scheckausstellenden Wohltätigkeitsorganisation zu einem Machtzentrum voller Experten, die ganze Forschungsfelder abdecken könnten. »In einem Bereich wie globale Krankheiten ist die Gates Foundation eine Institution«, sagte er 2013. »Sie stellt Wissenschaftler und Forscher ein, die über die Vergabe von Spendengeldern entscheiden. Wir haben zehn Jahre gebraucht, um dieses Niveau zu erreichen – in etwa das hohe Niveau, wie es Microsoft 1995 hatte, ein Niveau, bei dem du wirklich das Gefühl hast, dass die Leute sehr analytisch denken, alles im Griff haben. Das ist harte Arbeit. Das ist Arbeit, die Spaß macht.«[9]

Laut einigen Quellen, die ich befragt habe, beschleunigte sich die Aufblähung der Stiftung mit der Einstellung von Trevor Mundel, der 2011 (von Novartis kommend) Direktor des Bereichs Weltgesundheit wurde.[10] Unter seiner Führung mischte sich die Stiftung viel mehr als vorher in Fragen der pharmazeutischen Entwicklung ein. Andere Quellen stellen sich die Frage, ob die bürokratischen Exzesse der Stiftung auf Program Officers und Führungskräfte zurückgehen, die von ihrer eigenen Macht berauscht sind. Wie ein von mir interviewter Wissenschaftler erzählte, habe der für seine Förderung zuständige Stiftungsmanager ganz offen gesagt: »Ich liebe diesen Job, weil ich die Kontrolle über all diese Spendengelder habe. … Als ich noch an der Uni war, war ich der oberste Prüfer meines eigenen [Förder-]Programms. Jetzt bin ich der oberste Prüfer von jedermanns Förderprogramm.«

Mit am meisten hat wohl Warren Buffett zur Aufblähung der Gates Foundation beigetragen – ironischerweise, weil er bekanntermaßen aufgeblähte Strukturen bekämpft und für seine Sparsamkeit berühmt ist. (In den Medien wurde schon oft berichtet, dass Buffett seit den 1960er Jahren im selben relativ bescheidenen Haus in Omaha, Nebraska, wohnt.)[11] Als Buffett ab 2006 große Summen an die Gates Foundation spendete – pro Jahr mindestens 1 Milliarde Dollar –, quollen die Schatztruhen der Stiftung über und bescherten ihr quasi ein Geldflussproblem. Laut den Regeln der Bundessteuerbehörde muss die Stiftung jährlich 5 Prozent ihres Kapitalvermögens verschenken – wenn mehr Geld reinkommt, muss also auch mehr rausgehen. Zudem stellte Buffett noch eigene Regeln auf und verlangte, seine jährlichen Zuwendungen müssten im gleichen Jahr wieder gespendet werden, was zu den geforderten 5 Prozent noch hinzukam.[12]

Mit einem Mal wurde die Stiftung von ihren eigenen Spenden schier erdrückt und hatte nicht genügend vertrauenswürdige Gefolgsleute, um diese riesigen Geldsummen aufzunehmen. Man könnte gewissermaßen von einem *Monty-Brewster*-Effekt sprechen. In dem Film *Zum Teufel mit den Kohlen* von 1985 steht die Hauptfigur Monty Brewster, gespielt von Richard Pryor, vor einer folgenschweren Entscheidung: Er kann umgehend ein Geschenk von 1 Million Dollar annehmen oder die Chance erhalten, 300 Millionen Dollar zu gewinnen. Dafür muss er jedoch die Herausforderung meistern, in 30 Tagen 30 Millionen Dollar auszugeben. Wie Brewster sehr bald feststellt, ist es gar nicht so einfach, in kurzer Zeit so viel Geld loszuwerden. In der realen Welt wohltätiger Milliardäre stand die Gates Foundation dank ihres übermäßigen Reichtums vor der gleichen Herausforderung.

Die Lösung für die Stiftung wurde intern »Forward Funding« genannt – man erschafft neue Institutionen und teilt die Fördergelder rasch an die größten Zuwendungsempfänger aus. Auf diese Weise wurde die Stiftung große Summen los, obwohl es mitunter den Anschein hatte, als parke sie das Geld lediglich auf dem Konto eines ihrer Vertreter. »Wir gaben ihnen etwa 1 Milliarde auf einmal, obwohl wir wussten, dass sie das in den nächsten zehn oder acht Jahren nicht loswerden konnten«, verriet mir ein früherer Mitarbeiter. »Das machte aber nichts, weil wir mit dieser Milliarde unseren Auszahlungsverpflichtungen nachkamen, und wir hatten mehr oder weniger einen Ort, um das Geld zu parken. Das ist völlig in Ordnung, solange die Organisation verantwortlich damit umgeht.«

Letztendlich sind etwa 40 Prozent von Gates' wohltätigen Spenden – über 31 Milliarden Euro – an 20 Megaorganisationen geflossen, von denen einige als Vertreter der Stiftung fungieren. Zu den Top-Empfängern gehören Gavi, die Weltgesundheitsorganisation, PATH, der Global Fund to Fight Aids, Tuberculosis and Malaria, UNICEF, die University of Washington, die Weltbank, die Rotary Foundation, der United Negro College Fund, die Johns Hopkins University, Medicines for Malaria Venture, die Alliance for a Green Revolution in Africa, die Clinton Health Access Initiative (und weitere Projekte in Verbindung mit Bill, Hillary und Chelsea Clinton), die National Institutes of Health, Aeras, New Venture Fund, das Gates Medical Research Institute, TB Alliance, CARE und die International Aids Vaccine Initiative.[13]

Darüber hinaus hat die Stiftung Milliarden Dollar in Bürokratien der alten Garde gesteckt – unter anderem mehr als 1 Milliarde Dollar in eine Gruppe von landwirtschaftlichen Forschungsstationen, die die Rockefeller Foundation gegründet hat, und mehr als eine halbe Million Dollar in FHI 360, eine gemeinnützige Entwicklungsorganisation aus dem Interessenvertretungszentrum K Street in Washington, D.C. mit 4000 Mitarbeitenden.[14] Viele der engsten Partner und größten Förderungsempfänger der Stiftung sind an teuren Standorten wie Genf, Manhattan und Washington, D. C., ansässig – was bedeutet, dass sehr große Summen in die Gehälter der Angestellten fließen, die in diesen hochpreisigen Städten leben. Auch als die Stiftung ihre eigenen Büroräume baute, scheute sie keine Kosten und steckte eine halbe Milliarde in ihre pompöse Zentrale in bester Lage im Zentrum von Seattle.[15]

Und wieder einmal kehren wir zu der oberflächlichen Logik der Stiftung zurück, die auf der Zahl der von ihr geretteten Menschenleben basiert, und berechnen, wie viele Menschenleben infolge dieses Exzesses *verlorengehen*. Jeder zusätzliche Dollar, der für extravagante Gebäude, teure Grundstücke, Gehaltsnebenleistungen, Boni und Berater aufgewendet wird, könnte für die Bereitstellung von Impfstoffen und die Heilung der Armen genutzt werden. So hat Bill Gates selbst zum Thema Verschwendung von Geldern für die öffentliche Gesundheit geschrieben: »Steuerzahler haben jedes Recht, sich zu ärgern – ich bin wütend –, denn wenn es das Ziel ist, Leben zu retten, dann kostet vergeudetes Geld jedes Mal Menschenleben.«[16]

Gates möchte, dass wir Menschenleben in Dollar bemessen – wie er sagt, kostet es weniger als 1000 Dollar, ein Kinderleben zu retten.[17] Wenn das so ist, müssten wir dann nicht davon ausgehen, dass jede Dollarmilliarde, die an die aufgeblähte Stiftung verschwendet wird, 1 Million Menschen das Leben kostet? Natürlich sind diese Rechenexempel im Grunde nur nichtssagende Gehirnakrobatik, aber so funktioniert die Logik der Stiftung. Wenn Journalisten Gates' Mathematik der geretteten Menschenleben für bare Münze nehmen, um die guten Taten der Stiftung anzupreisen, müssen sie dann nicht auch die andere Seite der Gleichung betrachten?

Offensichtlich regte sich Warren Buffett Mitte der 2010er Jahre so sehr über das Aufblähen der Stiftung auf, dass er eine kleine Verringerung der Zahl ihrer Mitarbeitenden anordnete, die 2015 von 1460 auf 1449 sank. Im Jahr darauf wurden jedoch neue Mitarbeitende eingestellt. Die Zahl der Angestellten belief sich damals auf 1579.[18] Wie mir ein früherer Mitarbeiter erzählte, hatte die Personalabteilung der Stiftung ebenfalls in die Rechentrickkiste gegriffen, um Buffett zu besänftigen. So stellte die Stiftung zum Abschwellen des aufgeblähten Personalbestands mehr Berater und ein wachsendes Heer an »befristeten Angestellten« ein, wie sie es nannte – im Grunde befristete Auftragnehmer, die Seite an Seite mit den regulären Angestellten arbeiten, aber weniger verdienen. Die Lösung für die aufgeblähte Struktur war also eine noch aufgeblähtere Struktur – und eine zweistufige, ungleich behandelte Belegschaft.

In der Öffentlichkeit hingegen hat die Stiftung stets eine große Show aus ihrer bedingungslosen Hingabe für Effizienz gemacht. Nachdem Mark Suzman 2020 zum neuen CEO der Stiftung gekürt worden war, schrieb er eine interne E-Mail über eine Reise nach Omaha, wo er Buffett besucht hatte.

Er ermahnte mich, meine wichtigste Aufgabe sei es, gegen die »ABC-Risiken« des Zerfalls gewappnet zu sein, die allen sehr großen Organisationen drohen: *Arrogance* (Arroganz), *Bureaucracy* (Bürokratie) und *Complacency* (Selbstgefälligkeit). Immer wieder hat er darauf hingewiesen, dass diese Risiken für uns als größte Wohltätigkeitsorganisation des Landes sogar noch größer seien. Er hat uns beschworen, »nach den Sternen zu greifen« und Wagnisse einzugehen, die anderen nicht offenstehen – immer mit der Mahnung, dass wir privates oder öffentliches Kapital niemals verlagern, sondern ergänzen sollten. Da wir den natürlichen Kontrollmechanismen der Marktkräfte nicht unterworfen sind, hat er uns daran erinnert, dass wir uns vor einer schleichenden Ausweitung unserer Operation hüten müssen, die uns von unseren Kernkompetenzen entfernt – eine Warnung, die mich darin bestärkt, unser Budget und unsere Strategieprozesse robusten internen und externen Kontrollen zu unterziehen, um zu gewährleisten, dass wir uns stets auf die Bereiche konzentrieren, wo vergleichsweise unsere größten Vorteile liegen. Und vor allen Dingen hat er uns beschworen, die höchsten Standards der Integrität und Transparenz zu wahren.[19]

Doch was sind diese »Standards der Integrität und Transparenz«, die Suzman und Buffett so verherrlichen? Was bedeuten sie für die Entscheidung der Stiftung, eine luxuriöse Zentrale für eine halbe Milliarde Dollar zu errichten?

Es gibt Anlass zur Befürchtung, dass die »ABCs« die Stiftung weiter lähmen werden. Als Buffett im Jahr 2006 erstmals seine Partnerschaft mit Gates verkündete, klang es so, als wolle er nach seinem Tod den größten Teil seines Geldes der Stiftung überlassen.[20] Die Gates Foundation hat bereits mit Hilfe von McKinsey-Beratern überlegt, wie sie mit Buffetts Erbe in Höhe von eventuell 50 oder gar 100 Milliarden Dollar umgehen sollte.[21] Das würde heißen, dass sie gezwungen sein wird, noch größere Geldsummen auszugeben, was garantiert eine weitere schleichende Ausweitung und noch mehr Aufblähung nach sich ziehen würde.

Es ist jedoch auch sehr gut möglich, dass Buffett eine andere Marschrichtung einschlagen wird. 2021 zog er sich plötzlich aus dem Kuratorium der Stiftung zurück, als Bill Gates wegen mehrerer Skandale im grellen Licht der Öffentlichkeit stand – seine Beziehung zu Jeffrey Epstein, Vorwürfe, er habe sich weiblichen Angestellten gegenüber unangemessen verhalten, und der stümperhafte Umgang der Stiftung mit Covid-19.[22] Will Buffett sein Erbe wirklich einem Mann anvertrauen, der so in Bedrängnis geraten ist? 2022 berichtete das *Wall Street Journal*, Buffett werde den größten Teil seines Vermögens statt Gates vielleicht der Susan Thompson Buffett Foundation vermachen, die nach seiner verstorbenen Frau benannt ist. Das wäre ein mächtiges Statement, das zeigen würde, dass Buffett das Vertrauen in die Effektivität der Gates Foundation verloren hat.

Doch wie sich Warren Buffett, 1930 geboren, auch entscheidet – die Gates Foundation muss nach wie vor mit Bill Gates' Privatvermögen fertigwerden, das Anfang 2023 mehr als 100 Milliarden Dollar betrug. Gates, 1955 geboren, könnte durchaus bis 2040 oder noch länger leben – sein Vater starb mit 94 Jahren – und in dieser Zeit wird sich sein Reichtum vermutlich noch weiter vermehren. Gates hat versprochen, praktisch sein gesamtes Vermögen seiner Stiftung zu vermachen, die zwei Jahrzehnte nach Bills und Melindas Tod ihre Arbeit einstellen soll.[23]

Damit offenbart sich eine weitere mit der Gates Foundation verbundene Ironie oder Widersprüchlichkeit. In den letzten beiden Jahrzehnten hat sich das Stiftungsvermögen fast durchgängig vergrößert und nicht etwa verringert, wie von einer Institution zu erwarten wäre, die ihr Geld verschenkt. Dank der Kapitalerträge in Milliardenhöhe, die die Stiftung Jahr für Jahr erwirtschaftet, und der Spenden, die Buffett und Gates ihr jährlich zukommen lassen, werden die Schatztruhen der Stiftung immer weiter überquellen. Angesichts Hunderter Milliarden Dollar, die sie in den kommenden Jahrzehnten möglicherweise zu erwarten hat, ist völlig ungewiss, wie das Spiel für die Stiftung letztlich ausgeht.

Intern hat die Stiftung angeblich schon Ideen gesammelt, wie sie mit ihrem Spendenproblem und einem potenziellen Geldsegen umgehen kann, falls beispielsweise einer ihrer Wohltäter stirbt. Offenbar lautet eine Idee, ein gigantisches Sparkonto für arme Kinder einzurichten.[24] Natürlich wäre es ausgesprochen untypisch für Gates und die Stiftung, armen Menschen einfach Geld zu geben, das sie dann nach ihren Vorstellungen nutzen – und das scheint auch nicht der Plan zu sein. Vielmehr soll das gigantische Sparkonto laut Medienberichten *im Namen* der Kinder eingerichtet werden. Um an die Gelder heranzukommen, müssen die Zuwendungsempfänger dann vermutlich durch brennende Reifen springen und das Geld nach Gates' eng gefassten Maßgaben verwenden. Und vermutlich wird Gates zur Verwaltung des Geldes eine massive neue Organisation schaffen, mit jemandem aus der Familie Gates an Bord, damit diese auf ewig das Ruder in der Hand behält.

Die offenen Fragen rund um die Pläne der Stiftung und das letztendliche Schicksal von Gates' Riesenvermögen – zum Beispiel, welche Rolle die Gates-Kinder dabei spielen werden – unterstreichen nicht nur den in der Stiftung herrschenden Mangel an Transparenz, sondern auch ihr Anspruchsdenken. Unzählige Regierungen, Nichtregierungsorganisationen und arme Menschen hängen am Tropf von Bill Gates' Reichtum, aber haben nicht die geringste Ahnung, wie lange diese Unterstützung andauern wird oder was als Nächstes kommt. Und Fragen stellen dürfen sie nicht. Falls wir das Gates'sche Philanthropiemodell zu seinem logischen Schluss führen, ist zu erwarten, dass in den kommenden Jahrzehnten nicht nur Bill Gates' Privatstiftung an Größe, Reichtum und Macht immer weiter zulegen wird, sondern auch andere Milliardäre das Weltgeschehen immer stärker prägen werden. Dann tut sich vor uns eine Zukunft auf, in der eine kleine Gruppe superreicher globaler Eliten – Elon Musk, Jeff Bezos, Mark Zuckerberg, Michael Bloomberg, Charles Koch, Carlos Slim, MacKenzie Scott, Mukesh Ambani, Jack Ma – in der Global Governance eine immer bedeutendere Rolle spielt, indem sie mit Billionen Dollar die Welt gemäß ihrer eigenen engen Interessen, die sie Philanthropie nennt, umgestaltet.

In den Jahren nach der Weltwirtschaftskrise war in der politischen Diskussion immer wieder von einem »Engerschnallen des Gürtels« und
der Notwendigkeit eines Schuldenschnitts die Rede. Damals lautete die
simple, beinahe unausweichliche Logik, dass man in wirtschaftlichen
Krisenzeiten weniger Geld ausgeben muss. Viele Ökonomen argumentierten jedoch, die Regierung müsse mit weiteren Ausgaben die Wirtschaft ankurbeln – und damit auch armen Menschen helfen, sich über
Wasser zu halten.

In dieser Debatte erkannte Bill Gates die Gelegenheit, in den An-
griffsmodus zu schalten und als mächtiger Wächter der Staatskasse
aufzutreten. Er initiierte eine Kampagne zur Umstrukturierung der
amerikanischen Schulbildung und sprach sich für eine Generalüber-
holung der Bezahlung von Lehrkräften aus.[25] »Großzügige Pensionen«
und ungerechtfertigte Pläne zur Gesundheitsfürsorge für Lehrkräfte,
so behauptete er, führten zu finanzieller Verantwortungslosigkeit, was
bedeuten würde, dass »wir über 100 000 Lehrkräfte entlassen müssen«.[26] In Gates' Augen nahmen die Unterstützungsleistungen für das
Lehrpersonal den Schülern und Schulen wichtige Gelder weg. »Diese
Haushalte sind irgendwie aus dem Gleichgewicht geraten. … Sie haben
auf Buchhaltungstricks und eine Menge anderer Dinge zurückgegriffen, die wirklich extrem sind«, sagte er 2011. »Die gegenwärtige
Entwicklung ist ziemlich trostlos – die Kosten für medizinische Versorgung laugen die Schulbildung aus.«[27] Gates nahm auch die Lehrergehälter aufs Korn und plädierte dafür, Lehrkräfte nicht automatisch
besser zu bezahlen, wenn sie einen Masterabschluss vorweisen könnten oder weil sie Jahr für Jahr in ihrem Job blieben. Vielmehr sollte
man ein leistungsabhängiges Gehaltssystem einführen, als Belohnung
für wirklich effektive und innovative Lehrkräfte oder für diejenigen,
die mehr arbeiteten oder in größeren Klassen oder einem schwierigen
Umfeld unterrichteten.

Gates' Kampagne war jedoch nicht erfolgreich und seine düsteren
Prognosen bewahrheiteten sich nicht. Die Schulen mussten nicht, wie
Gates vorhergesagt hatte, unzählige Lehrkräfte entlassen. Dafür kämp-
fen sie aber mit einer Welle von Kündigungen. Eine Teilschuld daran

tragen finanzielle Kürzungen im Bildungsbereich, die bewirken, dass Lehrkräfte überarbeitet, unzureichend ausgestattet und unterbezahlt sind – und diese Situation hat sich durch Gates' Säbelgerassel nicht gerade verbessert.[28]

Diese Attacken haben nicht nur bewiesen, wie starrköpfig und dogmatisch Gates' politische Positionen sind, sondern auch seine unfassbare Scheinheiligkeit verdeutlicht. Während Gates gegen die angeblich überhöhten Zusatzleistungen für Lehrkräfte polemisierte, hatte seine von den Steuerzahlern stark subventionierte Privatstiftung ein Zusatzleistungspaket »zum Schutz und Schirm« ihrer hoch bezahlten Angestellten geschnürt, wie es ein ehemaliger Mitarbeiter ausdrückte. Von mir befragte aktuelle und frühere Mitarbeitende sprachen etwas peinlich berührt von Flügen in der Business Class, unbegrenztem (bezahltem) Urlaub und einer Babypause von 52 Wochen für frischgebackene Mütter und Väter.[29] (Die Babypause wurde später auf sechs Monate reduziert.)[30] »Sehr großzügig, aber völlig unnötig«, bemerkte ein ehemaliger Mitarbeiter. »Die Leute pflegten zu sagen: ›Komm aus Idealismus, bleib wegen der Vergünstigungen.‹«

Im pompösen Hauptquartier der Stiftung in Seattle befindet sich auch eine Privatklinik und ein Fitnessstudio mit kostenlosem Personal Training. Die Mitarbeitenden sind bestens versichert, es gibt eine Kinderbetreuung und laut einem Dokument bis zu 1500 Dollar, um »die Angestellten bei der Bewältigung ihrer Arbeit und ihres Privatlebens« zu unterstützen.[31] Auch das Gehalt der Stiftungsmitarbeitenden ist fürstlich. Wie ich von einem Angestellten erfuhr, böte nur die Pharmaindustrie eine vergleichbare Bezahlung und Vergütung. Aus der jüngsten Steuererklärung der Stiftung geht hervor, dass sie an ihre 1843 Angestellten nahezu 500 Millionen Dollar an Jahresgehältern und Zusatzleistungen zahlte – eine durchschnittliche Gesamtvergütung von rund 250 000 Dollar. Die Top-Angestellten verdienen über 1 Million Dollar im Jahr, darunter CEO Mark Suzman, der eine Gesamtvergütung von fast 1,5 Millionen Dollar vorweisen kann.[32]

In den letzten zehn Jahren hat die Gates Foundation ihrem Gründer ein Image verliehen, das fast schon kultartige Züge trägt. Hervorgehoben werden seine Großzügigkeit und sein vermeintlich autodidaktischer, universeller Intellekt. Die Stiftung zeichnet das Bild eines Menschen, der sein Vermögen freigebig für humanitäre Unternehmungen verschenkt und sich privat ständig weiterbildet. Das 2014 im *Rolling Stone* erschienene Porträt von Bill Gates ist dafür ein Paradebeispiel. Es präsentiert ihn als einen Menschen mit unerschöpflichem Wissen und ohne Interesse an materiellen Gütern:

> Persönlich hat Gates nur sehr wenig von einem großspurigen Superhelden und gemessen an seinem Vermögen sind seine Besitztümer bescheiden: drei Häuser, ein Flugzeug, keine Yacht. Er trägt Slipper, Khakihosen und Sweatshirts mit V-Ausschnitt. Sein Haar müsste öfter mal geschnitten werden. Die Brille sieht immer noch so aus wie vor 40 Jahren. Er nimmt aus Spaß an Bridge-Turnieren teil.
>
> Doch auch wenn seine gesellschaftlichen Ambitionen eher bescheiden sind, ist sein Wissensspektrum atemberaubend – Klima, Energie, Landwirtschaft, Infektionskrankheiten und Bildungsreform, um nur einiges zu nennen. Er hat ehemalige Kernphysiker angeheuert, die an der Entwicklung von Nahrungsmitteln für Entwicklungsländer arbeiten. Ein Polio-Sondereinsatzkommando hat bereits 1,5 Milliarden Dollar aufgewendet (und will bis 2018 weitere 1,8 Milliarden Dollar aufbringen), um das Virus auszurotten. Er konstruiert bessere Toiletten und finanziert die Forschung zur Entwicklung von Kondomen aus Kohlenstoffnanoröhrchen.[33]

Dieser Bericht lässt eine Menge unerwähnt – zum Beispiel die grundlegende Tatsache, dass allein das Spenden von Dollarmilliarden für diverse anspruchsvolle Unternehmungen noch längst keine vorzeigbaren Ergebnisse garantiert. Ebenso wenig macht es Bill Gates zu einem Experten oder Intellektuellen, Bücher zu lesen. In vielerlei Hinsicht ist er bestenfalls ein Dilettant mit zahlreichen oberflächlichen Interessen. So hat keiner der Bereiche, in dem er dem *Rolling Stone* zufolge gearbeitet hat, irgendwelche realen Erfolge vorzuweisen. Seine Bildungsreform ist nach eigener Aussage gescheitert. Die versprochene landwirtschaftliche Revolution ist ausgeblieben. Seine immer wieder werbewirksam beschriebenen Bemühungen zur Konstruktion einer neuen Toilette haben die sanitären Probleme in armen Ländern nicht behoben. Bisher hat er die Kinderlähmung nicht ausgerottet und wird es wahrscheinlich auch nie tun. Und das Kondom aus Kohlenstoffnanoröhrchen hatte in Bill Gates' Privatleben möglicherweise bahnbrechende Wirkung, aber was die Rate der Geschlechtskrankheiten betrifft, blieb es ohne Einfluss.

Gates' Hochstapelei erreichte 2021 einen neuen Höhepunkt, als er sich lautstark zum obersten Retter im Kampf gegen den Klimawandel erklärte und behauptete, die von ihm initiierten Innovationen – wie das Kernenergieunternehmen TerraPower – würden uns vor einer Klimakatastrophe bewahren. Für das Unternehmen erbettelte er sogar fast 2 Milliarden Dollar an Steuergeldern, wobei der Bau des ersten Reaktors immer noch auf sich warten lässt und große Verzögerungen angekündigt wurden.[34]

Kurz gesagt: Bill Gates mag zwar einen schöpferischen Geist und große Ambitionen besitzen, aber seine unstillbaren Begierden und sein Jagdinstinkt lassen eindeutig Disziplin vermissen. Das erinnert an seine Zeit bei Microsoft, als er mit der ständigen Entwicklung neuer Technologien – einem interaktiven Fernseher, einem E-Book-Reader, einem tragbaren Mediaplayer, einem Smartphone, einem Personal Digital Assistant – stets danach strebte, der Konkurrenz um eine Nasenlänge voraus zu sein, was sich aber nie wirklich bezahlt machte.[35] Microsoft erzielte immer enorme Gewinne, aber nicht wegen der wegweisenden Innovationen unter Gates' Leitung, sondern dank seiner Monopolmacht. »Microsofts Erfolg hat Methode und läuft stets nach demselben Schema ab: Feststellen, wer das Rennen macht, und beschließen, die Konkurrenz zu kopieren, zu übernehmen oder zu vernichten«, schreiben der ehemalige Microsoft-Mitarbeiter Marlin Eller und Jennifer Edstrom in ihrem Buch *Barbarians Led by Bill Gates – Microsoft von innen betrachtet.*[36]

Edstrom und Eller erzählen von Bill Gates' unzähligen Patzern bei der Unternehmensführung, falschen Strategien, Umstrukturierungen und »Querschüssen«, die zu Verschwendung, Redundanz und Ineffizienz führten. In ihrem Buch behaupten sie, Microsoft sei sich selbst zum Trotz erfolgreich gewesen – trotz seines despotischen und kapriziösen Aufsichtsratsvorsitzenden, trotz der schwerfälligen, labyrinthartigen Bürokratie der Firma und oft auch trotz der Existenz besserer Produkte auf dem Markt.»Manch einer liebt es, sein Talent und seine Kreativität so einzusetzen, um wundervolle Dinge von bleibendem Wert zu schaffen«, schreiben sie.»Andere wollen einfach nur Macht. Wenn Unternehmen wachsen, ist es jedoch leider so, daß letztere die Ränge besetzen, und Microsoft war hier keine Ausnahme. Es gab zu viele, die mitbestimmten, und zu viele, denen man nach dem Mund reden mußte.«[37]

Laut einigen Insidern herrscht das gleiche Chaos auch in der Gates Foundation. Nachdem die Stiftung Milliarden Dollar in den Aufbau eines neuen Modells »für Partnerschaften zur Produktentwicklung« – meist gemeinnützige Arzneimittelhersteller – gesteckt hatte, reduzierte oder strich sie die Unterstützung für viele von ihnen wieder, weil sie nicht schnell genug arbeiteten. Wie ich von mehreren ehemaligen Zuwendungsempfängern erfuhr, habe Gates nicht akzeptieren können, wie schwierig die Entwicklung neuer Medikamente und Impfstoffe ist, sei impulsiv zu einer neuen Strategie übergegangen und auf eine hauseigene Herstellung umgestiegen.[38] »Statt zu sagen: ›So ist es nun mal‹, mussten sie irgendeinen Schuldigen finden«, bemerkte eine Quelle.

Gates' Belegschaft verweist auf die regelmäßigen »Umstrukturierungen« und »Aktualisierungen«, denen die Stiftungsarbeit ohne Vorwarnung unterzogen wird – aus Gründen, die nicht ganz klar und nicht ganz rational sind. »Man hat irgendwie immer Angst, dass man seinen Job wegen eines Strategiewechsels verliert«, verriet mir eine Quelle. »Sehr willkürlich. Sehr chaotisch.«

Laut diesem ehemaligen Mitarbeiter brachten die unternehmerischen Aktualisierungen die Einführung neuer Strategien mit sich und damit auch die Einstellung neuer Experten, die zu diesen Strategien passten. Die alten Experten wurden in die Wüste geschickt. »Ich glaube, da schwingt noch das [Motto der Gates Foundation] – ›ungeduldiger Optimismus‹ – mit. Es ist die ungeduldige Humankapital-Strategie. Man hat keine Zeit, die Leute auszubilden, man hat nur Zeit, Experten anzuheuern«, sagte die Quelle. Die Stiftung befindet impulsiv: »›Es ist kein Erfolg abzusehen. Es zeigt sich keine Wirkung. Es funktioniert nicht. Wir geben diese Strategie und diese Leute auf und schlagen eine andere Richtung ein. Und wir wollen schnell messbare Erfolge.‹«

Auf Glassdoor, einer Webseite, auf der Arbeitskräfte ihren Arbeitsplatz anonym beschreiben können, schilderte ein Mitglied der Gates Foundation »leistungsabhängige Entlassungen«, mit denen institutionelles Wissen verschwindet und die Organisation zum Stillstand gebracht wird: »Neues Blut ist nicht zwangsläufig besser. Es geht so viel verloren und Zeit wird vergeudet, weil man neue Leute auf den neuesten Stand bringen muss (insbesondere, weil sie vermutlich in fünf Jahren auch wieder entlassen werden).«[39] In einem anderen Beitrag hieß es: »In den höheren Etagen scheint man für die Kosten dieser Fluktuation blind zu sein.«[40]

Diese Vorwürfe gleichen auf verblüffende Weise denjenigen, die Angestellte von Microsoft erhoben haben. 2012 beschrieb der Journalist Kurt Eichenwald in einem langen Porträt in *Vanity Fair* eine Unternehmenskultur, zu der routinemäßige und willkürliche Massenentlassungen gehörten, die in den 2000er Jahren die Moral und Produktivität der Belegschaft zerstört und die Dynamik der Firma zum Erliegen gebracht hätten.[41] Eichenwald schreibt diese Kultur zwar dem CEO von Microsoft, Steve Ballmer, zu, doch ebenso gut hätte er sie dem damaligen Aufsichtsratsvorsitzenden Bill Gates ankreiden können.

Die Impulsivität der Gates Foundation offenbart sich auch im Über-Bord-Werfen erfolgversprechender Projekte und dem Beharren auf gescheiterten Strategien. Laut einem früheren Mitarbeiter hatte Bill Gates fast schon dogmatisch auf den Vorzügen von Sayana Press, einem Verhütungsmittel von Pfizer, bestanden. Frauen können sich das Mittel per Spritze selbst verabreichen, was ihnen, wenn sie auf dem Land wohnen, lange Wege zu weit entfernten Kliniken erspart. Trotz dieses Vorteils und umfangreicher Subventionen durch Wohltätigkeitsorganisationen habe das Stiftungspersonal festgestellt, dass Sayana Press nicht gut angenommen wurde. Dessen ungeachtet habe Bill Gates weiterhin Ressourcen in das Projekt gesteckt, weil er es persönlich für eine gute Idee gehalten habe. Das habe ganz deutlich gezeigt, wie viel Kontrolle Bill Gates ausübe, und die starke Top-down-Organisation offenbart, erklärte meine Quelle.

2018 veröffentlichte die Soziologin Rachel Schurman von der University of Minnesota einen wissenschaftlichen Artikel mit dem Titel »Micro(soft) Managing a ›Green Revolution‹ for Africa«, worin sie die Geschäftsprinzipien untersuchte, die Bill Gates in die landwirtschaftliche Arbeit seiner Stiftung eingebracht hatte, sowie seinen dominanten Führungsstil.[42] Indem Schurman mit früheren Mitarbeitenden sprach, ihre Lebensläufe anschaute und öffentlich einsehbare Mitarbeiterberichte auf Glassdoor las, kam sie zu dem Schluss, dass in der Stiftung eine »Managing-up-Kultur« herrschte, in der das Personal mit seiner Arbeit einzig und allein ein Ziel verfolgte: Bill Gates zu gefallen.

»Die Belegschaft der BMGF hat gelernt, sich auf den Mann zu fokussieren, den sie für den Klügsten der Welt halten und dessen Anerkennung sie anstreben. Mit diesem Merkmal der Organisationskultur der Stiftung kehrt sich um, woraus die Gates Foundation in allererster Linie Bestätigung und Rechtfertigung ziehen *sollte* – aus den Menschen, deren Leben sie besser machen wollen«, schrieb Schurman. »Und somit betrachtet die Stiftung die erklärten Nutznießer ihrer Großzügigkeit als passive Entwicklungsobjekte und nicht als komplexe, kluge soziale Akteure.«

Den gleichen Gates-Kult gab es auch bei Microsoft. So kopierte die überwiegend männliche Belegschaft seine berühmte Angewohnheit, bei Konferenzen auf dem Stuhl vor- und zurückzuschaukeln.[43] In ihrer Autobiographie erinnert sich Melinda French Gates an ein weiteres Verhaltensmuster, das bei Microsoft verbreitet war: vom Ego befeuerte, leidenschaftliche Streitgespräche – »keineswegs nur ein lebhafter Ideenaustausch. Eher eine unverfrorene, auf Eskalation bedachte Konfrontation, die fast in einer Schlägerei endete. Und ich dachte mir: Wow, muss man hier etwa so auftreten, um Erfolg zu haben?«[44] Dabei verschweigt sie, dass es ihr Ehemann war, der diese Kultur befördert hat – und der in seinem Unternehmen vermutlich selbst als der größte Tyrann und erbittertste Widersacher auftrat.

Zumindest in einigen Abteilungen der Gates Foundation scheint es nach wie vor dazuzugehören, den starken Mann zu markieren. Ein ehemaliges Stiftungsmitglied verriet Schurman: »Du musst nach wie vor beweisen, dass du der Klügste bist. … Wie aber macht man das? Du zeigst es, indem du unausstehlich bist, passiv-aggressiv, indem du die Projekte von anderen kritisierst – immer mit einer *äußerst intellektuellen Begründung* –, immer mit dem Ziel, das größere Projekt zu verfolgen oder dasjenige, das Bill und Melinda besser gefällt, immer darauf bedacht, von deinen Zuwendungsempfängern und der Welt bescheinigt zu bekommen, wie klug und wundervoll du bist, weil sie auf dein Geld scharf sind.«

Ein von mir befragtes ehemaliges Mitglied der Belegschaft erzählte mir, wie schwierig es gewesen sei, sich in einem anderen Arbeitsumfeld außerhalb der Stiftung zurechtzufinden. Dort habe man erst erkannt, wie aggressiv und arrogant die Jahre bei der Stiftung einen gemacht hätten. »Ich hatte sehr schlechte Manieren, die ich mir nach dem Abschied von der Stiftung abgewöhnen musste«, bemerkte die Quelle. »Sehr viele Typ-A-Persönlichkeiten[45]. Je lauter man sprach, desto eher wurde man wahrgenommen. Sehr viel toxisches männliches Gebaren, das ungut ist, das man aber braucht, um von den Vorgesetzten und Co-Vorgesetzten beachtet zu werden. Eine Menge Gerangel.«

Andere ehemalige Mitarbeitende, die ich interviewte, litten unter dem Kult um Gates, weil sie daran glaubten, dass die Stiftung trotz all ihrer Fehler und trotz Bill Gates Gutes bewirken konnte. Doch ganz unabhängig von der persönlichen Einstellung ist es unwahrscheinlich, dass Mitarbeitende lange in einer Institution bleiben, die sich über Effizienz, Effektivität und Gleichberechtigung definiert, aber diesem Anspruch von Grund auf nicht gerecht werden kann.

Viele Probleme im Zusammenhang mit der Gates Foundation, die ich in diesem Buch erörtere, sind auf ihre Größe zurückzuführen – dass sie beispielsweise in der Lage ist, ganze Forschungsfelder oder Bereiche öffentlicher Politik an sich zu reißen. Dieses Kapitel verdeutlicht, dass die Größe der Stiftung auch für sie selbst nicht gut ist. Ihre schleichende Ausweitung hat ihre Dynamik eingeschränkt. Durch ihr Mikromanagement hat sich die Zahl der karitativen Projekte erheblich reduziert. Die endlosen Neuausrichtungen der Strategie haben internes Chaos verursacht und der Moral der Belegschaft geschadet. Und die verschwenderischen Ausgaben für eine luxuriöse Zentrale und Gehälter in Millionenhöhe haben die Distanz zwischen der Stiftung und ihren erklärten Nutznießern – Menschen, die mit ein paar Dollar pro Tag auskommen müssen – noch vergrößert.

Das Problem ist, dass nicht die geringste Aussicht auf eine Kurskorrektur besteht. Bill Gates hat sich mit einem Hofstaat aus Gratulanten und Speichelleckern umgeben und eine institutionelle Kultur geschaffen, die jeglicher Kritik feindlich gegenübersteht. In den kommenden Jahrzehnten werden weiterhin zig oder gar Hunderte Milliarden Dollar in die Schatztruhen der Gates Foundation fließen und ihre Bürde noch vergrößern. Solange Bill Gates nicht aus der Stiftung entfernt wird, wird dieses Geld für eine immer umfangreichere, immer chaotischere Bürokratie ausgegeben oder verschwendet, die nicht nur immer ineffektiver wird, sondern auch immer blinder für die Schäden, die sie anrichtet.

12

WISSENSCHAFT

Reetika Khera erinnert sich noch an den Moment, in dem sie die E-Mail erhielt. Der Betreff lautete »Eminent Panel, India Consensus, US$10,000«. Khera, Ökonomikprofessorin am Indian Institute of Technology, glaubte zunächst, jemand wolle sie hereinlegen. Und nachdem sie die E-Mail genau gelesen hatte, war sie sich immer noch nicht ganz sicher.

Die Nachricht kam vom Copenhagen Consensus Center, einer Denkfabrik in Dänemark, die gleich im ersten Satz der Einladung stolz erwähnte, von der Gates Foundation gefördert zu werden. Das Center lud Khera zu einer Tagung ein, um gemeinsam mit anderen bedeutenden Wissenschaftlern »die besten Lösungen für einige von Indiens drängendsten Entwicklungsproblemen zu benennen und dabei politischen Entscheidungen auf Staatsebene eine wirtschaftswissenschaftlich fundierte Basis zu geben«. Aus der Einladung ging eindeutig hervor, dass es sich nicht nur um einen wissenschaftlichen Austausch handelte. Das Gremium stünde in direkter Verbindung zu politischen Führungskräften und den Medien, um »eine Debatte über politische Prioritäten zu entfachen, die ganze Bundesstaaten und möglicherweise die gesamte Nation betreffen wird«.

Wie Khera sagte, sei sie über die enorme Summe verblüfft gewesen, die ihr angeboten wurde – ein Honorar von 10 000 Dollar plus Reisekosten und weiterer Unterstützung. Auch der unverhohlene Transaktionscharakter der Einladung überraschte sie. »Ich fand es geschmacklos, dass der Betrag, den sie mir anboten, direkt im Betreff stand, fast wie ein Köder – damit man die Mail auch anklicken und lesen würde«, verriet sie mir per E-Mail, nachdem sie mir am Telefon ein Interview gegeben hatte. »Ich frage mich, ob sie die Glaubwürdigkeit und Reputation von Akademikern wie mir benutzen wollten, um ihre eigene Glaubwürdigkeit und Reputation zu stärken.« Da war es auch nicht gerade hilfreich, dass der Absender der E-Mail der Leiter des Copenhagen Consensus Center, Bjørn Lomborg, war, der als Klimawandelleugner bekannt geworden ist.[1] (Auf Anfragen per E-Mail reagierte das Center nicht.)

Die Gates Foundation verlässt sich bereits seit Jahren auf die Unterstützung des Centers, das bei der Beschaffung von Experten hilft und Zahlen und Fakten sammelt, die Bill Gates' Weltsicht zu untermauern scheinen. 2019 schrieb Gates eine lange Kolumne für das *Wall Street Journal*, die auf Forschungen des Centers beruhte. In dem Artikel bezeichnete Gates das Copenhagen Consensus Center als »Denkfabrik, die mit Hilfe komplizierter Algorithmen und auf der Grundlage der besten verfügbaren Daten alternative Strategien zur Armutsbekämpfung vergleicht«. Laut Gates hatte das Center ermittelt, dass die Spenden der Gates Foundation für Impfstoffe, Moskitonetze und Medikamente in Höhe von 10 Milliarden Dollar einen sozialen und ökonomischen Gewinn in Höhe von 200 Milliarden Dollar erbracht hätten.[2] »Was, wenn wir 10 Milliarden Dollar in Energieprojekte in den Entwicklungsländern investiert hätten? In dem Fall hätte der Gewinn 150 Milliarden Dollar betragen. Was ist mit Infrastruktur? 170 Milliarden Dollar. Doch mit Investitionen in Weltgesundheitsinstitutionen haben wir all diese Summen noch übertroffen«, schrieb Gates. Er erwähnte weder, dass seine Privatstiftung das Copenhagen Census Center finanziell unterstützt, noch sagte er klar und deutlich, dass das Center diese Schätzwerte in unmittelbarer Zusammenarbeit mit seiner Stiftung berechnet hatte.[3]

Dieses Arrangement veranschaulicht in vielerlei Hinsicht die Verwicklung der Stiftung in wissenschaftliche Unternehmungen – ein Bereich, in dem Gates mittlerweile zu den bedeutendsten privatwirtschaftlichen Förderern der Welt gehört. Die Stiftung hat über 12 Milliarden Dollar an Universitäten gespendet und mehr als 30 000 Artikel für wissenschaftliche Zeitschriften gesponsert.[4] Dank dieser Wohltätigkeit kann die Stiftung ganze Forschungsbereiche mitgestalten und in einem erstaunlichen Ausmaß epistemische Macht ausüben – sie beeinflusst, was wir über die Stiftung erfahren und wie wir über sie denken. »Im Bereich der Weltgesundheit gibt es keine einzige Organisation, die nicht auf irgendeine Weise – meist finanziell – mit der Gates Foundation in Verbindung steht«, sagte Adam Fejerskov vom Dänischen Institut für Internationale Studien. »Und das ist natürlich ein großes Problem, weil sich die Frage aufdrängt, wer festlegt, worüber in nächster Zeit geforscht wird und worüber nicht.«

Laut der wissenschaftlichen Datenbank Web of Science ist die Stiftung beispielsweise der zweitgrößte privatwirtschaftliche Förderer von Forschungen, die in der wissenschaftlichen Zeitschrift *Vaccine* besprochen werden (nach GlaxoSmithKline). Außerdem veröffentlichen Mitarbeitende der Stiftung ihre eigenen Forschungsresultate häufig in der Zeitschrift – als Koautoren sind sie an über 100 Artikeln beteiligt. Keith Klugman, der Leiter des Pneumonieprogramms der Stiftung, gehört überdies zur Redaktionsleitung von *Vaccine*. (Klugman ist darüber hinaus Teil der Redaktionsleitung des *Journal of Global Antimicrobial Resistance*.)[5]

Im gesamten Bereich wissenschaftlicher Veröffentlichungen finden sich ähnliche Verbindungen, wobei die Gates Foundation als Finanzier, Autor, Herausgeber und Berater fungiert.[6] Zudem verfügt sie dank ihrer finanziellen Verbindungen über ein großes Netzwerk einflussreicher Beziehungen zu Topwissenschaftlern und Herausgebern von Zeitschriften wie auch zu Ausschüssen und Programmen unter renommierter Leitung. Dazu gehören zum Beispiel die Postsecondary Value Commission und WomenLiftHealth, an denen bekannte Forscherinnen und Forscher beteiligt sind.[7]

Eric Rubin, Herausgeber des *New England Journal of Medicine*, war Koautor von 19 wissenschaftlichen Artikeln, die eine Förderung durch die Gates Foundation angeben.[8] Während seiner Zeit als Herausgeber hat die Zeitschrift zudem Dutzende Studien veröffentlicht, die von der Gates Foundation gefördert oder verfasst wurden. »Keine Stiftung oder

Wohltätigkeitsorganisation hat Einfluss auf meine Publikationen, und kein Sponsor hat Einfluss auf Artikel, die in der Zeitschrift erscheinen«, ließ mich Rubin per E-Mail wissen.

Ein vernünftig denkender Mensch könnte dies jedoch in Frage stellen. Zu Beginn der Covid-19-Pandemie veröffentlichte Rubins Zeitschrift einen langen Kommentar von Bill Gates, in dem er diktierte, welche Maßnahmen Regierungen nun ergreifen sollten.[9] Angesichts der Tatsache, dass Bill Gates keinerlei medizinische Ausbildung besitzt, frage ich mich, warum eine der prestigeträchtigsten medizinischen Zeitschriften ihm Raum gab, sich in der gravierendsten Krise, die die öffentliche Gesundheit seit Jahrzehnten erlebt hat, als Experte aufzuspielen? Sollte es uns überraschen, dass Gates' Kommentar viele Schwachstellen aufwies? So erwähnte er Covid-19-Tests oder Social Distancing mit keinem Wort – zwei früh ergriffene Maßnahmen, die von größter Bedeutung waren, um eine Übertragung der Krankheit und Todesfälle zu verhindern.[10]

Festzuhalten ist auch, dass Gates in dem Kommentar nicht auf seine finanziellen Interessenkonflikte hinwies, so wie es die Zeitschrift von ihren Autoren eigentlich verlangt. Obwohl die Gates Foundation Hunderte Millionen Dollar in Pharmafirmen investierte und möglicherweise auch Bill Gates persönlich entsprechende Investitionen getätigt hat, nannte er keine Namen oder Details zu diesen finanziellen Verbindungen. Diese hätten darauf aufmerksam gemacht, dass er oder seine Stiftung von seinen in der Zeitschrift gegebenen Ratschlägen womöglich finanziell profitierten. Stattdessen lieferte er nur die vage, allgemein gehaltene Erklärung, dass es für ihn »zahlreiche« finanzielle Konflikte gebe.[11]

»Da der Umfang von Mr. Gates' finanziellen Beteiligungen gut bekannt ist, haben wir uns damit zufriedengegeben, sie als ›zahlreich‹ zu bezeichnen«, teilte mir Rubin in einer E-Mail mit. »Die Leser können sich ausrechnen, dass in der Tat alle möglichen Konflikte denkbar sind, was ihn betrifft.« Diese Ansicht lässt sich auf die nur zu vertraute Formel herunterbrechen: Für Bill Gates gelten nicht die gleichen Regeln wie für alle anderen.

Im weiteren Verlauf der Pandemie wurde zunehmend Kritik an der Gates Foundation laut, weil sie aggressiv für Patentierungen warb, die nach verbreiteter Meinung dazu führten, dass die Produktion und Verteilung von Impfstoffen eingeschränkt wurde. Als sich diese Kritiken im Frühjahr 2021 in den Nachrichtenmedien verbreiteten, berichtete Melissa Barber, eine Doktorandin der Harvard University, auf Twitter von ihren persönlichen Erfahrungen aus der Zeit, in der sie für ein Forschungsprojekt über geistiges Eigentum mit der Gates Foundation zusammengearbeitet hatte:[12]

Die Vorgaben aus Seattle für die Forschungsverfahren waren so detailliert, dass wir nur eine negative Einschätzung abgeben konnten, obwohl der Bericht als unabhängig/faktenbasiert deklariert werden sollte.

Zuerst dachte ich, Gates' Leute hätten bloß keine Ahnung von den Verfahren. Meine Kollegen waren toll, wir argumentierten gegen ihr Vorgehen und probierten es mit einer stringenten/fairen Verfahrensweise.

Ein Sponsor hat kein Recht, die Verfahren einer unabhängigen Evaluation zu diktieren, aber man sagte uns, wir müssten es so machen, wie sie es wünschten.

Falls sich jemand fragt, ob ich einfach nicht richtig durchschaut habe, was da abging: Eines Tages war ich so frustriert, dass ich geradeheraus fragte, ob die Evaluation darauf hinauslaufen sollte, eine Rechtfertigung für den Abbruch der Initiative zu finden, und wahrscheinlich waren sie darüber so verblüfft, dass sie zugaben, ja, das sei der Fall.

Bald darauf habe ich den Job aufgegeben. Ich habe mich nicht getraut, diese Story publik zu machen, weil es schwierig ist, im Gesundheitssektor einen Job zu finden, in den Gates nicht wenigstens indirekt involviert ist.

Aber zumindest so viel: Selbst in den seltenen Fällen, in denen Gates Organisationen sponsert, die gegen den Status quo im Umgang mit geistigem Eigentum anrennen, seid auf der Hut.

Barbers Geschichte verdeutlicht nicht nur die Bereitschaft der Gates Foundation, Forschungsergebnisse zum Vorteil der eigenen Agenda zu verbiegen, sondern auch die komplexen Möglichkeiten, die ihr dafür offenstehen. In der Wissenschaft hängt die Antwort, die man bekommt, von der Frage ab, die man stellt, den Annahmen, die man macht, und den Daten und Verfahren, die man verwendet. Und an diesen Stellschrauben können Wissenschaftler oder Sponsoren die Ergebnisse beeinflussen. Laut Barber gab die Gates Foundation mit ihrem Mikromanagement die Verfahren vor und dirigierte die Untersuchung auf diese Weise in eine ganz bestimmte Richtung – hin zu den Ergebnissen und der Schlussfolgerung, die Gates sich wünschte.

Wie bereits erwähnt, hatte der Leiter des Malaria-Programms der Weltgesundheitsorganisation den Vorwurf erhoben, die weitreichende Förderung der Malaria-Forschungen durch die Gates Foundation beschädige die Wissenschaft, indem sie die Forschungsgemeinschaft in »ein Kartell« sperre und so unabhängige, kritische Standpunkte unterdrücke. Auch das ist ein wichtiger Gesichtspunkt von Gates' finanziellem Einfluss: Indem er sein Geld so einsetzt, dass die Stimmen von Wissenschaftlern, die mit seiner Agenda übereinstimmen, lauter zu hören sind, kann er andere Sichtweisen an den Rand drängen.

Obwohl der Einfluss der Gates Foundation auf die Forschung bekannt ist, zögern viele Beobachter, die Stiftung öffentlich zu kritisieren. So bemerkte auch Melissa Barber, sie habe nicht gewagt, ihre Geschichte publik zu machen, weil so viele Jobs im Bereich der Weltgesundheit von Gates' Geld abhängig seien. Einfach ausgedrückt: Zahlreiche Wissenschaftler wollen die Hand nicht beißen, die sie füttert oder sie eines Tages vielleicht füttern wird.[13] Dieses Phänomen wird in akademischen Kreisen als »*Bill chill*« (»der kalte Bill-Schauer«) bezeichnet.[14]

Von mir befragte Wissenschaftler – die anonym bleiben wollten – erzählten übereinstimmend, Gates habe sich in Forschungsarbeiten eingemischt, um sie in Einklang mit der Stiftungsagenda zu bringen. So berichtete eine Person, die für eine von Gates geförderte Organisation arbeitet, es sei ganz normal gewesen, der Stiftung Forschungskonzepte vorzulegen und ihr so die Gelegenheit zu geben, die Studie zu beeinflussen. Genau das wäre dann auch geschehen. Von einer weiteren Quelle erfuhr ich, dass während eines Vorstellungsgesprächs für einen Job bei der Stiftung sehr deutlich darauf hingewiesen worden sei, wie viel Einfluss die Stiftung auf die von ihr finanzierten Forschungen habe – sowohl was die Konzipierung der Studien betraf als auch im Hinblick auf die Präsentation der Ergebnisse.[15]

Ein solches Verhalten verdeutlicht, dass Wissenschaft auf dieselbe stillschweigende Weise durch finanzielle Interessen beeinflusst wird wie die Politik. Sich zuträgliche Forschungsergebnisse zu sichern verspricht höheren Profit, sorgt für behördliche Genehmigungen, bewegt Gesetzgeber dazu, industriefreundliche, »wissenschaftsgestützte« politische Maßnahmen anzuordnen, und lädt zu einer positiven Berichterstattung in den Medien ein. Wenn mächtige Finanziers an wissenschaftlicher Forschung beteiligt sind, begünstigen die Entdeckungen und Ergebnisse gemeinhin die Agenda der Sponsoren. Dieses gut dokumentierte Phänomen, auch *funding effect* genannt, zeigt sich in ganz unterschiedlichen Forschungsfeldern.[16]

Man stellt sich gerne vor, dass es in der Arbeit der Gates Foundation als Wohltätigkeitsorganisation nicht um Profit geht und Voreingenommenheit keine Rolle spielt. Genau das macht ihren Einfluss so gefährlich. Wir denken, in der Wissenschaft agiere die Stiftung als unabhängige, neutrale, scheckausstellende karitative Einrichtung, die die Forschung unterstützt, um neue Erkenntnisse zu ermöglichen. In Wahrheit aber hat die Stiftung, genau wie die Pharmariesen und die großen Tabakkonzerne, ein zutiefst eigennütziges Interesse an der von ihr geförderten Forschung und verlangt, ihr genehme Resultate abzuliefern – ob es um die Zählung der Millionen von ihr geretteten Menschenleben geht, um die Analyse der Verdienste ihrer Interventionen oder die Publikation von Evaluationen, die ihre ideologische Einstellung zu Themen wie dem Recht auf geistiges Eigentum untermauern.

Damit ist nicht gesagt, dass alle von Gates gesponserten Wissenschaftler Mitläufer sind oder Verräter, die für Geld alles tun. Viele Quellen, auf die sich meine Recherchen zu diesem Buch stützen, werden von der Gates Foundation gefördert und empfinden deshalb einen tiefen Zwiespalt. Häufig glauben sie, keine andere Wahl zu haben. Ebenso gibt es unter den zigtausend wissenschaftlichen Artikeln, die die Gates Foundation finanziell unterstützt hat, wohl auch bedeutsame und wertvolle Studien. In diesem Kapitel behaupte ich nicht, dass alles, was die Stiftung anfasst, unausweichlich korrupt ist; vielmehr geht es mir darum zu zeigen, dass das Geld der Stiftung Wissenschaft verfälschen kann. Die von Gates ausgehende Drohung liegt in der Summe von all dem, in der Macht, die sie als ein solch wichtiger Förderer anhäuft, um Wissenschaft manipulieren zu können, wenn sie es will.

Natürlich hat Gates' Einfluss auch Grenzen. Wissenschaftlerinnen wie Reetika Khera haben eine finanzielle Unterstützung durch Bill Gates abgelehnt. Melissa Barber hatte den Mut, klar zu sagen, was Sache ist. Auch in den Sozialwissenschaften (Anthropologie, Geographie, Soziologie etc.), die Gates im Allgemeinen nicht sponsert, gibt es eine beeindruckende Anzahl von Personen, die solide Forschungsarbeiten geleistet haben, in denen Kritik an der Stiftung geäußert wird. Schon kurz nachdem die Gates Foundation ihre Arbeit aufgenommen hatte, stellten versierte, renommierte Wissenschaftlerinnen und Forscher Fragen zu den Zielen und der Legitimität der Stiftung.[17] Es ist also nicht so, als existierten in der Forschung keine kritischen Stimmen. Sie sind im wissenschaftlichen Diskurs nur nicht so laut hörbar und haben nicht den gleichen Einfluss auf den öffentlichen Diskurs wie die Arbeiten, die Gates finanziert. Was wir über die Gates Foundation wissen, kommt in weiten Teilen von ihr selbst.

Im Bereich der Weltgesundheit spielt Chris Murray eine äußerst gewichtige Rolle und auch in der akademischen Welt genießt er ein Maß an Prestige und Reichtum wie kaum ein anderer. Auf der Gehaltsliste des Bundesstaats Washington steht er beispielsweise ganz weit oben. In seiner Position als Direktor des Institute for Health Metrics and Evaluation (IHME) der University of Washington verdient er beinahe so viel wie der Präsident der Uni – im Jahr 2021 waren es rund

800 000 Dollar.[18] Außerdem gehört er zu den wenigen Wissenschaftlern, über die bereits zu Lebzeiten Biographien geschrieben werden. In dem 2015 erschienenen Buch *Epic Measures: One Doctor, Seven Billion Patients* beschreibt der Autor Jeremy N. Smith Murrays wegweisende Arbeit zur Erstellung von Gesundheitsdaten, die er in Ergänzung zu seiner medizinischen Ausbildung aufnahm.[19] Statt einzelne Patienten zu behandeln, stellt er globale Diagnosen und versucht, anhand von Big Data ein großes Problem zu lösen: In einem normalen Jahr sterben etwa 60 Millionen Menschen, aber die meisten scheiden aus dem Leben, ohne dass eine Autopsie oder Krankenakten Auskunft über die Todesursache geben.

Um die Weltgesundheit zu verbessern, ist es von entscheidender Bedeutung zu wissen, warum und wo Menschen sterben. Aus diesem Grund ist Murrays Arbeit über »Gesundheitsmetrik« so wichtig und einflussreich. Seine wissenschaftlichen Studien gehören zu den meistzitierten Forschungspublikationen überhaupt. Murrays Ambitionen gehen jedoch mit einem übergroßen Ego einher, weshalb er zu einer der am stärksten polarisierenden Figuren der Wissenschaft geworden ist. Das Feld der Weltgesundheit ist übersät mit Kriegsberichten von Forschern, die mit Murray Kämpfe und hitzige Auseinandersetzungen ausgefochten haben. Die meisten davon begannen mit der Bitte um Einsicht in seine Arbeit.

Colin Mathers, der als Privatberater arbeitet, verriet mir, dass er in seiner früheren Position bei der Weltgesundheitsorganisation als Experte für Gesundheitsstatistik das IHME wissenschaftlich beraten habe, den Job jedoch aufgab, weil Murray ihm keine grundlegenden Informationen über die Erstellung seiner Schätzungen geben wollte. »Wir hatten das Gefühl, die Ergebnisse ohne Zugang zu den Daten nicht veröffentlichen zu können«, sagte Mathers in einem Interview.

Sam Clark von der Ohio State University berichtete davon, das IHME um den Quellcode für ein Tool gebeten zu haben, das es bei seinen veröffentlichten Schätzungen verwendete. Aufseiten des Instituts sei es daraufhin zu einer jahrelangen »Verschleierung und eklatanten Verweigerung der Zusammenarbeit« gekommen. Später habe das Institut dann einen wissenschaftlichen Artikel publiziert, in dem Clarks Arbeit angegriffen wurde.

Ein weiterer Wissenschaftler, der anonym bleiben wollte, sagte, er wolle Murray möglichst nicht provozieren, weil bei ihm »berufliche Meinungsverschiedenheiten schnell in persönliche Beschuldigungen« umschlügen.

»Chris Murray überrollt einen seit jeher wie eine Naturgewalt«, meinte Andrew Noymer, Demograph an der University of California, Irvine, zu mir. »Er macht, was er will und wann er es will – und meint, er sei niemandem Rechenschaft schuldig.«

In *Epic Measures*, das mehr einer Heiligengeschichte als einer Biographie ähnelt, sagt Smith, Murray glaube, dass »wissenschaftlicher Fortschritt verlange, Streit zu provozieren«.[20] In dem Buch wird berichtet, dass Murray einmal einen Wissenschaftler beschuldigte, Schätzungen zur Kindersterblichkeit auf das Zehnfache seiner eigenen Schätzung aufzubauschen. »Er weiß, dass Todesfälle Geld für Programme zur Förderung der Kindergesundheit lockermachen. Tod ist Geld«, wird Murray zitiert. »Wer hat recht? Das ist die einzige Frage. Es kommt nur darauf an, ob man recht hat.«[21]

Murray hat nicht recht, aber auch nicht unrecht. Die Bereitstellung von Milliarden Dollar – von Gesundheitsministerien, Entwicklungshilfeorganisationen und Philanthropen – hängt von der Gesundheitsmetrik ab. Die Über- oder Unterschätzung der Inzidenz oder Prävalenz verschiedener Krankheiten kann Förderentscheidungen beeinflussen. Entsprechend kann sich die öffentliche Politik ändern, wenn laut der Gesundheitsmetrik eine bestimmte Intervention funktioniert und die Infektions- oder Todeszahlen sinken. Es ist wichtig, bei der Gesundheitsmetrik keine Fehler zu machen, darum sind Transparenz, Verantwortlichkeit und Unabhängigkeit von so zentraler Bedeutung. Aus diesem Grund stellen Wissenschaftler weithin in Frage, dass Chris Murray – und Bill Gates – Kontrolle über diese lebenswichtige Unternehmung ausüben.

Bill Gates war schon lange ein Fan von Murrays Arbeit. Das führte schließlich zur Gründung des IHME, dem bekanntesten Forschungsprojekt der Stiftung. Jahre bevor Gates das Startkapital – und letztlich über 600 Millionen Dollar – beisteuerte, hatte er einen von Murray mitverfassten Bericht der Weltbank über die »globale Krankheitslast« gelesen und bezeichnete ihn als Inspiration für seine Entscheidung, den größten Teil seiner wohltätigen Spenden der Bekämpfung von Krankheiten zu widmen.[22] »Ich sah ... dass jedes Jahr 12 Millionen Kinder sterben«, sagte Gates 2014 in *Scientific American*. »Wow! Ich fand es unglaublich, dass diese vermeidbaren Erkrankungen – Lungenentzündung, Durchfall, Malaria und noch einige andere Infektionskrankheiten, die Kinder bekommen – eine solche Auswirkung hatten. Da dämmerte mir zum ersten Mal, dass das Problem zu großen Teilen nicht etwa Hunderte verschiedene Krankheiten sind – es sind nur einige wenige.«[23] Dank Murrays Forschungen fand Gates nicht nur heraus, wofür er bevorzugt spenden wollte, sondern erkannte auch die generelle Bedeutung der Gesundheitsmetrik.[24] Wenn er vorhatte, Millarden Dollar auszugeben, musste er die Auswirkungen seiner Spenden messen und evaluieren.

Als die Gates Foundation ihre Arbeit aufnahm, verfügte die Weltgesundheitsorganisation über ein solides Gesundheitsmetrikprogramm. Chris Murray hatte bei seiner Installation geholfen. Anfang der 2000er Jahre kam es nach einem Führungswechsel bei der WHO – und wegen Murrays forscher Art – zu einem Zerwürfnis.[25] Murray wandelte sich zu einem lautstarken Kritiker der WHO und sprach zum Beispiel von ihrem »Potenzial, die Daten zu manipulieren«.[26] Konnte die WHO wirklich ein unparteiischer Sachverständiger für globale Krankheiten sein, wenn sie von den Politikern ihrer Mitgliedsstaaten unter Druck gesetzt wurde? Laut Murray war die WHO »schlicht ungeeignet für die Aufgabe, die Weltgesundheit zu überwachen und zu evaluieren. ... In unseren Augen ist eine neue, unabhängige Organisation zur Gesundheitsüberwachung die einzig tragfähige Lösung.«

Dabei erwähnte Murray nicht, dass er selbst diese neue Organisation leiten wollte. Zunächst sicherte er sich von Tech-Milliardär (und Bill Gates' einstigem Konkurrenten) Larry Ellison die Zusage für 115 Millionen Dollar, um in Harvard sein neues Forschungsinstitut in

Gang zu bringen. Aus nicht ersichtlichen Gründen zog sich Ellison jedoch kurz vor dem Start aus dem Projekt zurück. Die Harvard-Studentenzeitung *Crimson* zitierte eine anonyme Quelle, die gesagt hatte: »Nach privaten Treffen mit Murray auf seiner Yacht zeigte sich Ellison ernüchtert.«[27]

Mit ungebrochenem Ehrgeiz machte sich Murray unter den Yachtbesitzern der amerikanischen Aristokratie auf die Suche nach einem neuen Wohltäter. So fand er den Weg nach Seattle, wo er 2007 mit Bill Gates' Geld das IHME gründete.[28]

Zweifellos gefiel Gates Murrays Ansatz, die Weltgesundheit über Big Data in den Blick zu nehmen, aber vielleicht sah er in Murray auch einen Mann, der aus dem gleichen Holz geschnitzt war wie er selbst – ehrgeizig mit einem unternehmerischen, wettbewerbsorientierten Geist, mit der seltenen Kombination aus technischem Know-how und Geschäftssinn – und dem Drang zu dominieren. »Chris ist super, aber er mag Streit – und weicht nicht zurück«, sagte Gates 2014 bei einem Interview. »Die Verwaltung der normativen Datenbank ist nicht wirklich seine Sache.«[29]

Während Gates von einer *normativen Datenbank* spricht, reden andere von einem *Monopol*. »In relativ kurzer Zeit hat das IHME eine Art Vorherrschaft oder Dominanz über die Entwicklung einer Weltgesundheitsmetrik erlangt«, sagte Manjari Mahajan, Professorin für Internationale Angelegenheiten an der New School in einem Interview. »Es ist gewissermaßen ein Monopol für Wissensproduktion, für die Ermittlung von Trends in der Weltgesundheit. Und das erzeugt eine Konzentration epistemischer Macht, die bei jedem Unbehagen auslösen sollte.«[30]

Diese Vorherrschaft bedeutete, dass die WHO als führender Lieferant der Gesundheitsmetrik abgelöst wurde. Von einem ehemaligen Funktionär der WHO, den Gates ebenfalls massiv unterstützt, erfuhr ich: »Man sagte uns, dass wir mit dem IHME zusammenarbeiten müssten, und wer dem IHME nicht passte, wurde kaltgestellt. ... Man wies uns an, unsere Statistik durch die IHME-Statistik zu ersetzen. Jetzt veröffentlicht die WHO mit der IHME-Statistik erstellte Dokumente, die von den [Mitglieds-]Staaten noch nicht gründlich überprüft worden sind.«[31] Indem Chris Murray und Bill Gates die Kontrolle über die Daten – oder Schätzungen – haben, die die globale Krankheitslast definieren, besitzen sie auch die Macht, das Narrativ des gesamten Weltgesundheitsbereichs zu kontrollieren.

»Problematisch wird es dann, wenn diese Zahlen mit einem Autoritätsanspruch verbreitet werden. Wenn diese Zahlen tatsächlich … beeinflussen, wie Institutionen Gesundheitsprobleme in bestimmten Ländern wahrnehmen, dann geht es um die Frage, ob … dieses Land auf der Basis von Einschätzungen der Prävalenz Fördergelder zur Bekämpfung von HIV erhält«, erklärte Marlee Tichenor, Anthropologin der Durham University, in einem Interview. »Diese Einschätzungen bestimmen in vielerlei Hinsicht, was getan werden kann und was nicht.« Tichenor erkennt einen fundamentalen Interessenkonflikt bei der Gates Foundation, die als zentraler »Finanzier globaler Gesundheitsinitiativen« fungiert und zugleich die »Instrumente zur Beurteilung ihres Erfolgs« kontrolliert. So beruht auch das Gerede von den »geretteten Menschenleben«, mit denen Gates Reklame macht, großenteils auf Zahlen des von Gates geförderten IHME.

Wenn Murray die WHO dafür kritisiert – oder verurteilt –, dass sie sich von Mitgliedsstaaten habe unter Druck setzen lassen, müssen wir dann in der Tat nicht auch einsehen, dass das IHME selbst extrem gefährdet ist, sich von der Gates Foundation unter Druck setzen zu lassen, die bei der Präsentation der Zahlen ihre eigenen Interessen im Blick hat? Warum zieht das IHME eine Existenz unter dem Lehnsherrn Bill Gates einer demokratisch geleiteten Institution wie der WHO vor? Oder, allgemeiner gefragt, warum sollte überhaupt eine Institution ein Monopol haben? Warum schafft man nicht einen lebhaften wissenschaftlichen Diskurs mit vielen konkurrierenden Organen, die Schätzwerte liefern?

Bill Gates ist der Ansicht, dass das IHME »Informationen demokratisiert«, indem es 281 586 Datenquellen aus nationalen Gesundheitsministerien, privaten Versicherungen und der Wissenschaftsliteratur in einem öffentlichen Institut vereinigt.[32] Dann unterzieht das IHME diese riesigen Datenmengen komplexen Analysen, um detaillierte Darstellungen des Gesundheitszustands sowie eine wachsende Menge weiterer Messdaten aus allen Enden der Erde präsentieren zu können. So kann man sich dank interaktiver Landkarten auf der Webseite des Instituts detaillierte Daten zu einem Dorf im subsaharischen Afrika anzeigen lassen, um zu erfahren, wie viele Jahre die Menschen dort zur Schule gegangen sind, wie sich die Zahl der Fälle von Malaria, HIV und Infekten der unteren Atemwege im Lauf der Zeit verändert hat, wie es um den Zugang zu Leitungswasser bestellt ist und sogar, wie viele Männer beschnitten sind.

Um es noch einmal zu sagen: Die Zahlen in diesen Landkarten sind keine harten Fakten, sondern Schätzwerte – im Grunde fundierte Vermutungen –, die auf beliebigen verfügbaren Daten beruhen. Statt ihr Geld und ihre Energie darauf zu konzentrieren, aktuelle Daten über Tod und Krankheit in armen Ländern zu sammeln, indem die Dokumentation von Krankheitsdaten und die Infrastruktur der öffentlichen Gesundheit (nach dem Vorbild reicher Länder) verbessert wird, hat die Gates Foundation in Seattle einen Hightech-Apparat installiert, der mehr oder weniger exakte Schätzwerte ausspuckt und den Globalen Süden damit auf eine auf Mutmaßungen basierende Gerade herunterbricht. Das hat Kritiken hervorgerufen, die der Arbeit des IHME eine Art »Datenimperialismus« attestieren.

»Auf diese Weise wird Wissen vorgespiegelt. Man gibt Menschen in zahlreichen [armen Ländern] zu verstehen, dass ihr Wissen über sich selbst nicht der Wahrheit entspricht. Dass du nicht weißt, was du zu wissen glaubst«, sagte Seye Abimbola, außerordentlicher Professor an der University of Sydney. »Das ist die Erfahrung von Kolonialismus.«

Eine vielleicht noch grundlegendere Frage betrifft die Qualität der Arbeit des IHME. Wissenschaftler bezeichnen das IHME weithin als »Black Box«, eine Zauberer-von-Oz-Inszenierung, die sorgfältig so angelegt ist, dass niemand hinter den Vorhang schauen kann. »Es ist völlig unmöglich, ihre Methoden zu kritisieren, ja nicht einmal, sie zu kommentieren, weil sie ganz und gar undurchsichtig sind«, erklärte mir Max Parkin vom International Network for Cancer Treatment and Research.

Eine ähnliche Kritik äußerte der inzwischen verstorbene Peter Byass, Professor für Weltgesundheit an der schwedischen Umeå University. Er sagte zu mir: »Aus wissenschaftlicher Sicht ist eine Wiederholung oder Verifizierung der Schätzungen nicht möglich.«

Auch Ruth Etzioni, Professorin für öffentliche Gesundheitswissenschaften am Fred Hutchinson Cancer Research Center, stimmt in die Kritik ein. »Es ist unmöglich, exakt zu wiederholen, was sie tun. ... Bei einigen dieser Krankheiten erlauben die Daten einfach keine wirkliche Quantifizierung der Auswirkungen«, sagte sie zu mir. »Statt zu sagen: ›Wissen Sie was? Es geht nicht‹, [sagt das IHME:] ›Hier sind ein paar Zahlen.‹ Natürlich manövriert man sich so in eine Situation, in der man zu viel verspricht.«

Das IHME kontert: »Es wird keine Einschätzung eines Problems so interpretiert, als gäbe es kein Problem.« In einer E-Mail führte es zu seiner Verteidigung an, die Schätzungen seien transparent und mit Erwartungsbereichen veröffentlicht worden, die die Nutzer über die Grenzen seiner Arbeit informierten. Etzioni erkennt ein Muster im Vorgehen des Instituts, seine Ergebnisse ins Rampenlicht zu rücken, während »grundlegende Vorbehalte und Unsicherheiten« im Kleingedruckten versteckt blieben. Selbst als ihm bei seinen frühen Covid-19-Prognosen aufgrund eines fehlerhaften Modells ein grober Schnitzer unterlaufen sei, habe es sich nicht zu einem klaren Schuldeingeständnis bewegen lassen.

Weil bei der Pandemie so viel auf dem Spiel stand, sah sich das IHME plötzlich mit einer größeren Sorgfaltspflicht – und größerer Konkurrenz – konfrontiert. Eine Reihe von Forschern begannen Schätzungen zu veröffentlichen und erkannten in Echtzeit, was sie schon lange befürchtet hatten – dass die komplexen Schätzungen des IHME nicht immer besonders gut oder genau sind. Mitunter können sie sogar eine Gefahr für die öffentliche Gesundheit darstellen.

Im Frühjahr 2020 hielt Präsident Donald Trump eine Pressekonferenz ab, auf der seine Berater auf Schätzungen des IHME verwiesen, um zu belegen, dass die Pandemie sehr schnell ihren Höhepunkt erreichen und in den kommenden Wochen abflauen werde.[33] »Im April wurden Millionen Amerikaner aufgrund der Prognosen des IHME in dem falschen Glauben gewiegt, im Juni sei die Epidemie vorbei«, sagte Datenwissenschaftler Youyang Gu zu mir. »Ich glaube, dass viele Staaten den Lockdown wegen der Berechnungen des IHME wieder aufhoben.«

Gu gehörte zu den vielen Statistikern, die während der Covid-19-Pandemie zum IHME in Konkurrenz traten und es schließlich überflügelten, weil sie unabhängig Prognosen erstellten, die genauer zu sein schienen als die von Bill Gates' 500 000-Dollar-schwerem Metrikunternehmen. Im Lauf der Pandemie wiesen Wissenschaftler immer wieder auf grobe Fehler und Irrtümer in der Arbeit des IHME hin und verspotteten das Institut in den sozialen Medien.[34] Doch sooft sich die Schätzungen des IHME auch als falsch erwiesen oder so laut man in weiten Kreisen der Forschungsgemeinde auch rief: »Der Kaiser hat ja gar keine Kleider an!« – die Botschaft verhallte ungehört.

»Viele Leute verstehen nicht, wie Prognosen erstellt werden«, schrieb Chris Murray in einer Kolumne der *Los Angeles Times* und wischte die Kritiken beiseite, bevor er mit höchst fragwürdigen, schlagzeilenträchtigen Prognosen weitermachte.[35] So erstellte das IHME Graphiken, in denen es den Verlauf der Pandemie für viele kommende Monate vorhersagte, während konkurrierende Prognostiker konservativer vorgingen und immer nur Prognosen für einige Wochen im Voraus abgaben. Auf diese Weise bestimmten die höchst umstrittenen Schätzungen des IHME die Politik früher als andere Modelle und zogen mehr mediale Aufmerksamkeit auf sich.

»Das scheint eine Version des Drehbuchs zu sein, dem Trump folgt«, sagte der Demograph Sam Clark 2020 zu mir. »Es bleibt absolut nichts Negatives hängen, und je mehr Publicity man bekommt, desto besser – egal, was es ist. Es ist wirklich verblüffend. Ich kenne keine andere Persönlichkeit oder Organisation in der Wissenschaft, die das so hinbekommt wie das IHME.«

Als ich mich 2019 erstmals an das Institut wandte und es auf seinen umstrittenen Ruf in der Wissenschaftsgemeinde ansprach, schoss ein Sprecher des IHME zurück: »Von wem kommt solch eine Kritik und wo wurde sie publiziert oder öffentlich geäußert?« Intern war sich das IHME dieser Kritik jedoch sehr wohl bewusst. Jahre zuvor verwies es in einer Korrespondenz mit der Gates Foundation, in die ich nach dem Gesetz für Informationsfreiheit Einblick erhielt, auf Kritiken, die es als »Black Box« bezeichneten und die, wie es einräumte, seinen künftigen Erfolg »gefährden« könnten.[36] Ebenso weist das Institut öffentlich Vorwürfe zurück, dass es über zu viel Macht verfüge.[37] So teilte es mir mit, dass es »zu fast allen von uns veröffentlichten Ergebnissen auch alternative Quellen für Schätzungen gibt«. An anderer Stelle hat es sich jedoch als »Goldstandard der öffentlichen Gesundheitsmetrik« und als »die faktische Quelle für die Buchhaltung der Weltgesundheit« bezeichnet.

Laut verschiedensten Quellen ist vielen Mitarbeitenden der Stiftung klar, dass das IHME ein gravierendes Problem oder gar eine Belastung darstellt. Weil aber Bill Gates persönlich so große Stücke auf das Institut hält, ist Murrays Projekt inzwischen zu groß geworden, um zu scheitern – wieder ein Beispiel für Bill Gates' Top-down-Führungsstil.

In einem Interview bemerkte Peter Byass, falls das IHME öffentlich finanziert würde, müsste es sehr viel offener und verantwortlicher operieren. »Wenn du genügend Milliarden hast, kannst du eine Stiftung gründen und die Regeln ganz nach deinem Belieben bestimmen«, sagte er. Die Gates Foundation »stellt die Regeln auf und sorgt durch die Überwachung der Zuwendungsempfänger zugleich dafür, dass sie auch eingehalten werden. Das ist das Privileg, das sie aufgrund ihrer Position auf dem Markt genießt.«

Dennoch ist das IHME technisch gesprochen eine öffentliche Institution. Es gehört zur University of Washington und ist ihr rein theoretisch unterstellt. In der Praxis betrachten viele Wissenschaftler das Institut jedoch als verlängerten Arm der Gates Foundation. »IHME ist ganz bewusst in dieser Grauzone angesiedelt«, bemerkte Andrew Noymer. »Es ist ein Teil der UW und gleichzeitig auch eine selbständige Institution. Es ist ihr nicht vollumfänglich zur Rechenschaft verpflichtet. Es ist ein öffentliches Institut, wenn es gerade en vogue ist, öffentlich zu sein, und privat, wenn ihm das gelegen kommt.«[38]

Lange Zeit war das IHME nicht auf dem Campus der University of Washington angesiedelt, sondern nur wenige Häuserblocks von der Zentrale der Gates Foundation in Seattle entfernt. Die allerersten provisorischen Büroräume des Instituts befanden sich sogar im früheren Hauptquartier der Stiftung. Wie mir ein ehemaliger Angestellter des IHME mitteilte, bestellt die Gates Foundation nach Belieben maßgeschneiderte Tabellen und Graphiken für Bill Gates' Präsentationen. Wenn das passiert, müssen ganze Teams der IHME-Forscher alles stehen und liegen lassen, um ihrem Wohltäter zu Diensten zu sein.[39] »Es fühlte sich wirklich so an, als seien wir Berater der Gates Foundation und die von uns angewandten wissenschaftlichen Verfahren dazu da, die gewünschten Ergebnisse zu erzeugen … oder das Resümee, von dem er [Murray] glaubte, es sei das von der Gates Foundation gewünschte«, erfuhr ich von der Quelle. »Jedes Jahr gehen insgesamt Tausende Stunden für einmalige Anfragen von Bill Gates drauf, die Stück für Stück von der Gates Foundation weitergegeben werden.«

Ein öffentliches Dokument, um dessen Ansicht ich gebeten hatte, schien das zu bestätigen. Das IHME bat die Gates Foundation um zusätzliche 1,5 Millionen Dollar, um »zeitaufwendige Anliegen der BMGF-Führung [zu bearbeiten, die] häufig erfordern, Personal des IHME spontan von anderen Aufgaben abzuziehen, um die gewünschten Analysen durchzuführen. Da jeder Auftrag zusätzlich zu regulär anfallenden Aufgaben erledigt werden muss, wirkt sich das sukzessive auf andere Projekte aus.«[40]

Aus öffentlichen Unterlagen ist auch ersichtlich, dass das IHME ein engagiertes Team in Diensten der Stiftung zusammengestellt hat. Laut einem Förderantrag an die Gates Foundation wurde das Foundation Response and Engagement Team des IHME von Tamer Farag geleitet, aus dessen Vita bei LinkedIn hervorgeht, dass er vor seiner Zeit beim IHME für die Gates Foundation gearbeitet hatte und weiterhin als Berater für Gates tätig war, während er bereits dem IHME angehörte. (Bemerkenswerterweise gibt Farag an, zur selben Zeit auch als Berater des Gesundheitsministeriums von Mali tätig gewesen zu sein.)[41]

Ganz besonders aufschlussreich ist jedoch, dass die 2007 geschlossene ursprüngliche Fördervereinbarung zwischen Gates und dem IHME der Stiftung weitreichende Kontrolle über das Institut verlieh, wie mir ein entsprechendes öffentliches Dokument infolge meiner Bitte um Einsicht verriet. Die Stiftung erhielt Zustimmungsbefugnis bei Neueinstellungen von Führungskräften des Instituts, bei der Festlegung von Vorstandsmitgliedern sowie bei der Entscheidung, welche Personen externe Evaluationen des IHME durchführen und welche Kriterien dabei verwendet werden. (Solche externen Evaluationen verlangt die Satzung der University of Washington.) Zudem forderte Gates die Möglichkeit ein, Presseerklärungen und -berichte zu prüfen und zu billigen, die von der Stiftung geförderte Arbeiten des IHME betreffen. Die University of Washington segnete diese Vereinbarung ab.

Als ich 2020 erstmals darüber berichtete, erreichten mich Kommentare von Personen, die ihre Besorgnis äußerten, dass die UW einem privaten Sponsor einen solch weitreichenden Einfluss zubilligte. Die American Association of University Professors empfiehlt Hochschulen, Schritte zu unternehmen, um die »akademische Autonomie« vor Sponsoren zu schützen, »indem sie die ausschließlich akademische Kontrolle über zentrale akademische Funktionen aufrechterhält«, einschließlich der Evaluation von Forschungsarbeiten und der Einstellung von Personal.[42] Einige Hochschulen gerieten in ernste Schwierigkeiten, nachdem sie ähnliche Zugeständnisse gemacht hatten, wie die UW es Gates gegenüber getan hatte. Als Aktivisten aus der Studierendenschaft der George Mason University, einer öffentlichen Hochschule in Virginia, aufgedeckt hatten, dass die Charles Koch Foundation dank ihrer karitativen Zuwendungen Einfluss auf die Anstellung von Hochschulpersonal erhalten hatte, führte dies zu einem internationalen Skandal. Überall, von der *New York Times* bis zum *Guardian*, prangerten Schlagzeilen den Angriff des milliardenschweren Unternehmers Charles Koch auf die Freiheit der Wissenschaft an.[43]

»Wir sind so etwas wie das Aushängeschild für ›Lasst nicht zu, dass eurer Institution so etwas passiert‹«, verriet mir Bethany Letiecq, ehemals außerordentliche Professorin am College of Education and Human Development der George Mason University und nun Professorin an der University of Maryland. »So viele andere Universitäten schauen auf uns und fragen: ›Was ist da schiefgegangen? Wie können wir verhindern, dass das noch mal passiert?‹«

Ich erzählte Letiecq, was ich über die Gates Foundation herausgefunden hatte, einschließlich ihrer Zuständigkeit für Anstellungen, die Ernennung von Vorstandsmitgliedern, Evaluationen und Presseerklärungen. »An der George Mason University hat sich, ähnlich wie bei Ihren Entdeckungen über Gates, gezeigt, dass man der Stiftung wegen ihrer Fördergelder alle möglichen Vorzüge oder Zugriffe oder Kontrollen einräumt. Im Hinblick auf die Freiheit der Wissenschaft halten wir das für höchst problematisch«, sagte sie. »Solche Verbindungen sind in meinen Augen wirklich besorgniserregend, weil sie bedeuten, dass die gesamte Mission der Universität allein auf die Interessen [der privaten Sponsoren] hin beeinflusst werden kann. Öffentliche Einrichtungen der höheren Bildung sind eine Art Sicherheitsnetz für die Demokratie. Sie sind von essenzieller Bedeutung für die Ausbildung der demokratischen Fähigkeit, zu kritisieren, Transparenz einzufordern, nach Wissen und Wahrheit zu streben. Ich glaube, dass diese Großsponsoren, wenn sie für Universitäten eine bedeutende Rolle spielen ... das hat schwerwiegende Folgen, und ich glaube, dass Universitäten dafür überaus anfällig sind.« Laut Letiecq operierte Koch an der George Mason University aus strategischen Gründen mit dunklem Geld: Statt an die Hochschule zu spenden, was dann öffentlich einsehbar gewesen wäre, förderte er eine der Universität nahestehende Privatstiftung.[44] Über 80 Prozent des Spendenflusses von der Gates Foundation zur University of Washington – 1,5 Milliarden Dollar – lief durch ähnliche Kanäle, um bei einer der Universität nahestehenden Stiftung zu landen.

Als ich die University of Washington Foundation auf diese Bedenken ansprach, reagierte sie nicht. An ihrer Stelle gab die Universität selbst ein Statement ab. »Es gelten die im Bundesstaat verbindlichen ethischen Regeln, ganz gleich, ob die UWF oder unmittelbar die UW eine Spende erhält«, hielt die Hochschule fest. Außerdem teilte mir die UW mit, dass die UWF derzeit zur Gewährung von Einsicht in öffentliche Unterlagen verpflichtet sei. Auf meine Frage, ob dies immer der Fall sei, erhielt ich keine Antwort.

Es ist hervorzuheben, dass die Gates Foundation kein gewöhnlicher Förderer der UW ist. Der Name »Gates« springt einem auf dem gesamten Campus der Universität ins Auge – es gibt das William H. Gates Public Service Law Scholarship Program, die Mary Gates Research Scholarships, die Bill & Melinda Gates Chairs in der Informatik und die Mary Gates Hall.[45] Die Mitglieder der Familie Gates – Bills Mutter, Vater und zwei Schwestern – haben im Lauf der Jahre verschiedene hochrangige Positionen an der UW bekleidet. So gehörten sie dem höchsten Verwaltungsrat – dem Board of Regents – an und saßen im Vorstand der University of Washington Foundation.[46]

Die Universität bestreitet, dass Gates irgendeinen unzulässigen Einfluss auf die Hochschule ausübt oder dass die Gates Foundation spezielle Privilegien genießt – zum Beispiel hinsichtlich ihrer Förderung des IHME. »An einer Verbindung, die nicht auf dem Konzept der Open Science beruht, sind weder die Universität noch die Gates Foundation interessiert. So können wir unseren Ruf als Topforschungsuniversität gewährleisten. Und, ehrlich gesagt, möchte sich die Gates Foundation das auch nicht vorwerfen lassen, denke ich«, sagte Joe Giffels, Senior Associate Vice Provost for Research Administration and Integrity. »Um es ganz offen zu sagen: Die Universität möchte, dass jegliche universitäre Aktivität, einschließlich der vom IHME ausgeführten Forschungsarbeiten, frei von unzulässigem Einfluss und Voreingenommenheit jedweder Art stattfindet.«

Giffels, dem wohl nicht bewusst war, dass das IHME einen in dieser Hinsicht fraglichen Ruf genießt, teilte mir mit: »Mir sind keinerlei [ethische Bedenken] zu Ohren gekommen. Und wenn es welche gäbe, wüsste ich davon.« Nach seinen Worten tut die Gates Foundation kaum mehr, als Schecks auszustellen. »Wissen Sie, wir betrachten das IHME nicht als ein Institut, das von der Gates Foundation finanziert wurde. Die Gates Foundation hat das IHME finanziell großzügig unterstützt – auf Bitten des IHME. Sie [das IHME] lassen sich individuelle Projekte einfallen, Forschungsfragen, die sie beantwortet haben möchten, und so weiter, und dann stellen sie einen Antrag bei der Gates Foundation – damit die Foundation die Dinge, die das IHME entwickelt hat, fördert. Und dann sagt Gates entweder ja oder nein«, erklärte mir Giffels.

Ich fragte ihn auch nach der Rolle, die die Stiftung bei der Einstellung von neuen Mitarbeitenden des IHME spielt. »Erlauben wir Sponsoren, der Einstellung oder vielleicht auch Entlassung von Personal zuzustimmen – etwas in der Art? Nein, das tun wir nicht – die Universität ist der Arbeitgeber, sie ist der zuständige Arbeitgeber, sie ist verantwortlich für die Einstellung und sie fällt bindende Entscheidungen über Anstellung und Entlassung.«

Nach dem Interview schickte ich Giffels die Fördervereinbarung, die ich entdeckt hatte, in der die Universität der Gates Foundation ausdrücklich die Zustimmungsbefugnis für Neueinstellungen in der Führungsriege des Instituts erteilte. Danach schien die Universität umzuschwenken. Vom Sprecher der UW, Victor Balta, erhielt ich eine E-Mail, in der er erklärte, diese Art von Einfluss sei die für Sponsoren der UW vorgegebene Routine. »Das in der Fördervereinbarung von 2007 festgehaltene Ausmaß der Einmischung von Sponsoren entspricht der Kontrolle und Zustimmung, wie sie in zahlreichen wissenschaftlichen Fördervereinbarungen mit staatlichen Förderbehörden, Instituten und anderen gemeinnützigen Organisationen enthalten ist«, schrieb Balta. Als ich ihn nach Beispielen fragte, erklärte er, wenn ein Hochschulforscher ein staatlich gefördertes Forschungsprojekt aufgebe, sei der Sponsor an der Entscheidung beteiligt, wer den Zuschuss übernehme. Das hört sich jedoch völlig anders an als die weitreichenden Einflussmöglichkeiten, die die UW Gates eingeräumt hat und zu denen neben weiteren Rechten und Privilegien nicht nur die Entscheidung gehört, wer über die Förderung bestimmt (Chris Murray), sondern auch die Zustimmungsbefugnis für Neueinstellungen in der Führungsriege des Instituts.

Nachdem zahlreiche weitere E-Mails hin- und hergegangen waren, erhielt ich schließlich die immer gleiche Antwort von der Universität: »Die UW unterzeichnet keine Fördervereinbarung, die nicht mit unserer Mission und unseren Werten übereinstimmt.« Diese routinemäßigen Antworten und die Weigerung der UW, sich sachlich mit den offensichtlichen Widersprüchen auseinanderzusetzen, offenbaren eine Institution, die fest entschlossen ist, ihre Verbindung mit einem wertvollen Sponsor zu schützen. Dieses Verhalten kennen Wissenschaftler von anderen Institutionen zur Genüge. »Das hat alles mit dem unzulässigen Einfluss eines Sponsors zu tun und mit der Bereitschaft der Universität, die Freiheit der Wissenschaft an den Meistbietenden zu versteigern«, sagte Letiecq. »Ob es die Gates Foundation oder die Charles Koch Foundation ist … die Bedrohung für die Freiheit der Wissenschaft bleibt die gleiche.«

Auch wenn die großzügigen Spenden der Gates Foundation es ihr erlaubt haben, an der Universität von Washington nach eigenen Regeln zu spielen, gibt es in der Wissenschaft noch andere Regeln und Vorschriften, die für das IHME bindend sein sollten. Die Währung der Wissenschaft besteht zu großen Teilen aus den Studien, die Forscher in wissenschaftlichen Zeitschriften veröffentlichen. Dort beschreiben, diskutieren und widerlegen sie ihre Forschungsergebnisse. Vor der Publikation werden die Studien einer erbarmungslosen Begutachtung durch Herausgeber und Peer Reviews unterworfen, die die Qualität der Arbeit streng beurteilen.

In dieser Welt wissenschaftlicher Publikationen ist das IHME ein Meister seines Fachs, denn es hat einige der meistzitierten Studien der Welt herausgebracht; viele davon erschienen in *The Lancet*, einer der weltweit führenden medizinischen Zeitschriften. Während sich die meisten Wissenschaftler glücklich schätzen, in ihrer jahrzehntelangen Berufslaufbahn auch nur einen Forschungsartikel in *The Lancet* zu veröffentlichen, hat es Chris Murray dort auf über hundert gebracht.[47] Murray hat dafür gesorgt, dass in *The Lancet* die meisten der größten Studien des IHME erschienen, die die »globale Krankheitslast« dokumentieren und von anderen Forschern bei Fragen zur Gesundheitsmetrik konsultiert werden. Wenn Wissenschaftler ihre Forschungsarbeiten zu einer bestimmten Krankheit veröffentlichen, zitieren sie gemeinhin vom IHME berechnete Zahlen zu Todes- und Krankheitsfällen. Und jedes Mal, wenn Forscher IHME-Veröffentlichungen in *The Lancet* als Quelle angeben, erhöht dies den »Journal Impact Factor«, ein Maß für die relative Bedeutung der Zeitschrift für die wissenschaftliche Literatur. Das kann der Zeitschrift zu mehr Prestige und Einfluss und ihrem Verlag Elsevier sogar zu mehr Abonnements und höheren Werbeeinnahmen verhelfen.

In den Augen mancher Wissenschaftler beruht diese Verbindung auf unguten Anreizen. Sie werfen *The Lancet* vor, der Profit aus der Publikation von IHME-Artikeln verzerre die redaktionelle Kontrolle der Zeitschrift. So kritisieren mehrere von mir befragte Quellen das Peer-Review-Verfahren von *The Lancet*, das für hochkomplexe Studien des IHME eine so kurze Deadline ansetzt, dass nur oberflächliche Rezensionen möglich sind. »Letztlich ist [das Peer-Review-Verfahren] eine Pseudo-Bewertung«, verriet mir Patrick Gerland, ein Demograph der United Nations Population Division.

»Du kannst nicht 5000 Seiten mit Tabellen und Zahlen für *The Lancet* durchgehen und sagen: ›Auf Seite 3556, Zeile 25, habe ich einen Fehler entdeckt‹«, erklärte Peter Byass. »Das macht doch keiner.« Trotzdem veröffentlicht *The Lancet* 5000-Seiten-Anhänge, die vorgeben, ein Peer-Review-Verfahren durchlaufen zu haben. Kritisch gesehen wird auch, dass *The Lancet* Studien des IHME herausbringt, in denen Hunderte verschiedene Autoren aufgeführt sind. »Du kannst dich zur Mitarbeit beim IHME melden und bekommst dann ein Konzept zugeschickt«, erläuterte Colin Mathers. »Das liest du oder auch nicht, du kommentierst es oder auch nicht. Schließlich wirst du dann als Autor genannt und das IHME kann behaupten, dass 1200 Personen aus [verschiedenen] Ländern alle Resultate begutachtet haben. Ich weiß nicht, wie *The Lancet* das … mit den Standardanforderungen für wissenschaftliche Publikationen in Einklang bringt.«

David Resnik, Bioethiker bei den National Institutes of Health, klärte mich über die Bedeutung ethischer Regeln für die Autorenschaft auf: »Bei so vielen Personen, deren jeweilige Rolle nicht klar definiert ist, ist es unmöglich, einer Rechenschaftspflicht nachzukommen. Man weiß nicht wirklich, wer was getan hat oder wer mehr getan hat als andere.«

Vielen kommt es so vor, als greife das IHME aus taktischen Gründen auf so viele Autoren zurück. Indem das Institut internationalen Forschern die Gelegenheit gibt, als Koautor einer Studie in *The Lancet* genannt zu werden – und darauf stolz verweisen zu können –, erweckt es den Anschein, als seien seine Forschungsarbeiten viel solider und ruhten auf einer breiteren gemeinschaftlichen Basis, als tatsächlich der Fall ist. Außerdem kann das IHME darauf bauen, dass die Koautoren als Verbündete, Fürsprecher und Verteidiger auftreten, die dem Vorwurf des »Datenimperialismus« den Wind aus den Segeln nehmen oder gegen die Beschuldigung angehen, das Institut sei ein mit eiserner Hand geführtes Monopolunternehmen aus Seattle.

Mir gegenüber behauptete das IHME mit Nachdruck, dass es die Richtlinien für Autorenschaft strikt befolge, doch einige Tage vorher – und kurz nachdem ich entsprechende Fragen gestellt hatte – versandte es ein internes Memo, in dem neue Richtlinien rund um Autorenschaft und ein strenges neues Prüfungsverfahren angekündigt wurden.[48]

Die vielleicht augenfälligste Irregularität in der Beziehung zwischen *The Lancet* und dem IHME war ein Preis in Höhe von 100 000 Dollar, den das Institut 2019 dem Chefredakteur der Zeitschrift, Richard Horton, verliehen hat.[49] Selbst im IHME gingen die Alarmlampen an. »Ich wüsste gerne, was man sich langfristig von der Preisvergabe an Horton versprochen hat«, hieß es in einer internen E-Mail eines Mitarbeiters, »und wie wir als Belegschaft diese Entscheidung begründen sollen, wenn man uns vorwirft, dass wir uns unseren Platz bei der *Lancet* erkaufen und nicht wegen der Qualität unserer Arbeit dort veröffentlicht werden.«

2019, in einem Telefongespräch, wies Horton alle Vorwürfe eines Fehlverhaltens zurück. Kurioserweise behauptete er, weil ihm die Auszeichnung, der Roux Prize, vom Vorstand des IHME verliehen worden sei, habe das Institut selbst damit gar nichts zu tun. »Ich persönlich betrachte das als völlig unabhängig voneinander«, sagte Horton und bemerkte, Dave Roux, Vorstandsmitglied des IHME und Mitbegründer des Private-Equity-Unternehmens Silver Lake, habe den Preis gestiftet.

Das Institut teilte mir ebenfalls seine Sicht der Dinge mit: »Das

IHME verleiht den Roux Prize nicht, sondern verwaltet ihn nur. Zudem ist es angesichts der Tatsache, dass bei Dr. Richard Horton Krebs im Endstadium diagnostiziert wurde, absurd davon auszugehen, dass sich der Institutsvorstand – kollektiv oder einzelne Mitglieder – von der Verleihung des Preises im Jahr 2019 irgendeinen Vorteil versprochen hätte.«

Jahre später gibt Horton nach wie vor *The Lancet* heraus – und tut nach wie vor alles dafür, die Forschungen des IHME mit dem geballten Renommee seiner Zeitschrift aufzuwerten. Er räumt zwar die »sehr spezielle Beziehung« der Zeitschrift zum IHME ein, verteidigt sie aber als gute wissenschaftliche Arbeit. Er weist darauf hin, dass *The Lancet* auch Einschätzungen von anderen Forschungsinstituten veröffentlicht, was zu einer soliden Diskussion beitrage, die es in der Weltgesundheit früher, auch zu der Zeit, in der die WHO der wichtigste Lieferant von Schätzwerten gewesen sei, nicht gegeben habe. »Diese Artikel in unserer Zeitschrift zu veröffentlichen, ist deswegen so immens wichtig, weil das IHME so zur Rechenschaft gezogen wird«, sagte er in einem Interview. »Wenn in *The Lancet* ein Artikel erscheint …, können Wissenschaftler ihn lesen und sagen: ›Okay, halte ich das für qualitativ hochwertige Wissenschaft? Stimme ich mit den Daten überein? Und stimme ich mit ihrer Interpretation überein?‹ Und dann können sie uns schreiben und sagen: ›Eigentlich sehen wir X, Y und Z völlig anders‹ und wir veröffentlichen diese Kommentare. Auf diese Weise müssen sich Chris Murray und das IHME für ihre Arbeiten verantworten«, sagte Horton. »So funktioniert Wissenschaft. Sie ist selbstregulierend. … Bei der Publikation der eigenen Arbeit gibt man sein Bestes, und mit der Zeit stellt sich heraus, wer wieder aus dem Blickfeld gerät.«

Hortons Vision eines funktionierenden Systems, das, durch Diskussion und Konkurrenz belebt, Schritt für Schritt Wissen schafft, ist in den Augen vieler Forscher Wunschdenken. In den Augen der größeren Wissenschaftsgemeinde steht das IHME für ein dysfunktionales wissenschaftliches System, das Reichtum und Macht über Unabhängigkeit und Integrität stellt. »Es ähnelt ein wenig der Entwicklung, die im Lauf der letzten zwanzig, dreißig Jahre in vielen Industrieländern zu beobachten war, alle möglichen Funktionen zu privatisieren, die nach meinem Dafürhalten in öffentliche Hände gehören – mit gegenseitiger Kontrolle und so«, meinte Colin Mathers zu mir. »Nur weil uns Gates über so lange Zeit zu viel für Windows abgeknöpft hat, ist er jetzt in der Position, Entscheidungen zu fällen und so den Bereich der Weltgesundheit und die Zahlen zu verändern, ohne dass andere dem viel entgegensetzen können.«

13

LANDWIRTSCHAFT

Von den schändlichen Unternehmen, die in den letzten dreißig Jahren besonders viele Schlagzeilen gemacht haben, ist Monsanto vielleicht noch berüchtigter als Microsoft. Falls Bill Gates beschlossen hätte, seine Energie statt auf Computer auf Landwirtschaft zu verwenden, würde die Firma, die er gegründet hätte, dem Saatgut- und Agrochemieriesen aus St. Louis mit Sicherheit sehr ähnlich sehen. (2018 wurde Monsanto von Bayer übernommen.)[1]

Seinen hart erkämpften Ruf als Provokateur verdankt Monsanto teilweise seiner Monopolmacht über unser Lebensmittelsystem, mit der das Unternehmen versucht hat, die Herrschaft über den Gencode des Lebens zu erlangen. In den beiden letzten Jahrzehnten wurde in den USA sehr viel Mais und Soja angebaut, das von Monsanto gentechnisch veränderte Merkmale aufweist. Am bekanntesten ist das »Roundup-Ready«-Saatgut, das so heißt, weil es gegen das Herbizid Roundup resistent ist.[2] Bauern können ihre Felder also nach Herzenslust mit Unkrautvernichtungsmitteln besprühen: Ihre Nutzpflanzen überleben dank der Genmodifikation. Für die Bauern bedeutet das eine erhebliche Arbeitsersparnis, da sie das Unkraut nicht per Hand herausziehen oder einzeln besprühen müssen. Dennoch hat der verstärkte Einsatz von Agrochemikalien Sorgen um Umwelt und Gesundheit geschürt, weshalb in den meisten Ländern, unter anderem in weiten Teilen Europas, keine GMOs (gentechnisch modifizierte Organismen) angebaut werden.[3]

Zudem ist das GMO-Modell kostspielig. Damit es rentabel ist, kommt es üblicherweise auf den größten Farmen zum Einsatz. Die Farmer bauen auf riesigen Ackerflächen in Monokultur Mais oder Soja an, bringen Kunstdünger aus und heuern Sprühflugzeuge an, um die Felder mit Roundup zu überziehen, dessen Absatz seit der Einführung von GMOs sprunghaft angestiegen ist.[4] All dies hat Monsantos Kassen klingeln lassen, denn das Unternehmen verkauft nicht nur genmodifiziertes Roundup-Ready-Saatgut, sondern auch die dazugehörigen Roundup-Herbizide.

Monsantos Marktmacht hat die Farmen auch auf anderen Wegen erreicht. Wenn die Farmer GMO-Saatgut kaufen, unterschreiben sie Vereinbarungen, die die Art und Weise der Nutzung beschränken.[5] Und Monsanto ist nicht zimperlich, wenn es darum geht, die Farmer zur Einhaltung dieser Vereinbarungen zu bewegen. So berichtete *Vanity Fair* 2008:

> Wie Interviews und Stapel von Gerichtsdokumenten belegen, setzt Monsanto im Mittleren Westen der USA eine getarnte Armee privater Ermittler und Agenten ein, um den Farmern Angst einzujagen. Sie schwärmen in die Felder und Bauerndörfer aus, wo sie heimlich Farmer, Ladenbesitzer und Agrargenossenschaften filmen und fotografieren, Gemeindeversammlungen infiltrieren und von Informanten Daten über landwirtschaftliche Aktivitäten erhalten. Wie Farmer berichten, geben sich einige Monsanto-Agenten als Landvermesser aus. Andere stellen Farmer auf ihrem Land zur Rede und versuchen, sie zur Unterzeichnung von Dokumenten zu zwingen, die Monsanto Zugriff auf ihre privaten Unterlagen gewähren. Farmer sprechen von einer »Saatgutpolizei«, die wie die »Gestapo« oder die »Mafia« vorgehe. Als Monsanto zu diesen Praktiken befragt wurde, verweigerte das Unternehmen konkrete Kommentare und sagte lediglich, es schütze nur seine Patente. … Monsantos kompromissloser Kurs wird auch mit den nachdrücklichen Bemühungen von Microsoft verglichen, seine Software vor Raubkopierern zu schützen. Zumindest kann der Käufer eines Microsoft-Programms dieses

immer wieder benutzen. Farmer, die Saatgut von Monsanto kaufen, können nicht einmal das.[6]

Auch Monsantos Einfluss auf den Wissenschaftsbetrieb hat für Kontroversen gesorgt. Die University of California, San Francisco, verfügt über eine Online-Bibliothek, die neben den Dokumenten, die diesen Einfluss belegen, auch umfangreiches Material zum Vorgehen der großen Tabakkonzerne enthält.[7] Ein Beispiel von vielen: 2013 kontaktierte Monsanto eine Reihe von Hochschulwissenschaftlern und schlug ihnen vor, Grundsatzpapiere über Themen zu verfassen, die das Unternehmen vorgab. Einige gingen darauf ein, und zwar ohne Monsantos Rolle dabei offenzulegen. Einer der in diesen Skandal verstrickten Akdemiker war der Harvard-Ökonom Calestous Juma, der bei agrikulturellen Projekten auch schon mit der Gates Foundation zusammengearbeitet hatte.[8]

Gates finanzierte Jumas Hochschulforschung phasenweise – und richtete nach dessen Tod sogar ein Stipendium zu seinen Ehren ein.[9] Als Juma politische Lobbyarbeit betrieb und etwa 2015 in einem Brief an die Food and Drug Administration für GMOs warb, verkündete er zwar lautstark seine Beziehung zur Gates Foundation, verschwieg aber seine enge Zusammenarbeit mit Monsanto wohlweislich.[10] Wie auch in anderen Bereichen, in denen Gates aktiv ist, hat sich die Stiftung zu einer beliebten Tarnung für die Ambitionen der Industrie entwickelt und dient als wohltätige Fassade für die Agenda von Unternehmen.

Die Gates Foundation wie auch Monsanto arbeiteten beide so eng mit Juma zusammen, weil er in ihren Augen für etwas stand, das ihnen wichtig war: Er repräsentierte einen afrikanischen Wissenschaftler – Juma kam aus Kenia –, der an einer prestigeträchtigen westlichen Universität arbeitete und dem gemeinsamen Ziel von Gates und Monsanto dienlich sein konnte, GMOs nach Afrika einzuführen. »Die weltweit größte Fläche kultivierbaren Landes, die zurzeit noch nicht wirklich ausgeschöpft wird, liegt in Afrika«, erklärte Monsanto-Manager Mark Edge 2016 in einer Radiosendung, in der die philanthropische Zusammenarbeit des Unternehmens mit der Gates Foundation thematisiert wurde.»Hier geht es tatsächlich um das Abwägen geschäftlicher Interessen. … Man muss sich entscheiden: Kann man jetzt dort hingehen in dem Wissen, dass man dabei nicht viel Geld verdienen wird, aber die Grundlage für das schaffen kann, was dort in zehn oder 15 Jahren sein wird?«[11]

Bill Gates hat ein anderes Narrativ zur Hand, das sich auf humanitäre Argumente stützt:»Für Leute aus reichen, wohlgenährten Nationen mit ertragreicher Landwirtschaft ist es in Ordnung, GMOs abzulehnen. Man sollte sie aber davon abhalten, Afrika ihre Präferenzen aufzuzwingen.«[12]

Zugleich scheint Gates nicht allzu viele Skrupel zu haben, ihnen seine eigenen Präferenzen aufzuzwingen. Als selbsternannter Technologe ist er ein wahrer Anhänger von GMOs, obwohl viele Experten bezweifeln, dass diese Technologie wirklich von Nutzen für die von der Stiftung anvisierten Kleinbauern im subsaharischen Afrika sein kann. Als Bill Gates bei einem Interview mit dem Technikportal *The Verge* von 2015 gefragt wurde, ob arme Länder über die erforderlichen Regulierungskapazitäten verfügten, um zu gewährleisten, dass GMOs gefahrlos getestet und angebaut werden, und ob die Stiftung notfalls bereit wäre,»quasi-regulatorische Kontrollen« durchzuführen, antwortete er, ohne mit der Wimper zu zucken:

Wir können eine Schulung finanzieren, so dass wir ihnen Wissenschaftler für ihre Sicherheitskommission zur Verfügung stellen können. Wir können für die [wissenschaftlichen] Studien sorgen, sie werden durchgeführt, und zwar gut. Wir können den Firmen, die dieses großartige Saatgut für reiche Länder herstellen, Anreize geben – wir können mit ihnen zusammenarbeiten, um sicherzustellen, dass es zumindest verfügbar ist – sogar zu einem niedrigeren Preis, weil dieser gestaffelte Preis, nach dem arme Länder einen besseren Preis bekommen, in der Medizin so gut funktioniert hat – das Gleiche können wir sicher auch bei diesen Nutzpflanzen hinbekommen. Doch am Ende des Tages dürfen sie entscheiden – welche Impfstoffe, welche Medikamente, welche Saaten okay sind. Das ist ihr Land. Aber ihre Fachkenntnisse werden besser, und darum denke ich, dass sie eine gute Wahl treffen werden.[13]

Gates' Offenheit ist bemerkenswert, weil er im Grunde erläutert, wie seine Stiftung versucht, die Kontrolle über das gesamte Zulassungsverfahren zu erlangen – so dass die zuständige Stelle am Ende nur ihren Segen geben muss. Er bildet die afrikanischen Wissenschaftler aus, die für die erforderliche Regulierung sorgen. Er beschafft die wissenschaftlichen Studien, die sie prüfen. Er greift sogar in private Märkte ein, um sicherzustellen, dass GMOs verfügbar sind. Und dabei übertreibt er keineswegs.

Bill Gates ist zu einer der bedeutendsten Stimmen in der afrikanischen Landwirtschaft geworden. Die Spendengelder der Gates Foundation für diesen bislang extrem vernachlässigten Sektor haben ihr einen weitreichenden Einfluss auf die öffentliche Politik verschafft. Die Stiftung hat alle landwirtschaftlichen Projekte mit insgesamt 6,5 Milliarden Dollar gefördert. Sie war maßgeblich an der Förderung der bekanntesten Landwirtschaftsorganisationen des Kontinents beteiligt, die durch und durch afrikanisch wirken sollen und häufig »Africa« im Titel tragen.[14] Diese Stellvertreter – wie die Alliance for a Green Revolution in Africa und die African Agricultural Technology Foundation – scheinen die gleiche Funktion zu haben wie einst die Front Groups von Monsanto: Sie befördern die Agenda ihres Sponsors, während sie gleichzeitig vorgeben, unabhängig, wissenschaftsbasiert oder bauernfreundlich zu sein und unter afrikanischer Leitung zu stehen.[15]

Gates' Vorhaben, GMOs einzuführen, ist nur ein Punkt auf seiner Agenda, die darauf abzielt, die Agrikultur Afrikas zu industrialisieren, bäuerliche Betriebe mit Hilfe von »Inputs« – Chemikalien, Dünger, neue Saaten und Bewässerung – produktiver und ertragreicher zu machen. Dieses Projekt verfolgt Gates in enger Partnerschaft mit den multinationalen Unternehmen, die diese Inputs verkaufen und Afrika seit langem als unerschlossenen Markt im Auge haben.[16] Die Stiftung hat nicht Profite, sondern Erträge im Blick: »... die Notwendigkeit,

Lösungen zu finden, so dass Bauern – insbesondere in den ärmsten Ländern – bessere Geräte und Kenntnisse besitzen und auf diese Weise genug Nahrungsmittel anbauen können, um ihre Familien zu ernähren.«[17]

Dennoch haben Gates' Interventionen nicht die von der Stiftung versprochene »Revolution« herbeigeführt. Trotz jahrzehntelanger politischer Lobbyarbeit von Interessengruppen baut nur ein einziger afrikanischer Staat größere Mengen von genmodifizierten Nutzpflanzen an – Südafrika.[18] Ebenso wenig ist die Hungersnot deutlich zurückgegangen. Landwirtschaftliche Erträge und die Einnahmen von Bauern sind nicht merklich gestiegen. All dies hätte laut Bill Gates seine Landwirtschaftsagenda bewirken sollen.

Diese Misserfolge bedeuten jedoch nicht, dass die Aktivitäten der Gates Foundation ohne Wirkung bleiben. »In vielerlei Hinsicht ist die Stiftung außerordentlich erfolgreich, weil sie den Leuten ein Narrativ verkauft hat«, erläuterte mir Million Belay, Leiter der Alliance for Food Sovereignty in Africa, in einem Interview. »Das Narrativ lautet: ›Afrikanisches Saatgut ist ausgelaugt. Das Land der Afrikaner ist nicht fruchtbar. Das Wissen der Afrikaner ist archaisch. Um mehr Nahrungsmittel zu erzeugen, braucht man Hybridsaatgut. Weil der Boden sehr ausgelaugt ist, muss man eine Menge Chemikalien in ihn einbringen.‹ Zudem ist dies eine marktbasierte Landwirtschaft, ein Bestandteil der neoliberalen Ideologie.«

Bei ihrer Arbeit setzt die Gates Foundation voraus, dass afrikanischen Ländern die Expertise, die Fähigkeit oder die Werkzeuge fehlen, um ihre eigenen Lebensmittelsysteme in den Griff zu bekommen – dass sie Profis und Experten aus dem Globalen Norden brauchen, die ihnen helfen. Das versucht die Stiftung, indem sie mit Politikern und politischen Entscheidungsträgern zusammenarbeitet, um das geltende Recht der afrikanischen Staaten, in denen sie tätig ist, zu ändern. Im Grunde agiert sie wie ein Lobbyist, platziert ihre Technikexperten in Regierungsbehörden und hilft sogar bei der Gründung, Finanzierung und Besetzung völlig neuer Behörden, wie der Agricultural Transformation Agency (ATA) in Belays Heimatland Äthiopien.[19]

Dieses neue Organ – eine »unabhängige Einheit zur Unterstützung des Landwirtschaftsministeriums mit dem Ziel, das landwirtschaftliche Wachstum zu beschleunigen und die Arbeit des Ministeriums zu ergänzen« – hat mindestens 27 Millionen Dollar von der Gates Foundation erhalten.[20] 2010 erfolgte die Etablierung der neuen Behörde durch die äthiopischen Gesetzgeber und ein Jahr später verließ ein Senior Program Officer der Gates Foundation, Khalid Bomba, die Stiftung, um Leiter der ATA zu werden.[21] Im Jahr darauf verkündete die Stiftung »die Ernennung ihres ersten offiziellen Repräsentanten in Äthiopien … [der] als Bindeglied zwischen der Stiftung und der Regierung der Bundesrepublik Äthiopien sowie der Afrikanischen Union fungieren soll«.[22] In den darauffolgenden Jahren rotierte die Personaldrehtür zwischen Gates und der äthiopischen Behörde rasch.[23] Eine Forschergruppe bescheinigte der ATA eine entscheidende Rolle bei der Förderung größeren privatwirtschaftlichen Engagements in der äthiopischen Agrarwirtschaft und in diesem Zusammenhang auch bei der Erschließung neuer Märkte für den Saatgut- und Agrochemieriesen DuPont.[24]

Ein weiteres Beispiel ist die von Gates geförderte Alliance for a Green Revolution in Africa (AGRA). Sie hat nach eigener Auskunft während der letzten vier Jahre an 68 politischen Reformen in Burkina Faso, Äthiopien, Ghana, Nigeria, Tansania, Ruanda und der Ostafrikanischen Gemeinschaft (einer zwischenstaatlichen Vereinigung) mitgewirkt, die alles von Handelspolitik über Saatgutgesetze und Pestiziden bis zur Regulierung von Düngemittelmärkten betrafen.[25] »Der von der AGRA verfolgte Ansatz einer Kombination von Politik und Interessenvertretung verkürzt die normalen Zeitabläufe der Verwaltungs- und Gesetzgebungsverfahren bis zur Verabschiedung agrarpolitischer Reformen«, erklärt die Organisation auf ihrer Webseite. »Dies alles dient der Stärkung effektiver und funktioneller Saatgut-, Düngemittel- und Marktsysteme.«[26]

Laut Joeva Rock, einer Anthropologin an der University of Cambridge, prägt Gates' beherztes Eingreifen auch nationale Forschungsagenden und Ausbildungsprogramme. »Würde das [Gates] über Nacht verschwinden, hätte dies enorme Auswirkungen auf alle möglichen

Institutionen – überall, von öffentlichen Züchtungsinitiativen … bis hin zu öffentlichen Bildungseinrichtungen«, erklärte mir Rock. »Das wäre nicht nur das Ende dieser Programme, sondern auch der Ausbildung von Wissenschaftlern, von Studierenden.«

Diese Abhängigkeit und Bill Gates' politische Top-down-Manöver sind bei den Bauern, denen Gates angeblich helfen möchte, auf Widerstand gestoßen, der 2021 und 2022 ein neues Ausmaß annahm. Besondere Beachtung fand eine Kolumne in *Scientific American* mit dem Titel »Bill Gates sollte Afrikanern nicht länger vorschreiben, welche Landwirtschaft Afrikaner brauchen«. Der Artikel wurde von Million Belay und Bridget Mugambe von der Alliance for Food Sovereignty in Africa verfasst, der größten zivilgesellschaftlichen Organisation ganz Afrikas, die 200 Millionen Bauern, Fischer, Viehhüter und Einheimische aus dem gesamten Kontinent vertritt.

Wir begrüßen Investitionen in die Landwirtschaft unseres Kontinents, aber wir wünschen uns, dass sie *demokratisch* sind und auf die Menschen *eingehen*, die von der Landwirtschaft leben – nicht als eine von oben regulierende Kraft, die letztlich Macht und Profite in den Händen von einigen wenigen multinationalen Unternehmen bündelt. Als Bill Gates erklärte, inwiefern GM[O]-Saatgut und andere Technologien den Hunger in afrikanischen Ländern besiegen würden, *behauptete* er, dies sei »eine unabhängige Entscheidung. Niemand entscheidet für sie.« Die massiven Ressourcen der Gates Foundation, deren Co-Vorsitzender er ist, üben einen außerordentlich großen Einfluss auf afrikanische Wissenschaftler und politische Entscheidungsträger aus, was dazu führt, dass Lebensmittelsysteme auf unserem Kontinent immer marktorientierter werden und immer stärker der Kontrolle von Unternehmen unterliegen.[27]

In einem Interview sagte Belay zu mir, die karitative Förderung der Landwirtschaft durch die Gates Foundation trage alle Merkmale kolonialer Machtausübung: das Bestreben, afrikanische Nationen zu modernisieren und zu zivilisieren, und gleichzeitig wirtschaftliche Interessen zu verfolgen, indem man Bauern bedränge, genmodifizierte Saaten, Düngemittel, Chemikalien und andere Technologien von multinationalen Firmen zu kaufen, die außerhalb von Afrika angesiedelt seien. »Wenn man unsere Agrikultur rückständig findet und als einzige Lösung Technologien anbietet, dann verfolgt man eine Zivilisierungsagenda. Doch damit will man uns nicht zivilisieren, sondern an die Unwägbarkeiten dieser Technologien binden.«

Die erklärten Nutznießer der Gates Foundation haben Bill Gates sehr deutlich und in sehr großer Zahl dazu aufgefordert, seine Hilfe einzustellen. In einem Schreiben von 2021 mit über 200 Unterzeichnern wurde dazu aufgerufen, AGRA, Gates' Vorzeigeprojekt in Afrika, nicht weiter finanziell zu unterstützen. »Seit Beginn des AGRA-Programms 2006 ist die Zahl unterernährter Menschen in diesen 13 Ländern [in denen AGRA aktiv ist], um 30 Prozent gestiegen«, hieß es in dem Schreiben. »AGRA ist mit ihrer Mission, Produktivität und Einkommen zu steigern sowie die Ernährungsunsicherheit einzudämmen, eindeutig gescheitert und hat vielmehr weitgehendere Bemühungen zur Unterstützung afrikanischer Bauern torpediert.«[28]

Weiterer Protest erhob sich, als der UN-Generalsekretär verkündete, die Präsidentin der AGRA sei zur Sondergesandten des UN-Gipfels zu Ernährungssystemen 2021 ernannt worden. Mehr als 150 Organisationen forderten die Vereinten Nationen auf, die Ernennung zurückzunehmen, denn die Anwesenheit der AGRA »wird in ein anderes Forum münden, das auf Kosten von Bauern und unserem Planeten die Interessen der Agrarindustrie verfolgt. … Angesichts von 820 Millionen hungernden Menschen und einer sich zuspitzenden Klimakrise ist entschlossenes weltweites Handeln dringend geboten.«[29]

Darüber hinaus schrieben Hunderte religiöse Gruppen und Glaubensführer einen offenen Brief an Bill Gates, in dem sie ihn baten, afrikanischen Bauern zuzuhören, statt ihnen seine Vision aufzuzwingen. »Wir sind der Bill & Melinda Gates Foundation zwar dankbar … für ihr Bemühen, gegen die Ernährungsunsicherheit anzugehen, und würdigen die humanitäre und infrastrukturelle Hilfe, die den Regierungen unseres Kontinents gewährt wird, doch wir schreiben Ihnen aus der tiefen Sorge heraus, dass die Bemühungen der Gates Foundation um eine Ausweitung einer stark industriell geprägten Landwirtschaft die humanitäre Krise noch verschärft.«[30]

Obwohl die Gruppen die Stiftung ausdrücklich um einen Dialog baten, vergingen mehrere Monate, bis sie überhaupt eine erste Reaktion erhielten und schließlich ein Treffen stattfand. Kurz darauf deutete die Gates Foundation in den Medien an, AGRA mit weiteren 200 Millionen Dollar an Fördergeldern unterstützen zu wollen.[31]

»Das zeigt eindeutig, dass nichts und niemand sie davon abhalten kann, ein System zu unterstützen, das auf kurzfristigen Gewinn abzielt«, meinte Gabriel Manyangadze vom Southern African Faith Communities' Environment Institute zu mir. »Ihr Engagement ist also bloß eine PR-Aktion, denn unsere Anliegen haben in ihrem Narrativ keinen Platz.«

Dass die Stiftung nicht vertrauensvoll mit den Menschen kommuniziert, denen sie angeblich hilft, hat vielleicht den Grund, dass ihr gar nicht daran gelegen ist, ihr Vertrauen zu gewinnen. Das vorrangige Ziel der Stiftung ist nie demokratische Legitimität. Es geht ihr vielmehr um die Top-down-Herbeiführung politischer Veränderungen, und zwar meist mit antidemokratischen Mitteln. Die Stiftung glaubt zu wissen, was das Beste für afrikanische Bauern ist, und darum müssen diese den Weg frei machen, damit Gates ihnen helfen kann.

»Sie finanzieren die Forscher, sie finanzieren die Forschung, sie finanzieren Gesetzentwürfe, sie finanzieren Projekte, sie haben Agrarhändler finanziert, sie haben Dinge auf den Weg gebracht. ... Da kommt mit der Zeit eine Menge Geld zusammen«, erklärte mir Mariam Mayet vom African Centre for Biosafety.[32] »Das ist doch nur Neokolonialismus verpackt in schöne Worte über Empowerment und Aufschwung und so weiter. Aber eigentlich ist es bloß eine koloniale Entwicklung nach altem Muster und dient nicht den Afrikanern, nicht dem Kontinent.«

Mayet führt Gates' wachsenden Einfluss auf das Versagen zahlreicher afrikanischer Regierungen zurück, die nicht auf die Bevölkerung zugingen und sich verantwortlich zeigten. Wie sie sagt, habe Gates die Schwäche demokratischer Institutionen für sich zu nutzen gewusst. »Die Gates-Agenda und das, was sie gefördert und verhindert hat, standen einer anderen Zukunft entgegen – welche Umwälzungen und Wandlungen auch immer möglich gewesen wären, die zu weniger sozialer Ausgrenzung geführt hätten, zu weniger Ungerechtigkeit, weniger Armut, weniger Marginalisierung bereits gefährdeter Gemeinschaften«, sagte Mayet. Und falls man nicht eine andere Richtung einschlage, so fügte sie unheilvoll hinzu, warte am Ende dieses Weges »eine tickende Zeitbombe«.

Wenn die Gates Foundation neue Nichtregierungsorganisationen ins Leben ruft, verwendet sie gern den Begriff *alliance*: die Alliance for Science, die Global Alliance for Improved Nutrition, die Alliance for a Green Revolution in Africa. Wie das Wort »Allianz« nahelegt, stützen sich diese Projekte auf »Alliierte«, also Bündnispartner, die gemeinsame Sache machen, um ein gemeinsames Ziel zu erreichen. Doch nur selten sitzen die Zielobjekte von Gates' Gunst, die Armen der Welt oder die Kleinbauern, mit am Tisch des Herrn. Zu den Bündnispartnern der Alliance for a Green Revolution in Africa (AGRA) gehört eine Schar partnerschaftlicher Unternehmen – Syngenta, Bayer (Monsanto), Corteva Agriscience, John Deere, Nestlé und sogar Microsoft, das »die Nutzung von Big Data und KI bei der digitalen Transformation von AGRA erkundet«.[33]

Wie die AGRA behauptet, arbeitet sie auch mit zivilgesellschaftlichen Organisationen und Bauernverbänden zusammen, nennt aber interessanterweise keine Namen.[34] Man muss ihr allerdings zugutehalten, dass ihre derzeitige Präsidentin aus Afrika stammt – Agnes Kalibata, ehemals Landwirtschaftsministerin von Ruanda. AGRAs erster Präsident war hingegen Gary Toenniessen, Direktor für Ernährungssicherheit bei der Rockefeller Foundation.[35] Und ebenso steht fest, dass die Initiative ohne ihre weißen und überwiegend amerikanischen Finanziers nicht existieren würde.

AGRA wurde von der Rockefeller und der Gates Foundation konzipiert und ins Leben gerufen. Der allergrößte Teil ihrer Fördergelder kommt von Gates – mindestens 675 Millionen Dollar von AGRAs dokumentierten Einnahmen in Höhe von 1,1 Milliarden Dollar.[36] In den ersten Jahren ihrer Tätigkeit kamen die meisten Vorstandsmitglieder von AGRA wohl nicht aus Afrika und/oder waren außerhalb von Afrika angesiedelt – darunter mehrere Vertreter aus der Gates und Rockefeller Foundation.[37] Selbst heute noch sind viele hohe Tiere und Vorstandsmitglieder nicht in Afrika ansässig – wie etwa Rodger Voorhies von der Gates Foundation.[38] In ihren internen Richtlinien nennt die Stiftung AGRA als Beispiel für eine von der Gates Foundation »ins Leben gerufene und mit erheblichen Geldmitteln geförderte Entität«, die ihr zudem unterstellt sei.[39]

Erst 2016, ein Jahrzehnt nach der Gründung von AGRA, hieß es in einer von Gates geförderten Evaluation, dass »externe Stakeholder eine Unstimmigkeit bezüglich der Identität von AGRA festgestellt haben, was etwa ihre Wahrnehmung als eine afrikanische Institution betrifft«. Laut der Evaluation war eine »Umwandlung ihrer institutionellen Identität« zu einer »politisch neutralen Entität unter afrikanischer Führung« vonnöten, »die von der BMGF zu unterscheiden ist«.[40] 2020 vermeldete eine neue Gates-Evaluation Erfolg: »Als einer einzigartigen afrikanischen Organisation wird AGRA eine größere Berechtigung als anderen Entwicklungspartnern zugesprochen, Regierungen zu kontaktieren. Das bietet Gelegenheit zu einer effektiven Interessenvertretung. ... Regierungen schenken ihr Gehör – und damit einen hoch einzuschätzenden Zugang zu politischen Kreisen, wie er Sponsoren aufgrund ihrer Position verwehrt bleibt.«[41]

AGRA ist ein Ableger der ursprünglichen »Grünen Revolution« Mitte des 20. Jahrhunderts – ein Projekt zur Landwirtschaftsentwicklung, angeführt von der Rockefeller und der Ford Foundation und unterstützt von der US-Regierung.[42] Die Grüne Revolution von damals strebte wie auch die heutige an, die Landwirtschaft auf der ganzen Welt mit Hilfe von neuen Saaten, Agrochemikalien und Bewässerung zu industrialisieren. Mit einer Ertragssteigerung, so glaubte man, könnten Arme mehr Lebensmittel produzieren, den Hunger besiegen und zu

Selbstversorgern werden. Dank massiver Investitionen von Stiftungen und Regierungen schien die Grüne Revolution in Ländern wie Indien, das erhebliche Ertragszuwächse verzeichnete, anfänglich große Erfolge zu erzielen. Norman Borlaug, der oft als »Vater« der Grünen Revolution bezeichnet wurde, erhielt als Anerkennung für seine Arbeit sogar den Friedensnobelpreis.

Mit der Zeit schienen die Zugewinne der Anfangszeit jedoch wieder abzunehmen oder zu verschwinden. Der Einsatz großer Mengen von synthetischen Chemikalien schadete dem Boden. Und infolge der intensiven Förderung, die den Erwerb all der neuen Inputs nötig machte, verschuldeten sich die Bauern, was eine jahrzehntelange Welle an Selbstmorden nach sich zog.[43] Hinzu kam, dass der auf viele Inputs angewiesene Ackerbau bevorzugt von den größten und wohlhabendsten Bauernhöfen betrieben wurde, die entsprechende Gewinne erzielten. Großen Höfen dabei zu helfen, noch größer zu werden, hat aber meistens zur Folge, dass Kleinbauern von ihrem Land vertrieben werden.

Heute erkennen nahezu alle Wissenschaftler die mit der Grünen Revolution verbundenen Probleme. Für viele von ihnen, wenn nicht sogar die meisten, ist sie unter dem Strich ein Misserfolg, der mehr Schaden als Nutzen gebracht habe. Für Bill Gates hingegen war sie eindeutig ein Erfolg. »In den 1960ern gab es die sogenannte Grüne Revolution, im Zuge derer neue Saaten und andere Verbesserungen die landwirtschaftliche Produktivität in Asien und Lateinamerika gesteigert haben«, sagte er 2014 bei einem Interview. »Sie hat Millionen Menschenleben gerettet und viele Leute aus der Armut geholt. Aber das subsaharische Afrika wurde damals im Grunde ausgespart. Heute ist ein amerikanischer Farmer dreimal so produktiv wie der Durchschnittsbauer dort. Wenn wir diese Zahl steigern können – und ich denke, das ist möglich – wird das eine große Hilfe sein.«[44]

In seinem Buch *American Foundations: An Investigative History* von 2001 deutet Mark Dowie die erste Grüne Revolution als Warnung: »Wer sich als Philanthrop betätigen will und etwas über die Fallstricke von großen Förderungen lernen möchte, sollte sich mit der 50-jährigen Geschichte dieses Projekts vertraut machen.«[45] Neben anderen Mängeln, die Dowie verzeichnet, habe sich die erste Grüne Revolution zu einseitig auf Forschungsansätze zur Steigerung der Erträge konzentriert, um mehr Menschen mit Nahrungsmitteln versorgen zu können. Damit sei jedoch zu wenig beachtet worden, dass die Ärmsten der Welt trotz größerer Erträge dann immer noch nicht genug Geld haben würden, um sie zu kaufen. Das ist auch heute noch der Fall. Weltweit gibt es jetzt mehr als genug, um alle satt zu machen, obwohl 1 Milliarde Menschen mit Ernährungsunsicherheit kämpfen. Das Hungerproblem beruht nicht auf dem Nahrungsangebot – oder nicht nur darauf. Es geht auch um den Zugang. Um Geld.

Doch die engen Zielsetzungen der Philanthropie und internationalen Entwicklung haben oft nur die Probleme im Blick, die man vermeintlich in den Griff bekommen kann, um schnelle Gewinne zu machen, statt das Übel an der Wurzel zu packen. Für die ursprünglichen Grünen Revolutionäre bedeutete dies einen punktgenauen Fokus auf eine Steigerung der Erträge mittels Forschung und Entwicklung. »Forschung war etwas, womit sich die Vermögensverwalter der Rockefeller Foundation sehr gut auskannten«, schreibt Dowie. »Dagegen roch wirtschaftliche Gerechtigkeit nach Sozialismus.«[46] Und die Angst vor dem Sozialismus trieb die Grüne Revolution entscheidend an, weil man hoffte, sie werde einer möglichen roten Revolution den Wind aus den Segeln nehmen. Hungernde Menschen, so befürchteten die Grünen Revolutionäre, könnten gesellschaftliche Unruhen auslösen und der kommunistischen Propaganda Gelegenheit geben, Fuß zu fassen. »Aus diesem Grund kam der zunehmende Überschuss an Nahrung in den ersten vierzig Jahren der Grünen Revolution kaum denjenigen zugute, die ihn am meisten brauchten. Nicht weil die Regierungsbehörden und internationalen Nichtregierungsorganisationen nicht versucht hätten, den Armen aus wirtschaftlicher Not zu helfen«, schreibt Dowie. »Sie konnten einfach nicht schnell genug wettmachen, dass unzählige Bauern, die für ihren Eigenbedarf arbeiteten, mit ihren Familien von ihrem Land vertrieben wurden und infolge der Industrialisierung der Landwirtschaft verarmten. Diese politische Herausforderung lag jenseits der Befugnis, Interessen und Möglichkeiten der Stiftungen, die die Grüne Revolution angefacht hatten.«

Als Gates im Jahr 2006 mit derselben Prämisse, demselben Ansatz und denselben Strategien wie die ursprüngliche Green Revolution die AGRA mitbegründete, war er sich über diese Geschichte entweder nicht im Klaren oder interessierte sich einfach nicht dafür.[47] Der Plan war, die Erträge und Einkommen der Bauern bis 2020 zu verdoppeln und die Ernährungsunsicherheit (den Hunger) um 50 Prozent einzudämmen.[48] Die Revolution wurde nicht nur im Fernsehen übertragen, sondern war finanziell gut abgesichert.

Während die Gates Foundation als bei weitem größter Sponsor mit den Jahren zwei Drittel des milliardenschweren AGRA-Budgets bestritten hat, haben auch die Steuerzahler beträchtliche Fördersummen beigesteuert. Die US-Regierung hat bis zu 90 Millionen Dollar überwiesen, die Steuerzahler aus Großbritannien, Schweden, den Niederlanden, Deutschland, Norwegen, Kanada, Dänemark und Luxemburg haben sich zu weiteren zig Millionen verpflichtet.[49] (Die Rockefeller Foundation war nicht zu einem Interview bereit, teilte mir aber per E-Mail mit, sie habe 166 Millionen Dollar an AGRA gespendet.)

Viele afrikanische Regierungen haben ebenfalls mit AGRA zusammengearbeitet oder mit ihren Landwirtschaftsbudgets AGRAs Arbeit unterstützt. Laut einer Studie wendeten afrikanische Staaten pro Jahr 1 Milliarde Dollar für die Subventionierung von Inputs wie Kunstdünger und Hybridsaatgut auf, Maßnahmen, die auch AGRA priorisiert.[50] Insofern die Interventionen afrikanischer Regierungen mit der Stiftungsagenda übereinstimmen und AGRA wirklich eine afrikanische Führung hat, kann Gates mit Fug und Recht behaupten, dass seine Stiftung mit der öffentlichen Hand, mit Regierungen zusammenarbeitet und nicht gegen sie. Die neue Grüne Revolution ist in der Tat eine öffentlich-private Partnerschaft.

Das heißt aber nicht, dass sie eine einheimische politische Maßnahme afrikanischer Nationen darstellt und aus einem demokratischen Prozess hervorgegangen ist. Indem die Gates Foundation, Geberländer und große internationale Agrarforschungsorganisationen

Hunderte Millionen Dollar auf den Tisch legen und alle in dieselbe Richtung rudern, erzeugen sie einen mächtigen Strom, gegen den kaum anzukommen ist. Überdies hat die AGRA institutionelle Verbindungen zu Regierungen geschaffen, indem sie ihnen Spenden zukommen lässt, behördliches Personal bereitstellt und technische Unterstützung anbietet.[51] Die Botschaft ist laut, deutlich und unerbittlich: *Wir haben das Geld und die Experten. Lasst zu, dass wir euch helfen.*

Die entscheidende Frage ist nur: Was haben Gates und AGRA erreicht? Hat AGRA ihre hochfliegenden Pläne verwirklicht, bis 2020 die Erträge und Einkommen der Bauern zu verdoppeln und den Hunger zu halbieren? Hat wirklich eine Revolution stattgefunden?

Tim Wise, Senior Research Fellow am Global Development and Environment Institute der Tufts University, hat versucht, diese Fragen zu beantworten. Als er sich jedoch mit der Bitte an AGRA wandte, Einsicht in ihre Daten zu erhalten, lehnte die Organisation ab. Also stützte sich Wise stattdessen auf nationale landwirtschaftliche Daten der Ernährungs- und Landwirtschaftsorganisation der Vereinten Nationen. Wenn AGRA tatsächlich eine Wirkung in den 13 Staaten hinterlassen hätte, wo sie seit 2006 aktiv gewesen war – Burkina Faso, Äthiopien, Ghana, Kenia, Malawi, Mali, Mosambik, Niger, Nigeria, Ruanda, Tansania, Uganda und Sambia –, wäre dies dann nicht in den nationalen Daten sichtbar? Wenn eine Revolution stattgefunden hätte, wäre sie nicht sofort zu erkennen?

Wise entdeckte marginale Zuwächse bei den Erträgen der verschiedenen von AGRA geförderten Nutzpflanzen. Trotzdem konnten nirgendwo auch nur annähernd die 100 Prozent erreicht werden, die AGRA versprochen hatte. Die Hungersnot hatte hingegen um ganze 30 Prozent zugenommen und war nicht etwa um die Hälfte zurückgegangen, wie von AGRA angekündigt. Da es über die Einkünfte der Bauern zu wenig Daten gab, konnte Wise nicht feststellen, ob AGRA ihr Ziel der Verdoppelung der Einkommen erreicht hatte, kam aber zu dem Schluss, dass die extreme Armut während AGRAs Arbeit nicht rasant abgenommen hatte.[52]

Etwa zur gleichen Zeit, als Wise' Analyse veröffentlicht wurde, publizierte ein Zusammenschluss internationaler Gruppen aus ganz Afrika und aus Deutschland Fallstudien über den Einfluss von AGRA, die sich jeweils auf einzelne Staaten bezogen. So wurde über ein fragwürdiges Darlehensprogramm in Tansania berichtet, das Bauern in die Schuldenfalle treiben konnte, und von AGRAs enger Zusammenarbeit mit CARE International, einer nicht afrikanischen Nichtregierungsorganisation in Sambia.[53] AGRAs erste Reaktion auf diese kritischen Bewertungen war nicht etwa, eine Diskussion über die Ergebnisse zu beginnen, sondern sie zu attackieren. Unter anderem erreichte das Büro des Vice Provost of Research an der Tufts University ein Brief, in dem Integrität und Ethik der von Tim Wise abgegebenen Bewertung in Frage gestellt wurde.

»AGRA ist eine afrikanische Institution, die von [dem früheren UN-Generalsekretär] Kofi Annan ins Leben gerufen wurde – und nicht etwa von BMGF/Rockefeller, wie fälschlich behauptet wird – und das Ziel verfolgt, die Landwirtschaft in Afrika umzugestalten,«, hieß es in dem Brief, den Andrew Cox, der in Großbritannien ausgebildete Personalchef von AGRA, verfasst hatte.[54] Cox beschwerte sich, dass Wise AGRA nicht um eine Stellungnahme zu den Ergebnissen gebeten hatte, und kritisierte, dass die Studie kein Peer-Review-Verfahren durchlaufen habe. Im Brief wurde eingeräumt, dass Wise AGRA zwar um Zugang zu den Daten gebeten habe, er habe sich aber »nicht klar genug ausgedrückt, um ihm helfen zu können, und nicht erläutert, wozu er die Daten brauchte«.

»Auf den ersten Blick«, hieß es in dem Brief weiter, »ist praktisch nicht zu erkennen, dass den grundlegendsten und nachvollziehbaren professionellen und akademischen Standards Genüge getan wurde.«

Die Tufts University bestätigte mir, dass sie die Vorwürfe geprüft und als haltlos erachtet hat. An AGRAs Beschwerde ist besonders verwunderlich, dass offen eingeräumt wurde, Wise habe um Einsicht in die Daten gebeten. Die Organisation hätte schon früh die Gelegenheit gehabt einzugreifen, entschied sich aber dagegen. Als die Untersuchung dann ohne ihre Beteiligung durchgeführt wurde, legte sie lautstarken Protest ein.

Die Weigerung von AGRA, sich mit Wise' unabhängiger Bewertung auseinanderzusetzen, entspricht einer – unverwechselbar Gates'schen – Kultur fehlender Verantwortlichkeit und Transparenz. Als beispielsweise der Al-Jazeera-Podcast *The Take* 2021 über die zunehmende Kritik an AGRA berichtete, reagierten weder AGRA noch Gates auf Anfragen der Journalisten.[55] Meine eigenen Bemühungen, mit AGRA Kontakt aufzunehmen, blieben ebenfalls ohne Erfolg. Im Verlauf meiner Recherchen bat ich um Kopien der letzten in den USA abgegebenen Steuererklärung der Allianz, weil gemeinnützige Organisationen diese laut Steuerbehörde der Öffentlichkeit zugänglich machen müssen.[56] Ich erhielt keine Antwort. In einem weiteren Schreiben bat ich AGRA um Details ihrer Fördermaßnahmen. Wieder keine Antwort. Ich bat sie auch um ein Interview. Keine Antwort.

Als die Kritik an AGRA 2021 immer lauter wurde, bemühte man sich um eine öffentliche Verteidigungsstrategie – nach eigenen Regeln und im eigenen Tempo –, wobei man es mit der Wahrheit offenkundig nicht immer so genau nahm. In einer Kolumne behauptete Hailemariam Dessalegn, Vorstandsvorsitzender von AGRA und ehemaliger Ministerpräsident Äthiopiens: »Es hat zwar immer schon Gegner unseres Vorgehens und Erfolgs gegeben, doch nun sind diese Stimmen lauter geworden und haben beschlossen, eine Medienkampagne gegen unsere Arbeit zu führen, obwohl ihnen Gelegenheit geboten wurde, sich direkt mit uns auseinanderzusetzen.«[57] Dann argumentierte er, die AGRA sei ein zu unbedeutender Akteur, um für zunehmende Hungersnöte in den Staaten, wo sie arbeite, verantwortlich zu sein, und nannte diese Kritik »unbegründet und entsetzlich irreführend«.

Doch wenn AGRA und Gates der Meinung sind, ihnen fehlten die Mittel, den Hunger einzudämmen, warum haben sie es dann lautstark zu ihrem Ziel gemacht, ihn um die Hälfte zu verringern? Und wenn AGRA so viel daran liegt, die Öffentlichkeit einzubeziehen, warum gibt es dann so viele Berichte über ihre Weigerung, Rechenschaft abzulegen?

Die ausbleibenden Reaktionen der Organisation gaben Kritikern nur noch mehr Zündstoff, so dass sie verstärkt forderten, der Allianz ihre Fördermittel zu entziehen, und bei USAID, dem größten staatlichen Förderer der AGRA, eine Petition einreichen. Darüber hinaus versuchten drei amerikanische Kongressmitglieder – Ilhan Omar, Sara Jacobs und Tom Malinowski –, USAID zu zwingen, Rechenschaft über die Millionen Dollar abzulegen, die die Behörde zur Unterstützung von AGRA ausgegeben hatte. Dabei äußerten sie Bedenken über die »potenziell schädlichen Auswirkungen [der Allianz] auf Ernährungssicherheit, Umwelt und Armutsbekämpfung in den Ländern, in denen sie operiert«.[58] Zur gleichen Zeit setzten deutsche Aktivisten ihre Regierung unter Druck. 2022 teilte das deutsche Ministerium für wirtschaftliche Zusammenarbeit und Entwicklung den Nachrichtenmedien mit, es werde die derzeitige Zusammenarbeit mit AGRA überdenken.[59]

Als sich diese Kritiken verstärkten, finanzierte die Gates Foundation eine eigene Evaluation von AGRA, in der einige Ergebnisse unabhängiger Bewertungen bestätigt wurden: »AGRA verfehlte ihr Leitziel, für mehr Einkommen und Ernährungssicherheit von 9 Millionen Kleinbauern zu sorgen.« Außerdem unterstrich die von Gates geförderte Evaluation die Erfolge der Allianz – sie habe zum Beispiel »politische Reformen beschleunigt« und dazu beigetragen, »privatwirtschaftliches Engagement zu intensivieren«. Dennoch bemängelten Kritiker einige der Evaluation zugrunde liegende Ergebnisse heftig; so schienen von AGRAs Interventionen insbesondere wohlhabendere, männliche Bauern zu profitieren.[60] Zudem erbrachte die Evaluation, dass es AGRA nicht durchgängig gelungen war, Ertragszuwächse zu erzeugen, und sie die Auswirkungen ihres inputintensiven Modells auf die Umwelt nicht in vollem Umfang erkannt hatte. All diese Kritiken waren auch schon im Zuge der ersten Grünen Revolution geäußert geworden. Wie Kritiker seit langer Zeit prophezeit hatten, scheint sich die Geschichte zu wiederholen.[61]

Als einige Nachrichtenmedien verstärkt über den zunehmenden Widerstand gegen AGRA berichteten, versuchte die Gates Foundation, die Schuld an den Misserfolgen der Allianz dem Klimawandel in die Schuhe zu schieben. Zweifellos hat der Klimawandel Auswirkungen auf die Landwirtschaft, aber das wissen wir schon seit Jahrzehnten. Wenn Gates seine Agrarstrategie verfolgt hat, ohne den Klimawandel in Betracht zu ziehen, zieht das nur erneut seine angebliche Expertise und Autorität in Zweifel.

Vielleicht fragen sich jetzt einige unter Ihnen: Kann die Welt denn nichts für Bauern in Afrika tun, ohne als kolonialistisch zu gelten? Gibt es in vielen Teilen Afrikas denn nicht tatsächlich massive Hungersnöte? Könnten viele Bauern denn nicht doch von höheren Erträgen profitieren?

Natürlich kann und sollte die Landwirtschaft in vielen Regionen des afrikanischen Kontinents verbessert werden. Aber Bill Gates ist dafür nicht der Richtige. Überdies müssen wir unseren Blick dafür weiten, wie diese Verbesserung aussehen sollte. Der Klimawandel birgt neue Herausforderungen für unser Ernährungssystem – höhere Temperaturen, Dürren und wechselhaftes Wetter –, und darum brauchen wir in der Tat eine landwirtschaftliche Revolution. Ein Großteil der Arbeit müsste jedoch zunächst einmal in der Landwirtschaft der USA geleistet werden, auf deren Grundlage Gates das Modell entwirft, das ihm für afrikanische Bauern vorschwebt.

Heutzutage dominiert industrialisierte Massenproduktion die Agrikultur der Vereinigten Staaten. Kleinerzeuger sind aus dem Geschäft gedrängt worden, ihre Anbauflächen wurden zu immer größeren Farmen zusammengeschlossen. Bemerkenswerterweise, wenn auch nicht überraschend, ist Bill Gates heute der größte private Farmlandbesitzer der USA – ein mächtiges Symbol für die fortschreitende Wandlung der amerikanischen Landwirtschaft von der Ernährungsgrundlage hart arbeitender Bauernfamilien zur Domäne von Investoren, die sich die Hände nicht mehr schmutzig machen.[62]

In der amerikanischen Landwirtschaft – blicken wir etwa auf Gates' riesige Anbauflächen für Mais und Soja in Nebraska – geben die Farmer üblicherweise große Summen für teure Inputs aus (GMO-Saatgut, Agrochemikalien, Dünger), um in Monokulturen massenhaft Getreide zu produzieren. Viel davon wird für industrielle Zwecke verwendet, zum Beispiel zur Herstellung von Ethanol, Maissirup oder Tierfutter für industrielle Viehzuchtbetriebe. Dieses System erbringt hohe Erträge,[63] verursacht aber auch enorme Kosten für die Steuerzahler, die es massiv subventionieren. Die Landwirtschaft, insbesondere der (aus fossilen Brennstoffen hergestellte) synthetische Dünger, ist zudem für einen großen Teil der CO_2-Emissionen verantwortlich.[64] (Der verstärkte Einsatz von synthetischem Dünger ist ein zentraler Bestandteil der Arbeit von AGRA und ein Lieblingsprojekt von Bill Gates – angeblich brennt er dafür noch mehr als für GMOs).

Dieses Landwirtschaftsmodell hat sich als sehr fragil erwiesen, denn ihm fehlt genau das, was Ernährungssysteme brauchen: Resilienz. So haben die Covid-19-Pandemie wie auch der russische Angriffskrieg auf die Ukraine 2022 zu großen Turbulenzen auf den Inputmärkten geführt. Plötzlich sahen sich afrikanische Bauern, die auf Gates' und AGRAs Weisung hin vermehrt auf synthetischen Dünger gesetzt hatten, mit explodierenden Preisen konfrontiert, während man den Düngemittelherstellern Preistreiberei vorwarf.[65] Der Klimawandel wird die Landwirtschaft noch unberechenbarer machen.

Viele afrikanische Landwirte befürworten ein anderes Landwirtschaftsmodell, das die akademisch klingende Bezeichnung »Agrarökologie« trägt. Als ein komplexer, systembasierter Ansatz für die Landwirtschaft setzt die Agrarökologie auf belastungsarme Lösungen, wie die Verwendung von Mist als Dünger, statt synthetischen Dünger von ausländischen Herstellern zu kaufen. Außerdem können die Bauern die Fruchtbarkeit ihrer Böden mittels Fruchtfolge und Sortenvielfalt der Nutzpflanzen erhöhen. Und statt vor jeder Anbausaison Hybrid- oder GMO-Saatgut zu kaufen, können die Bauern Saaten aufbewahren und sie Jahr für Jahr neu ausbringen – wie es der Mensch schon seit Jahrtausenden macht.

Das Rodale Institute in Pennsylvania hat über vier Jahrzehnte die agrarökologische und die konventionelle, inputintensive Landwirtschaft verglichen und festgestellt, dass bei beiden Modellen zwar ähnliche Erträge erzielt wurden, gut geführte agrarökologische Betriebe jedoch viele Pluspunkte für die Umwelt und beträchtliche finanzielle Gewinne vorweisen konnten.[66] Derzeit bieten Hochschulen wie die

University of Wisconsin und die North Carolina State University Studiengänge für Agrarökologie an, in denen »die Wissenschaft, auf der nachhaltige Landwirtschaft beruht«, gelehrt wird.[67] 2009 haben 400 Fachleute die Bedeutsamkeit der Agrarökologie in einem großen internationalen Gutachten hervorgehoben, das gemeinsam von der Weltbank und der FAO herausgegeben wurde. Zugleich äußerte das Gutachten Zweifel am Einsatz des inputintensiven Modells nach dem Vorbild der Grünen Revolution in armen Ländern.[68] Ein Jahrzehnt später gab der Welternährungsausschuss der Vereinten Nationen eine Studie über Agrarökologie in Auftrag, die die Grenzen der Grünen Revolution aufzeigte und betonte, dass die Kosten der damit verbundenen Verfahren für Umwelt und Gesellschaft den ökonomischen Gewinn aufheben würden.[69]

Natürlich läuft die Agrarökologie den Interessen von Unternehmen zuwider, die wollen, dass die Bauern Jahr für Jahr ihre Saaten und Agrochemikalien kaufen. Aus diesem Grund bezeichnet Tim Wise AGRA als »perfektes neoliberales Projekt«: »Nicht perfekt insofern, als es auf all jenen öffentlichen und karitativen Förderungen beruht – das widerspricht ja entschieden den Gesetzen der freien Marktwirtschaft«, erläuterte er mir. »Aber es zielt ganz und gar darauf ab, Märkte mit multilateralen und multinationalen Investitionen und Umsätzen zu erschließen und zu schaffen. ... Anders gesagt: Monsanto musste gewissermaßen Afrika erschließen, um mehr Saatgut verkaufen zu können. Düngemittelhersteller brauchten neue Märkte, um mehr Dünger zu verkaufen. Dabei ist Bill von großem Nutzen. Wie wäre es ohne Bill gelaufen? Ich glaube nicht, dass es AGRA ohne Gates gäbe.«

2013 eroberte Mark Lynas die kulinarische Welt mit seinem guten Aussehen und seiner rührenden Bekehrungsgeschichte vom verlorenen GMO-Sohn im Sturm. »Um es hier geradeheraus und ganz klar zu sagen: Ich entschuldige mich dafür, genmodifizierte Nutzpflanzen mehrere Jahre lang schlechtgeredet zu haben«, verkündete er als einer der Hauptreferenten bei der Oxford Farming Conference. »Und es tut mir leid, dass ich Mitte der 1990er Jahre einer der Mitbegründer der

Anti-GMO-Bewegung war und auf diese Weise dazu beigetragen habe, eine wichtige technologische Option zu dämonisieren, die für die Umwelt von Nutzen sein kann. Als Umweltschützer und jemand, der fest daran glaubt, dass jeder Mensch auf der Welt ein Recht auf eine gesunde und nahrhafte Ernährung seiner Wahl hat, hätte ich keinen Weg einschlagen können, der kontraproduktiver gewesen wäre. Das bedauere ich nun zutiefst.«[70]

Lynas' Selbstgeißelung und Krokodilstränen brachten Journalisten weltweit in Wallung – Nachrichtenmedien vom *New Yorker* bis *Slate* berichteten über seine Gewissensbisse.[71] Firmen wie Monsanto hätten sich keine bessere Reklame wünschen können – und genau darum verfolgten einige Lynas' Geschichte mit Unbehagen.

Mir kam die Story reichlich konstruiert vor. Damals arbeitete ich als Forscher für die Nichtregierungsorganisation Food & Water Watch und untersuchte die unternehmerischen Propagandataktiken, die die GMO-Diskussionen auf Schritt und Tritt begleiteten. Es erschien reichlich unglaubwürdig, dass Lynas – in der Welt der GMOs ein Unbekannter und auch als Autor eher unauffällig – mit einem ziemlich biederen Vortrag auf einer offenbar von Unternehmen geförderten Landwirtschaftstagung so viel Aufmerksamkeit erregen konnte.[72]

Später veröffentlichte der *Guardian* geleakte Dokumente, aus denen hervorging, dass sich die Industrie bemüht hatte, neue »Botschafter« für die GMO-Werbung zu gewinnen – darunter auch Lynas.[73] In den Dokumenten wird Lynas eine »potenzielle« Beteiligung an diesen Bemühungen zugeschrieben. Er bestritt, ein Botschafter zu sein, ja sogar, dass man ihn darum gebeten hatte.[74] Noch mehr Fragen stellten sich, als sich seine früheren Mitstreiter zu Wort meldeten und erklärten, Lynas sei kein »Mitbegründer« der Anti-GMO-Bewegung gewesen, wie er behauptet hatte. »Lynas war dabei, aber nur für sehr kurze Zeit, und er spielte keine besonders wichtige Rolle. Vielleicht glaubte er, wichtig zu sein, aber sonst war wohl niemand dieser Meinung«, sagte Jim Thomas, der früher Greenpeace-Aktionen organisierte. »Mich machte die ganze Sache traurig. Er hat sehr erfolgreich Karriere gemacht, indem er Leute, die mit ihm befreundet waren, als unreflektiert darstellte.«[75]

Lynas machte sich nicht nur einen Namen damit, für GMOs zu werben, sondern auch, indem er jeden attackierte, der die Technologie als »wissenschaftsfeindlich« kritisierte – ein Thema, das auch Unternehmen wie Monsanto gern aufgriffen.[76] Er blies also ins gleiche Horn wie Bill Gates. In einem Interview mit *Politico* 2013 lobte Gates Lynas ausdrücklich. Ein Jahr später hob die Stiftung an der Cornell University ein neues Projekt zur Förderung von GMOs namens Cornell Alliance for Science aus der Taufe. Das Projekt bot Lynas eine Plattform, seine GMO-Kampagne auszuweiten.[77]

Die Allianz, an die die Stiftung letztlich über 20 Millionen Dollar spendete, versprach, »der Wissenschaft eine lautere Stimme zu geben und die aufgeladene Debatte über landwirtschaftliche Biotechnologie und genmodifizierte Organismen zu depolarisieren«. In der Praxis entwickelte sich die Alliance for Science jedoch zu einer der am stärksten polarisierenden Stimmen und wurde sogar dafür kritisiert, die wissenschaftliche Diskussion um GMOs zu verzerren.

Lynas und die Allianz waren wild entschlossen, die Idee eines »wissenschaftlichen Konsenses« über GMOs voranzutreiben, was beispielsweise eine Gruppe von Doktoranden zu einer Reaktion in der wissenschaftlichen Zeitschrift *Environmental Sciences Europe* veranlasste: »Die von über 300 unabhängigen Forscherinnen und Forschern formulierte und unterzeichnete sowie unten abgedruckte und veröffentlichte gemeinsame Stellungnahme besagt nicht, dass GMOs unsicher oder sicher sind. Vielmehr kommt die Stellungnahme zu dem Schluss, dass aufgrund der bisher noch spärlichen und widersprüchlichen wissenschaftlichen Belege endgültige Aussagen über die Sicherheit oder mangelnde Sicherheit von GMOs nicht möglich sind. Behauptungen, es gebe einen Konsens über die Sicherheit von GMOs, werden von einer objektiven Analyse der begutachteten Literatur nicht unterstützt.«[78] (Lynas reagierte nicht auf meine Presseanfragen und auch die Allianz antwortete nicht auf Fragen zum Thema.)

Trotzdem scheint die Alliance for Science mit großer Wirkung getan zu haben, was Gates ihr aufgetragen hatte: GMOs in armen Ländern zu verbreiten. Die Allianz spricht von der Ausbildung von »796 Wissenschafts-Champions«, Journalisten, Aktivisten und Influencern, die ausgezogen seien, um die frohe GMO-Botschaft zu verkünden.[79] Wie Joeva Rock berichtete, würden in Ghana, wo sie einen Großteil ihrer wissenschaftlichen Forschung betreibt, Artikel über GMOs häufig von Journalisten verfasst, die von der Alliance for Science eingestellt wurden.[80] Zu einem ähnlichen Ergebnis kamen auch Million Belay und Bridget Mugambe in *Scientific American*:

> In Uganda hat die CAS [Cornell Alliance for Science] beispielsweise Journalisten und hohe Regierungsbeamte, die im Bereich Landwirtschaft, Wissenschaft und Technik arbeiten, herangezogen, um für GMO-Saatgut zu werben. Fellows der Allianz schreiben abfällige Artikel über Agrarökologie, bezeichnen sie als »Sackgasse« und machen stattdessen Reklame für Biotechnologie. In Nigeria arbeiten Fellows der Allianz eng mit dem in Nigeria ansässigen Teil des OFAB [Open Forum on Agricultural Biotechnology] zusammen sowie mit der National Biotechnology Development Agency, dem Nigerian Institute of Public Relations und dem Nigerian Institute of Management, um Biotechnologie zu befördern, die dabei häufig als wissenschaftlich einzig sinnvolle Option dargestellt wird.[81]

Laut diesen beiden Autoren führt der weitreichende Einfluss der Alliance for Science und der Gates Foundation zur »Eindämmung einer demokratischen Diskussion über Ernährungssysteme in afrikanischen Ländern. Gegensätzliche Meinungen bezeichnen sie häufig als irrational, unwissenschaftlich und schädlich.«

Anders gesagt: Die Gates Foundation und ihre Stellvertreter wollen die Debatte über GMOs gar nicht gewinnen. Sie wollen sie unterbinden. Und Bill Gates persönlich bemüht sich nach Kräften darum. Als er Ende 2022 nach Kenia reiste, um für seine landwirtschaftliche Arbeit zu werben (und neue Fördergelder in Höhe von 7 Milliarden Dollar für Projekte in ganz Afrika in Aussicht zu stellen), behauptete er steif und fest, in den meisten modernen Wirtschaftsländern seien

GMOs bereits verbreitet: »99,9 Prozent der Nutzpflanzen im Westen sind genmodifiziert. Jedes Stück Brot, das ich jemals gegessen habe, wurde aus genmodifiziertem Weizen hergestellt. Auch jedes Maiskorn, das ich jemals gegessen habe, war ein GMO-Maiskorn.«[82]

Das ist jedoch nachweislich falsch. Nirgendwo auf der Welt wird in der kommerziellen Produktion GMO-Weizen verwendet.[83] Und die meisten Länder der Erde, darunter ein großer Teil von Europa, bauen keine GMOs an. Vielleicht meinte Gates, dass das Erbgut fast aller Nahrungsmittel, die wir anbauen, durch Züchtung auf die eine oder andere Art verändert worden ist – doch das trifft auf praktisch jede Nutzpflanze auf der Welt zu, nicht nur im »Westen«. Mit Ausnahme von Jäger-und-Sammler-Gesellschaften, die nach wild wachsender Nahrung suchen, wurde das Erbgut der meisten Nahrungsmittel durch menschliche Eingriffe modifiziert – zum Beispiel, indem Bauern über Jahrtausende hinweg die Samen der ertragreichsten oder schmackhaftesten Nutzpflanzen gesammelt und sie wieder ausgesät haben, wodurch sich das Genmaterial allmählich verbesserte. Doch dies ist etwas grundlegend anderes als die genetischen Veränderungen, an denen Gates und Monsanto arbeiten, bei denen zum Beispiel im Labor Genkonstrukte von einer Art in eine andere übertragen werden.

Falls Sie auch ein Fan von GMOs sind oder glauben, dass arme Länder von dieser Technologie profitieren könnten, möchte ich zu bedenken geben, dass die Gates Foundation vielerorts zur Polarisierung beiträgt und Misstrauen sät. Und falls sich die GMO-Technologie in armen Ländern als erfolgreich erweist, sollten es einheimische Wissenschaftler sein, die die neuen Saaten unter Berücksichtigung der Bedürfnisse der einheimischen Bauern erzeugen und dabei ein solides öffentliches Verfahren anwenden, das sich auf Vorgaben der Endverbraucher stützt – ohne unzulässigen Druck von Philanthropen aus dem Ausland und multinationalen Saatgutherstellern. Und zuletzt möchte ich unterstreichen, dass die Entscheidung eines Landes, ob es GMOs anbauen möchte oder nicht – oder grundsätzlich eine Technologie akzeptieren oder ablehnen will –, keine rein wissenschaftliche Entscheidung ist.

In gewisser Hinsicht könnte man behaupten, dass die großen Summen, die die Gates Foundation mit Hilfe von Projekten wie der Alliance for Science in die GMO-Promotion gesteckt hat, die technischen Misserfolge der GMO-Technologie übertünchen sollten. Seit Jahren versprechen die Stiftung und andere Werbeträger, GMOs würden viele Ernährungsprobleme der Welt beseitigen – Hunger, Mangelernährung und ungenügende Erträge. Und seit Jahren schaufelt die Stiftung Geld in ein Grab voller Fehlschläge und gescheiterter GMOs, die die Afrikaner nach ihrem Dafürhalten brauchen.

Eine der frühesten Wetten der Stiftung war Anfang der 2000er Jahre ein Projekt, auf das sie 21 Millionen Dollar setzte. Damals sponserte sie die Organisation Africa Harvest Biotech Foundation International, die von Florence Wambugu, vormals bei Monsanto tätig, geleitet wird. Die Organisation, die laut den Förderunterlagen der Stiftung in Washington, D. C., ansässig ist, wollte eine neue Sorghum-Varietät mit höherem Nährstoffgehalt entwickeln. (Sorghum ist ein Hauptgetreide unter anderem in Nigeria, Äthiopien, Sudan und Niger.) Offenbar stellte Gates seine Förderung für das Projekt im Jahr 2017 ein. Es gibt nur sehr spärliche öffentliche Vermerke über die Erfolge der Forschungen. Auch Wambugus voriges Projekt bei Monsanto, die Entwicklung einer GMO-Süßkartoffel, scheint fehlgeschlagen zu sein. Laut Medienberichten schnitt eine konkurrierende Süßkartoffel-Varietät, die ugandische Wissenschaftler ohne Rückgriff auf GMOs erzeugt hatten, deutlich besser ab.[84]

Gates steckte auch Geld in eine nährstoffangereicherte GMO-Banane, um einem Vitamin-A-Mangel vorzubeugen, der zu Erblindung und zum Tod führen kann. Nach Jahren der Förderung und Werbung war die Banane Anfang 2023 immer noch nicht auf dem Markt.[85] Eine Forscherin führte den langsamen Fortschritt auf »Ignoranz und Fehlinformation« in der Bevölkerung Ugandas zurück und kritisierte die Regierung, die es versäumt habe, die zur Förderung des Projekts notwendigen Gesetze zu erlassen.[86]

Die Gates Foundation gesellte sich ebenfalls zu den Förderern von »Goldenem Reis«, einer weiteren GMO-Nutzpflanze, die angeblich

Vitamin A spendet und Leben rettet.[87] Trotz uferloser Investitionen seit dem Jahr 2000 (durch GMO-Saatgut-Hersteller, Regierungen und Gates) und endlosem Medienhype hat der Goldene Reis den versprochenen Nutzen noch nicht erbracht. Nur ein Land, die Philippinen, hat 2022 begonnen, den Reis kommerziell anzubauen. Es bleibt abzuwarten, ob er die Gesundheit der Menschen so positiv beeinflussen wird, wie immer wieder behauptet wurde.[88]

Doug Gurian-Sherman, der früher an der Environmental Protection Agency der USA für die Regulierung von GMOs verantwortlich war, ist skeptisch, ob die Technologie tatsächlich die Landwirtschaft revolutionieren wird. »Ökosysteme und das Genom sind nun einmal höchst komplexe Netzwerke«, erklärte er mir. Füge man in eine Nutzpflanze neue genetische Merkmale ein, um etwa bessere Erträge zu erzielen, so ziehe das eine Kaskade weiterer Auswirkungen auf die Pflanze nach sich. »Das ist so ähnlich wie bei Medikamenten. Die Liste der Nebenwirkungen auf dem Beipackzettel kann endlos sein. Manche sind vielleicht selten oder zu vernachlässigen, aber andere sind häufiger und schwerwiegend.«

Gurian-Sherman hat in Pflanzenpathologie promoviert und arbeitete später für die Union of Concerned Scientists. 2009 veröffentlichte er eine Reihe von Studien, aus denen hervorging, dass die angeblichen Vorzüge von GMOs – wie höhere Erträge und bessere Dürreresistenz – weithin überbewertet werden.[89] Die Entwicklung neuer Gentechnikverfahren wie CRISPR besitzt möglicherweise »mehr Potenzial für kleinere, schrittweise Veränderungen, die zusammengenommen von einer gewissen Relevanz sein könnten«, bemerkte er, »aber um sagen zu können, wie bedeutsam dies unter dem Strich, vor allem im Vergleich mit Alternativen wie der Agrarökologie, wäre – da kann man sehr leicht übertreiben –, ist es noch viel zu früh. Eine ganz andere Frage ist, wie diese Technologie genutzt und entwickelt wird. Wer wird sie kontrollieren? Die Machtdynamik hat sich nicht verändert.«

Bill Gates hat eine sehr viel weniger nuancierte Sichtweise auf die Dinge. Bei einem Interview mit dem *Wall Street Journal* – unter dem Titel »Bill Gates: GMOs werden dem Hunger in Afrika ein Ende machen« – sagte er: »Sie verringern die Menge der erforderlichen Pestizide, steigern die Produktivität und lindern Mangelernährung durch höhere Vitaminzufuhr – es ist unglaublich. Darum denke ich, dass das für Afrika einen riesengroßen Unterschied machen wird, insbesondere weil sie dort mit dem Klimawandel zu kämpfen haben.«[90]

Der »riesengroße« Gewinn, den Gates den afrikanischen Bauern in Aussicht stellte, lässt bis heute auf sich warten, doch Gates hängt weiter kategorisch seiner Innovationsagenda an. Und mit Kritikern und Neinsagern hat er wenig Geduld. »Falls man ohne Innovationen zu Lösungen käme, beispielsweise durch ›Kumbaya‹-Gesänge, dann würde ich das finanzieren«, sagte er 2022 in einem Interview. »Aber ohne dieses Saatgut stimmen die Zahlen einfach nicht. … Wenn jemand sagt, dass wir irgendeine Lösung ignorieren, dann sehen sie wohl nicht wirklich, was wir machen.«[91]

Man könnte Gates sehr viel eher ernst nehmen oder seine Worte weniger herablassend finden, wenn er tatsächlich die Ärmel hochkrempeln und sich entschlossen an die Arbeit machen würde, um seine hochtrabenden Versprechungen wahr werden zu lassen. Mittlerweile arbeitet die Stiftung schon fast zwei Jahrzehnte an den GMOs – was kann sie dafür vorweisen, außer all den Interviews, Werbekampagnen, Versprechen und PR-Aktionen?

In jedem Herbst gibt die Gates Foundation einen großen Bericht mit dem Titel *Goalkeepers* heraus, der angeblich einen umfassenden Überblick über menschlichen Fortschritt bietet; 2022 lag Bill Gates' Fokus auf der Landwirtschaft – ein deutliches Signal für seine Pläne, ihr im Portfolio der Stiftung in den kommenden Jahren mehr Bedeutung beizumessen. Gates warb für die »magischen Saaten«, an denen seine Stiftung arbeite, und betonte die Notwendigkeit weiterer Innovationen, wie Künstliche Intelligenz und Prognosemodelle, die dafür eingesetzt werden sollen, »eine datenbasierte Vision für zukünftige Bedürfnisse von Bauernhöfen« zu schaffen.[92]

Dass Bill Gates auch angesichts zunehmender Forderungen, die Finanzierung seiner Landwirtschaftsprojekte einzustellen, auf dem Thema Landwirtschaft beharrt, zeigt, wie wichtig es für ihn persönlich geworden ist. Seit 2021 sein Buch *How to Avoid a Climate Disaster* [dt. *Wie wir die Klimakatastrophe verhindern*] erschienen ist, hat er verbissen versucht, sein Expertenwissen über den Klimawandel unter Beweis zu stellen – ein schwieriges Unterfangen, wenn man bedenkt, dass seine Privatstiftung dieses Problem in den letzten zwanzig Jahren großenteils ignoriert hat. Wenn Gates seine Arbeit in der Landwirtschaft weiter ausbaut, einem Bereich, in dem er bereits etabliert ist, kann er Autorität in Sachen Klimawandel beanspruchen und sich auf technologische Lösungen für unser Ernährungssystem konzentrieren.

»Ich würde auch behaupten, wenn der Temperaturanstieg heute stoppen würde, könnte man sagen: ›Hey, jetzt nehmt doch mal die besten Saaten, die wir schon haben, und führt sie in Afrika ein‹, erklärte Gates. »Aber die Temperaturen steigen weiter an. Wir brauchen unbedingt die Hülsenfrüchte, die ihren eigenen Dünger herstellen. Wir brauchen unbedingt die Verbesserungen bei der Photosynthese. Diese Dinge [GMO-Nutzpflanzen] sind noch 10 bis 15 Jahre weit weg, aber wir brauchen sie, weil die Temperaturen nicht sinken.«[93] Und mir nichts, dir nichts hat er sich gleich wieder 15 Jahre Galgenfrist verschafft.

Es gibt nicht den geringsten Grund anzunehmen, dass seine Innovationsagenda Früchte tragen wird. Aber ebenso wenig sollten wir daran zweifeln, dass er alles daransetzen wird, sein Image als Retter der afrikanischen Bauern aufrechtzuerhalten, ob diese das wollen oder nicht: »Was also Afrika betrifft, sollte es – nicht nur, damit sie nicht mehr an Mangelernährung leiden, sondern auch, damit sie ihre Wirtschaft entwickeln und so den Klimawandel bekämpfen können –, aus unzähligen Gründen oberste Priorität haben, die landwirtschaftliche Produktivität hochzufahren.«[94]

14

INDIEN

Als Bill Gates' Karriere als Philanthrop ernsthaft begann und er sich für den Schwerpunkt Gesundheit entschied, bot sich HIV/Aids als Ausgangspunkt an. Der in den Medien allgegenwärtigen Krankheit wurde durch prominente Sprachrohre und sogar prominente Opfer – von Magic Johnson über Freddie Mercury bis zu Rock Hudson – große Aufmerksamkeit zuteil. Doch das eigentliche Aushängeschild der Erkrankung war der afrikanische Kontinent, auf dem unzählige arme Menschen starben, weil sie sich die Behandlung nicht leisten konnten. Gemeinsam mit der ganzen Welt richtete auch Bill Gates seinen Blick auf Afrikas Elend. Zugleich jedoch lenkte er das Augenmerk seiner Stiftung auf einen anderen Teil der Erde, in dem die Angst vor einer katastrophalen Infektionswelle stetig wuchs – Indien.

Bislang hatten Indien noch nicht so viele Gelder der Entwicklungshilfe erreicht wie Afrika, obwohl in Indien mehr Menschen leben als auf dem gesamten afrikanischen Kontinent. Bill Gates erkannte die Marktlücke und stieg im großen Stil ein, indem er 2002 ein 100-Millionen-Dollar-Programm ankündigte, das die Misserfolge der Regierung ausbügeln sollte.[1] »Wir haben erkannt, und auch die Regierung wird das, glaube ich, erkennen, dass mehr getan werden muss«, sagte er.[2]

Zu dieser Verkündigung reiste Gates persönlich nach Indien. Sein Besuch stieß auf ein geteiltes Echo, weil er erklärte, dass auch Microsoft parallel zu seiner karitativen Spende 400 Millionen Dollar in Indien investieren werde. Der potenzielle unternehmerische Profit, den Gates' Spende versprach, blieb den Journalisten nicht verborgen, die bereits in den ersten Tagen der Stiftung den Mut besaßen, Gates herauszufordern.

Die *New York Times* berichtete, dass Gates »jeden Gedanken daran, dass Philanthropie gut fürs Geschäft sein könne, von sich wies«.[3] *The Lancet* veröffentlichte einen pointierteren Leitartikel, in dem sie fragte, ob Bill Gates ein »Wohltäter oder kommerzieller Opportunist« sei.[4] Gates' Bemühungen, Geschäft und Wohltätigkeit in Indien unter einen Hut zu bringen, erfolgten zu einer Zeit, in der Microsoft einen sich zuspitzenden Konflikt mit der indischen Regierung austrug. Dabei ging es um die Frage, ob der riesige öffentliche Verwaltungsapparat der Nation mit Software von Microsoft ausgestattet werden sollte oder die Wahl auf Open-Source-Software wie etwa von Linux fallen würde.[5] Mit der Ankündigung eines Doppelpacks an Investitionen von Microsoft wie auch seiner Stiftung signalisierte Bill Gates der indischen Regierung sehr deutlich, wo seine Präferenzen lagen. Der Einsatz von Philanthropie zur Verbesserung der Unternehmensbilanz war bei Microsoft seit jeher beliebte Praxis.

»Wir brauchen sehr gute Beziehungen zu Regierungen auf der ganzen Welt«, erklärte Bill Gates 2008 im Hinblick auf Microsoft:

Und weil wir ein Produkt herstellen, dessen Grenzkosten bei der Herstellung sehr niedrig sind – Software –, und weil uns ganz speziell Empowerment durch Information so wichtig ist, ist die Idee keineswegs übertrieben, dass wir in über hundert Länder reisen und so was machen wie Software zu verschenken. Wir verteilen sogar Geldgeschenke und wir bilden Trainer aus. Wir achten darauf, dass das wahrgenommen wird, und wir achten darauf, dass Mitarbeitende, die wir einstellen, darüber Bescheid wissen. Wenn wir um Regierungsaufträge konkurrieren, erinnern wir die Leute daran, dass wir in diesem Land gute Bürger sind. Ich kann das für Sie jetzt nicht superkorrekt ausrechnen. Wahrscheinlich könnte man könnte dabei übers Ziel hinausschießen, aber wenn die Alternative lautet, es nicht zu tun, ist Microsoft die absolut bessere Wahl.[6]

Bei diesem Interview wies Gates auf ein neues Microsoft-Labor in Indien hin, das armen Bauern und Lehrkräften helfen sollte. Er bemerkte, dass das Projekt auch die Gates Foundation einbeziehen könne. »Wenn du begreifst, wie man die Zuneigung von Regierungen gewinnen kann, indem man den Armen in jenem Land hilft«, sagte er, »gewinnst du nicht nur die Zuneigung der Regierung, sondern kannst auch sagen, dass du den Armen in jenem Land geholfen hast.«

Man darf wohl behaupten, dass Indien das Juwel in der Krone des Softwarereichs von Microsoft ist. Neben dem riesigen Markt für Microsoft-Produkte bietet es auch die geballte Arbeitskraft von bestens ausgebildeten Programmierern und Ingenieuren, die entscheidend zum Nettogewinn von Microsoft beigetragen haben – und dabei für die Hälfte des Geldes arbeiten, das die Firma ihren Angestellten in den Vereinigten Staaten bezahlt.[7]

Es ist wohl kein Zufall, dass Indien später auch zu einer wichtigen Wirkungsstätte der Gates Foundation wurde. Abgesehen von den USA und Europa ist Indien heute der größte Empfänger von Gates' Geld, mit Zuwendungen aus über 600 karitativen Spenden in Höhe von insgesamt fast 1,5 Milliarden Dollar. Das allererste Auslandsbüro der Stiftung lag in Indien und ihr HIV/Aids-Projekt namens Avahan entwickelte sich zu einem immer weiter um sich greifenden 300-Millionen-Dollar-Programm, was zu jener Zeit eine der größten Stiftungsinterventionen dieser Art war.[8] In den darauffolgenden Jahren weitete die Stiftung ihr Portfolio karitativer Projekte rasant aus; es umfasste schließlich auch Müttergesundheit, Impfstoffe, Finanzsysteme und weitere Themen.

Der Lernprozess vollzog sich allerdings langsam. Zu Beginn des HIV/Aids-Projekts musste die Stiftung erst mühsam herausfinden, wie die Arbeit in Indien und die Kooperation mit der Regierung gelingen konnte. Als Avahan Anfang der 2000er Jahre Fahrt aufnahm, war Manjari Mahajan Doktorandin. Sie hatte den Eindruck, dass die Angestellten der Stiftung bereit waren, über ihre Arbeit zu sprechen – so viel Transparenz und Engagement wären heute undenkbar. Mahajan, die als außerordentliche Professorin für internationale Angelegenheiten an der New Yorker New School arbeitet, veröffentlichte ihre Erkenntnisse über das fragwürdige Erbe von Avahan in wissenschaftlichen Zeitschriften.[9] In *Forbes India* erschien ein zweiter, zusammenhängender Bericht über das Projekt.[10]

Laut diesen beiden Berichten zeichnete sich Avahan durch die Haltung »Ganz oder gar nicht« aus. Vorstellungsgespräche fanden in den feinsten Hotels des Landes statt und die in Aussicht gestellten sehr hohen Gehälter zogen Talente von Beratungsunternehmen wie McKinsey an. Der Direktor von Avahan, Ashok Alexander, ehemals Seniorpartner bei McKinsey, war 2007 mit einem Gesamtgehalt von fast 500 000 Dollar der höchstbezahlte Angestellte der Stiftung.[11]

Angesprochen auf die Fünf-Sterne-Hotels, die Business-Class-Flüge und die ausgesprochen hohen Gehälter, erklärte die Stiftung damals: »Wir brauchen die größten Talente, um für diesen harten Kampf gerüstet zu sein. Wenn wir diese Talente aus der Privatwirtschaft rekrutieren wollen, dann müssen wir ihnen ein attraktives Angebot machen.«[12] Das bedeutete, Technikexperten zu Gehältern einzustellen, die drei- oder viermal höher waren als Gehälter in Regierungsbehörden. Das setzte eine Abwanderung von hoch qualifizierten Arbeitskräften in Gang, die ansonsten vielleicht im öffentlichen Sektor tätig gewesen wären.[13] Zudem veranlassten die massiven Fördergelder der Stiftung ein breites Spektrum von Nichtregierungsorganisationen, sich hinter die Agenda der Stiftung zu stellen. Mahajans Recherchen zeichnen das Bild einer Organisation, deren Fokus zuvor auf der Gesundheit von Jugendlichen gelegen hatte und sich nun an Gates' Geld – und Prioritäten – orientierte. Bereits 2009 arbeiteten über hundert Nichtregierungsorganisationen unter Federführung des expandierenden HIV/Aids-Projekts der Gates Foundation.

Neben Avahan verfügte die indische Regierung schon über ein solides HIV/Aids-Programm, an dem andere Sponsoren beteiligt waren, so dass die Gates Foundation in gewisser Hinsicht eine parallele, unabhängige Strategie verfolgte. Gates setzte alles daran, mit dem eigenen Ansatz in Konkurrenz zu dem der indischen Regierung zu treten, und verkündete lautstark, dass seine kompromisslose, unternehmerische Vorgehensweise den Ausschlag geben werde. »Falls eine Nichtregierungsorganisation einem Dienst an der Gesellschaft im Weg steht, wenden wir uns an eine andere Organisation. In der Machtstruktur halten wir die Wege kurz, damit die Menschen schnell von der Dienstleistung profitieren. Wir achten auf Geschwindigkeit, auf Reichweite und auf Nachhaltigkeit«, sagte der Direktor von Avahan. »Wir orientieren uns an der Privatwirtschaft. Im ersten Jahr haben wir Anlaufstellen in 550 Städten geschaffen, mit Ärztinnen und Ärzten, Vertrauenspersonen und Pflegepersonal. Wenn wir ein Unternehmen wären, hätte uns dieses schnelle Wachstum sehr stolz gemacht. Unser Geschäftsmodell beruht auf der Segmentierung des Problems. Wo im Sozialbereich findet man eine solch effektive Abwicklung? Wo findet man solche Strukturen der Überwachung und Evaluation?«[14]

Doch als das Projekt immer größere Ausmaße annahm, begann der Gates Foundation intern zu dämmern, dass ihre Ressourcen in einem Staat mit über 1 Milliarde Einwohnern nur ein Tropfen auf den heißen Stein sein würden. Und sie erkannte, dass ihre Patentlösung mit kurzen technischen Interventionen nicht so leicht zu verwirklichen war, wie die eleganten Ablaufdiagramme versprachen, die ihr Heer von Beratern und Betriebswirten auf dem Reißbrett entworfen hatten.

»Sie gehen da rein und glauben, wenn sie Kondome und Informationen verteilen, bewegt das die Hochrisikogruppen und insbesondere Prostituierte dazu, ihr Verhalten zu ändern«, sagte Mahajan zu mir. »Dann merken sie, dass das nicht funktioniert. Also gehen sie zurück und versuchen es mit einer anderen Intervention, und auch die funktioniert nicht. Sie arbeiten mit all diesen Nichtregierungsorganisationen zusammen und hören sich nun endlich mal an, was die zu sagen haben: ›Was nützt einer Prostituierten ein Kondom, wenn sie von ihrem Freier verprügelt wird, falls sie versucht es zu benutzen?‹ Dann begreifen sie, dass sie erst einmal die allgemeine soziale und kulturelle Dynamik durchschauen müssen.«

Laut Mahajan verdient die Gates Foundation Anerkennung für ihre Fähigkeit, zu lernen und ihre Marschrichtung zu ändern. Doch die Einsicht führte nicht weit. Die Führung der Stiftung erkannte zwar, dass die geplanten Interventionen zu eng gedacht waren, aber ihr wurde auch klar, dass sie die schwierige, unschöne Arbeit der öffentlichen Gesundheit nicht auf sich nehmen wollte – den Aufbau einer nationalen Infrastruktur und der Kapazitäten, um die ganze Bandbreite an Maßnahmen zur Bekämpfung von Krankheiten durchführen zu können. »Diese Art weitreichender struktureller Arbeit ist nicht das, was uns vorschwebt«, gestand die Stiftung ein.

Gates begann einen Rückzugsplan zu entwerfen. Er stellte sich vor, Avahan an die indische Regierung zu übergeben. Als Teil dieses Plans begann die Stiftung Presseerklärungen zu veröffentlichen und Zuwendungen zu verteilen, die von einem grundlegenden Kurswechsel kündeten – von einem Programm, das unabhängig von der Regierung durchgeführt worden war, zu einem, das nun in enger Abstimmung mit ihr erfolgte. Mahajan berichtet, dass sie die Stiftung auf die neue Strategie ansprach und diese steif und fest erklärte, sie habe stets vorgehabt, das Projekt der Regierung zu übertragen.

Bill Gates hatte seine eigene Sicht der Dinge. »Eines unserer ersten Programme in Indien war Avahan, ein Programm zur HIV-Vorbeugung, das mittlerweile Millionen Menschen erreicht, für die das Risiko, sich mit dem Virus zu infizieren und es weiterzugeben, am höchsten ist. Gemeinsam mit zahlreichen internationalen Partnern haben wir zur Einführung des Projekts beigetragen, es weiterentwickelt und dabei seine Wirkung dokumentiert. Nach den ersten zehn Jahren hat Indiens Regierung beschlossen, es zu übernehmen«, sagte Gates 2012. »Was für ein großartiges Beispiel für das, was die Zusammenarbeit von Sponsoren und Regierungen bewirken kann. Avahan rettet Leben, und ohne unsere Förderung und technische Hilfestellung beim Austesten einer vielversprechenden neuen Idee würde es nicht existieren. Die indische Regierung wird das Projekt langfristig ausweiten und aufrechterhalten. Dieses Muster hat sich in den letzten Jahrzehnten im ganzen Land bewährt. Die Entwicklungshilfe macht einen immer kleineren Prozentsatz der Volkswirtschaft aus.«[15]

Die Wirklichkeit sah jedoch ganz anders aus als die von Bill Gates präsentierte Erfolgsgeschichte. In den Augen der indischen Regierung war Avahan in Relation zum erbrachten Nutzen viel zu kostenaufwendig – und nicht im Geringsten nachhaltig.[16] »Wir sagten ihnen, sie könnten nicht unzählige Bestände anlegen und dann einfach gehen und erwarten, die Regierung werde alles übernehmen«, teilte der Leiter des indischen Regierungsressorts für HIV-Bekämpfung den Medien mit. »Wir können ihr Modell nicht replizieren. Und wenn wir nicht in der Lage sind, das Programm aufrechtzuerhalten, sind alle ihre Mühen umsonst gewesen.«[17]

»Avahans Ansatz ist zu ressourcenintensiv«, merkte ein anderer indischer Beamter an. »Dies ist kein Modell, das sich vom Staat wiederholen oder erweitern lässt.«[18]

Ein von mir befragter HIV-Aktivist jener Zeit war derselben Meinung. Er erinnerte sich an Gespräche mit Regierungsangestellten der mittleren Ebene, die sich um Fragen drehten wie »Was denkt sich die BMGF dabei, ein so großes Projekt einfach abzutreten und davon auszugehen, dass wir es übernehmen und weiterführen? Wo sollen wir die Kapazitäten dafür hernehmen? Woher sollen die erforderlichen Leute kommen?«

Forbes India nahm in ihrer abschließenden Analyse von Avahan kein Blatt vor den Mund und veröffentlichte einen Artikel mit der Schlagzeile »Wie Bill Gates 258 Millionen Dollar in Indiens HIV-Schlachtfeld versenkte«. Trotz allem Imponiergehabe zur privatwirtschaftlichen Dynamik und der kompromisslosen unternehmerischen Herangehensweise der Stiftung tat sich Gates' Projekt aus finanzieller Sicht eher durch Verschwendung und magere Ergebnisse hervor. Avahan hatte schlicht nicht geliefert, was es sich vorgenommen hatte.

Und wie immer, wenn Gates abrupt seine Meinung ändert und ein Projekt der Gates Foundation abbricht, gab es auch hier Kollateralschäden. Die verschwenderischen Ausgaben für Avahan hatten eine ansehnliche Menge kleiner Betriebe von heimischen Zuwendungsempfängern entstehen lassen, die sich nun verzweifelt bemühten, ihre Zielsetzungen und Prioritäten neu auszurichten und neue Sponsoren zu finden. *Forbes India* berichtete über eine Prostituierte, der Avahan zu einer gut bezahlten Anstellung als »beratende Vertrauensperson« verholfen hatte. Als das Gates-Projekt beendet wurde, machte sich die

Frau Sorgen, ob sie nun – mit 45 Jahren – wieder als Prostituierte arbeiten müsse.

Eine weitere von *Forbes* gestellte Frage lautete: »Wofür hat Avahan in einem Land, in dem ein Markenkondom nur 10 Cent kostet, so viel Geld ausgegeben? Das lässt sich nicht leicht beantworten, weil die Finanzen von Avahan großenteils undurchsichtig sind.«[19]

Ein Angestellter des öffentlichen Gesundheitswesens, der während seiner Karriere häufig Zuwendungen durch die Gates Foundation bearbeitet hat, erklärte nachdrücklich, Avahan sei ausgesprochen erfolgreich gewesen, und behauptete, wenn Gates nicht so früh eingegriffen hätte, wäre das Land mit Sicherheit schwer von HIV/Aids getroffen worden. Auf meine Frage, ob es unabhängige Untersuchungen dazu gegeben habe oder Wissenschaftler diese Behauptung unterstützten, konnte er nichts sagen. Die Gates Foundation ihrerseits tönt, dank ihrer Arbeit seien 600 000 HIV-Infektionen verhindert worden, und stützt ihre Behauptung nicht auf eine unabhängige Beurteilung, sondern auf von ihr selbst finanzierte wissenschaftliche Forschungen.[20] Es stimmt, dass die prognostizierte katastrophale HIV/Aids-Infektionswelle in Indien ausblieb, doch das schreibt man gemeinhin falschen Berechnungen und nicht etwa den Interventionen der Gates Foundation zu.[21]

Eine Lektion, die die Stiftung aus der Erfahrung mit Avahan eindeutig gelernt hat, lautet, dass es wichtig ist, sich im Vorhinein eng mit einer Regierung abzustimmen, statt einfach ein Projekt ins Leben zu rufen und dann zu erwarten, dass die Regierung es übernimmt. Diese Erkenntnis ist auch heute noch in der Stiftungsarbeit spürbar; sie ist ein Grundsatz, auf dem ihre gesamte karitative Tätigkeit aufbaut, und eine Marketingstrategie, die bei der Lenkung der öffentlichen Meinung hilft. Indem die Stiftung Partner aus der Regierung und das Geld von Steuerzahlern in öffentlich-privaten Partnerschaften vereinigt, erhält sie den politischen Segen, öffentliche Legitimation und riesige Geldsummen, auf die sie sonst verzichten müsste. Auf diese Weise kann sie argumentieren, nicht nur ein Puppenspieler zu sein, der irgendwelche Fäden zieht, sondern schlicht einer von vielen Kooperationspartnern.

Setzt man die Gates Foundation mit Fragen nach ihrem großen Einfluss unter Druck, verweist sie oft darauf, dass ihre jährlichen Fördergelder neben den Staatsausgaben verblassen – sei es im Hinblick auf die amerikanische Schulbildung oder die öffentliche Gesundheit im Ausland. Wenn es gerade passt, sagt Gates auch gerne, dass die Stiftung lediglich als »Katalysator« fungiert – um innovative Maßnahmen anzustoßen, die Regierungen im Erfolgsfall aufnehmen und ausweiten können. Das läuft idealerweise so ab, dass die Stiftung eine großartige Idee hat, ein Pilotprojekt durchführt, Geld in Messungen und Bewertung steckt und dann den Staat bittet, die lästige, schwierige Arbeit der »Ausweitung« zu übernehmen – also möglichst mit Hilfe von Gates' großartigen Ideen einen echten Wandel herbeizuführen.

Dieses Modell hat die Stiftung auch in ihrer zweiten Unternehmung in Indien verfolgt, die sich auf die Bundesstaaten Uttar Pradesh und Bihar konzentrierte. Dort hat sie ein kleines Heer »technischer Unterstützungseinheiten« eingerichtet, die ein breites Spektrum von Interventionen in der öffentlichen Gesundheit abdecken.[22] So erläuterte der ehemalige Leiter des indischen Stiftungsbüros, Nachiket Mor, 2016 in einem Interview:

Der Hauptfokus liegt auf Mütter- und Kindergesundheit. … Eine große Herausforderung sind Frauen, die zu Hause in Umgebungen entbinden, die nicht wirklich sicher sind. Wir haben lange darüber nachgedacht, wie wir die Koordination der Mitarbeitenden an vorderster Front verbessern können. … Wir machen uns verstärkt Gedanken über größere Herausforderungen, was ist mit der Finanzierung? Wir brauchen Chirurgen – in UP [Uttar Pradesh] liegt die Kaiserschnittrate bei 1 Prozent; in Kerala liegt sie bei 35 Prozent. Das ist zu hoch, aber 1 Prozent ist zu wenig. Es werden Chirurgen benötigt, wir steigen gerade in diese Diskussion ein, versuchen, das Problem zu durchdenken. Haben wir genug Chirurgen und geht es nur darum, sie an den richtigen Ort zu bringen, oder geht es darum, dass wir nicht genug Chirurgen haben? Können … Ärzte umgeschult werden? Wir beschäftigen uns nun auch mit medizinischen Lieferketten, elektronischen Krankenakten und so weiter.[23]

Aus diesem Zitat geht hervor, dass die Stiftung außerordentlich weitreichende Ambitionen verfolgt – sie will Fachkräfte des Gesundheitswesens koordinieren, eine Finanzierung organisieren, die Kaiserschnittrate erheblich steigern und sogar Ärzte beschaffen, die die Operationen durchführen.

Als ich meine ersten Berichte über die Stiftung veröffentlichte, nahmen Quellen aus Indien Kontakt zu mir auf und erzählten mir von Gates' unangemessenen Eingriffen in das öffentliche Gesundheitswesen des Landes. Einige wiesen mich darauf hin, dass die Stiftung die Leitung ihrer indischen Projekte der University of Manitoba in Kanada und der in Atlanta ansässigen Organisation CARE übertragen hatte – ein weiteres Beispiel für vermögende westliche Institutionen, die die Stiftung zur Durchführung ihrer Arbeit in armen Ländern heranzieht. Gates hat an diese beiden Entitäten rund 800 Millionen Dollar gespendet, doch da die entsprechenden Beschreibungen in den Förderunterlagen so vage sind, ist nicht eindeutig zu erkennen, wie viel davon für die Arbeit in Indien und wie viel für andere Projekte bestimmt ist.[24] (Ich habe auch die Datenbank der Gates-Spenden nach Zuwendungen durchsucht, bei denen Bihar und Uttar Pradesh erwähnt wurden, und Spenden in Höhe von etwa 750 Millionen Dollar für dortige Projekte ausfindig gemacht – nur 10 Prozent davon gingen tatsächlich an Organisationen, die in Indien ansässig sind.)

Von einer Quelle, die im Gesundheitsministerium des Bundesstaats Bihar gearbeitet hatte, erfuhr ich, dass die Gates Foundation ihre Leute in die Regierungsverwaltung des Staates einschleust, wo sie ihr überragendes technisches Wissen kundtun und darauf bestehen, alle Entscheidungen zu prüfen. »Sie fungieren als Flaschenhals für zahlreiche Programme im Gesundheitswesen. Andere Organisatoren lassen sie nicht zu. Sie üben einen monopolistischen Einfluss aus«, verriet mir die Quelle. »Dieser Typ sitzt in jeder Konferenz, die das Gesundheitsministerium von Bihar zu gesundheitspolitischen Fragen abhält, und begleitet sogar den höchsten Beamten bei seinen Kontrollbesuchen vor Ort. Er ist ein nicht staatlicher Akteur. Wieso sitzt er dann in jeder Konferenz?«

Ein Werbevideo über die Arbeit der Gates Foundation in Bihar inszeniert das Projekt nicht als Schwächung, sondern als Stärkung der Position der Regierung. Wie es im Video heißt, nutzte die überwiegend arme und auf dem Land lebende Bevölkerung des Bundesstaates das staatliche Kliniksystem erst, als sich die Gates Foundation und ihr Partner CARE einschalteten. »Wir standen vor der Herausforderung, das Vertrauen in das öffentliche Gesundheitswesen zu stärken«, erläutert eine Stimme aus dem Off zu lyrischer Klaviermusik, während Bilder von Menschen und Einrichtungen auftauchen und verschwinden.[25] Nachdem die Regierung von Bihar die Zusammenarbeit mit Gates und CARE aufnahm, wurde, laut dem Video, alles anders. Die Konsultationen öffentlicher Kliniken und die Impfquoten nahmen sprunghaft zu. Und selbstverständlich wird darauf hingewiesen, dass das Projekt Menschenleben rettet – die Sterberate bei Müttern und Säuglingen ist um mehr als 30 Prozent zurückgegangen.[26]

Doch woher kommen diese Zahlen? Wie groß ist das Verdienst der Gates Foundation wirklich? Warum bemessen die Gates Foundation und CARE ihre Erfolge nach Daten von 2005 – Jahre bevor die Stiftung mit ihrer Arbeit begann? (CARE antwortete nicht auf Fragen zu ihrer Zusammenarbeit mit der Gates Foundation in Indien.)

»Wenn ich ehrlich bin, muss ich sagen, dass sich die Gesundheitsindikatoren tatsächlich verbessert haben. Aber eigentlich liegt das an dem allgemein höheren Lebensstandard«, sagte eine Quelle, die vormals an einem Projekt der Gates Foundation in Indien beteiligt gewesen war. »Die sozialen Faktoren sind für Veränderungen der Gesundheitsindikatoren entscheidender als alles andere. Vermutlich verbessern sich diese Indikatoren nicht wegen, sondern trotz derartiger Interventionen.«

Fairerweise muss man sagen, dass der Gates Foundation nicht anzulasten ist, das öffentliche Gesundheitswesen Indiens an sich gerissen zu haben, denn sie wurde, wie sie sagt, dazu eingeladen. Die Stiftung hat offizielle Verträge mit Bundesstaaten und der nationalen Regierung unterzeichnet – und anscheinend geht sie davon aus, dass sie ihre Programme eines Tages an Regierungsbehörden übergeben wird, so wie sie es auch schon bei Avahan vorhatte.[27] Quellen, die in Indien eng mit der Gates Foundation zusammengearbeitet haben, verrieten mir jedoch, dass diese Übergabe so gut wie sicher nicht funktionieren wird.

Eine Quelle bezeichnete das Projekt der Stiftung als »nicht nachhaltige, kopflastige Operation« und verglich sie mit Gates' früherem Avahan-Projekt zur HIV/Aids-Bekämpfung. »Die Regierung von Bihar fragt schon jetzt: ›Wie sollen wir das bezahlen? Wie sollen wir dieses Programm stemmen, in das Sie Hunderte Millionen Dollar gesteckt haben?‹«, sagte die Quelle. »Auch Avahan wurde gewissermaßen als technische Unterstützungseinheit eingerichtet. Dieses Modell technischer Unterstützungseinheiten verwenden sie in ganz Indien. Letzten Endes finanzieren sie damit in erster Linie nordamerikanische Organisationen. … [Und dann] setzen sie Himmel und Hölle in Bewegung, um Nachhaltigkeit nachzuweisen, um einen Wandel nachzuweisen – und immer wieder scheitern sie.«

Laut dieser Quelle besteht das entscheidende Problem darin, dass die Gates Foundation eine Arbeit verrichtet, die eigentlich Regierungen tun sollten; damit schafft sie »ein paralleles System« – ein Begriff, den eine andere Quelle ebenfalls benutzte –, das die Gemeinwirtschaft untergräbt. Wenn Regierungen sehen, dass Gates ein umfangreiches Projekt in Angriff nimmt, verwenden Träger öffentlicher Belange mit ihren begrenzten Ressourcen weder Zeit noch Energie noch Geld darauf herauszufinden, wie sie den ausufernden und kostspieligen Plan der Stiftung übernehmen können. Stattdessen, so erklärte mir meine Quelle, sei ihr Standpunkt: »Diese Leute machen es ja schon, warum also sollten wir uns darum kümmern?« Zugleich haben auch die Organisationen, die derzeit Gates' Projekte in Indien (und anderswo) durchführen, kein Interesse daran, dass ihre Arbeit in Regierungshände übergeht, denn dies würde den Verlust von lukrativen Fördergeldern und Verträgen mit der Stiftung bedeuten. Dieses perverse Anreizsystem stellt ein grundlegendes Paradox der Entwicklungshilfe dar – einer milliardenschweren Branche, deren Überleben vom Überleben der Armut abhängt.

Über sämtlichen Stiftungsaktivitäten schwebt immer die Sorge, dass die Stiftung unter der Rechtfertigung, dem öffentlichen Sektor zu helfen, im Grunde die Regierung ersetzt oder verdrängt. Wenn Bill Gates seine Meinung zu diesen Projekten ändert, wie er es bei Avahan getan hat, oder wenn er stirbt, was zweifellos eines Tages geschehen wird, werden die Regierungen dann die Arbeit, die er begonnen hat, einfach weiterführen? Und was geschieht mit all den Organisationen, Mitarbeitenden und Kliniken, die ihre Tätigkeit an Gates' Agenda ausgerichtet haben, wenn die Förderung plötzlich eingestellt wird?

Manjari Mahajan findet, dass man den Einfluss der Gates Foundation in Indien nicht überbewerten sollte. »Wenn man über Gates' Rolle in Indien spricht, muss man den größeren Kontext der indischen Gesundheitsarbeit im Blick behalten. Gates' Fördergelder sind nur ein kleiner Tropfen in diesem Riesenunternehmen«, sagte Mahajan zu mir. »Bihar und UP sind sehr groß – Bihar hat mehr Einwohner als Deutschland, und Uttar Pradesh ist noch größer. Es ist also nicht einfach, in diesen beiden Bundesstaaten einen bedeutsamen Wandel zu bewirken. Die dort von Gates geförderten Initiativen hatten gemischte und teilweise nur begrenzte Auswirkungen. Man darf ihnen also nicht zu viel Einfluss auf die Reform von Gesundheitssystemen beimessen. Die Aktivitäten der Stiftung haben in den Medien zwar übermäßig viel Platz eingenommen, die Situation vor Ort ist jedoch komplexer.«

Mahajan behauptet nicht, dass die Gates Foundation in Indien kein mächtiger Akteur sei. Sie habe dort nur nicht so viel Einfluss wie etwa in einem kleineren, ärmeren Land – oder gar in einer mächtigen Institution wie der Weltbank oder der Weltgesundheitsorganisation. In Mahajans Augen nutzt Gates seine Macht »weniger, um die Agenda einer unverhohlenen Privatisierung oder Marginalisierung des Staates voranzutreiben, sondern eher, um zu versuchen, den Staat zur Adaption einer neuen Logik des effizienten unternehmerischen Managements und datengesteuerter Programmierung zu veranlassen«.

Aashish Gupta, Demograph an der University of Oxford, sprach ebenfalls davon, dass die Arbeit der Stiftung in Indien in Relation zur Regierung einen relativ geringen Einfluss habe, gab aber zu bedenken, dass ein wichtiger Faktor für die Einschätzung der Bedeutung der Stiftung ihr Zugang zur Macht sei sowie ihre Tendenz, sich die Klassentrennung zunutze zu machen, die Indiens Gesellschaft bestimmt. Dazu ist zu erwähnen, dass die Stiftung vorübergehend ein Vorstandsmitglied der Reserve Bank of India zur Leitung ihrer Arbeit in Indien einstellte und zudem enge Beziehungen zur Verwaltungselite des Landes, dem Indian Administrative Service, entwickelt hat, die sich in einer ausgesprochen guten Position befindet, um die Stiftungsprogramme zu beschleunigen. Dank der Unterstützung durch die elitären Kreise Indiens und dem Import von Technikexperten aus den USA und Kanada ist die Stiftung in der Lage, auch weit oberhalb ihrer Gewichtsklasse Treffer zu erzielen.

»Vom Standpunkt der Demokratie Indiens aus betrachtet, ist diese Geschichte wirklich aufschlussreich, weil die Ungleichheit in Indien großenteils durch diese Netzwerke in der Oberschicht erzeugt wird – wer wird wo eingestellt und was machen sie daraus. ... Keine dieser globalen Organisationen macht sich ernsthaft Gedanken über Gleichheit in Entwicklungsländern«, sagte Gupta zu mir. »Ich glaube, es ist hilfreich zu wissen, dass Organisationen wie die Gates Foundation mit den Eliten, mit dem Reichtum in diesen Ländern unter einer Decke stecken.«

Während Gupta davon sprach, dass die Gates Foundation »diese Hierarchie im Bereich der öffentlichen Gesundheit reproduziert«, sieht die indische Verfassung Quoten zum Beispiel bei der Besetzung von Parlamenten vor, die ein gewisses Maß an sozioökonomischer Diversität – etwa bezüglich der Kasten – fördern und auf diese Weise die Privilegien der Elite ein Stück weit beschneiden können.

Für Bill Gates gibt es nur wenige Gesundheitsinterventionen, die die – lebensrettende – Durchschlagskraft von Impfungen besitzen. Als daher Mitte der 2000er Jahre ein neuer Impfstoff gegen das humane Papillomavirus (HPV), das Gebärmutterhalskrebs hervorrufen kann, zugelassen wurde, stieg die Gates Foundation sofort voll ein – obwohl sie sich sonst eigentlich nicht mit der Bekämpfung von Krebserkrankungen beschäftigt.[28] In Gates' Augen lieferte der HPV-Impfstoff eine perfekte Fallstudie für die Daseinsberechtigung der Stiftung – die Korrektur von Marktversagen.

Die Arbeit der Stiftung im Gesundheitsbereich ist überwiegend auf Krankheiten ausgerichtet, die arme Menschen betreffen. Darum machen die Pharmariesen gewöhnlich einen Bogen, weil solche Krankheiten keine attraktiven Gewinnmargen versprechen. Dass die Pharmabranche (Merck und GSK) den HPV-Impfstoff in Angriff nahm, lag daran, dass sich in reichen Ländern damit anscheinend ordentlich Profit machen ließ. Wie Bill Gates es sah, lag der wahre Wert dieser Impfstoffe jedoch in ihrer Bedeutung für arme Nationen. Frauen in reichen Ländern mit Zugang zu einer guten Gesundheitsfürsorge können regelmäßige Vorsorgeuntersuchungen wahrnehmen, bei denen sich Abnormitäten mit einem Krebsrisiko feststellen lassen, und sich daraufhin einer entsprechenden Behandlung unterziehen. Für arme Frauen gibt es diese Vorsorgeuntersuchungen nicht. Sie sind diejenigen, die den Einmalimpfstoff brauchen. »In reichen Ländern entdeckt man es [das Virus] normalerweise und kümmert sich darum. Aber wenn man sich dieses HPV – das Virus – in einem Entwicklungsland einfängt, hat man so gut wie keine Chance, dagegen vorzugehen. Also bekommt man Gebärmutterhalskrebs, und viele dieser Frauen werden sterben«, sagte Bill Gates. »Darum gehört [der] HPV[-Impfstoff] vor allem in die Entwicklungsländer. Und darum arbeiten wir jetzt daran, den Preis zu drücken und die Menge zu steigern.«[29]

Natürlich hat nicht Bill Gates zu bestimmen, ob der HPV-Impfstoff »in die Entwicklungsländer gehört«. Das bestimmen lokale politische Entscheidungsträger und Gesetzgeber – und die Wähler, gegenüber denen sie Verantwortung tragen. Dennoch kann Gates den Entscheidungsprozess finanziell beeinflussen, zum Beispiel durch Spenden für die Einrichtung und Erweiterung technischer Impfbeiräte in den Ländern Afrikas und Asiens.[30] Diese Gruppen beraten Regierungen üblicherweise in wissenschaftlichen und technischen Fragen, die die nationale Impfpolitik betreffen. In Indien sponserte die Gates Foundation die Immunization Technical Support Unit, die »technisch-betriebliche« Hilfe anbietet.[31] Die Aufgaben der Einheit sind laut der indischen Regierung »evidenzbasierte Planung, Programmausführung, Überwachung und Evaluation, strategische Kommunikation, Kühlketten- und Impfstofflogistik-Management sowie Unterstützung bei Impfschäden«.[32]

Von einer Person, die zuvor direkt bei der Einheit gearbeitet hatte, erfuhr ich, dass die Gates Foundation diese Rolle übernommen habe, um Berichtsentwürfe zu prüfen und Feedback zu geben. Einmal habe die Stiftung gefordert, in einem Bericht Änderungen vorzunehmen, damit er positiver wirke, weil sie anscheinend die Regierung zur Billigung eines Impfstoffs bewegen wollte. Die von Gates erbetene Änderung habe die Regierung vielleicht nicht bewogen, ihre letztendliche Entscheidung zu ändern, doch der Vorgang habe den Einfluss der Stiftung illustriert.

Srinath Reddy, ehemals Präsident der Public Health Foundation of India (PHFI), an die Gates gespendet hatte, weil sie das Management der technischen Unterstützungseinheit übernehmen sollte, sagte in einem Interview, von einem derartigen Einfluss wisse er nichts.[33] Wie er betonte, sei die Einheit kein Organ mit Entscheidungsbefugnis, sondern biete lediglich technische Informationen und wissenschaftlichen Rat. Allerdings räumte er ein, dass man die Förderung dieser Arbeit durch die Gates Foundation mit gutem Grund hinterfragen solle. »Wenn Sie mich im Nachhinein fragen, ob dies anders hätte laufen sollen, würde ich zustimmen. Aber hat die PHFI die Entscheidungen zugunsten der Fördereinrichtung, der Gates Foundation, beeinflusst? Ich glaube nicht«, sagte er. »Sagen wir es so: Hätte die Regierung die ITSU [Immunization Technical Support Unit] mit eigenen Mitteln ins Leben gerufen, so wäre dies ideal gewesen.« Reddy wiederholte diesen Punkt im Interview mehrmals; dass die Gates Foundation in Indien immer mehr Aktivitäten entfaltet habe, sei auf die schwache Unterstützung des Gesundheitswesens durch die Regierung zurückzuführen. Seine eigene Organisation, die teilweise mit Geld von Gates finanziert worden sei, verdanke ihre Entstehung diesem Problem.[34] »Es gab keine Institutionen für eine multidisziplinäre Ausbildung in öffentlicher Gesundheit. Wir brauchen äußerst effektive Institutionen. Thailand hat sie. Bangladesch hat sie. Aber Indien hat die Ausbildung in öffentlicher Gesundheit jahrzehntelang, seit seiner Unabhängigkeit, vernachlässigt.«

Reddy wollte die Gates Foundation nicht direkt kritisieren, sprach aber viele Male davon, dass ausländische Entitäten eine weniger prominente Rolle in der indischen Gesellschaft spielen sollten. »Ich denke, die Prioritäten für [das] indische Gesundheitssystem, die Prioritäten für die indische Wissenschaft sollten von indischen Technikexperten und indischen Gesundheitsmanagern festgelegt werden«, sagte er. Ausländische Förderer und Fachleute solle man erst an Bord holen, wenn diese Prioritäten »im Kontext von Indien ganz und gar geklärt seien«.

Außerdem plädierte Reddy dafür, die Arbeit der PHFI am HPV-Impfstoff losgelöst von der der Gates Foundation zu betrachten. Seine Organisation habe Bedenken wegen ethisch fragwürdiger Aspekte in der Stiftungsarbeit gehabt, die später eine große Kontroverse verursachen sollten.[35] Ein Skandal bahnte sich an, als Gates an die in Seattle ansässige Organisation PATH 28 Millionen Dollar spendete, »um Entwicklungsländer besser in die Lage zu versetzen, das Vorkommen von Gebärmutterhalskrebs und daraus resultierende Todesfälle einzudämmen«. Diese Formulierung verschleiert, wofür das Geld tatsächlich eingesetzt wurde – eine internationale Versuchsreihe, oder ein »Demonstrationsprojekt«, für die Verwendung von HPV-Impfstoffen in Peru, Uganda, Indien und Vietnam.[36]

Während Gates bemüht war, die Vorzüge des HPV-Impfstoffs unter Beweis zu stellen, äußerten Medizinethiker und feministische Gruppen in Indien Bedenken.[37] Die Organisation für Frauengesundheit Sama verfasste ein Schreiben mit über 50 Unterschriften gegen das Demonstrationsprojekt von Gates und PATH, in dem die unklare Wirksamkeit des Impfstoffs, seine hohen Kosten, mögliche Nebenwirkungen und das aggressive Marketing von Merck bemängelt wurden.

Insbesondere ging es um die Frage, ob die Impfungen als Ersatz für Gebärmutterhalskrebs-Screenings gelten sollten, womit elementare Vorsorgemaßnahmen vernachlässigt würden.[38] Wieder war es Bill Gates persönlich, der den HPV-Impfstoff als Ersatz für routinemäßige Screenings bezeichnet hatte. Statt sich der komplexen Aufgabe zu widmen, ein leistungsfähiges Gesundheitswesen aufzubauen, hatte die Gates Foundation offenkundig vor, arme Länder mit umfangreichen Impfungen abzuspeisen.

Auf der ganzen Welt wurden Fragen an die Wissenschaft und ethische Debatten um HPV-Impfstoffe laut, wie beispielsweise in Bangladesch, wo Forscher ethische Bedenken über ein HPV-Demonstrationsprojekt in Partnerschaft mit der Gates-geförderten Organisation Gavi äußerten. So wurden die an der Studie beteiligten elfjährigen Mädchen über die Wichtigkeit der Impfung aufgeklärt, nicht aber über die Wichtigkeit von Gebärmutterhalskrebs-Screenings. »Das Impfprogramm in Bangladesch genießt nach wie vor das Vertrauen der Öffentlichkeit und gilt landesweit als erfolgreichstes Programm der öffentlichen Gesundheit«, schrieben die Autoren. »Um den ethischen Standard aufrechtzuerhalten, erfordert die Einführung eines neuen Impfstoffs in das bestehende Programm daher eine gründliche Prüfung seiner Kompatibilität, Notwendigkeit und Zweckdienlichkeit.«[39]

Während Personen, die in der Diskussion um Impfungen irgendeine Kritik äußern, heutzutage oft gleich als »Impfgegner« abgetan werden, würde ein sachlicherer, rationaler Austausch die Komplexität der Entscheidungsfindung berücksichtigen, mit der Regierungen im Hinblick auf neue Impfstoffe konfrontiert werden. Die Gates Foundation vertritt hier tatsächlich eine vernünftige Sichtweise, die sie am Beispiel von Indiens Entscheidung für einen Pneumokokken-Impfstoff erläutert.[40] In einem Beitrag auf ihrer Webseite heißt es, dass »dies für kein Land eine leichte Entscheidung ist. Zunächst muss man herausfinden, ob die Impfung ein reales Problem angeht: Wie viele Kinder sind durch eine Infektion mit Pneumokokken erkrankt? Wie steht das in Relation zu anderen Ursachen von Todes- oder Krankheitsfällen bei Kindern? Und wie hoch wären die Kosten? Was wird *nicht* gefördert, wenn wir diesen

Impfstoff hinzunehmen? Zur Beantwortung dieser Fragen würde Indien Zeit brauchen.«

Die Stiftung beschrieb dieses Sammeln von Fakten als öffentlichen Prozess unter Organisation »eines Expertengremiums der indischen Regierung«. Dabei verschwieg sie, dass die Gates Foundation seit langem das Organ finanziert, das für die technisch-betriebliche Unterstützung dieses Expertengremiums sorgt.[41] Darüber hinaus hat die Stiftung die Entwicklung eines Pneumokokken-Impfstoffs unterstützt und war sehr interessiert daran, ihn unter die Leute zu bringen. Sollte das Schicksal dieses Impfstoffs von einem Verfahren abhängen, an dem, zumindest an einem Punkt, ein von Gates gefördertes Organ beteiligt war?

Sollte die Stiftung nicht zumindest offen, ehrlich und verbindlich mit dieser Vielzahl an Rollen umgehen, die sie spielt?[42] Dass sie es nicht tut, schürt bei der Öffentlichkeit den Verdacht, dass sie etwas zu verbergen hat. Das wiederum kann zu Impfskepsis führen.

Diese Bedenken sollte die Gates Foundation nur zu gut kennen. Im Verlauf des von Gates finanzierten HPV-Demonstrationsprojekts in Indien starben sieben Schulmädchen, was die Regierung veranlasste, den Versuch abzubrechen. Bei einer staatlichen Untersuchung stellte sich heraus, dass die Stiftung es versäumt hatte, von den Eltern minderjähriger Schulmädchen die erforderliche Erlaubnis einzuholen. Zudem hatten die Forscher kein adäquates Meldeverfahren für schädliche Nebenwirkungen des Impfstoffs eingerichtet. Die Regierung befand, dass die Todesfälle nicht mit der Impfung in Zusammenhang standen, doch neue Fragen taten sich auf, als berichtet wurde, dass keine Autopsien durchgeführt worden waren.[43]

Die ethischen Versäumnisse, die man der Gates-geförderten Studie zum Vorwurf machte, lösten eine heftige Gegenreaktion aus; im Gesundheitswesen Tätige beschuldigten Gates' Partner PATH, die Menschen in Indien als »Versuchskaninchen« zu missbrauchen. Eine parlamentarische Untersuchung befand, mit der Studie habe »PATH eklatant gegen alle regulatorischen und ethischen Normen verstoßen«. Zudem vermerkte sie finanzielle Interessenkonflikte. »Hätte

PATH den HPV-Impfstoff erfolgreich in das allgemeine Impfprogramm der betroffenen Länder eingliedern können, so hätte dies aufgrund der automatisch steigenden Verkaufszahlen für den/die Hersteller in jedem Jahr hohe finanzielle Gewinne ganz ohne Werbe- oder
Marketingkosten bedeutet. Es ist allgemein bekannt, dass es politisch
unmöglich ist, einmal ins Impfprogramm eingeführte Impfungen wieder zu verbieten.«[44]

Unter Verweis auf den »monopolistischen Charakter« des HPV-
Impfstoffs – dank der Kontrolle durch Merck und GSK, die für die
Gates-PATH-Studie Impfstoffe im Wert von 6 Millionen Dollar spen-
deten – sprach der parlamentarische Bericht von einem »wohldurch-
dachten Plan zur kommerziellen Ausbeutung einer Situation« mittels
einer »List«.

Die Kritik blieb an der Gates Foundation hängen, die aufgrund ihrer
unzähligen Partnerschaften mit den Pharmariesen nicht in der Position war, sich als unabhängige Wohltätigkeitsorganisation zu verteidigen. In einem seltenen Moment der Klarheit – den wir in den Vereinigten Staaten noch nie erleben durften – stellten indische Gesetzgeber,
politische Entscheidungsträger und Journalisten in aller Öffentlichkeit
die ungeheuren finanziellen Interessenkonflikte auf den Prüfstand, die
das Fundament der karitativen Unternehmungen der Gates Foundation bilden.

Die Stiftung vergibt Spenden und ist an vielfältigen weiteren Finanzierungsmechanismen beteiligt, die den Geschäften der Pharmariesen
zuträglich sind. Zugleich kann die Stiftung von einigen dieser Unter-
nehmenspartnerschaften finanziell profitieren, weil ihr Vermögen von
54 Milliarden Dollar auch Aktien und Wertpapiere von Pharmafirmen
umfasst.[45] Ebenso kann es sein, dass Bill Gates auch mit seinem Privatvermögen von 100 Milliarden Dollar in Pharmafirmen investiert hat;
dazu gibt es aber keine öffentlichen Angaben.

PATH bezeichnete den Vorwurf ethischen Fehlverhaltens als »in vielen Details ungenau« und erklärte, dass er »fälschlicherweise Verstöße
gegen genehmigte Praktiken voraussetzt«. Die Gates Foundation wiederum wies die vorgebrachten Anschuldigungen als »Fehlinformation«

zurück.[46] PATH gehört zu den größten Einzelempfängern von Fördergeldern der Gates Foundation – in den Förderunterlagen sind über 3 Milliarden Dollar verzeichnet, obwohl die Gesamtsumme noch weit darüber liegen könnte – und scheint mitunter fast als Tochtergesellschaft der Stiftung zu fungieren.[47] Die Organisation reagierte nicht auf meine Bitte um ein Interview über ihre Beziehung zur Gates Foundation.

Die Nachwehen des Skandals haben in der Öffentlichkeit möglicherweise zu Misstrauen gegenüber den medizinischen Regulierungsbehörden Indiens geführt. Experten für öffentliche Gesundheit prognostizierten damals, dass der Aufruhr um die HPV-Impfung klinische Versuche in Indien erschweren würde.[48] Das wiederum könnte es komplizierter machen, neue lebensrettende Medikamente auf den Markt zu bringen. Bis heute ist der HPV-Impfstoff noch nicht in Indiens nationales Impfprogramm aufgenommen worden; allerdings haben die Gates Foundation und das Serum Institute einen neuen HPV-Impfstoff entwickelt, der die Lage in den kommenden Jahren ändern könnte.[49]

Selbst wenn wir so gnädig wären anzunehmen, dass Gates und PATH beim HPV-Impfstoffversuch in Indien nichts falsch gemacht hätten, müssten wir zumindest eingestehen, dass es keine gute Idee der Stiftung war, in der Impfpolitik Indiens so viele verschiedene Rollen zu spielen. Könnten Sie sich vorstellen, dass etwa der reichste Mann Indiens beschließt, in *Ihrem* Heimatland eine technische Beratungseinheit einzurichten und zu finanzieren, welche dabei hilft, die nationale Impfpolitik zu gestalten, während er gleichzeitig die Entwicklung und Prüfung neuer Impfstoffe sponsert, Deals mit großen Pharmafirmen aushandelt und Gavi, einem der weltweit größten Impfstoffverteiler, sagt, wo es langgeht?

Wenn Sie in einem wohlhabenden Land leben, ist eine ausländische Einflussnahme dieser Größenordnung für Sie wahrscheinlich undenkbar. Falls so etwas in meinem Heimatland, den USA, passieren würde, würde der Kongress eine Untersuchung einleiten. Die Gesetzgeber würden neue Gesetze erlassen, um dem ausländischen Einfluss einen Riegel vorzuschieben. Die Nachrichtenmedien brächten diffus frem-

denfeindliche Schlagzeilen über Oligarchen, die sich in innere Angelegenheiten einmischten. Und das öffentliche Misstrauen gegenüber
Impfungen würde vermutlich sprunghaft ansteigen.

Es sieht so aus, als habe der HPV-Skandal dem begründeten Frust
über Bill Gates' imperiale Vorstöße, die in Indien womöglich Erinne-
rungen an die Historie des Landes als britische Kolonie geweckt haben,
ein längst überfälliges Ventil geboten. »Wenn ein Einzelner entscheidet,
was für die ganze Welt gut ist, dann ist das höchst problematisch«, erklärte mir eine Quelle in Indien, die in einem von Gates finanzierten
Impfprojekt gearbeitet hatte. »Genau diese Philosophie haben sich Dik-
tatoren auf der ganzen Welt zunutze gemacht – und tun es immer noch.
Woher weiß ein einzelner Mann, was gut für jeden Menschen ist?«

Als Reaktion auf den HPV-Skandal ordnete die Regierung Indiens eine
Reihe von Änderungen an, die sich auf die dortige Arbeit der Stiftung
auswirkten. Beamte des Innenministeriums stellten unbequeme Fragen zum großen Einfluss der Gates Foundation auf das Leben der Bürger – und prüften, ob die Stiftung ein Schlupfloch im Gesetz ausnutzte,
das ihr erlaubte, ohne das sonst für internationale Entitäten geltende
Maß staatlicher Kontrolle in Indien zu operieren. Insbesondere fordert Indien von im Ausland ansässigen Organisationen, sich unter
dem Foreign Contribution (Regulation) Act (FCRA) – »Gesetz (zur
Regelung) ausländischer Mitwirkung« – registrieren zu lassen, was die
Gates Foundation unterließ.[50]

»Da die Förderung durch Nichtregierungsorganisationen nicht unter das FCRA fällt, gerät sie nicht ins Visier der Regierung. Es ist unklar, wo oder was sie fördern. Das ist ein Schlupfloch, und es kann auch
anderen Nichtregierungsorganisationen einen Weg weisen, wie sie
der Überprüfung entgehen können«, teilte ein anonymer Regierungs-
beamter den Nachrichtenmedien mit. »Es können keine Kontrollen
stattfinden und darum werden auch keine Steuern gezahlt. Die BMGF
agiert als Marketingbüro für die Impfstoffe amerikanischer Pharmafirmen.«

Indische Medien berichteten, dass die Gates Foundation statt einer

Registrierung unter dem FCRA einen anderen Modus Operandi entdeckte – als »Verbindungsbüro« unter der Zuständigkeit der Reserve
Bank of India. Soweit ich das beurteilen kann, wurde damals in den
Medien nicht erwähnt, dass der Direktor von Gates' Indien-Büro,
Nachiket Mor, laut seinem LinkedIn-Profil von 2013 bis 2018 Vorstandsmitglied der Reserve Bank of India war. Dieser Zeitraum über-
lappte mit seiner Arbeit für die Gates Foundation von 2015 bis 2019.
Später kam dieser Interessenkonflikt ans Tageslicht und rief eine Initiative ins Leben, die sich für sein Ausscheiden aus dem Vorstand der
Bank einsetzte. Schließlich zog sich Mor vor Ende seiner Amtszeit aus
der Bank zurück.[51] Er lehnte es ab, für dieses Buch von mir interviewt
zu werden.

Es ist nicht klar, ob die Gates Foundation bei der Registrierung tatsächlich etwas falsch gemacht hat, und es sieht so aus, als operierten
andere internationale Stiftungen, zum Beispiel die Ford Foundation,
auch über die Reserve Bank.[52] Dennoch zeigt die öffentliche Kritik
vonseiten der indischen Regierungsbeamten, wie tief der Groll auf
Gates saß.

2017 geriet auch Gates' enge Verbündete oder gar Stellvertreterin,
die Public Health Foundation of India, die mindestens 82 Millionen
Dollar von der Gates Foundation erhalten hat, ins Visier der indischen
Regierung. Ministeriumsbeamte erklärten gegenüber Journalisten, sie
seien besorgt wegen Gates' finanziellem Einfluss auf die Public Health
Foundation, und die Regierung schränkte ihre Möglichkeiten ein, Förderung aus dem Ausland zu erhalten.[53] (Diese Beschränkungen wurden 2022 wieder aufgehoben.)[54]

Außerdem legte die indische Regierung einen Plan vor, der darauf
abzuzielen schien, Gates' Rolle in Indiens Immunization Technical
Support Unit einzugrenzen, denn das Projekt sollte der Gates-geförderten PHFI entzogen und einem Ministerium übertragen werden.[55]
Laut Srinath Reddy von der PHFI finanzierte Gates das Programm jedoch weiterhin, indem er es schlicht von der PHFI auf das private
Beratungsunternehmen JSI übertrug. Ende 2021 sagte die Stiftung JSI
eine Zwei-Jahres-Spende von 1,75 Millionen Dollar zu, um die Über-

tragung der Einheit an die Regierung finanziell zu unterstützen. Somit ist zu vermuten, dass die Übernahme durch die Regierung frühestens Ende 2023 erfolgen wird – viele Jahre, nachdem erstmals öffentliche Kritik an Gates' Rolle laut wurde. Kurz: Was immer die indische Regierung unternahm, um die Stiftung in ihre Schranken zu weisen, hatte nur begrenzten Erfolg.

Das könnte auch an Gates' gewiefter politischer Antwort auf all die negative Aufmerksamkeit liegen. Als sich die öffentliche Stimmung immer stärker gegen die Stiftung richtete, blieb diese nicht untätig. Im Jahr 2019 verblüffte sie die Welt, als sie Indiens Premierminister Narendra Modi eine renommierte Auszeichnung für humanitäre Leistungen verlieh – während sich Modi wegen Menschenrechtsverletzungen in Kaschmir, Indiens einziger Region mit überwiegend muslimischer Bevölkerung, gerade mit einer internationalen PR-Krise konfrontiert sah.[56] Über die Kontroverse berichteten so viele Nachrichtenmedien, dass sich selbst das von Gates gesponserte Rundfunk-Syndikat NPR gezwungen sah, die Story zu bringen und zu berichten, dass drei Nobelpreisträger die Auszeichnung für Modi verurteilt hatten.[57] Die Geschichte spitzte sich weiter zu, als eine Kommunikationsbeauftragte aus dem indischen Büro der Gates Foundation aus Protest kündigte und in der *New York Times* einen langen Artikel über ihre Entscheidung veröffentlichte.[58]

»Ich hatte mich der Bill & Melinda Gates Foundation angeschlossen, weil ich aufrichtig an ihre Mission glaubte – dass alle Menschenleben gleich viel wert sind und alle Menschen es verdienen, gesund zu leben. Aus ebendiesem Grund habe ich auch gekündigt. Indem die Gates Foundation Herrn Modi diese Auszeichnung verliehen hat, hat sie gegen ihre eigene zentrale Überzeugung verstoßen«, schrieb Sabah Hamid. »Die Gates Foundation hat die breite Kluft zwischen der Zusammenarbeit mit einem Regime und seiner Gutheißung überschritten. Das ist nicht der pragmatische Agnostizismus einer Organisation, die mit der gerade im Amt befindlichen Regierung zusammenarbeitet, sondern die bewusste Entscheidung, Partei zu ergreifen. Ich entscheide mich für einen anderen Weg.«

Es ist kaum zu glauben, dass die Gates Foundation das Unheil mit ihrem Heer an PR-Experten nicht kommen sah. Vermutlich hatte sie kalkuliert, dass der politische Nutzen, den sie sich von der Ehrung Modis versprach, die Kosten aufwiegen würde. Vielleicht sah die Stiftung angesichts der öffentlichen Kontrolle ihres politischen Einflusses ihre Zukunft in Indien in Gefahr. Sie hatte jedoch zu viel in das Land investiert, und ein zu großer Teil ihres Vermächtnisses im Bereich der Weltgesundheit hing davon ab, dass ihre Projekte in Indien gut liefen. Einige der wichtigsten Partner der Stiftung, etwa das gewinnorientierte Serum Institute, der größte Impfstoffproduzent der Welt, sind in Indien ansässig. Und wie bereits erwähnt, ist Indien, abgesehen von den USA und Europa, der größte Zuwendungsempfänger der Gates Foundation. Würde die Stiftung in Indien abgestraft, so würde das ihr gesamtes Weltgesundheits-Portfolio erheblich ausdünnen. Sogar ein Dominoeffekt wäre nicht auszuschließen – weitere Nationen könnten den Einfluss der Stiftung in Frage stellen.

Man könnte sich auch fragen, was die schwindende Durchsetzungsfähigkeit der Gates Foundation in Indien möglicherweise für Microsoft bedeutet hat. So wie Bill Gates' philanthropische Aktivitäten wohl auch Microsoft mit einem Glorienschein umgeben haben, könnte man behaupten, dass der nicht unbeträchtliche Statusverlust der Gates Foundation in Indien vielleicht auch den Einfluss von Microsoft gemindert hat. So erfuhr Manjari Mahajan im Laufe ihrer Recherchen, dass der Phadma Bhushan Award für besondere Dienste, den die indische Regierung Bill Gates – vordergründig zu Ehren seiner wohltätigen Arbeit – verlieh, nach Ansicht vieler Regierungsquellen eigentlich eine Anerkennung für seine Arbeit bei Microsoft war. Dass Gates seinerseits Premierminister Modi eine Auszeichnung für humanitäre Dienste überreichte, als dieser sich in einer ausgesprochen heiklen Lage befand, wirft die wohl berechtigte Frage auf, ob diese Geste nicht auch Microsoft in ein günstiges Licht rückte.

Wie auch immer – die einzig logische Erklärung für die Verleihung des Preises an Modi scheint jedenfalls zu sein, dass für Bill Gates der Zweck die Mittel heiligt. Modis Wohlwollen räumt der Stiftung Hindernisse aus dem Weg und eröffnet ihr neue Zugänge, um Einfluss zu gewinnen.

2022 verkündete die Personalberatung Flexing It, sie suche zwei »Strategieberater« für eine nicht namentlich genannte »amerikanische Privatstiftung«, um die indische Regierung bei ihren Aufgaben als Gastgeber des bevorstehenden G20-Gipfels zu unterstützen, auf dem die Staats- und Regierungschefs von 20 mächtigen Ländern über die Weltwirtschaft beraten.[59] Aus der Stellenbeschreibung geht hervor, dass die nicht namentlich genannte Stiftung direkt mit der indischen Regierung zusammenarbeiten wird:

- Die Fachkraft wird einer themenorientierten G20-Arbeitsgruppe zugeteilt und soll für den bevorstehenden G20-Gipfel unter Indiens Vorsitz Konzeptpapiere/Themenpapiere/Hintergrunddokumente erstellen sowie Themen und vorrangige Ziele in entsprechenden Bereichen entwickeln.
- Soll für die G20-Konferenzen Entwürfe für Abschlussdokumente erstellen und im Verhandlungsprozess sowie bei der Verhandlungsstrategie assistieren, unter anderem mit live erstellten Dokumententwürfen bei laufenden Verhandlungen.
- Soll sich aktuelle Kenntnisse über die in der G20-Arbeitsgruppe erörterten Themen aneignen und Vorschläge erarbeiten, die unter den G20-Staaten einen Konsens erzielen könnten.
- Ist verantwortlich für die Berichterstattung über Konferenzen und den Kontakt zu verschiedenen Fachministerien/Dienststellen der indischen Regierung, Denkfabriken, internationalen Organisationen sowie G20-Mitglieds- und Teilnehmerstaaten usw.

Eine unmittelbar beteiligte Quelle bestätigte, dass es sich bei der nicht namentlich genannten »amerikanischen Privatstiftung« um die Gates Foundation handelt.

15

COVID-19

Jahre bevor sich das Wort *Covid* ins öffentliche Bewusstsein einbrannte, waren Forscher am Jenner Institute der University of Oxford bereits dabei, eine neue Art der Impfstoffherstellung zu entwickeln, und hatten sogar schon mit der Erforschung eines älteren Stammes des Coronavirus begonnen.[1]

In den ersten Tagen der Covid-19-Pandemie berichteten Nachrichtenmedien über den vielversprechenden Impfstoff aus Oxford und die Möglichkeit, dass es dieses Mal vielleicht sogar Wissenschaftler und nicht die Pharmariesen seien, die uns vor der sich anbahnenden globalen Krise retten würden. In diesen frühen Presseberichten gestand das Oxford-Labor eine Schwäche ein: Ihm fehlte das volle Vertrauen des Marktes. »Wir kämpfen die ganze Zeit gegen die Auffassung der Finanziers an, dass wir das nicht stemmen können«, sagte Adrian Hill, der Direktor des Jenner Institute.[2]

Mit fortschreitendem Verlauf der Pandemie schienen viele Zweifler jedoch das enorme Potenzial des Impfstoffs anzuerkennen. In einem umfangreichen Feature beschrieb die *New York Times* die frühen und breit aufgestellten Bemühungen des Instituts, mit ausländischen Herstellern Vereinbarungen für die Produktion des Impfstoffs zu schließen – falls und wenn er zugelassen würde. Im Hintergrund der *Times*-Story lauerte bereits die Gates Foundation, die als einzige fachliche Quelle zitiert wurde.[3] »Das ist ein sehr, sehr schnell entwickeltes klinisches Programm«, sagte Emilio Emini, zu jener Zeit ein führender Impfstoffexperte der Gates Foundation. Nebenher erwähnte die *Times*, dass Gates »viele konkurrierende Forschungsprojekte finanziell unterstützt«.

Es vergingen zwar noch mehrere Monate, bis Gates' wahre Funktion an der University of Oxford öffentlich bekannt wurde, aber dass man die Stiftung in dem Artikel erwähnte, war ein deutliches Signal für ihre zunehmende Beteiligung an der Bekämpfung der Pandemie und zeigte, dass sie bereits die Muskeln spielen ließ, die sie sich in der jahrzehntelangen Beschäftigung mit Impfstoffen antrainiert hatte.

Die Stiftung vertiefte ihre Beziehungen zu konkurrierenden Impfstofffirmen und positionierte sich im Zentrum einer lose organisierten WHO-Initiative, die den Armen der Welt Impfstoffe liefern wollte.

Dank Gates' Führungsrolle konnte die Stiftung mitbestimmen, wohin die Milliarden Dollar an Steuergeldern fließen sollten, die für die Pandemiebekämpfung vorgesehen waren. Beispielsweise stammen fast 90 Prozent des (bis Dezember 2022) 3,2 Milliarden Dollar umfassenden Gesamtbudgets der Coalition for Epidemic Preparedness Innovations (CEPI) aus Steuergeldern, wovon der größte Teil für die Subventionierung der industriellen Pharmaforschung und -entwicklung ausgegeben wird.[4] 2022 bestätigte die CEPI per E-Mail, dass die Gates Foundation in allen vier internen Gremien der Allianz sitzt, die festlegen, wofür dieses Geld verwendet wird.[5]

Sowohl hinter den Kulissen als auch im Licht der Öffentlichkeit trat Bill Gates als einer der einflussreichsten Akteure der Pandemie auf. Die Medien hießen ihn mit offenen Armen willkommen, weil sie in ihm einen mächtigen Gegenpol zu US-Präsident Donald Trump sahen, der versucht hatte, die Gefahr, die durch das neuartige Coronavirus drohte, zu verharmlosen. »Wir wissen, wie man mit Regierungen arbeitet, wir wissen, wie man mit der Pharmaindustrie arbeitet, wir haben uns Gedanken über dieses Szenario gemacht«, sagte Gates 2020. »Wir müssen hierbei – zumindest was Expertise und Beziehungen angeht – eine sehr, sehr zentrale Rolle spielen.«[6]

Laut Gates waren weder die Weltgesundheitsorganisation noch die reichen Nationen auf Covid-19 vorbereitet und realistisch betrachtet waren Regierungen nicht in der Lage, es mit der Pandemie aufzunehmen. Eine öffentlich-private Partnerschaft war vonnöten – und Gates musste am Kopfende des Tisches sitzen. »Wir sind ständig im Gespräch mit der WHO«, sagte er, »doch die Arbeit, die zu tun ist, um diese Epidemie zu stoppen, muss über Innovationen in Diagnostik, Therapie und Impfstoffentwicklung erfolgen, und das liegt nicht gerade im Zuständigkeitsbereich [der WHO].«

Dass die WHO nicht über die Expertise oder Fähigkeit verfügte, mit der Pandemie fertigzuwerden, lag wohl auch daran, dass ihre Autorität durch den Aufstieg der Gates Foundation untergraben worden war. Gates besitzt viel mehr Geld als die WHO und hat zentrale Aufgaben von ihr übernommen. Zudem war die Stiftung zum zweitgrößten Sponsor der WHO geworden, weshalb sie bestimmen konnte, womit sich die Organisation beschäftigte und womit nicht. Laut der *New York Times* hatte die WHO »sich gewünscht, bei den Verhandlungen über die Impfstoffherstellung [während der Pandemie] die Führungsrolle zu übernehmen, doch die Gates Foundation und globale gemeinnützige Organisationen äußerten Bedenken, dass die Arzneimittelhersteller dann ihre Kooperation verweigern würden. Sie wirkten darauf hin, dass sich die Behörde neben anderen Aufgaben auf die Regulierung von Produkten und die Beratung von Staaten bei ihrer Verteilung konzentrierte.«[7]

Bill Gates hat keine allzu hohe Meinung von der WHO – bei einem öffentlichen Auftritt während der Pandemie sagte er beiläufig: »Wenn du nicht sehr gut bist, bleibst du lange dort.« Er scheint sie aber als notwendiges Übel hinzunehmen.[8] Indem die Gates Foundation die WHO finanziell unterstützt, kann sie sich ihren Segen (oder ihr Schweigen) erkaufen, sich die eigene Legitimität bescheinigen lassen und in beträchtlichem Ausmaß die Arbeit der WHO kontrollieren.

Dies alles hatte zur Folge, dass zu Beginn der Pandemie das Schicksal der Armen der Welt und ihr Zugang zu Impfstoffen nicht in den Händen der Regierungen oder einer zwischenstaatlichen, multilateralen Vereinigung wie der WHO lagen. Sie lagen in den Händen von Bill Gates. »Er verfügte über genug Geld und eine ausreichend lange Präsenz in diesem Bereich, um sich als erster und einflussreichster Akteur zu positionieren. Und so verließen sich die Menschen einfach auf seine Leute und seine Institutionen«, erläuterte mir James Love, Direktor der Nichtregierungsorganisation Knowledge Ecology International. »Wenn in einer Pandemie niemand die Führung übernimmt, erlangen Personen, die schnell sind und zu wissen scheinen, was sie tun, sehr viel Macht. Und in diesem Fall war [Bill Gates] zur Stelle.«

Bei dem, was Love beschreibt, geht es natürlich nicht darum, dass sich jemand dankenswerterweise bereit erklärt, in einer Notlage die Führung zu übernehmen. Es geht um einen Coup. Und wie üblich sicherte sich die Gates Foundation ihre Machtposition, indem sie Mauern hochzog, um andere daran zu hindern, sich wirksam an der Bekämpfung der Pandemie zu beteiligen oder auch nur zu begreifen, was da vor sich ging. »Man besitzt eine ungeheure Macht, die sich auf jeden Menschen auf der Welt auswirkt. Da sollte es eine gewisse Rechenschaftspflicht, eine gewisse Transparenz geben. Und die Fragen der Leute sind nicht unvernüftig«, sagte Love 2020 zu mir. »Zum Beispiel: Können Sie mir erklären, was genau Sie tun? Können Sie uns zeigen, wie diese Verträge aussehen? Zumal [Gates] mit ihrem Geld politische Maßnahmen beeinflusst, die wiederum unser Geld betreffen.«

2020 äußerte Kate Elder, die für Ärzte ohne Grenzen Politiker in der Impfpolitik berät, bei einem Interview die gleichen Bedenken. »Ich erlebe, dass die Gates Foundation immer weniger Informationen herausgibt. Sie beantwortet fast keine unserer Fragen. Wenn wir versuchen, mehr über ihre technische Strategie [bezüglich Covid-19] zu erfahren und darüber, wie sie ihre Prioritäten setzt, stellt sie uns kein Fachpersonal für Gespräche zur Verfügung. … Stattdessen hat sie viele der von uns angeregten Diskussionen mit Technikexperten abgeblockt und uns an jemanden aus der PR-Abteilung verwiesen.«

Während Gesundheitsexperten ihre Besorgnis darüber äußerten, dass die Stiftung die Bekämpfung der Covid-19-Pandemie an sich gerissen habe und eine auf Patente gestützte, den Pharmariesen wohlgesonnene Strategie verfolge, klammerten sich die Nachrichtenmedien an ein Heldennarrativ, das Bill Gates als visionären Führer und großzügigen Philanthropen darstellte. Zahlreiche Journalisten bezogen sich auf einen TED Talk zu Pandemien, den Bill Gates 2015 gehalten hatte, und verkündeten dramatisch, er habe den Ausbruch des neuartigen Coronavirus »vorhergesagt«.[9] Als die Pandemie Wirklichkeit wurde, waren nur wenige Medien so geistesgegenwärtig, das Offensichtliche zu fragen: Sollte man einem nicht gewählten Milliardär wirklich einen solch großen Einfluss auf eine gravierende weltweite Gesundheitskrise zugestehen?

Als die ersten Wochen der Pandemien zu Monaten wurden, erklomm Bill Gates den absoluten Zenit seiner wohltätigen Karriere und war bald einer der gefragtesten Redner in der drängendsten Krise der Welt. Seit seinen erfolgsverwöhnten Tagen bei Microsoft, bevor die Antitrust-Klage gegen ihn erhoben wurde, war Gates nicht mehr eine solch bedeutsame Persönlichkeit des öffentlichen Lebens gewesen. Der Ansturm medialer Aufmerksamkeit war so gewaltig und die Heldenverehrung so allumfassend, dass Gates, womöglich berauscht von seiner neu entdeckten Strahlkraft, häufig über das Ziel hinausschoss.

Bei einem Interview in Trevor Noahs *The Daily Show* sagte Gates, seine Stiftung sorge für die Baufinanzierung – in Milliardenhöhe, so klang es zumindest – von Produktionsstätten für sieben verschiedene Impfstoffkandidaten, so dass die Herstellungskapazität gewährleistet sei, sobald die Impfstoffe zugelassen seien. Das *Wall Street Journal* und andere verbreiteten Gates' Ankündigung in Windeseile. Ein endloser Strom von Artikeln berichtete über den Milliardär, der die Ärmel hochkrempelte und die Sache anpackte. Nachdem sich die Story über die Produktionsstätten gebührend verbreitet hatte, stellte die Stiftung klar, dass sie eigentlich gar keine Fabriken baute.[10]

Zudem äußerte sich Gates ungewohnt offenherzig zu seinem Einfluss auf den kommerziellen Markt. Auf einer Pressekonferenz rutschte ihm heraus, dass seine Stiftung die University of Oxford, die die Entwicklung ihres Covid-19-Impfstoffs rasant vorantrieb, gedrängt hatte, ihr Geschäftsmodell zu ändern. »Wir sind nach Oxford gegangen und haben gesagt, ihr macht brillante Arbeit … [aber] ihr müsst euch dringend mit jemandem zusammentun. Wir haben ihnen eine Liste von Leuten gegeben, mit denen sie reden sollten«, erzählte Gates.[11]

Trevor Mundel, Präsident von Gates' Global Health Program, stellte später richtig: »Wir haben mit der University of Oxford die Notwendigkeit besprochen, sich mit einem multinationalen Unternehmen zusammenzuschließen, um sicherzustellen, dass ihren Forschern alle Möglichkeiten und Ressourcen zur Verfügung stehen, die sie benötigen, um ihren Impfstoffkandidaten auf den Weltmarkt zu bringen.«[12]

Schließlich verpartnerte sich Oxford mit AstraZeneca und Bill Gates handelte sich mit seinen unbedachten Kommentaren zu dieser Angelegenheit einige Kritiken ein. Zuvor hatte die University of Oxford öffentlich ihre Absicht verkündet, den Impfstoff nicht exklusiv den Pharmariesen zur Verfügung zu stellen, sondern ihn mittels einer freien Lizenz für die Armen der Welt weithin zugänglich zu machen.[13] Eine freie Lizenz würde weltweit jedem kompetenten Impfstoffhersteller den Zugriff auf die Technologie gewähren und ihm mit der erforderlichen Förderung und Unterstützung eine Produktion in größerem Rahmen ermöglichen. Für viele wäre dieses Geschäftsmodell der Schlüssel zur Bekämpfung der Covid-19-Pandemie, weil auf diese Weise sehr schnell große Mengen an Impfstoffen hergestellt werden könnten.

»Ich persönlich finde nicht, dass es während einer Pandemie exklusive Lizenzen geben sollte«, erklärte Adrian Hill von der University of Oxford den Medien zu Beginn der Pandemie.[14] In diesem kurzen Statement verwies Hill auf den Dreh- und Angelpunkt, der letztlich entscheidend für den Verlauf der Pandemie sein würde. In einer Situation, in der praktisch jeder Mensch auf der Erde irgendwann mehrere Dosen eines Impfstoffs benötigte, würde die Pandemie entweder die Gelegenheit für einen der mächtigsten und lukrativsten Monopolmärkte aller Zeiten eröffnen oder zu einem bahnbrechenden Moment der modernen Medizin werden, in dem der Business-as-usual-Ansatz der Pharmariesen zugunsten einer freien und gerechten Verteilung von Impfstoffen beiseitegefegt wurde. Es sollte die größte Bewährungsprobe für den politischen Einfluss der Pharmabranche seit der HIV/ Aids-Krise werden. Damals hatten arme Länder und Aktivisten weltweit für den Zugang zu lebensrettenden Medikamenten gekämpft, indem sie erfolgreich gegen die Monopol-Patente vorgingen, die die Bezahlung zuvor übermäßig verteuert hatten.

Im Laufe der Pandemie schlossen sich zahlreiche Gesundheitsexperten und Aktivisten zusammen und forderten lautstark einen »Volksimpfstoff«, der nicht der Herrschaft der Pharmariesen mit ihren Rechten auf geistiges Eigentum, Patentansprüchen oder exklusiven Lizenzen ausgeliefert war. Die Verfechter des Volksimpfstoffs führten ein überzeugendes finanzielles Argument an: Die Covid-19-Impfstoffe gingen aus Forschungsarbeiten hervor, die von Regierungsbehörden finanziert wurden. Auch die Steuerzahler pumpten Gelder in die Unterstützung von Firmen, um die Impfstoffentwicklung zu beschleunigen.[15] Sollte die Öffentlichkeit angesichts der öffentlichen Forschung und der öffentlichen Förderung für diese Impfstoffe nicht ein Wörtchen bei ihrer Verteilung mitzureden haben? Sollte man angesichts der volkswirtschaftlichen Kosten der Pandemie, die die Billionen-Dollar-Grenze überschritten hatten, tatsächlich zulassen, dass die exklusiven Lizenzen und Patentansprüche der Pharmariesen die Welt in Geiselhaft nahmen?[16] Buchstäblich Millionen Menschen starben. Warum sollte man nicht gemeinsam Vollgas geben und jede verfügbare Produktionsstätte in Betrieb nehmen, Patente und Lizenzen hin oder her?

Als die University of Oxford AstraZeneca nach dem Treffen mit Gates eine exklusive Lizenz erteilte, machte sie die große Hoffnung auf einen solchen »Volksimpfstoff« zunichte. »Das bedeutet im Grunde, dass die geballte Macht und Entscheidungsbefugnis weiterhin unmittelbar im Unternehmensbereich liegt, wo Pharmafirmen bestimmen, in welchem Ausmaß, in welchem Umfang, zu welchen Preisen sie produzieren und an wen sie zuerst verkaufen«, verriet Kate Elder mir.[17]

Wie immer betonte die Gates Foundation, die Pharmariesen seien vertrauenswürdige Partner. »Ich glaube, die Pharmafirmen lösen ihr Versprechen ein, da bin ich ganz sicher, denn die ganze Welt schaut zu«, sagte Melinda French Gates Ende 2020. »Sobald der Impfstoff also zur Verfügung steht, wird er geradewegs durch dieses System fließen.«[18]

Die Gates Foundation hatte solch ein Vertrauen, weil sie an den

Hebeln »dieses Systems« saß. So war sie in der Lage, die University of Oxford unter Druck zu setzen, weil sie ihr Hunderte Millionen Dollar an Fördergeldern gezahlt hatte. Darin eingeschlossen waren Gelder, die direkt an das Jenner Institute gegangen waren, das den Covid-19-Impfstoff entwickelte.[19]

Außerdem hatte Oxford eine Förderung von der CEPI erhalten, die selbst von Gates gegründet und finanziert wurde. Im März 2020 kündigte die CEPI an, sie wolle den Oxford-Impfstoff mit einer relativ kleinen Spende unterstützen.[20] Nachdem Gates Oxford zu einer Partnerschaft mit einem multinationalen Unternehmen gedrängt und Oxford und AstraZeneca daraufhin im April ihre Partnerschaft verkündet hatten, sagte die CEPI fast umgehend eine Spende von bis zu 384 Millionen Dollar zu.[21] Für Juni hatten die CEPI und Gavi einen 750 Millionen Dollar schweren Deal mit AstraZeneca in Aussicht gestellt, »um die Herstellung, Bereitstellung und Verteilung von 300 Millionen Dosen des Impfstoffs zu unterstützen«.[22] Laut Bill Gates waren er und seine Stiftung nach wie vor vollumfänglich in die Impfstoffentwicklung eingebunden. »Jede Woche sprechen wir mit AstraZeneca über das, okay, was in Indien los ist, was in China los ist und … gehen davon aus, dass die [klinischen] Daten von Phase 2 und schließlich die Daten von Phase 3 vielversprechend sind, dass wir bereit sind«, bemerkte Bill Gates auf einer Pressekonferenz.[23]

Unsere Stiftung besitzt eine Menge Fachwissen über Impfstoffe und vertrauensvolle Beziehungen zu den Herstellern. Darum haben wir unsere Leute mitgenommen und sehen uns nun jedes dieser [potenziellen Impfstoff-]Produkte und die Daten an und sehen zu, dass es für die erfolgversprechendsten einen Plan gibt, um mehrere Produktionsstätten in Asien zu bauen, mehrere Produktionsstätten in Nord- und Südamerika, mehrere Produktionsstätten in Europa. … Wir erkennen, bei welchen dieser Impfstoffe wir die Produktion hochfahren können, und ich bin guter Hoffnung, dass die Zahlen wirklich so hoch sein werden, wegen der Kooperation vonseiten der Pharmafirmen, die sagen: »Ja, ihr könnt meinen Betrieb nutzen, um den Impfstoff von jemand anderem herzustellen«, wir bekommen sehr gute Resonanz darauf, und das hat es wirklich noch nie gegeben.

Während der gesamten Pandemie schlug Bill Gates großen Profit aus den werbewirksamen Berichten über seine Vermittlungstätigkeit bei diesen »Second-Source-Vereinbarungen« – der Verpartnerung von »Impfstoffherstellern in reichen Ländern mit Pendants in Entwicklungsländern, die sich auf die Produktion sicherer, qualitativ hochwertiger und erschwinglicher Dosen in sehr großen Mengen spezialisieren«.[24] Bill Gates erläuterte: »Man kann es nicht genug betonen, wie ungewöhnlich diese Second-Source-Vereinbarungen sind. Stellen Sie sich vor, Ford würde Honda eine seiner Autofabriken anbieten, um dort Accords zu bauen. Doch angesichts der Tragweite des Problems und der Dringlichkeit, es zu lösen, erkennen viele Pharmafirmen den Nutzen einer Zusammenarbeit, die solche neuen Wege beschreitet.«
Für Gates bestand die Lösung für einen allgemeinen Impfstoffzugang nicht darin, monopolistische Patentrechte und exklusive Lizenzen über Bord zu werfen oder sich um einen »Volksimpfstoff« zu bemühen. Die Lösung war, den Monopolmärkten Daumenschrauben anzulegen, bis sie bereit waren, für die Armen zu arbeiten. Und Gates besaß die Kühnheit und Hybris zu glauben, dass seine Stiftung über die Expertise, die Fähigkeit, das Netzwerk und das Verhandlungsgeschick verfügte, um den Markt und den Kampf gegen die Pandemie so zu steuern, dass arme Länder abgesichert waren.
Die Second-Source-Bestrebungen der Stiftung waren stark auf das Serum Institute of India ausgerichtet, ein Privatunternehmen und größter Impfstoffhersteller der Welt.[25] Im Rahmen einer Vereinbarung mit Gates wurde Serum ein Second-Source-Hersteller der Impfstoffe von AstraZeneca und Novavax – weil die Stiftung den Deal mit 300 Millionen Dollar subventionierte.[26] »Unsere Stiftung trägt einen Teil des finanziellen Risikos; falls er [der AstraZeneca-Impfstoff] nicht zugelassen wird, ist der Verlust für Serum also nicht so groß«, sagte Bill Gates.[27]
Die Gesamtsumme der Förderzusagen für Serum scheint genauso

hoch gewesen zu sein wie die Summe, die Serum selbst in das Projekt gesteckt hat – was Gates und Serum in gewisser Hinsicht zu gleichberechtigten Partnern machte, wenn nicht gar zu einem Powerpaar: Der weltweit mächtigste Akteur der Weltgesundheit bildete ein Gespann mit dem weltweit größten Impfstoffproduzenten.[28] Ja, die Gates Foundation musste tief in die Tasche greifen, um dem Pharmariesen den Weg in die gewünschte Richtung zu weisen, doch das ist ja schon immer das Win-win-Modell der Stiftung aus Wohltätigkeit und Profitmacherei gewesen.

Fast umgehend fiel Gates' Plan ins Wasser. Im Januar 2021 zog Serum mit einem Deal Kritik auf sich, der der südafrikanischen Regierung für den Oxford-AstraZeneca-Impfstoff einen Preis abverlangte, der um 250 Prozent höher war als derjenige, den europäische Staaten zahlten.[29] Um es noch einmal zu sagen: Mit ihren komplexen privatwirtschaftlichen Interventionen verfolgt die Gates Foundation stets ausdrücklich das Ziel des »weltweiten Zugangs«, um Produkte für Menschen in armen Ländern verfügbar zu machen. Wie war es möglich, dass dieses riesige karitative Unterfangen vom ersten Moment an ein Geschäftsmodell verfolgte, das von den Armen mehr Geld verlangte als von den Reichen? Die südafrikanische Regierung soll dazu gesagt haben: »Die Erklärung dafür, dass einkommensstarke Länder weniger bezahlen müssen, lautete, dass sie in [Forschung und Entwicklung] investiert hätten und ihnen darum ein Preisnachlass gewährt worden sei.«

Zugleich hatte Serum ständig Probleme, die versprochenen Dosen zu liefern. Ein Großbrand in seinen Anlagen forderte fünf Todesopfer; zunächst behauptete die Firma, das Feuer habe keine Auswirkung auf die Impfstoffproduktion, doch später erklärte sie, es habe die Herstellung dramatisch verzögert. Danach stiegen Kritiker auf die Barrikaden, als Serum Hunderte Millionen Dollar in ein Finanzdienstleistungsunternehmen steckte und gleichzeitig forderte, es brauche mehr staatliche Unterstützung für die Impfstoffherstellung.[30]

Als eine heftige Welle von Covid-19-Infektionen Indien überrollte, verhängte die Regierung einen Exportstopp und sorgte dafür, dass der Serum-Impfstoff an indische Bürger verimpft wurde.[31] Das legte Gates' ambitionierten Plan, die armen Menschen in Afrika zu impfen, eine Zeitlang auf Eis. Strive Masiyiwa, ein Sondergesandter der Afrikanischen Union, teilte der Presse mit, er habe gewarnt, Gates' Impfstoffverteilungsprogramm dürfe »nicht alle Eier in denselben Korb legen«.[32] (Interessanterweise saß Masiyiwa später im Vorstand der Gates Foundation.)[33]

Für den Oxford-AstraZeneca-Impfstoff galt es auf dem Markt noch weitere Hürden zu überwinden. Während es zuerst den Anschein hatte, dass er sich gut für den Einsatz in armen Nationen eignete, weil er nicht bei unter null Grad gelagert werden musste – in einigen Ländern gibt es keine zuverlässige Stromversorgung für Gefrierschränke –, machte ihn seine geringere Wirksamkeit weniger attraktiv.[34] Zudem wurde berichtet, dass arme Länder zunehmend Abstand vom AstraZeneca-Impfstoff nahmen, weil wegen seiner geringen Haltbarkeitsdauer viele Dosen vernichtet werden mussten, bevor sie überhaupt zum Einsatz kamen.[35] Einmal stoppte Serum die Produktion, weil sich zu viele Vorräte angehäuft hatten, die zu verfallen drohten.[36] Festzuhalten ist auch, dass die Entwicklung des Impfstoffs dermaßen »von Fehlschlägen heimgesucht« wurde – von denen überall zu lesen war –, dass ihn die Food and Drug Administration nie zur Verwendung in den Vereinigten Staaten zuließ, selbst als die Steuerzahler der USA mehr als 1 Milliarde Dollar für das Projekt beisteuerten.[37] Trotzdem behauptet die University of Oxford, ihr gemeinsam mit AstraZeneca entwickelter Impfstoff habe im ersten Jahr, in dem es Covid-19-Impfungen gab, mehr Menschenleben gerettet als konkurrierende Impfstoffe.[38] Doch wie viel mehr Menschenleben hätte man mit einem Volksimpfstoff retten können? Die ärmsten Länder Afrikas, die ein Fünftel der Weltbevölkerung ausmachen, erhielten weniger als 3 Prozent der Gesamtmenge an Covid-19-Impfstoffen, die 2021 (von allen Herstellern) ausgeteilt wurden.

Für Novavax, den zweiten großen Impfstoffhersteller, auf den Gates gesetzt hatte, ergaben sich noch mehr gravierende Probleme, denn er hatte große Mühe, seinen Impfstoff überhaupt über die Ziellinie zu bringen.[39] Industrieexperten hatten dem Unternehmen vom Beginn der Pandemie an skeptisch gegenübergestanden, da es noch nie einen Impfstoff auf den Markt gebracht hatte. Von der US-Regierung erhielt Novavax 1,6 Milliarden Dollar für den Impfstoff und die Gates-geförderte CEPI schoss weitere 400 Millionen zu.[40] Trotz der finanziellen Unterstützung erfolgte die Erstzulassung des Novavax-Impfstoffs erst Ende 2021 in Indonesien; und von der FDA erhielt er erst im Juli 2022 grünes Licht.[41]

Mittels direkter Spenden oder von ihm kontrollierter umfangreicher Zuwendungen durch die CEPI hatte Gates zwar finanzielle Verbindungen zu ganz verschiedenen Unternehmen aufgebaut, die einen Covid-19-Impfstoff entwickelten, doch am meisten hatte er auf AstraZeneca, Novavax und Serum gesetzt. Als wichtiges Fazit aus dem begrenzten Erfolg dieser Unternehmungen muss wohl Gates' Führungsanspruch in der pharmazeutischen Entwicklung hinterfragt werden – und auch, ob sich sein weitreichender Einfluss auf privatwirtschaftliche Märkte durch die angeblich einzigartige Fachkenntnis der Stiftung rechtfertigen lässt.

Neben der weitreichenden Zusammenarbeit der Stiftung mit Impfstoffentwicklern und -herstellern rief Gates außerdem eine von ihm kontrollierte, lose organisierte Struktur bei der WHO namens COVAX ins Leben, die für die Armen der Welt Impfstoffe kaufen sollte. Die Idee war, dass reiche Nationen Geld in einen Pool einzahlten und Partnerschaften mit armen Nationen schlossen, um einen massiven Fonds zu schaffen, auf den man beim Aushandeln von Deals mit den Pharmariesen zurückgreifen konnte.[42]

Mehr als ein Dutzend Mitarbeitende der Gates Foundation saßen in verschiedenen Gremien und Arbeitsgruppen von COVAX. Weiterhin hatte Gates ähnlich großen Einfluss auf angegliederte karitative Projekte, die auf die Bereitstellung von Diagnostik und Behandlungen abzielten.[43] Ein Nachrichtenmedium beschrieb COVAX als »Gates-Operation von Kopf bis Fuß. Entwickelt, geleitet und besetzt wird sie überwiegend von Angestellten der Gates-Organisationen.«[44]

Während die Stiftung am Ruder saß, hatte sie die Verantwortung offiziell ihren Vertretern CEPI und Gavi übertragen. Das erlaubte es Gates, jegliches Maß an Einfluss (oder Rechenschaftspflicht) abzustreiten, wenn es ihm gelegen kam. »Die PR-Abteilung der Gates Foundation sagt dann oft: ›Oh, wissen Sie, die Gates Foundation hat damit gar nichts zu tun, ich empfehle Ihnen, sich mit Ihrem Anliegen an Gavi oder die CEPI zu wenden‹«, erzählte mir Kate Elder von Ärzte ohne Grenzen. »Es ist manchmal frustrierend lächerlich ... ich finde das ziemlich verlogen.« Außerdem stellte Elder in Frage, dass Gates, Gavi und die CEPI die Zuständigkeit für die Pandemiebekämpfung durch die WHO übernommen hätten, da es sich um private Organisationen und nicht um Regierungsorgane oder staatlich gesteuerte multilaterale Institutionen handle. »Uns sind Beschwerden von Regierungen zu Ohren gekommen, die Gavi nicht kennen, die bisher noch keine Verbindung zu Gavi hatten und Probleme mit der Vorstellung haben, Gavi eine große Geldsumme zu überlassen – geschweige denn die Verantwortung zu übertragen, für sie den künftigen Zugang zu Covid-19-Impfstoffen auszuhandeln«, verriet sie mir 2020.

Als Privatinitiative besaß COVAX kein öffentliches Mandat und auf der Weltbühne nur wenig Legitimität; zudem kam immer mehr Kritik wegen mangelnder Transparenz und Verantwortlichkeit auf.[45] »Sie bedrängen uns, treiben uns in die Enge, damit wir zahlen«, erklärte Ecuadors damaliger Gesundheitsminister Juan Carlos Zevallos der Presse. »Wir können nicht wählen, welchen Impfstoff wir verwenden möchten. Sie zwingen uns einen auf. ... Sie sagen: ›Ihr habt keine Wahl, aber ihr müsst bezahlen.‹«[46]

Der entscheidende Faktor, der COVAX entgegenstand, war der Weltmarkt. Reiche Nationen schlossen zunehmend einmalige Verträge mit Pharmafirmen ab, um sich für ihre Bürger genügend Impfdosen zu sichern. Dieser Jeder-ist-sich-selbst-der-Nächste-Ansatz war zwar egoistisch, aber nicht überraschend. Natürlich gingen gewählte Regierungen von reichen Ländern aggressiv vor, um ihre Wähler zu schützen. Überraschend – oder sogar erstaunlich – war jedoch, dass die Gates Foundation und ihre Partner offenbar nicht damit gerechnet hatten.

Als reiche Nationen genug Dosen orderten, um ihre Bürger viele

Male zu impfen, nahm in den Medien die Aufregung über das Horten von Impfstoffen zu – und über die wachsende Erkenntnis, dass die Bekämpfung der Pandemie von einer Kluft zwischen Arm und Reich, Gewinnern und Verlierern geprägt sein würde.[47] Dieses Phänomen bezeichnete man als »Impf-Apartheid«.

Das alles ließ bei den Pharmariesen natürlich die Kassen klingeln. Sie konzentrierten ihre Verkäufe auf die reichsten Länder, die die höchsten Preise zahlen konnten. Einige Pharmafirmen gaben das unrealistische Versprechen ab, ihre Impfstoffe während der Pandemie nicht gewinnorientiert zu verkaufen, aber an der Marktlogik änderte das nichts.[48] Gegen die Kaufkraft der reichen Länder, die bereit waren, hohe Preise zu zahlen, kam Gates' unterfinanzierter Käuferclub nicht an, um sich genügend Dosen zu sichern.

Ein Jahr, nachdem in reichen Nationen die ersten Impfungen erfolgt waren, standen die Ärmsten der Welt nahezu ganz ohne Impfstoffe da.[49] Noch krasser war, dass COVAX im Juni 2021 doppelt so viele Impfstoffe nach Großbritannien lieferte wie nach ganz Afrika.[50] »Letztendlich befinden sich die ärmeren Staaten in genau der Notlage, die COVAX vermeiden sollte: Sie sind abhängig von den Launen und der Politik reicher Länder und müssen auf deren Spendenbereitschaft hoffen, wie sie es in der Vergangenheit schon so oft getan haben«, schrieb Associated Press.[51] In dieser Analyse wurde, wie in den meisten kritischen Berichten über COVAX, allerdings verschwiegen, dass es sich um ein Projekt der Gates Foundation handelte.

Während die Armen der Welt ungeimpft blieben, unterzeichneten die Regierungen von über hundert Nationen eine Petition an die Welthandelsorganisation, in der die Aufhebung von Patenten auf Covid-19-Impfstoffe gefordert wurde – der erste Schritt in einem Verfahren, der weiteren Herstellern ermöglichen könnte, die Produktion aufzunehmen und damit die Verfügbarkeit von Impfstoffen für die Armen zu erhöhen.[52] Für sich genommen würde die Aufhebung der Patente das Problem nicht lösen – die Pharmariesen müssten nach wie vor ihr Know-how weitergeben und die Hersteller beim Hochfahren der Produktion unterstützen –, aber es wäre ein erster, entscheidender Schritt.

Daraufhin erklärte Bill Gates, die armen Länder, die nach der Aufhebung der Patente riefen – dieselben armen Länder, denen seine Stiftung angeblich dient –, verständen nicht, wie die Welt funktioniere. »Nicht das Recht auf geistiges Eigentum ist daran schuld, dass das Angebot knapp geworden ist, sondern die Tatsache, dass es nicht genügend Produktionsstätten gibt, die den komplizierteren Vorgang der Impfstoffherstellung beherrschen«, schrieb er.[53]

Im Jahr 2021 entwickelte sich Bill Gates zum prominentesten öffentlichen Fürsprecher für die Patentrechte der Pharmariesen; mehrmals gab er Interviews, in denen er behauptete, Patente spielten keine Rolle. »Was die Dinge hier ins Stocken bringt, ist nicht das geistige Eigentum. Es gibt ja nicht irgendwo eine brachliegende Impfstofffabrik mit Zulassung, die wie durch Zauberhand sichere Impfstoffe herstellt«, erläuterte er Sky News. »Es gibt nur eine begrenzte Zahl von Impfstofffabriken auf der Welt und die Menschen nehmen die Sicherheit der Impfstoffe sehr ernst. Etwas nie Dagewesenes in Bewegung zu bringen – einen Impfstoff von, sagen wir, einer Fabrik von J & J [Johnson & Johnson] in eine Fabrik in Indien zu verlagern – das ist deshalb neu – das ist nur wegen unserer Förderung und Expertise möglich, dass das überhaupt passieren kann.«[54] Wie weit sich Gates bereits von der Realität entfernt hatte, zeigte sich, als er so weit ging zu behaupten, sein Kampf gegen die Pandemie habe Erfolg: »[Er] bekommt noch nicht die Bestnote, aber schon sehr gute Noten. … Wir nähern uns der Impfgerechtigkeit immer weiter an.«[55]

Als Gates das Luftschloss einer funktionierenden Pandemiebekämpfung unter Führung seiner Stiftung baute, in der jeder fähige Hersteller bereits auf Hochtouren Impfstoffe produzierte, gingen Unternehmen fast schon in Whistleblower-Manier an die Öffentlichkeit, um zu berichten, dass sie in Wahrheit mit allen Mitteln an der Impfstoffproduktion gehindert würden. »Wir verfügen über die Anlagen und die Ausrüstung, über Bioreaktoren, wir können die Ampullen füllen und verpacken. Je nach Unterstützung beim Technologietransfer könnten wir in ein paar Monaten bereit zur Herstellung sein«, teilte das kanadische Unternehmen Biolyse der Presse mit. »Das Verhalten der Pharmabranche ist nicht nachvollziehbar. Jeder muss Geld verdienen, klar. Aber dies ist eine sehr ernste Lage und es gibt keinen Grund, so knallhart zu sein.«[56]

Associated Press, die *New York Times* und die Webseite *The Intercept* brachten Reportagen über Produktionsstätten aus der ganzen Welt, die offenbar in der Lage waren, Impfstoffe zu produzieren, und von denen einige ausdrücklich betonten, sie ständen gewissermaßen auf Abruf bereit.[57] Human Rights Watch, Ärzte ohne Grenzen und andere erstellten eine weitere Liste mit hundert potenziellen Impfstoffherstellern überall auf der Welt.[58] Joseph Stiglitz, Ökonom und Träger des Nobelpreises für Wirtschaftswissenschaften, wies auf ungenutzte Kapazitäten hin und schrieb: »Jede Verzögerung bei der Realisierung der größtmöglichen Verfügbarkeit von Impfstoffen und Therapeutik ist moralisch falsch und dumm – sowohl im Hinblick auf die öffentliche Gesundheit als auch auf die Ökonomie. Die Aufhebung [der Patente] ist ein entscheidender erster Schritt.«[59]

Sogar Chelsea Clinton stürzte sich ins Getümmel. Gemeinsam mit ihrem Koautor Achal Prabhala vom AccessIBSA-Projekt argumentierte sie, um die Produktion anzukurbeln, solle Präsident Biden amerikanische Unternehmen zwingen, ihre Impftechnologie mit Firmen zu teilen, die über Herstellungskapazitäten verfügten. In dem Artikel wurde beschrieben, wie Russland in Zusammenarbeit mit Indien eine Produktionsstätte, in der zuvor keine Impfstoffe hergestellt worden waren, schnell und kostengünstig umgerüstet hatte.[60]

Obwohl immer mehr dafür sprach, dass Patente in Wirklichkeit ein entscheidender Flaschenhals waren, beharrte Bill Gates auf seiner Meinung und verbrannte ohne Rücksicht auf Verluste das gesamte politische Kapital, das er im ersten Pandemiejahr geschaffen hatte. Immer wieder baute sich Gates vor Reportern auf, um für die Bewahrung der Patente zu plädieren. Dabei hatte er gelegentlich Mühe, die Fassung zu wahren. Bei einem Interview, in dem es ebenfalls um die Forderung nach der Aufhebung von Patenten ging, griff er auf seine berühmteste Unflätigkeit aus seinen Zeiten bei Microsoft zurück: »Das ist der allerdämlichste verfluchte Scheißdreck, der mir jemals untergekommen ist.«[61]

Gates' Position schien auf die grenzwertig rassistische Vorstellung hinauszulaufen, dass arme Länder für die Herstellung von Impfstoffen zu ungebildet seien und, falls man die Zulassung von Produktionsstätten zu großzügig handhabe, Sicherheitsprobleme entstehen könnten, die den Menschen schaden und noch mehr Impfskepsis hervorrufen würden. Ein ehemaliger Mitarbeiter der Gates Foundation sagte zu mir, selbst wenn man das Argument der Stiftung gelten ließe, dass es für eine sichere Impfstoffproduktion keine ungenutzten Kapazitäten gebe, warum habe die Gates Foundation als selbsterklärter führender Pandemie-Experte und -Visionär dieses Problem dann nicht vorausgesehen und entsprechende Gegenmaßnahmen ergriffen? Die Stiftung hatte bereits zwei Jahrzehnte lang Erfahrung mit Impfstoffen gesammelt. Sie besaß ein Vermögen von 54 Milliarden Dollar. Und Bill Gates hatte, wie uns wieder und wieder berichtet wurde, die Pandemie »vorhergesagt«. War es der Gates Foundation tatsächlich nie in den Sinn gekommen, armen Ländern beim Aufbau fortschrittlicher, komplexer Produktionsstätten zu helfen?[62]

Unter dem Druck, der zunehmenden »Impf-Apartheid« etwas entgegensetzen zu müssen, verkündeten die Vereinigten Staaten im Mai 2021 öffentlich, sich der wachsenden Zahl der Länder anzuschließen, die sich für eine Aufhebung der Patente einsetzten. Das änderte die politischen Vorzeichen für die Gates Foundation, die einen Tag später feige erklärte, sie unterstütze nun eine »begrenzte« Aufhebung – ein erstaunlicher Sinneswandel für eine Stiftung, die leidenschaftlich behauptet hatte, dass Patente keine Rolle spielten.[63]

Die Misserfolge der Stiftung und die Anzeichen ihrer Unsicherheit – oder Inkompetenz – wurden so unübersehbar, dass selbst die Medien irgendwann das Offensichtliche verkündeten: Der Kaiser hat ja gar keine Kleider an! Während Journalisten die Gates Foundation im Jahr 2020 noch als zu bedeutend ansahen, um sie zu kritisieren – ich selbst konnte Redakteure nur mit Mühe dazu bewegen, meine Artikel zu veröffentlichen –, brachen 2021 die Dämme. Die *New Republic* brachte eine 6000 Wörter lange Story – mitsamt einer Karikatur von Bill Gates mit Teufelshörnern auf dem Kopf –, die nachzeichnete, wie sich Gates im Kontext der öffentlichen Gesundheit auf destruktive und repressive Weise für den Schutz von geistigem Eigentum eingesetzt hatte.[64] Kritische Berichte erschienen auch auf *The Intercept*, im *Observer* und in der *Seattle Times*. Zum ersten Mal seit über einem Jahrzehnt gab es eine Berichterstattung, die die Gates Foundation ernsthaft auf den Prüfstand stellte. Kritische Stimmen, die bisher an den Rand gedrängt worden waren, fanden nun zunehmend in Mainstreammedien Gehör. Auf Twitter häuften sich virale Threads, die Gates als treibende Kraft der »Impf-Apartheid« herausstellten. Die einhellige Botschaft lautete: Bill Gates hatte die Zeichen der Zeit nicht erkannt.

»[In der Rolle, die die Gates Foundation in der Pandemie gespielt hat,] erkennen wir die Akkumulation ihres äußerst bedachten Vordringens in jeden Aspekt der Weltgesundheit im Lauf der letzten zwanzig Jahre – dazu gehören all die Institutionen, all die verschiedenen Unternehmen, die häufig mit diesen neu entwickelten Technologien ausgestattet sind, sowie all die Interessenvertretungen, die sich für diese Themen einsetzen, und all die Forschungseinrichtungen«, sagte Rohit Malpani, Berater für Weltgesundheit und zu der Zeit, als ich ihn interviewte, Vorstandsmitglied der Weltgesundheitsinitiative Unitaid. »Darum spiegelt sie auch das Versagen der Gates Foundation wider. Dass sie so viel Einfluss und sogar Kontrolle über so viele Aspekte der Bekämpfung [der Pandemie] ausübt … und dass sich darin so viel Ungleichheit offenbart, sagt viel über ihren Einfluss aus und [legt nahe, dass] die von ihr verfolgten Strategien nicht funktioniert haben. Und für dieses Versagen müssen sie einstehen.«

Aber genau das musste die Gates Foundation nie. Kurz nachdem die kritische Berichterstattung über ihre Arbeit aufgeflammt war, platzte eine noch viel größere Bombe: die Scheidung von Bill und Melinda Gates. Und so wandte sich die Aufmerksamkeit der Nachrichtenmedien schnell von Bill Gates' missglückter Karriere als Philanthrop ab und widmete sich den Frauen, denen er nachstellte, und den Vorwürfen seines sexuellen Fehlverhaltens.

Journalisten ließen weiterhin kein gutes Haar an der gesichtslosen Struktur der COVAX, warfen aber praktisch keinen kritischen Blick auf die Gates Foundation. So berichtete die *New York Times* Anfang 2023, COVAX habe an Pharmafirmen 1,4 Milliarden Dollar für Impfstoffbestellungen gezahlt, die nie ausgeliefert wurden – das x-te Beispiel für Dysfunktionalität und Verschwendung der von Gates geführten Unternehmung.[65] Doch in dem Artikel wurde die Gates Foundation nur einmal beiläufig erwähnt.

Eine der längsten und meistbeachteten Storys stammte vom Bureau of Investigative Journalism, mit herausgegeben von *El País*, STAT und *Ojo Público*. Sie hatte das Potenzial, Millionen Leser zu erreichen, die Öffentlichkeit über das Versagen von COVAX zu unterrichten und politische Lösungen aufzuzeigen.[66] Doch die Herausgeber und Journalisten entschieden sich dafür, die führende Rolle, die die Stiftung bei der Initiative gespielt hatte, in den 83 Absätzen der Story komplett unter den Tisch fallen zu lassen.

Indem die Journalisten Gates' Rolle mehr oder weniger aussparten, ließen sie die Öffentlichkeit im Dunkeln – und versäumten es, die Gates Foundation zur Rechenschaft zu ziehen. (Um ganz ehrlich zu sein: Man hatte mich eingeladen, als Koautor an der Story mitzuwirken. Ich hatte abgelehnt, weil ich wusste, dass Gates' Förderung des Bureau es mir nahezu unmöglich machen würde, unabhängig über die Rolle der Stiftung zu berichten. Wie praktisch jedes Nachrichtenmedium erklärt das Bureau auf Nachfrage, dass seine Sponsoren keinen redaktionellen Einfluss auf die von ihm veröffentlichten Beiträge haben.)

Es dauerte nicht lange, bis die Stiftung wissenschaftliche Forschungen finanzierte und dabei mit den Millionen Menschenleben prahlte, die COVAX gerettet habe. Gavi bezeichnete COVAX 2020 als »einzige globale Lösung für diese Pandemie« und intensivierte die Gerettete-Menschenleben-PR.[67] Am allerkühnsten war jedoch Bill Gates' Ankündigung, dass er mit der Veröffentlichung seines Buches *How to Prevent the Next Pandemic* (dt. *Wie wir die nächste Pandemie verhindern*) die führende Autorität in Sachen Pandemie bleiben werde. Natürlich gab es nie eine Statistik darüber, wie viele Menschenleben mit einem Volksimpfstoff hätten gerettet werden können – und ebenso wenig, wie

viele Menschen infolge der von Bill Gates entworfenen zutiefst ungerechten Impfstoffverteilung gestorben sind.

Wenn wir überaus gnädig mit der Gates Foundation verfahren
möchten, könnten wir ihr zugutehalten, dass sie sich vor der Covid-
19-Pandemie schon mehrere Jahre dafür eingesetzt hatte, die Impf-
stoffindustrie besser aufzustellen, und der Welt auf diese Weise einen
gewissen Vorsprung vor dem neuartigen Coronavirus verschafft hat.
Dieses Argument brachte auch Melinda French Gates zu Beginn der
Pandemie indirekt vor: »Gott sei Dank müssen wir nicht da anfangen,
wo wir vor 20 Jahren standen – bei einem mangelhaften Impfsystem,
das es zu erneuern gilt.«[68]

Es lohnt sich, die Frage zu stellen, wie es der Welt in der Covid-
19-Pandemie ohne die Gates Foundation ergangen wäre. Wenn sich
Gates nicht bei der University of Oxford eingeklinkt hätte, hätte das
Jenner Institute dann tatsächlich den Plan einer freien Lizenz verfolgt?
Hätte dieser Plan funktioniert? Wenn es Gates nicht gäbe, hätten die
Pharmariesen dann immer noch so viel PR-Kraft, um die Weltwirtschaft mit ihren Monopolpatenten in die Knie zu zwingen? Wenn sich
Gates nicht so vehement in die Bekämpfung der Pandemie eingemischt
hätte, wäre es uns gelungen, einen alternativen Weg zur Herstellung
und Verteilung von Impfstoffen zu finden? Sind wir es uns nicht schuldig, diese hypothetischen Fälle zu durchdenken, bevor die nächste
Pandemie anrollt? Sollten wir nicht eingestehen, dass Bill Gates' Mas-
terplan im Fall von Covid-19 nicht aufgegangen ist? Und sollten wir
nicht darauf wetten, dass sein Plan auch bei der nächsten Pandemie
nicht funktionieren wird?

Während die Gates Foundation finanzielle Verbindungen zu vielen
konkurrierenden Herstellern von Covid-19-Impfstoffen geknüpft hat,
können wir auf Beispiele für Impfstoffe verweisen, die ohne Gates'
Hilfe erfolgreich waren. So blickten die internationalen Medien während der Pandemie immer wieder auf Kuba, wo kleine Kinder schon
früher als in den Vereinigten Staaten geimpft wurden.[69] Die Gates
Foundation hat noch nie Projekte in Kuba finanziert – in ihren Zuwen-
dungsvereinbarungen heißt es ausdrücklich, dass das US-Embargo ihr

das verbietet.[70] Dieses Embargo verwehrt Kuba seit Jahrzehnten den Zugang zu großen Teilen des Welthandels, weshalb das Land seine eigene öffentliche Biotech-Branche aufbauen musste, einschließlich selbst konzipierter Einrichtungen für Forschung und Entwicklung. Nachdem Kuba seinen eigenen Covid-19-Impfstoff hergestellt hatte, exportierte es Dosen nach Vietnam, Venezuela, Syrien und Nicaragua. Wenn Kuba das – ohne Bill Gates' Hilfe – zuwege bringt, können sich dann nicht auch andere arme Länder eigene Kapazitäten schaffen, und zwar nicht nur für die Produktion, sondern auch für die Forschung und Entwicklung neuer Impfstoffe?

Laut Peter Hotez, Dekan der National School of Tropical Medicine am Baylor College of Medicine in Houston, Texas, ist der Aufbau dieser Kapazitäten ein wesentlicher Bestandteil der Arbeit seines Labors, einschließlich des dort entwickelten Covid-19-Impfstoffs Corbevax. In Zusammenarbeit mit dem indischen Unternehmen Biological E Limited entwickelt, kam der Impfstoff zwar spät auf den Markt, wurde bis zum Herbst 2022 jedoch bereits mehr als 75 Millionen Mal verimpft. Mit einem Preis von 1,90 Dollar pro Dosis ist Corbevax offensichtlich billiger als andere Impfstoffe, einschließlich des Gates-Oxford-Astra-Zeneca-Präparats.[71] Überdies bemühte sich Hotez, den Impfstoff auch Herstellern in armen Ländern verfügbar zu machen. So kündigte das indonesische Unternehmen Bio Farma an, den Impfstoff unter der Bezeichnung IndoVac zu produzieren.[72]

All das gelang dem Team um Hotez, obwohl es mehr oder weniger von den größten Fördertöpfen ausgeschlossen worden war. Laut Hotez sicherte sich Corbevax lediglich 5 Millionen Dollar von der CEPI und 400000 Dollar von den NIH. Dagegen bezuschussten Gates, die CEPI und die Steuerzahler Bill Gates' bevorzugten Impfstoffhersteller Novavax mit 2 Milliarden Dollar.[73] Von Novavax erfuhr ich, dass es trotz dieser massiven Unterstützung bis Anfang August 2022 nur rund 73 Millionen Dosen ausgeliefert hatte, also etwa genauso viel wie Corbevax.

»Wir hätten sehr viel schneller viel weiter kommen können, wenn uns Gates und die CEPI stärker unterstützt hätten«, sagte Hotez. »Gates

vermittelt den Eindruck, dass nur die multinationalen Impfstoffproduzenten erfahren genug für den Job sind. Darum liegt der Fokus auf
ihnen … und dazu möchte ich sagen, schaut mal, die multinationalen
Pharmafirmen zu dämonisieren ist genauso falsch. Sie tun viel Gutes
und sie bieten der Gavi-Allianz viele Zugänge. Meiner Ansicht nach ist
der Fehler, die Impfstoffproduzenten der Länder mit niedrigem und
mittlerem Einkommen nicht neu aufzustellen.«

Laut Hotez beruht seine gesamte Impfstoffarbeit auf Partnerschaften
mit armen Nationen. So erfordert Corbevax eine relativ simple Technologie, die schnell hochgefahren werden kann.[74] Die Idee ist, armen
Ländern nicht bloß gemäß dem althergebrachten Wohltätigkeitsmodell Impfdosen zu spenden, sondern sie in die Lage zu versetzen,
eigene Impfstoffe zu produzieren. »Wir haben ein anderes Modell präsentiert und mit Corbevax den Machbarkeitsnachweis erbracht. Das
Portfolio muss ausgewogener gestaltet werden. Damit meine ich nicht
nur die Gates Foundation, sondern auch Operation Warp Speed [das
staatliche Förderprogramm der USA für Covid-19-Impfstoffe] … Es
war falsch, dass es dabei nur um Schnelligkeit und Innovation ging,
nur darum, Anreize für Pharmafirmen zu schaffen. Der Fehler des
politischen Konzepts war von Anfang an, nicht zu erkennen, dass die
Hersteller in den Ländern mit niedrigem und mittlerem Einkommen
eine wichtige Rolle spielten«, erklärte Hotez.

Wenn man armen Ländern helfe, ihre eigenen Covid-19-Impfstoffe
zu produzieren, so Hotez, weise man ihnen auch den Weg zur Entwicklung von Impfstoffen für andere Krankheiten. Manche Erkrankungen beträfen nur wenige, meist arme Nationen, und für Pharmafirmen werde es nie besonders attraktiv sein, entsprechende Projekte
auf die Beine zu stellen. Falls Impfstoffe wesentlich zur Bekämpfung
dieser Krankheiten beitrügen, sollten dann arme Länder nicht in der
Lage sein, ihre Impfstoffe gemäß den lokalen Bedürfnissen und nach
eigener Entscheidung selbst zu produzieren? Oder sollten wir sie auffordern, die Hände in den Schoß zu legen und auf das Wohlwollen ausländischer Philanthropen und Pharmafirmen zu hoffen und darauf zu
warten, dass sie irgendwann in die Gänge kommen?

»Am wichtigsten ist es, dieses Impfstoffökosystem ins Gleichgewicht zu bringen. Das schließt die multinationalen Pharmafirmen mit ein – ihnen fällt ebenfalls eine wichtige Rolle zu –, aber eben auch anders geartete Organisationen«, führte Hotez weiter aus. »Wir tun etwas, woran Gates und andere nicht interessiert waren – wir bilden aus und bauen die Kapazitäten auf, denn das ist vermutlich genauso wichtig wie die eigentlichen Produkte.«[75]

Besonders bemerkenswert an Peter Hotez ist, dass er vor Jahren ein aufgehender Stern im Universum der Gates Foundation war – er hatte von der Stiftung zig Millionen Dollar an Fördergeldern erhalten.[76] Anfang der 2000er Jahre schienen Hotez und Bill Gates einander zu bewundern. »Ich möchte Professor Peter Hotez meine Anerkennung aussprechen, der hier an der Universität inspirierende Forschung zu Tropenkrankheiten betreibt und ein bedeutender Partner unserer Stiftung ist«, sagte Gates 2008 bei einer Rede an der George Washington University.[77] Zwei Jahre zuvor hatte Hotez gegenüber den Nachrichtenmedien erklärt: »Das Großartige an Bill und Melinda Gates ist, dass sie die Bekämpfung von Krankheiten fördern, für die sonst niemand Geld ausgeben will.«[78]

Aus nicht ersichtlichen Gründen stellte die Stiftung vor zehn Jahren die Förderung seiner Arbeit ein. Hotez beteuert, dass es keinerlei Zerwürfnis gab; die Stiftung habe sich schlicht dafür entschieden, eine andere Richtung einzuschlagen. Vor dem großen Coup mit Corbevax, sagte Hotez, sei die Stimmung in seinem Labor, das um den Fortbestand seiner Arbeit kämpfte, schlecht gewesen. Trotzdem schreibt er der Stiftung nach wie vor ein großes Verdienst an seinem Erfolg zu, und in unserem Interview war er stets bedacht, jeder Kritik an der Stiftung ein Lob hinterherzuschicken. »Ohne die Gates Foundation wäre ich nicht das, was ich heute bin. Ihr verdanken wir nicht nur Unterstützung bei der Entwicklung des Impfstoffs gegen die Hakenwurmkrankheit, sondern auch beim Aufbau der Infrastruktur, um überhaupt Impfstoffe herstellen zu können – mitsamt Qualitätskontrolle und -sicherung sowie den Verfahren, die für die Zulassung eines Impfstoffs erforderlich sind. Mit Hilfe von Gates konnten wir diese Infrastruktur für den Hakenwurm-Impfstoff aufbauen, aber sie danach auch für alle anderen unserer Impfstoffe umfunktionieren. Würde man mich fragen: ›Was würden Sie als Erstes tun, wenn Sie Bill Gates jetzt begegnen würden?‹, dann würde ich sagen: ›Ich würde ihm einfach nur dafür danken, dass er all dies ermöglicht hat‹ [lachend]. Und dann würde ich ihm sagen, was zu tun ist, um einige Dinge in Ordnung zu bringen.«

In den sozialen Medien hat Hotez Hunderttausende Follower. Dort wird ihm manchmal vorgeworfen, ein Gefolgsmann von Gates zu sein, weil er von dessen Stiftung finanziert wurde und so erpicht darauf sei, Gates' Arbeit öffentlich zu loben. Doch in Wahrheit scheint ihre Beziehung ganz anders geartet zu sein. Sie verfolgen in ihrer Arbeit zwar mit Leidenschaft sehr ähnliche Ziele – beide sind sehr öffentliche Verfechter von Impfstoffen und beide konzentrieren sich auf Krankheiten, die vor allem arme Länder betreffen –, aber in meinen Augen scheinen Bill Gates und die Gates Foundation fast schon mit Hotez zu konkurrieren.

So brachte Bill Gates ein Jahr, nachdem Hotez sein Buch *Preventing the Next Pandemic* veröffentlicht hatte, ein Buch mit fast dem gleichen Titel heraus – *How to Prevent the Next Pandemic*.[79] Außerdem finanziert die Gates Foundation die Entwicklung eines Impfstoffs gegen die Wurmerkrankung Schistosomiasis an der Texas Tech University, also im gleichen Bundesstaat, in dem Hotez sein Labor hat und dort ebenfalls erfolgreich an einem solchen Impfstoff forscht. Ich fragte Hotez danach.

»Ich denke, ich bin frustriert, weil sie die Gelegenheit ungenutzt lassen, mit Leuten ähnlicher Zielsetzung zu kooperieren, fast so, als wären wir Konkurrenten«, sagte er. »Der Schistosomiasis-Impfstoff ist ein sehr gutes Beispiel dafür. Es wäre ein Leichtes für sie, unseren Impfstoffkandidaten in das, was sie machen, einzugliedern. Stattdessen müssen wir allein losziehen und nach Sponsoren suchen. Und seien wir mal ehrlich – sobald Gates im Spiel ist, gibt es niemanden, der ihm als Förderer das Wasser reichen kann. Bei der Gates Foundation geht es gleich um 10 Millionen Dollar. Wenn man lediglich Chancen auf Fördersummen in Höhe von 100 000 oder 1 Million Dollar hat, braucht man schon eine Menge davon, um die Differenz auszugleichen. Es ist nicht leicht. Es wäre so viel einfacher, wenn sie unser Antigen mit auf ihre Liste [der bereits von ihnen geförderten Projekte] setzen und sie gemeinsam oder getrennt testen würden«, sagte er und fügte hinzu, er habe die Stiftung bereits darum gebeten, seinen Impfstoff zu sponsern. »Wir sind nicht an einem Konkurrenzkampf interessiert, überhaupt nicht. Das ist lächerlich. Wir würden sehr gern mit ihnen zusammenarbeiten. Ich war sehr dankbar, als uns die Gates Foundation unterstützt hat, weil sie eine Menge Gutes tun können.«

Dass Gates zögert, Hotez zu fördern, könnte damit zusammenhängen, dass sie verschiedene Vorstellungen von öffentlicher Gesundheit und der Rolle von Impfstoffen haben. Ein gutes Beispiel ist der neue Malaria-Impfstoff, den GSK 2021 auf den Markt gebracht hat. Der Impfstoff wurde weithin kritisiert, weil seine Wirkung nur sehr schwach war und man viel Zeit und Geld in seine Entwicklung gesteckt hatte.[80] Selbst die Gates Foundation, die den Impfstoff finanziert hatte, distanzierte sich öffentlich davon und erklärte den Medien, sie werde sich anderen Projekten zuwenden.[81]

Hotez sieht das anders: »Bei diesen komplizierteren Krankheitserregern wie Malaria, Schistosoma [den Würmern, die Schistosomiasis übertragen] oder Hakenwürmern ist es unwahrscheinlich, einen Impfstoff zu erhalten, der genauso wirksam ist wie der gegen Masern oder Polio. Diese Impfstoffe bieten einen Teilschutz. Der Gates Foundation, der WHO und anderen habe ich gesagt, dass wir an diese Art von Impfstoffen anders herangehen müssen, dass sie keine Ersatztechnologien sein werden. Sie sind Ergänzungstechnologien. Auch wenn wir einen Malaria-Impfstoff haben, brauchen wir trotzdem noch Moskitonetze und Malaria-Medikamente. Aber dieser [Impfstoff] wird ein wichtiger Verbündeter sein. Bisher hat die Welt noch nicht richtig verstanden, wie man Impfstoffe in diesem Kontext betrachten sollte.«

Dies ist eine realistische Sichtweise auf Impfstoffe von einem Arzt und Impfstoffentwickler. Bill Gates, ein Studienabbrecher ohne medizinische Ausbildung, ist völlig anderer Ansicht. Er bezeichnet Impfstoffe als »magisch« und vermarktet sie als »Wundermittel«.[82] Aus diesem Blickwinkel ist eine »Ergänzungstechnologie«, die nur einen

»Teilschutz« bietet, nichts, was Gates seinem Ziel näher bringt – der Ausrottung von Malaria.[83]

Bei einem Interview von 2003 war Gates voller Zuversicht, dass seine Stiftung einen hochwirksamen Malaria-Impfstoff entwickeln werde: »Absolut. Ohne Zweifel. … Ich würde sagen, in 20 Jahren ganz bestimmt und im Idealfall in zehn Jahren werden wir einen guten Impfstoff gegen Malaria haben. … Aber wegen der heutigen Computertechnik wird es einen unglaublichen medizinischen Fortschritt geben. Die nächsten 20 oder 30 Jahre werden *die* Zeit der Medizin sein. Bei vielen zentralen Problemen, ich würde sogar sagen, bei den meisten, werden wir riesige Fortschritte erzielen.«[84] 2009 weitete Gates seine Prognosen noch aus: »Einige große Erfolge stehen kurz bevor – bei Malaria, Durchfall, der Aids-Prävention. Jeweils in den nächsten zwei oder drei Jahren werden wir einige sehr große Meilensteine erreichen: ein paar neue Impfstoffe auf den Markt bringen, neue Ansätze entdecken.«[85]

2010 wurde der damalige CEO der Gates Foundation, Jeff Raikes, noch etwas konkreter: »Wir sind keine Organisation, die sich um Moskitonetze gegen Malaria kümmert. Wir sind vielmehr damit beschäftigt, einen Impfstoff zu finden.«[86]

Wie sich herausgestellt hat, scheinen Moskitonetze bislang das wichtigste Mittel in der Malaria-Bekämpfung zu sein – und in Wahrheit hat die Gates Foundation Milliarden Dollar an den Global Fund gespendet, der sie verteilt.[87] Wahr ist aber auch, dass unter Führung der Stiftung sogar schon vor der Pandemie weniger Fortschritte im Kampf gegen Malaria zu verzeichnen waren.[88] Obwohl wir über viele Mittel zur Behandlung und Prävention von Malaria verfügen, erkranken Jahr für Jahr Hunderte Millionen Menschen, und Hunderttausende, meist Kinder, sterben daran.[89] Gates' »riesige Fortschritte« und »großartige Lösungen« sind nicht erreicht worden, die Innovationsagenda, um die die Nachrichtenmedien einen endlosen, unkritischen Hype veranstaltet haben, konnte nicht umgesetzt werden.

Während Hotez' Labor weiter an mehreren Impfstoffkandidaten arbeitet – gegen Hakenwürmer, Schistosomiasis und die Chagas-Krankheit – treibt ihn nach eigener Aussage nicht nur die Suche nach Sponsoren um, sondern auch der Gedanke, was geschehen wird, falls die Impfstoffe erfolgreich sind. Wie wird er ohne Unterstützung der Gates Foundation auf einem Markt bestehen können, der im Wesentlichen von ihr beherrscht wird? Die Stiftung und ihre Vertreter sind in vielerlei Hinsicht *im Besitz* der Infrastruktur, in der sich Hotez' Impfstoffe durchsetzen oder scheitern werden. Und natürlich hat sich nur zu oft gezeigt, dass Bill Gates keine Konkurrenz duldet.

»Ich vertraue darauf, dass sich [unsere Impfstoffe] als wirksam erweisen, aber ob sie auf den Markt kommen, hängt von Kräften ab, die ich nicht beeinflussen kann«, sagte Hotez zu mir. »Das Aufregende an unserer Arbeit ist, dass es ohne die Gates Foundation keinen Fahrplan für diese Impfstoffe gibt. Das ist aufregend, aber auch erschreckend und raubt mir nachts den Schlaf.«

SCHLUSS

So wie Kapitän Ahab während seiner verbissenen Jagd auf den mächtigen Wal Moby Dick immer irrationaler und selbstzerstörerischer handelte, ist für Bill Gates Polio gewissermaßen zu einem weißen Wal geworden – eine Besessenheit, die seinen gesunden Menschenverstand und seine Vernunft trübt. »Tja, wenn man so will, habe ich den Ruf der Stiftung aufs Spiel gesetzt, als ich verkündete, dass wir tun, was nötig ist[, um Polio auszurotten]«, sagt er in der Netflix-Dokuserie *Der Mensch Bill Gates*. »Wenn man eine Krankheit gänzlich ausrotten will und versagt, werden der Ruf und die Glaubwürdigkeit der gesamten globalen Gesundheitsbewegung in Mitleidenschaft gezogen.«[1]

Das ist streng genommen nicht wahr. An der Ausrottung von Polio zu scheitern würde nicht den Ruf der globalen Gesundheitsbewegung in Mitleidenschaft ziehen, sondern den von Bill Gates. Führende Stimmen in der Weltgesundheit hinterfragen Gates' Kreuzzug gegen Polio schon lange. So bemerkte Donald A. Henderson, der sich der weltweit einzigen erfolgreichen Ausrottung einer Krankheit rühmen durfte (die Ausrottung der Pocken, eine Initiative der WHO) im Jahr 2011: »Der Kampf gegen Polio ist seit jeher emotional besetzt – Kinder mit Beinschienen, die March-of-Dimes-Poster. ... Aber daran sterben nicht so viele wie an Masern. Polio steht nicht auf der Top-20-Liste.«[2] In einem anderen Interview sagte der mittlerweile verstorbene Henderson: »Wenn man gegen Polio kämpft, macht man nichts anderes mehr. Bis 2011 hat man in mehreren Ländern – Nigeria, Indien und Pakistan –

zwar gegen Polio geimpft, aber zum Beispiel nicht gegen DPT [Diphtherie-Tetanus-Keuchhusten] oder Masern.«[3]

Im darauffolgenden Jahrzehnt fragten sich medizinische Experten weiterhin, ob man Zeit und Geld, die für die Ausrottung von Polio aufgewendet wurden, nicht besser für weitreichendere Ziele eingesetzt hätte. So waren Kühlschränke in Kliniken armer Länder mit Impfstoffen gegen Polio so vollgestopft, dass für Masernimpfstoffe kein Platz mehr blieb. »Hätte man mit diesem Geld noch mehr Kinder vor wirklich schlimmen Krankheiten retten können?«, fragte Oliver Razum, Epidemiologe an der Universität Bielefeld, im Jahr 2021.[4]

In diesen Kritiken geht es um »Opportunitätskosten«: mögliche Erfolge, die wir verpassen, wenn wir uns nach Gates' Prioritäten richten, Projekte, die ungefördert bleiben, wenn Steuergelder in Gates' öffentlich-private Partnerschaften fließen, oder die Frage, wie viel mehr Menschen davon profitieren würden oder gar überlebt hätten, wenn wir einen anderen Weg gegangen wären. Was Polio betrifft, würde wohl kaum jemand dafür plädieren, Kinder nicht zu impfen. Dennoch ziehen viele im Gesundheitswesen tätige Personen eine Strategie zur Kontrolle von Polio der von der Gates Foundation verfolgten Strategie der totalen Ausmerzung vor, die ein Vielfaches mehr an Ressourcen verschlingt. Warum steckt man das Geld, mit dem man ganze Armeen von medizinischem Personal finanziert, die von Tür zu Tür ziehen, um gegen Polio zu impfen, nicht in Kliniken, in denen man die Polio-Impfung bekommen, aber sich auch anderweitig medizinisch behandeln lassen kann?

Die Gates Foundation hat mehr als 8 Milliarden Dollar in den Kampf gegen Polio gepumpt. Zu Beginn der 2010er Jahre teilte Bill Gates den Medien mit, die Ausrottung von Polio sei »die eine Sache, an der ich am härtesten arbeite«.[5] Allerdings haben Steuerzahler aus reichen und auch aus armen Ländern noch mehr Geld in die Polio-Bekämpfung gesteckt – Milliarden an Steuergeldern sind auf Drängen (oder eigentlich das Lobbying) der Gates Foundation hin in das Projekt geflossen.[6] Zudem hat die Stiftung von der WHO gefordert, Polio weiterhin als eine ihrer allerhöchsten Prioritäten zu betrachten. Das hat die Kapazitäten der WHO in weitaus gravierenderen medizinischen Problembereichen eingeschränkt, wie etwa bei der Pandemievorsorge, bei Tuberkulose, Malaria und HIV/Aids.[7]

Die weltweite Kampagne zur Ausrottung von Polio, die nicht erst mit Bill Gates gestartet war, aber ohne die Unterstützung seiner Stiftung wahrscheinlich nicht fortgeführt worden wäre, hat Infektionen mit dem Wildtyp des Polio-Erregers inzwischen auf zweistellige Werte gesenkt – auf der ganzen Welt tragen weniger als hundert Menschen das Virus in sich, das Lähmungen verursacht. Dieser Fortschritt hat Gates den nötigen Impuls verschafft, um weiter Spendengelder in sein Lieblingsprojekt fließen zu lassen. »Polio hat einen wirklich magischen Wendepunkt erreicht, an dem es nur noch so wenige Fälle gibt, dass wir die Krankheit völlig ausmerzen werden, wenn wir unsere Anstrengungen noch einmal intensivieren. Das wäre dann erst das zweite Mal, dass so etwas gelingt«, sagte er 2013. »Das heißt, man würde künftig alle Impfkosten sparen und niemand muss mehr eine Lähmung fürchten. Wir koordinieren zahlreiche Spender und neue Forschung, um dies in den kommenden drei bis fünf Jahren zu erreichen.«[8]

Dieses Ziel hat Gates verfehlt. In den letzten Jahren musste seine Kampagne einen Anstieg der Polio-Fälle und ein Wiederaufflammen der Krankheit in reichen Ländern verzeichnen. Das liegt daran, dass die Kampagne auf Schluckimpfungen gesetzt hat – manchmal ist auf Fotos in den Medien zu sehen, wie Bill Gates Kindern den Impfstoff in den Mund träufelt. Bei der Schluckimpfung wird ein Lebendimpfstoff mit abgeschwächten Polio-Erregern verwendet. So wird das Immunsystem mit einer kleinen Virusmenge angeregt, sich erfolgreich gegen die Infektion zu wehren. Das Problem ist nur, dass das abgeschwächte Virus im Impfstoff mutieren und dann an andere, ungeimpfte Personen weitergegeben werden kann. Selten, aber zuverlässig verursacht die Schluckimpfung dann tatsächlich Lähmungen – und Ausbrüche, die noch mehr Infektionen nach sich ziehen. (In reichen Nationen wie den USA wird ein Totimpfstoff verwendet, der keine Lähmungen verursachen kann.) Laut Recherchen von Robert Fortner, die in *The British Medical Journal* veröffentlicht wurden, trugen 2020 tausend Personen in ganz Afrika Lähmungen infolge einer Impfung gegen Polio davon.[9]

In einem Interview berichtete mir Fortner: »Auf dem Weg zur Ausrottung wurde der Initiative irgendwann klar, dass es aller Wahrscheinlichkeit nach mehr Fälle von Impfschäden geben werde als Infektionen mit dem Wildtyp.« Laut Fortner reagierten Gates und andere Partner aber leider nicht schnell genug, und noch immer scheinen sie keine Lösung gefunden zu haben. Als ich Fortner im Juli 2022 interviewte, hatten die Nachrichtenmedien einen Tag zuvor berichtet, dass ein Mann in New York durch eine Polio-Impfung Lähmungen davongetragen hatte.[10]

In gewisser Hinsicht war die Ausrottungskampagne vielleicht schon von Anfang an zum Scheitern verurteilt, weil sie einen Top-down-Ansatz verfolgte, dessen Ausgangspunkt nicht Wissenschaft und Demokratie waren, sondern Ideologie und Eitelkeit. Der Historiker William Muraskin vom Queens College berichtet von Mitarbeitenden der Gates Foundation, die offen über die Strategien der öffentlichen Bloßstellung sprechen, mit denen lokale Entscheidungsträger auf Linie mit Gates' Ausrottungsagenda gebracht werden sollen, während zugleich Anreize verteilt werden – oder »Goodies«, wie sie herablassend sagen.[11] Schon bevor die Stiftung zur führenden Stimme in Sachen Polio wurde, tat die Ausrottungskampagne laut Muraskin alles dafür, »Forschung zu unterbinden, Publikationen zu verzerren, Kritiker zu unterdrücken und zum Verstummen zu bringen. Und das alles im Namen des Gemeinwohls.«[12] Muraskin schreibt:

> Gleichgültig, wie viel guten Willen Leute haben mögen, die in der öffentlichen Gesundheit tätig sind, … sie beanspruchen für sich das Recht zu entscheiden, welche lokalen, regionalen und nationalen Führungskräfte »illegitim« sind, und tun dann alles, um diese Hindernisse zu umgehen, zu vereinnahmen, zu »erziehen«, zu manipulieren oder anderweitig zu unterlaufen, um so ihre noblen Ziele zu verwirklichen. Wer hat sie zu Richtern über Amtsträger in Entwicklungsländern gemacht? Wer hat sie ernannt, ge-

wählt, wem sind sie Rechenschaft schuldig? Sie scheinen blind für die Parallelen zwischen ihren Ansprüchen auf wohltätige Interventionen heutiger Tage und ähnlichen Ansprüchen der westlichen Kolonialmächte in der Vergangenheit zu sein. Die Grundhaltung ist dieselbe: Wir wissen, was das Beste für diese Menschen ist, ihre Regierungskräfte handeln tyrannisch, inkompetent und korrupt. In der Vergangenheit haben die »weisen Männer« der westlichen Welt die Länder einfach erobert. Heute »weisen« sie ihnen nur den Weg in die richtige Richtung. Früher gaben ihnen Christentum und Zivilisation das Recht dazu. Heute sind es universelle Werte, Menschenfreunde und globale öffentliche Güter.

In Bill Gates' Entschlossenheit, Polio auszurotten, zeigt sich, wie die Grenze zwischen seinen guten Absichten und seinem enormen Ego verschwimmt. Jeder große Mann will auf eine große Tat verweisen können, die er vollbracht hat. US-Präsident Donald Trump versuchte, eine durchgehende Grenzmauer zwischen den USA und Mexiko zu bauen (und scheiterte). Andrew Carnegie, Industrieller und Philanthrop, baute Tausende Bibliotheken, von denen viele heute noch stehen und sein Erbe bewahren. Die Brücken, Schnellstraßen und Parks, die Robert Moses baute, veränderten das Gesicht New Yorks für immer, und einige von ihnen tragen noch heute seinen Namen.

Was also ist die große Leistung, die Bill Gates vorweisen kann? Microsoft Windows? Eine Sammlung übertriebener Behauptungen über Menschenleben, die er mit Hilfe von ihm finanzierter Forschungsarbeiten gerettet hat? »The Giving Pledge«, sein unwirscher Versuch, noch mehr seiner milliardenschweren Artgenossen ins Philanthropentum zu treiben? Gavi, sein komplexer Beschaffungsmechanismus, der im Wesentlichen Geld von Regierungen sammelt, um damit Impfstoffe von Pfizer zu kaufen?

Gates muss Polio ausrotten, um all die Großtuerei und Prahlerei, mit der er seine karitative Arbeit ausgeschmückt hat, zu rechtfertigen, um den endlosen Behauptungen und Versprechungen über die Heilung von Krankheiten Substanz zu verleihen. Allem Anschein nach wird er

keine Mühen scheuen, um das zu erreichen – ungeachtet der Opportunitätskosten, ungeachtet der Kritik von Fachleuten und ungeachtet des
dabei angerichteten Schadens.

Bei den Recherchen für dieses Buch habe ich häufig Quellen gebeten, mir zu sagen, was ihrer Meinung nach Bill Gates' bedeutendste
Leistungen seien. So gut wie alle hatten Schwierigkeiten, konkrete Beispiele zu nennen, und verwiesen stattdessen generell auf die Milliarden
von Dollar, die er gespendet hat. »Ich war dabei, als die Gates Foundation aus der Taufe gehoben wurde«, erzählte mir ein Zuwendungsempfänger. »Können Sie sich vorstellen, wie wir nerdigen Wissenschaftler diesen Topf voller Geld anstarrten und dachten, er würde
unserem Leben mehr Sinn geben? Es nicht nur leichter machen, sondern bedeutsamer – er würde unser Labor und unsere Teams zu einem
Ergebnis führen. Es war wie eine Verwandlung. Es ist nicht zu übersehen, welche Bedeutung ein Held für die Ärmsten der Armen hat, um
die sich niemand einen Dreck schert.« Die Quelle fügte hinzu: »Wir
brauchen Helden und wir brauchen Fürsprecher. … Besser ein Held
mit Fehlern als gar keiner.«

Dieses Narrativ stellt Gates' gute Absichten in den Mittelpunkt und
bekränzt das von ihm geschaffene Spektakel mit den Verdiensten seiner Arbeit. Er hat die Welt dazu gebracht aufzuhorchen. Er ist zwar
nicht vollkommen, aber er meint es gut. Diese Deutung lässt jedoch die
Tatsache unter den Tisch fallen, dass Bill Gates weniger ein Held der
Armen ist als vielmehr sein eigener Held. Er hat uns nicht dazu aufgefordert, den Blick auf das Elend der Armen der Welt zu richten, sondern auf seine eigenen wohltätigen Bemühungen, sie zu retten. Ob es
darum geht, das Podium der Weltgesundheitsorganisation oder des
Weltwirtschaftsforums zu entern, in einer namenlosen Provinz oder
einem ungenannten Land für Fotos mit armen Kindern zu posieren
oder Interviews in *60 Minutes* oder bei CNN zu geben – der Fokus der
Gates Foundation liegt nie auf der globalen Armut. Er liegt auf Bill
Gates. Inmitten der medialen Aufmerksamkeit, den Steuervergünstigungen, den Auszeichnungen, der politischen Macht und der PR ist
der größte Nutznießer der Gates Foundation demnach Bill Gates selbst.

Und noch wichtiger ist: Die Ärmsten der Armen haben Bill Gates nie darum gebeten, ihr Held zu sein. Sie haben seine Kandidatur oder seine politische Haltung nicht auf den Prüfstand gestellt und ihn dann in irgendein Amt gewählt. Es gab nie eine öffentliche Debatte über seine Führerschaft, Prioritäten oder Agenda. Das Gleiche gilt für reiche Nationen, in denen Steuerzahler praktisch ohne Diskussion oder Nachfragen Milliarden Dollar in Gates' öffentlich-private Partnerschaften gesteckt haben. Gates hat sich seine Macht schlicht und einfach genommen, indem er eine Führungsrolle in unpopulären und problembeladenen Bereichen für sich beansprucht hat – bei der Ernährung, der medizinischen Behandlung und der Bildung armer Menschen.

An diesem Punkt drängt sich die Frage auf: Wie *sollte* denn jemand wie Bill Gates sein Geld für wohltätige Zwecke ausgeben? Damit ließe man jedoch einige grundlegendere Fragen über Macht unbeantwortet. Wenn wir einer einzelnen Person – egal wem, wie gütig oder wohlmeinend sie auch sein mag – zubilligen, ungeheuren Reichtum zu erlangen, dann verleihen wir dieser Person auch eine ungeheure Macht. Die Frage lautet also nicht, wie Gates' Geld besser auszugeben wäre, sondern warum wir überhaupt erst irgendwem erlauben, so viel Geld und Macht zu besitzen.

Ganz konkret sollten wir auch danach fragen, ob Gates tatsächlich befugt ist, über sein riesiges Vermögen zu verfügen. Seinen Reichtum verdankt er einem der meistkritisierten Monopole der Weltgeschichte, das seine extreme Marktmacht dazu genutzt hat, sich mit seiner ausgesprochen mittelmäßigen und oft provozierend störanfälligen Software in unser Leben zu drängen. Zudem hat man Microsoft weithin Steuerhinterziehung vorgeworfen. Kann man angesichts dieses fragwürdigen Unternehmens behaupten, dass sich Gates sein Riesenvermögen *erarbeitet* hat? Und dass er es *verdient*, es zu besitzen? Dass er frei darüber bestimmen und es benutzen darf, um seine politische Weltsicht voranzubringen? Dass die Gesellschaft davon profitiert?

Überdies sollten wir über die existenzielle Frage nachdenken, inwiefern ein Milliardär – ein beliebiger Milliardär – in der Lage ist, mittels

Wohltätigkeit sozialen Fortschritt zu erzielen. Im Erfolg von Gates' Wohltätigkeit scheint der Mythos des gütigen Tyrannen mitzuschwingen, unsere Überzeugung, dass die Verleihung undemokratischer Macht an einen einzelnen Mann der Preis ist, den wir etwa für die Impfung der Armen zahlen müssen. Wie wir gesehen haben, hat Gates keine sonderlich beeindruckenden, wirkungsvollen oder effizienten Resultate vorzuweisen; ebenso wenig haben seine Bemühungen die »Gerechtigkeit« herbeigeführt, die er als zentrales Ziel seiner Arbeit bezeichnet. Durch Gates Herangehensweise finden sich arme Nationen in einem Konkurrenzkampf um begrenzte Spendengelder wieder, um ihren Bürgern Zugang zu einem funktionierenden Gesundheitswesen zu verschaffen. Dieser Ansatz betrachtet Gesundheitsfürsorge als Privileg oder Geschenk, nicht als ein Menschenrecht. Und er verpulvert Unsummen für Glanz und Gloria und PR, um die Welt glauben zu machen, dies sei die beste, wenn nicht gar einzige Lösung.

Dessen ungeachtet steht außer Frage, dass der Reichtum, über den Bill Gates verfügt – sein Privatvermögen von 100 Milliarden Dollar und das Vermögen seiner Privatstiftung in Höhe von 54 Milliarden Dollar –, der Gesellschaft von ungeheurem Nutzen sein könnte. Ja, die Welt braucht Bill Gates' Geld. Aber sie braucht nicht Bill Gates.

Um unser Bill-Gates-Problem zu lösen, müssen wir Gates und sein Geld separat betrachten. Die nette Variante könnte so aussehen, über Reformen für die Gates Foundation nachzudenken und nach Möglichkeiten zu suchen, wie sie tatsächlich als Wohltätigkeitsorganisation, die Geld verschenkt, fungieren könnte und nicht als politisches Instrument, zur Steuererleichterung und als PR-Apparat für Bill Gates. Derzeit reguliert sich die Gates Foundation zwar im Grunde selbst, doch dieses Privileg verdankt sie dem Kongress, der neue, strenge Regelungen erlassen könnte, die die Stiftung zwingen würden, karitativer zu handeln. Letztlich liegt es an unseren gewählten Gesetzgebern und an uns, den Bürgern, die die Mitglieder des Kongresses wählen, zu entscheiden, wie und ob wir Philanthropie regulieren.

In den 1960er Jahren hat der Kongress schon einmal eine »schmerzhafte Neubewertung« der Philanthropie vorgenommen. Mittlerweile ist die Zeit reif für neue Regeln und Vorschriften, um die Arbeit milliardenschwerer Wohltätigkeitsorganisationen zu reglementieren. Wir könnten uns auch an die Bundessteuerbehörde und den Attorney General des Staates Washington wenden, die beide unmittelbare Befugnis zur Beaufsichtigung der Gates Foundation besitzen, davon bisher aber keinen Gebrauch gemacht haben, weil ihnen entweder die erforderlichen Ressourcen oder der politische Wille fehlten. Wir könnten auch das Justizministerium bitten, die Vorwürfe der Wettbewerbsverzerrung zu untersuchen, mit denen die Stiftung im Zusammenhang mit Arzneimittelentwicklung konfrontiert wurde.

Reformer haben bereits eine Reihe gemäßigter neuer Regeln für Privatstiftungen vorgeschlagen, die die Gates Foundation in ihre Schranken weisen könnten. Laut Steuerexperten sollten Stiftungen jährlich einen größeren Prozentsatz ihres Vermögens statt der zurzeit verlangten 5 Prozent spenden. Das würde die Frist bis zu einem möglichen Bankrott verkürzen und auf diese Weise den langfristigen politischen Einfluss begrenzen, den eine Institution wie die Gates Foundation haben kann.

Zudem könnte man darauf bestehen, dass diese Zuwendungsverpflichtung für *Geld, das tatsächlich an andere verschenkt wird*, gilt. So bemerkt Linsey McGoey in ihrem Buch *No Such Thing as a Free Gift*: »Wenn es sich bei einer Zuwendung um eine tatsächliche Spende handeln soll – die dem Empfänger vom Spender tatsächlich überlassen wird, so dass dieser keinerlei Anspruch mehr darauf erheben kann –, dann hat dieser Spender kein Recht mehr, daran zu partizipieren.«[13] Falls die Gates Foundation demnach von ihr kontrollierte Gruppen mit Milliarden Dollar sponsern will – es sich dabei also um Geld für ihre Vertreter und Agenten handelt –, dann sollte dies nicht als Wohltätigkeit gewertet werden oder bei ihren Zuwendungsverpflichtungen zu Buche schlagen. Gleiches gilt für die ungeheuren Summen, die die Stiftung für ihre aufgeblähte Bürokratie aufwendet – etwa die Milliarden Dollar, die sie im Jahr für McKinsey-Berater, Verwaltungskosten und die Instandhaltung ihrer pompösen Zentrale in Seattle ausgibt.

Auch der karitative Charakter von Gates' Geldgeschenken muss hin-

terfragt werden. Sehr häufig profitiert die Familie Gates von diesen Ge-
schenken – seien es die 100 Millionen Dollar, die die Stiftung der elitären Privatschule gespendet hat, die die Gates-Kinder besucht haben,
oder die großzügigen Zuwendungen der Stiftung an die Medien, die
daraufhin das Image der Gates Foundation und der Familie Gates
aufpoliert haben. Gates' Spenden an Nachrichtenabteilungen wie auch
an Privatunternehmen sollten nicht als wohltätige Gaben, sondern als
Bestandteil von Handelsverträgen betrachtet werden und sich nicht
steuersenkend auswirken.

Reformer der Milliardärs-Philanthropie haben darüber hinaus eine
neue Ära der Transparenz ins Gespräch gebracht, was bedeuten würde,
dass die Gates Foundation ihre Aktivitäten erläutern müsste. Dazu
würde die Offenlegung ihrer Geldflüsse gehören und das Ende ihrer
Kultur des dunklen Geldes. Es könnte auch angeordnet werden, die
Unterlagen der Stiftung dem Gesetz der Informationsfreiheit zu unter-
werfen, so dass sie alle Zuwendungen und Verträge, die sie unterzeichnet, öffentlich zugänglich machen muss.

Überdies könnte man sich vorstellen, der Stiftung eine neue Füh-
rungsstruktur zu geben, mit einem entscheidungsbefugten, unabhängigen Vorstand, um zu gewährleisten, dass Bill Gates nicht im Alleingang
bestimmen kann, wofür das Geld ausgegeben wird. Ich persönlich
finde, dass Bill Gates in der Stiftung, falls sie fortbesteht, *keine* offizielle
Rolle mehr spielen sollte. Wenn Gates sein Privatvermögen in seine
Privatstiftung steckt, die er kontrolliert, handelt es sich nicht um Wohltätigkeit. Es sollte Regeln geben, die das klarstellen.

Wenn nicht Bill Gates, wer sollte dann die Gates Foundation leiten?
Ein von Bill Gates engagiertes Marionettenensemble? Natürlich nicht.
Die Personen, die über das Stiftungsvermögen zu bestimmen hätten,
sollten aus den Reihen der Begünstigten kommen, die die Stiftung
anvisiert – Lehrkräfte, Schüler, Bauern, Ärzte und Patienten aus den
Bereichen und Regionen, die von der Stiftung unterstützt werden. Sie
sollten das Heft in die Hand nehmen und jedes Jahr gezielt sehr große
Geldsummen vergeben, um das Stiftungsvermögen schnell auszuschöpfen. Am gerechtesten wären wohl einmalige Barauszahlungen

vom Stiftungskonto an die ärmsten Menschen der Welt. Mit diesem Akt der Nächstenliebe würde den Armen das Vertrauen und die Ermächtigung geschenkt, selbst zu entscheiden, was mit Gates' Geld geschehen soll. Das würde die Welt nicht aus den Angeln heben, aber garantiert mehr erreichen als Bill Gates' Vater-ist-der-Beste-Philanthropie.

Diese Lösungsvorschläge werden bei einigen von Ihnen auf Skepsis stoßen, weil Sie sich fragen, wie genau das denn zu bewerkstelligen sein soll. Glauben wir wirklich, dass Bill Gates friedlich in den Sonnenuntergang reiten und die Herrschaft über das von ihm erbaute philanthropische Reich aufgeben wird? Natürlich nicht. Die Gates Foundation hat mit Hilfe ihrer sehr umfangreichen karitativen Zuwendungen eine massive Interessenvertretung zur Verteidigung von Bill Gates' unregulierter »Spendenfreiheit« aufgebaut, ein Begriff, den die von Gates geförderte Philanthropy Roundtable verwendet. Die Stiftung hat rund 500 Millionen Dollar an Zuwendungen in etwas gesteckt, was man als philanthropischen Industriekomplex bezeichnen könnte, und sponsert damit die Profiliga der Verteidiger, Verfechter und handelnden Personen der Wirtschafts-Philanthropie – ein wahres Bollwerk gegen Reformbestrebungen.

Akteure aus Unternehmensbereichen wie den Pharmariesen, der Agroindustrie und der kommerziellen Bildung, wenn nicht gar aus dem US-Außenministerium sind sehr an der Fortsetzung von Bill Gates' Philanthropenkarriere interessiert – weil er sich als mächtiger Staatsmann präsentiert, der zwar behauptet, den Armen der Welt zu helfen, aber in Wahrheit alles dafür tut, den Reichen zu helfen und die Wirtschaftsinteressen (sowie generell die unternehmerischen Interessen) der USA zu fördern. Genau wie die US-Regierung ist die Gates Foundation bemüht, Exportmärkte für amerikanische Technologien und andere Waren zu schaffen – ob es Impfstoffe von Pfizer sind oder GMOs von Monsanto (jetzt Bayer).

Stehen uns derzeit politische Kanäle offen, um Bill Gates trotz dieser politischen Opposition den Kampf anzusagen? Genauer gesagt: Wenn wir tatsächlich die erforderliche politische Schlagkraft erzeugen würden, um neue Regulierungen für die Gates Foundation durchzusetzen, würde Gates dann nicht einfach die Stiftung dichtmachen und sein Geld als Privatmann verschenken?

Mit diesem Innovationsgeist gingen der Gründer von Meta (Facebook) Mark Zuckerberg und seine Frau Priscilla Chan ihr philanthropisches Unternehmen an und zogen ihre Wohltätigkeitsorganisation nicht als gemeinnützige Privatstiftung, sondern als Gesellschaft mit beschränkter Haftung auf. Das bedeutet, dass ihnen einige Steuervergünstigungen entgehen, sie dafür aber mit beträchtlicher Intransparenz agieren und die Details ihrer karitativen Aktivität vor öffentlicher Überprüfung abschirmen können. So schwach die Regulierung von Privatstiftungen derzeit auch ist, ermöglicht sie uns doch gewisse Einblicke in die Arbeit der Gates Foundation – wie etwa in die jährlichen Steuererklärungen, die uns verraten, wohin ein Teil der Gelder fließt.

In gewisser Hinsicht scheinen Bill und Melinda French Gates Zuckerbergs Beispiel bereits zu folgen, denn sie verwenden zunehmend Zeit und Geld auf Nebenprojekte wie Breakthrough Energy, Pivotal Ventures, Gates Ventures und weitere quasiphilanthropische Unternehmungen, die nicht wie Privatstiftungen, sondern wie Firmen organisiert sind.

An diesem Punkt wird klar, dass das Bill-Gates-Problem nur dann wirklich zu lösen ist, wenn man über vom Kongress beschlossene Reformen für die Gates Foundation hinausgeht. Solange Bill Gates seinen extremen Reichtum behält, wird er der Demokratie weiterhin übel mitspielen. Er wird Möglichkeiten finden, sein Riesenvermögen für den Erwerb und die Ausübung undemokratischer Macht zu nutzen – wenn nicht mittels seiner Pivatstiftung, dann eben auf anderen Wegen.

Um eine Lösung zu finden, müssen wir die bestehenden Probleme überdies aus einem weiter gefassten Blickwinkel betrachten. Laut der Stiftung wird ihre Arbeit »geleitet von der Überzeugung, dass alle Menschenleben gleich viel wert sind«. Sie soll dazu beitragen, dass »alle Menschen ein gesundes, produktives Leben führen«. Dies ist eine sehr ehrenhafte Mission und Vision, würde aber eine Welt voraussetzen, in der alle Menschen grundlegende Rechte und Privilegien besitzen und ihre elementarsten Bedürfnisse befriedigen können – eine annehmbare Unterkunft, fundamentale Gesundheitsfürsorge, sauberes Wasser und genügend Nahrung, Zugang zu Bildungseinrichtungen, die Möglichkeit zu einträglicher Arbeit, rechtlicher Schutz vor Diskriminierung und weitere grundlegende demokratische Rechte.

Können wir darauf vertrauen, dass uns die Gates Foundation in diese Richtung führt? Unter Gates' Leitung werden die Armen nie sauberes Wasser haben; stattdessen werden *einige* gegen Rotaviren und Polio geimpft und erhalten so einen gewissen Schutz vor Krankheiten, die von schmutzigem Wasser und schlechten Sanitäranlagen verursacht werden. Die Armen werden nie Zugang zu Systemen einer grundlegenden Gesundheitsfürsorge haben, die ihnen eine routinemäßige Krebsvorsorge bieten; stattdessen werden *einige* HPV-Impfungen erhalten und so vor Gebärmutterhalskrebs geschützt. Arme Frauen werden nie volle Autonomie über ihre reproduktive Gesundheit haben; stattdessen erhalten *einige* Zugang zu den begrenzten Verhütungsalternativen, die Gates subventioniert. Bauern in vielen afrikanischen Ländern werden zwar Zugang zu den von der Stiftung favorisierten Produkten wie synthetischem Dünger und vielleicht irgendwann auch genmodifiziertem Saatgut haben, aber dafür werden sie sich womöglich schwer verschulden oder mitansehen müssen, wie sich die Qualität ihrer Böden durch die Chemikalien verschlechtert. Und entsprechend werden die ärmsten Schulbezirke in den Vereinigten Staaten zwar neuen Tests und Überwachungsmechanismen unterworfen, die Gates als notwendig für ihren Erfolg erachtet, aber die dort unterrichteten Schülerinnen und Schüler werden nie über die Unterstützung oder die Freiheit verfügen, die Gates' eigene Kinder hatten, um ihre intellektuellen Interessen zu entwickeln und zu ergründen.

Man kann nicht erwarten, dass Bill Gates und die Gates Foundation alle Probleme der Welt lösen oder im Alleingang die globale Armut beenden, aber das ist auch gar nicht der Punkt. Die Frage lautet, ob Gates' Wohltätigkeitsmodell in die richtige Richtung führt oder nicht vielmehr den Weg zu dem erforderlichen wahren, systemischen Wandel umgeht oder versperrt. Können wir mit Hilfe milliardenschwerer

Oligarchen wirklich Gleichheit herbeiführen? Läuft das Gates-Modell nicht grundsätzlich darauf hinaus, die reichsten Menschen der Erde zu ermächtigen, Entscheidungen für die Ärmsten zu treffen?

In den kommenden Jahren werden diese Fragen noch drängender werden, denn Bill Gates hat fast 250 der weltweit reichsten Personen überredet, sich mit der Unterzeichnung von »The Giving Pledge« bereit zu erklären, den größten Teil ihres Vermögens zu spenden.[14] Wir sind aufgerufen, diese Akte der Freigebigkeit zu feiern und über das lebensverändernde Potenzial zu staunen, das diese anrollenden Hunderte von Milliarden – oder gar Billionen – Dollar für die Philanthropie zu bieten haben. Eine eher nüchterne Betrachtung würde jedoch auch die Hunderte von Milliarden Dollar an entgangenen Steuereinnahmen im Blick haben, die mit diesem Spendenmarathon einhergehen. Und sie würde danach fragen, ob die Philanthropie tatsächlich die außerordentlich gravierenden gesellschaftlichen Schäden aufwiegt, die beim Erzeugen dieser riesigen Vermögen meistens entstehen.

Der Philanthrop Mark Zuckerberg verdankt seinen Reichtum einem Unternehmen, das mit verschiedenen Vorwürfen konfrontiert ist – von Umgehung der Körperschaftssteuer über den Cambridge-Analytica-Skandal und Verletzung der Privatsphäre bis zur Verbreitung von Fehlinformationen. Jeff Bezos machte Ende 2022 Schlagzeilen mit der Ankündigung, er wolle den größten Teil seines Vermögens für wohltätige Zwecke aufwenden. Am selben Tag verkündete Amazon, das Unternehmen, das Bezos so reich gemacht hat, es werde 10 000 Mitarbeitende entlassen.[15] Auch Bezos' Exfrau MacKenzie Scott heimste viel Lob und Ruhm für ihren revolutionären philanthropischen Ansatz ein, an keinerlei Bedingungen geknüpfte massive Spenden an unterrepräsentierte Gruppen zu vergeben – doch auch hier ist zu bedenken, dass ihr Reichtum, den sie Amazon verdankt, mit fortdauernden Missständen einhergeht. Dieses Unternehmen übt auf dem Markt Monopolmacht aus, zahlt nur sehr wenige Steuern und bekämpft Versuche von Gewerkschaften, schlechte Arbeitsbedingungen, über die oft berichtet wurde, zu beheben.[16] Der Millionär Chuck Feeney scheint Anerkennung zu verdienen, weil er angeblich sein Versprechen eingelöst hat, fast sein gesamtes Vermögen – großenteils anonym – zu verschenken. Allerdings hatte er beim Erwerb seines Reichtums sorgfältig darauf geachtet, die Zahlung von Steuern zu umgehen, und zudem sein Geld mit dem Verkauf gesundheitsschädlicher Produkte wie Zigaretten und Alkohol in seinen Duty-free-Shops verdient.[17]

Sam Bankman-Fried, der Kryptowährungs-Milliardär, der sich Anfang 2023 wegen Finanzbetrugs vor einem Bundesgericht verantworten musste, wünschte sich, von der Welt für seinen rasant erworbenen Reichtum gefeiert zu werden, und versprach, 99 Prozent davon für wohltätige Zwecke zu spenden.[18] Ende 2022 musste Bankman-Frieds Kryptoreich Insolvenz anmelden; zu den großen Verlierern gehörte ein Altersvorsorgeplan für Lehrer in Ontario, dem Verluste von beinahe 100 Millionen Dollar entstanden.[19] Die Belegschaft von Bankman-Frieds Wohltätigkeitsorganisation FTX Future Fund trat geschlossen zurück und gab folgendes Statement heraus: »Angesichts der Tatsache, dass die Führung von FTX möglicherweise betrügerisch oder unredlich agiert hat, verurteilen wir dieses Verhalten aufs Schärfste.«[20]

Selbst bei unseren besten Milliardärs-Philanthropen nährt sich die Wohltätigkeit oft von schädigendem Verhalten, Habgier oder Steuervermeidung. Und darum sollten wir bedenken: Wenn uns Gleichheit wirklich am Herzen liegt und wir uns eine Welt mit mehr Gerechtigkeit wünschen, sollten wir unsere Wirtschaft und Gesellschaft so umstrukturieren, dass es einer sehr kleinen Gruppe von Menschen nicht mehr möglich ist, einen solch extremen Reichtum anzuhäufen.

Das kann man auf vielerlei Weise angehen, aber die naheliegendste Maßnahme wäre ein neues Steuersystem, das den Steuervermeidungsstrategien von Multimilliardären und milliardenschweren Unternehmen einen Riegel vorschiebt, so dass Bill Gates (sowie die Pharmariesen, die Internetgiganten und alle anderen auch) ihren gerechten Anteil zahlen. Ich persönlich finde, dass die derzeit vorgeschlagene Vermögenssteuer – selbst Bernie Sanders' Vorschlag, den Allerreichsten pro Jahr 8 Prozent abzuverlangen – bei den weltweit reichsten Personen wie Bill Gates noch viel zu kurz greift. Eine Vermögenssteuer würde es Bill Gates erschweren, noch mehr Reichtum anzuhäufen,

aber sie würde nichts an der Tatsache ändern, dass er obszön reich ist.
Um das Bill-Gates-Problem in den Griff zu bekommen, müsste man
die Besteuerung viel aggressiver gestalten – entweder mit einer viel
höheren Vermögenssteuer oder einem ganz anderen System. Einigen
von Ihnen widerstrebt vielleicht die Vorstellung, Bill Gates' Riesenvermögen dem derzeitigen Expertengremium gewählter Amtsträger in
Washington, D. C., anzuvertrauen, weil Sie sich fragen, ob diese Betrüger, Heuchler und Schurken bessere Verwalter seines Geldes sind als
seine Wohltätigkeitsorganisation. Es stimmt, dass eine Menge Geld für
die falschen Zwecke ausgegeben und verschwendet würde, aber tut die
Gates Foundation das nicht auch? Schauen Sie sich ihre immer wieder
gescheiterten karitativen Unternehmungen an, ihren aufgeblähten
Bürokratiesumpf, die nach Vetternwirtschaft riechende Macht ihrer
Vertreter, die Geldverschwendung beim Bau ihrer 500 Millionen Dollar teuren Zentrale und das Marketing mit endloser eigennütziger
Selbstbeweihräucherung. Wenn ohnehin ein Teil des Geldes missbraucht wird, warum sollte man es nicht einem demokratischen Organ
überlassen, über das wir immerhin ein wenig Kontrolle haben, weil es
zumindest einer gewissen Gewaltenteilung unterliegt? Und warum
sollten wir Bill Gates nicht schon aus Prinzip dazu auffordern, nach
denselben Regeln zu spielen wie der Rest von uns und einen fairen Anteil an Steuern zu zahlen?

Wie wir mit Bill Gates' Vermögen umgehen, hat letztlich damit zu
tun, in welcher Welt wir leben möchten und wie wichtig uns Gleichheit, Gerechtigkeit, Freiheit und Demokratie sind. Die Welt verändern
zu wollen ruft leicht Zynismus oder Skepsis hervor, aber es ist wichtig
zu erkennen, dass wir eigentlich keine andere Chance haben. Der
Kampf hat schon begonnen. Und die Welt wendet sich bereits gegen
Menschen wie Bill Gates.

Schauen wir auf die Popkultur und die unzähligen Serien und
Filme – *Silicon Valley, Succession, Billions, Ozark, Loot* (dt. *Reich!*),
Don't Look Up, Glass Onion usw. usw. usw. – in denen Milliardäre als
amoralische Schurken und Milliardärs-Philanthropie als eigennütziges
Prestigeprojekt oder politisches Mittel zum Zweck dargestellt werden.

Schauen wir auf unseren politischen Diskurs, wo Mainstream-Kandidaten Fragen nach dem reichsten Prozent der Bevölkerung beantworten müssen und es darum geht, ob es überhaupt Milliardäre geben sollte. Überall gibt es klare Anzeichen für zunehmendes Misstrauen und Widerwillen gegen Oligarchie und die falschen Versprechen von wohltätigen Tech-Milliardären.

Schauen wir auf die Covid-19-Pandemie, die offenbart hat, wie grotesk ineffizient und ungerecht ein Wirtschaftssystem ist, das die Bedürfnisse der Reichen über die der Armen stellt und die Patentrechte der Pharmariesen über die öffentliche Gesundheit und das ökonomische Wohl unseres Planeten. Schauen wir auf politische und soziale Bewegungen wie Occupy Wall Street und Black Lives Matter – worüber die Gates Foundation kein Sterbenswörtchen verloren hat –, die eine Umstrukturierung unserer Gesellschaft fordern, so dass der übermäßige Reichtum und die »Weiße-Retter«-Mentalität, die Bill Gates' philanthropischen Aktivitäten zugrunde liegt, hinterfragt werden. Und schauen wir auf den Klimawandel: Selbst die großen Medien haben Bill Gates' schamlose Versuche kritisiert, seine Autorität durch die Ankündigung zu behaupten, dass seine neuen, nicht getesteten Technologien eines Tages die Erde retten würden. Der Klimawandel wird in den kommenden Jahren unvorstellbare Zerstörung in unser Leben bringen und uns immer wieder vor Augen führen, wie fehlgeleitet und unrechtmäßig die Position ist, die Bill Gates im öffentlichen Leben für sich beansprucht.

Ende 2022 hat die Gates Foundation die Klimaaktivistin Mikaela Loach zur jährlich stattfindenden »Goalkeepers«-Gala eingeladen, um eine der Festreden zu halten. Sie nutzte ihre kurze Zeit am Mikrophon, um mit dem Modell der Veränderung abzurechnen, das die Stiftung verfolgt, und legte dar, dass ein Wirtschaftssystem, das sich auf wenige große Gewinner und sehr viel mehr Verlierer stützt, nicht für Gleichheit sorgen kann, wie die Stiftung behauptet. »Ich finde, es sollte keine Milliardäre geben«, sagte Loach.[21]

Wir können nicht über die Umverteilung von Reichtum reden, wenn wir nicht zugleich auch eine Umverteilung von Macht vornehmen. ... Wenn wir also Macht auf den Prüfstand stellen, dann müssen wir fragen: Wer hat die Macht in diesem Raum? Wer hat die Macht in der Welt? Wer entscheidet, welche Lösungen verfolgt werden – zum Beispiel, wessen Namen Stiftungen tragen? Wer trifft diese Entscheidungen? Und demzufolge: Wer entwickelt die Narrative und wer kontrolliert diese Narrative? Und wie könnte das die Lösungen, die wir verfolgen, einschränken? Vielleicht verändern wir die Welt gar nicht wirklich; vielleicht lassen wir die Welt einfach so, wie sie ist, aber geben ihr ein geringfügig anderes Aussehen. Wie können wir mehr verlangen?

Diese Protestbekundung offenbart, dass die Gates Foundation ihre Legitimitätskrise selbst auf ihren eigenen durchchoreographierten, sorgfältig betreuten VIP-Events nicht mehr übertünchen kann. Bill Gates kann sich nicht länger vor seinen Kritikern verstecken, die vor seiner Haustür stehen, über seine Schwelle treten, mit ihm am Tisch sitzen, ihn um einen zweiten Nachschlag bitten – und Witze darüber reißen, dass der Kaiser ja gar keine Kleider anhat.

In jeder Ecke von Gates' Reich gehen seine vorgeblichen Untertanen auf die Barrikaden. Wir haben gesehen, wie Eltern, Lehrkräfte und Aktivisten seine Common-Core-Bildungsstandards angegriffen und mit dem 100-Millionen-Dollar-Projekt zur Datenüberwachung an öffentlichen Schulen kurzen Prozess gemacht haben, ja sogar zur Stiftungszentrale in Seattle marschiert sind. Wir beobachten eine wachsende Bewegung zur »Dekolonisierung der Weltgesundheit«, die eine existenzielle Bedrohung für das Geschäftsgebaren der Stiftung in Gesundheitswesen und Medizin darstellt. Wir beobachten, wie Bauern und Bauernverbände in ganz Afrika Gates' landwirtschaftliche Interventionen offen kritisieren und fordern, die Finanzierung der Alliance for a Green Revolution in Africa einzustellen. Wir beobachten sogar, dass sich eine zunehmende Zahl von Gates' superreichen Artgenossen zu Vereinigungen wie TaxMeNow und

Patriotic Millionaires zusammenschließt, um höhere Steuern für Reiche zu verlangen.

Außerdem ist zu beobachten, dass sich im Journalismus ein höchst bedeutsamer Wandel vollzieht, nachdem die Nachrichtenmedien 2021 ihre Scheuklappen abgenommen und endlich erkannt haben, dass Bill Gates nicht der Messias ist, als der er in den letzten zehn Jahren fast durchgängig dargestellt wurde. Das ist ein erfreuliches Signal, denn ohne starke, unabhängige Medien wird es sehr schwierig, die demokratische Macht zu schaffen, die wir brauchen, um unrechtmäßige Machtstrukturen wie die Gates Foundation herauszufordern. Für einen starken Journalismus müssen wir die Institution des Journalismus an sich zur Verantwortung ziehen. Ich bin der Meinung, Journalisten, die ihrer Arbeit nur mit Hilfe von Bill Gates' Geld nachgehen können, haben in der Branche nichts zu suchen. Und ich denke, wir sollten in einem weiteren Rahmen, wenn nicht sogar weltweit, darüber nachdenken, Gates' Geld dankend abzulehnen.

Der einzige Grund, Bill Gates – egal, zu welchem Thema – zuzuhören, ist sein ungeheurer Reichtum. Sein Geld ist seine Macht. Sobald wir anfangen, zu seinem Geld nein zu sagen, verringern wir diese Macht. Sollten sich gewählte Amtsträger und Kongressmitarbeitende (und ihre Familienmitglieder) teure Auslandsreisen von der Gates Foundation spendieren lassen? Nein. Sollten unsere öffentlichen Hochschulen Milliarden Dollar von der Stiftung annehmen und dann zulassen, dass sie die Forschung an diesen Hochschulen beeinflusst? Nein. Sollten wir Spendenkampagnen von NPR ernst nehmen, während das Rundfunk-Syndikat Bill Gates' Privatstiftung begierig um Millionen Dollar bittet? Nein.

Wir sollten Bill Gates die kalte Schulter zeigen, wenn er uns auffordert, mit unseren Steuergeldern die von ihm geschaffenen öffentlich-privaten Partnerschaften zu subventionieren. Wenn die öffentliche Unterstützung für die Stiftung nachlässt, wird auch ihre undemokratische Macht rasant schrumpfen, weil dann sowohl ihre Fördergelder als auch ihre moralische Autorität beschnitten werden.

Die Macht der Gates Foundation muss ihr jedoch wohlüberlegt und umsichtig entzogen werden. Zurzeit sind zu viele Menschen von der Stiftung abhängig, um sie über Nacht zu demontieren. Komplette öffentliche Systeme wurden im Hinblick auf ihre Zuwendungen und Prioritäten aufgebaut. Ich möchte auch erneut in Erinnerung rufen, dass viele zentrale Quellen, die mir beim Verfassen dieses Buches geholfen haben, Zuwendungsempfänger und Mitarbeitende der Gates Foundation waren. Die Gates Foundation anzufechten darf kein Kesseltreiben werden, bei dem durch die Bank jede Person in Gates' finanziellem Einflussbereich als Mitläufer oder Bösewicht betrachtet wird. Es gibt zahlreiche besonnene Menschen, die in Gates' karitativem Reich arbeiten und sich Veränderungen wünschen, denen aber gerichtliche Schritte oder das Ende ihrer beruflichen Laufbahn drohen, falls sie die Stiftung öffentlich kritisieren.

Ich hoffe, dass wir diesen Menschen Räume schaffen können, die es ihnen ermöglichen, ihre Stimme zu erheben und die Probleme, die sie wahrnehmen, offen zur Sprache zu bringen. Und wenn sie das tun, hoffe ich, dass Journalisten und die Öffentlichkeit ihre Geschichten mit offenen Ohren, Augen und Herzen aufnehmen. Eine offene, ehrliche Diskussion über die Gates Foundation ist längst überfällig, und es gibt einfach zu viele Fragen, die den Charakter ihrer Wohltätigkeit betreffen – Fragen, die nach Antworten verlangen.

Ist es angemessen, dass die Stiftung nach Belieben kommerziell agiert, dass sie Unternehmen finanziert und sogar verklagt? Dass sie sich geistiges Eigentum von Zuwendungsempfängern aneignet? Eigene Pharmafirmen gründet? Können wir tatsächlich behaupten, dass die verschiedenen übereinstimmenden Vorwürfe wettbewerbsfeindlichen Verhaltens nur aus Neid erhoben wurden? Können wir ignorieren, dass man gegen die Stiftung ganz ähnliche Vorwürfe wie gegen die Monopolmacht von Microsoft erhoben hat? Können wir ignorieren, dass Microsoft auf verschiedene Weisen davon profitiert, dass sich die Gates Foundation so entschlossen für Patentrechte einsetzt? Warum untersucht niemand diese Aktivitäten?

Sollte man der Stiftung erlauben, Handel mit dunklem Geld in Milliardenhöhe zu treiben, wozu etwa nicht näher bezeichnete Ausgaben für Berater, Honorare und *fiscal sponsors* gehören? Sollten wir nicht die Möglichkeit zur Einsicht in die tatsächlichen Zuwendungen und Verträge haben? Sollten wir nicht die Möglichkeit bekommen, Gates' Netzwerk einflussreicher Beziehungen eindeutig zu kartieren – so dass beispielsweise zu sehen ist, in welchen Vorständen die Gates Foundation sitzt? Wenn die Stiftung mit unserem Geld arbeitet, finden Sie dann nicht auch, dass wir in der Lage sein sollten nachzuverfolgen, wohin es fließt?

Sind Sie als Steuerzahler der Meinung, dass Bill Gates Ihre Steuergelder gut verwaltet? Sind Sie überzeugt, dass mit den zig Milliarden Dollar, die Regierungen an seine öffentlich-privaten Partnerschaften spenden, öffentliche Mittel gerecht und effizient genutzt werden? Liegt es nicht auf der Hand, dass die ungeheuren Summen, die Steuerzahler in Gates' Projekte pumpen, mit Leichtigkeit auch ohne Beteiligung von Bill Gates Millionen Menschenleben retten könnten? Sorgt Gates tatsächlich für Wertzuwachs oder zapft er lediglich Guthaben ab? Was ist mit den Steuervergünstigungen in Milliardenhöhe, die wir Bill Gates, Melinda French Gates und Warren Buffett für ihre wohltätigen Spenden gewähren? Warum haben wir unser Steuersystem so gestaltet, dass es den reichsten Personen ermöglicht, die meisten Steuern zu sparen? Ist die Philanthropie von Milliardären wirklich ein akzeptabler Ersatz für das Zahlen von Steuern?

Sind Sie einverstanden mit der derzeitigen Führungsriege der Gates Foundation, die untätig bleibt, obwohl ihr Gründer mit außergewöhnlichen Vorwürfen des Fehlverhaltens konfrontiert wird, wie etwa einer nach wie vor ungeklärten jahrelangen Beziehung zu Jeffrey Epstein? Ist es angemessen, dass die Stiftung dieses Mannes zu den weltweit führenden Förderern der Stärkung von Frauen gezählt wird?

Sollte sich Bill Gates andauernd mit Kongressmitgliedern treffen? Sollte seine Stiftung Reisen für sie finanzieren? Sollte die Stiftung offizielle Positionen im Ausland bekleiden, um als technischer Berater für die Impfpolitik in Indien und die landwirtschaftliche Entwicklung in Äthiopien aufzutreten? Sollte man der Stiftung erlauben, Hunderte Millionen Dollar an Regierungsbehörden zu spenden? Zu welcher Art von

Wohltätigkeit gehören diese Aktivitäten? Wenn Philanthropie ein Instrument ist, um Politik durch Geld zu beeinflussen, warum regulieren
wir sie dann nicht genauso wie Lobbying oder Beiträge zu Kampagnen?

Sind Sie nicht der Meinung, dass der öffentliche Diskurs über die
Gates Foundation im letzten Jahrzehnt äußerst unausgewogen war?
Glauben Sie, dass Gates' Sponsoring der Nachrichtenmedien keine
Rolle bei dieser journalistischen Rudelbildung gespielt hat? Ab wann
würden wir von falscher Berichterstattung sprechen, wenn die Stiftung
den Nachrichtenmedien Geld gibt, damit diese der Menschheit ihre
Fortschrittsnarrative verkünden – und davon, dass sie damit von den
unzähligen Belegen für allgegenwärtige Ungleichheit und Armut ab-
lenken will?

Ist es sinnvoll, dass Bill Gates' Privatstiftung so viel Kontrolle über
die Wissenschaft hat und ganze Forschungsbereiche dominiert, wenn
nicht gar monopolisiert? Beunruhigen Sie nicht die vielen Vorwürfe,
wonach Gates die Stiftungsgelder vorsätzlich einsetzt, um die wissenschaftliche Arbeit zu verzerren? Ist es gut für eine Gesellschaft, dass
eine ihrer Institutionen so große Macht über Erkenntnisgewinn hat –
über Universitäten, über Denkfabriken und über die Medien?

Ist Milliardärs-Philanthropie die Lösung für Ungleichheit oder ein
Sinnbild für Ungerechtigkeit? Ist Bill Gates überhaupt ein Philanthrop?
Sind seine wohltätigen Spenden Ausdruck von Liebe oder Ausübung
von Macht? Verdient er die endlosen unkritischen Lobreden für das
Verschenken von kleinen Geldsummen, die er nicht braucht? Oder
sollten wir vielmehr hinterfragen, warum Gates ein Vermögen von
100 Milliarden Dollar hortet, während so viele Menschen auf der Welt
darum kämpfen, über die Runden zu kommen? Ist Gates großzügig
oder geizig?

Wie können wir die Stiftung als eine humanitäre Organisation betrachten, wenn sie ihr Vermögen aktiv in Unternehmen und Branchen
investiert, die den armen Menschen, denen sie angeblich dient, Schaden zufügen? Können wir wirklich über dieses schmutzige Geld hin-
wegsehen und es als »Mittel zum Zweck« rechtfertigen, da die Erträge
aus den Investitionen den Armen eines Tages vielleicht mittels Philan-

thropie zugutekommen? Wie können wir die Gates Foundation als Wohltätigkeitsorganisation betrachten, wenn sie Jahr für Jahr einen Kapitalertrag in Milliardenhöhe erzielt, der die Summe, die sie an Spendengeldern ausgibt, mitunter übersteigt? Und wie sieht das Endziel der Gates Foundation aus – will sie eine immer noch größere, noch reichere, noch mächtigere Institution werden? Ist das gut für die Gesellschaft?

Falls Sie religiös sind: Können Sie auf irgendeine heilige Schrift oder Lehre verweisen, die dieses Modell von Reichtum und Macht rechtfertigt? Oder wenn Sie die Welt von einer politischen Warte aus betrachten: Welche Theorie oder Ideologie würde Bill Gates und die Gates Foundation nicht mit der Idee der Oligarchie in Verbindung bringen?

Können Sie den Blick über Bill Gates' Philanthropiereich schweifen lassen und aus voller Überzeugung sagen, dass er mehr Gutes tut, als Schaden anzurichten? Glauben Sie nicht daran, dass eine andere Welt möglich wäre? Glauben Sie, dass die Menschheit zu massiver Ungleichheit verdammt ist und wir bestenfalls hoffen können, dass unsere Oligarchen gute Oligarchen und unsere Milliardäre gute Milliardäre sind – dass sie ihren riesigen Reichtum dafür verwenden, der Welt zu helfen, und ihr keinen Schaden zufügen? Martin Luther King Jr. hat gesagt: »Wahres Mitgefühl bedeutet mehr, als einem Bettler eine Münze hinzuwerfen; es erkennt, dass ein Gebäude, das Bettler hervorbringt, umgebaut werden muss.« Haben diese Worte nicht einen tiefen, beunruhigenden Nachhall, der das von Bill Gates errichtete Stiftungsgebäude in seinen Grundfesten erschüttert?

Ich glaube nicht, dass ein vernünftig denkender Mensch heute auf Bill Gates und die Gates Foundation blicken und sagen kann, dass Veränderungen überflüssig sind. Ich hoffe, meine Leser verstehen, dass ihre Meinung zählt – dass sie mindestens genauso viel zählen sollte wie die von Bill Gates, dass wir eine Welt anstreben sollten, in der nicht der reichste Typ die lauteste Stimme hat. Wenn Sie Ihre Stimme in der öffentlichen Diskussion erheben, festigt das die demokratische Macht, die wir brauchen, um uns Gates' undemokratischer Machtanmaßung entgegenzustellen.

Die Gates Foundation zu hinterfragen ist nur ein Kampf in einem viel größeren Krieg – gegen Vermögensungleichheit, gegen Kolonialismus, gegen Ungerechtigkeit, gegen Rassismus, Sexismus, Intoleranz und Vorurteile, gegen all diese antidemokratischen Kräfte –, aber es ist ein wichtiger Kampf, weil Gates ein solch einflussreicher Oligarch und ein so bedeutender Bannerträger ist. Philanthropie von Milliardären, wie sie Bill Gates praktiziert, macht sich unsere kulturelle Voreingenommenheit zunutze, um ihren Einfluss zu verbergen. Sie lässt uns glauben, wenn ein Milliardär seinen ungeheuren Reichtum verschenkt, sei dies ein über alle Zweifel erhabener Akt der Nächstenliebe, den es zu preisen gilt, und nicht etwa ein Instrument der Macht und Kontrolle, das hinterfragt werden muss.

DANK

Seit 2018 sind Recherchen über Bill Gates ein Schwerpunkt meiner Arbeit. Damals bewarb ich mich mit einem Investigativprojekt über die Gates Foundation und erhielt ein journalistisches Stipendium der Alicia Patterson Foundation. Ohne dieses Stipendium hätte es meine erste Untersuchung über die Gates Foundation – von 2019 – nie gegeben und dieses Buch wäre nie geschrieben worden. Höchstwahrscheinlich wäre aus mir nicht einmal ein Autor geworden. Ich bin der Alicia Patterson Foundation zutiefst zu Dank verpflichtet.

Das Stipendium hätte ich nicht erhalten ohne Linda Jue, die sich meine ursprüngliche Bewerbung ansah und mir erklärte, ein dermaßen unstrukturiertes Projekt könne sie nicht unterstützen. Das war der Tritt in den Hintern, den ich brauchte, um mich noch einmal hinzusetzen und mein Konzept zu überarbeiten. Linda vermittelte mir auch den Kontakt zu *The Nation*; der Herausgeber Don Guttenplan förderte meine Recherchen über Gates zu einer Zeit, als die meisten Nachrichtenmedien keinen Gedanken daran verschwendeten, die Stiftung kritisch unter die Lupe zu nehmen.

Ich danke Don auch, weil er mich bei der Roam Agency vorstellte. Meine dortige Agentin Roisin Davis handelte geschickt einen Vertrag mit Metropolitan Books aus und war dann auch für die Weiterleitung des Buches an Henry Holt verantwortlich. Darüber hinaus nahm sie sich die Zeit, den ersten Entwurf des Buches sorgfältig zu kommentieren. Mein erster Redakteur Grigory Tovbis glaubte fest an das Projekt und war mir eine große Unterstützung; ich habe seinen Weggang sehr bedauert. Ich danke dem Redakteur Tim Duggan und seinem Team bei Henry Holt, die mutig auf den fahrenden Zug aufsprangen und das Projekt sehr effektiv über die Ziellinie steuerten.

Sachi McClendon, Paige Oamek und Finley Muratova übernahmen den Faktencheck – eine Herkulesaufgabe, die das Buch noch aufwertete. Brian Mittendorf beantwortete geduldig meine Fragen zu den komplexen Steuerformularen der IRS, die von Privatstiftungen eingereicht werden. Auch Ray Madoff gab sich alle Mühe, um mir die Besteuerung zu erklären, oder hatte hilfreiche Tipps zur Hand. James Love stellte die Verbindung zu mehreren wichtigen Quellen her und verschaffte mir ausführliche Hintergrundinformationen über geistiges Eigentum. Andrew Noymer lieferte mir – neben einer Liste mit Personen, die zu einem Gespräch bereit waren – einen prägnanten Überblick über das Institute for Health Metrics and Evaluation, und das zu einer Zeit, in der Recherchen über etwas, das sich »Gesundheitsmetrik« nannte, unmöglich erschienen. Von Rob Larson erhielt ich hilfreiche, durchdachte Antworten auf alle meine Fragen über Ökonomie. Eine Reihe weiterer Personen schenkten mir ihre Zeit und beantworteten mir Fragen oder gaben mir ein Feedback zu verschiedenen Teilen des Buches, darunter Anne Hendrixson, David McCoy, Monica Guerra, Nick Tampio, Manjari Mahajan, Lea Dougherty und Tim Wise.

Was den eigentlichen Inhalt des Buches betrifft, gibt es zahlreiche Personen, denen ich danken möchte, die aber ungenannt bleiben müssen. Viele Quellen, die ich für dieses Buch befragte, waren dazu nur unter der Bedingung bereit, dass sie anonym blieben. Ohne diese Whistleblower, die mich von überall auf der Welt kontaktierten, wäre mein Buch sehr viel dünner geworden. Sie alle hatten mehr oder weniger das Gleiche zu berichten: Bill Gates ist nicht im Entferntesten derjenige, der er zu sein vorgibt.

Ich möchte auch den vielen anderen Quellen danken, die so freundlich waren, offiziell mit mir zu sprechen, deren Namen in diesem Buch aber nicht genannt werden. Im Zuge meiner Recherchen wandte ich mich an Hunderte von Leuten, und der Redaktion meines ersten Entwurfs fielen zahlreiche Abschnitte zum Opfer. Mit ihnen verstummten auch die Stimmen vieler Quellen.

Zum Schluss möchte ich den Menschen danke sagen, die mich bis hierher moralisch unterstützt haben. Zu ihnen gehören meine Eltern, die mir auf vielfältige Weisen geholfen haben – wahrscheinlich noch mehr, als mir bewusst ist. Ich danke meinem Bruder für nimmermüde technische Unterstützung. Ich danke Gigi und Som für ihre vielen freundlichen Taten, die es mir ermöglicht haben, während der Pandemie so etwas wie eine Schriftstellerkarriere zu verfolgen. Ich danke meinem langjährigen Freund Shane Dillingham, der mir vor Jahren auf einer holprigen Autofahrt in Oaxaca beharrlich einredete, wenn ich wollte, könnte aus mir einmal ein Autor werden, mir danach stets zur Seite stand und mehrere Kapitel dieses Buches gründlich kommentierte. Der kürzlich verstorbene Sheldon Krimsky arbeitete zu Beginn meiner Laufbahn mit mir zusammen und gab mir danach weiterhin wichtiges Feedback und Inspiration. Der kürzlich verstorbene Todd Fisk scheute keine Mühen, um mich bei meinen ersten Schreibversuchen zu unterstützen; er und seine Frau Inga halfen mir sogar beim Erstellen einer Webseite. Von John Claborn erhielt ich wichtiges Feedback zu mehreren Kapiteln, moralische Unterstützung und während der gesamten Arbeit am Buch wertvolle spontane Ideen. Der Autor Robert Fortner war mir ebenfalls ein hilfreicher Kollege; ihm verdanke ich einen Überblick und geduldige Erläuterungen zur Arbeit der Gates Foundation zu Polio.

Auch wenn zahlreiche Personen daran beteiligt waren, dieses Buch zum Leben zu erwecken, ist das Schreiben eines Buches eine unglaublich einsame Aufgabe – und eine selbstsüchtige noch dazu. Es hat Zeit, Aufmerksamkeit und Energie gekostet, die ich den wichtigsten Menschen in meinem Leben vorenthalten habe. Ich bin meiner Familie Dank schuldig für ihre unendliche Geduld und Freundlichkeit und dafür, dass sie immer mal wieder für willkommene Ablenkungen gesorgt hat.

ANMERKUNGEN

PROLOG

1 Sandi Doughton, »Not Many Speak Their Mind to Gates Foundation«, *Seattle Times*, 3. August 2008, https://www.seattletimes.com/seattle-news/not-many-speak-their-mind-to-gates-foundation/.
2 »Bill & Melinda Gates Foundation CEO Mark Suzman Announces Initial Plans to Evolve Governance as Bill Gates and Melinda French Gates Commit $15 Billion in New Resources to Deepen and Accelerate the Foundation's Efforts to Address Inequity«, Bill & Melinda Gates Foundation, 7. Juli 2021, https://www.gatesfound ation.org/ideas/media-center/press-releases/2021/07/bill-melinda-gates-founda tion-mark-suzman-plans-evolve-governance.

EINLEITUNG

1 David Allison, »Transcript of a Video History Interview with Mr. William ›Bill‹ Gates«, National Museum of American History, Smithsonian Institution, 1993, https://americanhistory.si.edu/comphist/gates.htm.
2 Paul Allen, *Idea Man – Die Autobiografie des Microsoft-Mitgründers*. Übers. von P. Pyka und B. Schöbitz (Frankfurt am Main: Campus, 2011), S. 39. [*Idea Man: A Memoir by the Cofounder of Microsoft* (New York: Portfolio, 2011)].
3 Allen, *Idea Man*, S. 49.
4 *Der Mensch Bill Gates*, Teil 2, 9:30, Regie: Davis Guggenheim, 20. September 2019, Netflix.
5 Walter Isaacson, *The Innovators – Die Vordenker der digitalen Revolution von Ada Lovelace bis Steve Jobs*. Übers. von S. Kuhlmann-Krieg (München: Bertelsmann, 2014), S. 380. [*The Innovators: How a Group of Hackers, Geniuses, and Geeks Created the Digital Revolution* (New York: Simon and Schuster, 2015)].
6 Allen, *Idea Man*, S. 9 f.
7 Allison, »Transcript of a Video History Interview with Mr. William ›Bill‹ Gates«.
8 Allen, *Idea Man*, S. 96.
9 Allen, *Idea Man*, S. 103–106.
10 Allen, *Idea Man*, S. 124.

11 Allen, *Idea Man*, S. 138 f.

12 Allen, *Idea Man*, S. 139.

13 Allen, *Idea Man*, S. 173 f.

14 Allen, *Idea Man*, S. 175.

15 Allen, *Idea Man*, S. 217.

16 Allen, *Idea Man*, S. 257.

17 David Rensin, »The Bill Gates Interview: A Candid Conversation with the Sultan of Software About Outsmarting His Rivals«, *Playboy*, Juli 1994.

18 Allen, *Idea Man*, S. 210.

19 John Seabrook, »E-mail from Bill,« *New Yorker*, 26. Dezember 1993, https://www.new yorker.com/magazine/1994/01/10/e-mail-from-bill-gates; Allen, *Idea Man*, S. 154.

20 Abkürzung für original equipment manufacturer, was »Erstausrüster« bedeutet (Anm. d. Übs.)

21 Jennifer Edstrom und Marlin Eller, *Barbarians Led by Bill Gates – Microsoft von innen betrachtet*. Übers. von M. Hesse-Hujber und B. Pleier (Bonn: MITP-Verlag, 1999), S. 31 f. [*Barbarians Led by Bill Gates* (New York: Henry Holt, 1998), S. 30].

22 James Wallace und Jim Erickson, *Mr. Microsoft – Die Bill-Gates-Story*. Übers. von P. Hahlbrock (Frankfurt am Main: Ullstein, 1992), S. 204. [*Hard Drive: Bill Gates and the Making of Microsoft* (New York: John Wiley and Sons, 1992), S. 212].

23 Associated Press, »Mary Gates, 64; Helped Her Son Start Microsoft«, New York Times, 11. Juni 1994, https://www.nytimes.com/1994/06/11/obituaries/mary-gates-64-helped-her-son-start-microsoft.html; Wallace und Erickson, Mr. Microsoft, S. 181.

24 Rob Guth, »Raising Bill Gates«, *Wall Street Journal*, 25. April 2009, https://www.wsj.com/articles/SB124061372413054653.

25 *Idea Man*; Wallace und Erickson, *Mr. Microsoft*, S. 178 f.

26 Wallace und Erickson, *Mr. Microsoft*, S. 194–197.

27 Todd Bishop, »Microsoft at 40: How the Company Has Changed, and Stayed the Same«, *GeekWire*, 4. April 2015, https://www.geekwire.com/2015/microsoft-at-40-how-the-companys-goal-has-changed-and-stayed-the-same/.

28 Allen, *Idea Man*.

29 Josh Halliday, »Microsoft Sells MSNBC.com Stake«, *Guardian*, 16. Juli 2012, https://www.theguardian.com/media/2012/jul/16/microsoft-msnbc; Michael Kinsley, »My History of Slate«, *Slate*, 18. Juni 2006, https://slate.com/news-and-poli tics/2006/06/michael-kinsley-s-history-of-slate.html.

30 David Bank, *Breaking Windows: How Bill Gates Fumbled the Future of Microsoft* (New York: Free Press, 2001), S. 14–15.

31 Steve Lohr, »Where Microsoft Wants to Go Today: Further Moves into Home and Office for the Software Giant«, *New York Times*, 5. Januar 1998, https://www.nytimes.com/1998/01/05/business/outlook-98-media-technology-where-microsoft-wants-to-go-today.html.

32 Allen, *Idea Man*, S. 337.

33 »Justice Department Files Antitrust Suit Against Microsoft for Unlawfully Monopolizing Computer Software Markets«, Press Release, 18. Mai 1998, U. S. Depart-

ment of Justice, Washington, D.C., https://www.justice.gov/archive/atr/public/pressreleases/1998/1764.htm.

34 Ted Bridis, »Judge Rules Microsoft Is a Monopoly«, *AP News*, 5. November 1999, https://apnews.com/article/fffc2a3a5757f38b9ef47c1e862e80a2; Amy Harmon, »U. S. vs. Microsoft: The Overview: Judge Backs Terms of U. S. Settlement in Microsoft Case«, *New York Times*, 2. November 2002, https://www.nytimes.com/2002/11/02/business/us-vs-microsoft-overview-judge-backs-terms-us-settlement-microsoft-case.html.

35 Charles Arthur, »Microsoft Loses EU Antitrust Fine Appeal«, *Guardian*, 27. Juni 2012, https://www.theguardian.com/technology/2012/jun/27/microsoft-loses-eu-antitrust-fine-appeal; Steve Lohr und David D. Kirkpatrick, »Microsoft and AOL Time Warner Settle Antitrust Suit«, *New York Times*, 29. Mai 2003, https://www.nytimes.com/2003/05/29/technology/microsoft-and-aol-time-warner-settle-antitrust-suit.html.

36 Katie Hafner, »Bill Gates and His Wife Give Away $3.3 Billion«, *New York Times*, 6. Februar 1999, https://www.nytimes.com/1999/02/06/us/bill-gates-and-his-wife-give-away-3.3-billion.html.

37 Lisa Singhania, »Gates Stays Atop Billionaires Club«, *Washington Post*, 16. Juni 2000, https://www.washingtonpost.com/archive/business/2000/06/16/gates-stays-atop-billionaires-club/453c7e6b-804b-4e90-acdf-8629a11f33e6/.

38 »The World's Real-Time Billionaires«, *Forbes*, https://www.forbes.com/real-time-billionaires/.

39 Tim Schwab, »US Opioid Prescribing: The Federal Government Advisers with Recent Ties to Big Pharma«, *BMJ* 366:l5167 (22. August 2019), https://doi.org/10.1136/bmj.l5167.

40 Corrie MacLaggan, »Exclusive: Livestrong Cancer Charity Drops Lance Armstrong Name from Title«, Reuters, 15. November 2012, https://www.reuters.com/article/us-cycling-armstrong-livestrong-idUSBRE8AE00020121115.

41 Hannah Fraser-Chanpong, »Hillary Clinton Denies Donors Influenced Her as Secretary of State«, CBS News, 24. August 2016, https://www.cbsnews.com/news/hillary-clinton-denies-donors-influenced-her-as-secretary-of-state/.

42 Brian Naylor, »Trump Foundation to Dissolve Amid New York Attorney General's Investigation«, NPR, 18. Dezember 2018, https://www.npr.org/2018/12/18/677778958/trump-foundation-to-dissolve-amid-new-york-ags-investigation.

43 Katie Hafner, »Gates's Library Gifts Arrive, but with Windows Attached«, *New York Times*, 2. Februar 1999, https://www.nytimes.com/1999/02/21/us/gates-s-library-gifts-arrive-but-with-windows-attached.html.

44 Karl Taro Greenfeld, »Giving Billions Isn't Easy: Bill and Melinda Gates«, *Time*, 24. Juli 2000, https://content.time.com/time/subscriber/article/0,33009,997529,00.html.

45 »Melinda Gates Joins Washington Post Co. as Director«, *Washington Post*, 10. September 2004, https://www.washingtonpost.com/archive/business/2004/09/10/melinda-gates-joins-washington-post-co-as-director/1de38078-e749-4bb1-a4ce-430469a25070/.

46 Bill Shore, »Bush Recognizes Social Entrepreneurship«, *Seattle Post-Intelligencer*, 16. Januar 2007, https://www.seattlepi.com/local/opinion/article/Bush-recognizes-social-entrepreneurship-1225470.php.

47 »The Presidential Medal of Freedom«, The White House, 2016, https://obamawhite house.archives.gov/campaign/medal-of-freedom; Chris Young, »Bill Gates Receives Honorary Knighthood«, 2. März 2005, https://www.nbcnews.com/id/wbna7065790; Shanoor Seervai, »Bill and Melinda Gates Receive Indian Civilian Award«, *Wall Street Journal*, 28. Januar 2015, http://blogs.wsj.com/indiareal time/2015/01/28/bill-and-melinda-gates-receive-indian-civilian-award/.

48 »H. Res. 638, 109th Congress (2005–2006), Congratulating Bill Gates, Melinda Gates and Bono for Being Named Time Magazine's 2005 Person of the Year«, Congress.gov, 18. Dezember 2005, https://www.congress.gov/bill/109th-congress/house-resolution/638?s=1&r=80.

49 »Bill Gates Talks Philanthropy, Microsoft and Taxes«, *New York Times*, DealBook event, 6. November 2019.

50 Die Stiftung hat 80 Milliarden Dollar an Spenden zugesagt, doch diese werden meist über mehrere Jahre verteilt ausbezahlt, so dass ein Teil der Summe noch einige Zeit bei der Stiftung verbleiben wird.

51 Dawn Fratangelo, »How Gates Changes Global Public Health«, NBC News, 27. Juni 2006, https://www.nbcnews.com/id/wbna13580687.

52 Bill & Melinda Gates, »Why We Swing for the Fences«, *GatesNotes*, 10. Februar 2020, https://www.gatesnotes.com/2020-Annual-Letter.

53 Ron Claiborne und Ben Forer, »Bill Gates Criticizes Long-Held Norms in America's Education System«, ABC News, 3. März 2011, https://abcnews.go.com/US/bill-gates-education-microsoft-founder-schools-teaching-teachers/story?id=13051251; Rainer Zitelmann, »Bill Gates Was an Angry, Difficult Boss in Early Microsoft Days – Here's Why Employees Still Liked Him«, CNBC, 24. Februar 2020, https://www.cnbc.com/2020/02/24/bill-gates-was-difficult-boss-in-early-microsoft-days-but-employees-still-liked-him.html.

54 Megan Twohey und Nicholas Kulish, »Bill Gates, the Virus and the Quest to Vaccinate the World«, *New York Times*, 23. November 2020, https://www.nytimes.com/2020/11/23/world/bill-gates-vaccine-coronavirus.html.

55 Der Begriff »Erfolgskartell« stammt von Yogesh Rajkotia. Yogesh Rajkotia, »Beware of the Success Cartel: A Plea for Rational Progress in Global Health«, *BMJ Global Health* 3, Nr. 6:e001197 (1. November 2018), https://doi.org/10.1136/bmjgh-2018–001197.

1 GERETTETE MENSCHENLEBEN

1 »Anand Giridharadas: It Is Immoral to Be a Billionaire«, Oxford Union Debate, 5. September 2019, Youtube, 3:25, https://www.youtube.com/watch?v=axN8ppre mU.

2 »Peter Singer: It Is NOT Immoral to Be a Billionaire«, Oxford Union Debate, 5. September 2019, Youtube, 4:00, https://www.youtube.com/watch?v=SYgMtZODcVQ.

3 Kelsey Piper, »Bill Gates's Efforts to Fight Coronavirus, Explained«, Vox, 14. April 2020, https://www.vox.com/future-perfect/2020/4/14/21215592/bill-gates-corona-virus-vaccines-treatments-billionaires; Kelsey Piper, Twitter, 29. Mai 2019, https://twitter.com/KelseyTuoc/status/1133761319646089217.

4 David Callahan, Twitter, 17. März 2020, https://twitter.com/DavidCallahanIP/status/1240101039837032448. Festzuhalten ist, dass ich Gates' Behauptungen, Millionen Menschenleben gerettet zu haben, in meinem Artikel ausdrücklich erwähnt habe; Tim Schwab, »Bill Gates Gives to the Rich (Including Himself)«, The Nation, 17. März 2020, https://www.thenation.com/article/society/bill-gates-foundation-philanthropy/.

5 »From Poverty to Prosperity: A Conversation with Bill Gates«, ein Interview von Arthur C. Brooks, American Enterprise Institute, 13. März 2014, https://www.aei.org/wp-content/uploads/2014/03/-bill-gates-event-transcript082217994272.pdf?x91208.

6 Bill Gates, »Watch the Full Bill Gates Keynote from Microsoft Research Faculty Summit 2013«, Official Microsoft Blog, 15. Juli 2013, https://web.archive.org/web/20210120012355/https://blogs.microsoft.com/blog/2013/07/15/watch-the-full-bill-gates-keynote-from-microsoft-research-faculty-summit-2013/.

7 Center for Global Development, »Millions Saved – FAQ«, letzte Frage, http://millionssaved.cgdev.org/frequently-asked-questions. Laut eigener Aussage ist das Center for Global Development in seiner Arbeit unabhängig von seinen Geldgebern. Gleichzeitig wird darauf hingewiesen, dass die Gates Foundation maßgeblich an Millions Saved beteiligt gewesen ist: »Mitarbeiter der Gates Foundation spielten eine Rolle bei der Entstehung des Buches, indem sie bei der Begutachtung einer vom CGD-Team zusammengestellten Auswahlliste von Fällen Unterstützung leisteten und Beratung und Feedback zum Gesamtprojekt abgaben.«

8 Tim Schwab, »Are Bill Gates's Billions Distorting Public Health Data?«, The Nation, 3. Dezember 2020, https://www.thenation.com/article/society/gates-covid-data-ihme/; Christopher Murray und Ray Chambers, »Keeping Score: Fostering Accountability for Children's Lives«, The Lancet 386, Nr. 9988 (4. Juli 2015), S. 3–5, https://www.thelancet.com/journals/lancet/article/PIIS0140-6736(15)61171-0/fulltext.

9 Bloomberg School of Public Health, »Lives Saved Tool (LiST)«, Johns Hopkins, https://www.jhsph.edu/research/centers-and-institutes/institute-for-international-programs/current-projects/lives-saved-tool/; Jaspreet Toor et al., »Lives Saved with Vaccination for 10 Pathogens Across 112 Countries in a Pre-Covid-19 World«, hrsg. von Margaret Stanley, Diane M. Harper und Kate Soldan, eLife 10:e67635 (13. Juli 2021), https://doi.org/10.7554/eLife.67635.

10 Bill Gates, »Warren Buffett's Best Investment«, GatesNotes, https://www.gatesnotes.com/2017-annual-letter.

11 Karen Makar, »An Overview of the Bill and Melinda Gates Foundation«, Presentation at Fourteenth H3Africa Consortium Meeting, Accra, Ghana, 25. September 2019, https://h3africa.org/index.php/forteenth-meeting/#1569927279633–30d6cced-5af7; FastCo Works, »Five Renowned Designers Illustrate Global Health Stories You Should Know About«, Fast Company, 15. Februar 2017, https://www.fastcom

pany.com/3068156/five-renowned-designers-illustrate-global-health-stories-you-should-know-ab.

12 Sarah Boseley, »How Bill and Melinda Gates Helped Save 122M Lives – and What They Want to Solve Next«, *Guardian*, 14. Februar 2017, https://www.theguardian.com/world/2017/feb/14/bill-gates-philanthropy-warren-buffett-vaccines-infant-mortality; Timothy Egan, »Bill Gates Is the Most Interesting Man in the World«, *New York Times*, 22. Mai 2020, https://www.nytimes.com/2020/05/22/opinion/bill-gates-coronavirus.html.

13 Dallas Morning News: »Melinda Gates: The Dallas Morning News Texan of the Year 2020«, *Dallas Morning News*, 2. Januar 2021, https://www.dallasnews.com/opinion/editorials/2021/01/02/the-dallas-morning-news-texan-of-the-year-2020-melinda-gates/. Gates' Beitrag, in dem von den 122 Millionen geretteten Menschenleben die Rede war, erzeugte bei vielen, anscheinend auch bei den *Dallas Morning News*, den Eindruck, dass Gates allein für die Rettung von 122 Millionen Menschenleben verantwortlich sei. Wenn man ganz genau hinschaut, verweisen Bill und Melinda French Gates in dem Beitrag beiläufig auf andere Partner: »Unsere Ziele werden von vielen anderen Organisationen geteilt, die daran arbeiten, Leben zu retten und zu verbessern.«

14 »The Causes of a Welcome Trend«, *Economist*, 27. September 2014, https://www.economist.com/international/2014/09/27/the-causes-of-a-welcome-trend. The Economist Intelligence Unit, »Solutions, public policy«, https://web.archive.org/web/20210329121552/https://www.eiu.com/n/solutions/public-policy-consultancy/; »Healthy Partnerships: How Governments Can Engage the Private Sector to Improve Health in Africa«, World Bank and International Finance Corporation, 2011, http://graphics.eiu.com/upload/eb/Healthy-Patnerships_ExecSummary_StandAlone.pdf.

15 John W. McArthur, »Seven Million Lives Saved: Under-5 Mortality Since the Launch of the Millennium Development Goals«, *Brookings* (Blog), Brookings Institution, 25. September 2014, https://www.brookings.edu/research/seven-million-lives-saved-under-5-mortality-since-the-launch-of-the-millennium-development-goals/.

16 Bill Gates, »By 2026, the Gates Foundation Aims to Spend $9 Billion a Year«, *GatesNotes*, 13. Juli 2022, https://www.gatesnotes.com/About-Bill-Gates/Commitment-to-the-Gates-Foundation?WT.mc_id=2022071380100_Commitment_BG-TW_&WT.tsrc=BGTW.

17 Bernadeta Dadonaite, Hannah Ritchie, Max Roser, »Diarrheal Diseases«, Our World in Data, https://ourworldindata.org/diarrheal-diseases#rotavirus-vaccine-protects-children-from-diarrheal-disease; »WHO recommends rotavirus vaccine for all children«, Reuters, 5. Juni 2009, https://www.reuters.com/article/health-us-vaccines-rotavirus/who-recommends-rotavirus-vaccine-for-all-children-idUK TRE5541U620090605.

18 Victoria Jiang et al., »Performance of Rotavirus Vaccines in Developed and Developing Countries«, *Human Vaccines* 6, Nr. 7 (2010), S. 532–42, doi:10.4161/hv.6.7.11278.

19 David McCoy et al., »Methodological and Policy Limitations of Quantifying the Saving of Lives: A Case Study of the Global Fund's Approach«, *PLOS Medicine* 10, Nr. 10:e1001522 (1. Oktober 2013), https://doi.org/10.1371/journal.pmed.1001522.

20 »The Epidemiology and Disease Burden of Rotavirus«, RotaCouncil, 2019, https://preventrotavirus.org/wp-content/uploads/2019/05/ROTA-Brief3-Burden-SP-1.pdf.

21 »Number of Deaths per Year, World«, Our World in Data, https: //ourworldindata.org/grapher/number-of-deaths-per-year.

22 Gates, »Watch the Full Bill Gates Keynote«, 26:20.

23 Marcia Angell, *The Truth About the Drug Companies: How They Deceive Us and What to Do About It* (New York: Random House, 2004). Neben den Marketingausgaben geben die Pharmaunternehmen auch große Summen für Lobbyarbeit und Rechtskosten aus, um ihre Gewinne zu schützen oder zu steigern. Dazu gehört auch die Beibehaltung günstiger Regeln und Vorschriften im Zusammenhang mit Patenten.

24 »Bill & Melinda Gates Foundation Hosts Panel Discussion on ›Making Markets Work for the Poor‹«, BusinessWireIndia, 21. Juni 2018, https://www.businesswireindia.com/bill-melinda-gates-foundation-hosts-panel-discussion-on-making-markets-work-for-the-poor-58748.html.

25 »Le Monde Philanthropy Event«, Paris, France, 24. Oktober 2016, Transcript, Bill & Melinda Gates Foundation, https://www.gatesfoundation.org/ideas/speeches/2016/10/bill-gates-le-monde-philanthropy-event.

26 Bill Gates, »My Annual Letter: Vaccine Miracles«, *GatesNotes*, 16. Februar 2011, https://www.gatesnotes.com/health/bills-annual-letter-vaccine-miracles.

27 Gavi, *Annual Progress Report*, 2020, https://www.gavi.org/sites/default/files/programmes-impact/our-impact/apr/Gavi-Progress-Report-2020.pdf. Zu bemerken ist, dass Gavi das merkwürdige Maß »future deaths prevented«, also »verhinderte zukünftige Todesfälle«, verwendet.

28 Sharon Lougher and Joel Taylor, »Bill Gates on Conquering Malaria, Curing Sick Kids … and Buying a Jet«, *Metro News*, 25. Juni 2015, https://metro.co.uk/2015/06/25/bill-gates-conquering-malaria-curing-sick-kids-and-buying-a-jet-5266360/; Bill Gates, ein Interview von Walter Isaacson, CNN, 22. Februar 2021, http://edition.cnn.com/TRANSCRIPTS/2102/22/ampr.01.html.

29 Melinda French Gates, »The Daunting, Damning Number That Should Spur Us to Action«, Pivotal Ventures, 19. Juni 2019, https: //www.pivotalventures.org/articles/the-daunting-damning-number-that-should-spur-us-to-action.

30 Gavi, »Disbursements and Commitments«, https://www.gavi.org/programmes-impact/our-impact/disbursements-and-commitments. Hinweis: Ende 2022 stammten die aktuellsten Ausgabendaten aus dem Jahr 2018.

31 Gail Rodgers, »Time Well Spent: The Complex Journey of a Life-Saving Vaccine«, Bill & Melinda Gates Foundation, 22. April 2022, https://www.gatesfoundation.org/ideas/articles/creating-life-saving-pcv-vaccine-for-pneumonia-india. Hinweis: Gavi prahlt damit, in 60 der 73 Länder, in denen es tätig war, Pneumokokken-Impfstoffe eingeführt und damit 255 Millionen Kinder erreicht zu haben. Der Pneumokokken-

Konjugatimpfstoff (PCV) wird in mehreren Dosen verabreicht. Es ist unklar, ob sich »255 Millionen« auf verimpfte Dosen oder vollständig geimpfte Kinder bezieht.

32 Gail Rodgers, »Pneumococcal Vaccine Update«, Presentation to International Congress on Infectious Diseases, 2018, https://isid.org/wp-content/uploads/2019/04/18thICIDRodgers.pdf.

33 Gail Rodgers, »Creating a Life-Saving PCV Vaccine for Pneumonia in India«, Bill & Melinda Gates Foundation, https://www.gatesfoundation.org/ideas/articles/creating-life-saving-pcv-vaccine-for-pneumonia-india?utmsource=to&utmmedium=em&utmcampaign=wc&utmterm=lgc. Hinweis: Bei dem in diesem Kapitel erörterten Impfstoff handelt es sich um den Pneumokokken-Konjugatimpfstoff, der für die Impfung von Kindern zugelassen ist. Dieser Impfstoff schützt vor einem der wichtigsten Erreger einer Lungenentzündung, dem Bakterium *Streptococcus pneumoniae*.

34 Gavi, »Pneumococcal Vaccine Support«, Januar 2023, https://www.gavi.org/types-support/vaccine-support/pneumococcal. Hinweis: Laut Médecins Sans Frontières (MSF, Ärzte ohne Grenzen) haben Lieferengpässe bei Gavis Programm zur Pneumokokken-Impfung dazu geführt, dass »schätzungsweise 26 Millionen Kinder ohne Zugang zum Pneumokokken-Konjugatimpfstoff geboren wurden«.

35 Gavi, »Eligibility«, https://www.gavi.org/types-support/sustainability/eligibility. Hinweis: Genauer gesagt liegt die Schwelle für Zuwendungen durch Gavi laut Daten der Weltbank bei 1730 US-Dollar im Bruttonationaleinkommen pro Kopf.

36 Androulla Kyrillou, »Zero Dose PCV Children Dangerously Exposed to Pneumonia«, *Stop Pneumonia / Every Breath Counts* (Blog), 23. April 2020, https://stoppneumonia.org/zero-dose-pcv-children-dangerously-exposed-to-pneumonia; »Every Breath Counts Coalition Members«, *Stop Pneumonia / Every Breath Counts* (Blog), https://stoppneumonia.org/about-us/.31

37 Mark R. Alderson et al., »Development Strategy and Lessons Learned for a 10-Valent Pneumococcal Conjugate Vaccine (PNEUMOSIL®)«, *Human Vaccines & Immunotherapeutics* 17, Nr. 8 (3. August 2021), S. 2670–77, https://doi.org/10.1080/21645515.2021.1874219.

38 Elisabeth Rosenthal, »The Price of Prevention: Vaccine Costs Are Soaring«, *New York Times*, 3. Juli 2014, https://www.nytimes.com/2014/07/03/health/Vaccine-Costs-Soaring-Paying-Till-It-Hurts.html.

39 Michael Kinsley, *Creative Capitalism: A Conversation with Bill Gates, Warren Buffett, and Other Economic Leaders* (New York: Simon & Schuster, 2008).

40 Pfizers 10-K Form für das Jahresende, 31. Dezember 2021, U. S. Securities and Exchange Commission, PDF, 103, https://www.sec.gov/Archives/edgar/data/78003/000007800322000027/pfe-20211231.htm.

41 Gavi, *Annual Progress Report*, 2020. Hinweis: Gates steuerte 50 Millionen Dollar zu den 1,5 Milliarden bei. Steuerzahler aus Italien, Großbritannien und Kanada bezahlten den Löwenanteil des Fonds.

42 Rodgers, »Time Well Spent«.

43 Gavi, »The Pneumococcal AMC: The Process«, https://www.gavi.org/sites/default/files/document/amc/AMCProcessSheet2009.pdf; Gavi, »How the Pneumococcal

AMC Works«, https://www.gavi.org/investing-gavi/innovative-financing/pneu mococcal-amc/how-it-works; und Pfizer, »Proxy Statement for 2018 Annual Mee-ting of Shareholders: 2017 Financial Report«, https://www.sec.gov/Archives/edgar/ data/78003/000093041318000973/c90444def14a.pdf. Hinweis: Gavis Bonuszah-lungen galten für die ersten 20 Prozent der gelieferten Dosen. Der Grundpreis der Impfstoffe liegt bei etwa 3 Dollar.

44 Andrew Pollack, »Deal Provides Vaccines to Poor Nations at Lower Cost«, *New York Times*, 23. März 2010, https://www.nytimes.com/2010/03/24/business/ global/24vaccine.html; Donald Light, »Saving the Pneumococcal AMC and Gavi«, *Human Vaccines* 7, Nr. 2 (1. Februar 2011), https://doi.org/10.4161/ hv.7.2.14919.

45 Pollack, »Deal Provides Vaccines to Poor Nations at Lower Cost«.

46 Pfizer, Forms 8-K, Ex-99, 28. Juli 2015, und DEF 14-A, 15. März 2018, U. S. Secu-rities and Exchange Commission, https://www.sec.gov/Archives/edgar/data/ 78003/000007800315000031/pfe-06282015xex99.htm; Pfizer, »Proxy Statement for 2018 Annual Meeting of Shareholders«.

47 Bill Gates, »From Poverty to Prosperity: A Conversation with Bill Gates«.

48 Gavi, »Disbursements and Commitments«.

49 Das heißt nicht, dass MSF gänzlich frei von Gates' Einfluss ist. Als die Organisa-tion die *Drugs for Neglected Diseases Initiative* (»Initiative zu Medikamenten für vernachlässigte Krankheiten«) ins Leben rief, nahm sie Spenden von der Gates Foundation an. Als vielleicht prominentester der von Gates unabhängigen Akteure in der globalen Gesundheit greift MSF die Gates Foundation dennoch nur selten direkt an. »DNDi Receives $25.7M from the Bill & Melinda Gates Foundation to Develop New Medicines for Neglected Diseases«, DNDi, 11. Dezember 2007, https://dndi.org/press-releases/2007/dndi-receives-257m-from-the-bill-a-me linda-gates-foundation-to-develop-new-medicines-for-neglected-diseases/.

50 Daniel Berman und Rohit Malpani, »High Time for GAVI to Push for Lower Prices«, *Human Vaccines* 7, Nr. 3 (März 2011), S. 290, https: //doi.org/10.4161/ hv.7.3.15218; Global Health Watch, *Global Health Watch 5: An Alternative World Health Report* (London: Zed Books, 2017), S. 302.

51 Gavi, »Funding«, https://www.gavi.org/investing-gavi/funding.

52 Ann Danaiya Usher, »Dispute over Pneumococcal Vaccine Initiative«, *The* Lancet 374, Nr. 9705 (5. Dezember 2009), S. 1879–80, https: //doi.org/10.1016/ S0140–6736(09)62078-X.

53 Light, »Saving the Pneumococcal AMC and Gavi«.

54 Sarah Boseley, »Bill Gates Dismisses Criticism of High Prices for Vaccines«, *Guar-dian*, 27. Januar 2015, https://www.theguardian.com/global-development/2015/ jan/27/bill-gates-dismisses-criticism-of-high-prices-for-vaccines.

55 Boseley, »Bill Gates Dismisses Criticism of High Prices for Vaccines«.

56 James Hamblin, »Doctors Refused a Million Free Vaccines – to Make a Statement About the Pharmaceutical Industry«, *The Atlantic*, 14. Oktober 2016, https://www. theatlantic.com/health/archive/2016/10/doctors-with-borders/503786/.35

57 Gavi, »Board Members«, https://www.gavi.org/governance/gavi-board/members.

Von mehreren Quellen erfuhr ich, dass die Gates Foundation einen starken Einfluss auf Gavi ausübt, obwohl sie technisch gesehen nur einen Sitz im Vorstand hat. Ein konkretes Beispiel liefern die Untersuchungen von Katerini Storeng von der Universität Oslo. Storeng befragte einen ehemaligen Gavi-Mitarbeiter, der berichtet, dass die Mitarbeiter bestimmte Plakate in der Gavi-Zentrale abnahmen, wenn Bill Gates zu Sitzungen kam, weil sie wussten, dass die Botschaft der Plakate – für eine »Stärkung der Gesundheitssysteme« – Gates verärgern würde (Gates möchte, dass Gavi seine Ausgaben auf die Verteilung von Impfstoffen konzentriert und nicht auf die diffuse und oft unermessliche Arbeit des Aufbaus einer öffentlichen Gesundheitsinfrastruktur). Storengs Untersuchung zeigt jedoch, dass es bei Gavi intern Meinungsverschiedenheiten darüber geben kann, wie die Ressourcen am besten eingesetzt werden sollten. Ein ehemaliger Mitarbeiter der Gates Foundation erzählte mir, dass Bill Gates über die zunehmende Konzentration von Gavi auf Gesundheitssysteme so verärgert war, dass er einen »Coup« zu inszenieren schien, der dafür sorgen sollte, dass Gavi sich wieder auf Impfstoffe konzentriert. Katerini T. Storeng, »The GAVI Alliance and the ›Gates Approach‹ to Health System Strengthening«, Global Public Health 9, Nr. 8 (14. September 2014), S. 865–79, https://doi.org/10.1080/17441692.2014.940362.

58 William Muraskin, »The Global Alliance for Vaccines and Immunization: Is It a New Model for Effective Public–Private Cooperation in International Public Health?«, *American Journal of Public Health* 94, Nr. 11 (November 2004), S. 1922–25.

59 Gavi, »Funding«; Gavi, »Gavi Board«, https://www.gavi.org/our-alliance/governance/gavi-board; Gavi, »Annual Contributions and Proceeds 30 June 2022«, https://www.gavi.org/investing-gavi/funding Hinweis: Die 35-Milliarden-Dollar-Summe ergibt sich aus Spendenzusagen an Gavi bis zum Jahr 2025. Gavi antwortete nicht auf meine per E-Mail gesendeten Fragen zur Finanzierung. In meiner Berechnung wurde die »Gesamtsumme« der »Spenden der Regierung und der Europäischen Kommission« für die Zeiträume 2000–2010, 2022–2015, 2016–2020 und 2021–2025 zusammengezählt.

60 Village Global, »Bill Gates on Start-ups, Investing and Solving the World's Hardest Problems«, ein Interview von Julia Hartz, 2019, YouTube, 24:00, https://www.youtube.com/watch?v=W5g4sPi1wd4.

61 Die öffentlichen Mitteilungen der Gates Foundation über ihre wohltätigen Zuwendungen machen es schwierig, die genauen Ausgaben der Stiftung für bestimmte Themen zu bestimmen. Zuschüsse in Höhe von insgesamt fast 5 Milliarden Dollar sind in Projekte geflossen, die laut Stiftung mit der Lungenentzündung in Zusammenhang stehen. Gleichzeitig sind viele dieser Projekte auch als auf andere Krankheiten oder Themen ausgerichtet ausgewiesen.

62 Gates' Spenden an Genocea, Pfizer und GSK sind nicht speziell für die Arbeit an einem Pneumokokken-Impfstoff bestimmt, aber sie schaffen dennoch finanzielle Verbindungen, die der Stiftung potenzielle Einflussmöglichkeiten eröffnen. Außerdem hat die Stiftung gemeinsam mit der US-Behörde Biomedical Advanced Research and Development Authority das Projekt CARB-X finanziert, um andere

Unternehmen, wie Vaxcyte und SutroVax, bei der Entwicklung von Pneumokok-ken-Impfstoffen zu unterstützen, obwohl Gates' Geld nicht für die Bekämpfung von Lungenentzündung bestimmt war. »Vaxcyte Announces Expanded CARB-X Award to Advance Development of VAX-A1, a Vaccine to Prevent Group A Streptococcus Infections – Vaxcyte, Inc.«, Pressemitteilung, 5. August 2021, https://investors.vaxcyte.com/news-releases/news-release-details/vaxcyte-an-nounces-expanded-carb-x-award-advance-development-vax/; »CARB-XFunds SutroVax to Develop a New Vaccine to Prevent Group A Streptococcal Infections«, News, CARB-X, 3. September 2019, https://carb-x.org/carb-x-news/carb-x-funds-sutrovax-to-develop-a-new-vaccine-to-prevent-group-a-streptococcal-infec tions/.

63 Bemerkenswerterweise hat die Gates Foundation ihre finanziellen Zuwendungen an diese Unternehmen zur Bekämpfung von Lungenentzündung nicht öffentlich gemacht.

64 GSK/Affinivax, »Affinivax Launches Novel Vaccine for Global Impact on Infecti-ous Diseases – Affinivax«, Pressemitteilung, 30. Oktober 2014, https://web.archive. org/web/20210921135547/https://affinivax.com/affinivax-launches-novel-vaccine-for-global-impact-on-infectious-diseases/;Affinivax, »Board of Directors – Affini-vax«, Affinivax, https://web.archive.org/web/20150201121843/http://affinivax. com/about/board-of-directors/.

65 »GSK to Acquire Clinical-Stage Biopharmaceutical Company Affinivax, Inc.«, Pressemitteilung, Affinivax, 31. Mai 2022, https://web.archive.org/web/2022100 2223521/https://affinivax.com/gsk-to-acquire-clinical-stage-biopharmaceutical-company-affinivax-inc/.37.

66 Bill & Melinda Gates Foundation, IRS 990 Filing, Addendum to Part VI-B, Line 5d, Expenditure Responsibility Statement.

67 »The Birth of Philanthrocapitalism«, Economist, 25. Februar 2006, https://www. economist.com/special-report/2006/02/25/the-birth-of-philanthrocapitalism.

68 Schwab, »Bill Gates Gives to the Rich (Including Himself)«.

69 Siehe auch Linsey McGoey, No Such Thing as a Free Gift: The Gates Foundation and the Price of Philanthropy (New York: Verso, 2015).

70 Lohr, »Where Microsoft Wants to Go Today«. Hinweis: Zu dem Artikel gehörte eine Graphik mit einer langen Liste von Unternehmen, in die Microsoft in den drei Jahren zuvor investiert oder die es übernommen hatte – Hotmail, DreamWorks, NBC, Vermeer Technologies und Dutzende weitere.

71 PATH, »Bridging the Gaps in Malaria R&D: An Analysis of Funding – From Basic Research and Product Development to Research for Implementation«, PATH, 2018, S. 8–9, https://www.malariavaccine.org/resources/reports/investigating-se cond-valley-of-death-malaria-rd.

72 »Calibr and Bill & Melinda Gates Medical Research Institute Announce Licensing Agreement for Novel Candidate Tuberculosis Treatment Compound«, Yahoo! Finance, 15. Februar 2023, https://finance.yahoo.com/news/calibr-bill-melinda-gates-medical-130000099.html; »Merck and the Bill & Melinda Gates Medical Re-search Institute Announce Licensing Agreement for Novel Tuberculosis Antibiotic

Candidates«, BusinessWire, 18. Oktober 2022, https://www.businesswire.com/news/home/20221018005485/en/Merck-and-the-Bill-Melinda-Gates-Medical-Research-Institute-Announce-Licensing-Agreement-for-Novel-Tuberculosis-Antibiotic-Candidates.

73 »Tuberculosis Research Funding Trends«, Treatment Action Group, Dezember 2022, Abbildung 10, https://www.treatmentactiongroup.org/resources/tbrd-re port/tbrd-report-2022/. Hinweis: Die Gates Foundation vermerkt in ihren Unterlagen Spenden an die NIH und das National Institute of Allergy and Infection Diseases in Höhe von 10 Millionen Dollar sowie an die Foundation for the NIH in Höhe von 44 Millionen Dollar, alle vorgesehen für Arbeiten im Zusammenhang mit Tuberkulose.

74 Tim Schwab, »While the Poor Get Sick, Bill Gates Just Gets Richer«, The Nation, 5. Oktober 2020, https://www.thenation.com/article/economy/bill-gates-invest ments-covid/.

75 Erin Banco, Ashleigh Furlong und Lennart Pfahler, »How Bill Gates and Partners Used Their Clout to Control the Global Covid Response – with Little Oversight«, Politico, 14. September 2022, https://www.politico.com/news/2022/09/14/global-covid-pandemic-response-bill-gates-partners-00053969.

76 Village Global, »Bill Gates on Startups, Investing and Solving the World's Hardest Problems«, 26:55.

77 Bill & Melinda Gates Foundation, »Production Economics for Vaccines«, 2016, https://docs.gatesfoundation.org/Documents/PEVaccinesAppendix_2016.xlsm

78 Robyn Iqbal, LinkedIn-Profil, https://www.linkedin.com/in/robyniqbal/.

79 »WHO Official Criticizes Gates Foundation ›Cartel‹ on Malaria Research«, New York Times, 18. Februar 2008, https://www.nytimes.com/2008/02/18/health/18iht-gates.1.10134837.html.

80 WHO Programme Budget Web Portal, https://open.who.int/2020–21/contribu tors/contributor.

81 Bill & Melinda Gates Foundation v. PnuVax, United States District Court, Western District of Washington at Seattle, 12. März 2019, IV, A.14 and B.15. Hinweis: Während die Stiftung PnuVax fast 40 Millionen Dollar zugesichert hat, geht aus den Unterlagen der Stiftung hervor, dass sie nur etwa 12 Millionen Dollar bereitgestellt hat.

82 Bill & Melinda Gates Foundation v. PnuVax; »K&L Gates Mourns Passing of Longtime Partner and Humanitarian William H. Gates, Sr.«, K&L Gates, 15. September 2020, https://www.klgates.com/KL-Gates-Mourns-Passing-of-Longtime-Partner-and-Humanitarian-William-H-Gates-Sr-9–15–2020.

83 Bill & Melinda Gates Foundation v. PnuVax, Exhibit 2, S. 9.

84 Bill & Melinda Gates Foundation v. PnuVax, Exhibit 2, S. 9.

85 John Ivison, »Federal Agency Nearly Shut Down Single Largest Canadian Recipient of Gates Funding«, National Post, 28. November 2017, https://nationalpost.com/news/politics/john-ivison-despite-gates-funding-canadian-startup-nearly-bankrupted-after-nrc-ignored-rent-leniency-pleas.

86 Bill & Melinda Gates Foundation v. PnuVax, VII.

87 Andrew Russell, »Gates Foundation Sues Canadian Company over ›Misuse‹ of $30M Grant to Develop Pneumonia Vaccine« Global News, 28. November 2017, https://globalnews.ca/news/5035009/gates-foundation-sues-canadian-company-over-misuse-of-30m-grant-to-develop-pneumonia-vaccine/.

88 Justin Ling, »Where Did Canada's Vaccine Effort Actually Go Wrong?«, Maclean's (Blog), 31. Mai 2021, https://www.macleans.ca/news/canada/where-did-canadas-vaccine-effort-actually-go-wrong/.

89 Boer Deng, »Bill Gates Charity Sues Drug Firm«, Times, 8. März 2019, https://www.thetimes.co.uk/article/bill-gates-charity-sues-drug-firm-rf8gnfxq3; Kayla Brantley, »Bill and Melinda Gates Sue Company That Was Awarded a Grant of Up to $30 Million to Develop a Pneumonia Vaccine for Children – But Allegedly Used the Money to Pay Off Its Back Rent and Other Debts It Racked Up«, Daily Mail Online, 7. März 2019, https://www.dailymail.co.uk/news/article-6777959/Bills-Melinda-Gates-sue-company-paid-30million-develop-pneumonia-vaccine.html.

90 Marieke Walsh, »Ottawa Passed over Private Sector Plans to Produce a Covid-19 Vaccine Domestically«, Globe and Mail, 7. Dezember 2020, https://www.theglobeandmail.com/canada/article-feds-passed-over-private-option-with-plans-to-produce-covid-19-vaccine/. Hinweis: Laut öffentlichen Berichten strengt die Stiftung relativ wenige Klagen an. Es gibt also keine Belege dafür, dass gerichtliche Vorgehen planmäßiger Bestandteil ihrer Zusammenarbeit mit Zuwendungsempfängern sind. Wir müssen aber davon ausgehen, dass es die große Mehrheit der Firmen und anderen Zuwendungsempfänger nie so weit kommen lässt; allein die Drohung mit einer Klage wäre ein höchst wirkungsvolles Druckmittel, um einen Partner auf Linie zu bringen.

91 Die Stiftung berichtet von einer umfangreichen Zuschussfinanzierung für die Arbeit an Malaria-Impfstoffen, einschließlich Geldern, die an Unternehmen, Universitäten und gemeinnützige Organisationen gingen: Agenus, Antigen Discovery, Inc., das Broad Institute, CureVac, Duke University, Fraunhofer USA, Inc., Gates-MRI, Infectious Disease Research Institute, Kymab Limited, National Institute of Allergy and Infectious Diseases, Sanaria, Seattle Biomedical Research Institute, Stanford University, Tetragenetics und andere. Gates' finanzielle Unterstützung des Malaria-Impfstoffs von GSK lief offenbar über PATH; »PATH Welcomes Landmark Financing Agreement for GSK's Malaria Vaccine«, PATH, August 4, 2021, https://www.path.org/media-center/path-welcomes-landmark-financing-agreement-for-gsks-malaria-vaccine/.

92 Jennifer Rigby, Natalie Grover und Maggie Fick, »Why World's First Malaria Shot Won't Reach Millions of Children Who Need It«, Reuters, 13. Juli 2022, https://www.reuters.com/business/healthcare-pharmaceuticals/why-worlds-first-malaria-shot-wont-reach-millions-children-who-need-it-2022-07-13/.

93 »IAVI Acquires Aeras TB Vaccine Clinical Programs and Assets«, Pressemitteilung, IAVI, 1. Oktober 2018, https://www.iavi.org/news-resources/press-releases/2018/iavi-acquires-aeras-tb-vaccine-clinical-programs-and-assets. Hinweis: Anscheinend wurden praktisch die gesamten Vermögenswerte von Aeras von einem

anderen Gates-finanzierten Produktentwickler namens IAVI übernommen, der sich merkwürdigerweise hauptsächlich mit HIV/Aids beschäftigt.

94 PATH, »Lining Up for Hope – and a Meningitis Vaccine«, PATH, 15. Juni 2018, https: //www.path.org/articles/lining-up-for-hopeand-a-meningitis-vaccine/; PATH, »The Meningitis Vaccine Project: A Groundbreaking Partnership«, 15. Juni 2015, https://www.path.org/articles/about-meningitis-vaccine-project/.

95 »Bill Gates Steps Down from Microsoft Board«, Reuters, 13. März 2020, https:// www.reuters.com/article/us-microsoft-bill-gates/bill-gates-steps-down-from-microsoft-board-idUSKBN2103BH; Daisuke Wakabayashi, »Bill Gates Bids a Teary Farewell to Microsoft«, Reuters, 27. Juni 2008, https://www.reuters.com/article/us-microsoft-gates/bill-gates-bids-a-teary-farewell-to-microsoft-idUSN263013 0120080628.

96 Anita Zaidi, »Geographically Distributed Manufacturing Capacity Is Needed for Improved Global Health Security«, Bill & Melinda Gates Foundation, 28. Juli 2021, https://www.gatesfoundation.org/ideas/articles/covid19-vaccine-geographic-distribution.

97 Katya Fernandez et al., »Meningococcal Meningitis Outbreaks in the African Meningitis Belt After Meningococcal Serogroup A Conjugate Vaccine Introduction, 2011–2017«, The Journal of Infectious Diseases 220, Nr. S4 (31. Oktober 2019), S. 225–32, https://doi.org/10.1093/infdis/jiz355.

98 CDC, »About Meningococcal Vaccines«, Centers for Disease Control and Prevention, 18. Oktober 2022, https://www.cdc.gov/vaccines/vpd/mening/hcp/about-vaccine.html. Hinweis: Gavi berichtet, bis 2020 22 Millionen Dosen der Impfstoffe gegen Meningokokken vom Typ A, C, W und Y ausgeliefert zu haben, im Vergleich zu 332 Millionen Dosen von MenAfriVac. Gavi, Annual Progress Report, 2020.

99 »Pfizer's Patent Barrier Foils Korea's 1st Pneumococcal Conjugate Vaccine«, Korea Biomedical Review, 20. Februar 2019, https://www.koreabiomed.com/news/article View.html?idxno=5168.

100 »About Us«, Serum Institute of India Pvt. Ltd., https://www.seruminstitute.com/ about_us.php; Gavi Staff, »New Collaboration Makes Further 100 Million Doses of Covid-19 Vaccine Available to Low-and Middle-Income Countries«, Gavi, 29. September 2020, https://www.gavi.org/news/media-room/new-collaboration-makes-further-100-million-doses-covid-19-vaccine-available-low.

101 PATH, »Developing a More Affordable Pneumococcal Vaccine«, PATH Case Study, https://www.path.org/case-studies/developing-more-affordable-pneumococcal-vaccine/.

102 Alderson et al., »Development Strategy and Lessons Learned for a 10-Valent Pneumococcal Conjugate Vaccine (PNEUMOSIL®)«, S. 2670–77.

103 Gavi, »Supply Agreements«, Gavi, https://www.gavi.org/investing-gavi/innovative-financing/pneumococcal-amc/manufacturers/supply-agreements.

104 UNICEF, »Pneumococcal Conjugate Vaccine (PCV) Price Data«, https://www.unicef.org/supply/documents/pneumococcal-conjugate-vaccine-pcv-price-data.

105 Hinweis: Prevenar 13 von Pfizer deckt alle zehn Serotypen ab, die auch Pneumosil

von Serum abdeckt – 1, 5, 6A, 7F, 9V, 14, 19A, 19F und 23F. Siehe https://pneumo sil.com/ und https://prevnar20.pfizerpro.com/.

106 »Pfizer Announces Positive Top-Line Results from Phase 3 Study of 20-Valent Pneumococcal Conjugate Vaccine in Infants – Pfizer«, Pressemitteilung, Pfizer, 12. August 2022, https://www.pfizer.com/news/press-release/press-release-detail/ pfizer-announces-positive-top-line-results-phase-3-study-20.

107 »U.S. FDA Approves Merck's VAXNEUVANCETM (Pneumococcal 15-Valent Conjugate Vaccine) for the Prevention of Invasive Pneumococcal Disease in Infants and Children«, Merck.com, https://www.merck.com/news/u-s-fda-approves-mercks-vaxneuvance-pneumococcal-15-valent-conjugate-vaccine-for-the-preven tion-of-invasive-pneumococcal-disease-in-infants-and-children/; Affinivax, »GSK to Acquire Clinical-Stage Biopharmaceutical Company Affinivax, Inc.«

108 »India Completes National Introduction of Pneumococcal Conjugate Vaccine«, Pressemitteilung, Gavi, 12. November 2021, https://www.gavi.org/news/media-room/india-completes-national-introduction-pneumococcal-conjugate-vaccine.

109 Nach Schätzungen der WHO und UNICEF waren 2021 lediglich 25 Prozent der indischen Kinder vollständig geimpft, und es ist unklar, welchen Anteil der Serum-Impfstoff dabei hatte: »Pneumococcal Vaccination Coverage,« World Health Organization, https://immunizationdata.who.int/pages/coverage/pcv.html?CODE =IND&ANTIGEN=&YEAR=.

110 »Inventprise Announces Investment of Up to $90 Million to Advance Its 25 Valent Pneumococcal Conjugate Vaccine Candidate into Proof-of-Concept Clinical Trials«, BusinessWire, 10. November 2021, https://www.businesswire.com/news/ home/20211110005245/en/Inventprise-Announces-Investment-of-up-to-90-Mil lion-to-Advance-its-25-Valent-Pneumococcal-Conjugate-Vaccine-Candidate-into-Proof-of-Concept-Clinical-Trials; »Meet Our Leadership Team«, Inventprise, https://inventprise.com/?page_id=1576.

111 In der Online-Datenbank des zur Stiftung gehörigen Strategic Investment Fund wird die Finanzierung von Inventprise als »convertible debt« (»wandelbare Schuld-titel«) geführt, was normalerweise bedeutet, dass die Schulden in Aktienkapital umgewandelt werden. Zuvor war Gates eine solche Vereinbarung unter anderem schon einmal mit Zyomyx eingegangen, bei der die Stiftung schließlich einen Anteil von 48 Prozent an dem Unternehmen erhielt. Bill & Melinda Gates Founda-tion, »Portfolio«, SIF.gates, https://sif.gatesfoundation.org/portfolio/; »Inventprise Receives $30M, Appoints New CEO and Expands Corporate Board«, Inventprise, 27. April 2022, https://webcache.googleusercontent.com/search?q=cache:j_e9J-COLzfIJ:https://inventprise.com/%3Fpage_id%3D19092&cd=1&hl=en&ct=clnk& gl=us&client=firefox-b-1-d; Dennis Price, »Eyes Wide Open: Good Reasons for a Bad Investment in a Low-Cost HIV Test«, in Stanford University with Impact-Alpha, Making Markets Work for the Poor, Supplement, Stanford Social Innova-tion Review (Sommer 2016), S. 35.

112 Query of Washington State Corporations and Charities Filing System, 31. Januar 2023, https://ccfs.sos.wa.gov/#/. Hinweis: Zum Direktorium gehören Donna Am-brosino, eine Beraterin, die nach eigenem Bekunden Beraterfunktionen bei der

Gates Foundation und der Organisation CEPI ausübt (LinkedIn, https://www.linkedin.com/in/donna-ambrosino-m-d-a37b6037/details/experience/); Niranjan Bose, Geschäftsleiter bei Gates Ventures (LinkedIn, https://www.linkedin.com/in/niranjanbose/details/experience/); Andrew Farnum, der früher in leitenden Positionen für die Stiftung und das Bill & Melinda Gates Medical Research Institute tätig war (LinkedIn, https://www.linkedin.com/in/andrew-farnum-4b180a1); Ralf Clemens, wissenschaftlicher Berater bei der Gates Foundation (LinkedIn, https://www.linkedin.com/in/ralf-clemens-75578513/details/organizations/) und Stewart Parker, ein in Seattle ansässiger Berater, der früher das von Gates geförderte Infectious Disease Research Institute (IDRI) geleitet hat (LinkedIn, https://www.linkedin.com/in/stewart-parker-4819975/details/experience/). Julie Emory, »Tech Moves: USAFacts Picks Microsoft and Amazon Vet as CTO; Zillow CMO Departs; and More«, *GeekWire*, 8. April 2022, https://www.geekwire.com/2022/tech-moves-usafacts-picks-microsoft-and-amazon-vet-as-cto-inventprise-names-ceo-real networks-appoints-kontxt-president/.

113 Gates Ventures investiert zum Beispiel in andere Unternehmen, wie Beyond Meat. U. S. Securities and Exchange Commission, Form S-1, 2018, Exhibit 4. 2, https://www.sec.gov/Archives/edgar/data/1655210/000162828018014471/exhibit42bynd.htm.

114 U. S. Patent and Trademark Office, Patent application 17151445, 18. Januar 2021, https://assignment.uspto.gov/patent/index.html#/patent/search/resultAbstract?id=20210220461&type=publNum and https://legacy-assignments.uspto.gov/assignments/assignment-pat-55975–160.pdf.

115 Seth Berkley, »COVAX Explained«, Gavi, 3. September 2020, https://www.gavi.org/vaccineswork/covax-explained; Katerini Tagmatarchi Storeng, Antoine de Bengy Puyvallée und Felix Stein, »COVAX and the Rise of the ›Super Public Private Partnership‹ for Global Health«, Global Public Health, 22. Oktober 2021, S. 1–17, https://doi.org/10.1080/17441692.2021.1987502.

2 FRAUEN

1 »Jeffrey Epstein: Financier Found Dead in New York Prison Cell«, BBC News, 10. August 2019, https://www.bbc.com/news/world-us-canada-49306032.

2 David Klepper und Jim Mustian, »Epstein: How He Died and What It Means for His Accusers«, AP News, 11. August 2019, https://apnews.com/article/jeffrey-epstein-ap-top-news-florida-new-york-fl-state-wire-b76666895e674991a6782d77b726d085.

3 Julie K. Brown, »How a Future Trump Cabinet Member Gave a Serial Sex Abuser the Deal of a Lifetime«, *Miami Herald*, July 2, 2020, https://www.miamiherald.com/news/local/article220097825.html.

4 Andrea Peyser, »Wait, He's Allowed to Have Kids?«, *New York Post*, 3. März 2011, https://nypost.com/2011/03/03/wait-hes-allowed-to-have-kids/.

5 Emily Flitter und James B. Stewart, »Bill Gates Met with Jeffrey Epstein Many Times, Despite His Past«, *New York Times*, 12. Ooktober 2019, https://www.nytimes.com/2019/10/12/business/jeffrey-epstein-bill-gates.html.

6 Bevan Hurley, »From Trump to Prince Andrew: All the Biggest Names Embroiled in the Maxwell Trial«, *Independent*, 23. Januar 2023, https://www.independent.co.uk/news/world/americas/crime/ghislaine-maxwell-epstein-prince-andrew-prison-b2267523.html.

7 Vicky Ward, »How Jeffrey Epstein Used Philanthropy to Worm His Way into Powerful Circles«, *Town and Country*, 15. Juli 2021, https://www.townandcountrymag.com/society/money-and-power/a37025814/chasing-ghislaine-maxwell-jeffrey-epstein-vicky-ward-new-podcast/.

8 Flitter and Stewart, »Bill Gates Met with Jeffrey Epstein Many Times, Despite His Past«.

9 Brown, »How a Future Trump Cabinet Member Gave a Serial Sex Abuser the Deal of a Lifetime«; Paul Harris, »Prince Andrew's Link to Sex Offender Jeffrey Epstein Taints Royalty in US«, *Observer*, 13. März 2011, https://www.theguardian.com/uk/2011/mar/13/prince-andrew-jeffrey-epstein; Conchita Sarnoff und Aitken Lee, »Jeffrey Epstein: How the Hedge Fund Mogul Pedophile Got Off Easy«, *Daily Beast*, 25. März 2011, https://www.thedailybeast.com/articles/2011/03/25/jeffrey-epstein-how-the-billionaire-pedophile-got-off-easy; Landon Thomas Jr., »Financier Starts Sentence in Prostitution Case«, *New York Times*, 1. Juli 2008, https://www.nytimes.com/2008/07/01/business/01epstein.html?_r=3&oref=slogin&dbk=&pagewanted=all.

10 Analisa Novak, »Melinda French Gates on Painful Divorce, Current Relationship with Bill Gates and Taking a ›Different Path‹«, ein Interview von Gayle King, *CBS Mornings*, 3. März 2022, 2:30, https://www.cbsnews.com/news/melinda-french-gates-bill-gates/.

11 Flitter und Stewart, »Bill Gates Met with Jeffrey Epstein Many Times, Despite His Past«.

12 Gates' älteste Tochter wurde 1996 geboren; als Gates Epstein zwischen 2011 und 2014 traf, war sie ein Teenager. Maria Pasquini, »Bill and Melinda Gates Celebrate Daughter Jennifer's 26th Birthday: ›Incredibly Proud‹«, 27. April 2022, https://people.com/human-interest/bill-gates-melinda-french-gates-celebrate-daughter-jennifer-gates-26th-birthday/.

13 »Bill Gates Opens Up About Divorce and Infidelity Accusations«, ein Interview von Savannah Guthrie, NBC News, 1:45, https://www.youtube.com/watch?v=7T87-aGadwM.

14 Flitter und Stewart, »Bill Gates Met with Jeffrey Epstein Many Times, Despite His Past«.

15 »Melinda French Gates on Painful Divorce, Current Relationship with Bill Gates and Taking a ›Different Path‹«.

16 Nicholas Kulish, »Bill Gates Can Remove Melinda French Gates from Foundation in Two Years«, *New York Times*, 7. Juli 2021, https://www.nytimes.com/2021/07/07/business/bill-gates-melinda-gates-divorce-foundation.html.

17 Edward Helmore, »Jeffrey Epstein Signed New Will to Shield $577M Fortune Days Before Death«, *Guardian*, 22. August 2019, https://www.theguardian.com/us-news/2019/aug/22/jeffrey-epstein-trust-fund-will-damages.

18 Michael Gold, »Bill Clinton and Jeffrey Epstein: How Are They Connected?«, *New York Times*, 9. Juli 2019, https://www.nytimes.com/2019/07/09/nyregion/bill-clinton-jeffrey-epstein.html; Jack Crowe, »Epstein's Lawyer Claimed the Alleged Pedophile Helped Devise the Clinton Global Initiative«, Yahoo! Finance, 8. Juli 2019, https://finance.yahoo.com/news/epstein-lawyer-claimed-alleged-pedophile-223701676.html.

19 Flitter und Stewart, »Bill Gates Met with Jeffrey Epstein Many Times, Despite His Past«.

20 Ronan Farrow, »How an Élite University Research Center Concealed Its Relationship with Jeffrey Epstein«, *New Yorker*, 6. September 2019, https://www.newyorker.com/news/news-desk/how-an-elite-university-research-center-concealed-its-relationship-with-jeffrey-epstein.

21 »A Timeline of the Jeffrey Epstein, Ghislaine Maxwell Scandal«, AP News, 28. Juni 2022, https://apnews.com/article/epstein-maxwell-timeline-b9f15710fabb72e858 1c71e94acf513e.

22 John Jurgensen, »In Bill Gates's Mind, a Life of Processing«, *Wall Street Journal*, 10. September 2019, https://www.wsj.com/articles/the-mind-of-bill-gates-revealed-on-netflix-11568107801.

23 Chris Sparo, »Bill Gates Flew with Jeffrey Epstein on the Lolita Express in 2013«, *Daily Mail Online*, 12. August 2019, https://www.dailymail.co.uk/news/article-7350469/Bill-Gates-flew-Jeffrey-Epstein-Lolita-Express-2013-years-pedophile-prison-stay.html.

24 James Stewart, »NYT: Bill Gates Repeatedly Met with Jeffrey Epstein / Velshi & Ruhle / MSNBC«, ein Interview von Stephanie Ruhle, MSNBC, YouTube, 15. Oktober 2019, 0:50, https://www.youtube.com/watch?v=WnKQ4tzg7ow.

25 Stewart, »NYT: Bill Gates Repeatedly Met with Jeffrey Epstein,« 2:25.

26 Lachlan Cartwright und Kate Briquelet, »Jeffrey Epstein Gave Bill Gates Advice on How to End ›Toxic‹ Marriage, Sources Say«, *Daily Beast*, May 16, 2021, https://www.thedailybeast.com/jeffrey-epstein-gave-bill-gates-advice-on-how-to-end-toxic-marriage-sources-say.

27 Kate Briquelet und Lachlan Cartwright, »Bill Gates Thought Jeffrey Epstein Was His Ticket to a Nobel Prize, Ex-Staffer Says«, *Daily Beast*, 18. Mai 2021, https://www.thedailybeast.com/bill-gates-thought-jeffrey-epstein-was-his-ticket-to-a-nobel-ex-staffer-says.

28 Tore Gjerstad und Gard Oterholm, »Bill Gates and Jeffrey Epstein Met with Nobel Committee Chair«, *DN Magasinet*, 2. Oktober 2020, https://www.dn.no/maga sinet/dokumentar/jeffrey-epstein/thorbjorn-jagland/terje-rod-larsen/bill-gates-and-jeffrey-epstein-met-with-nobel-committee-chair/2-1-885834.

29 Gjerstad und Oterholm, »Bill Gates and Jeffrey Epstein Met with Nobel Committee Chair«.

30 Gjerstad and Oterholm, »Bill Gates and Jeffrey Epstein Met with Nobel Committee Chair«.

31 Tore Gjerstad und Gard Oterholm, »Behind the Scenes: How Jeffrey Epstein Helped Billionaire Bill Gates Fund UN-Affiliated Think Tank Projects«, *DN Magasinet*,

4. Oktober 2020, https://www.dn.no/politikk/terje-rod-larsen/bill-gates/jeffrey-epstein/behind-the-scenes-how-jeffrey-epstein-helped-billionaire-bill-gates-fund-un-affiliated-think-tank-projects/2–1–885697.

32 Gjerstad und Oterholm, »Behind the Scenes«.

33 Vicky Ward, »What Was the Real Relationship Between Jeffrey Epstein and Bill Gates?«, *Rolling Stone* (Blog), 3. August 2021, https://www.rollingstone.com/culture/culture-features/jeffrey-epstein-bill-gates-connection-1206453/; Flitter und Stewart, »Bill Gates Met with Jeffrey Epstein Many Times, Despite His Past«.

34 Ward, »What Was the Real Relationship Between Jeffrey Epstein and Bill Gates?«.

35 Gabriel Sherman, »The Mogul and the Monster: Inside Jeffrey Epstein's Decades-Long Relationship with His Biggest Client«, *Vanity Fair*, 8. Juni 2021, https://www.vanityfair.com/news/2021/06/inside-jeffrey-epsteins-decades-long-relationship-with-his-biggest-client.

36 Ward, »What Was the Real Relationship Between Jeffrey Epstein and Bill Gates?«; Flitter and Stewart, »Bill Gates Met with Jeffrey Epstein Many Times, Despite His Past«.

37 Melanie Walker, persönliche Webseite, Wayback Machine, https://web.archive.org/web/20210713221706/https://www.melaniewalkermd.com/copy-of-connecting-information; Flitter und Stewart, »Bill Gates Met with Jeffrey Epstein Many Times, Despite His Past«.

38 Flitter und Stewart, »Bill Gates Met with Jeffrey Epstein Many Times, Despite His Past«.

39 »Micromolded or 3-D Printed Pulsatile Release Vaccine Formulations«, U. S. Patent US-20210205444-A1, 8. Juli 2021; »Fortified Micronutrient Salt Formulations«, US-11541017-B2, 3. Januar 2023. In Dokumenten der Börsenaufsichtsbehörde bezeichnet sich Nikolic für die Zeit von April 2009 bis April 2014 als »Chefberater von Bill Gates für Wissenschaft und Technologie« bei bgC3. In seinem Lebenslauf bei Biomatics steht, er habe Bill Gates bei »der Auswahl … gewinnorientierter und gemeinnütziger Investmentaktivitäten« unterstützt. Laut der *New York Times* und einer weiteren Quelle arbeitete er als wissenschaftlicher Berater für die Gates Foundation. Editas, Form S-1, U. S. Securities and Exchange Commission, 4. Januar 2016, https://www.sec.gov/Archives/edgar/data/1650664/000104746916009534/a2226902zs-1.htm; »Team«, Biomatics Capital, https://biomaticscapital.com/team/; Flitter and Stewart, »Bill Gates Met with Jeffrey Epstein Many Times, Despite His Past«; »Bill & Melinda Gates Foundation, Crossovers Dump $120 Million into Editas Medicine to Advance Genome Editing«, BioSpace, 10. August 2015, https://www.biospace.com/article/bill-and-melinda-gates-foundation-crossovers-dump-120-million-into-editas-medicine-to-advance-genome-editing-/.

40 »Schrödinger Receives Additional Equity Investment from Bill Gates«, PRWeb, 13. Dezember 2012, https://www.prweb.com/releases/2012/12/prweb10229213.htm.

41 Flitter und Stewart, »Bill Gates Met with Jeffrey Epstein Many Times, Despite His Past«.

42 Tara Palmeri, »The Women Who Enabled Jeffrey Epstein«, *Politico Magazine*,

14. Mai 2021, https://www.politico.com/news/magazine/2021/05/14/jeffrey-epstein-investigation-women-487157.

43 Neil Weinberg, »Jeffrey Epstein's Executor Is Ex-Science Adviser to Bill Gates«, Bloomberg, 19. August 2019, https://www.bloomberg.com/news/articles/2019–08–19/epstein-s-11th-hour-executor-is-ex-science-adviser-to-bill-gates.

44 Ward, »What Was the Real Relationship Between Jeffrey Epstein and Bill Gates?«; Flitter und Stewart, »Bill Gates Met with Jeffrey Epstein Many Times, Despite His Past«.

45 Flitter und Stewart, »Bill Gates Met with Jeffrey Epstein Many Times, Despite His Past«.

46 Nach einem Bericht von Bloomberg waren sowohl Nikolic als auch Epstein hochrangige Kunden von JPMorgan Chase, wo Epstein als »Einflusszentrum« galt, weil er der Bank so viele vermögende Kunden vermittelte. Der Nachrichtensender zitierte eine anonyme Quelle mit den Worten: »Nikolic war von Epsteins finanziellen Ratschlägen total begeistert«, wohingegen Nikolic dem Sender erklärte, er habe keine geschäftlichen Verbindungen zu Epstein gehabt. Weinberg, »Jeffrey Epstein's Executor Is Ex-Science Adviser to Bill Gates«.

47 Tim Schwab, »Will the Gates Foundation's Board Ever Hold Bill Accountable?«, The Nation, 2. Februar 2022, https://www.thenation.com/article/society/gates-foundation-board-accountability/.

48 Annie Karni, Eileen Sullivan und Noam Scheiber, »Acosta to Resign as Labor Secretary over Jeffrey Epstein Plea Deal«, New York Times, 12. Juli 2019, https://www.nytimes.com/2019/07/12/us/politics/acosta-resigns-trump.html. Hinweis: Donald Trump musste zu seinem eigenen Verhältnis zu Epstein eine Erklärung abgeben, nachdem ein Interview von 2002 mit ihm aufgetaucht war, in dem er mit den Worten zitiert wurde: »Ich kenne Jeffrey seit 15 Jahren. Super Typ. … Mit ihm kriegt man 'ne Menge Spaß. Man sagt sogar, dass ihm schöne Frauen genauso gut gefallen wie mir, und viele davon sind noch recht jung.« Später spielte Trump seine Beziehung zu Epstein herunter. 2019 sagte er: »Ich hab mich schon vor langer Zeit mit ihm zerstritten. Ich glaube, ich hab schon 15 Jahre lang nicht mehr mit ihm gesprochen. Ich war kein Fan von ihm.« Natalie Colarossi, »20 People Who Trump Has Personally Known and Then Claimed He Didn't«, Business Insider, 28. Januar 2020, https://www.businessinsider.com/people-trump-said-he-didnt-know-but-did-photos.

49 Emily Glazer, Justin Baer, Khadeeja Safdar und Aaron Tilley, »Bill Gates Left Microsoft Board amid Probe into Prior Relationship with Staffer«, Wall Street Journal, 16. Mai 2021, https://www.wsj.com/articles/microsoft-directors-decided-bill-gates-needed-to-leave-board-due-to-prior-relationship-with-staffer-11621205803.

50 Emily Glazer, »Microsoft Executives Told Bill Gates to Stop Emailing a Female Staffer Years Ago«, Wall Street Journal, 18. Oktober 2021, https://www.wsj.com/articles/microsoft-executives-told-bill-gates-to-stop-emailing-a-female-staffer-years-ago-11634559950.

51 Dan Levine, »Microsoft Women Filed 238 Discrimination and Harassment Complaints«, Reuters, 13. März 2018, https://www.reuters.com/article/us-microsoft-women-idUSKCN1GP077.

52 Glazer et al., »Bill Gates Left Microsoft Board amid Probe into Prior Relationship with Staffer.«

53 Sally Ho und Matt O'Brian, »Bill Gates' Leadership Roles Stay Intact Despite Allegations«, AP News, 18. Mai 2021, https://apnews.com/article/bill-gates-philanthropy-business-208b2d1139e55517643e47a9edbce266. Hinweis: Die nachfolgende von Microsoft angewiesene Untersuchung durch die Anwaltskanzlei ArentFox Schiff erwies sich gewissermaßen als Schönfärberei. Es wurde nur kurz ein Vorwurf an Gates geprüft, wonach eine Angestellte behauptete, er habe sie »unangemessenen Gesprächen und Verhaltensweisen ausgesetzt«. Der Vorwurf der Angestellten »bezog sich auf sexuelle Belästigung und die Me-Too-Bewegung«. Bill Gates behauptete, die Kommunikation sei in beiderseitigem Einvernehmen erfolgt; ArentFox Schiff, Memorandum to Microsoft Board of Directors, »Transparency Report on Shareholder Resolution Project«, 11. November 2022, https://blogs.microsoft.com/wp-content/uploads/prod/2022/11/Final-Microsoft-Transparency-Report.pdf.66.

54 Wallace und Erickson, *Mr. Microsoft*, S. 232–234.

55 Wallace und Erickson, *Mr. Microsoft*, S. 397 und 396.

56 Wallace und Erickson, *Mr. Microsoft*, S. 156.

57 Wallace und Erickson, *Mr. Microsoft*, S. 278.

58 Melkorka Licea, Ashley Stewart, Rob Price und Becky Peterson, »Insiders Say Bill Gates Was an Office Bully Who Pursued Sexual Affairs, and That His Squeaky-Clean Image Was Merely Good PR«, *Business Insider*, 21. Juni 2021, https://www.businessinsider.com/bill-gates-melinda-divorce-affairs-bully-womanizer-2021-6?r=AU&IR=T.

59 *The Billionaires Who Made Our World*, Staffel 1, Folge 2, Regie: Storm Theunissen, 14. Februar 2023, Channel 4, 25:50, https://www.channel4.com/programmes/the-billionaires-who-made-our-world.

60 *The Billionaires Who Made Our World*, 4:00.

61 Emily Flitter und Matthew Goldstein, »Long Before Divorce, Bill Gates Had Reputation for Questionable Behavior«, *New York Times*, 16. Mai 2021, https://www.nytimes.com/2021/05/16/business/bill-melinda-gates-divorce-epstein.html.

62 Schwab, »Will the Gates Foundation's Board Ever Hold Bill Accountable?«

63 Anupreeta Das, Emily Flitter und Nicholas Kulish, »A Culture of Fear at the Firm that Manages Bill Gates's Fortune«, *New York Times*, 26. Mai 2021, https://www.nytimes.com/2021/05/26/business/bill-gates-cascade-michael-larson.html.

64 Flitter und Goldstein, »Long Before Divorce, Bill Gates Had Reputation for Questionable Behavior.«

65 Daniel Bates, »EXCLUSIVE: Jeffrey Epstein Had Surveillance Cameras Hidden Throughout His Properties Worldwide in a ›Blackmail Scheme‹ to Extort His Powerful Friends, Victims Tell New Netflix Doc About the Pedophile«, *Daily Mail*, 27. Mai 2020, https://www.dailymail.co.uk/news/article-8361607/Jeffrey-Epsteins-surveillance-cameras-blackmail-scheme-extort-powerful-friends.html.

66 Andrew Marra, »The Man Who Had Everything: Jeffrey Epstein Craved Big Homes, Elite Friends and, Investigators Say, Underage Girls«, *Palm Beach Post*, 11. Juli 2019,

https://www.palmbeachpost.com/story/news/2006/08/14/had-everything-jeffrey-epstein-craved-big-homes-elite-friends-and-investigators-say-underage-girls/4712721007/.

67 Adam Davidsons Twitter-Thread, https://web.archive.org/web/20220605234021/https://twitter.com/adamdavidson/status/1533082314321842179.

68 Maria Di Mento, »$15B from Gates, French Gates Tops 2021 Biggest Gift List«, *Chronicle of Philanthropy*, erneut veröffentlicht in *Washington Post and Economic Times*, 31. Dezember 2021, https://web.archive.org/web/20220101164421/https://www.washingtonpost.com/business/15b-from-gates-french-gates-tops-2021-big gest-gift-list/2021/12/31/b7e13146–6a64–11ec-9390-eae241 f4c8b1story.html und https://economictimes.indiatimes.com/magazines/panache/bill-gates-melinda-french-top-2021-biggest-gift-list-with-15-billion-donation-to-foundation/article show/88629051.cms?from=mdr. Hinweis: Irgendwann korrigierte die Stiftung stillschweigend die Presseerklärung, auf der der Artikel basierte. Ein hochgestelltes Sternchen verwies auf die klein gedruckte Enthüllung, dass Bill Gates 2021 eigentlich nicht 15 Milliarden Dollar gespendet habe, sondern plane, das Geld über einen unbestimmten künftigen Zeitraum hinweg zu spenden. Im Jahr darauf griff Bill Gates auf den gleichen PR-Trick zurück und verkündete, er wolle der Gates Foundation 20 Milliarden Dollar zukommen lassen. Siehe Gates' Presseerklärung vor und nach der Korrektur; Mark Suzman, »Moving Forward«, Bill & Melinda Gates Foundation, https://web.archive.org/web/20210707150517/https://www.gatesfoundation.org/ideas/articles/gates-foundation-trustees-commitment und https://web.archive.org/web/20220111192720/https://www.gatesfoundation.org/ideas/articles/gates-foundation-trustees-commitment.

69 »Waging Justice for Women«, Clooney Foundation for Justice, https://cfj.org/project/waging-justice-for-women/.

3 STEUERN

1 *New York Times* Best Seller List, 26. Mai 2019, https://www.nytimes.com/books/best-sellers/2019/05/26/.

2 Lily Meyer, »›The Moment of Lift‹ Is More of a Whisper than a Call to Action«, NPR, 23. April 2019, https://www.npr.org/2019/04/23/716066240/the-moment-of-lift-is-more-of-a-whisper-than-a-call-to-action.

3 Michel Martin, »Melinda Gates on Marriage, Parenting, and Why She Made Bill Drive the Kids to School«, *Goats and Soda* (Blog), NPR, 28. April 2019, https://www.npr.org/sections/goatsandsoda/2019/04/28/717438397/melinda-gates-on-marriage-parenting-and-why-she-made-bill-drive-the-kids-to-scho; Tim Schwab, »Journalism's Gates Keepers«, *Columbia Journalism Review*, 21. August 2020, https://www.cjr.org/criticism/gates-foundation-journalism-funding.php.

4 Devi Sridhar, »Holding a Mirror up to Global Health«, *The Lancet* 394, Nr. 10204:1136 (28. September 2019), https://doi.org/10.1016/S0140–6736(19)32170–1.

5 Mark David, »Inside Bill and Melinda Gates's Bonkers Portfolio of American Real Estate«, *Robb Report* (Blog), 7. Mai 2021, https://robbreport.com/shelter/celebrity-

homes/bill-and-melinda-gates-houses-real-estate-1234611739/; »The Fabulous Life of Bill Gates, the Richest Man in the World«, *Business Insider India*, 26. Juli 2021, https://www.businessinsider.in/tech/the-fabulous-life-of-bill-gates-the-richest-man-in-the-world/slidelist/.37361017.cms#slideid=37361018.

6 Tim Schwab, »Bill Gates, Climate Warrior. And Super Emitter«, *The Nation*, 16. Februar 2021, https://www.thenation.com/article/environment/bill-gates-climate-book/.

7 Isabel Vincent, »Bill Gates Shops for Climate-Saving Farm Aboard Polluting Yacht«, *New York Post*, 3. November 2021, https://nypost.com/2021/11/02/bill-gates-shops-for-climate-saving-farm-aboard-polluting-yacht/; Danielle Haynes, »Bill Gates Renting Yacht for $5 Million«, UPI, 10. August 2014, https://www.upi.com/Top_News/US/2014/08/10/Bill-Gates-takes-vacation-on-330M-yacht/8141407687450/.

8 Taylor Locke, »Bill and Melinda Gates Just Announced Their Divorce – Here's a Breakdown of the Billionaire's Wealth«, CNBC, 4. Mai 2021, https://www.cnbc.com/2021/05/04/next-comes-the-divorce-settlement-breakdown-of-bill-gates-wealth.html; Kerry Hannon, »The Draw of a Spit of Land Surrounded by Blue«, *New York Times*, 10. Februar 2015, https://www.nytimes.com/2015/02/10/business/the-draw-of-a-spit-of-land-surrounded-by-blue.html.

9 »Bill Gates Buys $1.25 Million Home Near University of Chicago«, 30. April 2018, CBS Chicago, https://www.cbsnews.com/chicago/news/bill-gates-buys-home-near-university-of-chicago/.

10 Evergate Stables, https://evergatestables.com; »Our Team Index«, Evergate Stables, https://evergatestables.com/our-team; Brian Bandell, »Bill Gates, Jennifer Gates' Trust Sells Wellington Equestrian Property«, *South Florida Business Journal*, 24. März 2022, https://www.bizjournals.com/southflorida/news/2022/03/24/bill-gates-jennifer-gates-21w1-trust.html.

11 Bandell, »Bill Gates, Jennifer Gates' Trust Sells Wellington Equestrian Property«.

12 Alex Park, »Is the Gates Foundation Still Investing in Private Prisons?«, *Mother Jones* (Blog), 8. Dezember 2014, https://www.motherjones.com/politics/2014/12/gates-foundation-still-investing-private-prisons; Laura Starita und Timothy Ogden, »A Conflict of Interests: When Foundations Invest in Arms and Tobacco«, *Alliance Magazine* (Blog), 21. November 2017, https://www.alliancemagazine.org/analysis/conflict-interests-foundations-invest-arms-tobacco/; Reed Abelson, »Charities' Investing: Left Hand, Meet Right«, *New York Times*, 11. Juni 2000, https://www.nytimes.com/2000/06/11/business/charities-investing-left-hand-meet-right.html; Alan Rusbridger, »Dear Bill Gates: ›Will You Lead the Fight Against Climate Change?‹«, *Guardian*, 30. April 2015, https://www.theguardian.com/environment/2015/apr/30/dear-bill-gates-will-you-lead-the-fight-against-climate-change; Charles Piller, »Money Clashes with Mission«, *Los Angeles Times*, 8. Januar 2007, https://www.latimes.com/business/la-na-gates8jan8-story.html.

13 Sydney P. Freedberg, Nicole Sadek und Brenda Medina, »How Uber Won Access to World Leaders, Deceived Investigators and Exploited Violence Against Its Drivers in Battle for Global Dominance«, ICIJ, 10. Juli 2022, https://www.icij.org/investi

gations/uber-files/uber-global-rise-lobbying-violence-technology; Theo Wayt und Lydia Moynihan, »Scandal-Ridden Bill Gates Spotted at Sun Valley«, New York Post, 8. Juli 2021, https://nypost.com/2021/07/08/scandal-ridden-bill-gates-spotted-at-sun-valley/.

14 Bloomberg Billionaire Index, Bloomberg, https://www.bloomberg.com/billionaires/profiles/melinda-f-gates/; Forbes real-time net worth, Forbes, https://www.forbes.com/profile/melinda-french-gates/?sh=75c3eedc2fcc.

15 Melinda French Gates, »The Giving Pledge«, https://www.givingpledge.org/pledger?pledgerId=428.

16 Gallup, »Percentage of Americans Donating to Charity at New Low«, Gallup.com, 14. Mai 2020, https://news.gallup.com/poll/310880/percentage-americans-donating-charity-new-low.aspx; Kelsey Piper, »The Charitable Deduction Is Mostly for the Rich. A New Study Argues That's by Design«, Vox, 3. September 2019, https://www.vox.com/future-perfect/2019/9/3/20840955/charitable-deduction-tax-rich-billionaire-philanthropy.

17 Robert Reich, »Philanthropy of Wealthy Not Always Charitable«, SFGate, 20. Dezember 2013, https://www.sfgate.com/opinion/reich/article/Philanthropy-of-wealthy-not-always-charitable-5082580.ph.

18 Roger Colinvaux und Ray Madoff, »Charitable Tax Reform for the 21st Century«, Tax Notes, 16. September 2019, https://scholarship.law.edu/cgi/viewcontent.cgi?article=2017&context=scholar.

19 »Foundation FAQ«, Bill & Melinda Gates Foundation, Web Archiv, https://web.archive.org/web/20221215081139/https://www.gatesfoundation.org/about/foundation-faq.

20 »Comments by Warren E. Buffett in Conjunction with His Annual Contribution of Berkshire Hathaway Shares to Five Foundations«, Pressemeldung, Berkshire Hathaway, 23. Juni 2021, https://www.berkshirehathaway.com/news/jun2321.pdf.

21 Gates, »By 2026, the Gates Foundation Aims to Spend $9 Billion a Year«. Hinweis: Bill Gates hat im Juli 2022 angekündigt, im Jahr 2022 weitere 20 Milliarden Dollar an die Stiftung spenden zu wollen. Diese Zahlen werden erst nach der Veröffentlichung dieses Buches in den Steuerunterlagen von Gates verifizierbar sein.

22 Bill & Melinda Gates Foundation Trust, U.S. Securities and Exchange Commission, Form 13-F, 14. November 2022.

23 Alan C. Heuberger, in »Our Leadership Team«, John Deere, https://www.deere.com/en/our-company/leadership; »Board of Directors«, Ecolab, https://investor.ecolab.com/corporate-governance/board-of-directors/default.aspx.

24 Es ist ziemlich kompliziert, diese Zahlen aufzuspüren und zu tabellieren, weil die Rechnungslegung der Stiftung komplex ist und sich ständig ändert. In den frühen Jahren der Stiftung veröffentlichte sie keine Finanzprüfungen, sondern nur die jährlichen Steuererklärungen. Zudem funktionieren einige URLs oder Links zu Finanzprüfungen nicht mehr oder fehlen. Später verlagerte die Stiftung ihr Stiftungskapital in eine separate Organisation, den Gates Foundation Trust, der seine eigenen Finanzwerte angibt. Um die Kapitalerträge der Gates Foundation zu fin-

den, verwendete ich »investment income, net«, was in den jährlichen Finanzprüfungen auftaucht, die bis 2003 nicht veröffentlicht wurden. Auf Basis des von der Gates Foundation jährlich ausgefüllten Steuererklärungsformulars 990 (Teil I, Spalte D) der Bundessteuerbehörde (IRS) tabellierte ich die ausgegebenen karitativen Spenden, weil die Finanzprüfungen karitative Spenden offenbar nicht von anderen Verwaltungskosten unterscheiden. Einigen Lesern mag auffallen, dass ich an anderer Stelle des Buches berichtet habe, dass Gates versprochen hat, 80 Milliarden Dollar an wohltätige Zwecke zu spenden, und nicht 58 Milliarden Dollar, wie ich es hier tue. Die Diskrepanz hat zwei Gründe. Erstens erstreckt sich meine Analyse hier nur über die Jahre 2003 bis 2020. Zweitens beziehe ich mich auf Gelder, die die Stiftung tatsächlich ausgezahlt hat, und nicht Gelder, die sie für die Zukunft versprochen hat. Viele Stiftungszuschüsse werden über mehrere Jahre hinweg ausgezahlt, so zum Beispiel eine große Zuwendung in Höhe von 100 Millionen Dollar, die im Jahr 2020 in jährlichen Schritten über das nächste Jahrzehnt ausgezahlt wird.

25 »Health Center Program Award Recipients«, Health Resources and Services Administration, https://www.hrsa.gov/opa/eligibility-and-registration/health-centers/fqhc und https://bphc.hrsa.gov/compliance/compliance-manual/chapter20.

26 In dem Chaos, das die Scheidung von Bill und Melinda French Gates verursachte, trat Warren Buffett aus dem Vorstand zurück und die Stiftung beeilte sich, neue Vorstandsmitglieder zu berufen, die der Gates Foundation allesamt institutionell oder finanziell verbunden waren. Das hieß, sie waren nicht unabhängig und wahrscheinlich nicht bereit, Bill Gates zu hinterfragen: Das neue Vorstandsmitglied Tom Tierney hatte vorher dem gemeinnützigen Beratungsunternehmen Bridgespan angehört, das mindestens 32 Millionen Dollar von der Gates Foundation erhalten hat. Baroness Minouche Shafik ist Direktorin der London School of Economics, die von der Stiftung mit 13 Millionen Dollar bedacht wurde. Strive Masiyiwa, Telekommunikations-Milliardär aus Simbabwe, der ebenfalls in London lebt, war früher erster Vorsitzender der Alliance for a Green Revolution in Africa (AGRA), einer von Gates gegründeten und finanzierten Organisation. Später traten dem Stiftungsrat der Gates Foundation noch Dr. Helene D. Gayle, Präsidentin des Spelman College, und Ashish Dhawan, Gründer und CEO der Convergence Foundation, bei. Wie es hieß, hatten »beide neuen Ratsmitglieder mit Zuwendungsempfängern zusammengearbeitet«. Schwab, »Will the Gates Foundation's Board Ever Hold Bill Accountable?«; »Bill & Melinda Gates Foundation Appoints Two New Members to Board of Trustees«, Bill & Melinda Gates Foundation, 18. August 2022, https://www.gatesfoundation.org/ideas/media-center/press-releases/2022 08/gates-foundation-appoints-new-board-members-helene-gayle-ashish-dhawan.

27 Alex Friedman und Julie Sunderland, »How to Fix the Gates Foundation«, Project Syndicate, 28. Mai 2021, https://www.project-syndicate.org/commentary/gates-foundation-future-after-divorce-reform-by-alex-friedman-1-and-julie-sunderland-2021–05?barrier=accesspaylog.

28 Tanza Loudenback, »Bill Gates' Kids May Not Inherit His Fortune, but He Is Setting Them up for Success in Other Ways«, *Business Insider*, 28. November 2017,

https://www.businessinsider.com/bill-gates-private-high-school-lakeside-seattle-2017–11.

29 Etwa »Verbot der persönlichen Bereicherung« (Anm. d. Übs.).

30 »Foundation FAQ«, Bill & Melinda Gates Foundation, https://www.gatesfounda tion.org/about/foundation-faq.

31 Stephen Moore, »George Soros's $18 Billion Tax Shelter«, *Wall Street* Journal, 23. November 2017, https://www.wsj.com/articles/george-soross-18-billion-tax-shelter-1511465095?elqTrackId=2ccfb43fab6548bc84638c4d730c12c&elq= cfbcb0ddbe3d4 f77827bd44cdd1f7fd8&elqaid=16835&elqat=1&elqCampaign Id=7289.

32 Das ist nicht ganz richtig. 2006 verfügte die Stiftung über 33 Milliarden Dollar. Damals hatten Presseerklärungen verkündet, Warren Buffett werde der Gates Foundation 30 Milliarden Dollar spenden, aber das waren zugesagte Gelder, die dann in kleine jährliche Spendenpakete aufgeteilt und nicht auf einmal gezahlt wurden.

33 Sheldon Drobny, »The Gates and Buffett Foundation Shell Game«, *HuffPost*, 22. August 2006, https://www.huffpost.com/entry/the-gates-and-buffett-fou_b_27780.

34 Robert Reich, »A Look Inside Just Giving«, *Princeton Press* (Blog), 24. Juli 2020, https://press.princeton.edu/ideas/a-look-inside-just-giving.

35 Eric John Abrahamson, »Control Stock: Corporate Power and the Tax Reform Act of 1969«, *HistPhil* (Blog), 11. Februar, 2020, https://histphil.org/2020/02/11/con trol-stock-corporate-power-and-the-tax-reform-act-of-1969/.

36 Mark Potts, »New Trustees Weighing Fate of Hughes Aircraft«, *Washington Post*, 13. Mai 1984, https://www.washingtonpost.com/archive/business/1984/05/13/ new-trustees-weighing-fate-of-hughes-aircraft/ae2a094a-8a5 f-496b-b77d-0c6e322328e9/; Richard L. Berke, »Hughes Institute Settles Tax Case«, *New York Times*, 3. März 1987, https://www.nytimes.com/1987/03/03/us/hughes-institute-settles-tax-case.html.

37 *Congressional* Record 16999 (1962) (Statement des Rep. Wright Patman).

38 Ray D. Madoff, »The Five Percent Fig Leaf,« Pittsburgh Tax Review 17, no. 2 (2020): 341.

39 Marcus S. Owens, »Charity Oversight: An Alternative Approach«, Working Paper No. 33.4 (Anmerkung 1), Hauser Center for Nonprofit Organizations, Harvard University, October 2006, https://cpl.hks.harvard.edu/files/cpl/files/working paper_33.4.pdf.

40 IRS, Statistics of Income, Returns of Tax-Exempt Organizations, Employee Retirement Plans, Government Entities und Tax-Exempt Bonds Examined by Type of Return (Tabelle 21) sowie Type of Foundation und Size of End-of-Year Fair Market Value of Total Assets, 2018 (aktuellste verfügbare Daten), https://www.irs.gov/sta tistics/soi-tax-stats-domestic-private-foundation-and-charitable-trust-statistics.

41 Diese Zahl bezieht sich auf Prüfungen von Steuererklärungen, nicht von Organisationen. Wenn die IRS die Steuererklärungen einer Stiftung aus den jeweils letzten drei Jahren prüft, verzeichnet sie sie als jeweils drei Steuerprüfungen. Tatsächlich wurden also im Jahr 2021 weniger als 200 Stiftungen geprüft.

42 Das Institute for Policy Studies hat angeregt, der Bundessteuerbehörde die Kontrolle über Wohltätigkeitsorganisationen zu entziehen und dafür eine neue Dienststelle zu schaffen – das Office of Charity Oversight, das mit einer Steuer auf Kapitalerträge von Privatstiftungen finanziert werden solle. Chuck Collins und Helen Flannery, »Gilded Giving 2022«, Institute for Policy Studies, Juli 2022, https://ips-dc.org/wp-content/uploads/2022/07/Report-Gilded-Giving-2022.pdf.

43 Da die Gates Foundation in Seattle ansässig ist, befindet sie sich auch im Zuständigkeitsbereich des Bundesstaates Washington. Wie ich vom Büro des Attorney General von Washington erfuhr, verfügte es erst 2014, also zehn Jahre, nachdem die Gates Foundation die weltgrößte Wohltätigkeitsorganisation geworden war, über Vollzeitpersonal zur Überprüfung karitativer Aktivitäten. »Im Allgemeinen geben wir keine Kommentare über anhängige Untersuchungen ab und bestätigen auch nicht, ob es welche gibt oder nicht«, erklärte das Büro. »Wenn uns eine Beschwerde über eine Privatstiftung erreicht, strengen wir eine Untersuchung an und leiten, falls notwendig, ein Fahndungsverfahren ein.« Nachdem ich um Einblick in öffentliche Behördendaten gebeten hatte, entdeckte ich, dass beim Büro des Attorney General tatsächlich Beschwerden über die Gates Foundation eingehen. Ich fand aber auch interne Korrespondenz, aus der explizit hervorging, dass das Büro nie Nachforschungen über Gates angestellt hatte. »Wir hatten noch nie Anlass, Gates genauer in den Blick zu nehmen«, erklärte mir David Horn, oberster Berater im Büro des Attorney General, in einer internen E-Mail von Oktober 2019. Eine gesonderte Dienststelle des Bundesstaates Washington, das Office of the Secretary of State, ist in geringerem Maße auch zur Kontrolle der Gates Foundation befugt. Bemerkenswerterweise hat die Stiftung an das Office über 2 Millionen Dollar zugunsten einer angegliederten Bibliothek gespendet. Auf Nachfragen bezüglich der Spende reagierte es nicht. Auch Bob Ferguson, der Attorney General des Bundesstaates Washington, war nicht zu einem Interview bereit. Alles spricht dafür, dass der Bundesstaat Washington genau wie Washington, D. C., kein Interesse an den Aktivitäten der Gates Foundation hat.

44 Paul Kiel, »The IRS Decided to Get Tough Against Microsoft. Microsoft Got Tougher«, ProPublica, 22. Januar 2020, https://www.propublica.org/article/the-irs-decided-to-get-tough-against-microsoft-microsoft-got-tougher; Jacob Kastrenakes, »Bill Gates to ›Substantially Increase Time‹ at Microsoft After Stepping Down as Chairman«, The Verge, 4. Februar 2014, https://www.theverge.com/2014/2/4/5377226/bill-gates-steps-down-microsoft-chairman-named-tech-advisor.

45 Ebenso stellt sich die Frage, ob die Gates Foundation der Bundessteuerbehörde nicht zu nahesteht. Eine Anwältin der Gates Foundation gehörte von 2015 bis 2018 als Beraterin dem Advisory Committee on Tax Exempt and Government Entities der IRS an. Das hätte die Gates Foundation in die Lage versetzt, die Belange der Stiftung zur Diskussion zu bringen und ein Brainstorming zur »Entwicklung innovativer und kooperativer Strategien der Problemlösung« zu initiieren. Während der Zeit, in der die Gates Foundation einen Repräsentanten in dem Komitee hatte, legte die Behörde neue Regeln fest, die der Gates Foundation und weiteren großen

Wohltätigkeitsorganisationen halfen, ihre finanzielle Zusammenarbeit mit der Privatwirtschaft dank einem Programm namens Program-Related Investments auszudehnen. Generell war die IRS bei meinen Recherchen keine große Hilfe. Sie wollte keine Interviews geben, und als ich unter Berufung auf den Freedom of Information Act (Informationsfreiheitsgesetz) einen Antrag auf die Suche nach Beschwerden stellte, die über die Gates Foundation bei ihr eingegangen waren, lehnte sie ihn mit der Erklärung ab, solche Beschwerden seien »vertraulich«. Federal Advisory Committee Database, Advisory Committee on Tax Exempt and Government Entities, Committee Detail, https://www.facadatabase.gov/FACA/apex/FACAPublicCom mittee?id=a10t0000002ondOAAQ; »Steps to Catalyze Private Foundation Impact Investing«, The White House, 21. April 2016, https://obamawhitehouse.archives. gov/blog/2016/04/21/steps-catalyze-private-foundation-impact-investing.

46 Jennifer Liberto, »Offshore Tax Havens Saved Microsoft $7 Billion in Taxes-Senate Panel«, CNN Business, 20. September 2012, https://money.cnn.com/2012/09/20/ technology/offshore-tax-havens/index.html; »Subcommittee Hearing to Examine Billions of Dollars in U. S. Tax Avoidance by Multinational Corporations«, Pressemitteilung, Webseite des Senator Carl Levin, 20. September 2012, https://web. archive.org/web/20121212035753/http://www.levin.senate.gov/newsroom/press/ release/subcommittee-hearing-to-examine-billions-of-dollars-in-us-tax-avoidance-by-multinational-corporations/.

47 Bill Gates, ein Interview von Jeremy Paxman, *BBC Newsnight*, 23. Januar 2014, https://www.youtube.com/watch?v=baUmdtrZp90.

48 Schwab, »Bill Gates Gives to the Rich (Including Himself)«.

49 Mark Curtis, »Gated Development: Is the Gates Foundation Always a Force for Good?«, Global Justice Now, Juni 2016, https://www.globaljustice.org.uk/sites/ default/files/files/resources/gjn_gates_report_june_2016_web_final_version_2. pdf.

50 Das Institute for Policy Studies hat eine Vermögenssteuer von 2 Prozent auf die Vermögenswerte großer wohltätiger Stiftungen vorgeschlagen, »die von den Spendern eng kontrolliert werden«. Das heißt, die Stiftung wäre als Teil des persönlichen Reichtums von Bill Gates zu betrachten, weil er kontrolliert, wie das Geld verwendet wird. Man könnte also argumentieren, dass das Stiftungsvermögen einer Vermögenssteuer unterliegen sollte. Collins und Flannery, »Gilded Giving 2022«; Emmanuel Saez und Gabriel Zucman, »Progressive Wealth Taxation«, BPEA Conference Drafts, 5. September 2019, https://www.brookings.edu/wp-con tent/uploads/2019/09/Saez-Zucman_conference-draft.pdf.

51 Betreiben wir ein wenig Mathematik: Wenn Gates in diesem Jahr mit seinen Investitionen von 100 Milliarden Dollar eine Rendite von 10 Prozent erzielt, wächst sein Vermögen um 10 Milliarden Dollar, was zusammen 110 Milliarden Dollar ergibt. Wenn aber der Kongress zu Beginn des Jahres eine Vermögenssteuer von 3 Prozent auf Gates' ursprünglich 100 Milliarden Dollar erhebt, stehen ihm nur 97 Milliarden Dollar zur Verfügung. In diesem Fall ergeben 10 Prozent Rendite (9,7 Milliarden Dollar) unter dem Strich 106,7 Milliarden Dollar. Demzufolge spült die Ver-

mögenssteuer von 3 Prozent 3 Milliarden Dollar in die Staatskasse, verringert Gates' Privatvermögen jedoch um 3,3 Milliarden Dollar – von 110 auf 106,7 Milliarden Dollar. Über die letzten 20 Jahre gerechnet, hätte eine durchgängig erhobene Vermögenssteuer von 3 Prozent diese Effekte vervielfacht – letztlich hätte sie Steuereinnahmen von 30 Milliarden Dollar erbracht, aber Gates' Reichtum um 60 Milliarden Dollar schrumpfen lassen. Ich habe mich bei dieser Berechnung auf die Angaben zu Gates' geschätztem Jahresvermögen in der Liste The World's Billionaires des Magazins Forbes gestützt.

Bei meinen Berechnungen half mir der Ökonom Gabriel Zucman von der University of California, der mich auf die Webseite taxjusticenow.com verwies. Sie enthält Modellrechnungen für die Auswirkungen, die unterschiedliche Vermögenssteuerraten auf das Privatvermögen der Superreichen hätten, wenn sie schon seit 1982 gelten würden. Nach diesen Modellen hätte die von Senatorin Elizabeth Warren vorgeschlagene Vermögenssteuer Bill Gates' Vermögen – nach dem Stand von 2020 – von 117 auf 21 Milliarden Dollar schrumpfen lassen. Nach Bernie Sanders' Plan hätte es sich auf 15 Milliarden Dollar reduziert.

52 Bill Gates »Why Inequality Matters«, GatesNotes, 13. Oktober 2014, https://www.gatesnotes.com/Books/Why-Inequality-Matters-Capital-in-21st-Century-Review.

53 Die Gates-Kinder pflegen einen ultraluxuriösen Lebensstil und jedes von ihnen wird so gut wie sicher eine große Summe erben. Zu behaupten, dass sie »ihren eigenen Weg in der Welt gehen« müssen, ist absurd.

54 Aimee Picchi, »Thomas Piketty: Bill Gates Doesn't Want to Pay More Tax«, CBS News, 5. Januar 2015, https://www.cbsnews.com/news/thomas-piketty-bill-gates-doesnt-want-to-pay-more-tax/.

55 Bill Gates, »What I'm Thinking About This New Year's Eve«, GatesNotes, 30. Dezember 2019, https://www.gatesnotes.com/About-Bill-Gates/Year-in-Review-2019.

56 Der einzige Nachweis, den ich finden konnte, der zeigt, dass Gates Geld in die Steuerreform gesteckt hat, war eine Spende in Höhe von 250000 Dollar im Jahr 2006 zur Unterstützung einer Wahlinitiative, die die Aufhebung der Erbschaftssteuer im Bundesstaat Washington zum Ziel hatte.

57 Unter Obama schlug das Weiße Haus sogar die sogenannte Buffett-Regel vor, die die Besteuerung der Reichen betraf. Aus dem Plan wurde nichts, und selbst wenn sie eingeführt worden wäre, hätte Buffett für sein Vermögen keine höheren Steuern zahlen müssen. Das Weiße Haus hatte betont, die Buffett-Regel würde die Superreichen auf »gerechte« Weise besteuern »und dabei Personen, die große karitative Beiträge leisten, nicht benachteiligen.« Office of the President, Fiscal Year 2013, Budget of the U. S. Government, Office of Management and Budget, 39, https://obamawhitehouse.archives.gov/sites/default/files/omb/budget/fy2013/assets/budget.pdf.

58 »U. S. Treasury Blocks over $1 Billion in Suleiman Kerimov Trust«, U. S. Department of the Treasury, 30. Juni 2022, https://home.treasury.gov/news/press-releases/jy0841.

59 Mike McIntire und Michael Forsythe, »Putin Faces Sanctions, but His Assets Remain an Enigma«, New York Times, 26. Februar 2022, https://www.nytimes.

com/2022/02/26/world/europe/putin-sanctions-money-assets.html?campaign_
id=249&emc=edit_ruwb_20220406&instance_id=57801&nl=russia-ukraine-war-
briefing&regi_id=94181639&segment_id=87708&te=1&user_id=5affd5c339e
726b5205a2a069c754d1b.

60 »Folge 138: Thought-Terminating Enemy Epithets (Teil II),« Citations Needed,
9. Juni 2021; https://citationsneeded.medium.com/episode-138-thought-termina
ting-enemy-epithets-part-ii-dea4bfcda8c7.

61 Anupretta Das und Craig Karmin, »This Man's Job: Make Bill Gates Richer«, *Wall
Street Journal*, 19. September 2014, https://www.wsj.com/articles/this-mans-job-
make-bill-gates-richer-1411093811.

62 Wortspiel mit *gatekeeper*, was »Pförtner, Torwächter« bedeutet (Anm. d. Übs).

63 Craig Torres, »Convicted Felons Handle Gates Fortune«, *Wall Street* Journal,
7. März 1993, https://archive.seattletimes.com/archive/?date=19930307&slug=
1689167.

64 Das, Flitter und Kulish, »A Culture of Fear at the Firm that Manages Bill Gates's
Fortune«.

65 Gelegentlich bewegt sich die Geheimhaltung um Gates' Privatvermögen auf der
Grenze zu einer alternativen Realität. Nach Bills und Melindas Scheidung 2021 berichteten die *New York Post* und andere Nachrichtenmedien, Bill habe eine kürzlich
von ihm gekaufte Villa in San Diego abreißen lassen – eine ungeheuer verschwen-
derische, klimaschädliche Aktion, die Nachbarn und Strandgängern einen häss-
lichen Baustellenbereich hinterließ. Obwohl der Artikel Nachbarn zitiert, die be-
haupteten, Gates persönlich auf der Baustelle gesehen zu haben, und obwohl das
Wall Street Journal vorher von seinem Kauf der Immobilie berichtet hatte, erklärten Gates' PR-Leute der *New York Post*, sie sei gar nicht in seinem Besitz gewesen.
Wie soll man das beweisen oder widerlegen? Grundbucheintragungen im Bezirk
San Diego ist nicht zu entnehmen, wer der Eigentümer des Hauses ist. Sie verraten
nur, *was* der Eigentümer des Hauses ist: eine Zweckgesellschaft namens »2808 of
Trust« c/o Northern Trust Company in Seattle. Weder der Bezirk noch Northern
Trust konnten uns sagen, wer der eigentliche Eigentümer ist. Mary K. Jacob, »Bill
Gates Turns $43M Mansion into ›Bachelor Pad‹ Nuisance«, *New York Post*, 23. März
2022, https://nypost.com/2022/03/23/bill-gates-is-turning-43m-mansion-into-
bachelor-pad-nuisance; Katherine Clarke, »Bill and Melinda Gates Buy Oceanfront
Home Near San Diego for $43 Million«, *Wall Street Journal*, 21. April 2020, https://
www.wsj.com/articles/bill-and-melinda-gates-buy-oceanfront-home-near-san-
diego-for-43-million-11587509127.

66 »America's Top 15 Earners and What They Reveal About the U. S. Tax System«,
ProPublica, 13. April 2022, https://www.propublica.org/article/americas-top-15-
earners-and-what-they-reveal-about-the-us-tax-system. Hinweis: Laut ProPublica
waren 22 Prozent von Gates' durchschnittlichem Jahreseinkommen von 2,85 Milliarden Dollar steuerbefreit – vermutlich zum Teil (oder ganz) aufgrund seiner
karitativen Spenden. In den Worten von ProPublica gibt es bei der IRS »eine großzügige Regelung des Steuergesetzes, wonach [Milliardäre, die oft große Teile ihres
Aktienbesitzes spenden,] den vollen Wert der Aktien zum derzeitigen Preis abzie-

hen dürfen – also ohne sie verkaufen und Kapitalertragssteuer zahlen zu müssen.« ProPublica war nicht bereit, mir Einblick in Bill Gates' Steuerunterlagen zu gewähren; Paul Kiel, Ash Ngu, Jesse Eisinger und Jeff Ernsthausen, »America's Highest Earners and their Taxes Revealed«, ProPublica, 13. April 2022, https://projects. propublica.org/americas-highest-incomes-and-taxes-revealed/.

67 Jesse Eisinger, Jeff Ernsthausen und Paul Kiel, »The Secret IRS Files: Trove of Never-Before-Seen Records Reveal How the Wealthiest Avoid Income Tax«, Pro Publica, 8. Juni 2021, https: //www.propublica.org/article/the-secret-irs-files-trove-of-never-before-seen-records-reveal-how-the-wealthiest-avoid-income-tax.

68 David Cay Johnston, »Questions Raised on New Bush Plan to End Estate Tax«, New York Times, 29. Januar 2001, https://www.nytimes.com/2001/01/29/business/questions-raised-on-new-bush-plan-to-end-estate-tax.html.

69 »Bill Moyers Interviews Bill Gates, Sr. and Chuck Collins,« PBS NOW, 17. Januar 2003, https://billmoyers.com/content/toolbooths-digital-higway-bill-gates-sr-chuck-collins-inheritance-tax-scientist-devra-davis-killer-smog-jump-started-clean-air-act/#inheritance-tax.

70 »Remembering Bill Gates Sr.«, Inequality.org (Blog), https://inequality.org/great-divide/remembering-bill-gates-sr/.

71 Dean Baker, »The Conservative Nanny State«, Center for Economic and Policy Research, 2006, https://web.archive.org/web/20061002021111/http://www.conservativenannystate.org/cnswebbook.pdf.

4 FAIL-FAST

1 Mark Suzman, »2022 Gates Foundation Annual Letter: Board of Trustees, What's Next«, Bill & Melinda Gates Foundation, https://www.gatesfoundation.org/ideas/articles/2022-gates-foundation-annual-letter-trustees.

2 »Strategic Investment FAQs«, Gates Strategic Investment Fund, https://sif.gatesfoundation.org/faq/.

3 Hinweis: Die Steuerunterlagen der Stiftung weisen Zuwendungen für wohltätige Zwecke an GlaxoSmithKline I+D, S. L. und GlaxoSmithKline Biologicals aus.

4 CureVac, Draft Registration Statement, Ex. 10.7, U.S. Securities and Exchange Commission, 22. Juni 2020. In den Worten der Stiftung: »Global Access erfordert, dass (a) die aus einer zielgerichteten Investition gewonnenen Kenntnisse und Informationen umgehend und weitreichend verbreitet und (b) die geförderten Entwicklungen unseren vorgesehenen Nutznießern zu einem tragbaren Preis verfügbar und zugänglich gemacht werden. Im Rahmen des Weltgesundheits- und Weltentwicklungsprogramms sind unsere Nutznießer die bedürftigsten Menschen in Entwicklungsländern, und im Rahmen der Programme für die USA gehören zu ihnen Schüler und Schülerinnen mit niedrigem Einkommen, Schüler und Schülerinnen of Color wie auch Studierende aus Nicht-Akademikerfamilien sowie die für diese Gruppen zuständigen Bildungssysteme.«; »Global Access Statement«, Bill & Melinda Gates Foundation, https://www.gatesfoundation.org/about/policies-and-resources/global-access-statement.

5 »CureVac Collaboration«, Bill & Melinda Gates Foundation, https://www.gates-foundation.org/ideas/media-center/press-releases/2015/03/curevac-collaboration.

6 Tim Schwab, »Is the Shine Starting to Come Off Bill Gates's Halo?«, *The Nation*, 7. Mai 2021, https://www.thenation.com/article/society/bill-gates-foundation-covid-vaccines/.

7 Hinweis: Wie sich herausstellte, war der Impfstoff von CureVac ein Flop, so dass wir nie erlebten, wie die Zugangsverpflichtung des Unternehmens gegenüber der Gates-Stiftung voll zum Tragen kam. Äußerlich betrachtet stimmte das Unternehmen sein Geschäftsmodell jedoch auf die wohlhabenden Länder ab und nicht auf die Armen der Welt. Dazu gehörte auch eine Vereinbarung über die Lieferung von 405 Millionen Dosen an die Europäische Kommission. Schwab, »Is the Shine Starting to Come Off Bill Gates's Halo?«; Jon Cohen, »What Went Wrong with Cure-Vac's Highly Anticipated New MRNA Vaccine for COVID-19?«, *Science*, 18. Juni 2021, https://www.science.org/content/article/what-went-wrong-curevac-s-highly-anticipated-new-mrna-vaccine-covid-19.

8 David Bank und Dennis Price, »Linchpin of Gates Foundation's Health Strategies, ›Global Access Agreements‹ Fail Their Covid-19 Test«, ImpactAlpha, 10. Juni 2021, https://impactalpha.com/the-linchpin-of-gates-foundations-health-strategies-global-access-agreements-fail-their-covid-19-test/; »BioNTech Announces New Collaboration to Develop HIV and Tuberculosis Programs«, Pressemitteilung, BioNTech, 4. September 2019, https: // investors .biontech.de/news-releases/news-release-details/biontech-announces-new-collaboration-develop-hiv-and/

9 Im Anschluss an Cepheids Versagen, während der Pandemie einen weltweiten Zugang zu ermöglichen, wurde Kritik an der angeblichen Profitmacherei des Unternehmens mit seiner TB-Diagnostik laut, von der es stolz verkündet, sie mit der Unterstützung der Gates Foundation entwickelt zu haben. 2017 verwies ein von der globalen Gesundheitsorganisation Unitaid gesponserter Bericht mit Blick auf Cepheids dominante Marktposition bei der Diagnose von Tuberkulose auf ein »potenziell monopolistisches Arrangement«, das sich auf die Preise auswirken könnte. Die globalen Zugangsvereinbarungen der Stiftung schienen erneut nicht das zu leisten, was sie versprachen: die von ihr finanzierten Produkte den Armen der Welt zu einem fairen, erschwinglichen Preis verfügbar zu machen. Cepheid, Form 8-K, Ex. 99.01, U. S. Securities and Exchange Commission, 2006; David Lewis und Allison Martell, »Donors Bet on a US Firm to Fix Testing in Africa. Then Covid-19 Hit«, Reuters, 1. März 2021, https://www.reuters.com/investigates/special-report/health-coronavirus-africa-cepheid/.

10 Lewis und Martell, »Donors Bet on a US Firm to Fix Testing in Africa. Then Covid-19 Hit«.

11 »Enteric and Diarrheal Diseases«, Gates Foundation Strategic Overview, November 2009, https://docs.gatesfoundation.org/Documents/enteric-and-diarrheal-diseases-strategy.pdf. Hinweis: Es ist unklar, worin diese »Investitionen« bestanden oder wie bedeutsam die Rolle war, die die Gates Foundation dabei spielte, weil es keine Aufzeichnungen über karitative Fördergelder für Merck gibt, die der Arbeit im Zusammenhang mit dem Rotavirus galten.

12 Robert Fortner, »Why you might think like Bill Gates about global health«, (Blog), 13. Februar 2016, https://robertfortner.posthaven.com/why-you-might-think-like-bill-gates-about-global-health.

13 Michaeleen Doucleff, »Merck Pulls Out of Agreement to Supply Life-Saving Vaccine to Millions of Kids«, *Goats and Soda* (Blog), NPR, November 1, 2018, https://www.npr.org/sections/goatsandsoda/2018/11/01/655844287/merck-pulls-out-of-agreement-to-supply-life-saving-vaccine-to-millions-of-kids.

14 NPR brachte kurze Zeit später ein weiteres großes Feature, in dem Merck erneut beschimpft wurde; dieses Mal wurde aber außerdem GSK gepriesen, das die Rotavirus-Impfstofflücke, die Merck hinterlassen hatte, nun ausfüllte. Diese Art der Berichterstattung wirkt wie eine recht offensichtliche Marketingmaßnahme von Gates, der Merck einen Anpfiff gibt und zugleich GSK in den Himmel hebt. Michaeleen Doucleff, »It Looked as Though Millions of Babies Would Miss Out on a Lifesaving Vaccine,« NPR, 31. Mai 2019, https://www.npr.org/sections/goatsandsoda/2019/05/31/726863111/it-looked-as-though-millions-of-babies-would-miss-out-on-a-lifesaving-vaccine.

15 Die Zuschussempfänger haben die Möglichkeit, über die Bedingungen der globalen Zugangsvereinbarungen zu verhandeln oder sie zurückzuweisen, aber es ist unmöglich zu wissen, wie oft dies geschieht oder wie diese Verhandlungen aussehen, weil die Finanzhilfevereinbarungen von Gates in der Regel nicht öffentlich zugänglich sind.

16 Ira Glass, Alex Blumberg und Laura Sydell, »When Patents Attack!«, Folge 441, This American Life, NPR, 22. Juli 2011, https://www.thisamericanlife.org/441/transcript.

17 Malcolm Gladwell, »In the Air«, *New Yorker*, 5. Mai 2008, https://www.newyorker.com/magazine/2008/05/12/in-the-air.

18 »Spinouts«, Intellectual Ventures, https://www.intellectualventures.com/spinouts.

19 Catherine Clifford, »Bill Gates-Backed Nuclear Demonstration Project in Wyoming Delayed Because Russia Was the Only Fuel Source«, CNBC, 16. Dezember 2022, https://www.cnbc.com/2022/12/16/bill-gates-backed-nuclear-demonstration-delayed-by-at-least-2-years.html; Alan Boyle, »Echodyne Radar Venture Flies Higher with $135M Funding Round Led by Bill Gates and Baillie Gifford«, GeekWire, 13. Juni 2022, https://www.geekwire.com/2022/echodyne-radar-venture-flies-higher-with-135m-funding-round-led-by-bill-gates-and-baillie-gifford/; Alan Boyle, »Bill Gates leads $84M Funding Round to Boost Kymeta Antenna Venture's Push into New Markets«, GeekWire, 15. März 2022, https://www.geekwire.com/2022/bill-gates-leads-84m-funding-round-to-boost-kymeta-antenna-ventures-push-into-new-markets/; Paul La Monica, »Crowd-Safety Firm Backed by Bill Gates and Peyton Manning Makes Wall Street Debut«, CNN, 19. Juli 2021; Lisa Stiffler, »Intellectual Ventures Spinoff Modern Electron Raising Cash for Heat-to-Electricity tech«, GeekWire, 27. Dezember 2021, https://www.geekwire.com/2021/intellectual-ventures-spinoff-modern-electron-raising-cash-for-heat-to-electricity-tech/; Alan Boyle, »With Backing from Bill Gates, Pivotal Commware Raises

$50M for 5G products«, GeekWire, 11. Februar 2021; Devin Coldewey, »Gates-Backed Lumotive Upends Lidar Conventions Using Metamaterials«, TechCrunch, 22. März 2019, https://techcrunch.com/2019/03/22/gates-backed-lumotive-upends-lidar-conventions-using-metamaterials/.

20 Microsoft, DEF 14A, U. S. Securities and Exchange Commission, 4. Oktober 2006. Hinweis: Es ist möglich, dass Bill Gates wie auch Microsoft noch weitere Investitionen in IV getätigt haben. 2018 berichtete *Forbes*, ein Tochterunternehmen von Microsoft in Irland habe eine Investition in IV von über 130 Millionen Dollar abgeschrieben. Nathan Vardi, »After 10 Years, Nathan Myhrvold's $3 Billion of Private Equity Funds Show Big Losses«, *Forbes*, 1. Juni, 2018, https://www.forbes.com/sites/nathanvardi/2018/06/01/after-10-years-nathan-myhrvolds-3-billion-of-private-equity-funds-show-big-losses/.

21 Hinweis: 2013 berichtete *60 Minutes* kurz über Bill Gates' Arbeit mit IV, wo er laut der Sendung »zugleich Investor und Erfinder ist«. »Bill Gates, 2.0«, 60 Minutes, CBS, 28. Juli 2013, 4:00, https://www.youtube.com/watch?v=cPy0nWYYCFg.

22 Taylor Soper, »Bill Gates and Intellectual Ventures Attempt to Patent a High-Tech Football Helmet«, GeekWire, 11. Januar 2017, https://www.geekwire.com/2017/bill-gates-intellectual-ventures-attempt-patent-high-tech-football-helmet/.

23 Bill Gates' Name wird mit ganz unterschiedlichen Patenten in Verbindung gebracht; viele davon gehören Microsoft und sind anscheinend dazu da, Daten von digitalen Identitäten zu sammeln – *personal data mining* (etwa »Data-Mining von Personendaten«), *determining influencers* (»Identifizierung von Influencern«) und *rewarding independent influencers* (»Belohnung unbhängiger Influencer«). Ein weiteres Beispiel, das aus dem Film *Minority Report* stammen könnte, nennt sich »Sensoren zum Sammeln von Informationen über einen Kunden oder eine Kundengruppe, die sich [durch einen Laden] bewegen« in Kombination mit »Gesichtserkennung, Erkennung der Körperhaltung und biometrischer Erfassung« mit dem Ziel, »in Verkaufsgeschäften Werbung in Echtzeit« zu erzeugen. U. S. Patents 20170053190-A1, 7930197-B2, 8290973-B2,9135657-B2 and 20080004950-A1.

24 Ira Glass und Zoe Chase, »When Patents Attack . . . Part Two!«, Folge 496, *This American Life*, NPR, 31. Mai 2013, https://www.thisamericanlife.org/496/when-patents-attack-part-two.

25 Glass und Chase, »When Patents Attack . . . Part Two!«.

26 Glass and Chase, »When Patents Attack . . . Part Two!«.

27 Intellectual Ventures, »What We Do,« https://web.archive.org/web/2019060 5202401/https://www.intellectualventures.com/what-we-do/global-good-fund/our-work.

28 Bemerkenswerterweise kamen die 500 Millionen Dollar nicht durch wohltätige Spenden der Gates Foundation zustande, sondern durch Transfers aus dem Stiftungsvermögen. Bill & Melinda Gates Foundation Trust, 990-PF, Statement 12, Transfers to Controlled Entities, 2010–2020. Hinweis: In der jährlichen Steuererklärung des Bill & Melinda Gates Foundation Trust wird für das Jahr 2010 eine Spende von geistigem Eigentum im Wert von 11 084 733 Dollar angegeben, offenbar ein Geschenk von Bill Gates. Außerdem wird berichtet, dass Global Good »Ka-

pitalbeiträge in Form von Bargeld und geistigem Eigentum« im Wert von mehr als 16 Millionen Dollar erhalten hat. Es ist nicht klar, ob diese beiden Transaktionen von geistigem Eigentum miteinander in Zusammenhang stehen.

29 Todd Bishop, »A Feisty Nathan Myhrvold Defends His Quest for ›Global Good‹, GeekWire, 10. August 2012, https://www.geekwire.com/2012/feisty-nathan-myhr-vold-defends-quest-global-good/.101.

30 Bishop, »A Feisty Nathan Myhrvold«.

31 »IV's Global Good Fund: A Legacy of Impact Invention« 2. September 2020, https://www.intellectualventures.com/buzz/insights/ivs-global-good-fund-a-legacy-of-impact-invention.

32 »Cleaner, More Efficient Cooking: Global Good Embeds Technology into Jet Flame Cookstove«, Intellectual Ventures, 30. Oktober 2019, https://www.intellectual ventures.com/buzz/insights/helping-families-with-cleaner-efficient-cooking; »Jet-Flame – Turn Your Fire into a Jet!«, Jet-Flame, https://www.jet-flame.com/.

33 »IV's Global Good Fund: A Legacy of Impact Invention.«

34 »Global Good Fund, Element to Develop Biometric ID Tool for Infants and Children – Biometric Update«, https://www.biometricupdate.com/201711/global-good-fund-element-to-develop-biometric-id-tool-for-infants-and-children. Hinweis: Die Gates Foundation hat noch andere ähnliche Projekte gefördert, beispielsweise ein Programm zur Biometrie von Säuglingen der University of California San Diego; »Researchers Receive $2.4 Million from Gates Foundation for Infant Vaccination Identification«, UC San Diego Today, 8. November 2016, https://today. ucsd.edu/story/researchers_receive_2.4_million_from_gates_foundation_for_ infant_vaccination.

35 Price, »Eyes Wide Open«, 35.

36 Price, »Eyes Wide Open«, 32.

37 Price, »Eyes Wide Open«, 33.

38 Price, »Eyes Wide Open«, 33.

39 »Reflecting on the Evolution of the Foundation: A Q&A with Mark Suzman«, Bill & Melinda Gates Foundation, 4. Februar 2022, https://www.gatesfoundation.org/ ideas/articles/evolution-of-the-foundation-qa-mark-suzman.

40 Price, »Eyes Wide Open«, 34.

41 Price, »Eyes Wide Open«, 34.

42 U. S. Patent Reel, Frame 040775/0094, 30. Dezember 2015, Assignment of Patents from Zyomyx to Bill & Melinda Gates Foundation.

43 U. S. Patents 7998696, 8304203, and 8765391, Assignment of patents from Bill & Melinda Gates Foundation to Stemcell Technologies Canada, Reel/Frame 040405/ 0749, 31. Mai 2016.

44 Die Förderunterlagen der Gates-Stiftung zeigen eine Spende von 2,9 Millionen Dollar an Stemcell Technologies »zur Entwicklung optimierter Methoden für die Erzeugung von Antikörper produzierenden B-Zellen aus Stammzellen zum Schutz vor Infektionskrankheiten in den Entwicklungsländern«.

45 David Bank und Dennis Price, »Returns on Investment: How a Broad Bet on a Biotech Company Paid Off in Promising Drugs for Neglected Diseases«, Making

Markets Work for the Poor, Supplement, *Stanford Social Innovation Review* (Sommer 2016), S. 35–36.

46 Amrutha Penumudi, »Pfizer to Buy Anacor in $5.2 Billion Deal for Access to Eczema Gel«, Reuters, 16. Mai 2016, https://www.reuters.com/article/us-anacorpharma-m-a-pfizer-analysis-idUSKCN0Y7143; U.S. Patents, Reel/Frame 050856/0936, 050867/0447, 050856/0921, 050863/0578, 052454/0630, 052454/0582, 052456/0805, and 052456/0761, Assignment of patents from Anacor to Bill & Melinda Gates Foundation.

47 Es ist schwierig nachzuvollziehen, wer im Besitz von Patenten ist, weil die Patentinhaber die Besitzverhältnisse bekanntermaßen mit Briefkastenfirmen und Beteiligungsgesellschaften verschleiern. Das war ein wichtiger Punkt der Story von *This American Life*, wo es um die verschiedenen Ebenen der Verschleierung im Zusammenhang mit der finanziellen Beteiligung von IV an Patenten ging.

48 Aus Unterlagen der Börsenaufsichtsbehörde geht hervor, dass Gates Ventures Anteile an Unternehmen wie Exicure besitzt; Exicure, Inc., Schedule 13G, U.S. Securities and Exchange Commission, 5. Oktober 2017, https://www.sec.gov/Archives/edgar/data/1580115/000110465917061162/a17-22926_1sc13 g.htm.

49 »Research Priorities«, Bill & Melinda Gates Medical Research Institute, https://www.gatesmri.org/research-priorities/.

50 Charles Wells, »What Does the Future Look Like for TB Care?«, ein Interview von Emily Henderson, News-Medical.net, 5. August 2022, https://www.news-medical.net/news/20220805/What-does-the-future-look-like-for-TB-care.aspx; »Merck and the Bill & Melinda Gates Medical Research Institute Announce Licensing Agreement for Novel Tuberculosis Antibiotic Candidates«, Merck.

51 »About Us«, Bill & Melinda Gates Medical Research Institute, https://www.gatesmri.org/about-us/. Vgl. die Profile von Emilio Emini, Manfred Lauchart, Taryn Rogalski-Salter.

52 In einem Fall, der sich nachverfolgen lässt, ist das Bill & Melinda Gates Medical Research Institute eine karitative Partnerschaft mit der Privatfirma Atreca eingegangen, die ein Malaria-Medikament entwickeln sollte, und hat die Entwicklung dann übernommen. Im Rahmen der Vereinbarung, die aus Unterlagen der Börsenaufsichtsbehörde hervorgeht, erwarb Gates MRI »Handelsrechte in für Gavi zugänglichen Ländern, die in Regionen liegen, wo Malaria endemisch ist, während Atreca Handelsrechte in den USA, Europa und Teilen Asiens behält.« Es ist unklar, ob Gates sich hier auf die Vereinbarung zum uneingeschränkten Zugriff gestützt hat. Atreca, Form 8-K, Ex.99. 1, U.S. Securities and Exchange Commission 2. November 2021, https://www.sec.gov/Archives/edgar/data/1532346/000117184321007383/exh_991.htm.

53 »DeFazio, Doggett Lead Members in Urging HHS to Lower Cost of Prostate Cancer Drug«, Pressemitteilung, 8. Februar 2022, Webseite von Kongressmitglied Peter DeFazio, https://web.archive.org/web/20220211152659/https://defazio.house.gov/media-center/press-releases/defazio-doggett-lead-members-in-urging-hhs-to-lower-cost-of-prostate.

54 Madeline Stone und Matt Weinberger, »19 Crazy Facts About Bill Gates' $127 Mil-

lion Mansion«, *Business Insider*, 7. Dezember 2018, https://www.businessinsider.com/crazy-facts-about-bill-gates-house-2016–11.

55 »Appraising Microsoft I: Real Audio of the November 13–14 1997 Appraising Microsoft Presentations«, 13./14. November 1997, http://www.appraising-micro soft.org/1st.html; »Nader Responds to Microsoft Letter«, 13. November 1997, http://www.appraising-microsoft.org/rnstatemt.html.

56 Brian Till, »How Drug Companies Keep Medicine Out of Reach«, *The Atlantic*, 15. Mai 2013, https://www.theatlantic.com/health/archive/2013/05/how-drug-companies-keep-medicine-out-of-reach/275853/.

57 Katherine Eban, »How an Indian Tycoon Fought Big Pharma to Sell Aids Drugs for $1 a Day«, Quartz, 15. Juli 2019, https://qz.com/india/1666032/how-indian-pharma-giant-cipla-made-aids-drugs-affordable/.

58 »Microsoft, Gates Foundation Timeline«, *Knowledge Ecology International* (Blog), 29. November 2010, https://www.keionline.org/microsoft-timeline.

59 World Health Organization, Intergovernmental Working Group on Public Health, Innovation and Intellectual Property, Teilnehmerliste, 28. April 2008, https://apps.who.int/gb/PHI/pdf/igwg2/PHI_IGWG2_DIV2_REV2.pdf.

60 David Muoio, »Nationwide Drug Spending Grew 7.7 % in 2021, Will Increase Another 4%-6 % in 2022,« FierceHealthcare, 12. April 2022, https://www.fierce healthcare.com/finance/nationwide-drug-spending-grew-77–2021-will-increase-another-4–6–2022.

61 Martin Enserink, »Another Global Health Fund? Here's Why«, Science, 19. Mai 2010, https://www.science.org/content/article/another-global-health-fund-heres-why.

62 Soumya Swaminathan et al., »Reboot Biomedical R&D in the Global Public Inter-est«, *Nature* 602, Nr. 7896 (Februar 2022), S. 207–10, https://doi.org/10.1038/d41586-022-00324-y.

5 TRANSPARENZ

1 »Bill and Melinda Gates Foundation«, NBBJ, https://www.nbbj.com/work/bill-and-melinda-gates-foundation.

2 Kristi Helm, »The New Gates Foundation Headquarters Reflects Charity's Roots – and Reach«, *Seattle Times*, 21. Mai 2011.

3 Hinweis: In ihrem Bericht über das Gebäude erwähnte die *New York Times*, die Stiftung habe kurioserweise sogar das Flüstern innerhalb der Zentrale verboten. Lawrence W. Cheek, »New Office Designs Offer Room to Roam and to Think«, *New York Times*, 1. März 2012, https://www.nytimes.com/2012/03/18/business/new-office-designs-offer-room-to-roam-and-to-think.html?ref=business.

4 Bill und Melinda Gates, »10 Tough Questions We Get Asked«, *GatesNotes*, https://www.gatesnotes.com/2018-Annual-Letter.

5 David Bank, Leiter der Medienwebseite ImpactAlpha, berichtet, dass er eine Ge-heimhaltungsvereinbarung unterschreiben musste, als er mit der Stiftung an einer Reportage arbeitete. David Bank, »What Went Wrong in Gates Foundation Invest-ment in $1 Billion Healthcare Fund for 21st-Century Megacities?«, *Medium* (Blog),

16. Juni 2018, https://medium.com/@davidmbank/abraaj-group-liquidation-tests-champions-of-sustainable-development-goal-3–73ea53728669.

6 Gabriel Sherman, Nick Bilton und Emily Jane Fox, »Bill and Melinda Gates's Epic Divorce Saga Enters Its Next Phase«, *Vanity Fair*, 7. Juni 2021, https://www.vanity fair.com/news/2021/06/bill-and-melinda-gates-divorce-saga-next-phase.

7 Das, Flitter und Kulish, »A Culture of Fear at the Firm that Manages Bill Gates's Fortune«.

8 O. Casey Corr, »Melinda French Gates: A Microsoft Mystery – She Married High-Profile Bill Gates, but Wants Her Life Kept Private«, *Seattle Times*, 4. Juni 1995, https://archive.seattletimes.com/archive/?date=19950604&slug=2124492. Hinweis: 2022 erließ der Bundesstaat Washington neue Regeln, die die Verwendung von Geheimhaltungsvereinbarungen am Arbeitsplatz einschränken, um Whistleblower zu schützen, und den Angestellten die Möglichkeit geben sollen, über Abfall, Betrug und Missbrauch zu berichten. Mehrere ehemalige Stiftungsmitarbeiter wiesen mich auf diese Regeln hin, weil sie nicht sicher waren, was sie in Bezug auf die von der Stiftung verwendeten Geheimhaltungsvereinbarungen bedeuteten. Amy Rolph, »Most NDAs Are Now Outlawed in Washington State. Will Whistleblowers Speak Up?«, GeekWire, 19. Juli 2022, https://www.geekwire.com/2022/most-ndas-are-now-outlawed-in-washington-state-will-whistleblowers-speak-up/.

9 Friedman and Sunderland, »How to Fix the Gates Foundation«.

10 Bevor ich meine ersten Recherchen über die Gates Foundation aufnahm, kontaktierte ich sie, um zu fragen, ob sie mir eine Excel-Tabelle mit all ihren wohltätigen Spenden schicken könnten – als Alternative zu ihrer schlecht gestalteten Online-Datenbank. Mit sämtlichen Spenden in einer Tabelle hätte ich komplexe Analysen durchführen können – eine Rangfolge der wichtigsten Spender oder der wichtigsten Empfänger erstellen und so weiter. Ich lag der Stiftung monatelang in den Ohren und ließ keinen Zweifel daran, dass ich andernfalls meine eigene Tabelle auf der Basis verfügbarer Aufzeichnungen erstellen würde. Schließlich lenkte die Stiftung ein und schickte mir die Tabelle per E-Mail – mit der Anordnung, dass ich sie niemandem zeigen dürfe. Als ich begann, die Ergebnisse meiner Recherchen zu veröffentlichen, stellten sie die Tabelle auf ihre Webseite. Und brachen die Kommunikation mit mir ab.

11 Scott Jaschik, »A Tool to Compare Colleges«, *Inside Higher Ed*, 4. November 2021; Hinweis: Nachdem ich den Autor kontaktiert hatte, korrigierte die Redaktion den Artikel und wies auf die finanziellen Verbindungen zu Gates hin. https://web.archive.org/web/20211104085628/https://www.insidehighered.com/news/2021/11/04/gates-foundation-effort-releases-new-tool-compare-colleges.

12 »Our Process«, Centre *for Analytics and Behavioural Change* (Blog), https://cabc.org.za/our-process/.

13 Das von Gates finanzierte Projekt wurde in der Zeit, als man auf der Webseite von CABC noch darauf hinwies, als Arbeit an »Neutralisierungsstrategien« beschrieben, die darauf abzielen sollten, »diejenigen zu überzeugen, die bezüglich des Impfens Zweifel haben«. Das mag unumstritten klingen, aber ohne weitere Details ist es nicht möglich, den Umfang, die Bedeutung, die Auswirkungen oder die Kon-

sequenzen des Projekts zu verstehen. Vielleicht noch wichtiger ist, dass der Mangel an Transparenz bedeutet, dass es keine Möglichkeit gibt zu überprüfen, ob das Geld von Gates wirklich für diesen Zweck verwendet wurde oder ob es möglicherweise auch für andere Themen zum Einsatz kam, um die Agenda der Stiftung zu fördern.

14 Bill & Melinda Gates Foundation, Statement 5, 706, IRS 990 filing for period ending December 2019.

15 Bill & Melinda Gates Foundation, Line 16c, column d, Part I; und Part VII, IRS 990, 2013.

16 Bill & Melinda Gates Foundation, Line 26, Column d, Part I, IRS 990, 2013.

17 Bill & Melinda Gates Foundation, Part VII, IRS 990, 2013.

18 »The Chronicle of Higher Education and the Gates Foundation«, *The Chronicle of Higher Education*, 14. Juli 2013, https://www.chronicle.com/article/the-chronicle-of-higher-education-and-the-gates-foundation/.

19 Julia Belluz und Marine Buissonniere, »McKinsey Infiltrated the World of Global Public Health. Here's How«, *Vox*, 13. Dezember 2019 https://www.vox.com/science-and-health/2019/12/13/21004456/bill-gates-mckinsey-global-public-health-bcg. Hinweis: Gates bezahlte McKinsey beispielsweise für die Evaluation eines Fundraising-Plans für Unitaid, bei dem Flugpassagiere beim Kauf von Tickets um kleine Spenden gebeten wurden. McKinsey sagte Jahreseinkommen von 1 Milliarde Dollar aus dem Projekt voraus. Unitaid wendete zig Millionen Dollar auf, um es ans Laufen zu bringen. Das Projekt erbrachte lediglich 14 000 Dollar.

20 Gates ist zum Beispiel mit 380 Millionen Dollar der zweitgrößte Förderer der United Nations Foundation. Die UNF verteilt das Geld dann an verschiedene Gruppen. In ihrer jährlichen Steuererklärung veröffentlicht sie einige der Empfänger – jedoch nicht alle und nicht so, dass zu erkennen wäre, welche Fördergelder von der Gates Foundation gekommen sind. Insgesamt hat die Gates Foundation fast 7 Milliarden Dollar an Organisationen gespendet, die das Wort *foundation* (»Stiftung«) im Namen tragen.

21 In den ersten Jahren meiner Recherchen antwortete die Stiftung gelegentlich noch per E-Mail auf meine Fragen.

22 Sally Ho, »AP Analysis Shows How Bill Gates Influences Education Policy«, AP News, 16. Mai 2018, https://apnews.com/article/melinda-gates-north-america-bill-and-melinda-gates-foundation-us-news-ap-top-news-a4042e82ffaa4a34b50ceac464761957.

23 »How We Work«, New Venture Fund, https://newventurefund.org/how-we-work/.

24 Anna Massoglia und Karl Evers-Hillstrom, »Liberal ›Dark Money‹ Operation behind Ads Urging Republicans to Support Impeachment«, OpenSecrets News, 20. November 2019, https://www.opensecrets.org/news/2019/11/liberal-dark-money-op-impeachment/.

25 Kenneth P. Vogel und Katie Robertson, »Top Bidder for Tribune Newspapers Is an Influential Liberal Donor«, *New York Times*, 13. April 2021, https://www.nytimes.com/2021/04/13/business/media/wyss-tribune-company-buyer.html.

26 »Our Governance«, Co-Impact, Webarchiv, 6. Mai 2022, https://web.archive.org/

web/20220506211132/https://co-impact.org/our-governance. Hinweis: 2023 berichtete Co-Impact, dass drei von sieben Vorstandssitzen von aktuellen und ehemaligen Gates-Mitarbeitern besetzt seien. https://co-impact.org/our-governance/.

27 »Olivia Leland«, Co-Impact, https://www.co-impact.org/our-team/olivia-leland/.

28 »What We Fund«, Co-Impact, https://www.co-impact.org/gender-fund-what-we-fund/; Madeline Brancel, Margaret Andersen, Samuel Wolf und Demitra Wack, »The Next Generation of Rigorous Education Research: J-PAL Launches the Learning for All Initiative«, Abdul Latif Jameel Poverty Action Lab (J-PAL), 25. Januar 2023, https://www.povertyactionlab.org/blog/1-25-23/next-generation-rigorous-education-research-j-pal-launches-learning-all-initiative.

29 In einem anderen Fall prahlte eine Führungskraft der Gates Foundation damit, bei der Gründung von WomenLift Health mitgewirkt zu haben. Im globalen Beirat von WomenLift Health sitzt eine Führungskraft der Gates Foundation und die Mission der Organisation – »Macht und Einfluss von Frauen in der Weltgesundheit zu stärken und einen systemischen Wandel anzustoßen, um für Geschlechtergleichheit in Führungspositionen zu sorgen« – unterscheidet sich nicht von der medial sehr präsenten Arbeit der Gates Foundation für Geschlechtergleichheit. Auf ihrer Webseite werden die Gates Foundation und New Venture Fund als Partner aufgeführt, aber die Stiftung hat keine Unterlagen zu Spenden an die Gruppe. Es könnte sein, dass Gates WomenLift Health durch Spenden an den New Venture Fund finanziert. WomenLift Health reagierte nicht auf Presseanfragen. »Poverty Is Sexist: A Q&A with New Gender Equality Division President Anita Zaidi«, Bill & Melinda Gates Foundation, https://www.gatesfoundation.org/ideas/articles/gender-equality-president-anita-zaidi; »Global Advisory Board«, *WomenLift Health* (Blog), https://www.womenlifthealth.org/global-advisory-board/; »Partners and Collaborators«, *WomenLift Health* (Blog), https://www.womenlifthealth.org/partners-affiliates/; »About us«, *WomenLift Health* (Blog), https://web.archive.org/web/20201117075245/https://www.womenlifthealth.org/our-mission.

30 Zu anderen »*fiscal sponsors*«, die Gates unterstützt, gehören Rockefeller Philanthropy Advisors, der Global Fund for Women, NEO Philanthropy sowie das Think-Well Institute. Diese Organisationen unterliegen keinerlei Rechenschaftspflicht über ihren Umgang mit Gates' Geld – selbst wenn sie Projekte, Zentren, Initiativen und Kampagnen ins Leben rufen, die die Agenda der Stiftung verfolgen. Als ich Rockefeller Philanthropy Advisors bat, mir zu erklären, wofür genau sie Gates' Fördergelder verwendet hätten, verweigerte mir die Organisation jegliche Auskunft und ließ mich wissen, dass sie »es vorziehen, sich an unsere Förderer zu wenden«.

31 »Members«, Global Fund, https://www.theglobalfund.org/en/board/members/; »Board of Directors«, Medicines for Malaria Venture, https://www.mmv.org/about-us/people-governance/board-directors; »Rodger Voorhies«, *AGRA* (Blog), 2. März 2021, https://agra.org/ourpeople/rodger-voorhies/; »Leadership«, CEPI, https://cepi.net/about/whoweare/.

32 The Bill & Melinda Gates Foundation, Board Service Policy and Guidelines, https://docs.gatesfoundation.org/documents/board-service-policy.docx. Hinweis: Es ist schlichtweg unmöglich, sämtliche Führungsrollen nachzuverfolgen, die Gates in

den von ihm geförderten Organisationen innehat, weil das nicht immer öffentlich gemacht wird und die Stiftung Tausende Organisationen sponsert. Bei einer flüchtigen Suche habe ich bereits zahlreiche Beispiele entdeckt: Dan Green, Global Content and Campaigns Director bei Gates, sitzt im Vorstand von Global Citizen, das zum Global Poverty Project gehört – dem die Stiftung 54 Millionen Dollar gespendet hat (»Board of Directors«, Global Citizen, https://www.globalcitizen.org/en/about/who-we-are/board-directors/); Ankur Voram, Chief Strategy Officer bei der Gates Foundation, sitzt im Vorstand von Innovations for Poverty Action, dem Gates mehr als 45 Millionen Dollar gespendet hat (»Board of Directors – IPA«, https://www.poverty-action.org/people/directors); Philip Welkhoff, Malaria Program Director bei der Bill & Melinda Gates Foundation, sitzt im Vorstand der Hertz Foundation, der Gates 5 Millionen Dollar gespendet hat (»Our People«, Fannie and John Hertz Foundation, https://www.hertzfoundation.org/about-us/our-people/); zahlreiche aktuelle und frühere Mitarbeiter der Gates Foundation dienen dem Vorstand von AVAC, das von Gates mehr als 90 Millionen Dollar erhalten hat, als Berater (»Board«, AVAC, 24. Juli 2013, https://www.avac.org/board).

33 Gwen Walden, Lauren Marra und Katrina Briddell, »Going Beyond Grantmaking: Using External Help to Extend a Foundation's Core Competencies and Increase Its Impact«, *Foundation Review* 7, Nr. 1 (31. März 2015), S. 116.

34 David McCoy, Gayatri Kembhavi, Jinesh Patel und Akish Luintel, »The Bill & Melinda Gates Foundation's Grant-Making Programme for Global Health«, *The Lancet* 373, Nr. 9675 (9. Mai 2009), S. 1645–53, https://doi.org/10.1016/S0140–6736(09)60571–7.

35 David McCoy, Gayatri Kembhavi, Jinesh Patel und Akish Luintel, »The Bill & Melinda Gates Foundation's Grant-Making Programme for Global Health«, *The Lancet* 373, Nr. 9675 (9. Mai 2009), S. 1645–53, https://doi.org/10.1016/S0140–6736(09)60571–7.

36 Carmen Paun, »A World Without America«, *Politico*, 4. August 2022, https://www.politico.com/newsletters/global-pulse/2020/10/22/a-world-without-america-490668.

37 Im Zeichen schonungsloser Offenheit: Einer der Artikel, auf die *Politico* verlinkte, stammte von mir.

38 Dazu gehörte auch ein mitfühlender Reuters-Artikel von Kate Kelland aus dem Jahr 2021: Kate Kelland, »›Crazy and Evil‹: Bill Gates Surprised by Pandemic Conspiracies«, Reuters, 27. Januar 2021, https://www.reuters.com/article/us-health-coronavirus-gates-conspiracies-idUSKBN29W0Q3. Später im gleichen Jahr wurde Kelland Chief Scientific Writer der von Gates gesponserten Coalition for Epidemic Preparedness Innovations (https://www.linkedin.com/in/kate-kelland-b5995618/); Kate Kelland, LinkedIn, https://www.linkedin.com/in/kate-kelland-b5995618/?originalSubdomain=uk.

39 Beispielsweise 100 000 Dollar an das International Center for Journalists, 960 000 Dollar an BBC Media Action und 1,5 Millionen Dollar an die Media Ecosystems Analysis Group.

40 Schwab, »While the Poor Get Sick, Bill Gates Just Gets Richer«.

41 Wie andere Twitter-Nutzer mir berichteten, wurden sie auch gesperrt, weil sie Informationen über die Gates Foundation geteilt hatten. Ich selbst nutze Twitter ebenfalls, bin aber noch nie von der Plattform ausgeschlossen oder gesperrt worden.

6 LOBBYING

1 Chris Cole, LinkedIn, https://www.linkedin.com/in/chris-cole-1158ba96/; Licea et al., »Insiders Say Bill Gates Was an Office Bully Who Pursued Sexual Affairs«.

2 James Fontanella-Khan, Mark Vandevelde und Simeon Kerr, »Bill Gates Vehicle Buys $2.2Bn Stake in Four Seasons from Saudi Royal«, *Financial Times*, 8. September 2021; »Ben Affleck, Bill Gates Urge Foreign Aid for Congo«, *Washington Post*, 26. März 2015, https://www.washingtonpost.com/video/politics/ben-affleck-bill-gates-urge-foreign-aid-for-congo/2015/03/26/dcf4f7b0-d3df-11e4-8b1e-274d6 70aa9c9_video.html.

3 Bill Gates, Written Testimony Presented Before the Appropriations Committee of the United States Senate, Subcommittee on State, Foreign Operations, and Related Programs, 26. März 2015, https://www.appropriations.senate.gov/imo/media/doc/hearings/032615%20Gates%20Testimony%20-%20SFOPS.pdf.

4 »Partnerships« und »About«, Eastern Congo Initiative, https://www.easterncongo.org/about/partners/ und https://www.easterncongo.org/about-drc/.

5 Hinweis: Laut dem Terminplan wurde Gates bei vielen seiner Meetings von dem Lobbyisten Michael Deich betreut, einem Washington-Insider, der bei OpenSecrets ein eigenes »Drehtürprofil« besitzt. Bevor er für Gates gearbeitet hat, war Deich bei der Lobbying-Firma Van Scoyoc und bei der Regierung, im Office of Management and Budget und dem Council of Economic Advisers, angestellt. »Revolving Door: Michael Deich Employment Summary«, OpenSecrets, https://www.opensecrets.org/revolving/rev_summary.php?id=26121.

6 Ezra Klein, »The Most Predictable Disaster in the History of the Human Race«, *Vox*, 27. Mai 2015, https://www.vox.com/2015/5/27/8660249/bill-gates-spanish-flu-pandemic.

7 Ron Klain, Vita bei der Harvard Law School, https://web.archive.org/web/20190109011819/https://hls.harvard.edu/faculty/directory/11755/Klain; Oliver Milman, »Ron Klain to Reportedly Step Down as Biden Chief of Staff«, *Guardian*, 21. Januar 2023, https://www.theguardian.com/us-news/2023/jan/21/ron-klain-biden-chief-of-staff-white-house.

8 Anna Palmer, »The Playbook Interview: Bill Gates«, *Politico*, 14. Februar 2017, https://www.politico.com/story/2017/02/bill-gates-playbook-interview-234987.

9 Akshat Rathi und Jennifer A Dlouhy, »Bill Gates and the Secret Push to Save Biden's Climate Bill«, Bloomberg, 16. August 2022, https://www.bloomberg.com/news/features/2022-08-16/how-bill-gates-lobbied-to-save-the-climate-tax-bill-biden-just-signed#xj4y7vzkg.

10 Katy Daigle, »Bill Gates Upbeat on Climate Innovation Even if 1.5C Goal Out of Reach«, Reuters, 20. Dezember 2022, https://www.reuters.com/business/environ-

ment/bill-gates-upbeat-climate-innovation-even-if-15c-goal-out-reach-2022-12-20/

11 Eine Analyse der Kampagnenbeiträge findet sich auf opensecrets.org und follow themoney.org.

12 »Bill & Melinda Gates Foundation« und »Government and Public Donors«, https://www.theglobalfund.org/en/private-ngo-partners/resource-mobilization/bill-melinda-gates-foundation/ und https://www.theglobalfund.org/en/government/.

13 »Annual Contributions and Proceeds 30 June 2022«, Gavi, the Vaccine Alliance, https://www.gavi.org/news/document-library/annual-contributions-and-roceeds-30-june-2022.

14 Bill & Melinda Gates Foundation, Annual Report 2020, https://www.gatesfoun dation.org/about/financials/annual-reports/annual-report-2020.

15 Gates, »Watch the Full Bill Gates Keynote«, 39:00.

16 David Rogers, »Bill Gates, Time Traveler«, Politico, 8. Mai 2013, https://www.poli tico.com/story/2013/05/bill-gates-congress-091090.

17 »Client Profile: One Action«, 2013 lobby spending, OpenSecrets, https://www.opensecrets.org/federal-lobbying/clients/summary?cycle=2013&id=D000055001; Mark Tran, »US Congress Votes Down Bill to Unshackle ›Tied‹ Food Aid«, Guardian, 20. Juni 2013, https://www.theguardian.com/global-development/2013/jun/20/us-congress-bill-food-aid.

18 Data Action, IRS 990 tax filing, 2004; »David Lane to Head ONE Campaign«, Bill & Melinda Gates Foundation, https://www.gatesfoundation.org/ideas/media-center/press-releases/2007/10/david-lane-to-head-one-campaign. Hinweis: Data Action wurde 2008 in ONE Action umbenannt. Siehe IRS-Steuererklärung 900, 2008, S. 29.

19 David Rogers, »A Food Fight over Aid Program«, Politico, 24. April 2013, https://www.politico.com/story/2013/04/a-food-fight-over-aid-program-090607; »State-ment on Dr. Rajiv Shah, USAID Administrator-Designate«, Bill & Melinda Gates Foundation, https://www.gatesfoundation.org/ideas/media-center/press-releases/2009/11/statement-on-dr-rajiv-shah-usaid-administratordesignate.

20 Hinweis: LegiStorm vermerkt 28 derzeitige und ehemalige Mitarbeitende der Gates Foundation, die auch Positionen in der Regierung oder als Lobbyisten innehaben.

21 »Contact Gavi«, Gavi, https://www.gavi.org/contact-us; »Client Profile: Gavi Alli-ance«, OpenSecrets, https://www.opensecrets.org/federal-lobbying/clients/sum mary?id=D000051207; »Bill Profile: H. R.2471«, OpenSecrets, https://www.open secrets.org/federal-lobbying/bills/summary?id=hr2471–117.

22 Analyse der OpenSecrets-Datenbank.

23 Banco, Furlong und Pfahler, »How Bill Gates and Partners Used Their Clout to Control the Global Covid Response – with Little Oversight«.

24 Bill & Melinda Gates Foundation, »U. S. Private Foundation Funds and Advocacy«, https://docs.gatesfoundation.org/documents/advocacy-guidelines.pdf.

25 Wir können Gates' Ausgaben grob schätzen. Eine Suche in der Datenbank für die Spendengelder der Stiftung nach Wörtern wie legislator, congress, policy und parlia-ment erbrachte über 3 Milliarden Dollar an Zuwendungen. Ein Beispiel ist eine 10-Millionen-Dollar-Spende an das Global Poverty Project, »um den politischen

Willen und das Engagement der Bürger zu stärken, öffentliche Politik zu befördern und Vorreiter in Politik, Parlament und Kongress aufzubauen, die benötigt werden, um Prioritäten in der Weltgesundheit und -entwicklung zu setzen«.

26 Dennoch betreibt Kyle House explizites Lobbying für zahllose Organisationen in Gates' karitativem Imperium, wie etwa CEPI, PATH und Gavi. »Lobbying Firm Profile: Kyle House«, OpenSecrets, https://www.opensecrets.org/federal-lobbying/firms/summary?id=D000074887.

27 »Is Aid Killing Africa? Dambisa Moyo Talks About Dead Aid on ABC«, ein Interview von den Australian Broadcasting Corporation News, 17. März 2009, Youtube, 1:25, https://www.youtube.com/watch?v=HIPvlQOCfAQ.

28 »About Dambisa«, Dambisa Moyo, https://dambisamoyo.com/about/.

29 »Bill Gates' Shocking Personal Attacks on Dr. Dambisa Moyo and Dead Aid«, Video einer Q&A-Runde von der University of New South Wales, 28. Mai 2013, Youtube, 1:00, https://www.youtube.com/watch?v=5utDdxveaJc.

30 Jordan Dickinson, »Employee Post-travel Disclosure Form«, U. S. House of Representatives Committee on Ethics, September 8, 2016.

31 Jordan Dickinson, »Employee Post-travel Disclosure Form«.

32 »Scaling Seeds and Technologies Partnership Will Accelerate Progress to Reduce Hunger, Poverty in Africa«, U. S. Agency for International Development, https://2012–2017.usaid.gov/news-information/press-releases/scaling-seeds-and-technologies-partnership-will-accelerate-progress. AGRA strich Senegal irgendwann aus der Liste ihrer Schwerpunktländer, doch zum Zeitpunkt der Reise bestand eine Partnerschaft mit Feed the Future in Senegal. USAID, Feed the Future, »Mid-term Performance Evaluation of the Scaling Seeds and Technologies Partnership (SSTP) in Africa: Wave Two Survey Report Smallholder Farmers' Adoption of Improved Seeds in Program Areas.«, 2. Juli 2019, i, https://agra.org/wp-content/uploads/2020/07/SSTP-WAVE-2-mid-term-evaluation-USAID.

33 Analyse von USAspending.gov, Cooperative Agreement FAIN AIDOAAA1700029, 30. September 2017, https://www.usaspending.gov/award/ASST_NON_AIDOAAA 1700029_7200.

34 Kyrsten Sinema, »Employee Post-travel Disclosure Form«, U. S. House of Representatives Committee on Ethics, 17. März 2016.

35 Erik Paulsen und Andy Harris, »Employee Post-travel Disclosure Form«, U. S. House of Representatives Committee on Ethics, 17. März 2016. Hinweis: World Vision reagierte nicht auf eine Presseanfrage bezüglich der Differenz zwischen den Reisekosten, die von Paulsen und Harris angegeben wurden.

36 Mike Quigley, »Employee Post-travel Disclosure Form«, U. S. House of Representatives Committee on Ethics, 8. Dezember 2014.

37 Aaron Schock, »Employee Post-travel Disclosure Form«, U. S. House of Representatives Committee on Ethics, 24. September 2010.

38 John Garamendi, »Employee Post-travel Disclosure Form«, U. S. House of Representatives Committee on Ethics, 21. August 2015.

39 Ann Wagner, Susan Brooks und Carol Miller, »Employee Post-travel Disclosure Form«, U. S. House of Representatives Committee on Ethics, 14. Mai 2019.

40 Barbara Lee, »Employee Post-travel Disclosure Form«, U. S. House of Representatives Committee on Ethics, 18. April 2012.

41 Die Stiftung scheint ebenso großzügig ähnliche Reiseaktivitäten für Gesetzgeber in den US-Bundesstaaten zu veranstalten. Laut öffentlichen Aufzeichnungen für den Staat New York schlug die Gates Foundation dem Bildungsministerium des Staats in Zusammenarbeit mit dem Aspen Institute vor, »bis zu sieben« Bildungsbeauftragte nach Washington, D. C., zu senden, um über eine Bildungsinitiative der Stiftung zu diskutieren. »Die Stiftung übernimmt sämtliche Reise- und Unterbringungskosten im Zusammenhang mit dem Treffen«, erläuterte Gates' Mitarbeiter Adam Tucker in der Einladung. Es ist unmöglich, entsprechende Stiftungskosten für alle 50 Staaten nachzuverfolgen – die die Höhe der Kosten auf Bundesebene möglicherweise noch übersteigen. Denkbar ist auch, dass Gates Reisen für Abgeordnete ausländischer Regierungen finanziert. Dem nachzugehen hätte aber den Rahmen meiner Recherchen gesprengt.

42 »CSIS to launch Center for Global Health Policy«, Pressemitteilung, CSIS, 18. August 2008, https://www.csis.org/news/csis-launch-center-global-health-policy.

43 Heidi Ross, »Employee Post-travel Disclosure Form«, U. S. House of Representatives Committee on Ethics, 31. Januar 2013.

44 Theresa Vawter, »Employee Post-travel Disclosure Form«, U. S. House of Representatives Committee on Ethics, 9. April 2013; Kristin Dini Hernandez, »Employee Post-travel Disclosure Form«, U. S. House of Representatives Committee on Ethics, 7. März 2014; Janice Kaguyutan, »Employee Post-travel Disclosure Form«, U. S. House of Representatives Committee on Ethics, 4. September 2014.

45 »Learning Tours«, CARE, https://www.care.org/our-work/advocacy/learning-tours/.

46 »CARE Learning Tours Alumni,« CARE, https://www.care.org/our-work/advo cacy/learning-tours/alumni/.

47 Jess Gross und Lindsay A. L. Hunsicker, »Employee Post-travel Disclosure Form«, U. S. House of Representatives Committee on Ethics, 24. Oktober 2008.

48 Hinweis: Den Offenlegungsunterlagen einiger, aber nicht aller Kongressmitarbeitenden ist das Einladungsschreiben, das sie von Aspen erhielten, im Original beigefügt. Darin heißt es: »Teilnahme nur auf Einladung, ohne außenstehende Beobachter oder Lobbyisten. Förderung nur durch Spenden bekannter Stiftungen – Gelder von Regierungsseite, Einzelpersonen, Unternehmen oder Interessengruppen werden nicht angenommen. Die Stiftungen, die dieses Projekt unterstützen, sind die Bill & Melinda Gates Foundation sowie die Carnegie Corporation of New York.« Dennoch tauchen Gates und Carnegie in den eigentlichen Offenlegungsunterlagen nicht als Sponsoren auf. Catherine Brown, »Employee Post-travel Disclosure Form«, U. S. House of Representatives, Committee on Ethics, 30. Oktober 2008.

49 In den USA verwendeter Begriff für »Hausmann« bzw. »Hausfrau«, hier möglicherweise im Sinne von »Privatmann« gebraucht (Anm. d. Übs.).

50 Analyse der Daten zu Wahlkampfspenden auf opensecrets.org.

51 Bill & Melinda Gates Foundation. »U. S. Private Foundation Funds and Advocacy«.

52 »Washington Charter School Initiative, Initiative 1240 (2012)«, Ballotpedia, https://ballotpedia.org/Washington_Charter_School_Initiative,_Initiative_1240_(2012).

53 Washington Charter School Initiative, Initiative 1240, 2012.

54 Washington Charter School Initiative, Initiative 1240, 2012.

55 Sally Ho, »Bill Gates Among Billionaires Fueling Charter-School Movement Across U. S. and Here in Washington«, Union-Bulletin.com, 15. Juli 2018, https://www.union-bulletin.com/news/local/education/bill-gates-among-billionaires-fueling-charter-school-movement-across-u-s-and-here-in-washington/article_48d1a97c-f6c2-593e-81f9-904b40bb416b.html.

56 »Bill Gates Interview on Oprah Farewell 2010. 09. 20«, YouTube, 6:00, https://www.youtube.com/watch?v=Z5lmBCnVALQ.

57 Lyndsey Layton, »Charters Not Outperforming Nation's Traditional Public Schools, Report Says«, *Washington Post*, 25. Juni 2013, https://www.washingtonpost.com/local/education/charters-not-outperforming-nations-traditional-public-schools-report-says/2013/06/24/23 f19bb8-dd0c-11e2-bd83-e99e43c336ed_story.html; Eve L. Ewing, »Can We Stop Fighting About Charter Schools?«, *New York Times*, 22. Februar 2021, https://www.nytimes.com/2021/02/22/opinion/charter-schools-democrats.html.

58 Kate Zernike, »Condemnation of Charter Schools Exposes a Rift over Black Students«, *New York Times*, 21. August 2016, https://www.nytimes.com/2016/08/21/us/blacks-charter-schools.html.

59 Yvonne Wingett Sanchez und Rob O'Dell, »What Is ALEC? ›The Most Effective Organization‹ for Conservatives, Says Newt Gingrich«, *USA Today*, 3. April 2019, https://www.usatoday.com/story/news/investigations/2019/04/03/alec-american-legislative-exchange-council-model-bills-republican-conservative-devos-ging rich/3162357002/.

60 »Gates Won't Pull ALEC Grant«, *BuzzFeed News*, 10. April 2012, https://www.buzzfeednews.com/article/buzzfeedpolitics/gates-wont-pull-alec-grant.

61 2019 riefen Bill und Melinda Gates tatsächlich die Gates Policy Initiative ins Leben, die der Lobbyarbeit diente und der Stiftung angegliedert war. Nachdem in den Nachrichtenmedien kritische Fragen dazu laut wurden, hat die Stiftung das Projekt anscheinend im Großen und Ganzen wieder aufgegeben. Vielleicht ging ihr auf, wie groß seine politische Brisanz war – oder wie viele andere Kanäle ihr zur Verfügung standen, das politische Geschehen hinter verschlossenen Türen zu beeinflussen. Rosalie Chan, »Bill and Melinda Gates Are Launching a Lobbying Group«, *Business Insider*, 13. Juni 2019, https://www.businessinsider.com/bill-gates-melinda-gates-lobbying-group-2019-6.

62 David Marchese, »Melinda Gates on Tech Innovation, Global Health and Her Own Privilege«, *New York Times Magazine*, 15. April 2019, https://www.nytimes.com/interactive/2019/04/15/magazine/melinda-gates-foundation-interview.html.

63 Adam Moe Fejerskov, *The Gates Foundation's Rise to Power: Private Authority in Global Politics* (New York: Routledge, 2018), S. 20–21.

64 Alex Thompson, »A Google Billionaire's Fingerprints Are All over Biden's Science Office«, *Politico*, 28. März 2022, https://www.politico.com/news/2022/03/28/google-

billionaire-joe-biden-science-office-00020712. Hinweis: Mitarbeitende der Gates Foundation haben als Berater in Dutzenden nationalen Ausschüssen gesessen. Siehe General Services Administration, Federal Advisory Committee Act (FACA) Database, https://www.facadatabase.gov/FACA/apex/FACAPublicSearch#.

65 Alexander Burns und Nicholas Kulish, »Bloomberg's Billions: How the Candidate Built an Empire of Influence«, New York Times, 15. Februar 2020, https://www. nytimes.com/interactive/2020/02/15/us/politics/michael-bloomberg-spending. html. Hinweis: Laut dem Artikel wurde Empfängern von Bloombergs Spendengeldern eine Art von Zensur (oder Selbstzensur) nachgesagt, die der im Dunstkreis der Gates Foundation auf gespenstische Weise ähnelt: »In Interviews mit der Times sagte niemand, er sei durch Mr. Bloomberg oder sein Geld bedroht oder unter Druck gesetzt worden. Viele sagten jedoch, sein Vermögen sei unwiderstehlich – dessen Anziehungskraft sei so stark, dass das Ausüben von Druck gar nicht notwendig sei.«

66 Jane Mayer, Dark Money: The Hidden History of the Billionaires Behind the Rise of the Radical Right (New York: Anchor, 2016); Center for Public Integrity, »Why the Koch Brothers Find Higher Education Worth Their Money«, Center for Public Integrity, 3. Mai 2018, http://publicintegrity.org/politics/why-the-koch-brothers-find-higher-education-worth-their-money/.

7 FAMILIENPLANUNG

1 »The Gates Foundation: Giving Away a Fortune«, 60 Minutes, CBS, 30. September 2010, https://www.cbsnews.com/news/the-gates-foundation-giving-away-a-fortune/. Hinweis: 60 Minutes scheint bereits fünfmal über die Gates Foundation berichtet zu haben – immer positiv. Charlie Rose, »Bill Gates 2.0«, 60 Minutes, CBS, 21. Mai 2013, https://www.cbsnews.com/news/bill-gates-climate-change-disaster-60-minutes-2021–02–14/; Charlie Rose, »The Giving Pledge«, 60 Minutes, CBS, 27. März 2016, https://www.cbsnews.com/news/60-minutes-giving-pledge/; Scott Pelley, »Why Bill and Melinda Gates Put 20000 Students Through College«, 60 Minutes, CBS, 2. September 2018; Anderson Cooper, »Bill Gates: How the World Can Avoid a Climate Disaster«, 60 Minutes, CBS, 15. September 2021, https://www.cbsnews.com/news/bill-gates-climate-change-disaster-60-minutes-2021–02–14/.

2 »The Gates Foundation: Giving Away a Fortune«, 0:10.

3 »The Gates Foundation: Giving Away a Fortune«, 2:20.

4 Melinda Gates, Wir sind viele, wir sind eins. Übers. von E. Liebl (München: Droemer, 2019), S. 24. [The Moment of Lift: How Empowering Women Changes the World (New York: Flatiron Books, 2019), S. 12 f.]. Hinweis: Dies stimmt nicht ganz mit den öffentlich einsehbaren Steuerunterlagen der Stiftung überein, in denen die Arbeitsstunden von einigen Angestellten vermerkt sind. In den ersten Jahren der Stiftung ist für Bill und Melinda die gleiche Stundenzahl angegeben – fünf bis acht Stunden pro Woche. Zu bemerken ist, dass Bill als »trustee« (»Treuhänder«) bezeichnet wird und Melinda die weniger prestigeträchtige Bezeichnung »manager«

trägt. Siehe Bill & Melinda Gates Foundation, Teil VII, Steuererklärungsformular 990 der IRS, 2001.

5 »The Gates Foundation: Giving Away a Fortune«, 2:30.

6 »The Gates Foundation: Giving Away a Fortune«, 3:25.

7 »The Gates Foundation: Giving Away a Fortune«, 0:55.

8 »Extra: Gates on Population Rates,« from »The Gates Foundation: Giving Away a Fortune,« https://web.archive.org/web/20200531121459/https://www.youtube.com/watch?v=7_xEn5mudP8.

9 Hinweis: Nicht alle Nutzer von Empfängnisverhütung identifizieren sich als Frauen. Da aber die Gates Foundation ihre Bemühungen um Familienplanung allein auf Frauen auszurichten scheint, machen wir das in diesem Kapitel genauso. Generell scheint sich die Stiftung nicht besonders darum zu kümmern, wie ihre Arbeit zur »Gleichstellung der Geschlechter« oder anderen Themen Verbindungen zu nichtbinären oder Trans-Communities schlagen könnte. Von den fast 80 Milliarden Dollar, die die Gates-Stiftung für wohltätige Zwecke zugesagt hat, wurden in nur zwei Spenden (rund 350 000 Dollar) Trans-Communities erwähnt.

10 Candid, »Gates Foundation Announces $2.6 Billion in ›Family Planning‹ Commitments«, Philanthropy News Digest, 12. Juli 2012, https://philanthropynewsdigest.org/news/gates-foundation-announces-2.6-billion-in-family-planning-commitments.

11 Seabrook, »E-Mail from Bill«.

12 Bill Gates, Auszug aus The Road Ahead, veröffentlicht in Newsweek, 26. November 1995, https://www.newsweek.com/road-ahead-181290; hier zitiert aus: Bill Gates, Der Weg nach vorn – Die Zukunft der Informationsgesellschaft. Übers. von F. Griese und H. Kober (Hamburg: Hoffmann und Campe, 1995), S. 226 f.

13 Bill Moyers, »A Conversation with Bill Gates: Making a Healthier World for Children and Future Generations«, Transcript, BillMoyers.com, 9. Mai 2003, https://billmoyers.com/content/conversation-bill-gates-making-healthier-world-children-future-generations-transcript/. Hinweis: Es hat den Anschein, als sei dieses weichgespülte Interview – mit dem berühmten Reporter Bill Moyers – von der Gates Foundation gesponsert worden. Nach ihren Spendenunterlagen spendete sie 2003 einen Betrag von 500 000 Dollar »zur Finanzierung eines Forums und der Aufzeichnung eines Dialogs über Weltgesundheit zwischen Bill Gates und Bill Moyers in der Malman School of Public Health der Columbia University«.

14 Da Bill Gates Sr. nicht mehr lebt, konnte ich ihn nicht zu seinem Interesse für Familienplanung befragen. Laut Nachrichtenmedien war er sowohl auf lokaler als auch nationaler Ebene in leitenden Positionen für Planned Parenthood tätig. Die nationale Organisation Planned Parenthood wollte das weder bestätigen noch abstreiten. Lisa Stiffler und Todd Bishop, »Bill Gates Sr., 1925–2020: Microsoft Co-Founder's Father Made His Own Mark on Seattle and the World«, GeekWire, 15. September 2020, https://www.geekwire.com/2020/bill-gates-sr-1925–2020-microsoft-co-founders-father-made-mark-seattle-world/.

15 »Bill Gates' Q&A with Chris Anderson: Video Unveiled«, TEDBlog, 6. Februar 2009, https://blog.ted.com/bill_gates_qa_w/.

16 Robert Frank, »Billionaires Try to Shrink World's Population, Report Says«, *Wall Street Journal*, 16. Mai 2009, https://www.wsj.com/articles/BL-WHB-1322.

17 »About Us«, Population Resource Center, https://web.archive.org/web/200806 05202028/http://www.prcdc.org/about/.

18 Bill Gates, »2012 Annual Letter«, *GatesNotes*, 24. Januar 2012, https://www.gates-notes.com/About-Bill-Gates/2012-Annual-Letter.

19 Auch eine jüngere Generation von Milliardären, darunter Elon Musk (Tesla) und Jack Ma (Alibaba), macht sich Gedanken über das Bevölkerungswachstum. »In 20 Jahren wird das größte Problem ein Bevölkerungskollaps sein. Keine Explosion. Ein Kollaps«, bemerkte Musk 2019 bei einer öffentlichen Diskussion. »Dem stimme ich vollkommen zu«, sagte Ma. »Das Bevölkerungsproblem wird zu einer riesigen Herausforderung. 1,4 Milliarden Menschen in China klingen nach einer Menge, aber ich denke, dass China in 20 Jahren infolge dieser Entwicklung große Probleme bekommen wird.« Catherine Clifford, »Elon Musk and Jack Ma Agree: The Biggest Problem the World Will Face Is Population Collapse«, CNBC, 30. August 2019, https://www.cnbc.com/2019/08/30/elon-musk-jack-ma-biggest-problem-world-will-face-is-population-drop.html.

20 Jacob Levich, »Bill Gates and the Myth of Overpopulation«, *Medium* (Blog), 26. April 2019, https://medium.com/@jacob.levich/bill-gates-and-the-myth-of-overpopulation-ca3b1d89680.

21 Alexis McGill Johnson, »I'm the Head of Planned Parenthood. We're Done Making Excuses for Our Founder«, *New York Times*, 17. April 2021, https://www.nytimes.com/2021/04/17/opinion/planned-parenthood-margaret-sanger.html.

22 Stephanie Beasley, »Top Global Foundations Mount Effort to Confront Legacies of Eugenics«, Devex, 1. Oktober 2021, https://www.devex.com/news/sponsored/top-global-foundations-mount-effort-to-confront-legacies-of-euge nics-101745.

23 »Statement by Dr. Rajiv J. Shah on the Anti-Eugenics Project's Dismantling Euge-nics Convening«, *Rockefeller Foundation* (Blog), 28. September 2021, https://www.rockefellerfoundation.org/news/statement-by-dr-rajiv-j-shah-on-the-anti-euge nics-projects-dismantling-eugenics-convening/.

24 Gates, *Wir sind viele, wir sind eins*, S. 86.

25 Gates, *Wir sind viele, wir sind eins*, S. 91.

26 Leigh Senderowicz, »›I Was Obligated to Accept‹: A Qualitative Exploration of Contraceptive Coercion«, *Social Science and Medicine* 239:112531 (1. Oktober 2019), https://doi.org/10.1016/j.socscimed.2019.112531.

27 Siehe auch Matthew Connelly, *Fatal Misconception: The Struggle to Control World Population* (Cambridge, MA: Belknap Press of Harvard University Press, 2008).

28 Gates, *Wir sind viele, wir sind eins*, S. 35.

29 Gates, *Wir sind viele, wir sind eins*, S. 31, 76.

30 Sabrina Tavernise, »Study Says Meeting Contraception Needs Could Cut Maternal Deaths by a Third«, *New York Times*, 9. Juli 2012, https://www.nytimes.com/2012/07/10/health/meeting-contraception-needs-could-sink-maternal-death-rate.html.

31 Mark Tran, »Rich Countries Pledge $2.6bn for Family Planning in Global South«, *Guardian*, 11. Juli 2012, https://www.theguardian.com/global-development/2012/jul/11/rich-countries-pledge-family-planning-women.

32 »The transition to FP2030, Measurement Report 2021«, FP2030, 2021, S. 7, https://fp2030.org/sites/default/files/Data-Hub/FP2030_DataReport_v5.pdf

33 »New Financial Commitments by Donors and Private Sector at the London Summit on Family Planning«, London Summit on Family Planning, https://web.archive.org/web/20120912152550/http://www.londonfamilyplanningsummit.co.uk/1530%20CommitmentSummary_Final_.pdf.

34 Gates, *Wir sind viele, wir sind eins*, S. 77.

35 Gates, *Wir sind viele, wir sind eins*, S. 79.

36 Gates, *Wir sind viele, wir sind eins*, S. 88.

37 Lisa Peters und Marlies Pilon, »What Happens When Bill and Melinda Gates Don't Focus on Software, but IUDs«, *De Correspondent*, 9. März 2020, https://decorrespondent.nl/11010/wat-er-gebeurt-als-bill-en-melinda-gates-zich-niet-op-software-maar-spiraaltjes-storten/2436819793650-cd5e4602.

38 Win Brown et al., »Developing the ›120 by 20‹ Goal for the Global FP2020 Initiative«, *Studies in Family Planning* 45, Nr. 1 (März 2014), S. 73–84, 10.1111/j.1728–4465.2014.00377.x; Anne Hendrixson, »Population Control in the Troubled Present: The ›120 by 20‹ Target and Implant Access Program«, *Development and Change* 50, Nr. 3 (2019), S. 786–804, https://doi.org/10.1111/dech.12423.

39 Gates, *Wir sind viele, wir sind eins*, S. 33.

40 Die Petition ist online verfügbar unter https://reproductiverights.org/wp-content/uploads/2020/12/Civil-Society-Declaration_06_19_2012.pdf.

41 Melinda Gates, »Change the Big Picture«, Transcript, TEDx, 12. April 2012, https://www.gatesfoundation.org/ideas/speeches/2012/04/melinda-gates-tedxchange-the-big-picture.

42 David Bank, »Guaranteed Impact: Increasing Supplies and Cutting Prices for Contraceptives Without Spending a Dime«, in Stanford University with ImpactAlpha, *Making Markets Work for the Poor*, Supplement, *Stanford Social Innovation Review* (Sommer 2016), S. 17.

43 Bank, »Guaranteed Impact«, S. 18.

44 Bank, »Guaranteed Impact«, S. 18.

45 Dorothy Roberts, *Killing the Black Body: Race, Reproduction, and the Meaning of Liberty* (New York: Vintage Books, 1997).

46 Roberts, *Killing the Black Body*.

47 Gates, »Change the Big Picture«.

48 Bank, »Guaranteed Impact«, S. 18.

49 Bank, »Guaranteed Impact«, S. 18.

50 Hendrixson, »Population Control in the Troubled Present«, S. 797.

51 Government of Malawi, »Malawi Costed Implementation Plan for Family Planning, 2016–2020«, FP2030, September 2015, 19, https://fp2030.org/sites/default/files/Malawi-CIP-for-FP-2016–2020.pdf.

52 »Pfizer's Sayana® Press Becomes First Injectable Contraceptive in the United King-

dom Available for Administration by Self-Injection«, Pfizer, September 23, 2015, https://www.pfizer.com/news/press-release/press-release-detail/pfizer_s_sayana_press_becomes_first_injectable_contraceptive_in_the_united_kingdom_available_for_administration_by_self_injection.

53 Film mit Kevin Costner, in dem ein Farmer auf Befehl einer körperlosen Stimme in seinem Maisfeld ein Baseballfeld baut, woraufhin verstorbene Spieler erscheinen, um dort Baseball zu spielen (Anm. d. Übs.).

54 Senderowicz, »I Was Obligated to Accept«.

55 Lisa Peters und Marlies Pilon, »On the Road with the Racing Doctors Who Want to Provide an Entire Country with Contraception«, *De Correspondent*, 5. März 2020, https://decorrespondent.nl/11005/op-pad-met-de-racende-dokters-die-een-heel-land-van-anticonceptie-willen-voorzien/2435713154325-f40d79f1.

56 Das bedeutet nicht, dass Implantate gefährlich sind. So gut wie alle medizinischen Eingriffe können Nebenwirkungen haben. Dennoch: Wenn die Gates Foundation zur massenhaften Verbreitung von Implantaten in armen Ländern beiträgt, ist sie dann nicht auch moralisch verpflichtet, eindeutig und problemlos für ihre Entfernung zu sorgen? Die Gates Foundation weiß, dass die Implantatentfernung mit Problemen verbunden ist – sie hat Untersuchungen dazu finanziert –, scheint ihr aber nicht so viel Bedeutung beizumessen wie ihrem Ziel, 120 Millionen Frauen zur Empfängnisverhütung zu bewegen. Megan Christofield und Maryjane Lacoste, »Accessible Contraceptive Implant Removal Services: An Essential Element of Quality Service Delivery and Scale-Up«, *Global Health: Science and Practice* 4, Nr. 3 (28. September 2016): 366–72, http://dx.doi.org/10.9745/GHSP-D-16-00096.

57 »Uganda, FP2020 Core Indicator Summary Sheet, 2017«, Track20, https://track20.org/download/pdf/2017%20FP2020%20CI%20Handouts/english/Uganda%20 2017%20FP2020%20CoreIndicators.pdf; »Uganda, FP 2030 Indicator Summary Sheet: 2022 Measurement Report«, Track20, https://track20.org/download/pdf/2022%20Country%20Briefs/English/Uganda%202022%20Indicator%20Summary%20Sheet.pdf.

58 Peters und Pilon, »On the Road with the Racing Doctors Who Want to Provide an Entire Country with Contraception«.

59 »Measurement«, FP2020, http://progress.familyplanning2020.org/measurement.

60 »Gates Foundation, UNFPA Pledge US$3.1 Billion to Increase Access to Family Planning at Global Launch of FP2030 Partnership«, Pressemitteilung, FP2030, 18. November 2021, https://fp2030.org/news/gates-foundation-unfpa-pledge-us31-billion-increase-access-family-planning-global-launch-fp2030.

61 »Launching FP2030«, https://commitments.fp2030.org/launching-fp2030.

62 Bill & Melinda Gates Foundation, FP2030 Commitment, 1. August 2018, https://fp2030.org/bill-and-melinda-gates-foundation.

63 Adam Liptak, »In 6-to-3 Ruling, Supreme Court Ends Nearly 50 Years of Abortion Rights«, *New York Times*, 24. Juni 2022, https://www.nytimes.com/2022/06/24/us/roe-wade-overturned-supreme-court.html.

64 Melinda Gates, »Reflections on My Recent Travels«, Impatient Optimists (Blog),

2. Juni 2014, https://web.archive.org/web/20140606215305/http://www.impatient optimists.org/posts/2014/06/Reflections-on-My-Trip-to-Toronto.

65 Luisa Blanchfield, »Abortion and Family Planning–Related Provisions in U.S. Foreign Assistance Law and Policy«, Congressional Research Service, 15. Juli 2022, https://sgp.fas.org/crs/row/R41360.pdf.

66 »What Is the Global Gag Rule?«, Planned Parenthood, n. d., https://www.planned parenthoodaction.org/communities/planned-parenthood-global/end-global-gag-rule.

67 Justin Goldberg, »Biden Administration Rescinds Global Gag Rule«, Center for Reproductive Rights, 1. Februar 2021, https://reproductiverights.org/biden-admi nistration-rescinds-global-gag-rule/.

68 »Country Support-FP2020 Partnership – FP2020 Momentum at the Midpoint 2015–2016«, http://2015–2016progress.familyplanning2020.org/page/fp2020-part nership/country-support. USAID gibt mehr als eine halbe Milliarde Dollar pro Jahr für Familienplanung und reproduktive Gesundheit aus und beschreibt sich selbst als wichtiger Partner von FP2020 und FP2030. USAID, Family Planning and Reproductive Health Program Overview,« n. d., https://web.archive.org/web/2021 0324212510 /https://www.usaid.gov/sites/default/files/documents/FPRH-factsheet_ OCT2020.pdf; »Partnerships and Projects,« USAID, https://www.usaid.gov/ global-health/health-areas/family-planning/partnerships-projects.

69 Anfang 2023 hat Senderowicz mir per E-Mail mitgeteilt, dass die Gates Foundation wieder mit ihr in Kontakt getreten ist, um darüber zu sprechen, die Zusammenarbeit möglicherweise wieder aufzunehmen. Die Stiftung weiß seit 2018 von ihrer Arbeit zur Verhütungsautonomie.

8 JOURNALISMUS

1 Bank, Breaking Windows, S. 8.
2 Bank, Breaking Windows, S. 8.
3 Bank, Breaking Windows, S. 16.
4 Edstrom und Eller, *Barbarians Led by Bill Gates – Microsoft von innen betrachtet*, S. 215.
5 Licea et al., »Insiders Say Bill Gates Was an Office Bully Who Pursued Sexual Affairs«.
6 Brit Hume, »PC Magazine Demonstrates a Classic Conflict of Interest«, *Washington Post*, 9. Juli 1990, https://www.washingtonpost.com/archive/business/1990/ 07/09/pc-magazine-demonstrates-a-classic-conflict-of-interest/d6d563a1-bbc0–4639–874f-58a81442dfc8/.
7 Howard Kurtz, »Columnist Severs PC Connection«, *Washington Post*, 7. Juli 1992, https://www.washingtonpost.com/archive/lifestyle/1992/07/07/columnist-severs-pc-connection/1e955be9–264e-4e68–868e-c19a2d7eb059/.
8 David Armstrong, »Ziff Happens«, *Wired*, 1. Mai 1994, https://www.wired.com/ 1994/05/ziff/.
9 Andrew Estrada, LinkedIn, https://www.linkedin.com/in/andrew-estrada28/. Hin-

weis: In der ersten Zeit, in der ich über die Stiftung berichtete, erhielt ich von Estrada noch manchmal – sehr allgemeine – Antworten auf einige Fragen, die ich ihm per E-Mail stellte. Irgendwann reagierte die Stiftung überhaupt nicht mehr.

10 Hinweis: Media Impact Funders' Definition von Medien ist weit gefasst. Sie berücksichtigt zum Beispiel die 850 Millionen Dollar, die die Gates Foundation für »Telekommunikationsinfrastruktur« ausgegeben hat. Dazu gehört unter anderem ein Zuschuss von 6 Millionen Dollar an Marie Stopes International »zur Ausweitung des Zugangs zu Verhütungsmitteln für Frauen und Mädchen in Mali, dem Senegal, Burkina Faso und Niger durch den Einsatz innovativer mobiler Technologie, die die Qualität der Beratung und die Wirksamkeit der Überweisungssysteme verbessern« soll. Im Gegensatz dazu berücksichtigt Media Impact Funders keine Gelder, die die Familie Gates außerhalb der Stiftung ausgibt, wie zum Beispiel für den Buchverlag Moment of Lift Books, den Melinda French Gates 2021 gegründet hat. Annie Goldsmith, »Melinda French Launches Women-Focused Book Imprint«, *Town & Country*, 7. Oktober 2021, https://www.townandcountrymag.com/society/money-and-power/a37896307/melinda-french-moment-of-lift-book-imprint/. Media Impact Funders, Foundation Maps for Media Funding, https://maps.foundationcenter.org/#/list/?subjects=all&popgroups=all&years=all&location=6295630&excludeLocation=0&geoScale=ADM0&layer=recip&boundingBox=-139.219,-31.354,135,66.513&gmOrgs=all&recipOrgs=all&tags=all&keywords=&pathwaysOrg=&pathwaysType=&acct=media&typesOfSupport=all&transactionTypes=all&amtRanges=all&minGrantAmt=0&maxGrantAmt=0&gmTypes=all&minAssetsAmt=0&maxAssetsAmt=0&minGivingAmt=0&maxGivingAmt=0&andOr=0&includeGov=1&custom=all&customArea=all&indicator=&dataSource=oecd&chartType=trends&multiSubject=1&listType=gm&windRoseAnd=undefined&zoom=2.

11 Hinweis: In meiner Analyse von Gates' Spenden in Höhe von 325 Millionen Dollar an den Journalismus habe ich die Zuwendungen der Foundation, die an die Alliance for Science oder die New America Foundation gingen, nicht berücksichtigt, da die Arbeit, die diese Gruppen für Gates leisten, nicht unmittelbar journalistischer Art zu sein scheint.

12 Michael Gerson, »A Shot at Hope«, *Washington Post*, 18. Januar 2011, https://www.washingtonpost.com/amphtml/opinions/a-shot-at-hope/2011/01/17/ABYpLkD_story.html; Michael Gerson, »Bill Gates and ›the Last Ebola Epidemic‹«, *Washington Post*, 30. Oktober 2014, https://www.washingtonpost.com/opinions/michael-gerson-global-attention-on-disease-gives-bill-gates-his-moment/2014/10/30/54073af6-6064-11e4-9f3a-7e28799e0549_story.html; Michael Gerson, »Bill Gates and the Golden Age of Global Aid«, *Washington Post*, 28. September 2015, https://www.washingtonpost.com/opinions/wiping-out-malaria-in-a-generation/2015/09/28/7e281310-6607-11e5-8325-a42b5a459b1e_story.html; Michael Gerson, »Bill Gates's New Pandemic Book Presents a Plea and a Plan«, *Washington Post*, 10. Mai 2022, https://www.washingtonpost.com/opinions/2022/05/10/bill-gates-covid-how-to-*prevent*-next-pandemic/; »Leadership: Board of Directors«, The ONE Campaign, https://www.one.org/us/about/leadership/.

13 Schwab, »Journalism's Gates Keepers«.

14 »About Us«, Reveal, http://revealnews.org/about-us/.

15 Bill Carter, »Gates Foundation Backs ABC News Project«, *New York Times*, 6. Oktober 2010, https://archive.nytimes.com/mediadecoder.blogs.nytimes.com/2010/10/06/gates-foundation-backs-abc-news-project/; »Philanthropists Bill and Melinda Gates Tout Success of Global Health Initiatives«, ABC News, https://web.archive.org/web/20091028172510/http://abcnews.go.com/WN/GlobalHealth/

16 Carter, »Gates Foundation Backs ABC News Project«.

17 Tom Paulson, »The Gates Foundation Conspiracy to Take over the Media«, *Humanosphere*, 21. Dezember 2010, https://www.humanosphere.org/basics/2010/12/the-gates-foundation-conspiracy-to-take-over-the-media/.

18 Ho, »AP Analysis Shows How Bill Gates Influences Education Policy«.

19 Historisch bezieht sich »die vierte Gewalt« auf eine vierte Entität oder einen vierten »Stand« neben Kirche, Adel und Bürgertum.

20 Robert Fortner und Alex Park, »Bill Gates Won't Save You from the Next Ebola«, *HuffPost*, 30. April 2017, https://www.huffpost.com/entry/ebola-gates-foundation-public-health_n_5900a8c5e4b0026db1dd15e6.

21 Schwab, »Journalism's Gates Keepers«.

22 Candid, »Gates Foundation Funds HuffPost Project to Fight Neglected Diseases«, *Philanthropy News Digest*, 27. November 2016, https://philanthropynewsdigest.org/news/gates-foundation-funds-huffpost-project-to-fight-neglected-diseases; Gregory Beyer und Catharine Smith, »How You Can Help Stamp Out A Deadly Disease«, *HuffPost*, 22. November 2016, https://www.huffpost.com/entry/proect-zero-neglected-tropical-diseases_n_582f10ebe4b099512f825994.

23 Soweit das ersichtlich ist, hat die Gates Foundation die *Huffington Post* mit keinen weiteren Spenden bedacht. Einer der mächtigsten Hebel, über die Gates verfügt, ist, die Förderung einer Organisation einzustellen. Da die Zuwendungsempfänger gemeinhin wünschen, dass der Geldstrom nicht versiegt, müssen sie ihren Sponsoren gefällig sein.

24 Schwab, »Journalism's Gates Keepers«.

25 Schwab, »Journalism's Gates Keepers«.

26 Schwab, »Journalism's Gates Keepers«.

27 Die meisten Antworten der Stiftung gingen nicht an mich, sondern unmittelbar vor der Publikation an die Fact-Checker des *Columbia Journalism Review*. Das unterscheidet sich nicht allzu sehr von der Erfahrung, die Fortner und Park gemacht haben, als die Stiftung versuchte, den normalen redaktionellen Prozess zu umgehen und über die Köpfe der Reporter hinweg zu agieren.

28 Mia Malan, »The Balancing Act of Donor-Funded Journalism: A Case Study from South Africa«, Global Investigative Journalism Network, 14. Februar 2018, https://gijn.org/2018/02/14/bhekisisa/; »What Is Bhekisisa?« Bhekisisa, https://bhekisisa.org/what-is-bhekisisa/.

29 »The Guardian Launches Global Development Website with Gates Foundation«, *Guardian*, 14. September 2010, https://www.theguardian.com/gnm-press-office/guardian-launches-global-development-site.

30 Bill Gates, »Why I Decided to Edit an Issue of TIME«, *Time*, 4. Januar 2018, https:// time.com/5086870/bill-gates-guest-editor-time/.

31 Bill Gates, »How I Became the Editor of WIRED (for One Issue)«, *GatesNotes*, 12. November 2013, https://www.gatesnotes.com/about-bill-gates/how-i-became-editor-of-wired; Bill Gates, »Bill Gates Signs Off as Guest Editor of The Verge«, *The Verge*, 27. Februar 2015, https://www.theverge.com/2015/2/27/8118215/bill-gates-melinda-interview-life-in-2030; Gideon Lichfield, »Bill Gates Explains Why We Should All Be Optimists«, *MIT Technology Review*, 27. Februar 2019, https://www. technologyreview.com/2019/02/27/1267/bill-gates-explains-why-we-should-all-be-optimists/; Bill Gates, »Japan Can Lead the World in Ending Infectious Disea-ses«, *The Asahi Shimbun*, 9. Mai 2016, https://web.archive.org/web/20160509232353/ https://www.asahi.com/ajw/articles/AJ201605090001.html; »The Epidemic You Don't Know about«, *Times of India*, 17. November 2017, https://timesofindia.india times.com/india/the-epidemic-you-dont-know-about/articleshow/61680295.cms; Clifton Leaf, »Why We Asked Bill Gates to Be Fortune's Guest Editor Today«, *Fortune*, 16. Februar 2021, https://fortune.com/2021/02/16/bill-gates-guest-editor-fortune-climate-change-new-book-how-to-avoid-a-climate-disaster/.

32 »Impatient Optimist«, U.S. Trademark registration 5639253, Bill & Melinda Gates Foundation, 12. Oktober 2017.

33 Gates, »Why I Decided to Edit an Issue of TIME«.

34 Siehe zum Beispiel Bill Gates' Tweet vom 19. Januar 2019 mit sechs Kurven, die Verbesserungen in Bereichen von Armut bis hin zu Kindersterblichkeit zeigen: @BillGates, Twitter, https://twitter.com/BillGates/status/1086662632587907072?ref _src=twsrc%5Etfw%7Ctwcamp%5Etweetembed%7Ctwterm%5E10866626325879 07072%7Ctwgr%5E%7Ctwcon%5Es1_&ref_url=https://www.vox.com/future-perfect/2019/2/12/18215534/bill-gates-global-poverty-chart.

35 Jason Hickel, »The True Extent of Global Poverty and Hunger: Questioning the Good News Narrative of the Millennium Development Goals«, *Third World Quarterly* 37, Nr. 5 (3. Mai 2016), S. 749–67, https://doi.org/10.1080/01436597.2015.1109439.

36 Yacob Abrehe Zereyesus und Lila Cardell, »Global Food Insecurity Grows in 2022 Amid Back-drop of Higher Prices, Black Sea Conflict«, USDA Economic Research Service, 28. November 2022, https://www.ers.usda.gov/amber-waves/2022/no vember/global-food-insecurity-grows-in-2022-amid-backdrop-of-higher-prices-black-sea-conflict/.

37 Gates, »Why I Decided to Edit an Issue of TIME.«

38 Hinweis: 2010 übergab die Stiftung das Projekt der von Gates finanzierten ONE-Kampagne; »Foundation Transitions the Living Proof Project to ONE«, Bill & Melinda Gates Foundation, https://www.gatesfoundation.org/ideas/media-cen ter/press-releases/2010/08/foundation-transitions-the-living-proof-project-to-one; »Bill Gates Urges More Spending on Health«, *Sydney Morning Herald*, 28. Ok-tober 2009, https://www.smh.com.au/world/bill-gates-urges-more-spending-on-health-20091028-hjhk.html.

39 »What Is the Living Proof Project?«, Bill & Melinda Gates Foundation, 20. April 2010, https://web.archive.org/web/20100420020651/http://www.gatesfoundation.

org/livingproofproject/Pages/what-is-living-proof-project.aspx; »About«, Living Proof Project, 4. Oktober 2011, https://web.archive.org/web/20111004010529/ http://one.org/livingproof/en/about/.

40 Das Solutions Journalism Network rühmt sich zahlreicher philanthropischer Förderer, darunter die Ford-, Hewlett- und die Knight-Foundation; »Major Funders«, Solutions Journalism Network, https://www.solutionsjournalism.org/about/funders.

41 David Bornstein, »A Journalist's Brief but Spectacular Take on Telling the Whole Story«, PBS NewsHour, PBS, 16. August 2022, https://www.pbs.org/newshour/ brief/420423/david-bornstein.

42 »Democracy Initiative manager«, Stellenausschreibung im Solutions Journalism Network, https://web.archive.org/web/20220414135304/https://jobs.lever.co/solu tionsjournalism/613ca01b-b480–46a4–94bf-3cdaf1f29777.

43 Tina Rosenberg, »A By-the-E-Book Education, for $5 a Month«, New York Times, 22. Mai 2013, https://archive.nytimes.com/opinionator.blogs.nytimes.com/2013/ 05/22/a-by-the-e-book-education-for-5-a-month/; Tina Rosenberg, »Liberia, Desperate to Educate, Turns to Charter Schools«, New York Times, 14. Juni 2016, https://www.nytimes.com/2016/06/14/opinion/liberia-desperate-to-educate- turns-to-charter-schools.html.

44 Jason Beaubien, »Do For-Profit Schools Give Poor Kenyans a Real Choice?«, NPR, 12. November 2013, https://www.npr.org/sections/parallels/2013/11/12/243730 652/do-for-profit-schools-give-poor-kenyans-a-real-choice.

45 Peg Tyre, »Can a Tech Start-up Successfully Educate Children in Africa?«, Pulitzer Center, 27. Juni 2017, https://pulitzercenter.org/stories/can-tech-start-successfully- educate-children-africa.

46 Leonie Haimson, »NYC Public School Parents: NY Times and ›Solutions Journalism‹ Ignore Their Own Conflict of Interest Guidelines in Promoting Gates Investments in Privatization«, NYC Public School Parents (Blog), 30. August 2016, https:// nycpublicschoolparents.blogspot.com/2016/08/ny-times-and-solutions-journa lism.html.

47 Rosenberg erwähnte auch nicht, dass über 100 Organisationen, fast alle aus Afrika, die Weltbank gebeten hatten, die Unterstützung von Bridge einzustellen. »Es ist alarmierend, dass man als Instrument zur Armutsbekämpfung anpreist, von Armen die Zahlung von Schulgebühren zu verlangen – für deren Abschaffung die Weltgemeinschaft in den letzten beiden Jahrzehnten besonders erbittert gekämpft hat, weil sie für arme Menschen negative Folgen haben«, hieß es in der Petition. Im März 2022 kündigte die Weltbank tatsächlich die Förderung der Bridge Academies auf, die nun NewGlobe Schools heißen. »›Just‹ $6 a Month? The World Bank Will Not End Poverty by Promoting Fee-Charging, For-Profit Schools in Kenya and Uganda«, https://web.archive.org/web/20151231074556/http://globalinitiative- escr.org/wp-content/uploads/2015/05/May-2015-Join-statement-reaction-to-WB- statement-on-Bridge-14.05.2015.pdf; »Civil Society Groups Celebrate IFC's Divestment from Profit-Driven School Chain Bridge International Academies«, Oxfam International, 16. März 2022, https://www.oxfam.org/en/press-releases/ civil-society-groups-celebrate-ifcs-divestment-profit-driven-school-chain-bridge.

48 Schwab, »Journalism's Gates Keepers«.

49 Tim Schwab, »The Conflict over Conflicts of Interest«, *Columbia Journalism Review*, 18. August 2021, https://www.cjr.org/analysis/conflict-of-interests-new-york-times.php. Hinweis: Viele Kolumnen, zum Beispiel Rosenbergs über Bridge International, sind nach wie vor nicht korrigiert worden. Rosenberg und Bornstein argumentieren, dass SJN Verbindungen zur Gates Foundation habe, nicht zu Bill Gates persönlich, weshalb bei Projekten, die Gates persönlich unterstütze, eine Offenlegung nicht erforderlich sei.

50 »Seattle Times' Gates-Funded Education Lab Blog Experiment«, *Deutsch29: Mercedes Schneider's Blog* (Blog), 25. August 2014, Kommentare, https://deutsch29.word press.com/2014/08/24/seattle-times-gates-funded-education-lab-blog-experi ment/.

51 Solutions Journalism Network, IRS 990 filing, 2020.

52 Pam Fessler, »In Seattle, a Move Across Town Could Be a Path Out of Poverty«, NPR, 5. August 2019, https://www.npr.org/2019/08/05/747610085/in-seattle-a-move-across-town-could-be-a-path-out-of-poverty.

53 Paulson, »The Gates Foundation Conspiracy to Take over the Media«.

54 Malaka Gharib, »Gates Foundation's Humanitarian Award to India's Modi Is Sparking Outrage«, NPR, 17. September 2019, https://www.npr.org/sections/goatsand soda/2019/09/17/761664492/gates-foundations-humanitarian-award-to-indias-modi-is-sparking-outrage.

55 Nurith Aizenman, »Gates Foundation Says World Not on Track to Meet Goal of Ending Poverty by 2030«, NPR, 17. September 2019, https://www.npr.org/sec tions/goatsandsoda/2019/09/17/761548939/gates-foundation-says-world-not-on-track-to-meet-goal-of-ending-poverty-by-2030; Schwab, »Journalism's Gates Keepers«.

56 Ari Shapiro, »Bill Gates Addresses ›Tough Questions‹ on Poverty and Power«, NPR, 13. Februar 2018, https://www.npr.org/sections/goatsandsoda/2018/02/13/ 585346426/bill-gates-addresses-tough-questions-on-poverty-and-power/.

57 Bill Gates, »Where Can I Get Unbiased News?«, *GatesNotes*, 8. März 2010, https://www.gatesnotes.com/where-can-i-get-unbiased-news.

58 Economist Intelligence Unit, »Solutions« and »Public Policy«; *Healthy Partnerships: How Governments Can Engage the Private Sector to Improve Health in Africa*, World Bank and International Finance Corporation, 2011, v, http://graphics.eiu.com/upload/eb/Healthy-Patnerships_ExecSummary_StandAlone.pdf.

59 Economist Intelligence Unit, »Solutions«.

60 In einigen, nicht allen, Fällen fördert Gates explizit sogenannte Markeninhalte, die journalistischem Content ähneln, aber eigentlich Werbung sind; »Human Capital and the Benefits, Explained«, *Vox*, 11. September 2018, https://www.vox.com/ ad/17846116/human-capital-africa-education-world-population; FastCo Works, »Five Renowned Designers Illustrate Global Health Stories You Should Know About«; Candid, »Gates Foundation Funds HuffPost Project to Fight Neglected Diseases«; Paul Raeburn, »Do Industry Partnerships Undermine Journalistic Credibility?«, Undark, 22. April 2016, https://undark.org/2016/04/22/do-industry-

partnerships-undermine-journalistic-credibility/; »The Chronicle of Higher Education and the Gates Foundation«, *The Chronicle of Higher Education*.

61 Mike Janssen, »Gates Funding Spurs Doubts over Pubmedia's Impartiality in Education Reporting«, 9. September 2014, https://current.org/2014/09/gates-funding-spurs-doubts-over-pubmedias-impartiality-in-education-reporting/. In diesem Fall hätte das Geld als Subvention gegolten, aber das hätte man schwer nachverfolgen können. Anscheinend ist es nicht an American Public Media, sondern an Minnesota Public Radio gegangen, und in der Förderbeschreibung wird nicht erwähnt, dass es für ein Projekt namens LearningCurve verwendet wurde.

62 Hinweis: Ende 2021, nach Erhalt der Spende von Gates, veröffentlichte *Slate* einen Podcast, in dem meine kritische Berichterstattung über Gates positiv hervorgehoben wurde. Um es also noch einmal zu sagen: Es ist nicht so, dass von Gates finanzierte Nachrichtenredaktionen niemals kritisch über Gates berichten können. Es ist nur schwierig und geschieht selten. Mary Harris, »How Did a Billionaire in Seattle Gain So Much Power Over Global Public Health«, Slate, 27. Oktober 2021, https://slate.com/technology/2021/10/bill-gates-foundation-covax-botched-global-vaccine-rollout.html.

63 Laura Rosbrow-Telem, »What Melinda French Gates and Esther Duflo Think Women Need Right Now«, Foreign Policy (Blog), 10. Februar 2023, https://foreign policy.com/podcasts/hidden-economics-of-remarkable-women-hero/melinda-french-gates-esther-duflo/.

64 »In 10 Years: Philanthropy Funds Journalism«, Philanthropy Northwest, 8. März 2016, https://philanthropynw.org/news/10-years-philanthropy-funds-journalism.

9 BILDUNG

1 Deutscher Titel: *Gates vor Gericht. World War 3.0 – Microsoft und seine Feinde* (Anm. d. Übs.)

2 »Q&A with Ken Auletta«, C-SPAN, 29. Oktober 2009, 38:30, https://www.c-span.org/video/?289705-1/qa-ken-auletta.

3 Jurgensen, »In Bill Gates's Mind, a Life of Processing«.

4 Michael Q. McShane, »Bill Gates at AEI on the Common Core«, *American Enterprise Institute-AEI* (Blog), 14. März 2014, https://www.aei.org/education/bill-gates-at-aei-on-the-common-core.

5 Valerie Strauss, »Bill Gates Calls on Teachers to Defend Common Core«, *Washington Post*, 14. März 2014, https://www.washingtonpost.com/local/education/bill-gates-calls-on-teachers-to-defend-common-core/2014/03/14/395b130a-aafa-11e3-98f6-8e3c562f9996_story.html.

6 Bill Gates, Rede bei der National Conference of State Legislatures, 21. Juli 2009, https://web.archive.org/web/20090725061207/https://www.gatesfoundation.org/speeches-commentary/Pages/bill-gates-2009-conference-state-legislatures.aspx.

7 Kevin Chappell, »One-on-One with Bill Gates: ›Why Aren't There Protests Every

Day?‹«, *Ebony*, Oktober 2011, https://web.archive.org/web/20111104123826/http://www.ebonyjet.com/CurrentIssue/Oct2011_BillGates.aspx; Alan Hughes, »Bill Gates Talks Innovation«, *Black Enterprise* (Blog), 10. Oktober 2011, https://www.black enterprise.com/bill-gates-talks-innovation/.

8 »Education Nation 2011: Summit«, NBC News, 12. Februar 2014, https://www.nbcnews.com/feature/education-nation/education-nation-2011-summit-n11681.

9 »The State of Education: Rebuilding a More Equitable System«, *The Atlantic*, 27. Oktober 2022, https://www.theatlantic.com/live/state-of-edu-2021/; »Rebuilding the American Dream«, *The Atlantic*, 2017, https://www.theatlantic.com/sponsored/gates-foundation-2017/rebuilding-the-american-dream/1458/.

10 David M. Herszenhorn, »Billionaires Start $60 Million Schools Effort«, *New York Times*, 25. April 2007, https://www.nytimes.com/2007/04/25/education/25schools.html; Bill & Melinda Gates Foundation, »Strong American Schools Campaign Launches to Promote Education Reform in 2008 Presidential Election«, 25. April 2007, https://web.archive.org/web/20070528182916/http://www.gatesfoundation.org/UnitedStates/Education/Announcements/Announce-070425a.htm.

11 Lyndsey Layton, »How Bill Gates Pulled off the Swift Common Core Revolution«, *Washington Post*, 7. Juni 2014, https://www.washingtonpost.com/politics/how-bill-gates-pulled-off-the-swift-common-core-revolution/2014/06/07/a830e32e-ec34-11e3-9f5c-9075d5508f0a_story.html; Matthew Bishop und Michael Green, »Billionaires Learn Giving Is Only a Start«, *New York Times*, 12. November 2009, https://www.nytimes.com/2009/11/12/giving/12ESSAY.html.. Hinweis: Einigen dieser Drehtürfiguren wurde ausdrücklich bescheinigt, dass kein Interessenkonflikt vorliege, wenn sie zugleich für Gates und die Bundesregierung der USA arbeiteten. Stephanie Simon und Erin Mershon, »Gates Masters D.C. – and the World«, *Politico*, 4. Februar 2014, https://www.politico.com/story/2014/02/bill-gates-micro soft-policy-washington-103136.

12 Andrew Ross Sorkin, »So Bill Gates Has This Idea for a History Class – «, *New York Times*, 5. September 2014, https://www.nytimes.com/2014/09/07/magazine/so-bill-gates-has-this-idea-for-a-history-class.html; Caitlin Emma, »Exclusive: AFT Shuns Gates Funding – Success Academy Lawsuit Simmering – Defenders of the Common Core – Feds Grant California a Testing Pass«, *Politico*, 10. März 2014, https://www.politico.com/tipsheets/morning-education/2014/03/exclusive-aft-shuns-gates-funding-success-academy-lawsuit-simmering-defenders-of-the-com mon-core-feds-grant-california-a-testing-pass-212543.

13 Daniel Katz, »How to Spot a Fake Grassroots Education Reform Group«, *Daniel Katz, Ph.D.* (Blog), 5. September 2014, https://danielskatz.net/2014/09/05/how-to-spot-a-fake-grassroots-education-reform-group/.

14 »The Campaign for High School Equity Launch and Press Briefing«, Campaign for High School Equity, 19. Juni 2007, https://web.archive.org/web/20070627101507/http://www.highschoolequity.org/ und https://web.archive.org/web/20071214220 115/http://www.highschoolequity.org/about; Campaign for High School Equity, »Campaign for High School Equity Calls for ESEA That Ensures Success for All Students«, PR Newswire, 18. März 2010, https: //www.prnewswire.com/news-

releases/campaign-for-high-school-equity-calls-for-esea-that-ensures-success-for-all-students-88403092.html.

15 Jessica E. Gross, »Employee Post-travel Disclosure Form«, U. S. House of Representatives Committee on Ethics, 23. November 2009; Kaitlyn Montan, »Employee Post-travel Disclosure Form«, U. S. House of Representatives Committee on Ethics, 10. Juni 2019. Hinweis: Laut ihrem LinkedIn-Profil (https://www.linkedin.com/in/danielle-gonzales-0505/) verließ Danielle Gonzales, Program Officer bei der Gates Foundation, Gates 2015, um beim Education and Society Program des Aspen Institute mitzuwirken, das von der Gates Foundation finanziert wird. Im Einladungsschreiben von Aspen an Kongressmitglieder erklärt das Institut seine Unabhängigkeit: »Die Förderung [unserer Arbeit] stützt sich ausschließlich auf Spenden etablierter Stiftungen; wir akzeptieren keine Gelder von Regierung oder Einzelpersonen, aus dem Ausland, von Unternehmen oder Interessengruppen. Das Network wird von der Bill & Melinda Gates Foundation unterstützt.« Wendell Primes, »Employee Post-travel Disclosure Form«, U. S. House of Representatives Committee on Ethics, November 25, 2019.

16 Layton, »How Bill Gates Pulled off the Swift Common Core Revolution«.

17 Laytons Recherchen über die Stiftung erschienen 2014 – nachdem sich sowohl Warren Buffett 2011 als auch Melinda French Gates 2010 aus dem Vorstand der *Washington Post* zurückgezogen hatten. Wäre ein solch unnachgiebiges Nachforschen im Licht der Öffentlichkeit auch 2010 denkbar gewesen? »Warren Buffett to Retire from the Board of The Washington Post Company«, Pressemitteilung, Graham Holdings Company, 20. Januar 2011, https://www.ghco.com/news-releases/news-release-details/warren-buffett-retire-board-washington-post-company/; »Melinda French Gates Leaves the Board of The Washington Post Company«, Pressemitteilung, Graham Holdings Company, 12. November 2010, https://www.ghco.com/news-releases/news-release-details/melinda-french-gates-leaves-board-washington-post-company.

18 Ich danke Mercedes Schneider, die das Video transkribiert und in ihrem Blog gepostet hat: https://deutsch29.wordpress.com/2014/06/21/transcript-of-gates-march-2014-washington-post-interview/.

19 Sarah Reckhow und Megan Tompkins-Stange, »›Singing from the Same Hymnbook‹: Education Policy Advocacy at Gates and Broad«, American Enterprise Institute, 5. Februar 2015, https://www.aei.org/wp-content/uploads/2015/01/Reckhow-Tompkins-Stange.pdf?x91208.

20 Layton, »How Bill Gates Pulled off the Swift Common Core Revolution«.

21 Layton, »How Bill Gates Pulled off the Swift Common Core Revolution«.

22 Peter Elkind, »How Business Got Schooled in the War over Common Core«, *Fortune*, 23. Dezember 2015, https://fortune.com/longform/common-core-standards/.

23 Diane Ravitch, »Gates Foundation Funds ›Consumer Reports‹ for Common Core Resources«, *Diane Ravitch's Blog*, 15. August 2014, https://dianeravitch.net/2014/08/15/gates-foundation-funds-consumer-reports-for-common-core-resources/.

24 Caitlin Emma, »A ›Consumer Reports‹ for the Common Core – Another Louisiana

Lawsuit Due in Court Today – New App Designed by Obama Administration Targets Bullying«, *Politico*, 15. August 2014, https://www.politico.com/tipsheets/morning-education/2014/08/a-consumer-reports-for-the-common-core-another-louisiana-lawsuit-due-in-court-today-new-app-designed-by-obama-administra tion-targets-bullying-212543.

25 Valerie Strauss, »Ravitch: Time for Congress to Investigate Bill Gates' Role in Common Core«, *Washington Post*, 9. Juni 2014, https://www.washingtonpost.com/news/answer-sheet/wp/2014/06/09/ravitch-time-for-congress-to-investigate-bill-gates-role-in-common-core/.

26 Valerie Strauss, »Why the Common Core Standards Failed – and What It Means for School Reform«, *Washington Post*, 5. April 2021, https://www.washingtonpost.com/education/2021/04/05/common-core-failed-school-reform/; Matt Barnum, »Nearly a Decade Later, Did the Common Core Work?«, Chalkbeat, 29. April 2019, https://www.chalkbeat.org/2019/4/29/21121004/nearly-a-decade-later-did-the-common-core-work-new-research-offers-clues.

27 Valerie Strauss, »How Much Bill Gates's Disappointing Small-Schools Effort Really Cost«, *Washington Post*, 30. November 2021, https://www.washingtonpost.com/news/answer-sheet/wp/2014/06/09/how-much-bill-gatess-disappointing-small-schools-effort-really-cost/.

28 Village Global, »Bill Gates on Startups, Investing and Solving the World's Hardest Problems«, 31:00.

29 Village Global, »Bill Gates on Startups, Investing and Solving the World's Hardest Problems«, 34:00.

30 Analyse der Förderunterlagen der Gates Foundation. Hinweis: Diese Analysen sind wegen der Kennzeichnungen, die die Stiftung für ihre Fördergelder verwendet, nicht klar umrissen. So kennzeichnet die Stiftung die meisten Gelder, die an Lakeside – die Privatschule, die Gates' Kinder besucht haben – gegangen sind, nicht als Zuwendungen für »Bildung«, sondern als »kommunales Engagement«. Laut meiner Analyse gingen 10,8 Milliarden Dollar an Projekte, die in den Stiftungsunterlagen dem Bereich Bildung zugeordnet wurden.

31 Gates und Gates, »Why We Swing for the Fences«.

32 Wallace und Erickson, *Mr. Microsoft*, S. 62.

33 *Der Mensch Bill Gates* (Netflix), Folge 2, 22:55.

34 Catherine Clifford, »Bill Gates Took Solo ›Think Weeks‹ in a Cabin in the Woods – Why It's a Great Strategy«, CNBC, 28. Juli 2019, https://www.cnbc.com/2019/07/26/bill-gates-took-solo-think-weeks-in-a-cabin-in-the-woods.html; Julian Hayes II, »In the 1980s, Bill Gates Would Escape to a Secret Cabin in the Woods to Protect Himself from Burnout. Here's the Modern-Day, Easier Version of His Approach«, *Business Insider*, 2. August 2019, https://www.businessinsider.com/bill-gates-took-think-weeks-the-1980s-launched-internet-explorer-2019-8.

35 Schwab, »Bill Gates Gives to the Rich (Including Himself)«.

36 *Der Mensch Bill Gates* (Netflix), Folge 2, 2:00.

37 »She Advocated for Women, Then Microsoft Pushed Her Off Its Board – with *Maria* Klawe«, *Big Technology Podcast*, 8. Juli 2021, 33:00, https://podcasts.apple.

com/us/podcast/she-advocated-for-women-then-microsoft-pushed-her-off/
id1522960417?i=1000528138094.

38 Anthony Cody, *The Educator and the Oligarch: A Teacher Challenges the Gates Foundation* (New York: Garn Press, 2014).

39 Rich Karlgaard, »Talent Wars«, *Forbes*, 31. Oktober 2005, https://www.forbes.com/forbes/2005/1031/045.html?sh=5e9677c775dd.

40 »K–12 Education«, Bill & Melinda Gates Foundation, https://www.gatesfounda tion.org/our-work/programs/us-program/k-12-education.

41 Regierungssitz des Bundesstaates Washington (Anm. d. Übs.)

42 Allison, »Transcript of a Video History Interview with Mr. William ›Bill‹ Gates.«

43 Loudenback, »Bill Gates' Kids May Not Inherit His Fortune, but He Is Setting Them Up for Success in Other Ways«.

44 Allison Ragland, »Sustaining Black Captivity: A Critical Analysis of Corporate Philanthropic Discourse on Education« (Dissertation, Ohio State University, 2019), https://etd.ohiolink.edu/apexprod/rws_etd/send_file/send?accession=osu1555411 670630373&disposition=inline.

45 »Bill Gates Interview on Oprah Farewell 2010. 09. 20«.

46 Tony Wan, »The Gates Foundation Spent $200M+ Trying to Improve Teacher Performance, and All It Got Was This Report«, EdSurge, 29. Juni 2018, https://www.edsurge.com/news/2018–06–29-the-gates-foundation-spent-200m-trying-to-im prove-teacher-performance-and-all-it-got-was-this-report; Brian M. Stecher et al., *Improving Teaching Effectiveness: Final Report: The Intensive Partnerships for Effective Teaching Through 2015–2016*, RAND Corporation, 21. Juni 2018, S. 333, https://www.rand.org/pubs/research_reports/RR2242.html.

47 Gates, Rede bei der National Conference of State Legislatures.

48 Marlene Sokol, »Sticker Shock: How Hillsborough County's Gates Grant Became a Budget Buster«, *Tampa Bay Times*, 15. Dezember 2015, https://www.tampabay.com/news/education/k12/sticker-shock-how-hillsborough-countys-gates-grant-became-a-budget-buster/2250988/.

49 Bill Gates, »For Teachers, Shame Is No Solution«, *New York Times*, 22. Februar 2012, https://www.nytimes.com/2012/02/23/opinion/for-teachers-shame-is-no-solution.html.

50 Sokol, »Sticker Shock«; Marlene Sokol, »Hillsborough Schools to Dismantle Gates-Funded System that Cost Millions to Develop«, *Tampa Bay Times*, 30. Oktober 2015, https://www.tampabay.com/news/education/k12/eakins-panel-will-help-hills borough-schools-move-on-from-the-gates-grant/2251811/.

51 Gary Rubinstein, der Mathematiklehrer an einer Highschool ist, entdeckte gravierende Ungereimtheiten in Gates' Evaluationsschema. Er stellte fest, dass Grundschullehrer, die dieselben Schüler sowohl in Mathe als auch in Englisch unterrichten, in diesen beiden Fächern oft ganz verschiedene Bewertungen erhalten. »Beim Durchsehen der Daten«, schrieb Rubinstein in seinem Blog, »fiel mir zum Beispiel ein Lehrer der Grundschule 196 auf, der eine 5. Klasse unterrichtete und 97 von 100 Punkten in Sprache und Literatur erzielte, aber nur 2 von 100 in Mathematik. Und zwar bei denselben Schülern im selben Jahr! Wie kann ein Lehrer gleichzeitig

so gut und so schlecht sein? Ein Evaluationssystem, in dem so etwas passieren kann, hat natürlich schwere Mängel, aber ich wollte prüfen, ob das nur ein extremer Ausreißer war oder eher die Regel. Ich bin die Zahlen durchgegangen und war wirklich schockiert (was nicht oft vorkommt). Ich hab Folgendes herausgefunden: Von 5675 Grundschullehrern betrug der durchschnittliche Unterschied zwischen den beiden Bewertungen sage und schreibe 22 Punkte.« Gary Rubinstein, »Analyzing Released NYC Value-Added Data Part 2«, *TeachForUs* (Blog), 28. Februar 2012, https://web.archive.org/web/20120305214412/https://garyrubinstein.teach forus.org/2012/02/28/analyzing-released-nyc-value-added-data-part-2/.

52 Ian Lovett, »Teacher's Death Exposes Tensions in Los Angeles«, *New York Times*, 9. November 2010, https://www.nytimes.com/2010/11/10/education/10teacher. html.

53 Taylor Soper, »Teachers protest in downtown Seattle, say Bill Gates is ruining education«, GeekWire, 27. Juni 2014, https://www.geekwire.com/2014/teachers-pro test-gates-foundation/; Jesse Hagopian, »Debating the Gates Foundation«, *Socialist Worker*, 13. März 2012, https://socialistworker.org/2012/03/13/debating-the-gates-foundation.

54 Gates, »For Teachers, Shame Is No Solution«.

55 Anthony Cody, »Teachers Face Good Cops or Bad Cops in Push for Evaluations«, *EdWeek*, 29. Februar 2012, https://www.edweek.org/policy-politics/opinion-tea chers-face-good-cops-or-bad-cops-in-push-for-evaluations/2012/02.

56 Stecher et al., *Improving Teaching Effectiveness*.

57 »Better Connected, Future Vision«, inBloom, Video verfügbar unter https://vimeo. com/60661666.

58 Tricia Duryee, »Gates-Backed InBloom Winding Down after Non-Profit Faces Concerns over Privacy«, Video (53:40 und 56:00), GeekWire, 21. April 2014, https://www.geekwire.com/2014/gates-backed-inbloom-winding-non-profit-faces-concerns-privacy/. Hinweis: Die Organisation änderte ihren Namen schon früh von Shared Learning Collaborative zu inBloom. 2011 wurde Shared Learning Collaborative im Bundesstaat Washington als Gesellschaft mit beschränkter Haftung gegründet. Im selben Jahr bezeichnete die Gates Foundation in ihrer Steuererklärung Shared Learning Collaborative als »controlled entity«, was laut den Regeln der Bundessteuerbehörde bedeutet, dass Gates mehr als 50 Prozent daran hielt. In Dokumenten von Gates und inBloom wird das Projekt generell als »gemeinnützig« bezeichnet. Es ist unklar, ob das Projekt jemals steuerbefreit war. »Shared Learning Collaborative Blossoms into ›inBloom Inc.‹«, EdSurge, 5. Februar 2013, https:// www.edsurge.com/news/2013-02-05-the-shared-learning-collaborative-gets-a-new-name-inbloom-inc; Query of Washington State Corporations and Charities Filing System; »Exempt Organizations Annual Reporting Requirements – Form 990, Schedule R: ›Related Organization‹ and ›Controlled Entity‹ Reporting Differences«, Internal Revenue Service, https://www.irs.gov/charities-non-profits/ exempt-organizations-annual-reporting-requirements-form-990-schedule-r-rela ted-organization-and-controlled-entity-reporting-differences.

59 Monica Bulger, Patrick McCormick und Mikaela Pitcan, »The Legacy of InBloom«,

Data and Society, 2. Februar 2017, 11, https://datasociety.net/pubs/ecl/InBloom-feb2017.pdf.

60 Lyndsey Layton, »Common Standards for Nation's Schools a Longtime Goal«, *Washington Post*, 9. Juni 2014, https://www.washingtonpost.com/local/education/common-standards-for-nations-schools-a-longtime-goal/2014/06/09/cbe7e9ec-edb1-11e3-92b8-52344c12e8a1_story.html.

61 Stephanie Simon, »K-12 Student Database Jazzes Tech Startups, Spooks Parents«, Reuters, 3. März 2013, https://web.archive.org/web/20130304030215/https://www.reuters.com/article/2013/03/03/us-education-database-idUSBRE92204W20130303.

62 Ruth McCambridge, »NY Parents Protest Foundation-Funded inBloom Education Data Portal«, *Non-Profit Quarterly*, 2. Mai 2013, https://nonprofitquarterly.org/ny-parents-protest-foundation-funded-inbloom-education-data-portal/.

63 Jim Watterson, »News of the World: 10 Years Since Phone-Hacking Scandal Brought Down Tabloid«, *Guardian*, 10. Juli 2021, https://www.theguardian.com/media/2021/jul/10/news-of-the-world-10-years-since-phone-hacking-scandal-brought-down-tabloid.

64 Molly Hensley-Clancy, »How Rupert Murdoch Suffered a Rare Defeat in American Classrooms«, BuzzFeed News, 24. August 2015, https://www.buzzfeednews.com/article/mollyhensleyclancy/how-rupert-murdoch-suffered-a-rare-defeat-in-ame rican-classr; Natasha Singer, »inBloom Student Data Repository to Close«, *New York Times*, 21. April 2014, https://archive.nytimes.com/bits.blogs.nytimes.com/2014/04/21/inbloom-student-data-repository-to-close/.

65 Pivotal Ventures begann erst 2018 mit der Förderung von Data and Society, nachdem 2017 der Bericht über inBloom erschienen war. Data and Society behauptet auf ihrer Webseite: »Wir nehmen keine Spenden an, die unsere Fähigkeit beeinträchtigen würden, ohne Einmischung von außen zu agieren, und sind fest entschlossen, die Unabhängigkeit unserer Wissenschaftler und Fellows in ihrer geistigen Arbeit und ihren individuellen Förderbeziehungen zu schützen.«; »Data and Society Funder List«, Data and Society Research Institute, https://datasociety.net/wp-content/uploads/2022/02/Funders-List-2021-Feb-2022.pdf; »About«, Data and Society Research Institute, https://datasociety.net/about/.

66 Bulger, McCormick und Pitcan, »The Legacy of InBloom«.

67 »Report Offers Recommendations for How Systems Can Access and Use Postsecondary Outcomes Data to Support Students' Success«, *Chiefs for Change* (Blog), 1. Dezember 2021, https://www.chiefsforchange.org/2021/12/01/report-offers-re commendations-for-how-systems-can-access-and-use-postsecondary-outcomes-data-to-support-students-success/. Neben den Bestrebungen zur Datensammlung im Bildungsbereich hat die Stiftung ein wachsendes Portfolio an Projekten, die auf eine sogenannte digitale Inklusion abzielen. Dazu gehören neue digitale Bankensysteme und digitale Identifikationsprogramme zur Förderung von gleicher Teilhabe, so dass beispielsweise unterrepräsentierte Communitys Zugang zu einer Plattform haben, die sie besser in die moderne Wirtschaft einbindet. 2022 veröffentlichte das Center for Human Rights and Global Justice der New York University einen langen Bericht, der die potenziellen Gefahren solcher Bemühungen

darlegte. Besonders erwähnt wurden die zentralen Zuwendungen der Gates Foundation an Organisationen, die in diesem Bereich arbeiten, wie G2Px, MOSIP, die Digital Impact Alliance, ID4D, ID4Africa und die GSMA Foundation. »Befürworter beschreiben dieses neue Paradigma mit der Sprache der Menschenrechte und Inklusion«, heißt es in dem Bericht. »Analog zu realen Straßen werden nationale digitale Identifikationssysteme mit biometrischen Komponenten (digitale ID-Systeme) als öffentliche Infrastruktur der digitalen Zukunft präsentiert. Doch diese besonderen Infrastrukturen haben sich als gefährlich erwiesen, weil Verbindungen zu schwerwiegenden und weitreichenden Menschenrechtsverletzungen in zahlreichen Ländern der Erde bestehen, die soziale, bürgerliche und politische Rechte beeinträchtigen. Die Vorzüge bleiben hingegen unklar definiert und schlecht dokumentiert. Tatsächlich sind die größten Nutznießer möglicherweise nicht die ›Zukurz-Gekommenen‹, sondern eine kleine Gruppe von Unternehmen und sicherheitsorientierten Regierungen.« *Paving a Digital Road to Hell: A Primer on the Role of the World Bank and Global Networks in Promoting Digital ID*, Center for Human Rights and Global Justice, NYU School of Law, Juni 2022, https://chrgj.org/wp-content/uploads/2022/06/Report_Paving-a-Digital-Road-to-Hell.pdf.

68 Natasha Singer, »Federal Regulators Seek to Stop Sale of Students' Data«, *New York Times*, https://archive.nytimes.com/bits.blogs.nytimes.com/2014/05/23/federal-re gulators-seek-to-stop-sale-of-students-data/.

69 Jeff Bryant und Velislava Hillman, »How Big Businesses Are Colonizing the Classroom«, Progressive.org, 16. Februar 2022, https://progressive.org/api/content/45cc 4ab4–89c7–11ec-80f6–12f1225286c6/.

70 Mercedes K. Schneider, *Common Core Dilemma: Who Owns Our Schools?* (New York: Teachers College Press, 2015), S. 20–22, 27.

71 Die Stiftung kündigte ihre vier ersten Spenden zugunsten der Schulbildung vom Kindergartenalter bis zum 12. Schuljahr im Oktober 1999 an. Gelder erhielten Achieve, Partnership for Learning, Public Agenda und die West Seattle High School. Die Förderunterlagen der Stiftung verzeichnen 350 Millionen Dollar für Projekte, die ausdrücklich »common core« oder »CCSS« (Common Core State Standards) unterstützen, aber die tatsächliche Zahl ist so gut wie sicher erheblich höher. Jack Hassard, emeritierter Professor an der Georgia State University, schätzte 2014, dass Gates zur Förderung von Common Core 2,3 Milliarden Dollar ausgegeben hat. Jack Hassard, »Why Bill Gates Defends the Common Core«, *The Art of Teaching Science* (Blog), 15. März 2014, https://jackhassard.org/why-bill-gates-defends-the-common-core/.

72 Erin Kourkounis, »CEOs Tout Benefits of Common Core Standards«, *Tampa Tribune*, 28. Oktober 2013.

73 Glenn Britt, »Investing in Innovation«, *Forbes*, 1. März 2010, https://www.forbes.com/2010/03/01/science-technology-education-thought-leaders-britt.html?sh= 60dc6d571eee.

74 McShane, »Bill Gates at AEI on the Common Core«.

75 »Is Bill Gates a Closet Liberal?«, Salon, 29. Januar 1998, https://web.archive.org/web/20120607021236/https://www.salon.com/1998/01/29/feature_349/.

76 Daniel Costa, »STEM Labor Shortages?: Microsoft Report Distorts Reality about Computing Occupations«, Economic Policy Institute, 19. November 2012, https://www.epi.org/publication/pm195-stem-labor-shortages-microsoft-report-distorts/; Daniel Costa und Ron Hira, »H-1B visas and prevailing wage levels«, Economic Policy Institute, 4. Mai 2020, https://www.epi.org/publication/h-1b-visas-and-prevailing-wage-levels/.

77 Neil Kraus, »Support the Page Amendment, but Let's Not Pretend We Can Educate Ourselves out of Inequality«, MinnPost, 1. November 2021, https://www.minnpost.com/community-voices/2021/11/support-the-page-amendment-but-lets-not-pretend-we-can-educate-ourselves-out-of-inequality/?hilite=neil+kraus.

78 Die Stiftung macht offenkundig keinen Hehl aus ihrem einseitigen Fokus auf Forschung. Sie schreibt: »Wir werden Forschungen, Kommunikation und politische Analysen unterstützen, die hervorheben, wie wichtig es ist, die Zahl junger Leute zu verdoppeln, die sich für eine Hochschulausbildung qualifizieren.« Mit anderen Worten: Gates scheint Forschungen zu finanzieren, die seine vorgefasste Meinung unterstreichen, dass der amerikanische Arbeitsmarkt Arbeitskräfte mit sehr viel höherer Bildung benötigt. Bill & Melinda Gates Foundation, Postsecondary Success, 2009, https://docs.gatesfoundation.org/documents/postsecondary-education-success-plan-brochure.pdf.

79 Sara Rimer, »Gates Grants Aim to Help Low-Income Students Finish College«, New York Times, 9. Dezember 2008, https://www.nytimes.com/2008/12/09/education/09gates.html; »Measuring Up 2008«, National Center for Public Policy and Higher Education, 2008, 2, https://files.eric.ed.gov/fulltext/ED503494.pdfhttps://web.archive.org/web/20090613023059/http://cew.georgetown.edu/mission.htmlhttps://web.archive.org/web/20201203174944/https://cew.georgetown.edu/about-us/https://web.archive.org/web/20201203165447/https://cew.georgetown.edu/about-us/faqs/https://cew.georgetown.edu/about-us/.

80 Akademischer Grad, der nach einem zweijährigen Studium verliehen wird (Anm. d. Übs.)

81 Jacques Steinberg, »More Employers to Require Some College, Report Says«, New York Times, 14. Juni 2010, https://www.nytimes.com/2010/06/15/education/15degree.html.

82 Anthony Carnevale, Nicole Smith und Jeff Strohl, Help Wanted: Projections of Jobs and Education Requirements Through 2018, Center on Education and the Workforce at Georgetown University, Juni 2010, https://cewgeorgetown.wpenginepowered.com/wp-content/uploads/2014/12/fullreport.pdf.

83 Goldie Blumenstyk, »By 2020, They Said, 2 out of 3 Jobs Would Need More than a High-School Diploma. Were They Right?«, Chronicle of Higher Education, 22. Januar, 2020, https://www.chronicle.com/newsletter/the-edge/2020-01-22.

84 U.S. Bureau of Labor Statistics, Employment Projections, Data, »Occupations that Need More Education for Entry Are Projected to Grow Faster than Average«, Tabelle 5.2: »Employment, Wages, and Projected Change in Employment by Typical Entry-Level Education«, https://www.bls.gov/emp/tables/education-summary.htm.

85 Federal Reserve Bank of New York, Economic Research, »Underemployment Rates for College Graduates«, Tabelle, https://www.newyorkfed.org/research/college-labor-market/index.html#/underemployment.

86 Bill & Melinda Gates Foundation, *Postsecondary Success*.

87 Bill & Melinda Gates Foundation, »Road Map Project«, Mai 2013, https://docs.gatesfoundation.org/documents/BMGF_RoadmapProject_SIO_062413_r4_onln.pdf.

88 Elkind, »How Business Got Schooled in the War over Common Core«.

89 In den USA gehen Kinder ab 3 Jahren in die Vorschule (»preschool«), anschließend in den »kindergarten«. (Anm. d. Übs.)

90 Simon and Mershon, »Gates Masters D. C. – and the World«.

91 Elizabeth Warren, »The College Transparency Act of 2017«, 15. Mai 2017, https://www.warren.senate.gov/files/documents/2017_05_15_College_Transparency_One_Pager.pdf. Hinweis: Dies sind praktisch haargenau die gleichen Formulierungen, die die Stiftung mindestens seit 2009 verwendet: »Viele Colleges haben kaum Zugang zu aktuellen Informationen, ob und wann ihre Studierenden das Studium abbrechen. Zuständige Stellen haben keinen einheitlichen Zugang zu Daten, die bestätigen, dass ihre Studiengänge der Nachfrage auf dem Arbeitsmarkt entsprechen. Schulabgänger treffen die wichtigen Entscheidungen, ob sie aufs College gehen und welchen Studiengang sie wählen, ohne über ausreichende Daten über die Qualität eines Studiengangs oder den Erfolg von Absolventen zu verfügen. Ohne bessere Daten fehlen Pädagogen, Studierenden und Politikern die Informationen, die sie brauchen, um gute Entscheidungen zu treffen, die die Entschlossenheit fördern und verstärken, das Studium zu Ende zu führen.« Bill & Melinda Gates Foundation, *Postsecondary Success*.

92 Valerie Strauss, »Congress May Create Massive Program to Collect College Student Data«, *Washington Post*, 4. April 2022, https://www.washingtonpost.com/education/2022/04/04/congress-student-data-collect-privacy/; Scott Jaschik, »House Approves College Transparency Act«, *Inside Higher Ed*, 7. Februar 2022, https://www.insidehighered.com/news/2022/02/07/house-passes-college-transparency-act.

10 DIE BÜRDE DES WEISSEN MANNES

1 National Portrait Gallery, Porträt von Bill und Melinda Gates, Objekt Nr. NPG.2010.83, https://www.si.edu/newsdesk/photos/bill-and-melinda-gates-portrait.

2 Robin Pogrebin, »New Chairwoman Poised to Reform Smithsonian«, *New York Times*, 21. September 2008, https://www.nytimes.com/2008/09/22/arts/22muse.html; »Patty Stonesifer Elected Chair of Smithsonian Board of Regents«, Smithsonian Institution, 22. September 2008, https://www.si.edu/newsdesk/releases/patty-stonesifer-elected-chair-smithsonian-board-regents. Auf Bitten um Einsicht in Unterlagen der Institution unter Verweis auf das Recht auf Informationsfreiheit erhielt ich sehr stark zensierte Dokumente, aus denen nicht hervorging, wie viel die

National Portrait Gallery für das Porträt des Paares bezahlt oder wer das Porträt in Auftrag gegeben hat. Den unzensierten Teilen ist nicht zu entnehmen, ob Stonesifer an der Entscheidung beteiligt war. Laut der National Portrait Gallery wurde über die Auftragsvergabe im Mai 2008 entschieden, als Stonesifer dem Board of Regents angehörte. Einige Monate später übernahm sie den Vorsitz. Zu erwähnen ist auch, dass sie, selbst als sie den Posten als CEO der Gates Foundation nicht mehr bekleidete, dort weiterhin als leitende Beraterin fungierte.

3 Melinda Gates, »The Story of How Melinda Gates Met Bill Gates«, Interview, Salesforce, 1. Dezember 2016, https://www.youtube.com/watch?v=VqsFbzTcpdc.

4 Joss Kent, »Travel Safaris«, *Spectator*, 18. Juli 2009, https://webcache.googleusercontent.com/search?q=cache:tx14f54M4J4J:https://reader.exacteditions.com/issues/5493/page/44&cd=3&hl=en&ct=clnk&gl=us&client=firefox-b-1-d.

5 Gates, »The Story of How Melinda Gates Met Bill Gates«.

6 Melinda French Gates, ein Interview von Becky Quick, CNBC, 24. April 2019, https://www.youtube.com/watch?v=J9Xs5RF7qBk. Laut einer Umfrage der Alliance for Democracies von 2021 sagten 44 Prozent der Befragten aus 53 verschiedenen Ländern, sie betrachteten die Vereinigten Staaten als Bedrohung für ihre Demokratien. Einige der vehementesten Äußerungen über die USA kamen aus den ärmsten Ländern. »Global Poll: Despite Grim Views of Democracies' Covid Response, People Around the World Want More Democracy«, Pressemitteilung, Alliance of Democracies, 2021, https://www.allianceofdemocracies.org/initiatives/the-copenhagen-democracy-summit/dpi-2021.

7 »Administrator Samantha Power at Global Child Care Infrastructure Event«, USAID, 28. April 2022, https://www.usaid.gov/news-information/press-releases/apr-28-2022-administrator-samantha-power-global-child-care-infrastructure-event.

8 Geneva Health Files (@filesgeneva), Twitter, 29. April 2022, https://twitter.com/FilesGeneva/status/1520154341264572416; Themrise Khan (@themrise), Twitter, 30. April 2022, https://twitter.com/themrise/status/1520308825303179266.

9 Analyse der wohltätigen Spenden der Gates Foundation, zum Teil basierend auf der Klassifizierung der Weltbank für Länder mit hohem Einkommen. »World Bank Country and Lending Groups – World Bank Data Help Desk«, https://datahelpdesk.worldbank.org/knowledgebase/articles/906519-world-bank-country-and-lending-groups.

10 »Phantom Aid: Money Allocated to Countries that Ends Up Funding INGOs«, *Global Health Justice* (Blog), https://depts.washington.edu/globalhealthjustice/category/phantom-aid/.

11 John Aglionby, »EthioChicken: Ethiopia's Well-Hatched Idea«, *Financial Times*, 15. März 2018; »Joseph Shields«, LinkedIn, https://www.linkedin.com/in/joseph-shields-5338009/. Hinweis: Gates' Spendengelder in Höhe von 12 Millionen Dollar an EthioChicken und dessen Investor Flow Equity fließen seltsamerweise nicht nach Äthiopien. Sie landen auf Mauritius, einem bekannten Steuerparadies. Das Unternehmen reagierte nicht auf Pressanfragen.

12 Peter Buffett, »The Charitable-Industrial Complex«, *New York Times*, 26. Juli 2013,

https://www.nytimes.com/2013/07/27/opinion/the-charitable-industrial-complex.
html?_r=0.

13 Sean Cooper, »What Happens When a Buffett Buys Your Town?«, *Tablet*, 13. Juli
2021, https://www.tabletmag.com/sections/news/articles/buffett-kingston-sean-
cooper.

14 Gates, »Watch the Full Bill Gates Keynote«, 30:52.

15 Gates, »Watch the Full Bill Gates Keynote«, 31:30.

16 Gates, »Watch the Full Bill Gates Keynote«, 3:10.

17 McCoy et al., »The Bill & Melinda Gates Foundation's Grant-Making Programme
for Global Health«, S. 1645–53.

18 Daniel Kamanga, »I've Had Racism's Weight of Knee on My Neck; Will George
Floyd's Death Give Me a Chance to Breath?«, LinkedIn, 5. Juni 2020, https://web.
archive.org/web/20220104010414/https://www.linkedin.com/pulse/ive-had-
racisms-weight-knee-my-neck-george-floyds-death-kamanga/.

19 Das, Flitter und Kulish, »A Culture of Fear at the Firm that Manages Bill Gates's
Fortune«.

20 Apoorva Mandavilli, »A Global Health Star Under Fire«, *New York Times*, 12. September 2020, https://www.nytimes.com/2020/09/12/health/ditiu-stoptb-united-
nations.html.

21 »United Nations Office for Project Services, Geneva«, Bill & Melinda Gates Foundation, Juni 2021, https://www.gatesfoundation.org/about/committed-grants/
2021/06/opp1216273.

22 »Members of the Board«, Stop TB Partnership, https://www.stoptb.org/board/
members-of-board.

23 Julia Feliz, »Response to Cornell SA Meeting«, *Medium* (Blog), 25. Oktober 2019,
https://medium.com/@jd.feliz/response-to-cornell-sa-meeting-69b7ca9e288e.

24 Meghna Maharishi, »S. A. Passes Statement in Support of Julia Feliz as Some Fellows Push Back«, *Cornell Daily Sun*, 25. Oktober 2019, https://cornellsun.com/
2019/10/25/s-a-passes-statement-in-support-of-julia-feliz-as-some-fellows-push
back/.

25 »Homepage«, Generation Africa Voices, https://www.generationafricavoices.org/.

26 Generation Africa, Profile von Louis Lakor, Aisha Nabukeera und Rachael Ouko,
https://www.generationafricavoices.org/#glide-cohort.

27 The Moth, Board & Committees, n. d., http://themoth.org/board-committees;
»International Women's Day: Stories of Redefining Motherhood,« Gates Discovery
Center, March 8, 2023, https://www.discovergates.org/international-womens-day-
stories-of-redefining-motherhood/.

28 Diane Cardoso, »A Look at Global Stories of Women and Girls«, *The Moth*, 27. März
2018, https://themoth.org/dispatches/a-look-at-global-stories.

29 »Locally Rooted, Globally Networked«, New Voices Fellowship, https://web.archive.
org/web/20220512094414/https://newvoicesfellows.aspeninstitute.org/.

30 »Our Board«, Speak Up Africa, https://www.speakupafrica.org/our-board/. Hinweis: Die Gates Foundation berichtet von Spenden an ein Speak Up Africa in New
York und im Senegal. Laut der Stiftung teilen sich die beiden Organisationen eine

Webseite. Auf eine E-Mail an das New Yorker Büro von Speak Up Africa, in der ich um Informationen zu der Struktur der Organisation und der letzten Steuererklärung sowie um ein Interview bat, erhielt ich keine Antwort. Fragen, die ich per E-Mail an Speak Up Africa im Senegal schickte, blieben ebenfalls unbeantwortet.

31 Speak Up Africa, IRS filing 990, 2015. Hinweis: 2015 gab die Organisation als Adresse 40 Wall Street in New York an, umgangssprachlich auch Trump Building genannt (nach Donald Trump).»40 Wall Street: New York, NY«, The Trump Organization, https://www.trump.com/commercial-real-estate-portfolio/40-wall-street.

32 »The Gates Foundation's Approach Has Both Advantages and Limits«, *Economist*, 30. September 2021, https://www.economist.com/international/2021/09/16/the-gates-foundations-approach-has-both-advantages-and-limits.

33 Bill & Melinda Gates Foundation,»DEI Progress Report«, 2021, https://docs.gatesfoundation.org/documents/bill_and_melinda_gates_foundation_2021_dei_progress_report.pdf;»U.S. Census Bureau QuickFacts: United States«, https://www.census.gov/quickfacts/fact/table/US/PST045221.

34 »Anita Zaidi«, Profile, Bill & Melinda Gates Foundation, 16. März 2022, https://web.archive.org/web/20220316055452/https://www.gatesfoundation.org/about/leadership/anita-zaidi.

35 »The Key to Development«, Project Syndicate, 30. Juni 2021, https://www.projectsyndicate.org/onpoint/gender-equality-the-key-to-sustainable-development-public-health-by-anita-zaidi-2021-06.

36 Sana Syed, »A Conversation with Anita Zaidi – A Discussion of Global Child Health, Empowering Women And –«, *Medium*, https://medium.com/@syedsana/a-conversation-with-anita-zaidi-a-discussion-of-global-child-health-af47699 f070b.

37 »Anita Zaidi«, Profile.

38 »Anita Zaidi«, Faculty Profile, Aga Khan University, https://www.aku.edu/mcpk/faculty/pages/profile.aspx?ProfileID=295&Name=Anita Kaniz Mehdi Zaidi. Hinweis: 2022 veröffentlichte Zaidi als Koautorin eine (von der Gates Foundation geförderte) Studie in *Lancet Global Health*, in der sie als Angehörige der AKU, nicht als Mitarbeiterin der Gates Foundation, bezeichnet wird. Nachdem ich *Lancet Global Health* kontaktiert hatte, veröffentlichten sie eine Korrektur, in der sie auf Zaidis Anstellung bei der Gates Foundation hinwiesen.»Correction to Lancet Glob Health 2022; 10: E1289–97«, *The Lancet Global Health* 10, Nr. 10 (1. Oktober 2022): e1394, https://doi.org/10.1016/S2214–109X(22)00385–0.

39 The Aga Khan University, »Generous Gift from Alumni to Advance Paediatric Research«, https://www.aku.edu/news/Pages/News_Details.aspx?nid=NEWS-002 428; Bill & Melinda Gates Foundation, IRS 990 filing, 2021, Statement 10.

40 »Our Profile«, Vital Pakistan Trust, 5. Juli 2017, https://web.archive.org/web/20170705114023/http://www.vitalpakistantrust.org/about-us.php;»Board of Trustees«, Vital Pakistan, 13. Juni 2022, https://web.archive.org/web/20220613170907/https://www.vitalpakistantrust.org/trustees.

41 The Aga Khan University, »New MRI Technology to Power Insights into Newborn Health«, https://www.aku.edu/news/Pages/News_Details.aspx?nid=NEWS-002

526. Hinweis: Laut der Finanzprüfung von Vital Pakistan verzeichnete der Trust 2016 Einkünfte von etwa 40 Millionen Pakistanischen Rupien, 2017 von 30 Millionen und 2018 von 70 Millionen, was insgesamt etwa 1,3 Millionen Dollar ergibt. Laut der Gates Foundation hat sie Vital 2016 und 2017 über 8 Millionen Dollar an Spenden zugesagt, die in einem Zeitraum von mehreren Jahren ausgezahlt werden sollen. Auf jeden Fall wären die von Gates angegebenen Spenden höher als die Summen, die in den veröffentlichten Finanzprüfungen von Vital genannt werden.

42 »Our Profile«, Vital Pakistan Trust. Hinweis: Anfang 2023 habe ich auf der Webseite von Vital eine Backend-Suche durchgeführt, und ihr Name tauchte nur bei einer wissenschaftlichen Studie auf, die man herunterladen konnte.

43 »Reported Cases of Paralytic Polio, 2021«, Our World in Data, https://ourworldindata.org/grapher/the-number-of-reported-paralytic-polio-cases.

44 »Number of People Requiring Interventions for Neglected Tropical Diseases«, Our World in Data, https://ourworldindata.org/grapher/number-of-people-requiring-interventions-for-neglected-tropical-diseases; »Number of People Who Are Undernourished«, Our World in Data, https://ourworldindata.org/grapher/number-undernourished.

45 »Saving Children from Stunting«, UNICEF, https://www.unicef.org/pakistan/stories/saving-children-stunting.

46 »Bill Gates Meets Prime Minister Imran Khan to Discuss Progress Against Polio, Steps to Overcome Final Challenges to Eradication«, Bill & Melinda Gates Foundation, https://www.gatesfoundation.org/ideas/media-center/press-releases/2022/02/bill-gates-meets-prime-minister-imran-khan-on-polio-eradication-in-pakis tan; »Bill Gates Make His First-Ever Visit to Pakistan; Discusses Health Issues with Imran Khan«, Times of India, 17. Februar 2022, https://timesofindia.indiatimes.com/world/pakistan/bill-gates-make-his-first-ever-visit-to-pakistan-discusses-health-issues-with-imran-khan/articleshow/89641568.cms.

47 »Bill Gates Meets Prime Minister Imran Khan to Discuss Progress Against Polio, Steps to Overcome Final Challenges to Eradication.«

48 Fyezah Jehan und Kheezran Ahmed, »When Will Pakistan Stand on Two Legs? A Polio Story«, Speaking of Medicine and Health (Blog), 8. Juni 2022, https://speakingofmedicine.plos.org/2022/06/08/when-will-pakistan-stand-on-two-legs-a-polio-story/.

49 Fyezah Jehan, Twitter, 12. Juni, 2020 (https://twitter.com/FyezahJehan/status/1271418835082543104) und 18. Februar 2022 (https://twitter.com/fyezahjehan/status/1494512529116119042?s=12); »AKU Pneumonia Study Published in The New England Journal of Medicine«, Aga Khan University, 2. Juli 2020, https://www.aku.edu/news/Pages/News_Details.aspx?nid=NEWS-002240.

50 Amy Sarah Ginsburg et al., »Randomized Controlled Trial of Early, Small-Volume Formula Supplementation Among Newborns: A Study Protocol«, PLOS ONE 17, Nr. 2 (4. Februar 2022): e0263129, https://doi.org/10.1371/journal.pone.0263129.

51 Tanya Doherty et al., »Questioning the Ethics of International Research on Formula Milk Supplementation in Low-Income African Countries«, BMJ Global

Health 7, Nr. 5 (6. Mai 2022): e009181 doi:10.1136/bmjgh-2022–009181. Siehe außerdem die Kommentare der Leser zu dem Artikel, Ginsburg et al., »Randomized Controlled Trial of Early, Small-Volume Formula Supplementation Among Newborns«.

52 John Cook, »These Bill Gates-Funded ›Super Bananas‹ Could Have a Huge Impact on Global Health«, GeekWire, 16. Juni 2014, https://www.geekwire.com/2014/bill-gates-funded-super-bananas-huge-impact-global-health/; Rachel Zimmerman, »Gates Fights Malnutrition with Cheese, Ketchup and Other Fortified Food Items«, *Wall Street Journal*, 9. Mai 2002, https://www.wsj.com/articles/SB1020886090206 568560. Arun Gupta und Navdeep Khaira, »Food for Thought: Deficiencies«, *Telegraph India*, 21. Oktober 2021, https://www.telegraphindia.com/opinion/food-for-thought-deficiencies/cid/1835254.

53 Jeremy D. Keenan et al., »Azithromycin to Reduce Childhood Mortality in Sub-Saharan Africa«, *New England Journal of Medicine* 378, Nr. 17 (26. April 2018), S. 1583–92, https://doi.org/10.1056/NEJMoa1715474.

54 Rodgers, »Pneumococcal Vaccine Update«; David Goldblatt et al., »Pneumococcal Conjugate Vaccine 13 Delivered as One Primary and One Booster Dose (1 + 1) Compared with Two Primary Doses and a Booster (2 + 1) in UK Infants: A Multicentre, Parallel Group Randomised Controlled Trial«, *Lancet Infectious Diseases* 18, Nr. 2 (1. Februar 2018), S. 171–79, http://dx.doi.org/10.1016/S1473–3099 (17)30654–0; National Cancer Institute (NCI), »Comparing One or Two Doses of the Human Papillomavirus Vaccine for the Prevention of Human Papillomavirus Infection: ESCUDDO Study«, Clinical trial registration (clinicaltrials.gov, 22. September 2022), https://clinicaltrials.gov/ct2/show/NCT03180034.

55 »Historical Study of LSHTM from Its Origins to 1960 Details Extent of Colonial Roots«, London School of Hygiene and Tropical Medicine, 11. August 2022, https://www.lshtm.ac.uk/newsevents/news/2022/historical-study-lshtm-its-origins-1960-details-extent-colonial-roots.

56 Caesar A. Atuire und Olivia U. Rutazibwa, »An African Reading of the Covid-19 Pandemic and the Stakes of Decolonization«, Yale Law School, 29. Juli 2021, https://law.yale.edu/yls-today/news/african-reading-covid-19-pandemic-and-stakes-decolonization.

57 Olusoji Adeyi, »Global Health, Narcissistic Charity, and Neo-Dependency«, *Development Today*, 31. Dezember 2021, https://www.development-today.com/archive/dt-2021/dt-9--2021/global-health-narcissistic-charity-and-neo-dependency.

58 Damit ist die laut einer US-amerikanischen Ideologie »offenkundige Bestimmung« der amerikanischen Siedler gemeint, ihre Denk- und Lebensweise auf Kosten der Ureinwohner zu verbreiten. (Anm. d. Übs.)

59 Tim Schwab, »The Gates Foundation Avoids a Reckoning on Race and Power«, *The Nation*, 6. Oktober 2021, https://www.thenation.com/article/society/gates-foundation-colonialism/.

60 Muneera A Rasheed, »Navigating the Violent Process of Decolonisation in Global Health Research: A Guideline«, *Lancet Global Health* 9, Nr. 12 (1. Dezember 2021): e1640–41, https://doi.org/10.1016/S2214–109X(21)00440-X.

11 AUFGEBLÄHT

1 Nat Levy, »Judge: Former Bill & Melinda Gates Tech Leader Entitled to $4.9M in Dispute with Foundation«, GeekWire, 9. Oktober 2018, https://www.geekwire. com/2018/judge-former-bill-melinda-gates-tech-leader-entitled-4-9m-damages-dispute-foundation/#:~:text=A%20King%20County%20judge%20has,as%20 a%20%E2%80%9Cbroken%20promise.%E2%80%9D.

2 Patrick Dorrian, »Gates Foundation Breached Contract of ›Chief Digital Officer‹«, *Bloomberg Law*, 17. November 2020, https://news.bloomberglaw.com/daily-labor-report/gates-foundation-breached-contract-of-chief-digital-officer; John O'Brien, »Gates Foundation Successfully Argues Against $4.6M Verdict for Fired Employee, but Recalculation Ordered«, *Legal Newsline*, 19. November 2020, https://legalnews line.com/stories/565415071-gates-foundation-successfully-argues-against-4-6m-verdict-for-fired-employee-but-recalculation-ordered.

3 »Bill Gates«, Interview, *Playboy*, Juli 1994, https://web.archive.org/web/2010080107 1952/http://www.playboy.com/articles/bill-gates-playboy-interview/index.html? page=2.

4 Bill & Melinda Gates Foundation, Part I, Lines 25–26, IRS 990 filing, 2000.

5 Greenfeld, »Giving Billions Isn't Easy«.

6 Cheryl Scott, »Announcements – Bill & Melinda Gates Foundation«, https://web. archive.org/web/20070118220207/https://www.gatesfoundation.org/AboutUs/ Announcements/Announce-070109.htm. Hinweis: Laut einer Quelle verfasste Bill Gates Ende der 2000er Jahre ein berüchtigtes stiftungsinternes Memo, in dem er sich über die aufgeblähten Strukturen und die Verschwendung, die ihm ins Auge stachen, ereiferte – insbesondere missbilligte er die großen Summen, die für Dinge wie betriebsinterne Konferenzen aufgewendet würden, statt sie für die programmatische Unterstützung der Armen auszugeben. Ein Exemplar dieses Memos konnte ich nicht auftreiben, aber der Autor Adam Fejerskov verweist auf das vermutlich selbe Memo, und da klingt alles ganz anders: »Gates persönlich sandte ein wutentbranntes Memo an die Belegschaft, das im Grunde besagte: ›Alles ist im Arsch.‹ Er wies auf grundlegende Änderungen hin und nahm frühere Entscheidungen der Führungsetage zurück. Dies hatte eine Art Stillstand zur Folge – Program Officers wagten keine Entscheidung mehr zu fällen, weil sie schwerwiegende Konsequenzen befürchteten, falls sie etwas tun würden, was Gates oder die Führungsriege der Stiftung nicht gutheißen würde.« Fejerskov, *The Gates Foundation's Rise in Power*, S. 72.

7 Bill & Melinda Gates Foundation Webseite, https://www.gatesfoundation.org/. Hinweis: Auf der Webseite der Stiftung sind bis Ende 2021 1736 Angestellte vermerkt, im Formular 990 der Bundessteuerbehörde für 2021 sind es 1843.

8 Bill & Melinda Gates Foundation, IRS 990 filing, 2021. Hinweis: Als Journalisten den Chief Financial Officer der Stiftung 2009 fragten, wie viel sie für Berater ausgebe, sagte er, das könne man nicht wissen: »Die Gesamtausgaben der Stiftung für Beratertätigkeit sind momentan auch nicht klar … aufgrund der Anzahl und des Umfangs der Verträge sowie des globalen Fußabdrucks der Stiftung.« Clay Holtz-

man, »Gates Foundation Spends Big on Consulting«, *Puget Sound Business Journal,*
14. Juni 2009, https://www.bizjournals.com/seattle/stories/2009/06/15/story7.html.

9 Gates, »Watch the Full Bill Gates Keynote«, Gates, 37:30.

10 »Gates Foundation Names Dr. Trevor Mundel to Lead Global Health Program«,
Bill & Melinda Gates Foundation, September 2011, https://www.gatesfoundation.
org/ideas/media-center/press-releases/2011/09/foundation-names-dr-trevor-
mundel-to-lead-global-health-program.

11 Nathaniel Lee, »Warren Buffett Lives in a Modest House that's Worth .001 % of His
Total Wealth«, *Business Insider,* 10. November 2020, https://www.businessinsider.
com/warren-buffett-modest-home-bought-31500-looks-2017–6. Hinweis: Buffetts
Zuhause ist viel hübscher und teurer als das der meisten anderen Amerikaner, aber
verglichen mit dem, was sich der Multimilliardär leisten könnte, ist es recht be-
scheiden. Ein weiteres Problem beim Narrativ von Buffett als Sparfuchs: Er besitzt
einen Privatjet. Theron Mohamed, »Warren Buffett Nicknamed His Private Jet ›The
Indefensible‹ – Then Renamed It ›The Indispensable‹ After Realizing Its Value«,
Markets Insider, 30. Dezember 2022, https://markets.businessinsider.com/news/
stocks/warren-buffett-berkshire-hathaway-private-jet-plane-purchase-indefen
sible-indispensable-2021–10.

12 Warren Buffett, Brief an Bill und Melinda Gates, veröffentlicht auf der Webseite
von Berkshire Hathaway, 26. Juni 2006, https://www.berkshirehathaway.com/
donate/bmgfltr.pdf. Hinweis: Buffett im Wortlaut: »Der Wert meiner jährlichen
Zuwendung muss beim Spenden von mindestens 5 Prozent des stiftungseigenen
Nettovermögens in vollem Umfang berücksichtigt werden.«

13 Analyse der Förderunterlagen der Gates Foundation. Hinweis: In der Auflistung
habe ich alle Fördersummen an Tochtergesellschaften als Spenden an die jeweilige
Mutterorganisation zusammengefasst. So umfassen Gates' Zuwendungen an die
NIH alle Spenden an verschiedene Institute der NIH sowie die Foundation for the
NIH. UNICEF umfasst auch Spenden an den United States Fund for UNICEF. Uni-
versity of Washington umfasst Spenden an die University of Washington Foun-
dation; die Zuwendungen an PATH beinhalten Gelder an PATH, PATH Vaccine
Solutions, PATH Drug Solutions und das PATH Shanghai Representative Office.
Zu den Zuwendungen an die Weltbank gehören Spenden an die International Bank
for Reconstruction and Development (IBRD), die International Development
Association (IDA) und die International Finance Corporation (IFC). In der Auflistung sind nicht alle CGIAR-Institute enthalten.

14 Die Analyse der Förderunterlagen der Gates Foundation erbrachte auch Spenden
an Family Health International und FHI Solutions.

15 KPMG, »Bill & Melinda Gates Foundation, Consolidated Financial Statements,
December 31, 2020 and 2019«, 26. April 2021, 15, https://docs.gatesfoundation.
org/documents/F_151002C-1B_Bill&MelindaGatesFoundation_FS.pdf; »Foundation Celebrates Groundbreaking for New Headquarters«, Bill & Melinda Gates
Foundation, https://www.gatesfoundation.org/ideas/media-center/press-releases/
2008/07/foundation-celebrates-groundbreaking-for-new-headquarters.

16 Bill Gates, »Yes, I Get Furious When Foreign Aid Is Wasted. But Britons Are Saving

Lives – and Are Leading the World, Says Bill Gates«, *Daily Mail Online*, 17. März 2013, https://www.dailymail.co.uk/debate/article-2294674/Bill-Gates-Yes-I-furi ous-foreign-aid-wasted-But-Britons-saving-lives--leading-world.html.

17 David Wallace-Wells, »Bill Gates: ›We're in a Worse Place than I Expected‹«, *New York Times*, 13. September 2022, https://www.nytimes.com/2022/09/13/opinion/environment/bill-gates-climate-change-report.html.

18 Emily Glazer, Khadeeja Safdar und Theo Francis, »Warren Buffett's Estate Planning Sends Charities Scrambling«, *Wall Street Journal*, 21. Juni 2022, https://www.wsj.com/articles/warren-buffetts-estate-planning-bill-and-melinda-gates-foundation-sends-charities-scrambling-11655811074; Bill & Melinda Gates Foundation, Part VII, 2, IRS 990 Filings, 2014, 2015, 2016.

19 Mark Suzman, »Warren Buffett's Generous Philanthropy«, Bill & Melinda Gates Foundation, https://www.gatesfoundation.org/ideas/articles/warren-buffett-philan thropy.

20 Buffett, Brief an Bill und Melinda Gates. Hinweis: Buffetts Worte lauteten: »Ich verpflichte mich lebenslang unwiderruflich zu jährlichen Spenden in Form von Berkshire Hathaway ›B‹ Aktien zugunsten der BMG [Bill & Melinda Gates Foundation] ... BMG kann aufgrund dieser verlässlichen Zusage ihre Aktivitäten umgehend und fortdauernd ausweiten. Laut meinem Arzt erfreue ich mich bester Gesundheit, und so fühle ich mich auch. Falls ich jedoch arbeitsunfähig werde und nicht mehr in der Lage bin, meine Angelegenheiten zu regeln, veranlasse ich denjenigen, der sich dann um meine Angelegenheiten kümmern wird, der Verpflichtung nachzukommen, die ich mit diesem Brief eingehe. Darüber hinaus werde ich in Kürze ein neues Testament verfassen, das die Fortdauer dieser Verpflichtung – mittels Austeilung der verbleibenden hierfür gekennzeichneten Aktien oder auf eine andere Weise – nach meinem Tod gewährleistet.«

21 Glazer, Safdar und Francis, »Warren Buffett's Estate Planning Sends Charities Scrambling«.

22 Tim Schwab, »Warren Buffett Moves to Distance Himself from Bill Gates«, *The Nation*, 25. Juni 2021, https://www.thenation.com/article/society/warren-buffett-bill-gates/.

23 Lisa Stiffler, »Melinda French Gates Counters Bill Gates' Prediction that Their Foundation Will End in 25 Years«, GeekWire, 12. Oktober 2022, https://www.geekwire.com/2022/melinda-french-gates-refutes-bill-gates-prediction-that-their-foundation-will-end-in-25-years/.

24 Glazer, Safdar und Francis, »Warren Buffett's Estate Planning Sends Charities Scrambling«.

25 Sam Dillon, »Gates Urges School Budget Overhauls«, *New York Times*, 19. November 2010, https://www.nytimes.com/2010/11/19/us/19gates.html.

26 »Bill Gates: End-of-Life Care vs. Saving Teachers' Jobs«, ein Interview von Walter Isaacson, June 8, 2010, Aspen Ideas Festival, Youtube, https://www.youtube.com/watch?v=03MZG9vK0W8.

27 Robert A. Guth und Michael Corkery, »Gates Says Benefits Costs Hit Schools«, *Wall Street Journal*, 3. März 2011, https://www.wsj.com/articles/SB1000142405274 870472800457617680207764747 0.

28 Agnes Walton und Nic Pollock, »Empty Classrooms, Abandoned Kids: Inside America's Great Teacher Resignation«, *New York Times* Video, 18. November 2022, https:// www.nytimes.com/2022/11/18/opinion/teachers-quitting-education-crisis.html.

29 Bill & Melinda Gates Foundation, »Participant & Candidate Travel & Expense Policy«, in Kraft getreten 9/28/2022, https://docs.gatesfoundation.org/Docu ments/Travel%20and%20Expense%20-%20Participant%20&%20Candidate.pdf; »Benefits«, Bill & Melinda Gates Foundation, https://www.gatesfoundation.org/ about/careers/benefits.

30 Catherine Clifford, »Bill Gates' Foundation Says 52-Week Paid Leave Isn't Doable After All, but Will Give New Parents $20 000«, CNBC, 6. Februar 2019, https:// www.cnbc.com/2019/02/06/bill--melinda-gates-foundation-cancels-52-week-paid-parental-leave.html.

31 Bill & Melinda Gates Foundation, »2013 Benefit Plan Summary«, https://web. archive.org/web/20211201154022/https://docs.gatesfoundation.org/documents/ benefits-summary-us.pdf.

32 Bill & Melinda Gates Foundation, Part VII, 2, und Statement 20, IRS 990, 2021.

33 Jeff Goodell, »Bill Gates: The Rolling Stone Interview«, *Rolling Stone* (Blog), 13. März 2014, https://www.rollingstone.com/culture/culture-news/bill-gates-the-rolling-stone-interview-111915/.

34 »Next-Gen Nuclear Plant and Jobs Are Coming to Wyoming«, Energy.gov, 16. November 2021, https://www.energy.gov/ne/articles/next-gen-nuclear-plant-and-jobs-are-coming-wyoming; Cooper, »Bill Gates: How the World Can Avoid a Climate Disaster«, *60 Minutes*; Lisa Stiffler, »TerraPower Warns of 2-Year Minimum Delay for Launch of Demo Reactor Due to Russia-Ukraine War«, GeekWire, 19. Dezember 2022, https://www.geekwire.com/2022/bill-gates-backed-terrapower-warns-of-2-year-minimum-delay-for-launch-of-demo-reactor/; Catherine Clifford, »Bill Gates' TerraPower Aims to Build Its First Advanced Nuclear Reactor in a Coal Town in Wyoming«, CNBC, 17. November 2021, https://www.cnbc.com/2021/11/17/ bill-gates-terrapower-builds-its-first-nuclear-reactor-in-a-coal-town.html.

35 Edstrom und Eller, *Barbarians Led by Bill Gates*, S. 119–130 und S. 168–175; Kurt Eichenwald, »Microsoft's Lost Decade«, *Vanity Fair*, August 2012, https://archive. vanityfair.com/article/2012/8/microsofts-lost-decade.

36 Edstrom und Eller, *Barbarians Led by Bill Gates*, S. 227.

37 Edstrom und Eller, *Barbarians Led by Bill Gates*, S. 192.

38 Um ein Beispiel zu geben: 2018 strich Gates' 500 Millionen Dollar teures TB-Impfstoffprojekt Aeras die Segel, nachdem es jahrelang vergeblich versucht hatte, ein Produkt zu entwickeln. Anscheinend hat dann Gates MRI die Impfstoffentwicklung übernommen. »IAVI Acquires Aeras TB Vaccine Clinical Programs and Assets«; »Research Priorities«, Bill & Melinda Gates Medical Research Institute.

39 »Bill & Melinda Gates Foundation Reviews«, Glassdoor, 1. Juli 2022, https://www. glassdoor.com/Reviews/Bill-and-Melinda-Gates-Foundation-Reviews-E9097. htm.

40 »Bill & Melinda Gates Foundation Reviews«, Glassdoor, 29. Mai 2022, https://

www.glassdoor.com/Reviews/Bill-and-Melinda-Gates-Foundation-Reviews-E9097.htm.

41 Eichenwald, »Microsoft's Lost Decade«.

42 Rachel Schurman, »Micro(soft) Managing a ›Green Revolution‹ for Africa: The New Donor Culture and International Agricultural Development«, *World Development* 112 (1. Dezember 2018), S. 180–92, https://doi.org/10.1016/j.worlddev. 2018.08.003.

43 Rob Larson, *Bit Tyrants: The Political Economy of Silicon Valley* (Chicago, IL: Haymarket Books, 2020), S. 570.

44 Gates, *Wir sind viele*, S. 241.

45 Eine Typ-A-Persönlichkeit zeichnet sich u. a. durch hohe Wettbewerbsorientierung, verstärktes Konkurrenzverhalten, Ungeduld und ständige Kontrollambitionen aus. (Anm. d. Übs.)

12 WISSENSCHAFT

1 Joseph E. Stiglitz, »Are We Overreacting on Climate Change?«, *New York Times*, 16. Juli 2020, https://www.nytimes.com/2020/07/16/books/review/bjorn-lomborg-false-alarm-joseph-stiglitz.html.

2 Bill Gates, »The Best Investment I've Ever Made«, *Wall Street Journal*, 16. Januar 2019, https://www.wsj.com/articles/bill-gates-the-best-investment-ive-ever-made-11547683309.

3 »Measuring the Value of Health«, Bill & Melinda Gates Foundation, 23. Januar 2019, https://www.gatesfoundation.org/ideas/articles/health-economist-global-health-financing.

4 Grundlage für meine Recherchen zu Gates' Universitätsspenden waren die Förderunterlagen der Stiftung. Grundlage für meine Recherchen zu Gates' Sponsoring von wissenschaftlichen Artikeln war die wissenschaftliche Datenbank Web of Science. Hinweis: Es ist schwierig, sämtliche Geldströme von der Stiftung in den wissenschaftlichen Diskurs zu verfolgen, weil ein unbekannter und möglicherweise großer Teil davon anscheinend durch Gates' Vertreternetzwerk fließt. So hat die Gates Foundation über 700 Millionen Dollar an Medicines for Malaria Venture gespendet, was offenbar mehr als die Hälfte der gesamten Fördergelder dieser Organisation ausmacht. Laut Web of Science hat MMV wiederum über 500 Forschungsartikel gesponsert. »Medicines for Malaria Venture«, Financial View, Financial Year to 31 December 2018, https://www.mmv.org/sites/default/files/uploads/docs/publications/2018/MMV_AR2018_Chapter8_.pdf..

5 Editorial Board, *Vaccine*, https://www.journals.elsevier.com/vaccine/journals.else vier.com/vaccine/editorial-board; Editorial Board, *Journal of Global Antimicrobial Resistance*, https://www.journals.elsevier.com/journal-of-global-antimicrobial-resistance/journals.elsevier.com/journal-of-global-antimicrobial-resistance/editorial-board.

6 Eine unsystematische Suche erbrachte unzählige Beispiele für Mitarbeitende der Gates Foundation, die in Redaktionsleitungen und Beiräten sitzen. Editorial Board,

American Journal of Clinical Nutrition, https: //web.archive.org/web/2019040 1111630/https://academic.oup.com/ajcn/pages/Editorial Board; Editorial Board, *Journal of Adolescent Health*, https://www.journals.elsevier.com/journal-of-adolescent-health/editorial-board; Editorial Board, *Journal of Cost Effectiveness and Resource Allocation*, https://resource-allocation.biomedcentral.com/about/editorial-board; Editorial Board, *Clinical and Translational Science, Pharmacometrics & Systems Pharmacology*, https://ascpt.onlinelibrary.wiley.com/hub/journal/17528062/editorial-board/editorial-leadership.

7 »Members«, Postsecondary Value Commission, 24. April 2019, https://postsecondaryvalue.org/members/; »Factsheet«, Postsecondary Value Commission, https://www.postsecondaryvalue.org/wp-content/uploads/2020/02/Value-Commission-Factsheet.pdf; »Our Global Advisory Board: Leadership, Vision, Integrity«, *WomenLift Health* (Blog), https://www.womenlifthealth.org/global-advisory-board/; »Sponsors«, *WomenLift Health* (Blog), https://www.womenlifthealth.org/donors/.

8 Analyse der Datenbank Web of Science.

9 Bill Gates, »Responding to Covid-19 – A Once-in-a-Century Pandemic?«, *New England Journal of Medicine* 382, Nr. 18 (30. April 2020), S. 1677–1679, https://doi.org/10.1056/NEJMp2003762.

10 Robert Fortner, »How Bill Gates Underestimated the Pandemic He Predicted – and Got Away with It«, *Medium* (Blog), 14. Februar 2021, https://robertfortner-93061.medium.com/how-bill-gates-underestimated-the-pandemic-he-predicted-and-got-away-with-it-bef13c228a78.

11 Schwab, »While the Poor Get Sick, Bill Gates Just Gets Richer«; Bill Gates, »ICMJE Form for Disclosure of Potential Conflicts of Interest«, *New England Journal of Medicine*, 27. Februar 2020, https://www.nejm.org/doi/suppl/10.1056/NEJMp2003762/suppl_file/nejmp2003762_disclosures.pdf.

12 Melissa Barber, Twitter, 20. September 2021, https://web.archive.org/web/20210921144810/https://twitter.com/mellabarb/status/1440004465839456263.

13 Sophie Harman, »The Bill and Melinda Gates Foundation and Legitimacy in Global Health Governance«, *Global Governance* 22, Nr. 3 (2016), S. 350, https://www.jstor.org/stable/44860965.

14 Harman, »The Bill and Melinda Gates Foundation and Legitimacy in Global Health Governance«.

15 Der Einfluss der Stiftung wird oft nicht öffentlich gemacht, obwohl die Ethikregeln das vorschreiben, um Wissenschaft transparent zu machen und vor etwaigen Beeinflussungen in der Forschung zu warnen. Mitunter sind die öffentlichen Verlautbarungen der Stiftung schwer zu verstehen; so stieß ich beim Durchsuchen von Web of Science auf Dutzende von der Stiftung geförderte Studien, die von Mitarbeitenden der Gates Foundation stammten, bei denen aber kurioserweise behauptet wurde, die Stiftung sei nicht daran beteiligt gewesen.

16 Sheldon Krimsky und Tim Schwab, »Conflicts of Interest Among Committee Members in the National Academies' Genetically Engineered Crop Study«, *PLOS ONE* 12, Nr. 2 (28. Februar 2017): e0172317, https://doi.org/10.1371/journal.pone.0172317.

17 Anne-Emanuelle Birn, »Gates's Grandest Challenge: Transcending Technology as Public Health Ideology«, *The Lancet* 366, Nr. 9484 (August 2005), S. 514–519, https://doi.org/10.1016/S0140-6736(05)66479-3.

18 »State Staffing: State Employee Salaries«, Washington State Fiscal Information, Abruf am 12. Februar 2023, https://fiscal.wa.gov/Staffing/Salaries.

19 Jeremy N. Smith, *Epic Measures: One Doctor. Seven Billion Patients* (New York: HarperCollins, 2015).

20 Smith, *Epic Measures*. Hinweis: Nachdem ich bei der University of Washington um Dateneinsicht gebeten hatte, entdeckte ich, dass das IHME noch vor der Veröffentlichung für über 10 000 Dollar Exemplare von *Epic Measures* kaufte. Von aktuellen und früheren Mitarbeitenden erfuhr ich, dass in den Büroräumen des IHME noch jahrelang ganze Stapel des Buches herumlagen und man sämtliche Besucher damit bestückte. Laut dem Autor Jeremy Smith waren weder das IHME noch Gates finanziell oder redaktionell an der Herstellung des Buches beteiligt.

21 Smith, *Epic Measures*.

22 Tim Schwab, »Playing Games with Public Health Data«, *The Nation*, 14. Dezember 2020.

23 W. Wayt Gibbs, »Bill Gates Views Good Data as Key to Global Health«, *Scientific American*, 1. August 2016, https://www.scientificamerican.com/article/bill-gates-interview-good-data-key-to-global-health/.

24 Hinweis: Die Gates Foundation hat anscheinend den größten Teil der gesamten Fördergelder für das IHME bestritten. Laut dem *Institut* stammt ihre »Grundfinanzierung« von Gates; es berichtet aber auch stolz von verschiedenen anderen Sponsoren, etwa den NIH. Aus öffentlichen Unterlagen geht hervor, dass die NIH nur etwa 10 Millionen Dollar an das IHME gespendet haben; Institute for Health Metrics and Evaluation, Client Services Unit, https://web.archive.org/web/2023021 9010654/https://www.ihmeclientservices.org/.

25 Smith, *Epic Measures*.

26 Christopher J. L. Murray, Alan D. Lopez und Suwit Wibulpolprasert, »Monitoring Global Health: Time for New Solutions,« British Medical Journal 329, no. 7474 (6. November 2004), S. 1096–1100.

27 Javier C. Hernandez und Brittney L. Moraski, »Ellison Pulls Plug on $115M Gift – News«, *Harvard Crimson*, 30. Juni 2006, https://www.thecrimson.com/article/2006/6/30/ellison-pulls-plug-on-115-m/.

28 Tina Mankowski, »University of Washington Launches New Institute to Evaluate International Health Programs«, Bill & Melinda Gates Foundation, https://www.gatesfoundation.org/ideas/media-center/press-releases/2007/06/globalhealth pr070604.

29 Gibbs, »Bill Gates Views Good Data as Key to Global Health«.

30 Laut Mahajan hält der *Bill chill* einige Kritiker davon ab, die Missstände beim IHME offen anzuprangern. »Wir erhalten von der Gates Foundation Millionen Dollar für unsere Polio-Kampagne in Afghanistan und Pakistan. Wir dürfen diese Kampagne nicht gefährden. Die Arbeit des IHME öffentlich zu kritisieren könnte die Gates Foundation verstimmen«, gestand ein UNICEF-Funktionär, der anonym

bleiben wollte, gegenüber Mahajan im Lauf einer Studie ein, die sie 2019 veröffentlichte. Manjari Mahajan, »The IHME in the Shifting Landscape of Global Health Metrics«, *Global Policy* 10, Nr. S1 (28. Januar 2019), S. 110–120, https://online library.wiley.com/doi/full/10.1111/1758–5899.12605.

31 Wie die Quelle mir erzählte, habe die ehemalige Mediendirektorin der Gates Foundation Gabriella Stern nach ihrem Wechsel zur WHO, wo sie das Kommunikationsmanagement übernommen hat, eine Gates'sche Haltung an den Tag gelegt und die Arbeit des IHME ebenfalls in den höchsten Tönen gelobt.

32 Bill Gates, »The Brilliant Doctor Behind My Favorite Obscure Website«, *GatesNotes*, https://www.gatesnotes.com/Epic-Measures; »Five Insights from the Global Burden of Disease Study 2019«, Institute for Health Metrics and Evaluation, 14. Oktober 2020, https://www.healthdata.org/research-article/five-insights-global-burden-disease-study-2019.

33 »Donald Trump Warns of up to 240 000 Coronavirus Deaths in US«, *Financial Times*, 1. April 2020.

34 Sehen Sie sich zum Beispiel das Gespräch zwischen Ariel Karlinsky und Ilya Kashnitsky vom 18. Januar 2022 an. https://twitter.com/ArielKarlinsky/status/1483480 661482684422.

35 Christopher Murray, »Op-Ed: My Research Team Makes Covid-19 Death Projections. Here's Why Our Forecasts Often Change«, *Los Angeles Times*, 10. Juli 2020, https://www.latimes.com/opinion/story/2020–07–10/covid-forecast-deaths-ihme-washington. Hinweis: Dem IHME gelingt es seit jeher, sich in den Nachrichtenmedien hervorragend zu platzieren; das liegt zum Teil daran, dass es sich dank Gates' Finanzierung ein passioniertes Medienbüro einrichten konnte, das seine Arbeit promotet, was in der wissenschaftlichen Forschung ungewöhnlich ist. Zu seiner Belegschaft gehört sogar ein zweimaliger Finalist für den Pulitzer-Preis, der eine Zeitlang auch beim Center for Health Journalism der University of Southern California angestellt war; Schwab, »The Conflict over Conflicts of Interest«.

36 »IHME Global Public Goods«, OPP1152504, Grant proposal narrative to the Gates Foundation, IHME, 20. September 2015.

37 Schwab, »Playing Games with Public Health Data«; Institute for Health Metrics and Evaluation, Client Services Unit, https://web.archive.org/web/20230219010654/ https://www.ihmeclientservices.org/.

38 Zu Beginn meiner Recherchen über das IHME warnten mich Quellen, dass es als öffentliche Institution zwar dem Gesetz zur Informationsfreiheit unterliege, ich aber bei der Sichtung von Unterlagen trotzdem mit Schwierigkeiten rechnen müsse. Schließlich hatte ich Zugang zu Hunderten Dokumentenseiten, aber der Weg zur Freigabe der Unterlagen war übersät mit Unstimmigkeiten. Einmal bat ich um ein Exemplar einer externen Evaluation des IHME, von der ich wusste, dass sie existierte – und von der mir Quellen erzählten, dass sie nicht gerade schmeichelhaft war. Selbst nachdem ich das Dokument detailliert beschrieben hatte, beharrte die University of Washington darauf, dass es dieses Dokument nicht gebe – das heißt, sie konnte keine Spur ihrer Existenz entdecken. Nachdem ich über eine andere Quelle ein Exemplar der Evaluation aufgetrieben hatte und es der Universität

präsentierte, fand diese plötzlich ihr eigenes internes Exemplar wieder. Die aus dem Jahr 2012 stammende Evaluation bestätigte weitgehend über Jahre geäußerte Kritiken. So hieß es, es sei »nicht nachvollziehbar, wann und wem [das IHME] Verfahren, Datenquellen, Autorenschaft mitteilt, und dies wird als nicht transparent empfunden«, und »die umfassenden Ressourcen des IHME in Relation zu anderen Institutionen haben in diesem Bereich eine ungesunde Schieflage erzeugt«. Die Gutachter forderten die Gates Foundation als Hauptsponsor des IHME auf, seine Verantwortlichkeit und Transparenz zu verbessern.

39 Schwab, »Playing Games with Public Health Data«.

40 »Goalkeepers«, Supplemental Narrative to Grant proposal narrative to the Gates Foundation, OPP1152504, IHME, 29. März 2018.

41 »Tamer H. Farag«, LinkedIn, https://www.linkedin.com/in/tamer-h-farag-2a59 6531; »IHME Global Public Goods«.

42 American Association of University Professors, Recommended Principles to Guide Academy-Industry Relationships (Washington, DC: American Association of University Professors, 2014).

43 Erica L. Green und Stephanie Saul, »What Charles Koch and Other Donors to George Mason University Got for Their Money,« New York Times, 5. Mai 2018, https://www.nytimes.com/2018/05/05/us/koch-donors-george-mason.html; Ed Pilkington, »Koch Brothers Sought Say in Academic Hiring in Return for University Donation,« Guardian, 12. September 2014, https://www.theguardian.com/ world/2014/sep/12/koch-brothers-sought-say-academic-hiring-university-dona tion.

44 Sarah Larimer, »George Mason University Foundation Is Not Subject to Public Records Laws, Judge Rules«, Washington Post, 27. Oktober 2021, https://www.wa shingtonpost.com/news/grade-point/wp/2018/07/06/george-mason-university-foundation-is-not-a-public-body-judge-rules-in-records-case/.

45 »William H. Gates Public Service Law Program«, UW School of Law, 13. Juli 2022, https://www.law.uw.edu/careers/gates/; »About the Program«, Mary Gates Scholarships, https://www.uwb.edu/financial-aid/scholarships/merit-scholar ships/upcoming-opps/mary-gates-scholarships; »Mary Gates Hall«, Undergraduate Academic Affairs (Blog), https://www.washington.edu/uaa/about/mary-gates-hall/.

46 »About the Gates Family«, Give to the UW (Blog), https://www.washington.edu/ giving/recognition/gates-volunteer-service-award/about-the-gates-family/.

47 Schwab, »Playing Games with Public Health Data«.

48 Schwab, »Playing Games with Public Health Data«.

49 »›Activist Editor‹ Richard Horton of The Lancet Receives $100 000 Roux Prize for Lifetime Achievement in Population Health«, Institute for Health Metrics and Evaluation, 22. April 2019, https://www.healthdata.org/news-release/%E2%80%98 activist-editor%E2%80%99-richard-horton-lancet-receives-100000-roux-prize-lifetime-achievement.

13 LANDWIRTSCHAFT

1 Bayer kaufte Monsanto 2018, womit der Name »Monsanto« Geschichte war. Um Verwirrung zu vermeiden und weil ich über Gates' Arbeit mit Monsanto Recherchen durchführte, bevor sich der Name änderte, spreche ich in diesem Kapitel durchgängig von »Monsanto«. Jeff Daniels, »Germany's Bayer Closes $63 Billion Monsanto Takeover, Plans to Drop US Company's Name«, CNBC, 7. Juni 2018, https://www.cnbc.com/2018/06/07/germanys-bayer-closes-monsanto-deal-plans-to-drop-us-companys-name.html..

2 William Neuman, »Rapid Rise in Seed Prices Draws U. S. Scrutiny«, *New York Times*, 12. März 2010, https://www.nytimes.com/2010/03/12/business/12seed. html; Bart Elmore, »It Could Soon Be Harder to Find Produce Untouched by Chemicals«, *Washington Post*, 8. Juni 2021, https://www.washingtonpost.com/outlook/2021/06/09/it-could-soon-be-harder-find-produce-untouched-by-chemicals/.

3 Bill Chappell, »Bayer to Pay More than $10 Billion to Resolve Cancer Lawsuits over Weedkiller Roundup«, NPR, 24. Juni 2020, https://www.npr.org/2020/06/24/882949098/bayer-to-pay-more-than-10-billion-to-resolve-roundup-cancer-law suits. Hinweis: Der Begriff »GMO (gentechnisch modifizierter Organismus)« ist etwas zu eng gefasst, aber ich verwende ihn hier, weil er im öffentlichen Diskurs gebräuchlich ist. Zu GMOs gehören ganz verschiedene im Labor erzeugte Modifikationen wie etwa Transgenese, bei der ein Gen oder ein Genkonstrukt aus einem Organismus in einen anderen übertragen wird.

4 Danica Jefferies, »A Potentially Cancer-Causing Chemical Is Sprayed on Much of America's Farmland. Here Is Where It Is Used the Most«, NBC News, 28. Oktober 2022, https://www.nbcnews.com/data-graphics/toxic-herbicides-map-showing-high-use-state-rcna50052.

5 Monsanto v. U. S. Farmers, Center for Food Safety, 2005, https://www.centerfor foodsafety.org/files/cfsmonsantovsfarmerreport11305.pdf.

6 Donald L. Barlett and James B. Steele, »Monsanto's Harvest of Fear«, *Vanity Fair*, 2. April 2008, https://www.vanityfair.com/news/2008/05/monsanto200805.

7 University of California, San Francisco, Industry Documents Library, https://www. industrydocuments.ucsf.edu/results/#q=Monsanto&col=%5B%22bvhp%22%2C %22benzene%22%2C%22marketpr%22%2C%22nytepa%22%2C%22pfas%22%2 C%22roundup%22%2C%22usrtk%22%2C%22sanjour%22%5D&h=%7B%22hide Duplicates%22%3Atrue%2C%22hideFolders%22%3Atrue%7D&cache=true& count=1615.

8 Laura Krantz, »Harvard Professor Failed to Disclose Connection«, *Boston Globe*, 1. Oktober 2015, https://www.bostonglobe.com/metro/2015/10/01/harvard-profes sor-failed-disclose-monsanto-connection-paper-touting-gmos/lLJipJQmI5WS 6RAgQbnrN/story.html.

9 »Gates Foundation, Calestous Juma Bet on Huge Progress in African Agriculture«, Belfer Center for Science and International Affairs, 22. Januar 2015, https://www. belfercenter.org/publication/gates-foundation-calestous-juma-bet-huge-progress-

african-agriculture; »Calestous Juma Fellowship«, https://gcgh.grandchallenges. org/challenge/calestous-juma-science-leadership-fellowship.

10 Calestous Juma, Public Comment to FDA, Docket No. FDA-2015-N-3403, 18. November 2015, https://www.regulations.gov/comment/FDA-2015-N-3403–0607.

11 »Altruism or PR? How Monsanto Plans to Snag a Foothold in African Seed Markets«, St. Louis Public Radio, 14. Dezember 2016 , https://news.stlpublicradio.org/ health-science-environment/2016–12–14/altruism-or-pr-how-monsanto-plans-to-snag-a-foothold-in-african-seed-markets.

12 Melissa Allison, »On Voters' Plates: Genetically Engineered Crops«, *Seattle Times*, 10. August 2013, https://special.seattletimes.com/o/html/businesstechnology/2021 586574gmooverviewxml.html.

13 Bill Gates, ein Interview von Nilay Patel, The Verge, 22. Januar 2015, 4:30, https:// www.youtube.com/watch?v=8RETFyDKcw0.

14 Der ganz überwiegende Teil der Stiftungsgelder, die nominell in erster Linie der »landwirtschaftlichen Entwicklung« dienen sollen, ging an Organisationen, die nicht in Afrika ansässig sind, obwohl die meisten Spenden auf afrikanische Landwirtschaft gerichtet zu sein scheinen. So spendete Gates an Harvard, »damit die afrikanische Agrikultur die Vorzüge von Wissenschaft und Technik besser nutzen kann«, und an das World Resources Institute »zur Entwicklung einer Online-Bildungsressource zu Eigentumsrechten an Land und Bodenschätzen in Afrika«.

15 Der afrikanische Kontinent besteht aus einer heterogenen, vielfältigen Gruppe von Nationen und darf nicht als Einheit betrachtet werden – so wie wir auch nicht Kanada und Mexiko eine monolithische »nordamerikanische« Identität zuschreiben würden. Die Gates Foundation benutzt in ihrer Arbeit jedoch häufig den Oberbegriff »Afrika« (womit ein großer Teil des Kontinents gemeint ist), und darum übernehme ich diese Ausdrucksweise hier ab und zu.

16 Winnie Nanteza, »WEMA Achieves Major Milestone in African Agriculture«, Alliance for Science, 29. Mai 2018, https://allianceforscience.org/blog/2018/05/ wema-achieves-major-milestone-african-agriculture/. Hinweis: Gates hat auch Branchenveteranen wie die Monsanto-Zöglinge Rob Horsch und Enock Chikava auf leitenden Positionen in die landwirtschaftlichen Aktivitäten der Stiftung eingebunden. Siehe Horschs und Chikavas LinkedIn Profile https://www. linkedin.com/in/rob-horsch/ und https://www.linkedin.com/in/enock-chikava-4881b7b1/.

17 Bill Gates, »Growing Enough Food to Feed the World«, *GatesNotes*, 19. Januar 2012, https://www.gatesnotes.com/Growing-Enough-Food-to-Feed-the-World.

18 Der Branchenverband ISAAA liefert die Statistik zur GMO-Nutzung. Aus der jüngsten öffentlich verfügbaren Statistik des ISAAA von 2019 geht hervor, dass derzeit nur etwa 30 Länder (von weltweit über 200) GMOs anbauen. In vielen Ländern entspricht dies nur einer äußerst kleinen Anbaufläche für die Erzeugung von Non-Food-GMOs – zum Beispiel kaum mehr als einem Hektar für den Anbau von Baumwolle in Swasiland und Äthiopien. 90 Prozent der weltweit angebauten GMOs kommen aus nur fünf Ländern: Argentinien, Brasilien, Kanada, Indien und den Vereinigten Staaten. Fast alles davon ist Soja, Mais, Raps und Baumwolle.

(Indien baut an GMO-Erzeugnissen nur Baumwolle an.) »Brief 55, Executive Summary, Global Status of Commercialized Biotech/GM Crops in 2019«, ISAAA, 2019, 4, https://www.isaaa.org/resources/publications/briefs/55/executivesummary/pdf/B55-ExecSum-English.pdf.

19 »AGRA Is Supporting the Government of Ethiopia in Designing Approaches to Attract Investments to Boost Wheat, Rice, Edible Oilseed, and Animal Feed Value Chains«, AGRA, https://agra.org/news/agra-is-supporting-the-government-of-ethiopia-in-designing-approaches-to-attract-investments-to-boost-wheat-rice-edible-oilseed-and-animal-feed-value-chains/.

20 »Trust, Collaboration and Collective Learning: Synergos Experience in Namibia and Ethiopia«, Synergos, 2016, S. 6, https://www.syngs.info/files/trust-collaboration-collective-learning-in-namibia-and-ethiopia-synergos.pdf.

21 »Origin & History«, Ethiopian Agricultural Transformation Agency, https://www.ata.gov.et/about-ata/origin-history-2/; »Khalid Bomba«, LinkedIn, https://www.linkedin.com/in/khalid-bomba-2a01352a/?originalSubdomain=it.

22 »Foundation Appoints Ethiopia Representative«, Bill & Melinda Gates Foundation, https://www.gatesfoundation.org/ideas/media-center/press-releases/2012/02/foundation-appoints-ethiopia-representative.

23 Auf LinkedIn findet man mehrere Personen, die sowohl für Gates als auch für die ATA gearbeitet haben. Siehe zum Beispiel die LinkedIn Profile von Ross Lescano Lipstein (https://www.linkedin.com/in/ross-lescano-lipstein-a3a32015/) und Abeneazer Adam (https://www.linkedin.com/in/abeneazer-adam-419859a5/?).

24 Joeva Rock und Alex Park, *Mapping Financial Flows of Industrial* Agriculture *in Africa* (San Francisco: Thousand Currents, 2019).

25 Rachel Percy, Ethel Sibanda, Daniel Ticehurst und Gareth Davies, *Mid-Term Evaluation of AGRA's 2017–2021 Strategy Implementation*, ITAD, 27. Januar 2020, S. 115–136, https://usrtk.org/wp-content/uploads/2021/02/AGRA-MTE-report-final-27.01.20.pdf.

26 »Policy and Advocacy«, AGRA, https://agra.org/policy-and-advocacy/.

27 Million Belay und Bridget Mugambe, »Bill Gates Should Stop Telling Africans What Kind of Agriculture Africans Need«, *Scientific American*, 6. Juli 2021, https://www.scientificamerican.com/article/bill-gates-should-stop-telling-africans-what-kind-of-agriculture-africans-need1/.

28 »Call to End Support for Green Revolution Programs in Africa«, Oakland Institute, 8. September 2021, https://www.oaklandinstitute.org/call-end-support-green-revolution-programs-africa. Hinweis: AGRAs Zielländer haben sich im Lauf der Zeit geändert. Im September 2022 berichtete AGRA über Aktivitäten in Burkina Faso, Äthiopien, Ghana, Kenia, Malawi, Mali, Mosambik, Nigeria, Ruanda, Tansania und Uganda. 2014 berichtete AGRA außerdem über ihre Arbeit in Liberia, Niger, Senegal, Sierra Leone, Südsudan und Sambia – insgesamt 17 verschiedene Staaten. »Focus Countries«, AGRA, https://agra.org/focus-countries/; AGRA, *Progress Report, 2007–2014*, 2015, S. 4, https://agra.org/wp-content/uploads/2021/05/agra-progress-report-2007–2014.pdf.

29 »Call to Revoke AGRA's Agnes Kalibata as Special Envoy to 2021 UN Food Systems

Summit«, 10. Feburar 2020, https://www.oaklandinstitute.org/sites/oaklandinstitute.org/files/letter_antonio_guterresenglish.pdf.

30 »Press Release: African Faith Communities Tell Gates Foundation, ›Big Farming Is No Solution for Africa‹«, Southern African Faith Communities' Institute, 4. August 2021, https://safcei.org/press-release-african-faith-communities-tell-gates-foundation-big-farming-is-no-solution-for-africa/.

31 Nina Shapiro, »Gates-Funded ›Green Revolution‹ in Africa Has Failed, Critics Say«, Seattle Times, 8. September 2022, https://www.seattletimes.com/seattle-news/gates-funded-green-revolution-in-africa-has-failed-critics-say.. Hinweis: In der Seattle Times schien die Stiftung eine 200-Millionen-Dollar-Spende anzukündigen, aber in der Förderdatenbank tauchte die Summe nie auf. Es ist gut möglich, dass Gates, wie bei vielen Projekten, mehr Geld in AGRA gesteckt hat, als dokumentiert ist, und über Vertreter, Drittparteien oder ungenannte Verträge Fördergelder ausgezahlt hat.

32 Um Mayets Argumentation zu ergänzen: In Proceedings of the National Academy of Sciences erschien ein Kommentar von Prabhu Pingali, Mitarbeiter der Gates Foundation, über Gates' landwirtschaftliche Arbeit. Darin hieß es: »Alle vorgeschlagenen Gutachter sind Zuwendungsempfänger der Gates Foundation. Es ist schwierig, andere zu finden.« Prabhu L. Pingali, »Green Revolution: Impacts, Limits, and the Path Ahead«, Proceedings of the National Academy of Sciences 109, Nr. 31 (31. Juli 2012), S. 12302–8, https://doi.org/10.1073/pnas.0912953109.

33 »Our Partners«, AGRA, https://agra.org/our-partners/; »Microsoft Reaffirms Its Commitment to the Alliance for a Green Revolution in Africa to Support Digital Transformation in Agriculture«, New Center Middle East & Africa, Microsoft, 22. September 2020, https://news.microsoft.com/en-xm/2020/09/22/microsoft-reaffirms-its-commitment-to-the-alliance-for-a-green-revolution-in-africa-to-support-digital-transformation-in-agriculture/.

34 »Our Partners – Civil Society and Farmer Organization Partners«, AGRA, https://agra.org/our-partners/.

35 »African Farmer and World Agricultural Leader Announced as President of the Alliance for a Green Revolution in Africa (AGRA)«, Alliance for a Green Revolution in Africa, 22. November 2007, https://web.archive.org/web/20071122234420/http://www.agra-alliance.org/news/pr111407.html; »Gates, Rockefeller Foundation Turn to Feeding Africa«, Talk of the Nation, NPR, 13. September 2006, https://www.npr.org/templates/story/story.php?storyId=6068582.

36 Analyse der Steuererklärungen von AGRA und der Förderunterlagen der Gates Foundation.

37 AGRA, Board of Directors, Board and Staff, 20. Januar 2014, https://web.archive.org/web/20140120075220/http://www.agra.org/who-we-are/board--staff/board-of-directors.

38 »Our People«, AGRA, https://agra.org/our-people.. Hinweis: AGRA ist als gemeinnützige Organisation in den Vereinigten Staaten amtlich eingetragen und muss dort bei der Bundessteuerbehörde jedes Jahr eine Steuererklärung abgeben. Zudem hat sie zigtausend Dollar für Lobbyarbeit beim Kongress ausgegeben und da-

bei mit der Anwaltskanzlei K&L Gates zusammengearbeitet, die nach Bill Gates' Vater benannt ist. Alliance for a Green Revolution in Africa, LD-2 Disclosure Form, Quarter 4, 2009, Lobbyist K&L Gates LLP, https://lda.senate.gov/filings/public/filing/007a9908–797c-4c95–83c7–891a2f422d54/print/.

39 Bill & Melinda Gates Foundation, Board Service Policy and Guidelines, https://docs.gatesfoundation.org/documents/board-service-policy.docx.

40 AGRA Institutional Evaluation, Final Report, DAI, 15. Februar 2016, xi, xiii, https://agra.org/wp-content/uploads/2021/05/AGRA-Institutional-Evaluation-2016_2.pdf. Hinweis: In der Evaluation war auch die Rede von »Ermüdung im Personal wegen zu häufiger von der Leitung verordneter Strategiewechsel« – was auch die Belegschaft und Zuwendungsempfänger der Gates Foundation häufig beklagen. Das spricht ebenfalls dafür, dass die AGRA ein Gates-Ableger ist.

41 Percy et al., *Mid-term Evaluation of AGRA's 2017–2021 Strategy Implementation*.

42 »Bill & Melinda Gates, Rockefeller Foundations Form Alliance to Help Spur ›Green Revolution‹ in Africa«, Bill & Melinda Gates Foundation, https://www.gatesfoundation.org/ideas/media-center/press-releases/2006/09/foundations-form-alliance-to-help-spur-green-revolution-in-africa.

43 Daniel Zwerdling, »›Green Revolution‹ Trapping India's Farmers in Debt«, *Morning Edition*, NPR, 14. April 2009, https://www.npr.org/2009/04/14/102944731/green-revolution-trapping-indias-farmers-in-debt; Salimah Shivji, »Burdened by Debt and Unable to Eke out a Living, Many Farmers in India Turn to Suicide«, CBC News, 30. März 2021, https://www.cbc.ca/news/world/india-farmers-suicide-1.5968086.

44 Goodell, »Bill Gates: The Rolling Stone Interview«.

45 Mark Dowie, *American Foundations: An Investigative History* (Cambridge, MA: MIT Press, 2001), S. 105.

46 Dowie, *American Foundations*, S. 117.

47 »Bill & Melinda Gates, Rockefeller Foundations Form Alliance to Help Spur ›Green Revolution‹ in Africa«. Hinweis: AGRA gibt sich öffentlich zwar alle Mühe, sich von GMOs zu distanzieren, unterhält aber ausdrücklich Partnerschaften mit den Unternehmen, die GMOs verkaufen. Quellen, mit denen ich gesprochen habe, sehen es so, dass AGRA mit ihrer Arbeit – durch Förderung der industrialisierten Landwirtschaft – das Umfeld für die letztliche Einführung von GMOs schafft.

48 AGRA, *Progress Report*, 2007–2014; AGRA, *AGRA in 2008: Building on the New Momentum in African Agriculture*, 2009, S. 7, https://agra.org/wp-content/uploads/2021/05/agra-annual-report-2008.pdf.

49 Percy et al., *Mid-term Evaluation of AGRA's 2017–2021 Strategy Implementation*. Hinweis: Die Steuergelder genau zu beziffern ist schwierig, weil AGRA sämtliche Presseanfragen abgelehnt hat. Eine persönliche Korrespondenz mit europäischen Entwicklungsbehörden erbrachte, dass deutsche Steuerzahler 25 Millionen Euro beigesteuert haben. Großbritannien (IFAD) berichtete von 9 Millionen Dollar an Fördergeldern für Projekte in Partnerschaft mit AGRA, während UKAID nicht auf Presseanfragen reagierte. Die Niederlande gaben 15,2 Millionen Euro an Fördergeldern für AGRA an. Schweden (SIDA) berichtete von 6,5 Millionen Dollar an

das »African Agribusiness Window des African Enterprise Challenge Fund (AECF) im Jahr 2012, als der Fonds von AGRA betreut wurde«. Luxemburg gab Spenden in Höhe von 1 303 110 Dollar an, Kanada (IDRC) 7,4 Millionen Kanadische Dollar, Norwegen (NORAD) 300 000 Dollar. Die übrigen von mir kontaktierten Organisationen reagierten nicht sofort auf meine Anfragen.

50 Timothy A. Wise, »Failing Africa's Farmers: An Impact Assessment of the Alliance for a Green Revolution in Africa«, Global Development and Environment Institute, Tufts University, Working Paper No. 20–01, Juli 2020, https://sites.tufts.edu/gdae/files/2020/07/20–01WiseFailureToYield.pdf.

51 Percy et al., *Mid-term Evaluation of AGRA's 2017–2021 Strategy Implementation.* Hinweis: AGRA bezeichnet sich selbst faktisch als ein Beratungsunternehmen à la McKinsey: »AGRA hat bewusst die größte Anzahl an Agrartechnikexperten des Kontinents angeworben; es handelt sich um Fachleute für Bereiche, die die gesamte Wertschöpfungskette abdecken – von der Entwicklung und Auslieferung von Saaten, Düngemitteln und optimalen agronomischen Vorgehensweisen bis zur Herstellung von Kontakten zwischen Bauern und Märkten.« »Our People« und »Experts«, AGRA, https://agra.org/our-people/.

52 Wise, »Failing Africa's Farmers«.

53 Rosa Luxemburg Foundation, *False Promises: The Alliance for a Green Revolution in Africa*, Juli 2020, https://www.rosalux.de/fileadmin/rlsuploads/pdfs/Studien/False PromisesAGRAen.pdf.

54 Die von der Rockefeller Foundation veröffentlichte Geschichte der AGRA besagt, dass Rockefeller und Gates die Organisation gründeten und afrikanische Führungskräfte erst später hinzugezogen wurden: »Nach einem Treffen der Präsidenten und Vizepräsidenten der beiden Stiftungen wurde beschlossen, eine umfassendere Partnerschaft für die landwirtschaftliche Entwicklung in Afrika einzugehen. Diese soll auf der derzeitigen finanziellen Unterstützung für Saatgut, Böden und Märkte durch die Rockefeller Foundation aufbauen, ihre Arbeit auf landwirtschaftliche Beratung, Wasserressourcen, politische Maßnahmen und andere als notwendig erachtete Interventionen ausdehnen sowie ergänzende finanzielle Beteiligungen nationaler und internationaler Quellen anwerben. AGRA wurde 2006 gegründet, um dieses umfassende Förderprogramm aus Afrika zu verwirklichen. In dieser Start-up-Phase fungierten vier Program Officers der Rockefeller Foundation als Corporate Officers der AGRA, während eine permanente und überwiegend afrikanische Belegschaft zusammengestellt wurde.«

55 »Revisiting the Gates Foundation's program to feed Africa«, Al Jazeera, *The Take*, 11. März 2022, 2:00, https://www.aljazeera.com/podcasts/2022/3/11/revisiting-the-gates-foundations-program-to-feed-africa.

56 »Public Disclosure and Availability of Exempt Organizations Returns and Applications: Public Disclosure Requirements in General«, Internal Revenue Service, https://www.irs.gov/charities-non-profits/public-disclosure-and-availability-of-exempt-organizations-returns-and-applications-public-disclosure-requirements-in-general.

57 Hailemariam Dessalegn, »A Food-Secure Africa Needs Contribution from All«,

African Arguments (Blog), 4. Oktober 2021, https://africanarguments.org/2021/10/a-food-secure-africa-needs-contribution-from-all/.

58 »USAID and Congress: Stop Funding Industrial Agriculture in Africa«, Community Alliance for Global Justice, 30. August 2022, https://cagj.org/2022/08/14064/; Ilhan Omar, Tom Malinowski und Sara Jacobs, Letter to Representatives Hal Rogers and Barbara Lee, 27. April 2022, https://www.iatp.org/sites/default/files/2022-05/Quill%20-%20Letter%20%23L3613%20-%20AGRA%20appropriations%20letter%20-%20Version%20%231%20-%2004-26-2022%20%40%2011-20%20AM.pdf.

59 »Entwicklungsministerin Schulze stellt Gates-Projekt infrage«, *Der Spiegel*, 25. Februar 2022, https://www.spiegel.de/wirtschaft/afrika-svenja-schulze-stellt-agrarprojekt-der-gates-stiftung-infrage-a-2042de13-6006-4339-907e-dc84ec321b24.

60 Randall Blair et al., »Partnership for Inclusive Agricultural Transformation in Africa, Final Evaluation«, *Mathematica Policy Research Reports*, 8. Dezember 2021, https://ideas.repec.org/p/mpr/mprres/a9b7d53d020844b0bd006dd372d4de14.html.

61 Timothy Wise, »Donors Must Rethink Africa's Flagging Green Revolution, New Evaluation Shows (Commentary)«, *Mongabay Environmental News*, 22. März 2022, https://news.mongabay.com/2022/03/donors-must-rethink-africas-flagging-green-revolution-new-evaluation-shows-commentary/.

62 Eric O'Keefe, »Farmer Bill«, Land Report 100, *Land Report*, 11. Januar 2021, https://landreport.com/2021/01/farmer-bill/.

63 Christopher Burbach, »Bill Gates' 20000 Acres in Nebraska Help Make Him the Top Farmland Owner in the U.S.«, *Lincoln Journal Star*, 25. Januar 2021, https://journalstar.com/agriculture/bill-gates-20-000-acres-in-nebraska-help-make-him-the-top-farmland-owner-in/article_ce5560f6-f14b-5a5a-86ae-f3fba47cf1f4.html.

64 Stefano Menegat, Alicia Ledo und Reyes Tirado, »Greenhouse Gas Emissions from Global Production and Use of Nitrogen Synthetic Fertilisers in Agriculture«, *Scientific Reports* 12, Nr. 1 (25. August 2022), S. 14490, https://doi.org/10.1038/s41598-022-18773-w.

65 Anne Maina, »Bold Action for Resilient Food Systems? End the Failing Green Revolution«, *Nation* (Blog), 27. August 2022, https://nation.africa/kenya/blogs-opinion/blogs/bold-action-for-resilient-food-systems-end-the-failing-green-revolution-3928148.

66 »About«, Rodale Institute, https://rodaleinstitute.org/about/.

67 »Agroecology Undergraduate Programs«, North Carolina State University, https://agroecology.wordpress.ncsu.edu; »Agroecology«, University of Wisconsin, https://agroecology.wisc.edu/.

68 *Agriculture at a Crossroads – Global Report*, International Assessment of Agricultural Knowledge, Science and Technology for Development, 2009, S. 8, https://wedocs.unep.org/20.500.11822/8590.

69 *Agroecological and Other Innovative Approaches for Sustainable Agriculture and Food Systems that Enhance Food Security and Nutrition*, High-Level Panel of Ex-

perts on Food Security and Nutrition of the Committee on World Food Security, Rom, 2019, S. 17–18, https://www.fao.org/3/ca5602en/ca5602en.pdf.

70 Torie Bosch, »Leading Environmental Activist's Blunt Confession: I Was Completely Wrong to Oppose GMOs«, *Slate*, 3. Januar 2013, https://slate.com/technology/2013/01/mark-lynas-environmentalist-who-opposed-gmos-admits-he-was-wrong.html.

71 Michael Specter, »An Environmentalist's Conversion«, *New Yorker*, 7. Januar 2013, https://www.newyorker.com/news/daily-comment/an-environmentalists-conversion; Bosch, »Leading Environmental Activist's Blunt Confession«.

72 Hinweis: Aus Web-Archiven der Webseite der Oxford Farming Conference geht hervor, dass Ende 2012 und Anfang 2013 Unternehmen wie Bayer und Yara die Tagung sponserten. https://web.archive.org/web/20120925023716/http://www.ofc.org.uk/patrons and https://web.archive.org/web/20130122033732/http://www.ofc.org.uk/patrons.

73 John Vidal und Hanna Gersmann, »Biotech Group Bids to Recruit High-Profile GM ›Ambassadors‹«, *Guardian*, 20. Oktober 2011, https://www.theguardian.com/environment/2011/oct/20/europabio-gm-ambassadors-europe.

74 »Draft Letter from EuropaBio to Potential GM Ambassadors«, *Guardian*, 20. Oktober 2011, https://www.theguardian.com/environment/interactive/2011/oct/20/gm-food.

75 Will Storr, »Mark Lynas: Truth, Treachery and GM Food«, *Observer*, 9. März 2013, https://www.theguardian.com/environment/2013/mar/09/mark-lynas-truth-treachery-gm.

76 Robert Fraley, »Why Science Denialism Is Costing Us a Fortune«, *Forbes*, 18. Februar 2016, https://www.forbes.com/sites/gmoanswers/2016/02/18/why-science-denialism-costing-fortune/.

77 Rogers, »Bill Gates, Time Traveler«. Hinweis: 2021 wechselte die Cornell Alliance for Science von der Cornell University zum Boyce Thompson Institute über, wo sie heute unter der Bezeichnung Alliance for Science firmiert; AJ Bouchie, »Sarah Evanega Joins BTI Faculty«, Boyce Thompson Institute News, 3. August 2021, https://btiscience.org/explore-bti/news/post/sarah-evanega-joins-bti-faculty/.

78 Angelika Hilbeck et al., »No Scientific Consensus on GMO Safety«, *Environmental Sciences Europe* 27, Nr. 4 (2015), https://enveurope.springeropen.com/articles/10.1186/s12302-014-0034-1. Hinweis: Laut einer 2015 durchgeführten Erhebung unter Mitgliedern der American Association for the Advancement of Science glauben 88 Prozent der Befragten, dass GMOs sicher seien, während 11 Prozent glauben, sie seien unsicher. Diese Umfrage spiegelt nicht die internationale wissenschaftliche Meinung wider, sondern die amerikanische. Zudem wurden keine Wissenschaftler befragt, die sich durch GMO-spezifische Kenntnisse, Ausbildung oder Expertise auszeichnen. Daher legen die Ergebnisse nicht die Existenz eines internationalen wissenschaftlichen Konsenses nahe, wie es ihn etwa über den Klimawandel gibt. Dennoch verweisen Befürworter von GMOs auf diese Umfrage und andere begrenzte Belege, um zu behaupten, es bestehe ein weltweiter wissenschaftlicher Konsens. Cary Funk, »5 Key Findings on What Americans and Scientists

Think About Science«, *Pew Research Center* (Blog), 29. Januar 2015, https://www.pewresearch.org/fact-tank/2015/01/29/5-key-findings-science/.

79 Joan Conrow, »Alliance for Science Expands Mission with $10 Million Reinvestment«, Alliance for Science, https://allianceforscience.org/blog/2020/09/alliance-for-science-expands-mission-with-10-million-reinvestment/.

80 Eine der ersten Initiativen der Cornell Alliance for Science war die Einstellung von Journalisten, die für Berichte über Projekte 25 000 Dollar erhielten. »Cornell Alliance for Science launches Global Ag Journalism Fellowship«, Cornell Alliance for Science, 10. Juni 2015, https://web.archive.org/web/20150613005130/http://allianceforscience.cornell.edu/SJFellowship..

81 Belay und Mugambe, »Bill Gates Should Stop Telling Africans What Kind of Agriculture Africans Need«.

82 Ayenat Mersie, »Gates Foundation Pledges $7 Billion for Africa as Ukraine War Diverts Donor Cash«, Reuters, 18. November 2022, https://www.reuters.com/world/africa/gates-foundation-pledges-7-billion-africa-ukraine-war-diverts-donor-cash-2022-11-17/; Mercy Kahenda, »There Is Nothing Harmful About GMO – Bill Gates«, *Standard*, 18. November 2022, https://www.standardmedia.co.ke/health/health-science/article/2001461011/there-is-nothing-harmful-about-gmo-bill-gates.

83 »What Are GMOS?«, National Wheat Foundation, https://wheatfoundation.org/wheat-resources/gmos/.

84 »Monsanto Failure«, *New Scientist*, 7. Februar 2004, https://www.newscientist.com/article/mg18124330-700-monsanto-failure/.

85 Bill Gates, »Building Better Bananas«, *GatesNotes*, https://www.gatesnotes.com/Building-Better-Bananas.

86 Christopher Bendana, »Boosting Banana Nutrition for Ugandans«, Nature, 14. März 2022, https://www.nature.com/articles/d41586-022-00749-5.

87 »Nutritious Rice and Cassava Aim to Help Millions Fight Malnutrition«, Bill & Melinda Gates Foundation, https://www.gatesfoundation.org/ideas/media-center/press-releases/2011/04/nutritious-rice-and-cassava-aim-to-help-millions-fight-malnutrition; Luis Ventura, »Four Ways that GMOs Can Save Lives«, Alliance for Science, 28. April 2022, https://allianceforscience.org/blog/2022/04/four-ways-that-gmos-can-save-lives/.

88 Peter Rüegg, »For the First Time, Farmers in the Philippines Cultivated Golden Rice on a Larger Scale and Harvested Almost 70 Tons«, Phys.org, 28. November 2022, https://phys.org/news/2022-11-farmers-philippines-cultivated-golden-rice.html; Talia Ogliore, »No Clear Path for Golden Rice to Reach Consumers«, *The Source*, Washington University, 7. Februar, 2020, https://source.wustl.edu/2020/02/no-clear-path-for-golden-rice-to-reach-consumers/; Dominic Glover und Glenn Davis Stone, »The Philippines Has Rated ›Golden Rice‹ Safe, but Farmers Might Not Plant It«, *The Conversation*, 7. Februar 2020, http: //theconversation.com/the-philippines-has-rated-golden-rice-safe-but-farmers-might-not-plant-it-129956.

89 Doug Gurian-Sherman, »Failure to Yield«, Union of Concerned Scientists, 14. April 2009, https://www.ucsusa.org/resources/failure-yield-evaluating-performance-

genetically-engineered-crops; Doug Gurian-Sherman, »High and Dry«, Union of Concerned Scientists, 5. Juni 2012, https://www.ucsusa.org/resources/high-and-dry#ucs-report-downloads.

90 »Bill Gates: GMOs Will End Starvation in Africa«, Video, *Wall Street Journal*, 22. Januar 2016, https://www.wsj.com/video/bill-gates-gmos-will-end-starvation-in-africa/3085A8D1-BB58-4CAA-9394-E567033434A4.html.

91 Thalia Beaty, »Bill Gates: Technological Innovation Would Help Solve Hunger«, AP News, 13. September 2022, https://apnews.com/article/russia-ukraine-science-technology-africa-e51baf120c03c206eceeb92f0634e87c?utm_source=Twitter&utm_campaign=SocialFlow&utm_medium=AP.

92 Bill Gates, »The Future of Progress«, Goalkeepers, https://www.gatesfoundation.org/goalkeepers/report/2022-report/. Hinweis: Wenn Gates von »magischen Saaten« spricht, meint er wohl alle neuen Saaten, die seine Stiftung entwickelt, unabhängig vom Zuchtverfahren oder davon, ob es sich um GMO- oder Hybridsaatgut handelt.

93 Wallace-Wells, »Bill Gates: »We're in a Worse Place than I Expected‹«.

94 Wallace-Wells, »Bill Gates: »We're in a Worse Place than I Expected‹«.

14 INDIEN

1 »Gates Foundation Announces $100 Million HIV/Aids Prevention Effort in India«, Bill & Melinda Gates Foundation, https://www.gatesfoundation.org/ideas/media-center/press-releases/2002/11/hivaids-prevention-effort-in-india.

2 Amy Waldman, »Gates Offers India $100 Million to Fight Aids«, *New York Times*, 12. November 2002, https://www.nytimes.com/2002/11/12/world/gates-offers-india-100-million-to-fight-aids.html.

3 Waldman, »Gates Offers India $100 Million to Fight Aids«.

4 »Philanthropist or Commercial Opportunist?«, *The Lancet*, 360, Nr. 9346 (23. November 2002), S. 1617, https://www.thelancet.com/journals/lancet/article/PIIS0140-6736(02)11593-5/fulltext.

5 Jasmine N. M. Folz, »Free and Open Source Software in India: Mobilising Technology for the National Good« (Dissertation, University of Manchester, 2019), S. 55.

6 Kinsley, *Creative Capitalism*.

7 Daisuke Wakabayashi, »Microsoft Backs Cricket to Woo Indian Employees«, Reuters, 10. September 2007, https://www.reuters.com/article/us-microsoft-cricket-idUSN3040653220070910; Brian Dudley, »From Redmond to India, High Tech's Global Families«, *Seattle Times*, 8. August 2004, https://www.seattletimes.com/business/from-redmond-to-india-high-techs-global-families.

8 »Avahan – The India Aids Initiative«, Bill & Melinda Gates Foundation, https://docs.gatesfoundation.org/documents/avahan_factsheet.pdf.

9 Manjari Mahajan, »Philanthropy and the Nation-State in Global Health: The Gates Foundation in India«, *Global Public Health* 13, Nr. 10 (Oktober 2018), S. 1357–68, https://pubmed.ncbi.nlm.nih.gov/29243555/.

10 Elizabeth Flock, »How Bill Gates Blew $258 Million in India's HIV Corridor«, *Forbes India*, 5. Juni 2009, https://www.forbesindia.com/article/cross-border/how-bill-gates-blew-$258-million-in-indias-hiv-corridor/852/1.

11 Bill & Melinda Gates Foundation, Part VIII, IRS 990 filing, 2007.

12 Mahajan, »Philanthropy and the Nation-State in Global Health«.

13 Flock, »How Bill Gates Blew $258 Million in India's HIV Corridor«.

14 Mahajan, »Philanthropy and the Nation-State in Global Health«.

15 Bill Gates, »Why Our Foundation Invests in India«, *HuffPost*, 10. Februar 2012, https://www.huffpost.com/entry/why-our-foundation-invest_b_1269014.

16 In den darauffolgenden Jahren zeigte sich, dass die Bemühungen der indischen Regierung tatsächlich mehr Wirkung zeigten als die von Gates – und das zu einem Bruchteil der Kosten. »Während Avahan auf HIV-Prävention bei den stark gefährdeten Gemeinschaften in den Bundesstaaten mit der höchsten Prävalenz abzielte, waren die Regierungsprogramme weiter gefasst und trugen einigen Berichten zufolge dazu bei, der Epidemie ihren größten Schrecken zu nehmen, schon bevor Avahan Erfolge verzeichnen konnte«, erklärt Mahajan unter Verweis auf eine Reihe von Studien. Mahajan, »Philanthropy and the Nation-State in Global Health«.

17 Flock, »How Bill Gates Blew $258 Million in India's HIV Corridor«.

18 Mahajan, »Philanthropy and the Nation-State in Global Health«.

19 2009 prahlte die Stiftung öffentlich damit, sie habe etwa 338 Millionen Dollar für Avahan aufgewendet und arbeite mit über hundert Nichtregierungsorganisationen zusammen. Wofür sie das Geld verwendet hat, bleibt jedoch unklar. »Avahan – The India Aids Initiative«, Bill & Melinda Gates Foundation.

20 »India«, Bill & Melinda Gates Foundation, https://www.gatesfoundation.org/our-work/places/india; Michael Pickles et al., »Assessment of the Population-Level Effectiveness of the Avahan HIV-Prevention Programme in South India: A Preplanned, Causal-Pathway-Based Modelling Analysis«, *Lancet Global Health* 1, Nr. 5 (1. November 2013): e289–99, https://www.thelancet.com/journals/langlo/article/PIIS2214–109X(13)70083–4/fulltext.

21 Lalit Dandona, Vemu Lakshmi, Anil Kumar und Rakhi Dandona, »Is the HIV Burden in India Being Overestimated?«, *BMC Public Health* 6 (20. Dezember 2006), S. 308, https://www.ncbi.nlm.nih.gov/pmc/articles/PMC1774574/; Donald G. McNeil Jr., »U.N. to Say It Overstated H. I. V. Cases by Millions«, *New York Times*, 20. November 2007, https://www.nytimes.com/2007/11/20/world/20aids.html.

22 »Bihar« und »Uttar Pradesh«, Bill & Melinda Gates Foundation, https://www.gatesfoundation.org/our-work/places/india/bihar and https://www.gatesfoundation.org/our-work/places/india/uttar-pradesh.

23 »Interview with Gates Foundation CEO & India Country Office Director: ›We Don't Have an Agenda – We Work with the Govt‹«, *Indian Express*, 2. September 2016, https://indianexpress.com/article/india/india-news-india/bill-and-melinda-gates-foundation-nachiket-sue-hiv-aids-avahan-nachiket-mor-3008992/.

24 So lautet das Ziel einer Zuwendung, »aus verbesserten Messsystemen und -verfahren zu lernen und ihre Resultate in der gesamten Organisation anzuwenden, was Wirkung und Einfluss jeweils vergrößern wird«. Das sagt nichts darüber aus, wo-

hin das Geld gegangen ist, ob es zum Beispiel in Indien oder sonst wo verwendet wurde. CARE besitzt zwar ein Büro in Indien, aber laut den Unterlagen gehen die Fördergelder fast alle an das Büro in Atlanta. CARE hat nicht nur Hunderte Millionen Dollar von Gates erhalten – auch zahlreiche ehemalige Angestellte von Gates arbeiten nun für die Organisation. Der leitende Geschäftsführer des CARE-Büros in Indien war vorher zehn Jahre bei der Gates Foundation tätig, wo er für den Kontakt zur Regierung von Bihar zuständig war. Und eine frühere Managerin der Gates Foundation war von 2006 bis 2015 CEO von CARE im Hauptsitz der Organisation in Atlanta.»Debarshi Bhattacharya«, CARE India, https: //www.careindia.org/our-member/debarshi-bhattacharya/; Debarshi Bhattacharya, LinkedIn, https: //www.linkedin.com/in/debarshi-bhattacharya-deb/?trk=org-employees&originalSub domain=in;»Dr. Helene Gayle to Head CARE USA«, Bill & Melinda Gates Foundation, https://www.gatesfoundation.org/ideas/media-center/press-releases/2005/12/dr-helene-gayle-to-head-care-usa.

25 Webseite, CARE Bihar, 1:20, https://bihar.care.org/.

26 Webseite, CARE Bihar, 5:30.

27 »Uttar Pradesh«, Bill & Melinda Gates Foundation.

28 In den Förderunterlagen der Stiftung wird ihr HPV-Engagement erstmals 2004 im Zusammenhang mit einer Spende an Harvard erwähnt. Zu diesem Zeitpunkt durchlief der HPV-Impfstoff Gardasil von Merck bereits im Eiltempo klinische Tests. Merck Sharp & Dohme LLC, »A Safety and Immunogenicity Study of Qua-drivalent HPV (Types 6, 11, 16, 18) L1 Virus-Like Particle (VLP) Vaccine in Pre-adolescents and Adolescents (Base Study). A Long Term Immunogenicity, Safety, and Effectiveness Study of GARDASIL (Human Papillomavirus [Types 6, 11, 16, 18] Recombinant Vaccine) Among Adolescents Who Received GARDASIL at 9–18 Years of Age (Extension Study)«, Clinical Trial Registration (clinicaltrials. gov, 22. Januar 2018), https://clinicaltrials.gov/ct2/show/NCT00092547.

29 »Bill Gates Explains the Importance of the HPV Vaccine to Women in Developing Countries«, Gavi, https://www.gavi.org/bill-gates-explains-importance-hpv-vac cine-women-developing-countries.

30 Alex Adjagba et al., »Supporting Countries in Establishing and Strengthening NITAGs: Lessons Learned from 5 Years of the SIVAC Initiative«, Vaccine 33, Nr. 5 (29. Januar 2015), S. 588–95, https://doi.org/10.1016/j.vaccine.2014.12.026; Kamel Senouci et al., »The Supporting Independent Immunization and Vaccine Advisory Committees (SIVAC) Initiative: A Country-Driven, Multi-Partner Program to Support Evidence-Based Decision Making«, Vaccine 28 (19. April 2010), S. A26–30, https://doi.org/10.1016/j.vaccine.2010.02.028.

31 Anubhuti Vishnoi, »Melinda Gates: Centre Shuts Health Mission Gate on Bill & Melinda Gates Foundation«, Economic Times, 9. Februar 2017, https://economic times.indiatimes.com/news/politics-and-nation/centre-shuts-gate-on-bill-me linda-gates-foundation/articleshow/57028697.cms?from=mdr; Ministry of Health and Family Welfare, »Press Note«, Press Information Bureau, Government of India, 8. Februar 2017, https://pib.gov.in/newsite/PrintRelease.aspx?relid=158277.

32 Ministry of Health and Family Welfare, »Press Note«.
33 Vishnoi, »Melinda Gates: Centre Shuts Health Mission Gate on Bill & Melinda Gates Foundation«. Hinweis: Als die PHFI gegründet wurde, saßen laut ihrer Webseite im Verwaltungsrat unzählige Gates-Angestellte und -Berater. 2006 zahlte Gates an die PHFI ein Startkapital von 15 Millionen Dollar, »um einen Beitrag zur Einrichtung von Institutionen der öffentlichen Gesundheit in Indien zu leisten«. Dieses Geld landete in einem Pool mit Fördermitteln der Regierung und aus der Privatwirtschaft. Danach betreute die PHFI die »Immunization Technical Support Unit« mit finanzieller Unterstützung von Gates. »About Us, Governing Board«, Public Health Foundation of India, https://web.archive.org/web/20070203004624/http://www.phfi.org/about/gboard.html; »Our Supporters«, Public Health Foundation of India, 19. Juli 2017, https://phfi.org/our-supporters/.
34 »Our Supporters«, Public Health Foundation of India.
35 Aarti Dhar, »PHFI Rejected HPV Vaccine Project Proposal«, *Hindu*, 17. Februar 2011, https://www.thehindu.com/news/national/PHFI-rejected-HPV-vaccine-project-proposal/article15448274.ece.
36 Sanjay Kumar und Declan Butler, »Calls in India for Legal Action Against US Charity«, *Nature*, 9. September 2013, https://www.nature.com/articles/nature.2013.13700.
37 Kaushik Sunder Rajan, *Pharmocracy: Value, Politics, and Knowledge in Global Biomedicine* (Durham, NC: Duke University Press, 2017), S. 478.
38 »Memorandum on Concerns Around HPV Vaccines«, Shri Ghulam Nabi Azad, Union Minister for Health and Family Welfare, Ministry of Health and Family Welfare, Sama, 1. Oktober 2009, https://samawomenshealth.in/memorandum-on-concerns-around-hpv-vaccines/.
39 Marium Salwa und Tarek Abdullah Al-Munim, »Ethical Issues Related to Human Papillomavirus Vaccination Programs: An Example from Bangladesh«, *BMC Medical Ethics* 19, Nr. 39 (2018), S. 86.
40 Rodgers, »Creating a Life-Saving PCV Vaccine for Pneumonia in India«.
41 Das von Rodgers erwähnte Expertengremium ist die National Technical Advisory Group on Immunisation (NTAGI), deren Sekretariat lange bei der benachbarten, von Gates finanzierten Immunization Technical Support Unit angesiedelt war; siehe Ministry of Health and Family Welfare, »Press Note«.
42 Ende 2022 meldeten die Nachrichtenmedien sogar, die Gates Foundation plane, einem Vorstandsmitglied der indischen National Technical Advisory Group on Immunisation, Gagandeep Kang, einen Job bei der Stiftung zu geben. Zu jener Zeit hatte Kang bereits enge institutionelle Bindungen zur Stiftung geknüpft – sie gehörte den zwölf Mitgliedern des »wissenschaftlichen Beratergremiums« der Stiftung an. »India's Ace Virologist Dr Gagandeep Kang to Join Gates Foundation as Director, Global Health«, *Financial Express*, 15. November 2022, https://www.financialexpress.com/healthcare/indias-ace-virologist-dr-gagandeep-kang-to-join-gates-foundation-as-director-global-health/2815918/; »Scientific Advisory Committee«, Bill & Melinda Gates Foundation, https://www.gatesfoundation.org/about/leadership/scientific-advisory-committee.

43 Pallava Bagla, »Indian Parliament Comes Down Hard on Cervical Cancer Trial«, *Science*, 9. September 2013. https://www.science.org/content/article/indian-parlia ment-comes-down-hard-cervical-cancer-trial.

44 Rajya Sabha Secretariat, »Alleged Irregularities in the Conduct of Studies Using Human Papilloma Virus (HPV) Vaccine by PATH in India«, Report Nr. 72, Department of Health Research, Ministry of Health and Family Welfare, Related Parliamentary Standing Committee on Health and Family Welfare, August 2013, Parliament of India, New Delhi, 164.100.47.5/newcommittee/reports/EnglishCommittees/Com mittee on Health and Family Welfare/72.pdf.

45 Schwab, »While the Poor Get Sick, Bill Gates Just Gets Richer«; Schwab, »Bill Gates Gives to the Rich (Including Himself)«.

46 Kumar und Butler, »Calls in India for Legal Action Against US Charity«; McGoey, *No Such Thing as a Free Gift*.

47 Dies beinhaltet direkte Spenden an PATH und verwandte Organisationen wie PATH Vaccine Solutions.

48 Bagla, »Indian Parliament Comes Down Hard on Cervical Cancer Trial«.

49 »HPV Vaccination in South Asia: New Progress, Old Challenges«, *Lancet Oncology* 23, Nr. 10 (1. Oktober 2022): 1233, https://pubmed.ncbi.nlm.nih.gov/36174615/; »Serum Institute of India launches the First Made-in-India qHPV Vaccine ›CER-VAVAC‹«, Serum Institute of India, 24. Januar 2023, https://www.seruminstitute. com/news_sii_cervavac_launch_240123.php.

50 Vijaita Singh und Vidya Krishnan, »Gates Foundation on Centre's Radar«, *Hindu*, 9. Februar 2016, https://www.thehindu.com/news/national/gates-foundation-on-centres-radar/article8215060.ece.

51 Nachiket Mor, LinkedIn, https://www.linkedin.com/in/nachiketmor/details/experience/; Joel Rebello, »Nachiket Mor's 2nd Tenure on RBI Board Cut Short«, *Economic Times*, 1. Oktober 2018, https://m.economictimes.com/banking/nachiket-mors-2nd-tenure-on-rbi-board-cut-short/amp_articleshow/66022164.cms.

52 »India, Nepal, and Sri Lanka«, Ford Foundation, https://www.fordfoundation.org/our-work-around-the-world/india-nepal-and-sri-lanka/.

53 Vidya Krishnan und Vijaita Singh, »PHFI Loses FCRA Licence for Lobbying«, *Hindu*, 19. April 2017, https://www.thehindu.com/news/national/phfi-loses-fcra-licence-for-lobbying/article18149292.ece.

54 »FCRA Registration of MoC, PHFI Restored: Govt to Lok Sabha«, Indian *Express*, 8. Februar 2022, https://indianexpress.com/article/india/fcra-registration-of-moc phfi-restored-govt-to-lok-sabha-7763372/.

55 Vishnoi, »Melinda Gates: Centre Shuts Health Mission Gate on Bill & Melinda Gates Foundation«.

56 »Has India's Kashmir Policy Under Modi Failed?«, *Al Jazeera*, 15. Juni 2022, https://www.aljazeera.com/news/2022/6/15/has-india-kashmir-policy-under-modi-failed.

57 Gharib, »Gates Foundation's Humanitarian Award to India's Modi Is Sparking Outrage«.

58 Sabah Hamid, »Why I Resigned from the Gates Foundation«, *New York Times*,

26. September 2019, https://www.nytimes.com/2019/09/26/opinion/modi-gates-award.html.

59 »Strategy Consultant – SDGs & International Development Specialist«, Stellen-ausschreibung, Flexing It, 19. Mai 2022, https://web.archive.org/web/20230215155 230/https://www.flexingit.com/project/an-american-private-foundation/bdd003/.

15 COVID-19

1 David D. Kirkpatrick, »In Race for a Coronavirus Vaccine, an Oxford Group Leaps Ahead«, New York Times, 27. April 2020, https://www.nytimes.com/2020/04/27/world/europe/coronavirus-vaccine-update-oxford.html.

2 Stephanie Baker, »Oxford's Covid-19 Vaccine Is the Coronavirus Front-Run-ner«, Bloomberg, 15. Juli 2020, https://www.bloomberg.com/news/features/2020–07–15/oxford-s-covid-19-vaccine-is-the-coronavirus-front-runner.

3 Kirkpatrick, »In Race for a Coronavirus Vaccine, an Oxford Group Leaps Ahead«.

4 »Investment Overview, as of December 13, 2022«, CEPI, https://100days.cepi.net/wp-content/uploads/2022/12/2022_12_13-CEPI-Investment-Overview.pdf; Katie Thomas und Megan Twohey, »How a Struggling Company Won $1.6 Billion to Make a Coronavirus Vaccine«, New York Times, 16. Juli 2020, https://www.nytimes.com/2020/07/16/health/coronavirus-vaccine-novavax.html.

5 Die Gates Foundation sitzt im Governing Board, im Scientific Advisory Panel, im Portfolio Strategy Board sowie im Management Board – alle vier besitzen laut einer E-Mail der CEPI von 2022 Entscheidungsgewalt über ihr »Portfoliomanage-ment«.

6 Twohey und Kulish, »Bill Gates, the Virus and the Quest to Vaccinate the World«.

7 Twohey und Kulish, »Bill Gates, the Virus and the Quest to Vaccinate the World«.

8 Richard Horton, »Offline: Bill Gates and the Fate of WHO«, The Lancet, 14. Mai 2022, https://www.thelancet.com/journals/lancet/article/PIIS0140–6736(22)008 74–1/fulltext?dgcid=raven_jbs_etoc_email.

9 »Bill Gates Predicted Pandemic. Hear His Advice Now«, CNN, 26. Juni 2020; https://edition.cnn.com/videos/health/2020/06/26/bill-gates-virus-prediction-advice-town-hall-vpx.cnn; Joseph Guzman, »Bill Gates, Who Predicted the Pandemic, Names the Next Two Monster Disasters that Could Shake Our World«, The Hill (Blog), 11. Februar 2021, https://thehill.com/changing-america/well-being/538426-bill-gates-who-predicted-the-pandemic-names-the-next-two-monster/.

10 Jennifer Calfas, »Bill Gates to Help Fund Coronavirus-Vaccine Development«, Wall Street Journal, 5. April 2020, unkorrigierte Version verfügbar unter https://web.archive.org/web/20200405224915/https://www.wsj.com/articles/bill-gates-to-spend-billions-on-coronavirus-vaccine-development-11586124716; Isobel Asher Hamilton, »Bill Gates Is Helping Fund New Factories for 7 Potential Coronavirus Vaccines, Even Though It Will Waste Billions of Dollars«, Business Insider, 3. April 2020, https://www.businessinsider.com/bill-gates-factories-7-different-vaccines-to-fight-coronavirus-2020–4.

11 Jay Hancock, »They Pledged to Donate Rights to Their Covid Vaccine, Then Sold

Them to Pharma«, *Kaiser Health News*, 25. August 2020, https://khn.org/news/ rather-than-give-away-its-covid-vaccine-oxford-makes-a-deal-with-drugmaker/.

12 Erin Banco, »How Bill Gates and His Partners Took over the Global Covid Pandemic Response«, *Politico*, 14. September 2022, https://www.politico.com/news/ 2022/09/14/global-covid-pandemic-response-bill-gates-partners-00053969.

13 Hancock, »They Pledged to Donate Rights to Their Covid Vaccine. Then Sold Them to Pharma«.

14 Kirkpatrick, »In Race for a Coronavirus Vaccine, an Oxford Group Leaps Ahead«.

15 Rebecca Robbins et al., »Blunders Eroded U. S. Confidence in Early Vaccine Front-Runner«, *New York Times*, 8. Dezember 2020, https://www.nytimes.com/2020/ 12/08/business/covid-vaccine-oxford-astrazeneca.html.

16 David M. Cutler und Lawrence H. Summers, »The Covid-19 Pandemic and the $16 Trillion Virus«, *JAMA* 324, Nr. 15 (20. Oktober 2020), S. 1495–96, https://doi. org/10.1001/jama.2020.19759.

17 Es ist allerdings nicht klar, ob die Oxford-AstraZeneca-Partnerschaft ein Beispiel dafür ist, dass Bill Gates im Alleingang die Richtung bestimmte, die die Pandemiebekämpfung einschlagen würde. Zwei Oxforder Wissenschaftler, die an der Impfstoffentwicklung beteiligt waren, verfolgten eigene finanzielle Interessen, da ihre Anteile an dem Spin-off-Unternehmen Vaccitech sie angeblich extrem reich machten. Doch welche Rolle die Stiftung bei der Oxforder Entscheidung auch immer gespielt hat – auf jeden Fall war sie in der Position, beratend mitzuwirken, und dieser Rat befürwortete eindeutig ein auf Patente gestütztes Pharmariesen-Modell. Rupert Neate, »AstraZeneca Vaccine Scientists Set for £22M Payday in New York Float«, *Guardian*, 7. April 2021, https://www.theguardian.com/business/2021/ apr/07/astrazeneca-vaccine-scientists-set-for-22m-payday-in-new-york-float.

18 Adele Peters, »Inside the Gates Foundation's Epic Fight Against Covid-19«, Fast Company, 14. Dezember 2020, https://www.fastcompany.com/90579390/inside-the-gates-foundations-epic-fight-against-covid-19.

19 »Funders & Partners«, Jenner Institute, https://web.archive.org/web/201905170 85723/https:/www.jenner.ac.uk/funders-partners.

20 »CEPI Expands Investment in Covid-19 Vaccine Development«, CEPI, 10. März 2020, https://cepi.net/news_cepi/cepi-expands-investment-in-covid-19-vaccine-development/.

21 »Oxford University Announces Landmark Partnership with AstraZeneca for the Development and Potential Large-Scale Distribution of Covid-19 Vaccine Candidate«, University of Oxford, 30. April 2020, https://www.ox.ac.uk/news/ 2020–04–30-oxford-university-announces-landmark-partnership-astrazeneca-development-and; »Epidemic Response Group to Invest Up to $384 Mln in Novavax's Covid-19 Vaccine«, Reuters, 11. Mai 2020, https://www.reuters.com/article/ us-health-coronavirus-vaccines-cepi-idUKKBN22N2RP.

22 »AstraZeneca Takes Next Steps Towards Broad and Equitable Access to Oxford University's Covid-19 Vaccine«, AstraZeneca, 4. Juni 2020, https://www.astraze neca.com/media-centre/press-releases/2020/astrazeneca-takes-next-steps-to wards-broad-and-equitable-access-to-oxford-universitys-covid-19-vaccine.html.

23 Schwab, »While the Poor Get Sick, Bill Gates Just Gets Richer«.

24 Bill Gates, »These Breakthroughs Will Make 2021 Better than 2020«, *GatesNotes*, 22. Dezember 2020, https://www.gatesnotes.com/Year-in-Review-2020.

25 »About Us«, Serum Institute of India.

26 »Up to 100 Million Covid-19 Vaccine Doses to Be Made Available for Low-and Middle-Income Countries as Early as 2021«, Gavi, 7. August 2020, https://www. gavi.org/news/media-room/100-million-covid-19-vaccine-doses-available-low-and-middle-income-countries-2021; »New Collaboration Makes Further 100 Million Doses of Covid-19 Vaccine Available to Low-and Middle-Income Countries«, Gavi, 29. September 2020, https://www.gavi.org/news/media-room/new-collabo ration-makes-further-100-million-doses-covid-19-vaccine-available-low.

27 Gates, »These Breakthroughs Will Make 2021 Better than 2020«.

28 Twohey und Kulish, »Bill Gates, the Virus and the Quest to Vaccinate the World«.

29 Helen Sullivan, »South Africa Paying More than Double EU Price for Oxford Vaccine«, *Guardian*, 22. Januar 2021, https://www.theguardian.com/world/2021/ jan/22/south-africa-paying-more-than-double-eu-price-for-oxford-astrazeneca-vaccine.

30 Samanth Subramanian, »Why Is India, the World's Largest Vaccine Producer, Running Short of Vaccines?«, Quartz, 6. Mai 2021, https://qz.com/2004650/why-does-india-have-a-covid-19-vaccine-shortage/.

31 »Serum Institute of India Gets Nod to Export Covid-19 Vaccines Under the COVAX Programme, Says Source«, *Business Insider*, 22. November https://www. businessinsider.in/science/health/news/serum-institute-of-india-gets-nod-to-ex port-covid-19-vaccines-under-the-covax-programme-says-source/articleshow/ 87852389.cms.

32 »Indian Vaccine Maker Extends Freeze on Export of Covid Jabs«, *Financial Times*, 18. Mai 2021, https://www.ft.com/content/63fbbb79-f657–4e6c-b190-cffd0d630 593.

33 Schwab, »Will the Gates Foundation's Board Ever Hold Bill Accountable?«.

34 Jon Cohen, »AstraZeneca Lowers Efficacy Claim for Covid-19 Vaccine, a Bit, After Board's Rebuke«, *Science*, 25. März 2021, https://www.science.org/content/article/ astrazeneca-lowers-efficacy-claim-covid-19-vaccine-bit-after-boards-rebuke.

35 Francesco Guarascio, »Poorer Nations Shun AstraZeneca Covid Vaccine-Document«, Reuters, 14. April 2022, https://www.reuters.com/business/healthcare-pharmaceuticals/poorer-nations-shun-astrazeneca-covid-vaccine-document-2022–04–14/.

36 Angus Liu, »With 200M Unused Doses, AstraZeneca's Covid Vaccine Partner Serum Institute Halts Production«, Fierce Pharma, 22. April 2022, https://www. fiercepharma.com/pharma/200m-unused-doses-astrazenecas-covid-vaccine-partner-serum-institute-halts-production.

37 Cohen, »AstraZeneca Lowers Efficacy Claim for Covid-19 Vaccine, a Bit, After Board's Rebuke«.

38 »Oxford Vaccine Saved Most Lives in Its First Year of Rollout«, University of Oxford, 15. Juli 2022, https://www.ox.ac.uk/news/2022–07–15-oxford-vaccine-saved-most-

lives-its-first-year-rollout. »Global Vaccine Market Report: A shared Understanding for Equitable Access to Vaccines«, Weltgesundheitsorganisation, 2022, https://www.who.int/publications/m/item/global-vaccine-market-report-2022.

39   Sarah Owermohle, Erin Banco und Adam Cancryn, »›They Rushed the Process‹: Vaccine Maker's Woes Hamper Global Inoculation Campaign«, *Politico*, 19. Oktober 2021, https://www.politico.com/news/2021/10/19/novavax-vaccine-rush-process-global-campaign-516298; Carolyn Y. Johnson, »Maker of Latest Experimental Vaccine Will Not Seek Authorization Until July at the Earliest«, *Washington Post*, 10. Mai 2021, https://www.washingtonpost.com/health/2021/05/10/novavax-coronavirus-vaccine/.

40   Thomas and Twohey, »How a Struggling Company Won $1.6 Billion to Make a Coronavirus Vaccine; »Our Portfolio«, CEPI, https://cepi.net/research_dev/our-portfolio/.

41   Rita Rubin, »Despite Its Fan Base, Newly Authorized ›Traditional‹ Novavax Covid-19 Vaccine Is Having Trouble Gaining a Foothold in the US«, *JAMA* 328, Nr. 11 (20. September 2022), S. 1026–28, https://doi.org/10.1001/jama.2022.13661; Rebecca Robbins und Carl Zimmer, »F. D. A. Authorizes Novavax's Covid-19 Vaccine, a Latecomer«, *New York Times*, 13. Juli 2022, https://www.nytimes.com/2022/07/13/health/novavax-covid-vaccine-fda-authorization.html.

42   »COVAX Explained«, Gavi, 3. September 2020, https://www.gavi.org/vaccines work/covax-explained.

43   »COVAX: The Vaccines Pillar of the Access to Covid-19 Tools (ACT) Accelerator, Structures and Principles«, Gavi, 9. November 2020, https://www.who.int/publica tions/m/item/covax-the-vaccines-pillar-of-the-access-to-covid-19-tools-(act)-accelerator.

44   Alexander Zaitchik, »How Bill Gates Impeded Global Access to Covid Vaccines«, *New Republic*, 12. April 2021, https://newrepublic.com/article/162000/bill-gates-impeded-global-access-covid-vaccines.

45   Kai Kupferschmidt, »›Vaccine Nationalism‹ Threatens Global Plan to Distribute Covid-19 Shots Fairly«, *Science*, 28. Juli 2020, https://www.science.org/content/article/vaccine-nationalism-threatens-global-plan-distribute-covid-19-shots-fairly.

46   Twohey und Kulish, »Bill Gates, the Virus and the Quest to Vaccinate the World«.

47   Ashley Kirk, Finbarr Sheehy und Cath Levett, »Canada and UK Among Countries with Most Vaccine Doses Ordered per Person«, *Guardian*, 29. Januar 2021, https://www.theguardian.com/world/2021/jan/29/canada-and-uk-among-countries-with-most-vaccine-doses-ordered-per-person.

48   Peters, »Inside the Gates Foundation's Epic Fight Against Covid-19«.

49   Andrew Gregory, »Only 14 % of Promised Covid Vaccine Doses Reach Poorest Nations«, *Guardian*, 21. Oktober 2021, https://www.theguardian.com/society/2021/oct/21/only-14-of-promised-covid-vaccine-doses-reach-poorest-nations.

50   Maria Cheng und Lori Hinnant, »Rich Nations Dip into COVAX Supply While Poor Wait for Shots«, AP News, 14. August 2021, https://apnews.com/article/joe-biden-middle-east-africa-europe-coronavirus-pandemic-5e57879c6cb22d96b942 cbc973b9296c.

51 Lori Hinnant und Maria Cheng, »Stalled at First Jab: Vaccine Shortages Hit Poor Countries«, AP News, 20. April 2021, https://apnews.com/article/middle-east-coronavirus-pandemic-united-nations-b52bf58e35031e71a5ff85f7a59244f8; Maria Cheng und Aniruddha Ghosal, »Unwilling to Wait, Poorer Countries Seek Their Own Vaccines«, AP News, 20. April 2021, https://apnews.com/article/business-honduras-coronavirus-vaccine-coronavirus-pandemic-central-america-16d7d06f031c89aaf37a4306747b9128.

52 Gabriel Scally, »The World Needs a Patent Waiver on Covid Vaccines. Why Is the UK Blocking It?«, Guardian, 18. April 2021, https://www.theguardian.com/commentisfree/2021/apr/18/patent-waiver-covid-vaccines-uk-variants.

53 Bill Gates, »Bill Gates: How We Can Close the Vaccine Gap Much Faster Next Time«, CNN, 13. Oktober 2021, https://www.cnn.com/2021/10/13/opinions/closing-vaccine-gap-faster-bill-gates/index.html.

54 »Covid-19: Bill Gates Hopeful World ›Completely Back to Normal‹ by End of 2022 – and Vaccine Sharing to Ramp Up«, Video, Sky News, 2:45, 25. April 2021, https://news.sky.com/story/covid-19-bill-gates-hopeful-world-completely-back-to-normal-by-end-of-2022-and-vaccine-sharing-to-ramp-up-12285840.

55 »Covid-19: Bill Gates Hopeful World ›Completely Back to Normal‹ by End of 2022«, 8:15.

56 Stephen Buranyi, »The World Is Desperate for More Covid Vaccines – Patents Shouldn't Get in the Way«, Guardian, 24. April 2021, https://www.theguardian.com/commentisfree/2021/apr/24/covid-vaccines-patents-pharmaceutical-companies-secrecy.

57 Maria Cheng und Lori Hinnant, »Countries Urge Drug Companies to Share Vaccine Know-How«, AP, 1. März 2021, https://apnews.com/article/drug-companies-called-share-vaccine-info-22d92afbc3ea9ed519be007f8887bcf6; Sharon Lerner, »Factory Owners Around the World Stand Ready to Manufacture Covid-19 vaccines«, The Intercept, 29. April 2021, https://theintercept.com/2021/04/29/covid-vaccine-factory-production-ip/; Stephanie Nolen, »Here's Why Developing Countries Can Make mRNA Covid Vaccines«, New York Times, 22. Oktober 2021, https://www.nytimes.com/interactive/2021/10/22/science/developing-country-covid-vaccines.html.

58 Human Rights Watch, »Experts Identify 100-Plus Firms to Make Covid-19 mRNA Vaccines«, 15. Dezember 2021, https://www.hrw.org/news/2021/12/15/experts-identify-100-plus-firms-make-covid-19-mrna-vaccines.

59 Joseph E. Stiglitz und Lori Wallach, »Preserving Intellectual Property Barriers to Covid-19 Vaccines Is Morally Wrong and Foolish«, Washington Post, 26. April 2021, https://www.washingtonpost.com/opinions/2021/04/26/preserving-intellectual-property-barriers-covid-19-vaccines-is-morally-wrong-foolish/.

60 Chelsea Clinton und Achat Prabhala, »The Vaccine Donations Aren't Enough«, The Atlantic, 20. Juni 2021, https://www.theatlantic.com/ideas/archive/2021/06/the-vaccine-donations-arent-enough-chelsea-clinton-achal-prabhala/619152/.

61 Kai Kupferschmidt, »Bill Gates: ›That's the Dumbest Thing I've Ever Heard‹«, Die Zeit, 27. Oktober 2021, https://www.zeit.de/gesundheit/2021–10/bill-gates-corona-

impfung-patente-patentrecht-stiftung-verteilung?utm_referrer=https%3A%2F
%2Fwww.google.com%2F.

62 Mitten in der Pandemie bemerkte Gates auf CNN: »Wir unterstützen die afrikanischen Bemühungen, ihre [Impfkapazitäten] bis 2040 auszubauen.« Nur leider viel
zu spät. Gates, »How We Can Close the Vaccine Gap Much Faster Next Time«.

63 Kurt Schlosser, »Gates Foundation Reverses Position on COVID Vaccine Patent
Protections After Mounting Pressure«, GeekWire, 7. Mai 2021, https://www.geek
wire.com/2021/gates-foundation-reverses-position-covid-vaccine-patent-protec
tions-mounting-pressure/.

64 Zaitchik, »How Bill Gates Impeded Global Access to Covid Vaccines«.

65 Stephanie Nolen und Rebecca Robbins, »Covid Vaccine Makers Kept $1.4 Billion
in Prepayments for Canceled Shots for the World's Poor«, New York Times, 1. Februar 2023, https://www.nytimes.com/2023/02/01/health/covid-vaccines-covax-
gavi-prepayments.html.

66 Rosa Furneaux, Olivia Goldhill und Madlen Davies, »How COVAX Failed on Its
Promise to Vaccinate the World«, The Bureau of Investigative Journalism, 8. Oktober 2021, https://www.thebureauinvestigates.com/stories/2021–10–08/how-covax-
failed-on-its-promise-to-vaccinate-the-world.

67 Oliver J. Watson et al., »Global Impact of the First Year of Covid-19 Vaccination:
A Mathematical Modelling Study«, Lancet Infectious Diseases 22, Nr. 9 (1. Septem-
ber), S. 1293–1302, https://www.thelancet.com/journals/laninf/article/PIIS1473–
3099(22)00320–6/fulltext; »Covid-19 Vaccines Have Saved 20 Million Lives so
Far, Study Estimates«, Gavi, https://www.gavi.org/vaccineswork/covid-19-vacci
nes-have-saved-20-million-lives-so-far-study-estimates. Storeng, Puyvallée und
Stein, »COVAX and the Rise of the ›Super Public Private Partnership‹ for Global
Health«.

68 Peters, »Inside the Gates Foundation's Epic Fight Against Covid-19«. Hinweis: Die
Arbeit der Stiftung im Zusammenhang mit bestimmten Krankheiten und Interventionen kann auch positive externe Effekte haben, von denen das Gesundheitswesen in einem weiteren Sinne profitiert. So sind einige der von Gates geförderten
Projekte zu HIV/Aids, Polio und Tuberkulose so umstrukturiert worden, dass sie
bei Ausbrüchen von Ebola und Sars-CoV-2 (Covid-19) hilfreich sind. Dennoch
werden diese Programme oft nicht mit Blick auf diese übergreifenden Zwecke konzipiert und sind daher von begrenztem Nutzen. Forscher beschreiben sie als parallele Systeme, die sich nicht immer mit staatlich organisierten Systemen der öffentlichen Gesundheit überschneiden. Chikwe Ihekweazu, »Lessons from Nigeria's
Adaptation of Global Health Initiatives During the Covid-19 Pandemic«, Emerging
Infectious Diseases 28, Suppl. 1 (Dezember 2022), S. S299–301, https://www.ncbi.
nlm.nih.gov/pmc/articles/PMC9745227/.

69 Sam Meredith, »Why Cuba's Extraordinary Covid Vaccine Success Could Provide
the Best Hope for Low-Income Countries«, CNBC, 13. Januar 2022, https://www.
cnbc.com/2022/01/13/why-cubas-extraordinary-covid-vaccine-success-could-
provide-the-best-hope-for-the-global-south.html; Mary Beth Sheridan, »How
Cuba Became a Pioneer in Covid-19 Vaccines for Kids«, Washington Post, 18. Juni

2022, https://www.washingtonpost.com/world/2022/06/18/cuba-coronavirus-vaccine-abdala-soberana/.

70 Bill & Melinda Gates Foundation, »Sample Terms & Conditions, Project Support Grant Agreement«, https://docs.gatesfoundation.org/documents/sample-terms-and-conditions.pdf.

71 »Doctor on Developing Global Covid-19 Vaccine: ›We Got Zero Help from the U. S. Government‹«, Yahoo! News, 8. Februar 2022, https://news.yahoo.com/covid-vaccines-policymakers-never-really-211439188.html. Hinweis: Aus der Auflistung von UNICEF geht hervor, dass Corbevax mit unter 2 Dollar pro Dosis der kostengünstigste Impfstoff ist; demgegenüber kostet der Oxford-AstraZeneca-Serum-Impfstoff mindestens 3 Dollar. Covid-19 Market Dashboard, UNICEF, https://www.unicef.org/supply/covid-19-market-dashboard.

72 »Indonesia's Bio Farma Ready to Produce IndoVac Covid-19 Vaccines«, Bloomberg, 11. September 2022, https://www.bloomberg.com/press-releases/2022-09-11/indonesia-s-bio-farma-ready-to-produce-indovac-covid-19-vaccines.

73 Thomas und Twohey, »How a Struggling Company Won $1.6 Billion to Make a Coronavirus Vaccine«; »Our Portfolio«, CEPI.

74 Peter J. Hotez und Maria Elena Bottazzi, »A Covid Vaccine for All«, Scientific American, 30. Dezember 2021, https://www.scientificamerican.com/article/a-covid-vaccine-for-all/.

75 In der Pandemie, als die armen Länder und Gesundheitsexperten weithin eine lokale und regionale Produktion von Covid-19-Impfstoffen verlangten, präsentierte sich die Stiftung als Verfechter einer Zusammenarbeit mit »Impfstoffherstellern aus Entwicklungsländern«. »In den beiden letzten Jahrzehnten hat unsere Stiftung 1 Milliarde Dollar für die Unterstützung von Impfstoffherstellern aus Entwicklungsländern und damit verknüpften Zuwendungsempfängern gespendet und mit 19 dieser Hersteller aus 11 Ländern zusammengearbeitet, um 17 Impfstoffe auf den Markt zu bringen«, prahlte die Stiftung. »Diese Partnerschaften haben rund um die Welt Enormes bewirkt.« Interessanterweise nennt die Stiftung nicht alle 17 Impfstoffe beim Namen. Und zu den wenigen genannten Beispielen für die Partnerschaft mit jenen »Entwicklungsländern« zählen Projekte, die in Südkorea angesiedelt sind, einer hoch entwickelten Volkswirtschaft. Außerdem verweist die Stiftung auf ihre Zusammenarbeit mit dem Serum Institute of India, dem weltweit größten Impfstoffhersteller und, vermutlich, einem der Pharmariesen. Zaidi, »Geographically Distributed Manufacturing Capacity Is Needed for Improved Global Health Security«.

76 »Gates Foundation Commits Nearly $70 Million to Help Fight Neglected Tropical Diseases«, Bill & Melinda Gates Foundation, https://www.gatesfoundation.org/ideas/media-center/press-releases/2006/09/$70-million-to-help-fight-neglected-tropical-diseases; »Albert B. Sabin Vaccine Institute Signs Agreement with GW Medical Center for Collaboration on $18 Million Bill & Melinda Gates Foundation Research Grant«, Bill & Melinda Gates Foundation, https://www.gatesfoundation.org/ideas/media-center/press-releases/2000/08/hookworm-vaccine-research.

77 »Albert B. Sabin Vaccine Institute Signs Agreement with GW Medical Center for Collaboration on $18 Million Bill & Melinda Gates Foundation Research Grant«,

Bill & Melinda Gates Foundation, https://www.gatesfoundation.org/ideas/media-center/press-releases/2000/08/hookworm-vaccine-research.

78 Fratangelo, »How Gates Changes Global Public Health«.

79 Peter J. Hotez, *Preventing the Next Pandemic: Vaccine Diplomacy in a Time of Anti-Science* (Baltimore: Johns Hopkins University Press, 2021); Bill Gates, *How to Prevent the Next Pandemic* (New York: Alfred A. Knopf, 2022) [dt. *Wie wir die nächste Pandemie verhindern*. Übers. von K. Dürr, U. Held, K. Petersen und C. Stoll (München: Piper, 2022)].

80 Abdi Latif Dahir, »Africans Welcome New Malaria Vaccine. But Is It a ›Game Changer‹?«, *New York Times*, 7. Oktober 2021, https://www.nytimes.com/2021/10/07/world/africa/malaria-vaccine-africa.html; Amy Maxmen, »Scientists Hail Historic Malaria Vaccine Approval – but Point to Challenges Ahead«, *Nature*, 8. Oktober 2021, https://www.nature.com/articles/d41586-021-02755-5.

81 Carmen Paun und Daniel Payne, »How the Gates Foundation Plans to Beat Malaria Without the Vaccine«, *Politico*, 4. August 2022, https://www.politico.com/newsletters/global-pulse/2022/07/07/moving-on-from-malaria-vaccine-00044349. Hinweis: Dagegen spricht, dass die von Gates geförderte Gavi 155 Millionen Dollar in die Markteinführung des Impfstoffs gesteckt hat, was laut *Politico* von Gates öffentlich gutgeheißen wurde.

82 Gates, »My Annual Letter: Vaccine Miracles«.

83 »Malaria Forum«, Bill & Melinda Gates Foundation, 7. Oktober 2007, https://www.gatesfoundation.org/ideas/speeches/2007/10/melinda-french-gates-malaria-forum.

84 Moyers, »A Conversation with Bill Gates: Making a Healthier World for Children and Future Generations«.

85 Nicholas Kristof, »A Conversation with Bill Gates«, *New York Times*, 24. Januar 2009, https://www.nytimes.com/video/opinion/1231546145505/a-conversation-with-bill-gates.html.

86 Andy Beckett, »Inside the Bill and Melinda Gates Foundation«, Guardian, 12. Juli 2010, https://www.theguardian.com/world/2010/jul/12/bill-and-melinda-gates-foundation.

87 S. Bhatt et al., »The Effect of Malaria Control on Plasmodium falciparum in Africa Between 2000 and 2015«, *Nature* 526, Nr. 7572 (Oktober 2015), S. 207–11, https://doi.org/10.1038/nature15535; The Global Fund, Annex 1, *Results Report 2022*, 7. September 2022, https://www.theglobalfund.org/media/12261/corporate_2022 resultsreport_annex_en.pdf.

88 Weltgesundheitsorganisation, *World Malaria Report 2020:20 Years of Global Progress and Challenges*, 2020, S. vii.

89 Weltgesundheitsorganisation, *World Malaria Report 2020*, S. 18–20.

SCHLUSS

1 *Der Mensch Bill Gates*, Folge 2, 16:00 und 40:00 (Netflix).

2 Donald G. McNeil Jr., »Gates Calls for a Final Push to Eradicate *Polio*«, *New York Times*, 31. Januar 2011, https://www.nytimes.com/2011/02/01/health/01polio.html.

3 McGoey, *No Such Thing as a Free Gift*.

4 Robert Fortner, »Has the Billion Dollar Crusade to Eradicate Polio Come to an End?«, *BMJ* 374, Nr. 1818 (29. Juli 2021), https://www.bmj.com/content/374/bmj.n1818.

5 Goodell, »Bill Gates: The Rolling Stone Interview«.

6 GPEI, »*Historical* Contributions 1988–2021«, Global Polio Eradication Initiative, https://polioeradication.org/financing/donors/historical-contributions; *William A. Muraskin, Polio Eradication and Its Discontents: A Historian's Journey Through an International Public Health (Un)Civil War* (Hyderabad, India: Orient Blackswan, 2012), 1177; McGoey, *No Such Thing as a Free Gift*.

7 Fortner und Park, »Bill Gates Won't Save You from the Next Ebola«.

8 »Bill Gates: ›We Can Eradicate Polio‹«, *BBC News*, 29. Januar 2013, https://www.bbc.co.uk/news/av/health-21241946.

9 Fortner, »Has the Billion Dollar Crusade to Eradicate Polio Come to an End?«.

10 »Why Has Polio Been Found in New York, London and Jerusalem?«, CBS News, 22. August 2022, https://www.cbsnews.com/news/polio-in-new-york-london-jerusalem-reveals-rare-risk-of-oral-vaccine/.

11 Muraskin, *Polio Eradication and Its Discontents*.

12 Muraskin, *Polio Eradication and Its Discontents*.

13 McGoey, *No Such Thing as a Free Gift*.

14 »About the Giving Pledge«, https://givingpledge.org/about.

15 Tiffany Ap, »Jeff Bezos's Plan to Give Away His Fortune Won't Help the 10 000 Workers Amazon Is Planning to Lay Off«, Quartz, 14. November 2022, https://qz.com/jeff-bezos-philanthropy-amazon-layoffs-1849781304.

16 Tim Schwab, »Meet MacKenzie Scott, Our New Good Billionaire«, *The Nation*, 9. Juli 2021, https://www.thenation.com/article/economy/mackenzie-scott-billionaire-philanthropy/. Hinweis: Einer von MacKenzie Scotts wichtigsten philanthropischen Beratern, Tom Tierney, trat 2021 dem Kuratorium der Gates Foundation bei, was verdeutlicht, wie klein die Welt der Milliardärs-Philanthropie ist. Theodore Schleifer, »MacKenzie Scott, the Amazon Billionaire, Is Giving Away $1 Billion a Month to Charity«, *Vox*, 15. Dezember 2020, https://www.vox.com/recode/2020/12/15/22176710/mackenzie-scott-bezos-philanthropy-speed-four-billion; und »Tom Tierney«, Bill & Melinda Gates Foundation, https://www.gatesfoundation.org/about/leadership/tom-tierney.

17 »Chuck Feeney: The Billionaire Who Is Trying to Go Broke«, *Forbes*, 18. September 2012, https://www.forbes.com/sites/stevenbertoni/2012/09/18/chuck-feeney-the-billionaire-who-is-trying-to-go-broke/?sh=3a9b8ea9291c.

18 Sam Reynolds, »Team Behind Sam Bankman-Fried's Charity FTX Future Fund Have Quit over Possible ›Deception or Dishonesty‹«, Fortune, 11. November 2022, https://fortune.com/2022/11/11/team-behind-sam-bankman-fried-charity-ftx-future-fund-have-quit-over-possible-deception-or-dishonesty/; Zeke Faux, »A 30-Year-Old Crypto Billionaire Wants to Give His Fortune Away«, Bloomberg, 3. April 2022, https://www.bloomberg.com/news/features/2022-04-03/sam-bankman-fried-ftx-s-crypto-billionaire-who-wants-to-give-his-fortune-away.

19 David Yaffe-Bellany, Matthew Goldstein, Lauren Hirsch und Erin Griffith, »FTX Crypto Exchange Boss Says He Is Trying to Raise More Money«, *New York Times*, 10. November 2022, https://www.nytimes.com/2022/11/10/technology/ftx-crypto-exchange.html.

20 Reynolds, »Team Behind Sam Bankman-Fried's Charity FTX Future Fund Have Quit over Possible ›Deception or Dishonesty‹«; Tracy Wang, »Sam Bankman-Fried's Crypto Empire ›Was Run by a Gang of Kids in the Bahamas‹«, *Fortune*, 11. November 2022, https://fortune.com/2022/11/11/sam-bankman-fried-crypto-empire-ftx-alameda-run-gang-kids-bahamas-who-all-dated-each-other/.

21 Mikaela Loach, Twitter, September 2022, https://twitter.com/mikaelaloach/status/1572854129684541440?lang=en.

REGISTER